明文 中國 正史 大系

原文譯註

正史 三國志(二)
정사 삼국지

(魏書 2)

西晉 陳 壽 著
(南朝)宋 裴松之 註
陳起煥 譯註

明文堂

繡像 三國志演義(수상 삼국지연의) – 上海 鴻文書局 印行
국립중앙도서관 소장

繡像 三國志演義(수상 삼국지연의) – 上海 鴻文書局 印行
국립중앙도서관 소장

繡像 三國志演義(수상 삼국지연의) – 上海 鴻文書局 印行
국립중앙도서관 소장

明文 中國 正史 大系

原文譯註

正史 三國志(二)

정사 삼국지

(魏書 2)

西晉 陳 壽 著

(南朝)宋 裴松之 註

陳起煥 譯註

明文堂

[차례]

《三國志 魏書》

삼국지 위서

(二)

10권 〈荀彧荀攸賈詡傳〉(魏書 10)
(순욱,순유,가후전)

❶ 荀彧

| 原文 |

荀彧字文若, 潁川潁陰人也. 祖父淑, 字季和, 朗陵令. 當漢順,桓之間, 知名當世. 有子八人, 號曰八龍. 彧父緄, 濟南相. 叔父爽, 司空. 彧年少時, 南陽何顒異之, 曰, "王佐才也."

永漢元年, 擧孝廉, 拜守宮令. 董卓之亂, 求出補吏. 除亢父令, 遂棄官歸, 謂父老曰, "潁川, 四戰之地也, 天下有變, 常爲兵衝, 宜亟去之, 無久留."

鄕人多懷土猶豫, 會冀州牧同郡韓馥遣騎迎之, 莫有隨者, 彧獨將宗族至冀州. 而袁紹已奪馥位, 待彧以上賓之禮. 彧弟諶及同郡辛評,郭圖, 皆爲紹所任. 彧度紹終不能成大事, 時太祖爲奮武將軍, 在東郡, 初平二年, 彧去紹從太祖.

| 국역 |

荀彧(순욱)[1]의 字는 文若(문약)이고, 潁川郡(영천군) 潁陰縣(영음현)[2] 사람이다. 祖父인 荀淑(순숙)[3]의 字는 季和(계화)인데 (汝南郡의) 朗陵(낭릉) 현령이었다. 그 무렵이 後漢 順帝(재위 서기 126 – 144년)와 桓帝(환제, 재위 147 – 167년) 무렵이었는데 세상에 이름이 알려졌었다. 순숙의 아들 8명을 八龍[4]이라고 불렀다. 순욱의 부친 荀緄(순곤)[5]은 濟南國 相이었다. 叔父인 荀爽(순상)[6]은 司空을 역임했다. 순

1 荀彧(순욱, 163 – 212) – 彧은 문채 욱. 빛나는 모양. 郁(성할 욱)으로도 표기. 순욱은 《後漢書》 70권, 〈鄭孔荀列傳〉에 立傳. 荀昱(순욱)은 순욱의 큰할아버지, 한글로 표기하면 荀彧(순욱)과 혼동. 昱은 빛날 욱. 彧은 문채 욱. '빛나다.' 狂士 禰衡(예형, 173 – 198, 字 正平)은 《三國演義》 中 23회 〈禰正平裸衣罵賊 吉太醫下毒操刑〉 에서 옷을 벗고 북을 쳤다. 그 예형에게 어떤 사람이 "荀文若(荀彧, 순욱)은 어떻습니까?" 라고 묻자, 예형은 "文若(荀彧)은 問喪을 대신 보낼 만하다." 라고 말했다. 문상을 대신 보낼 만하다는 뜻은, 근사한 외모에 지식도 많아 문상을 보내도 실수하지 않을 것이라는 뜻이다. 이처럼 순욱은 미남이었다.

2 潁陰(영음) – 현명. 今 河南省 중부 許昌市 부근.

3 荀淑(순숙)은 荀卿(순경, 荀子)의 11세손이다. 荀卿(순경)은 전국시대 荀子. 名은 況, 趙 邯鄲人. 楚의 蘭陵令을 역임. 卿은 존칭. 漢 宣帝를 諱하여 荀을 孫으로 대체, 孫卿으로도 표기. 저서 22篇. 韓非, 李斯 등이 그 門人. 순숙은 《後漢書》 62권, 〈荀韓鍾陳列傳〉에 입전.

4 아들 8명이 있었으니 荀儉(순검), 緄(곤), 靖(정), 燾(도), 汪(왕), 爽(상), 肅(숙), 專(전) 등 모두가 유명하였는데 당시 사람들이 '八龍' 이라고 불렀다.

5 순욱의 부친 荀緄(순곤)은 濟南國 相을 역임했다. 《후한서》에 「순곤은 환관을 경외하여 순욱을 中常侍 唐衡(당형)의 딸과 결혼시켰다. 순욱은 젊어서도 유명하였기에 (환관의 사위라는) 비난을 면할 수 있었다.」고 기록했다. 이에 대하여 裴松之는 당형이 죽을 때는 순욱이 겨우 2살이었다며 당형의 권세를 경외했다

욱이 어렸을 적에 南陽郡의 何顒(하옹)[7]이 순욱을 특별하다고 생각하여 "王을 보좌할 인재"라고 말했다.

(獻帝) 永漢 원년(서기 189)[8]에, 순욱은 孝廉으로 천거되었고 守宮令을 제수 받았다. 董卓의 亂에, 지방의 관리가 되기를 원했다. 순욱은 (任城國) 亢父(항보) 현령이 되었지만, 나중에 관직을 버리고 귀향하여 父老들에게 말했다.

"潁川(영천)은 사방에서 적이 들어올 땅이라서, 천하에 변란이 있을 때마다 늘 군사가 충돌하였습니다. 빨리 여기를 떠나야지 오래 머물 수 없습니다."

그러나 鄕人은 농토를 생각하여 떠나질 못했다.[9] 마침 冀州牧인 同郡의 韓馥(한복)[10]이 기병을 보내 순욱을 영입했지만, 따라오는 사람이 없어 순욱은 가까운 친족만을 데리고 (한복의 기병을 따라) 冀

는 말은 틀린 말이라고 하였다.

6 荀爽(순상) – 순상은 은거하며 저술에 전념하다가 부름을 받고 나가 1백일도 안 돼 삼공의 지위에 올랐는데, 이는 동탁을 제거하려는 큰 뜻이었다. 《後漢書》 62권, 〈荀韓鐘陳列傳〉에 立傳.

7 何顒(하옹) – 《後漢書》 67권, 〈黨錮列傳〉에 立傳. 何顒(하옹)의 字는 伯求(백구)인데, 南陽郡 襄鄕縣 사람이다. 젊어 洛陽에 遊學하였다. 하옹은 비록 어린 나이였지만 郭林宗(곽림종, 郭太), 賈偉節(가위절, 賈彪) 등과 가까이 지냈고 이름이 太學에 널리 알려졌다. 하옹이 曹操(조조)를 처음 만나보고 탄식하였다. "漢家는 곧 망할 것이고 천하를 안정시킬 사람은 틀림없이 이 사람일 것이다." 조조는 이를 듣고 기뻐하였다. 조조를 '난세의 영웅' 이라고 평한 사람은 許劭(허소)이다.

8 永漢은 獻帝의 연호. 서기 189은 靈帝의 中平 6년인데, 영제가 붕어하고 少帝 劉辯(유변)이 즉위하며 4월에 光熹로 개원했다. 다시 8월에, 昭寧으로 개원했으나 동탁에 의해 弘農王으로 강등되며 劉協(獻帝)이 즉위하며 永漢으로 개원하였다. 그러나 12월에 中平으로 환원했다. 헌제의 첫 연호는 初平(190 – 193년)이다.

9 고향에 남은 사람들은 동탁의 부장 李傕(이각)에게 죽거나 노략질 당했다.

10 韓馥(한복) – 字는 文節, 潁川人.

州로 갔다.

그러나 袁紹(원소)가 이미 한복의 冀州 자사 직을 탈취했었는데, 원소는 순욱을 上賓의 禮로 접대하였다. 순욱의 동생 荀諶(순심)과 同郡의 辛評(신평)과 郭圖(곽도) 등은 모두 원소의 신임을 받았다. 그러나 순욱은 원소가 큰일을 성취할 사람이 못 된다 생각하였고, 그 무렵 太祖는(曹操) 奮武將軍(분무장군)으로 東郡[11]에 있었다. (獻帝) 初平 2년(서기 191) 순욱은 원소를 떠나 조조에게 귀부하였다.

| 原文 |

太祖大悅曰, "吾之子房也." 以爲司馬, 時年二十九. 是時, 董卓威陵天下, 太祖以問彧, 彧曰, "卓暴虐已甚, 必以亂終, 無能爲也." 卓遣李傕等出關東, 所過虜略, 至潁川,陳留而還. 鄕人留者多見殺略. 明年, 太祖領兗州牧, 後爲鎭東將軍, 彧常以司馬從.

興平元年, 太祖征陶謙, 任彧留事. 會張邈,陳宮以兗州反, 潛迎呂布. 布旣至, 邈乃使劉翊告彧曰, "呂將軍來助曹使君擊陶謙, 宜亟供其軍食." 衆疑惑.

彧知邈爲亂, 卽勒兵設備, 馳召東郡太守夏侯惇, 而兗州諸城皆應布矣. 時太祖悉軍攻謙, 留守兵少, 而督將大吏多與

11 東郡의 치소는 治所는 濮陽縣, 今 河南省 동북 濮陽市(복양시).

邈,宮通謀. 惇至, 其夜誅謀叛者數十人, 衆乃定.

豫州刺史郭貢帥衆數萬來至城下, 或言與呂布同謀, 衆甚懼. 貢求見彧, 彧將往. 惇等曰, "君, 一州鎭也, 往必危, 不可." 彧曰, "貢與邈等, 分非素結也, 今來速, 計必未定. 及其未定說之, 縱不爲用, 可使中立, 若先疑之, 彼將怒而成計."

貢見彧無懼意, 謂鄄城未易攻, 遂引兵去. 又與程昱計, 使說范,東阿, 卒全三城, 以待太祖. 太祖自徐州還擊布濮陽, 布東走.

二年夏, 太祖軍乘氏, 大飢, 人相食.

| 국역 |

曹操는 크게 기뻐하며 순욱을 "나의 張子房(張良)"[12]이라 하면서 司馬[13]로 삼았는데, 그때 순욱은 29세였다. 이 무렵 동탁의 위세가 천하를 흔들었는데 조조가 순욱에게 묻자, 순욱이 대답했다.

"동탁의 暴虐(포학)이 극심하니 필히 혼란으로 끝나고 아무 일도 못할 것입니다."

동탁은 부장 李傕(이각) 등을 關東에 보냈는데, 이각은 가는 곳마다 노략질을 했고 潁川(영천)과 陳留郡(진류군)[14]까지 노략질을 하고

12 張良(장량, ?-前 185, 字 子房) - 留侯. 漢初 三傑의 한 사람. 《漢書》 40권, 〈張陳王周傳〉에 입전.

13 三公 및 將軍의 속관. 직급으로 보면 將軍 - 校尉 - 司馬이다. 모든 부대에 司馬가 있었는데 司馬는 지휘관의 참모이다.

14 (兗州 관할) 陳留郡의 治所는 陳留縣, 今 河南省 동부의 開封市. 陳郡의 북쪽

돌아갔다. (순욱의) 고향에 남아있던 鄕人들은 많이 죽고 노략질을 당했다. 그 다음 해, 조조는 兗州牧(연주목)을 겸임했다가 나중에 鎭東將軍이 되었는데, 순욱은 司馬로 조조를 늘 수행하였다.

(獻帝) 興平 원년(서기 194), 조조는 陶謙(도겸)을 원정하면서 순욱을 남겨 뒷일을 담당케 했다. 그때 張邈(장막)과 陳宮(진궁)이 兗州(연주)에서 반기를 들고 몰래 呂布(여포)를 영입했다. 여포가 오자 장막은, 곧 劉翊(유익)이란 사람을 보내 순욱에게 말했다.

"呂장군이 曹使君[15]을 도와 도겸을 격파할 것이니 빨리 군량을 공급하라."

이에 많은 사람이 의혹을 가졌다. 순욱은 장막이 반기를 들 것을 예상하고 바로 군사를 조련, 대비하면서 급히 사람을 보내 東郡太守 夏侯惇(하후돈)을 불렀는데, 兗州(연주)의 모든 군현이 여포에 호응하였다. 그때 조조는 온 군사를 동원하여 도겸을 공격 중이라서 남은 군사가 적었는데, 순욱이 거느린 副將이나 軍吏로 장막이나 진궁과 내통하는 자도 많았다. 하후돈이 도착한 그날 밤에 순욱은 모반자 수십 명을 죽이자 무리가 진정되었다.

豫州 자사인 郭貢(곽공)은 수많은 군사를 거느리고 성 아래에 주둔했는데, 어떤 사람들은 곽공이 여포와 동모했다며 모두가 두려워했다. 곽공이 순욱에게 만나자고 하자, 순욱은 그를 만나려 했다. 하후돈 등 여러 사람이 말했다.

"君은 한 州를 책임진 主將이니 성을 나간다면 위험해 안 됩니다."

···············

이 陳留郡. (豫州 관할) 陳郡(國)의 치소는 治所는 陳縣, 今 河南省 중동부 周口市 관할 淮陽縣.

15 使君(사군)은 刺史나 지방관(太守)에 대한 존칭.

이에 순욱이 말했다.

"곽공이나 장막은 평소에 떨어져 있어 결탁하지 않았고, 이번에 곽공이 서둘러 여기에 왔으니 틀림없이 계책도 없이 왔을 것입니다. 그가 어느 쪽을 택하기 전에 설득한다면 우리에게 도움이 안 되더라도 중립을 취할 것이나, 만약 우리가 먼저 의심한다면 곽공은 화를 내며 우리를 배반할 것입니다."

곽공은 순욱이 아무 두려움이 없는 것을 보고 (濟陰郡) 鄄城縣(견성현)을 쉽게 공격할 수 없다고 말하면서 군사를 거느리고 돌아갔다. 순욱은 程昱(정욱)과 계책을 정한 뒤 사람을 보내 (東郡) 范縣(범현)과 東阿縣을 설득하여 끝까지 3개 성을 지키며 조조를 기다렸다.

조조가 徐州에서 돌아오며 (東郡) 濮陽縣(복양현)의 여포를 공격하자, 여포는 동쪽으로 도주하였다.

(獻帝) 興平 2년(서기 195) 여름, 조조는 (濟陰郡) 乘氏縣(승씨현)[16]에 주둔했는데, 큰 흉년이 들어 사람이 사람을 먹었다.

| 原文 |

陶謙死, 太祖欲遂取徐州, 還乃定布. 彧曰,

"昔高祖保關中, 光武據河內, 皆深根固本以制天下, 進足以勝敵, 退足以堅守, 故雖有困敗而終濟大業. 將軍本以兗州首事, 平山東之難, 百姓無不歸心悅服. 且河,濟, 天下之要地

16 乘氏縣은 濟陰郡의 현명, 今 山東省 서부의 菏澤市 관할 鉅野縣 서남.

也, 今雖殘壞, 猶易以自保, 是亦將軍之關中,河內也, 不可以不先定. 今以破李封,薛蘭, 若分兵東擊陳宮, 宮必不敢西顧, 以其間勒兵收熟麥, 約食畜穀, 一擧而布可破也. 破布, 然後南結揚州, 共討袁術, 以臨淮,泗.

若舍布而東, 多留兵則不足用, 少留兵則民皆保城, 不得樵採. 布乘虛寇暴, 民心益危, 唯鄄城,范,衛可全, 其餘非己之有, 是無兗州也. 若徐州不定, 將軍當安所歸乎? 且陶謙雖死, 徐州未易亡也. 彼懲往年之敗, 將懼而結親, 相爲表裏. 今東方皆以收麥, 必堅壁淸野以待將軍, 將軍攻之不拔, 略之無獲, 不出十日, 則十萬之衆未戰而自困耳.

前討徐州, 威罰實行, 其子弟念父兄之恥, 必人自爲守, 無降心, 就能破之, 尙不可有也. 夫事固有棄此取彼者, 以大易小可也, 以安易危可也, 權一時之勢, 不患本之不固可也. 今三者莫利, 原將軍熟慮之."

太祖乃止. 大收麥, 復與布戰, 分兵平諸縣. 布敗走, 兗州遂平.

| 국역 |

(獻帝 興平 2년) 陶謙(도겸)[17]이 죽자, 조조는 徐州를 장악한 다음

17 陶謙(도겸, 132-194, 字는 恭祖) - 丹陽郡(縣, 今 安徽省 馬鞍山市 博望區, 長江 남안, 江蘇省과 접경.) 사람. 《後漢書》 73권, 〈劉虞公孫瓚陶謙列傳〉에 立傳.

에 돌아와 여포를 평정하려고 했다. 이에 순욱이 말했다.

"예전에 高祖는 關中을 보유했고, 光武帝는 河內郡을 근거로 뿌리를 깊게 내리고 줄기를 강하게 하여 천하를 제패할 수 있었습니다. 그리하여 진격하면 적을 제압하고 밀리면 굳게 지켰으니, 비록 곤경에 몰릴 때도 있었지만 끝내 대업을 성취하였습니다. 將軍께서는 兗州(연주)에서 일어나 이를 바탕으로 山東의 혼란을 평정하셨으니, 기꺼이 복종하지 않는 백성이 없었습니다. 또 河水와 濟水 일대는 실로 천하의 요지로 지금은 피폐하고 파괴되었기에 쉽게 차지할 수 있었으니, 장군에게는 關中이며 河內이기에, 먼저 안정시키지 않을 수 없습니다. 지금 李封(이봉)과 薛蘭(설난)을 격파했지만, 군사를 나누어 동쪽으로 陳宮(진궁)을 공격하여 진궁이 감히 서쪽을 넘보지 못하게 하면서, 그 사이에 군사를 보내 익은 보리를 수확한 뒤 군량을 절약하고 비축한다면 한 번의 공격으로 여포를 격파할 수 있습니다. 여포를 격파한 다음에, 남으로는 揚州의 세력과 연합하여 함께 袁術(원술)을 토벌하여 淮水(회수)와 泗水(사수) 일대를 차지해야 합니다.

만약 여포를 놔둔 채 동쪽으로 진출할 경우, 군사를 많이 남겨두면 공격이 어렵고, 적게 남겨둔다면 백성들은 자기 성을 지키려 할 것이니 우리 군사는 땔나무도 얻기 어려울 것입니다. 거기에 만약 여포가 빈틈을 노려 강폭하게 공격해온다면 민심은 더욱 흔들릴 것

《魏書》 8권, 〈二公孫陶四張傳〉에 입전. 初平 4년(서기 193), 조조는 부친 曹嵩(조숭) 泰山郡에서 피살된 것을 도겸의 책임으로 돌리고 도겸을 공격하고 서주 지역에 살육을 감행했다. 興平 원년(서기 194)에 조조가 다시 서주를 공격할 때, 도겸은 병사했다.

이니, 겨우 鄄城(견성), 范縣(범현), 衛(위) 일대를 지킨다 하여도 나머지는 우리 소유가 아닐 것이며, 그렇게 되면 兗州(연주)가 없는 것과 같습니다. 만약 徐州를 평정하지 못한다면 將軍은 어디에 의지하겠습니까? 또 도겸이 비록 죽었다지만, 徐州는 쉽게 망하지 않을 것입니다. 저들은 往年(왕년)의 패배를 거울삼아, 두려워하면서 단결하고 가까워져 서로 表裏(표리)가 되어 지킬 것입니다. 지금 동쪽 지역은 보리 수확철이니 틀림없이 튼튼한 성벽에 군량을 다 거두어들인 뒤[18] 장군의 공격을 기다린다면, 장군께서는 공격해도 점령을 못하고 빼앗으려 해도 차지할 것이 없으니 열흘도 안 되어 10만 대군[19]은 싸워보지도 못하고 스스로 곤경에 빠지게 됩니다.

앞서 徐州를 토벌하면서, 위엄으로 징벌하였기에 그 자제들은 부형의 치욕을 염두에 두고 틀림없이 자신을 방어하며 투항하지 않을 것이니, 비록 격파해도 우리가 소유하기는 어려울 것입니다. 본래 일이란 이것을 버리고 저것을 얻으며, 큰 것으로 작은 것을 바꾸고, 안정을 버리고 위험을 택할 수도 있지만, 상황에 따라 결정하면서 근본 바탕이 굳건해야만 걱정이 없을 것입니다. 지금 세 가지 상황이 유리하지 않으니 장군께서는 숙고하십시오."

조조는 이에 여포 공격을 중지하였고 보리 수확을 마친 뒤에 다시 여포와 싸우면서 군사를 각지에 나눠보내 여러 현을 평정하였

18 堅壁淸野(견벽청야)는 방어 시설의 강화와 함께 적군이 탈취할만한 군량이나 물자를 미리 제거하는 방어전략.

19 그 당시 徐州가 평정되지 않았고, 또 兗州의 여러 현이 조조에 반기를 든 상황에서 '10만 대군'은 너무 심한 과장이라는 裴松之의 주석이 있다. 그 유명한 官渡의 싸움에서도 조조의 군사는 1만 명을 넘지 않았다.

다. 여포는 패주했고 마침내 兗州(연주) 일대를 확보하였다.

| 原文 |

建安元年, 太祖擊破黃巾. 漢獻帝自河東還洛陽. 太祖議奉迎都許, 或以山東未平, 韓暹,楊奉新將天子到洛陽, 北連張楊, 未可卒制. 彧勸太祖曰,

"昔晉文納周襄王而諸侯景從, 高祖東伐爲義帝縞素而天下歸心. 自天子播越, 將軍首唱義兵, 徒以山東擾亂, 未能遠赴關右, 然猶分遣將帥, 蒙險通使, 雖御難於外, 乃心無不在王室, 是將軍匡天下之素志也. 今車駕旋軫, 東京榛蕪, 義士有存本之思, 百姓感舊而增哀. 誠因此時, 奉主上以從民望, 大順也. 秉至公以服雄傑, 大略也. 扶弘義以致英俊, 大德也. 天下雖有逆節, 必不能爲累, 明矣. 韓暹,楊奉其敢爲害! 若不時定, 四方生心, 後雖慮之, 無及."

太祖遂至洛陽, 奉迎天子都許. 天子拜太祖大將軍, 進彧爲漢侍中, 守尙書令. 常居中持重, 太祖雖征伐在外, 軍國事皆與彧籌焉.

太祖問彧, "誰能代卿爲我謀者?" 彧言 "荀攸, 鍾繇." 先是, 彧言策謀士, 進戲志才. 志才卒, 又進郭嘉. 太祖以彧爲知人, 諸所進達皆稱職, 唯嚴象爲揚州, 韋康爲涼州, 後敗亡.

| 국역 |

(獻帝) 建安 元年(서기 196), 조조는 황건적의 잔당을 격파하였다. 漢 獻帝는 河東을 거쳐 洛陽으로 돌아왔다. 太祖는 헌제를 영입하여 許縣에 도읍하는 일을 논의하였는데, 어떤 자는 아직 山東(關東)이 未平이고, 韓暹(한섬), 楊奉(양봉) 등 새로운 세력이 천자와 함께 낙양에 들어와 북으로 張楊(장양) 등과 연결하면 그들을 제압할 수 없다고 말했다. 그러나 순욱은 조조에게 헌제 영입을 권유하며 말했다.

"옛날 晉의 文公[20]이 周 襄王(양왕)을 도와 옹립하자, 다른 제후들이 그림자처럼 따랐으며(原文의 景從), 高祖는 동쪽(項羽)을 정벌하기 전에 (楚) 義帝(의제)를 위해 縞素(호소, 喪服)를 입어 천하 민심이 쏠렸습니다. 지금 천자가 播越(파월, 播遷, 옮겨가다)했을 때 장군께서는 맨 먼저 (反 董卓) 義兵을 일으켰고, 山東 지역이 혼란하여 멀리 함곡관 서쪽(關西, 長安)에 갈 수도 없었지만, 그래도 장수를 보내며 위험을 무릅쓰고 사자를 보냈습니다. 비록 지방에서 난관을 이기지는 못했지만 (장군의) 忠心이 王室에서 떠난 적이 없었으니, 이는 장군께서 천하를 바로잡으려는 평소의 심지 그대로입니다. 지금 車駕(거가, 皇帝)가 돌아왔지만 東京(洛陽)은 황폐하고, 義士는 근본

....

20 晉의 文公(재위, 前 635-628)은 前 635년, 周 襄王(재위, 前 652-619)의 아우 王子 帶(대)가 반역하며 狄人(적인)으로 낙양을 공격케 했고 周의 군사는 패전하였다. 周 襄王은 鄭國으로 피난하면서 晉 文公에게 緊急한 구원을 요청했다. 그때 秦에서도 周王을 도우려 준비했었다. 覇者(패자)를 꿈꾸던 文公은 기회를 놓치지 않고 周 襄王을 구원하며 왕자 帶를 죽이고, 周 襄王을 도읍(洛陽)으로 호송하였다. 이에 周 襄王은 晉 文公의 은혜에 보답하는 뜻으로 河內 지역과 陽樊(양번) 등의 땅을 晉國에 주었다.

을 보전하려는 뜻을 갖고 있으며, 百姓은 옛날을 그리면서 슬퍼하고 있습니다. 정말로 이런 때에 황제를 받들어 백성의 여망에 따르는 것이 바로 大順입니다. 또 지극한 公心을 지켜 지방 호걸을 복속시키는 것은 바로 大略입니다. 대의를 실천하면서 뛰어난 인재를 끌어들이는 것은 바로 大德입니다. 지금 천하에 반역자가 있더라도 뜻을 성취하지 못할 것은 분명합니다. 韓暹(한섬)이나 楊奉(양봉) 같은 자가 어찌 해악을 저지르겠습니까! 만약 이런 때 결정짓지 못하면 사방에서 야심이 생겨 나중에는 하고 싶어도 할 수 없을 것입니다."

조조는 낙양으로 가서 헌제를 영입하여 許縣(허현)에 도읍케 하였다. 헌제는 조조에게 大將軍을 제수하였고, 순욱은 漢朝의 侍中으로 尙書令를 대행하였다. 순욱은 조정에서 중임을 수행하였고, 조조는 지방에서 정벌 중이라도 郡國 大事는 모두 순욱과 협의하였다.

조조가 순욱에게 물었다. "경을 대신하여 누가 나의 참모가 될 수 있는가?"

이에 순욱은 "荀攸(순유)와 鍾繇(종요)입니다"라고 말했다. 그전에 순욱이 謀士로 戱志才(희지재)[21]를 천거했었다. 희지재가 죽자, 이어 郭嘉(곽가)[22]를 천거하였다. 조조는 순욱이 사람을 볼 줄 안다

21 戱志才(희지재)는 穎川(영천) 사람으로, 순욱이 조조에게 천거한 謀士인데, 謀略이 뛰어나 조조가 매우 중시하였지만 일찍 죽었다. 순욱은 희지재 다음에 郭嘉(곽가)를 천거했었다. 《三國演義》에는 희지재가 등장하지 않는다.

22 郭嘉(곽가, 170-207年, 字 奉孝) - 穎川郡 陽翟縣(今 河南省 禹州市) 출신, 본래는 袁紹(원소)의 휘하에 있었다. 몸이 허약했던 조조의 참모, 司空軍祭酒(요즈음으로 말하면 軍의 法務參謀). 《魏書》 14권, 〈程郭董劉蔣劉傳〉에 立傳.

고 생각했고[23] 순욱이 천거하는 자는 모두 적임자였다. 다만 嚴象(엄상)을 揚州 자사에 韋康(위강)을 涼州 자사에 천거했지만 뒤에 戰死하였다.[24]

‖原文‖

自太祖之迎天子也, 袁紹內懷不服. 紹既並河朔, 天下畏其强. 太祖方東憂呂布, 南拒張繡, 而繡敗太祖軍於宛. 紹益驕, 與太祖書, 其辭悖慢. 太祖大怒, 出入動靜變於常, 衆皆謂以失利於張繡故也.

鍾繇以問彧, 彧曰, "公之聰明, 必不追咎往事, 殆有他慮." 則見太祖問之, 太祖乃以紹書示彧, 曰, "今將討不義, 而力不敵, 何如?"

彧曰, "古之成敗者, 誠有其才, 雖弱必强, 苟非其人, 雖强易弱, 劉,項之存亡, 足以觀矣. 今與公爭天下者, 唯袁紹爾. 紹貌外寬而內忌, 任人而疑其心, 公明達不拘, 唯才所宜, 此

23 순욱은 그 마음가짐이 늘 공정했다(持心平正). 동족의 가까운 사람이 순욱에게 재능이 없는 친족을 등용해 달라고 부탁하자, 순욱이 웃으며 말했다. "官職은 재능을 발휘해야 하는 자리입니다. 내가 그런 사람을 등용한다면 다른 사람들이 나에게 뭐라고 말하겠습니까?"

24 嚴象(엄상, 字 文則)은 원술이 죽은 뒤 揚州 刺史가 되었는데, 나중에 吳 孫策의 廬江太守인 李術과 싸워 전사했는데 그때 38세였다. 涼州자사 韋康(위강)은 馬超와 싸우다가 전사하였다.

度勝也. 紹遲重少決, 失在後機, 公能斷大事, 應變無方, 此謀勝也. 紹御軍寬緩, 法令不立, 士卒雖衆, 其實難用, 公法令旣明, 賞罰必行, 士卒雖寡, 皆爭致死, 此武勝也. 紹憑世資, 從容飾智, 以收名譽, 故士之寡能好問者多歸之. 公以至仁待人, 推誠心不爲虛美, 行己謹儉. 而與有功者無所吝惜, 故天下忠正效實之士咸原爲用, 此德勝也. 夫以四勝輔天子, 扶義征伐, 誰敢不從? 紹之强其何能爲!"

太祖悅.

| 국역 |

조조가 천자를 영입하자, 원소는 마음속이 편치 않았다. 원소는 河水 북쪽을 다 차지했고 천하는 원소를 두려워했다. 조조는 동쪽으로 여포를 걱정해야 했고, 남쪽으로는 張繡(장수)[25]를 막아야 했는데, 장수는 조조의 군사를 (南陽郡) 宛縣(완현)에서 격파했었다. 원소는 더욱 교만해졌는데 조조에게 보내 서신이 매우 오만하였다.

25 張繡(장수, ?-207). 동탁의 부하인 張濟의 조카. 후계자. 장제는 弘農郡에 주둔하고 있었는데, 士卒이 飢餓(기아)에 시달리자 남쪽으로 내려와 穰縣(양현)을 공략하다가 화살에 맞아 죽었다(建安 2년, 서기 197). 이에 張繡(장수)는 그 무리를 거느리고 (南陽郡) 宛縣(완현)에 주둔하다가 劉表(유표)에 합세하였다. 조조가 남쪽을 원정하면서 淯水(육수)에 주둔하자, 장수는 무리를 거느리고 투항하였다. 그러나 조조가 張濟의 妻를 첩으로 거느리자, 장수는 이에 원한을 품었다. 조조는 장수가 싫어하는 것을 알고 장수를 죽일 계획을 세웠다. 그러나 계획이 누설되었고 장수는 조조를 엄습하였다. 조조는 패전했고 두 아들을 잃었다. 장수는 무리를 이끌고 돌아와 穰縣(양현)을 지켰다. 조조는 해마다 장수를 공격했지만 이기지 못했다. 조조가 원소와 官渡(관도)에서 싸울 때, 張繡는 賈詡(가후)의 계책에 따라 다시 무리를 거느리고 조조에 투항하였다.

이에 조조는 대노했고 일상생활이 평상시에 달랐는데 많은 사람들은 장수에게 패전했기 때문이라고 말했다.

鍾繇(종요)[26]가 이를 순욱에게 묻자, 순욱이 말했다.

"曹公의 聰明(총명)으로 보아 틀림없이 지난 일을 탓하는 것이 아니고, 아마 다른 걱정이 있을 것이요."

그러면서 순욱은 바로 조조를 만나보자, 조조는 원소의 서신을 보여 주며 물었다.

"이제 不義한 원소를 토벌해야겠는데, 상대하기가 어려우니 어찌해야 하는가?"

이에 순욱이 말했다.

"예로부터 成敗는 정말로 그 재능에 달렸으니 비록 약자라도 강대해졌으나 진정한 재능이 아니라면 강자라도 쉽게 약자로 바뀌었으니, 옛날 (漢) 劉邦(유방)과 (楚) 項羽(항우)의 一存一亡이 그러했습니다. 지금 公과 천하를 놓고 다툴 자는 오직 원소뿐입니다. 원소의 모습은 겉으로 관대하나 내심으로 猜忌(시기)하고, 사람을 신임하면서도 그 忠心을 의심하지만 公께서는 사리에 통달하시어 아무런 구애도 없이 재능에 따라 적소에 배치하시니, 이는 度量의 승리입니다. 원소는 일을 당하여 판단이 늦고 결단력이 없어 늘 기회를 놓치지만, 公께서는 대사를 결단하시고 隨機應變(수기응변)하시니, 이는 策謀(책모)의 승리입니다. 원소는 군사통솔에 기율이 없고 법령 권위도 없어 군사가 많아도 실제로는 지휘통솔이 어렵습니다만, 공

26 鍾繇(종요, 151-230년, 字 元常) - 豫州 潁川 長社縣 출신. 曹魏의 重臣, 유명한 서예가. 太傅 역임. 晉代 書法家 王羲之와 함께 '鍾王' 으로 불린다. 《魏書》 13권, 〈鍾繇華歆王朗傳〉에 立傳.

께서는 法令이 확실하고 상벌을 틀림없이 시행하기에 사졸은 적지만 모두 목숨을 걸고 충성하니, 이는 武力의 승리입니다. 그리고 원소는 가문의 명성을 바탕으로 행실이 文雅하고 聰明多識한 척 꾸며 명예를 얻고 있기에 능력이 부족하며 헛 명성을 얻으려는 자가 많이 모여듭니다. 그렇지만 공께서는 성심으로 다른 사람을 대하며 헛 명성을 꾸미지 않으며 謹愼(근신) 검소를 실천하며 공을 세운 자가 있으면 아끼지 않고 베풀기에 온 천하의 忠義를 지키고 正直하며 실천적인 인재를 원하는 대로 등용하시니, 이는 仁德의 승리입니다. 이러한 4가지 장점으로 천자를 보필하시며 대의를 지켜 불의한 자를 정벌하시니 누가 감히 따르지 않겠습니까? 그렇다면 원소의 강점이 무슨 소용이겠습니까!"

이에 조조가 기뻐하였다.

| 原文 |

彧曰, "不先取呂布, 河北亦未易圖也."

太祖曰, "然. 吾所惑者, 又恐紹侵擾關中, 亂羌,胡, 南誘蜀漢, 是我獨以兗,豫抗天下六分之五也. 爲將奈何?"

彧曰, "關中將帥以十數, 莫能相一, 唯韓遂,馬超最强. 彼見山東方爭, 必各擁衆自保. 今若撫以恩德, 遣使連和, 相持雖不能久安, 比公安定山東, 足以不動. 鍾繇可屬以西事. 則公無憂矣."

| 국역 |

순욱이 말했다.

"먼저 呂布를 격파하지 않는다면 河北은 쉽게 도모할 수 없습니다."

이에 조조가 말했다.

"그렇소. 내가 염려하고, 또 두려운 것은 원소가 關中을 공격하면서 羌族(강족)과 흉노가 반기를 들게 하고, 남쪽으로 蜀漢의 침략을 부추긴다면, 나는 兗州(연주)와 豫州만으로 천하의 6분의 5와 맞서야 한다. 이를 장차 어찌하겠나?"

이에 순욱이 말했다.

"關中의 장수가 수십 명이라지만 감히 하나로 통합할 장수가 없고, 다만 그중에서도 韓遂(한수)와 馬超(마초)가 강할 뿐입니다. 저들은 崤山(효산) 동쪽이(山東) 한창 싸우는 것을 보면서도 틀림없이 자기 땅을 지킬 뿐입니다. 지금 만약 그들에게 은덕을 베풀며 사자를 보내 연합한다면 서로 오랫동안 안정을 이룰 수는 없더라도 아마 공께서 山東 안정시킬 때까지는 움직이지 않을 것입니다. 鍾繇(종요)에게 서쪽을 맡긴다면 공께서는 아무 걱정이 없을 것입니다."

| 原文 |

三年, 太祖旣破張繡, 東禽呂布, 定徐州, 遂與袁紹相拒.

孔融謂彧曰, "紹地廣兵强, 田豐,許攸, 智計之士也, 爲之謀. 審配,逢紀, 盡忠之臣也, 任其事. 顔良,文醜, 勇冠三軍,統其兵, 殆難克乎!"

彧曰, "紹兵雖多而法不整. 田豐剛而犯上, 許攸貪而不治. 審配專而無謀, 逢紀果而自用, 此二人留知後事, 若攸家犯其法, 必不能縱也, 不縱, 攸必爲變. 顔良,文醜, 一夫之勇耳, 可一戰而禽也."

五年, 與紹連戰. 太祖保官渡, 紹圍之. 太祖軍糧方盡, 書與彧, 議欲還許以引紹.

彧曰, "今軍食雖少, 未若楚,漢在滎陽,成皐間也. 是時劉,項莫肯先退, 先退者勢屈也. 公以十分居一之衆, 畫地而守之, 扼其喉而不得進, 已半年矣. 情見勢竭, 必將有變, 此用奇之時, 不可失也."

太祖乃住. 遂以奇兵襲紹別屯, 斬其將淳于瓊等, 紹退走. 審配以許攸家不法, 收其妻子, 攸怒叛紹, 顔良,文醜臨陣授首, 田豐以諫見誅, 皆如彧所策.

| 국역 |

(建安) 3년(서기 198), 조조는 張繡(장수)를 격파하고 동쪽으로 呂布를 죽여, 徐州를 평정한 뒤에 마침내 원소와 대치하였다.

孔融(공융)[27]이 순욱에게 말했다.

27 孔融(공융, 153-208, 字 文擧) - 공자의 20代孫인 공융은 7兄弟 중 6째였는데, 나이 4세에 형제들과 함께 배(梨)를 먹는데 먼저 가장 작은 배를 집었다. 어른이 까닭을 묻자, "나는 어리니까 응당 작은 것을 먹어야 한다." 고 대답하였다

"원소는 넓은 땅에 강한 군대를 보유하고 있는데, 田豐(전풍)과 許攸(허유)는 智計之士로 방책을 수립합니다. 審配(심배)와 逢紀(봉기)는 충성을 다하는 신하로 정사를 담당합니다. 顔良(안량)과 文醜(문추)의 용기는 三軍에 으뜸이며 군사를 지휘하고 있으니, 아마 이기기 어려울 것입니다!"

이에 순욱이 말했다.

"원소의 군사가 많다지만 군법이 엄정하지 못합니다. 田豐(전풍)은 강건하나 윗사람 뜻을 거스르고, 許攸(허유)는 탐욕이 많고 제 욕심을 제어하지 못합니다. 審配(심배)는 자기주장이 많고 무모하며, 逢紀(봉기)는 과감하지만 저만 옳다고 생각하는데, 이 두 사람을 남겨 후방 정사를 맡길 것이지만, 만약 허유의 가속이 법을 어긴다면 틀림없이 용서하지 않을 것이고, 용서하지 않는다면 허유는 바로 변심할 것입니다. 그리고 顔良(안량)과 文醜(문추)는 필부의 용기뿐이니 단 한번 싸움으로 잡을 것입니다."

(孔融讓梨). 《三字經》에도 '融四歲, 能讓梨' 라는 구절이 있다. 공융은 나이 13세에 부친을 여의었는데 너무 애통하여 건강을 잃어서 부축해야만 일어날 수 있었고, 고을에서는 그 효성을 본받았다. 본래 천성이 호학하여 읽어야 할 책을 모두 섭렵하였다. 38세에 北海相을 역임하여 '孔北海' 로 불린다. 獻帝는 許縣에 도읍했고, 공융은 조정에 들어가 將作大匠에 임명되었다가 少府로 승진했다. 조회에서 황제에게 대답할 때마다 공융은 경전을 인용하여 정론을 폈는데, 다른 공경대부들은 모두 이름이나 갖고 있을 뿐이었다. 시인으로도 유명하여 '建安七子' 의 한 사람. 건안 13년, 조조는 50만 대군을 동원해 강남 원정에 나선다. 이때 태중대부 孔融은 이번 원정이 부당하다고 반대했고, 결국 조조의 명을 받은 廷尉(정위)에게 끌려가 죽음을 당한다. 나이가 어린 공융의 두 아들은 바둑을 두다가 참변 소식을 듣는다. 빨리 피신하라는 말에 두 형제는 전혀 놀라지 않고 말한다. "부서지는 둥지에 알인들 온전하겠는가!(破巢之下 安有完卵!)" 공융 일가는 모두 죽음을 당했다. 《後漢書》 70권, 〈鄭孔荀列傳〉에 입전.

(建安) 5년(서기 200), 조조는 원소와 해를 거듭하며 싸웠다. 조조는 官渡(관도)를 지켰고, 원소는 조조 군을 포위했다. 조조는 군량이 다하려 하자, 순욱에게 서신을 보내 허도로 회군하여 원소를 끌어들여 싸우려 했다.

이에 순욱이 말했다.

"지금 군량이 부족하다지만, 楚와 漢이 滎陽(형양)과 成皐(성고) 사이에서 싸울 때와 같지는 않을 것입니다. 그때 (漢) 劉邦과 (楚) 項羽는 서로 물러나려 하지 않았는데 먼저 후퇴하면 세력이 꺾이는 것이었습니다. 지금 公은 10분의 1 병력으로 땅을 갈라 지키면서 그 목을 졸라 진격을 막은 지 이미 반 년입니다. 기세가 다하면 틀림없이 변화가 일어나니, 기습 공격을 해야 한다면 이 기회를 놓치지 마십시오."

조조는 그대로 버티었다. 마침내 기습공격으로 원소의 별동부대를 격파하며 (군량 운반 책임자인) 淳于瓊(순우경) 등을 죽이자, 원소는 퇴각하였다.

심배는 허유의 집안에서 不法을 저지르자 그 처자를 잡아가두었고, 허유는 화가 나서 원소를 배반했으며(조조에 투항), 안량과 문추는 전투에서 제 목숨을 헌상하였고, 전풍은 간언을 올려 죽음을 당했으니 모두가 순욱이 예상한 그대로였다.

| 原文 |

六年, 太祖就穀東平之安民, 糧少, 不足與河北相支, 欲因紹新破, 以其間擊討劉表. 或曰, "今紹敗, 其衆離心, 宜乘其困, 遂定之, 而背兗,豫, 遠師江,漢, 若紹收其餘燼, 承虛以出人後, 則公事去矣."

太祖復次於河上. 紹病死. 太祖渡河, 擊紹子譚,尙, 而高幹,郭援侵略河東, 關右震動, 鍾繇帥馬騰等擊破之. 語在〈繇傳〉.

八年, 太祖錄彧前後功, 表封彧爲萬歲亭侯. 九年, 太祖拔鄴, 領冀州牧. 或說太祖 "宜復古置九州, 則冀州所制者廣大, 天下服矣."

太祖將從之, 彧言曰, "若是, 則冀州當得河東,馮翊,扶風,西河,幽,幷之地, 所奪者衆. 前日公破袁尙, 禽審配, 海內震駭, 必人人自恐不得保其土地, 守其兵衆也. 今使分屬冀州, 將皆動心. 且人多說關右諸將以閉關之計. 今聞此, 以爲必以次見奪. 一旦生變, 雖有守善者, 轉相脅爲非, 則袁尙得寬其死, 而袁譚懷貳, 劉表遂保江,漢之間, 天下未易圖也. 願公急引兵先定河北, 然後修復舊京, 南臨荊州, 責貢之不入, 則天下咸知公意, 人人自安. 天下大定, 乃議古制, 此社稷長久之利也."

太祖遂寢九州議.

| 국역 |

(建安) 6년(서기 201), 조조는 東平國(동평국) 安民(안민) 城[28]에서 군량을 확보하려 했지만 군량이 적어 河水 이북의 적들을 상대할 수가 없다고 생각하였는데, 원소의 패전을 계기로 그 틈을 이용하여 (荊州의) 劉表(유표)를 격파하려고 했다.[29] 이에 순욱이 말했다.

"지금 원소가 패전하면서 그들 부하가 흩어졌기에 그 곤경을 틈타 승리했지만, 지금 兗州(연주)와 豫州(예주)를 버려두고 멀리 長江과 漢水 지역에 군사를 보낼 때, 만약 원소가 잔당을 모아 군사적 공백을 틈타 후방을 공격한다면 공의 계획은 수포로 돌아갑니다."

조조는 다시 河水 북쪽에 주둔하였다.[30] 원소가 病死했다(건안 7년, 서기 202). 조조는 河水를 건너 원소의 아들 袁譚(원담)과 袁尙(원상)을 공격했고, 高幹(고간)[31]과 郭援(곽원)이 河東郡 지역을 침략하자 關右(關西) 일대가 진동했지만, 鍾繇(종요)는 馬騰(마등) 등을 거느리고 격파하였는데, 이는 〈鍾繇傳 / 鍾繇華歆王朗傳〉에 기록했다.

(建安) 8년(서기 203), 조조는 순욱의 그간 공적을 평가하여 표문

28 兗州 東平國의 治所는 無鹽縣, 今 山東省 泰安市 관할 東平縣. 安民은 城 이름. 정확한 위치 미상. 사전에는 上黨郡의 城으로 나오지만 安平國과는 거리가 너무 멀어 착오가 있을 것임.

29 조조는 이미 패전한 원소는 걱정거리가 아니라 생각하여 군사를 남겨 방비만 하고 자신이 직접 남쪽의 劉表(유표)를 원정하려는 뜻이었다.

30 次는 머물다(舍止也). 군사가 一宿할 경우 舍(사), 二宿할 경우 信, 二宿 이상은 次라고 한다. 河와 江을 우리말에서는 구분 없이 쓰지만(예, 運河, 大河, 江南, 江東), 본래 河는 黃河를, 江은 長江을 지칭하는 고유명사이다.

31 袁紹의 생질(甥)인 高幹(고간)은 幷州牧(병주목)을 대행하였는데, 조조가 鄴縣을 정벌하자 고간은 투항하였고 그대로 刺史가 되었다. 고간은 曹公이 오환족을 토벌 중일 때 幷州에서 반역하면서 上黨郡 太守를 사로잡고 군사를 일으켰다.

을 올려 순욱을 萬歲亭侯에 봉했다. (建安) 9년, 조조는 (魏郡) 鄴縣(업현)[32]을 점거하고 冀州牧을 겸임하였다. 어떤 사람이 조조에게 말했다.

"응당 옛 九州[33]를 다시 복원한다면 冀州의 관할 지역이 광대하기에 온 천하가 굴복할 것입니다."

이에 조조가 따르려 하자, 순욱이 말했다.

"만약 그와 같이 한다면 冀州는 지금의 河東郡, 左馮翊(좌풍익), 右扶風(우부풍), 西河郡은 물론 幽州와 幷州의 땅을 포함해야 하기에 빼어야 할 땅이 많을 것입니다. 前日에 公께서 袁尙을 격파하고 審配(심배)를 사로잡을 때, 천하가 놀라 떨면서 사람마다 자기 땅을 지킬 수 없다고 생각하며 그 군사를 지키려 했습니다. 지금 그들 땅을 전부 冀州에 소속시키려 한다면 그 장수들의 마음이 크게 동요할 것입니다. 거기에 또 많은 사람이 關西의 여러 장수에게 관문을 막고 지킬 계책을 말했습니다. 지금 그런 계획이 알려지면 자신의 땅을 틀림없이 빼앗길 것이라 생각할 것입니다. 일단 변란이 일어나게 되면 선량한 마음을 가진 사람조차도 두려움을 느껴 불충한 생각을 가질 것이며, (원소의 막내아들, 후계자) 袁尙(원상)은 더 오래 버틸 것이며, (원소의 장남) 袁譚(원담)도 두 마음을 품을 것이며, 劉表는 결국 장강과 漢水를 굳게 지킬 것이니 천하를 도모하기는

32 魏郡 鄴縣(업현)은 후한 말 冀州刺史部 치소. 기주 소속군은 魏郡, 鉅鹿郡, 常山國, 中山國, 安平國, 河間國, 清河國, 趙國, 渤海郡 등이었다.

33 《尙書》의 篇名인 〈禹貢〉에서는 중국을 冀州, 兗州(연주), 青州, 徐州, 揚州, 荊州, 豫州, 梁州, 雍州(옹주)로 구분하였다. 《尙書》의 〈禹貢〉은 中國의 地理와 方物, 賦稅에 관한 내용을 기록했다. 夏왕조 禹王이 지은 것으로 되어있지만 周朝 戰國시대의 저작이라 알려졌다.

그만큼 어려울 것입니다. 바라건대, 公께서는 서둘러 군사를 동원하여 河北를 먼저 평정한 뒤에 舊京(長安)을 회복하고서 남쪽으로 荊州에 진입하며 그간 공물을 헌상하지 않은 것을 문책한다면, 천하 모두가 公의 大義를 알고 사람마다 스스로 안정될 것입니다. 천하가 다 평정된 뒤에 옛 제도를 논의하는 것이 장기적으로 사직에 이로울 것입니다."

조조는 九州의 복원 계획을 취소하였다.

| 原文 |

是時荀攸常爲謀主. 彧兄衍以監軍校尉守鄴, 都督河北事. 太祖之征袁尙也, 高幹密遣兵謀襲鄴, 衍逆覺, 盡誅之, 以功封列侯. 太祖以女妻彧長子惲, 後稱安陽公主. 彧及攸並貴重, 皆謙衷節儉, 祿賜散之宗族知舊, 家無餘財. 十二年, 復增彧邑千戶, 合二千戶.

| 국역 |

이때 荀攸(순유)[34]도 늘 조조의 책사였다. 순욱의 형 荀衍(순연)[35]은 監軍校尉로 鄴縣에 남아서 河北의 군사를 감독하였다. 태조가

34 荀攸(순유, 157 - 214, 字 公達) - 순욱의 堂姪(당질). 曹操의 謀士. 曹操가 魏王일 때 尙書令 역임.

35 荀衍(순연)의 字는 休若(휴약)으로 순욱의 셋째 형이었고, 순욱의 넷째 형인 荀諶(순심)의 자는 友若(우약)이었다.

袁尙(원상)을 정벌하자, (원소의 생질) 高幹(고간)은 몰래 군사를 보내 鄴縣을 공략할 모의를 했는데, 순연이 이를 알아 모두 잡아 처형한 공로로 列侯가 되었다. 조조는 딸을 순욱의 장남 荀惲(순운)과 결혼시켰는데 뒷날 安陽公主라 칭했다.

순욱과 순유가 모두 고위직으로 중용되었지만 모두가 충성을 다하고 절약, 검소하였으며 녹봉이나 하사품을 종족이나 지인에게 나눠주어 집안에 남은 재물이 없었다. (建安) 12년, 순욱의 식읍 1천 호를 늘려 합계 2천 호가 되었다.

| 原文 |

太祖將伐劉表, 問彧策安出, 彧曰, "今華夏已平, 南土知困矣. 可顯出宛,葉而間行輕進, 以掩其不意."

太祖遂行. 會表病死, 太祖直趨宛,葉如彧計, 表子琮以州逆降.

十七年, 董昭等謂太祖宜進爵國公, 九錫備物, 以彰殊勳, 密以諮彧. 彧以爲太祖本興義兵以匡朝寧國, 秉忠貞之誠, 守退讓之實, 君子愛人以德, 不宜如此. 太祖由是心不能平. 會征孫權, 表請彧勞軍於譙, 因輒留彧, 以侍中光祿大夫持節, 參丞相軍事. 太祖軍至濡須, 彧疾留壽春, 以憂薨, 時年五十. 謚曰敬侯. 明年, 太祖遂爲魏公矣.

| 국역 |

조조가 순욱에게 (荊州의) 劉表(유표)를 정벌할 방책을 묻자, 순욱이 말했다.

"지금 華夏(중원)이 이미 평정하였으니 남방의 유표는 곤경에 처했습니다. 公께서는 공개적으로 (南陽郡의) 宛縣(완현)[36]과 葉縣(섭현)[37]에 지름길로 빨리 진군한 다음에 그들이 예상 못할 때 공격하십시오."

조조가 출발했는데 마침 유표는 병사했다(建安 13년, 서기 208). 조조는 순욱의 계책대로 완현과 섭현으로 진군하자, 유표의 아들 劉琮(유종)은 형주를 들어 투항하였다.

(建安) 17년(서기 212), 董昭(동소) 등은 조조의 작위를 國公(王)으로 올리고 九錫(구석)을 하사하여[38] 특별한 공훈을 표창해야 된다고 생각하여 은밀히 순욱에게 자문을 구했다. 순욱은 조조가 처음 朝政을 바로잡고 나라를 평안케 하려고 의병을 일으켰기에, 忠貞의 성심과 겸양의 뜻을 지키며 군자의 덕행으로 백성을 아껴야 한다고 생각하여 그렇게 하는 것은 옳지 않다고 말했다. 조조는 이 말을 전

36 南陽郡의 治所인 宛縣(완현), 今 河南省 서남부 南陽市. 이곳은 後漢 光武帝의 고향이라서 後漢 초부터 특별히 관리한 大郡이었다.

37 南陽郡의 葉縣(섭현), 今 河南省 중부 平頂山市 관할 葉縣.

38 董昭(동소)의 字 公仁(공인), 濟陰人. 九錫(구석)은 원로대신에게 내리는 최고의 영예, 車馬(말 여덟 필이 끄는 큰 수레 2종류), 衣服(王者의 옷과 신발), 樂器(王者之樂), 朱戶(대문에 붉은 칠을 할 수 있음), 納陛(납승, 거처에 계단 설치), 虎賁(호분, 수위군사 배치), 斧鉞(부월, 살생의 권한을 상징하는 도끼), 弓矢(붉은색과 검은색의 활과 화살), 秬鬯圭瓚(거창규찬, 각종 제기)을 九錫이라 한다. 錫은 하사하다(與也). 九錫을 받았다면 신하로서는 최고의 영광이며 이보다 더 나은 대우가 없었다.

해 듣고 마음이 좋지 않았다.

마침 조조는 孫權을 원정하면서 순욱이 (沛國) 譙縣(초현)에 와서 원정군을 위로케 해야 한다고 표문을 올렸고, (순욱이 내려오자) 순욱을 남겨 侍中 겸 光祿大夫[39]로 부절을 가지고 丞相(曹操)의 군사 업무를 관여케 하였다. 조조의 군사가 濡須(유수)에 도착했지만, 순욱은 병이 나서 (九江郡) 壽春(수춘)[40]에 머무르다가 근심걱정으로 죽었는데[41] 그때 나이 50세이었다. 諡號(시호)는 敬侯(경후)였다. 다음 해에 조조는 魏公이 되었다.

39 光祿大夫(광록대부) – 光祿勳의 속관, 질록 比二千石. 無 定員. 모든 大夫나 議郞은 황제의 顧問 應對를 담당. 常事(고정 직무) 없음. 본래 황제명에 따른 심부름이나 각 제후에 조문, 위문을 담당, 제후국에 喪事가 있으면 광록대부를 보내 업무를 처리케 했다. 광록대부는 給事中, 侍中 등의 加官을 받아 권한이 강대했으나 점차 閒職化 되었다. 고관을 역임한 자가 은퇴할 때 이 직함을 수여하는 경우가 많았다. 본래 大夫는 정사에 대한 의론을 담당. 황제의 근신, 총신, 귀척으로 충임하고 정원이 없어 많을 때는 수십 명이나 되었다. 太中大夫(질록 千石. 無 定員), 中散大夫(질록 6백석, 無 定員), 諫議大夫(질록 6백석, 無 定員), 議郞(질록 6백석, 無 定員) 등은 모두 광록대부 소속이었다.

40 濡須(유수)는, 今 安徽省 중부 巢湖市(소호시, 長江 북안). (九江郡) 壽春縣(수춘현)은, 今 安徽省 淮南市 壽縣.

41 순욱의 죽음에 대하여 本傳의 기록인 '以憂薨', 곧 근심 걱정으로 죽었다는 기록은 너무 간략하여 많은 의문을 갖게 한다. 조조가 순욱을 자기 軍營으로 데려와 군사 업무를 돌보게 한다며 아무 일도 시키지 않았다면 순욱으로서는 충분히 고민했을 것이다. 《後漢書》와 《魏氏春秋》에는 曹操가 음식을 보냈는데 내용물이 없는 빈 그릇이라서 조조의 뜻을 알고 음독자살한 것으로 되었다. 裴松之도 이 내용을 주석으로 처리하였는데, 두뇌 회전이 빠른 조조가 자신의 권력 강화에 반대의 뜻을 갖고 있는 순욱에게 보내는 확실한 메시지라고 볼 수 있다. 《獻帝春秋》란 책에서는 조조가 헌제 伏皇后를 제거하라고 했지만 순욱은 따르지 않았고 그래서 자살했다는 기록도 있다.

| 原文 |

子惲, 嗣侯, 官至虎賁中郎將. 初, 文帝與平原侯植並有擬論, 文帝曲禮事彧. 及彧卒, 惲又與植善, 而與夏侯尚不穆, 文帝深恨惲.

惲早卒, 子甝,霬. 以外甥故猶寵待. 惲弟俁, 御史中丞, 俁弟詵, 大將軍從事中郎, 皆知名, 早卒. 詵弟顗, 咸熙中爲司空. 惲子甝, 嗣爲散騎常侍, 進爵廣陽鄉侯, 年三十薨. 子頵嗣. 霬官至中領軍, 薨, 謚曰貞侯, 追贈驃騎將軍. 子愷嗣. 霬妻, 司馬景王,文王之妹也, 二王皆與親善. 咸熙中, 開建五等, 霬以著勳前朝, 改封愷南頓子.

| 국역 |

(순욱의) 아들 荀惲(순운)이 뒤를 이어 제후가 되었는데, 관직은 虎賁中郎將이었다. 그전에 曹丕(조비)와 平原侯인 曹植(조식)은 世子의 물망에 올랐는데, 文帝는 곡진한 禮로 순욱을 섬겼었다. 순욱이 죽자, 순운은 조식과 친하면서 夏侯尙(하후상)과는 사이가 안 좋았기에 조비는 순욱에게 미움을 많이 갖고 있었다.

순운이 일찍 죽고, 아들은 荀甝(순함, 백호 함)과 荀霬(순익, 霬 사람 이름 자 익)이었는데, 이 두 사람은 (文帝의) 생질이라서 총애를 받았다. 순운의 동생 荀俁(순우, 얼굴 클 우)는 御史中丞이었고, 순우의 동생 荀詵(순선, 많을 선)은 大將軍의 從事中郎이었는데 모두 유명했지만 모두 일찍 죽었다. 순선의 아우 荀顗(순의, 근엄할 의)는 (曹奐의)

咸熙(함희) 연간에(서기 264 - 265년)에 司空이 되었다.

순운의 아들 荀彪(순함)이 뒤를 이었고 散騎常侍가 되었으며 작위가 올라 廣陽鄕侯가 되었지만 나이 30에 죽었다. 아들 荀頵(순군, 머리 클 군)이 후사가 되었다. 荀顗(순익, 音 翼)은 中領軍이었는데, 죽은 뒤 시호는 貞侯(정후)이었으며 驃騎將軍을 추증하였다. 순익의 아들 荀愷(순개, 즐거울 개)가 뒤를 이었다. 荀顗(순익)의 妻는 司馬景王(司馬師)와 文王(司馬昭, 司馬炎의 부친)의 여동생이었는데 사마사와 사마소 두 형제와 모두 친했다. (曹奐의) 咸熙(함희) 연간(서기 264 - 265년)에 처음으로 五等 작위를 마련했는데, 순익이 前朝에 뚜렷한 공적이 있어, 아들 荀愷(순개)는 南頓子(남돈자)의 작위를 받았다.

❷ 荀攸

| 原文 |

荀攸字公達, 彧從子也. 祖父曇, 廣陵太守. 攸少孤. 及曇卒, 故吏張權求守曇墓. 攸年十三, 疑之, 謂叔父衢曰, "此吏有非常之色, 殆將有間!" 衢寤, 乃推問, 果殺人亡命. 由是異之.

何進秉政, 徵海內名士攸等二十餘人. 攸到, 拜黃門侍郎. 董卓之亂, 關東兵起, 卓徙都長安. 攸與議郎鄭泰,何顒,侍中种輯,越騎校尉伍瓊等謀曰,

"董卓無道, 甚於桀紂, 天下皆怨之, 雖資强兵, 實一匹夫耳. 今直刺殺之以謝百姓, 然後據殽,函, 輔王命, 以號令天下, 此桓文之擧也."

事垂就而覺, 收顒,攸繫獄. 顒憂懼自殺, 攸言語飮食自若, 會卓死得免. 棄官歸, 復辟公府, 擧高第, 遷任城相, 不行. 攸以蜀漢險固, 人民殷盛, 乃求爲蜀郡太守, 道絶不得至, 駐荊州.

| 국역 |

荀攸(순유)[42]의 字는 公達(공달)로, 荀彧(순욱)의 堂姪(당질)이다. 조부인 荀曇(순담)은 廣陵(광릉) 태수였다. 순유는 어려서 부친을 여의었다. 조부 순담이 죽자, 순담의 옛 부하 관리이었던 張權(장권)이란 사람이 순담의 묘에서 시묘하겠다고 말했다. 순유는 그때 13살이었는데 장권을 의심하여 叔父인 荀衢(순구)에게 말했다.

"저 관리 안색이 보통과 다르니 무엇인가 속이는 것 같습니다."

순구가 알아채고 따져 묻자, 살인하고 도망 중인 사람이었다. 이 때문에 순유는 특별한 아이라고 생각하였다.

何進(하진)[43]이 정권을 쥐고 있을 때, 순유 등 천하의 명사 20여 명

42 荀攸(순유, 157 – 214년, 字 公達) – 曹魏의 저명한 군사 전략가. 魏國 尙書令 역임.

43 何進(하진, ? – 189) – 南陽 宛縣 출신, 본래 가축을 잡는 屠戶 출신, 이복 여동생이 입궁하여 靈帝의 황후가 되었다. 大將軍 역임. 환관 세력을 꺾겠다고 董卓(동탁)을 불러들인 장본인. 十常侍에게 피살. 《後漢書》 69권, 〈竇何列傳〉에 立傳.

을 초빙하였다. 순유는 조정에 들어와 黃門侍郞을 제수 받았다. 董卓의 亂에 關東에서 의병이 일어나자, 동탁은 장안으로 옮겨 도읍케 하였다. 순유와 議郞인 鄭泰(정태),[44] 何顒(하옹),[45] 侍中인 種輯(종집), 越騎校尉인 伍瓊(오경) 등이 함께 모의하였다.

"동탁의 無道하기가 桀紂(걸주, 夏 桀王, 殷 紂王)보다 더 심하여, 세상 사람이 모두 원한을 품고 있으며, 비록 강병을 보유하고 있지만 실제는 필부일 뿐이다. 지금 그냥 동탁을 刺殺(척살)하여 백성을 위로한 뒤에 殽山(효산)과 函谷關(함곡관)을 차단하고 황제를 보좌하며 천하를 호령한다면, 이는 齊 桓公, 秦 文公과 같은 義擧일 것이다."

그러나 거사 직전에 발각되어 하옹과 순유 등은 모두 옥에 갇혔다. 하옹은 박해가 두려워 자살하였지만, 순유는 평소와 같이 먹고 마시었는데 마침 동탁이 피살되면서 풀려났다. 순유는 관직을 버리고 귀향하였다가, 다시 삼공부의 부름을 받았고, 높은 근무 평가를 받아 任城國 相으로 승진하였지만 부임하지 않았다. 순유는 지형이 험악하지만 인구가 많고, 부유한 蜀郡의 太守를 원해 임명되었지만 길이 막혀 부임하지 못하고 荊州에 머물렀다.

▌原文▐

太祖迎天子都許, 遺攸書曰, 「方今天下大亂, 智士勞心之

44 鄭泰(정태, 150?-190년, 字 公業) - 《後漢書》 70권, 〈鄭孔荀列傳〉에 立傳.

45 何顒(하옹, 字 伯求) - 黨錮의 화를 당했다. 하옹은 曹操와 荀彧의 재능을 알아주었던 사람. 《後漢書》 67권, 〈黨錮列傳〉에 立傳.

時也, 而顧觀變蜀漢, 不已久乎!」

於是徵攸爲汝南太守, 入爲尙書. 太祖素聞攸名, 與語大悅, 謂荀彧, 鍾繇曰, "公達, 非常人也, 吾得與之計事, 天下當何憂哉!" 以爲軍師.

建安三年, 從征張繡. 攸言於太祖曰, "繡與劉表相恃爲强, 然繡以游軍仰食於表, 表不能供也, 勢必離. 不如緩軍以待之, 可誘而致也. 若急之, 其勢必相救."

太祖不從, 遂進軍之穰, 與戰. 繡急, 表果救之. 軍不利. 太祖謂攸曰, "不用君言至是." 乃設奇兵復戰, 大破之.

| 국역 |

太祖(曹操)가 天子(獻帝)를 맞이하여 許縣(허현)에 도읍하게 한 뒤에, 조조는 순유에게 서신을 보내 말했다.

「방금 온 세상에 난리가 났으니 智士가 마음고생을 할 때인데, 경은 蜀漢의 변화를 기다리지만 너무 오래 걸리지 않겠는가?」

그리고는 순유를 불러 汝南太守[46]에 임명했고, 이에 순유는 조정에 들어가 尙書가 되었다. 조조는 평소에 순유의 명성을 들어 알았기에 함께 이야기 한 뒤에 크게 기뻐하며 순욱과 鍾繇(종요)에게 말했다.

"公達(荀攸)은 보통 사람이 아닌데, 내가 순유와 함께 일을 꾸미

46 豫州 관할 汝南郡(여남군)의 治所는 平輿縣, 今 河南省 남부 駐馬店市 관할 平輿縣.

니 천하에 무슨 걱정이 있겠나!"

그리고는 순유를 軍師로 삼았다. 建安 3년(서기 198), 순유는 張繡(장수)를 원정하는 조조를 수행하였다. 순유가 조조에게 말했다.

"장수와 유표는 서로 의지하며 강하다 하지만 장수는 떠돌이 군사이며, 유표에게 군량을 기대하지만 유표가 군량을 공급할 수 없을 것이니 틀림없이 쪼개질 것입니다. 공격을 늦추고 기다리거나 유인하여야 합니다. 만약 급하게 공격하면 그 둘은 서로 구원할 것입니다."

그러나 조조는 따르지 않고 결국 (南陽郡) 穰縣(양현)[47]까지 진군하여 싸웠다 다급해진 장수를 유표가 구원했고, 조조 군은 패배했다. 이에 조조가 순유에게 말했다.

"그대 말을 듣지 않게 이렇게 되었네!"

그리고는 기습작전으로 다시 싸워 장수의 군사를 대파하였다.

| 原文 |

是歲, 太祖自宛征呂布, 至下邳. 布敗退固守, 攻之不拔, 連戰, 士卒疲, 太祖欲還. 攸與郭嘉說曰,

"呂布勇而無謀, 今三戰皆北, 其銳氣衰矣. 三軍以將爲主, 主衰則軍無奮意. 夫陳宮有智而遲, 今及布氣之未復, 宮謀之未定, 進急攻之, 布可拔也."

47 (南陽郡) 穰縣(양현)은, 今 河南省 서남부 南陽市 관할 鄧州市.

乃引沂,泗灌城, 城潰, 生禽布.

| 국역 |

이 해에, 조조는 (남양군) 宛縣(완현)을 출발하여 呂布를 정벌하려고, (여포 세력의 근거지인) 下邳(하비)가 도착하였다. 여포는 여러 번 전투에서 패배한 뒤, 물러나 성을 지켰기에 성을 함락시킬 수 없었고, 사졸도 지쳐 조조는 돌아가려고 했다.[48] 이에 순유와 郭嘉(곽가)가 조조에게 말했다.

"呂布는 용감하나 無謀하여 이번에 세 번 싸워 모두 패퇴했기에 그 銳氣(예기)가 꺾였습니다. 三軍은 장수가 주인인데, 주인이 쇠약하면 군사도 용기를 잃습니다. 그리고 陳宮(진궁)은 지모는 있지만 그 결단이 늦으니, 이번에 여포의 기세가 회복되기 전에 또 진궁의 책모가 결정되기 전에 서둘러 공격해서 여포를 잡아야 합니다."

조조는 이에 沂水(기수)와 泗水(사수)의 강물을 성 안으로 흘러보냈고 성이 무너지며 여포를 사로잡았다.[49]

| 原文 |

後從救劉延於白馬, 攸畫策斬顏良. 語在〈武紀〉. 太祖拔白馬還, 遣輜重循河而西. 袁紹渡河追, 卒與太祖遇. 諸將皆

48 조조는 하비성을 3개월이나 포위하고 있었다.

49 여포를 잡아 죽인 것은 건안 3년(서기 198) 12월이었다. 양력으로 환산하면 199년 2월이다.

恐, 說太祖還保營, 攸曰, "此所以禽敵, 奈何去之!"

太祖目攸而笑. 遂以輜重餌賊, 賊競奔之, 陳亂. 乃縱步騎擊, 大破之, 斬其騎將文醜. 太祖遂與紹相拒於官渡. 軍食方盡, 攸言於太祖曰, "紹運車旦暮至, 其將韓猛銳而輕敵, 擊可破也." 太祖曰, "誰可使?" 攸曰, "徐晃可." 乃遣晃及史渙邀擊破走之, 燒其輜重.

會許攸來降, 言紹遣淳于瓊等將萬餘兵迎運糧, 將驕卒惰, 可要擊也. 衆皆疑. 唯攸與賈詡勸太祖. 太祖乃留攸及曹洪守. 太祖自將攻破之, 盡斬瓊等. 紹將張郃,高覽燒攻櫓降, 紹遂棄軍走. 郃之來, 洪疑不敢受, 攸謂洪曰, "郃計不用, 怒而來, 君何疑?" 乃受之.

| 국역 |

그 후에 순유는 조조를 따라 (東郡太守) 劉延(유연)을 白馬(백마)에서 구원하였는데,[50] 순유는 계책을 마련하여 顔良(안량)을 죽였다.[51] 이는 〈武帝紀〉에 수록했다.

조조가 白馬縣을 토벌한 뒤에 회군하면서 군수물자를 河水를 따라 서쪽으로 이동시켰다. 이에 원소가 河水를 건너 추격하여 조조

---

50 2월에, 원소는 郭圖(곽도), 淳于瓊(순우경), 顔良(안량) 등을 보내 東郡太守 劉延(유연)을 白馬縣에서 공격케 하였고, 원소는 대군을 인솔하여 (魏郡) 黎陽縣(여양현)으로 와서 황하를 건너려 하였다. 白馬는 兗州 東郡의 현명. 今 河南省 동북 安陽市 관할 滑縣(활현).

51 이는 獻帝, 建安 5년(서기 200)이었다.

를 따라잡으려 했다. 모든 장수가 두려워하며 조조에게 군영으로 되돌아가자고 하였지만 순유가 말했다.

"이제 적을 사로잡으려 하는데 어디로 간단 말인가!"

조조는 순유를 바라보며 웃었다. 결국 군수물자 미끼에 적이 다투어 달려들며 軍陣(陳은 陣)이 무너졌다. 조조는 이에 보병과 기병으로 공격하여 대파하였고 적의 기병 장수 文醜(문추)를 죽였다. 조조는 마침내 원소와 官渡(관도)[52]에서 대치하였다.

조조 군영의 군량이 막 떨어지려 할 때 순유가 조조에게 말했다.

"원소의 물자 운반 수레가 아침저녁으로 도착하는데, 그 장수 韓猛(한맹)은 용감하지만 상대를 경시하니 격파할 수가 있습니다."

이에 조조가 물었다. "누구를 보낼 수 있는가?" 순유는 "徐晃(서황)[53]을 보내면 됩니다."라고 말했다. 이에 서황과 史渙(사환)을 보내 한맹을 격파 도주케 한 뒤 그들 치중물자를 불태웠다.

마침 許攸(허유)[54]가 투항해서, 원소가 淳于瓊(순우경)에게 군사 5만 명으로 군량을 운반하는데, 장수는 교만하고 병졸은 게으르니 공격할 수 있다고 말했다. 그러나 많은 사람은 진의를 의심했다. 다만 순유와 賈詡(가후)가 조조에게 적극 권했다. 이에 조조는 순유와

52 官渡 – 魏郡 黎陽縣의 지명. 今 河南省 중부 鄭州市 관할 仲牟縣(중모현). 황하의 작은 지류의 나루터.

53 徐晃(서황, ?–227, 字 公明)은 《魏書》 17권, 〈張樂于張徐傳〉에 立傳. 曹魏의 유명 장수, 五子良將(張遼, 樂進, 于禁, 張郃, 徐晃)의 한 사람. 군기가 엄정하여 조조가 (前漢) 周亞夫(주아부)의 풍모가 있다고 칭찬했다.

54 許攸(허유, ?–204년, 字 子遠) – 南陽郡 출신. 袁紹(원소)에게 방략을 건의했으나 받아들이지 않자, 나중에 조조에 귀부하였다. 허유가 조조를 찾아오자 조조는 맨발로 달려 나와 맞이했다. 원소 격파와 冀州 성 함락에 공을 세웠지만 그 공을 믿고 조조를 무시하다가 잡혀 처형되었다.

曹洪(조홍)을 남겨 관도를 지키게 하였다. 조조는 직접 군사를 거느리고 공격 격파하였으며 순우경 등을 죽였다. 원소의 부장인 張郃(장합),[55] 高覽(고람) 등은 攻城하는 자신들의 누각을 불태우고 투항했으며, 원소는 군사를 버려두고 도주하였다. 장합의 투항을 조홍은 의심하며 받으려 하지 않자, 순유가 조홍에게 말했다.

"장합의 계책이 받아들여지지 않아 화가 나서 투항하였는데, 장군은 무얼 의심합니까?"

그리고는 장합을 받아들였다.

|原文|

七年, 從討袁譚,尙於黎陽. 明年, 太祖方征劉表, 譚,尙爭冀州. 譚遣辛毗乞降請救, 太祖將許之, 以問群下. 群下多以爲表强, 宜先平之, 譚,尙不足憂也.

攸曰, "天下方有事, 而劉表坐保江,漢之間, 其無四方志可知矣. 袁氏據四州之地, 帶甲十萬, 紹以寬厚得衆, 借使二子和睦以守其成業, 則天下之難未息也. 今兄弟遘惡, 此勢不兩全. 若有所並則力專, 力專則難圖也. 及其亂而取之, 天下定

55 張郃(장합, ?-231年, 字 儁乂) - 郃은 고을 이름 합. 儁은 준걸 준. 乂는 벨 예, 어질 예. 冀州 河間國 鄚縣(막현, 今 河北省 중부, 滄州市 서북부의 任丘市)사람. 曹魏 五子良將 중 유일한 望族 출신. 追封 시호는 壯侯(장후), 韓馥(한복) 袁紹를 섬기다가 曹操에 귀부. 제갈량의 북벌을 잘 막아냈지만 결국 蜀과 전투 중 木門道란 곳에서 戰死했다.

矣, 此時不可失也."

太祖曰, "善." 乃許譚和親, 遂還擊破尙. 其後譚叛, 從斬譚於南皮. 冀州平, 太祖表封攸曰,「軍師荀攸, 自初佐臣, 無征不從, 前後克敵, 皆攸之謀也.」

於是封陵樹亭侯. 十二年, 下令大論功行封, 太祖曰, "忠正密謀, 撫寧內外, 文若是也. 公達其次也." 增邑四百, 並前七百戶, 轉爲中軍師. 魏國初建, 爲尙書令.

| 국역 |

(建安) 7년(서기 202), 순유는 조조를 따라 黎陽(여양)에서 袁譚(원담)과 袁尙(원상)을 토벌했다. 다음 해(서기 203년), 조조가 劉表를 정벌하는 동안 원담과 원상은 冀州(기주)를 놓고 싸웠다. 원담은 辛毗(신비)를 보내 투항하겠다며 구원을 청했는데, 조조가 이를 수락하려고 여러 사람에게 물었다. 많은 사람들은 유표의 세력이 강하니, 우선 평정해야 하나 원담과 원상 걱정은 안 해도 좋다고 하였다. 이에 순유가 말했다.

"천하가 혼란한 지금, 劉表는 長江과 漢水 일대를 차지하고 있지만 그는 천하를 놓고 다툴 뜻이 없습니다. 袁氏는 四州(冀州, 靑州, 幽州, 幷州)의 땅에 10만 대군을 가졌고, 원소는 관대와 후덕으로 무리를 모았는데, 만약 두 아들이 화목하여 부친의 유업을 지켰다면 천하의 분열은 종식되지 않을 것입니다. 지금 형제가 서로 원수가 되었으니, 이는 양립할 수 없는 형세입니다. 만약 하나가 되어 힘을 모은다면 우리가 없애기는 어려울 것입니다. 지금 그 분열을 틈타 우리가 차지해야 천하가 안정될 것이니 이 기회를 놓치면 안 될 것입니다.」

조조는 옳다고 했다. 그러면서 원담과 화친을 수락하며 군사를 돌려 원상을 격파하였다. 그 뒤에 원담이 반기를 들자, 순유는 태조를 따라 南皮(남피)[56]에서 원담을 죽였다.

冀州가 평정되자, 조조는 표문을 올려 순유를 陵樹亭侯(능수정후)에 책봉하였다.

「軍師인 순유는 처음부터 참모로서 수행하면서 불참한 원정이 없었으니 그간 적을 무찌른 성과는 모두 순유의 책모였습니다.」

(建安) 12년(서기 207), 크게 論功(논공)하여 제후를 봉하면서 조조가 말했다.

"충의와 정직으로 책모를 꾸몄고 중앙과 지방을 진무하여 평안케 한 사람은 文若〔荀彧(순욱)〕이고, 公達〔荀攸(순유)〕가 그 다음이다."

순유는 식읍 4백 호를 늘려 받아 모두 7백 호가 되었고, 中軍師로 자리를 옮겼다. 魏國이 세워지면서 순유는 尙書令이 되었다.

‖原文‖

攸深密有智防, 自從太祖征伐, 常謀謨帷幄, 時人及子弟莫知其所言. 太祖每稱曰, "公達外愚內智, 外怯內勇, 外弱內强. 不伐善, 無施勞, 智可及, 愚不可及, 雖顔子, 甯武不能過

56 勃海郡(발해군)의 郡治인 南皮縣, 今 河北省 滄州市 관할 南皮縣.

也."

文帝在東宮, 太祖謂曰, "荀公達, 人之師表也, 汝當盡禮敬之." 攸曾病, 世子問病, 獨拜床下, 其見尊異如此.

攸與鍾繇善, 繇言, "我每有所行, 反覆思惟, 自謂無以易, 以咨公達, 輒復過人意."

公達前後凡畫奇策十二, 唯繇知之. 繇撰集未就, 會薨, 故世不得盡聞也. 攸從征孫權, 道薨. 太祖言則流涕.

長子緝, 有攸風, 早沒. 次子適嗣, 無子, 絶. 黃初中, 紹封攸孫彪爲陵樹亭侯, 邑三百戶, 後轉封丘陽亭侯. 正始中, 追諡攸曰敬侯.

| 국역 |

순유는 心計가 치밀하고 지모가 풍부하면서도 자신을 잘 지켜냈는데, 처음부터 조조의 정벌을 수행하며 늘 장막 안에서 협의했기에 당시 사람이나 자제일지라도 무슨 말을 했는지 알 수가 없었다. 조조는 매번 순유를 칭송하였다.

"公達(荀攸)은 겉으로는 어리석어 보이지만 마음은 지혜롭고, 겁이 많은 것 같지만 용감하며 약해 보이지만 강하다. 자신의 공적을 자랑하지 않고 수고를 말하지 않으니 그 지혜를 따라 배울 수 있지만, 그 우직함은 따라갈 수 없으니 비록 顔子(顔回)[57]나 甯武子(영무

57 《論語 爲政》에 공자는 顔回가 어리석은 듯 순종하지만, 물러나 실천하는 것을 보면 결코 어리석지 않다고 칭찬하였다. 子曰, "吾與回言終日, 不違如愚. 退而省其私, 亦足以發, 回也不愚."

자)[58]라도 순유보다 더 나을 것이 없다."

曹丕(조비)가 東宮일 때, 조조가 조비에게 말했다.

"荀公達(荀攸)은 백성의 師表이니, 너는 응당 예를 다하여 공경해야 한다."

순유가 마침 병석에 눕자, 조비는 순유를 문병하며 침상 아래에서 혼자 절을 올렸으니 그 존경심이 이와 같았다.

순유는 鍾繇(종요)와 가까웠는데 종요가 말했다.

"나는 행동에 앞서 생각을 거듭하여 더 바꿀 것이 없다고 생각될 때 순유에게 물어보면, 순유는 매번 내가 생각하지 못한 것을 말해 주었다."

순유는 전후 12번의 기이한 방책을 내었으니,[59] 이는 오직 종요만이 알 수 있었다. 종요는 이를 저술하지 못하고 죽어[60] 세상에서 순유의 방책을 다 아는 사람이 없었다. 순유는 조조를 수행하여 손권을 원정하러 가는 도중에 죽었다.[61] 조조는 순유를 말할 때마다 눈

58 《論語 公冶長》에서 공자는 甯武子(영무자. 甯이 성씨, 武는 시호, 衛 大夫)는 나라가 잘 다스려지면 지혜롭게 처신하고 어지러우면 우매한 척한다면서 그 지혜는 따라 배울 수 있지만 우직한 것은 따라갈 수 없다고 칭송하였다. 子曰, "甯武子, 邦有道則知, 邦無道則愚. 其知可及也, 其愚不可及也."

59 漢 高祖의 책사 張良과 陳平처럼 조조에게는 순욱과 순유가 있었다. 陳平은 6번이나 기계를 내어 고조의 창업을 도왔다고 했는데, 순유는 그런 방책이 12번이라고 했다.

60 裴松之는 순유가 죽고도 종요는 16년이나 더 살아 80세까지 살았으면서도 순유의 방책을 엮어 편찬하지 못한 것이 아쉽다는 주석을 달았다.

61 순유는 建安 19년(서기 214)에 나이 58세에 죽었다. 당숙인 순욱보다 6살 위였다. 조조는 "나는 荀公達(荀攸)과 20여 년을 같이 지냈지만, 그 사람은 조그만 잘못도 없었다."고 말했다. 또 "荀公達은 참으로 賢人이었다. 소위 溫, 良, 恭, 儉, 讓으로 성공하였다. 孔子는 '晏平仲(晏子)는 남과 잘 지내니 오랫동안 공경을 받았다.' 고 말했는데, 公達이 바로 그런 사람이었다."

물을 흘렸다.

순유의 아들 荀緝(순집)은 순유의 풍모가 있었으나 일찍 죽었다. 次子인 荀適(순적)이 후사가 되었지만 아들이 없어 단절되었다. (文帝) 黃初 연간에, 순유의 손자 荀彪(순표)를 陵樹亭侯에 이어 봉하고(紹封), 식읍은 3백 호였는데, 뒤에 丘陽亭侯로 옮겨 봉했다. (曹芳의) 正始 연간에(서기 240 – 248년), 순유에게 敬侯(경후)라는 시호를 올렸다.

❸ 賈詡

| 原文 |

賈詡字文和, 武威姑臧人也. 少時人莫知, 唯漢陽閻忠異之, 謂詡有良,平之奇. 察孝廉爲郎, 疾病去官, 西還至汧, 道遇叛氐, 同行數十人皆爲所執. 詡曰, "我段公外孫也, 汝別埋我, 我家必厚贖之." 時太尉段熲, 昔久爲邊將, 威震西土, 故詡假以懼氐. 氐果不敢害, 與盟而送之, 其餘悉死. 詡實非段甥, 權以濟事, 咸此類也.

| 국역 |

賈詡(가후)[62]의 字는 文和(문화)로, 武威郡(무위군) 姑臧縣(고장현)[63]

62 賈詡(가후, 서기 147 – 223, 詡는 자랑할 후)는 본래 동탁의 부하 이각의 참모, 이

사람이다. 젊었을 때는 사람들이 알아주지 않았지만 다만 漢陽郡의 閻忠(염충)[64]만이 가후를 특별하다고 여겨 가후가 張良(장량)이나 陳平(진평) 같은 奇才(기재)라고 생각하였다.

가후는 孝廉으로 천거되어 낭관이 되었지만 질병으로 사임하고서 서쪽 고향으로 오다가 (右扶風) 汧縣(견현)에 이르러 길에서 氐族(저족)[65]의 도적떼를 만났는데, 동행하던 수십 명이 모두 사로잡혔다. 이에 가후가 말했다.

"나는 段公(단공, 段熲)의 외손인데, 너희들이 나를 죽이지 않는다면 우리 집에서 너희에게 특별하게 사례할 것이다."

그때 太尉인 段熲(단경)[66]은 오랫동안 변방의 장수로 있으면서 그

각은 郭汜(곽사), 張濟(장제) 등과 합작, 長安에 진출하여 獻帝를 협박하여 4년간 정치를 독단했다. 이각 일당은 내분으로 약해진 뒤에 조조에게 패망했다. 뒷날 가후는 張良, 陳平(진평)만한 재능을 발휘하며 조조 제일의 참모로 활약했다.

63 武威郡(무위군)의 치소는 姑臧縣(고장현), 今 甘肅省 중부 武威市. 長安에서 서쪽으로 가면 武威郡 – 張掖郡(장액군) – 酒泉郡 – 敦煌郡이고, 그 서쪽은 西域都護府 관할이었다.

64 閻忠(염충, ?–189년)은 후한 漢陽郡 사람. 皇甫崇(황보숭)이 황건적을 격파한 뒤에 그 위명은 천하에 진동했지만 朝政은 날로 혼란하였고 나라는 피폐하였다. 전에 信都縣令이었던 閻忠(염충)이 皇甫崇을 찾아와 말했다. "얻기도 어렵지만 쉽게 놓칠 수 있는 것이 때이고, 때가 되었지만 따라오지 않는 것은 기회입니다. 그래서 聖人은 때에 순응하여 움직이고 智者는 기회를 보아 시작합니다. 지금 장군께서는 정말 얻기 어려운 기회를 만났으나 時運을 무시하고 짓밟으면서 운을 잡으려하지도 않고 기회에도 움직이지 않으니 앞으로 大名을 어찌 보전하시겠습니까?" 염충은 여러 가지로 자신의 계책이 먹히지 않는 것을 알고 그대로 도주하였다. 《후한서》 71권, 〈皇甫嵩朱儁列傳〉에 보인다.

65 氐(저) – 古代 중국 서북부 소수민족의 하나. 今 陝西省, 甘肅省, 四川省의 접경 지역이 주 활동무대. 匈奴, 鮮卑, 氐(저), 羯(갈), 羌(강)의 5胡의 하나.

66 段熲(단경, ?–179년, 字 紀明)은 武威郡 姑臧縣(고장현) 사람, 일찍이 護羌校尉, 平羌大將, 太尉 등 역임. 西域都護 段會宗(단회종)의 從曾孫.

위엄이 서방에 널리 알려졌는데, 가후는 이를 핑계대어 저족을 겁먹게 하였다. 결과적으로 저족은 가후를 죽이지 않고 맹약을 한 뒤에 보내주었고 다른 사람은 모두 다 죽였다. 가후는 사실 단경의 외손도 아니었지만, 임시변통으로 뜻을 이루기가 대개 이런 식이었다.

| 原文 |

董卓之入洛陽, 詡以太尉掾爲平津都尉, 遷討虜校尉. 卓壻中郎將牛輔屯陝, 詡在輔軍. 卓敗, 輔又死, 衆恐懼, 校尉李傕,郭汜,張濟等欲解散, 間行歸鄕里.

詡曰, "聞長安中議欲盡誅涼州人, 而諸君棄衆單行, 卽一亭長能束君矣. 不如率衆而西, 所在收兵, 以攻長安, 爲董公報仇, 幸而事濟, 奉國家以征天下, 若不濟, 走未後也." 衆以爲然. 傕乃西攻長安. 語在〈卓傳〉.

後詡爲左馮翊, 傕等欲以功侯之, 詡曰, "此救命之計, 何功之有!" 固辭不受. 又以爲尙書僕射, 詡曰, "尙書僕射, 官之師長, 天下所望, 詡名不素重, 非所以服人也. 縱詡昧於榮利, 奈國朝何!" 乃更拜詡尙書, 典選擧, 多所匡濟, 傕等親而憚之.

會母喪去官, 拜光祿大夫. 傕,汜等鬪長安中, 傕復請詡爲宣義將軍. 傕等和, 出天子, 祐護大臣, 詡有力焉. 天子旣出, 詡上還印綬. 是時將軍段煨屯華陰, 與詡同郡, 遂去傕託煨. 詡素知名, 爲煨軍所望. 煨內恐其見奪, 而外奉詡禮甚備, 詡愈不自安.

| 국역 |

董卓(동탁)이 洛陽에 들어오자, 가후는 太尉의 掾吏(연리, 屬官)였다가 平津都尉가 되었고 이어 討虜校尉(토로교위)로 승진하였다. 동탁의 사위인 中郎將 牛輔(우보)는 (弘農郡) 陝縣(섬현)[67]에 주둔하고 있었는데 가후는 우보를 돕고 있었다. 동탁이 패망하고 우보도 죽자, 군졸들은 두려웠고 校尉인 李傕(이각), 郭汜(곽사), 張濟(장제) 등은 해산한 다음에 샛길로 향리로 돌아가려고 했다. 이에 가후가 말했다.

"들리는 소문으로는 長安 조정에서는 涼州 사람들을 다 죽일 논의를 하고 있다는데, 여러분들이 해산한 뒤 홀로 간다면 亭長 한 사람만으로도 여러분을 잡을 수 있습니다. 그러니 부대로 서쪽으로 가면서 흩어진 군졸을 모아 장안을 공격하여 동탁의 원수를 갚되, 일이 성공하면 나라를 받들어 천하를 다스리고, 실패하면 그때 달아나도 늦지 않을 것이요."[68]

장졸은 그렇다고 생각했다. 이각 등은 서쪽으로 장안을 공격했다. 이는 〈董卓傳 / 董二袁劉傳〉에 수록했다.

그 뒤에 가후는 左馮翊(좌풍익)이 되었는데, 이각 등은 가후의 공적을 생각하여 열후에 봉하려 하자, 가후는 굳이 사양하며 말했다.

---

67 陝縣(섬현)은 弘農郡의 현명. 今 河南省 서쪽 三門峽市 陝州區.

68 동탁의 폭정을 눈으로 직접 보고서도 자신이 涼州 출신이라서 이런 건의를 했다지만, 이 때문에 얼마나 많은 백성이 죽고 나라가 피폐해졌는가를 생각하면 가후는 비난을 받아야 했다.

"이 정도의 救命之計가 무슨 공적이라 하겠습니까!"

또 尙書僕射(상서복야)에 임명하자, 가후가 말했다.

"상서복야는 관리의 사부라 할 수 있으니 세상 사람이 바라는 자리이지만, 나는 평소에 명성도 없기에 다른 사람이 따르지 않을 것입니다. 내가 아무리 영리와 명성을 탐한다지만 나라 일을 어찌 감당하겠습니까?"

결국 가후는 尙書가 되어 인재 등용을 주관하며 국정을 많이 바로잡았기에 이각 등은 친근하게 생각하면서도 가후를 어려워했다.

마침 가후는 모친상을 당하여 관직을 사임했다가 다시 光祿大夫가 되었다. 이각과 곽사는 장안에서 서로 싸웠는데, 이각은 가후를 다시 초빙하여 宣義將軍에 임명했다. 이각 등은 서로 화해했고, 헌제가 낙양으로 출발할 때, 가후는 황제와 대신을 힘써 보호하였다. 헌제가 낙양으로 떠나자, 가후는 인수를 반환하였다.

이때 같은 郡 출신인 장군 段煨(단외)[69]는 (弘農郡) 華陰縣에 주둔하고 있었는데, 가후는 이각을 떠나 단외에게 의탁했다. 가후는 평소 이름이 알려졌기에 단외 군사들의 존경을 받았다. 단외는 겉으로는 가후에게 빼앗길까 걱정하면서도 겉으로는 가후에게 극진한 예를 갖추었기에 가후는 더욱 불안했다.

69 段煨(단외)는 동탁의 부하였다. 헌제가 이각의 주둔지에서 출발하여 華陰縣에 왔을 때, 華陰縣에 있던 단외는 헌제 일행을 영접하며 음식과 의복을 제공했다. 단외는 楊定과 10여 일을 두고 싸우다가 헌제의 건의를 받아들여 화해했다. 建安 3년(서기 198년) 단외는 長安에 들어가 李傕을 죽이고, 이각의 全家 老少 200여 명을 허도로 압송했고, 조조는 이각의 삼족을 멸했다. 헌제는 단외에게 '安南將軍' 을 제수하였다. 단외는 大鴻臚를 역임한 뒤 建安 14년(서기 209)에 죽었다.

| 原文 |

張繡在南陽, 詡陰結繡, 繡遣人迎詡. 詡將行, 或謂詡曰, "煨待君厚矣, 君安去之?" 詡曰, "煨性多疑, 有忌詡意, 禮雖厚, 不可恃, 久將爲所圖. 我去必喜, 又望吾結大援於外, 必厚吾妻子. 繡無謀主, 亦原得詡, 則家與身必俱全矣."

詡遂往, 繡執子孫禮, 煨果善視其家. 詡說繡與劉表連和. 太祖比征之, 一朝引軍退, 繡自追之. 詡謂繡曰, "不可追也, 追必敗." 繡不從, 進兵交戰, 大敗而還.

詡謂繡曰, "促更追之, 更戰必勝." 繡謝曰, "不用公言, 以至於此. 今已敗, 奈何復追?" 詡曰, "兵勢有變, 亟往必利." 繡信之, 遂收散卒赴追, 大戰, 果以勝還. 問詡曰, "繡以精兵追退軍, 而公曰必敗. 退以敗卒擊勝兵, 而公曰必剋. 悉如公言, 何其反而皆驗也?"

詡曰, "此易知耳. 將軍雖善用兵, 非曹公敵也. 軍雖新退, 曹公必自斷後. 追兵雖精, 將旣不敵, 彼士亦銳, 故知必敗. 曹公攻將軍無失策, 力未盡而退, 必國內有故. 已破將軍, 必輕軍速進, 縱留諸將斷後, 諸將雖勇, 亦非將軍敵, 故雖用敗兵而戰必勝也." 繡乃服.

| 국역 |

(張濟의 조카) 張繡(장수)가 南陽郡에 주둔할 때, 賈詡(가후)는 은

밀히 장수와 結交했었는데, 장수는 사람을 보내 가후를 영입했다. 가후가 장수에게 가려할 때 어떤 사람이 가후에게 말했다.

"段煨(단외)가 당신을 후하게 대우하는데 어디를 가려 합니까?"

그러자 가후가 말했다.

"단외는 의심이 많아 내 생각을 꺼려하며 극진한 예를 갖춘다지만, 끝까지 믿을 수는 없으니 오랜 뒤에라도 나를 없애려 할 것입니다. 내가 떠난다면 오히려 좋아하면서 나를 통해 외부의 구원을 기대하기 때문에 내 처자에게 잘할 것입니다. 또 장수는 책모할 사람이 없어 나를 원하고 있으니 우리 집과 내가 모두 안전할 것입니다."

가후가 장수를 찾아가자, 장수는 아들이나 손자가 어른을 모시듯 예를 갖추었고, 단외도 가후 가족을 잘 돌봐주었다. 가후는 장수에게 유표와 연결 협력할 것을 권유했다.

얼마 후 조조는 장수를 정벌하면서, 조조가 군사를 철수하자, 장수가 바로 추격하려 했다. 이에 가후가 "추격하면 안 되니 틀림없이 패전합니다."라고 말했다. 장수는 받아들이지 않고 진격해 싸웠으나 대패하고 돌아왔다.

이에 가후가 장수에게 말했다.

"급히 서둘러 추격하여 다시 싸우면 틀림없이 승전할 것이요."

이에 장수가 사과하였다.

"公의 충고를 듣지 않아 이 지경이 되었습니다. 이미 패전했는데 어떻게 다시 추격하겠습니까?"

이에 가후가 말했다.

"兵勢는 수시로 변하는 것이니 빨리 추격하면 틀림없이 이길 것이요."

장수는 가후의 말을 믿고 흩어진 군졸을 모아 추격했고 크게 싸워 이기고 돌아왔다. 그리고 가후에게 물었다.

"내가 정병으로 퇴각하는 군대를 추격할 때 공은 필패한다고 했습니다. 패전하고 흩어진 병졸로 승전한 군사를 공격하면 필승한다고 말했습니다. 모두가 공의 말대로 되었지만, 내 생각과 반대인데 어떻게 모두 맞았습니까?"

이에 가후가 말했다.

"이는 쉽게 알 수 있습니다. 장군이 비록 用兵에 능하다지만 조조의 상대가 되지 못합니다. 조조의 군사는 후퇴하면서 틀림없이 후방을 대비하였습니다. 그래서 정병으로 추격했어도 적장과 상대가 안 되고 적의 병졸 역시 정병이기에 패할 것을 예상했습니다. 조조가 장군을 원정했지만 패전도 없었으며, 힘들여 싸우지 않았는데 퇴각하는 것은 국내에 그럴만한 이유가 있었을 것입니다. 장군을 일단 격퇴했기에 경무장으로 서둘러 철수하면서 비록 장수를 남겨 후방을 방어했으나 그 장수가 용감하더라도 장군의 상대가 안 되었기에 패잔병을 모아 공격했어도 필승을 거둔 것입니다."

이에 장수는 信服했다.

| 原文 |

是後, 太祖拒袁紹於官渡, 紹遣人招繡, 並與詡書結援. 繡欲許之, 詡顯於繡坐上謂紹使曰, "歸謝袁本初, 兄弟不能相容, 而能容天下國士乎?" 繡驚懼曰, "何至於此!" 竊謂詡曰,

"若此, 當何歸?" 詡曰, "不如從曹公." 繡曰, "袁强曹弱, 又與曹爲讎, 從之如何?"

詡曰, "此乃所以宜從也. 夫曹公奉天子以令天下, 其宜從一也. 紹强盛, 我以少衆從之, 必不以我爲重. 曹公衆弱, 其得我必喜, 其宜從二也. 夫有霸王之志者, 固將釋私怨, 以明德於四海, 其宜從三也. 願將軍無疑!"

繡從之, 率衆歸太祖. 太祖見之, 喜, 執詡手曰, "使我信重於天下者, 子也." 表詡爲執金吾, 封都亭侯, 遷冀州牧. 冀州未平, 留參司空軍事.

| 국역 |

그 뒤에, 조조는 官渡(관도)에서 袁紹와 대치했는데, 원소는 사람을 보내 張繡(장수)를 초빙하면서 가후에게 서신을 보내 서로 외부에서 돕자고 요청했다. 장수가 이를 수락하려 했으나 가후는 장수와 원소의 사자가 함께 있는 자리에서 공개적으로 원소의 사자에게 말했다.

"돌아가서 兄弟가 서로 하나로 뭉치지도 못하며, 어찌 천하의 인재를 포용하겠느냐고 袁本初(袁紹)에게 말해 주시오"

그러자 장수가 놀라 걱정하며 말했다. "그렇게까지 말할 수 있겠소!"

그러면서 나중에 가후에게 은밀히 물었다. "그렇다면 어느 편에 서야 합니까?"

이에 가후는 "조조를 따르는 것이 낫습니다."라고 말했다.

장수가 말했다. "원소는 강하고 조조는 弱하며, 또 조조와 그간 원수졌는데 어떻게 그 편이 되겠습니까?"

이에 가후가 말했다.

"그래서 바로 조조를 따라야 합니다. 지금 조조는 천자를 받들면서 천하를 호령하니, 이것이 첫째의 이유입니다. 지금 원소가 한창 강성한데, 우리가 적은 숫자로 원소 편이 되어도 우리를 중히 여기지 않습니다. 조조의 군사가 약세이기에 우리가 지원한다면 틀림없이 기뻐할 것이니, 이것이 두 번째 이유입니다. 정말로 霸王(패왕)의 뜻을 가진 자는 개인적 원한을 잊고 四海에 明德을 베풀 것이니, 이것이 세 번째 이유입니다. 원컨대 장군의 걱정하지 마십시오!"

장수는 가후의 말에 따라 군사를 거느리고 조조에 귀부하였다. 조조는 장수를 만나 기뻐하면서 가후의 손을 잡고 말했다.

"그대는 천하 사람들이 나를 신뢰하고 존중하게 만들었소."

그리고는 표문을 올려 가후를 執金吾에 임명하며 都亭侯에 봉했다가 冀州牧으로 승진시켰다. 冀州가 아직 평정되지 않았기에 가후를 남겨 司空軍事 업무를 담당케 했다.

| 原文 |

袁紹圍太祖於官渡, 太祖糧方盡, 問詡計焉出, 詡曰, "公明勝紹, 勇勝紹, 用人勝紹, 決機勝紹, 有此四勝而半年不定者, 但顧萬全故也. 必決其機, 須臾可定也."

太祖曰, "善." 乃並兵出, 圍擊紹三十餘里營, 破之. 紹軍大潰, 河北平. 太祖領冀州牧, 徙詡爲太中大夫.

建安十三年, 太祖破荊州, 欲順江東下. 詡諫曰, "明公昔破袁氏, 今收漢南, 威名遠著, 軍勢旣大. 若乘舊楚之饒, 以饗吏士, 撫安百姓, 使安土樂業, 則可不勞衆而江東稽服矣." 太祖不從, 軍遂無利.

太祖後與韓遂,馬超戰於渭南, 超等索割地以和, 並求任子. 詡以爲可僞許之. 又問詡計策, 詡曰, "離之而已." 太祖曰, "解." 一承用詡謀. 語在〈武紀〉. 卒破遂,超, 詡本謀也.

| 국역 |

원소가 조조를 官渡(관도)에서 포위했고, 조조는 군량이 다하려 하자, 가후에게 방책을 묻자 가후가 말했다.

"공께서는 聰明(총명)으로 원소를 이기고, 勇略으로도 원소를 이기며, 用人과 決機에서도 원소를 이기지만, 이런 四勝에서도 반년간이나 결판이 나지 않는 것은 萬無一失을 추구하기 때문입니다. 기회를 잡아 확실하게 결단한다면, 곧 결판이 날 것입니다."

조조는 옳은 말이라 생각했다. 그리고 군사를 동원하여 30리에 걸친 원소의 군영을 포위 공격하여 격파했다. 원소의 군사는 무너졌고 河水 이북은 평정되었다. 조조는 冀州牧을 겸하면서, 가후를 太中大夫로 옮겼다.

(獻帝) 建安 13년(서기 208), 조조는 荊州를 격파하고 長江을 따

라 동쪽으로 진격하였다. 이에 가후가 간언을 올렸다.

"明公께서 원소를 격파하였고, 이제 漢水 남쪽을 차지하여 威名을 멀리까지 떨쳤으며 軍勢도 강대합니다. 만약 옛 楚 땅의 풍요를 이용하여 軍吏와 사졸에게 베풀고, 백성을 慰撫(위무)하여 士人의 생업을 안정시키면 군사를 동원 없이도 江東을 굴복시킬 수 있습니다."

그러나 조조는 가후의 진언을 받아들이지 않았고, 군사는 아무 소득이 없었다.[70]

조조는 뒷날 韓遂(한수), 馬超(마초)와도 渭水(위수) 남쪽에서 싸웠는데, 마초 등이 땅을 분할하여 강화하며 인질을 교환하자고 제의했다. 이에 가후는 거짓으로 허락하라고 말했다. 또 가후에게 방책을 묻자, 가후는 그들을 이간시키라고 말했다. 이에 조조는 "알겠다."라고 말했다. 조조는 내내 가후의 책모를 수용하였다. 이는 〈武帝紀〉에 기록했다. 조조는 마침내 한수와 마초를 격파하였는데, 모두가 가후의 방책에 따른 것이었다.

| 原文 |

是時, 文帝爲五官將, 而臨菑侯植才名方盛, 各有黨與, 有奪宗之議. 文帝使人問詡自固之術, 詡曰, "願將軍恢崇德度,

70 赤壁 大戰의 패배를 뜻함. 赤壁大戰은 魏와 吳의 싸움이었다. 형세가 약한 유비가 吳를 끌어들였다. 諸葛亮(孔明)이 孫權을 격분케 한 논쟁이나 孔明이 智激周瑜했다든지, 孔明借箭, 曹操賦詩, 諸葛祭風, 雲長義釋曹操 등 수많은 얘깃거리를 제공했다.

躬素士之業, 朝夕孜孜, 不違子道. 如此而已." 文帝從之, 深自砥礪.

太祖又嘗屛除左右問詡, 詡嘿然不對. 太祖曰, "與卿言而不答, 何也?" 詡曰, "屬適有所思, 故不卽對耳." 太祖曰, "何思?" 詡曰, "思袁本初,劉景升父子也."

太祖大笑, 於是太子遂定. 詡自以非太祖舊臣, 而策謀深長, 懼見猜疑, 闔門自守, 退無私交, 男女嫁娶, 不結高門, 天下之論智計者歸之.

| 국역 |

이때, 文帝〔曹丕(조비)〕[71]는 五官中郎將이었고, 臨菑侯(임치후)인 曹植(조식)도 才華(재화)와 名聲이 한창 성하였는데, 각자 黨與를 만들어 왕위를 차지하려는 여론을 조성하고 있었다.

조비는 가후에게 사람을 보내 자신의 지위를 공고히 할 수 있는 방책을 물었는데, 가후는 "將軍은 미덕을 숭상하고 마음을 너그럽게 가지면서 한미한 士人이 학업을 성취하듯 아침저녁으로 부지런히 힘쓰며 자식의 도리를 잘 지켜 실천하시길 바랍니다. 그것뿐입니다."라고 말했다. 조비는 가후의 충고에 따르면서 더욱더 德行을 연마하였다.

太祖가 주변 사람을 물리치고 가후에게 물었지만, 가후는 아무

71 曹丕는 건안 16년(서기 211), 궁궐 수비를 담당하는 光祿勳의 속관 五官中郎將이었다가 건안 21년 魏國이 건국되자(216년), 건안 22년에 태자가 되었다.

말도 하지 않았다. 그러자 조조가 말했다.

"경이 아무 말도 하지 않으니 무슨 까닭이요?"

이에 가후가 말했다.

"금방 생각할 일이 있어 바로 대답 드리지 못했습니다."

"무슨 생각이요?"

"원소와 劉表 부자를 생각했습니다."

조조는 크게 웃었고, 이에 태자는 결정되었다. 가후는 자신이 조조의 舊臣이 아니었기에 그 策謀가 심원하고 뛰어나도 猜忌(시기)를 당할까 늘 두려워했으며, 대문을 닫고 자신을 단속하며 퇴근해서는 사적인 교류도 하지 않았고, 자식 결혼도 고관의 가문을 피하였기에 세상에 지모를 논하는 많은 사람들이 모두 가후를 따랐다.

| 原文 |

文帝卽位, 以詡爲太尉, 進爵魏壽鄕侯, 增邑三百, 並前八百戶. 又分邑二百, 封小子訪爲列侯. 以長子穆爲駙馬都尉.

帝問詡曰, "吾欲伐不從命以一天下, 吳,蜀何先?"

對曰, "攻取者先兵權, 建本者尙德化. 陛下應期受禪, 撫臨率土, 若綏之以文德而俟其變, 則平之不難矣. 吳,蜀雖蕞爾小國, 依阻山水, 劉備有雄才, 諸葛亮善治國, 孫權識虛實, 陸議見兵勢, 據險守要, 汎舟江湖, 皆難卒謀也. 用兵之道, 先勝後戰, 量敵論將, 故擧無遺策. 臣竊料群臣, 無備,權對, 雖以天威臨之, 未見萬全之勢也. 昔舜舞干戚而有苗服, 臣以爲當今宜先文後武."

文帝不納. 後興江陵之役, 士卒多死.

詡年七十七, 薨, 諡曰肅侯. 子穆嗣, 歷位郡守. 穆薨, 子模嗣.

| 국역 |

文帝(曹丕)는 즉위하자(서기 220), 가후를 太尉에 임명했고 작위를 올려 魏壽鄕侯에 봉했으며, 식읍 3백 호를 늘려 이전과 합계 8백 호가 되었다. 또 식읍 2백 호를 나눠 막내아들 賈訪(가방)을 열후에 봉했다. 長子인 賈穆(가목)은 駙馬都尉가 되었다.[72]

문제가 가후에게 물었다.

"나는 명을 따르지 않는 자를 징벌하여 천하를 통일하고 싶은데, 吳나 蜀 중에 어디가 먼저이겠는가?"

이에 가후가 말했다.

"공격하여 빼앗겠다면 兵權이 우선이나, 근본을 세우겠다면 德

....

72 都尉 – 각 郡에서 군사와 치안 관련 업무를 담당하며 태수보다 하위 직급인 郡 도위, 그리고 속국의 행정을 담당하는 屬國都尉가 있었다. 중앙에서 특수 임무를 수행하는 都尉로는, 예를 들어, 水衡都尉는 상림원을 감독하며 鑄錢(주전)과 황실의 재산을 관리하였다. 協律都尉 李延年(이연년)은 音樂 事務를 담당했다. 漢武帝는 奉車都尉, 駙馬都尉, 騎都尉를 신설하고, 이를 三都尉라 하였는데 정원이 없는 직책이었다. 이들은 光祿勳(광록훈)의 속관으로, 질록은 比二千石인데 奉車都尉(봉거도위)는 황제의 輿車를 담당했고, 駙馬都尉(부마도위)는 駙馬 담당(황제의 馬匹 관리), 騎都尉(기도위)는 황제를 호위하는 羽林騎兵 관련 업무를 담당하였다.

化를 숭상해야 합니다. 폐하께서는 천명에 순응하여 禪讓(선양)을 받으셨으니, 온 나라 통치에 文德(禮樂教化)을 널리 펴시면서 적국의 변화를 기다리신다면 평정에 아무런 어려움이 없을 것입니다. 吳와 蜀이 비록 작은 소국이지만[73] 험한 산천에 의지하고 있는데, 劉備는 雄才가 있고 諸葛亮(제갈량)이 나라를 잘 다스리며, 孫權은 用兵의 虛實에 밝고, 陸議(육의, 陸遜)[74]는 兵勢를 잘 파악하면서 험한 지형을 이용하여 수비하며, 그들의 戰船이 江湖를 누비니 갑자기 도모하기가 어렵습니다. 用兵之道는 제반 여건이 적국보다 나을 때 전쟁을 해야 하는데, 적국의 형세나 장수의 능력을 비교할 때, 적국에 결정적 실책이 없습니다. 臣이 우리의 群臣을 볼 때 유비나 손권과 대적할 만한 인물이 없으니, 비록 하늘의 뜻이 우리에게 있다 하여도 아직은 萬全을 갖추지 못한 형세입니다. 옛날에 舜(순)은 방패를 들고 추는 舞樂으로 有苗氏를 복속케 하였습니다. 臣이 생각할 때 지금은 마땅히 文治가 먼저이고, 用武는 그 다음이어야 합니다."

그러나 文帝는 받아들이지 않았다. 뒷날 江陵(강릉)[75]의 싸움에서 많은 사졸을 잃었다.

················

73 蕞爾(최이)는 작은 모양. 蕞는 작을 최. 爾는 너 이. 형용하는 말(~然). 어조사.

74 陸遜(육손, 183 - 245, 本名 陸議, 字 伯言) - 吳郡 吳縣(今 江蘇省 蘇州市) 사람. 吳國의 著名한 事家, 政治家. 吳國 大都督, 上大將軍, 丞相 역임, 62歲 去世. 周瑜(주유), 魯肅(노숙), 呂蒙(여몽)을 四大都督이라 지칭. 《吳書》 13권, 〈陸遜傳〉에 입전.

75 江陵은 荊州 관할 南郡의 治所, 今 湖北省 중남부 江漢平原에 위치한 荊州市 관할 江陵縣. 李白의 〈早發白帝城〉 詩의 「朝辭白帝彩雲間, 千里江陵一日還. 兩岸猿聲啼不住, 輕舟已過萬重山.」에 나오는 江陵.

가후는 나이 77세에 죽었는데, 시호는 肅侯(숙후)였다. 아들 賈穆(가목)이 뒤를 이었고 郡守를 역임하였다. 가목이 죽자, 아들 賈模(가모)가 뒤를 이었다.

| 原文 |

評曰, 荀彧清秀通雅, 有王佐之風, 然機鑒先識, 未能充其志也. 荀攸,賈詡, 庶乎算無遺策, 經達權變, 其良,平之亞歟!

| 국역 |

陳壽의 評論 : 荀彧(순욱)은 清雅俊秀(청아준수)하고 제왕을 보좌할 능력을 갖추었지만 사리 통찰과 예지만으로는 큰 이상을 이룰 수 없었다. 荀攸(순유)와 賈詡(가후)는 그 책모에 실수가 거의 없었고 그 방책은 臨機應變(임기응변)의 수준이었으나 그래도 張良이나 陳平의 아류에 가까웠다!

11권 〈袁張涼國田王邴管傳〉(魏書 11) (원,장,량,국,전,왕,병,관전)

❶ 袁渙

|原文|

袁渙字曜卿, 陳郡扶樂人也. 父滂, 爲漢司徒. 當時諸公子多越法度, 而渙清靜, 擧動必以禮. 郡命爲功曹, 郡中姦吏皆自引去. 後辟公府, 擧高第, 遷侍御史. 除譙令, 不就.

劉備之爲豫州, 擧渙茂才. 後避地江,淮間, 爲袁術所命. 術每有所咨訪, 渙常正議, 術不能抗, 然敬之不敢不禮也.

頃之, 呂布擊術於阜陵, 渙往從之, 遂復爲布所拘留. 布初與劉備和親, 後離隙. 布欲使渙作書詈辱備, 渙不可, 再三强之, 不許. 布大怒, 以兵脅渙曰, "爲之則生, 不爲則死."

渙顔色不變, 笑而應之曰, "渙聞唯德可以辱人, 不聞以罵. 使彼固君子邪, 且不恥將軍之言, 彼誠小人邪, 將復將軍之意, 則辱在此不在於彼. 且渙他日之事劉將軍, 猶今日之事將軍也, 如一旦去此, 復罵將軍, 可乎?"

布慚而止.

| 국역 |

袁渙(원환)[76]의 字는 曜卿(요경)으로, 陳郡(진군) 扶樂縣(부락현)[77] 사람이다. 부친 袁滂(원방, 字 公熙)은 漢 (靈帝 때) 司徒를 역임했다. 당시 여러 공경의 아들들은 법도를 잘 지키지 않았지만, 원환은 청정한 생활에 예법을 준수하였다. 陳郡에서 원환을 功曹(공조)에 임명하자, 군내 姦吏들은 모두 스스로 물러났다. 뒷날 三公府의 부름을 받았고 근무 성적이 우수하여 侍御史(시어사)가 되었다. 譙縣(초현)현령이 되었지만 부임하지 않았다.

劉備(유비)가 豫州牧으로[78] 재직할 때 원환을 茂才(무재)[79]로 천거하였다. 원한은 그 뒤에 長江과 淮水 일대에 피신했다가 袁術의 부

76 袁渙(원환, 생졸년 미상) – 陳郡 袁氏. 성명이 袁煥이라는 주석도 있음.

77 陳郡(國)의 치소는 陳縣, 今 河南省 중동부 周口市 관할 淮陽縣. 扶樂縣(부락현)은, 今 河南省 중동부 周口市 관할 太康縣.

78 後漢 靈帝 中平 5년(서기 188年)에 州는 一級 行政區域이 되었다. 豫州의 治所는 譙縣(초현)이었는데, 今 安徽省 북부 亳州市(박주시). 관할 구역은 今 河南省 동부와 安徽省 서부 일대로 潁川郡, 汝南郡과 梁國, 沛國, 陳國, 魯國 등이었다.

79 茂才(무재)는 인재 천거의 한 영역, 前漢의 秀才. 후한에서는 光武帝 劉秀를 피휘하여 茂才로 바뀌었다.

름을 받아 임용되었다. 원술은 일이 있을 때마다 원환을 불러 물었고, 원환은 늘 바른 말로 대답하여 원술은 반박하지 못했으며 예를 갖추지 않을 수가 없었다.

얼마 뒤에, 呂布(여포)가 원술을 (九江郡) 阜陵縣(부릉현)에서 격파하자, 원환은 원술을 따라가다가 여포에게 억류되었다. 여포는 처음에 劉備(유비)와 和親했다가 나중에 틈이 벌어졌다.

여포는 원환을 시켜 유비를 욕하는 서신을 쓰게 하였는데, 원환이 쓰지 않자 거듭 강요하였지만 원환은 따르지 않았다. 그러자 여포는 兵器를 잡고 원환을 협박하며 말했다.

"서신을 쓰면 살려주고 안 쓰면 죽이겠다."

그렇지만 원환은 안색을 바꾸지 않고 웃으면서 대답하였다.

"내가 듣기로, 오직 仁德으로만 남을 부끄럽게 할 수 있지 욕설로 남을 모욕할 수 없습니다. 그리고 유비가 君子라면 장군의 욕설을 들었다 하여 부끄럽지도 않을 것이고, 유비가 정말 小人이라면 장군이 말한 욕설로 장군에게 욕할 것이니, 욕을 듣는 사람은 유비가 아니라 장군입니다. 그리고 나 원환은, 그전에 劉將軍을 섬겼다가 오늘 장군 아래에 있지만, 어느 날 내가 장군을 떠난 뒤에 장군에게 욕설을 한다면 되겠습니까?"

여포는 부끄러워하며 그만두었다.

| 原文 |

布誅, 渙得歸太祖. 渙言曰,

"夫兵者, 兇器也, 不得已而用之. 鼓之以道德, 征之以仁義, 兼撫其民而除其害. 夫然, 故可與之死而可與之生. 自大亂以來十數年矣, 民之欲安, 甚於倒懸, 然而暴亂未息者, 何也? 意者政失其道歟! 渙聞明君善於救世, 故世亂則齊之以義, 時僞則鎭之以朴. 世異事變, 治國不同, 不可不察也.

夫制度損益, 此古今之不必同者也. 若夫兼愛天下而反之於正, 雖以武平亂而濟之以德, 誠百王不易之道也. 公明哲超世, 古之所以得其民者, 公旣勤之矣, 今之所以失其民者, 公旣戒之矣. 海內賴公, 得免於危亡之禍, 然而民未知義, 其惟公所以訓之, 則天下幸甚!"

太祖深納焉. 拜爲沛南部都尉.

| 국역 |

여포가 誅殺(주살)되자, (建安 3년, 서기 198) 袁渙(원환)은 조조에게 귀부하였다. 원환이 조조에게 말했다.

"兵器(戰爭)는 兇器(흉기)이기에 부득이할 경우에만 써야 합니다. 평소에는 道德으로 백성을 격려하고 仁義로 백성을 징벌하며, 백성을 위무하고 온갖 해악을 제거해야 합니다. 그렇게 해야만 백성과 함께 살고 백성과 함께 죽을 수 있습니다. 黃巾賊의 대란 이후 십수 년이 지났지만 안정된 생활을 바라는 백성의 욕구는 거꾸로 매달린 것보다 더 절실하나 흉포한 난리는 왜 그치지 않겠습니까? 뜻있는 사람들은 정치가 正道를 잃었기 때문이라고 생각합니다. 제가 알기로, 백성 구제에 힘쓰는 聖明한 군주는 대의로 혼란한 세상을 이끌고 위선이 판을 치는 세상이라도 순박한 正道로 안정시킨다고 하였습니다. 세상이 바뀌고 변하기에 治國의 道 역시 같지 않을 것이니, 세밀히 살피지 않을 수 없습니다.

대체로 제도가 바뀌고 변하는 것은 세상이 똑같지 않기 때문일 것입니다. 만약 천하 모두를 兼愛(겸애)하여 정도로 이끌려 한다면 武力으로 난세를 평정하더라도 仁德으로 濟度하는 것이 진정 선대 여러 제왕의 변함없는 常道입니다. 공께서는 세상 누구보다도 명철하시기에 옛날에 민심을 얻은 도리를 공은 잘 알아 실천하고 계시며, 지금 시대에 민심을 잃은 자들에 대하여 공께서는 그 역시 거울삼아야 할 것입니다. 지금 천하 백성은 모두 明公에 의지하여 위급한 存亡의 재앙에서 벗어나고자 하지만, 아직 대의를 알지 못하는 백성이니, 明公께서는 백성을 가르치며 이끌어 주신다면 천하 백성에게 큰 행운일 것입니다!"

조조는 원환의 건의를 진심으로 받아들였고, 원환을 沛郡 南部都尉에 임명하였다.

| 原文 |

是時新募民開屯田, 民不樂, 多逃亡. 渙白太祖曰, "夫民安土重遷, 不可卒變, 易以順行, 難以逆動, 宜順其意, 樂之者乃取, 不欲者勿强."

太祖從之, 百姓大悅. 遷爲梁相. 渙每敕諸縣, "務存鰥寡高年, 表異孝子貞婦. 常談曰 '世治則禮詳, 世亂則禮簡.' 全在斟酌之間耳. 方今雖擾攘, 難以禮化, 然在吾所以爲之."

爲政崇教訓, 恕思而後行, 外溫柔而內能斷. 以病去官, 百姓思之. 後徵爲諫議大夫,丞相軍祭酒. 前後得賜甚多, 皆散盡之, 家無所儲, 終不問產業, 乏則取之於人, 不爲皦察之行, 然時人服其淸.

| 국역 |

이때 백성을 모집하여 새로 屯田(둔전)을 개간케 하였는데, 백성들은 싫어하며 도망가는 사람이 많았다. 이에 원환이 조조에게 말했다.

"본래 백성이란 토지에 안주하며 옮겨 다니는 것을 싫어하기에 갑자기 바꿀 수 없으며, 순리대로 실행하면 쉬운 일이나 억지로 시행하려면 어려우며, 백성들의 뜻에 따라 좋아하는 사람만 모아 둔전을 하고 원하지 않는 자에게는 강요하지 마십시오."

조조는 원환의 의견을 받아들였고, 백성들은 좋아하였다. 원환은 梁國의 相이 되었다. 원환은 늘 관할 현에 지시하였다.

"홀아비와 과부, 늙은 노인을 힘써 보살피고 특별한 효자나 열녀를 표창하라. 속언에 말하기를, '治世에는 예법이 상세하지만 난세에는 禮度도 간략하다.' 고 하였으니, 모든 것을 적당히 짐작해서 시행하라. 지금 비록 혼란한 시대라 예법에 의한 교화가 어렵다지만 우리가 무엇을 선택하여 어떻게 추진하는가에 달려 있다."

원환은 爲政에 교화와 훈도를 숭상하고, 관용의 마음을 정한 뒤에 시행하였고, 겉으로 온유하면서도 안으로는 과감하게 실천하였다. 원환은 뒷날 조정의 부름을 받아 諫議大夫가 되었다가 丞相軍祭酒가 되었다. 원환은 여러 번 많은 하사품을 받았지만 모두 나눠주어 집안에 남은 재물이 없었고, 끝까지 집안 살림을 걱정하지 않았으며, 부족하면 다른 사람에게 차용할 뿐, 각박하게 재물을 거둬들이지 않았기에 그때 백성이 그의 청렴에 감복하였다.

| 原文 |

魏國初建, 爲郎中令, 行御史大夫事. 渙言於太祖曰, "今天下大難已除, 文武並用, 長久之道也. 以爲可大收篇籍, 明先聖之教, 以易民視聽, 使海內斐然向風, 則遠人不服可以文德來之."

太祖善其言. 時有傳劉備死者, 群臣皆賀, 渙以嘗爲備擧吏, 獨不賀. 居官數年卒, 太祖爲之流涕, 賜穀二千斛, 一教"以太倉穀千斛賜郎中令之家." 一教"以垣下穀千斛與曜卿家." 外不解其意. 教曰, "以太倉穀者, 官法也, 以垣下穀者, 親舊也."

又帝聞渙昔拒呂布之事, 問渙從弟敏, "渙勇怯何如?" 敏對曰, "渙貌似和柔, 然其臨大節, 處危難, 雖賁育不過也."

渙子侃, 亦清粹間素, 有父風, 歷位郡守尙書.

| 국역 |

魏國이 처음 세워지자,[80] 원환은 郎中令이 되어 御史大夫 업무를 대행하였다.[81] 원환이 조조에게 말했다.

"지금 천하에 큰 난관이 제거되었으니 文武를 병용하는 것이 나라를 오래 안정시킬 방책입니다. 여러 典籍(書冊)을 많이 수집하며 先聖의 교화를 선양하여, 이를 백성이 보고 듣게 하여 천하 백성에게 선량한 사회기풍을 가르친다면 변방에서 불복하던 이민족까지도 文德에 귀부할 것입니다."

조조는 그 건의를 받아들였다. 그때 유비가 죽었다는 소식이 전해지자[82] 모든 신하가 축하하였지만, 원환은 그전에 유비의 천거로 관리가 되었기에 혼자만 축하하지 않았다.

원환은 관직에 오래 근무하고 죽었는데, 조조는 눈물을 흘렸고 곡식 2천 斛(곡)을 내주라고 명령하면서 첫 지시로 "太倉(국가 창고)의 곡식 1千 斛(곡)은 郎中令(원환의 관직명)의 집에 보내주라." 고 하였고, 두 번째 지시에는 "垣下(원하, 私藏의 뜻) 창고의 곡식 1천

---

80 (建安) 21년(서기 216) 5월, 天子는 魏公의 작위를 魏王(위왕)으로 올렸다. 漢 고조는 개국공신들과 개국 후 봉한 異姓諸侯王 외에 劉氏가 아니면 王이 될 수 없다고 서약하였다. 曹操가 魏王이 된 것은 고조의 약조를 어긴 것이나 獻帝로써는 어쩔 수 없는 조치였다. 헌제의 조서에 魏王은 상서하여 3번 사양하였고, 헌제는 3번 사양을 불허한다고 회답하였다.

81 行御史大夫 – 行은 代行, 攝行(섭행). 본직을 갖고 다른 일을 겸직하다. 하급 관직의 관리가 상급 관직을 임시 대행할 경우에 行~이라고 한다. 行大司馬. 行中郎將事, 行車騎將軍事 등이 예이다.

82 劉備는 蜀漢을 건국하고(221년) 223년에 죽는다. 이때 죽었다는 소식은 誤報이다. 이런 오보가 자주 있었다. 曹조가 제위에 올랐다는(220년) 소식과 함께 獻帝가 시해 당했다는 소식이 전해져 촉한에서는 發喪制服하고 孝愍皇帝(효민황제)라는 시호를 올리기도 했다. 그러나 헌제는 234년에 죽었다.

곡은 曜卿(요경, 원환의 字)의 집에 보내주라." 고 하였는데, 아랫사람이 이를 이해하질 못했다.

그래서 조조가 다시 지시하였다. "太倉의 곡식을 보내라는 뜻은 官法이고, 垣下(원하)의 곡식을 보내라는 말은 내 친구이기 때문이다." [83]

또 曹조는 원환이 그전에 여포의 (유비를 욕하는 서신을 쓰라는) 부탁을 거절했다는 이야기를 전해 듣고 원환의 사촌 동생 袁敏(원민)을 불러 "원환의 배짱이 정말 그러했는가?" 라고 물었다.

원민은 "원환의 외모는 온화하고 부드러우니 큰일을 당하거나 危難(위난)에 처해서는 비록 賁育(분육, 고대의 용사 이름)도 따라올 수 없을 것입니다." 라고 말했다.

원환의 아들 袁侃(원간, 강직할 간) 역시 부친처럼 청렴, 순결, 閑雅(한아), 소박하였고 군수와 尙書를 역임했다.

| 原文 |

初, 渙從弟霸, 公恪有功幹, 魏初爲大司農, 及同郡何夔並知名於時. 而霸子亮, 夔子曾, 與侃復齊聲友善. 亮貞固有學行, 疾何晏,鄧颺等, 著論以譏切之, 位至河南尹,尙書.

霸弟徽, 以儒素稱. 遭天下亂, 避難交州. 司徒辟, 不至. 徽

83 관직을 가진 사람이 죽었으니 법규에 의거 국가의 곡식으로 賻儀하고(그래서 郎中令의 喪家에 보내라고 했다), 魏王인 나의(曹操) 벗이 죽었으니(그래서 友人의 字인 曜卿이라 했다) 私財로 부의를 보내라는 뜻.

弟敏, 有武藝而好水功, 官至河堤謁者.

| 국역 |

그전에, 袁渙(원환)의 從弟인 袁霸(원패)는 업무처리가 공정, 신중하고 수완이 뛰어났는데, 魏初에 大司農을 역임했으며 같은 郡 출신의 何夔(하기)와 함께 이름이 알려졌다. 그리고 원패의 아들 袁亮(원량)과 何夔(하기)의 아들 何曾(하증)은 袁侃(원간)과 함께 이름이 났고 또 친했다. 원량은 정도를 지키며 학행이 뛰어났는데, 何晏(하안)과 鄧颺(등양) 같은 부류를 미워하여 글을 지어 비난하였는데 관직은 河南尹과 尙書를 지냈다.

원패의 동생 袁徽(원휘)는 유학으로 알려졌다. 천하 대란을 당하여 交州로 피난했었다. 司徒府의 부름을 받았지만 출사하지 않았다. 袁徽(원휘)의 동생 袁敏(원민)은 무예가 뛰어났고 水利工事를 좋아했는데 河堤謁者(하제알자)를 역임했다.

❷ 張範

| 原文 |

張範, 字公儀, 河內脩武人也. 祖父歆, 爲漢司徒. 父延, 爲太尉. 太傅袁隗欲以女妻範, 範辭不受. 性恬靜樂道, 忽於榮利, 徵命無所就. 弟承, 字公先, 亦知名, 以方正徵, 拜議郎, 遷伊闕都尉.

董卓作亂, 承欲合徒衆與天下共誅卓. 承弟昭時爲議郎, 適從長安來, 謂承曰, "今欲誅卓, 衆寡不敵, 且起一朝之謀, 戰阡陌之民, 士不素撫, 兵不練習, 難以成功. 卓阻兵而無義, 固不能久. 不若擇所歸附, 待時而動, 然後可以如志."

承然之, 乃解印綬間行歸家, 與範避地揚州. 袁術備禮招請, 範稱疾不往, 術不强屈也. 遣承與相見, 術問曰, "昔周室陵遲, 則有桓,文之霸, 秦失其政, 漢接而用之. 今孤以土地之廣, 士民之衆, 欲徼福齊桓, 擬跡高祖, 何如?"

承對曰, "在德不在强. 夫能用德以同天下之欲, 雖由匹夫之資, 而興霸王之功, 不足爲難. 若苟僭擬, 干時而動, 衆之所棄, 誰能興之?"

術不悅. 是時, 太祖將征冀州, 術復問曰, "今曹公欲以弊兵數千, 敵十萬之衆, 可謂不量力矣! 子以爲何如?"

承乃曰, "漢德雖衰, 天命未改, 今曹公挾天子以令天下, 雖敵百萬之衆可也."

術作色不懌, 承去之.

| 국역 |

張範(장범)[84]의 字는 公儀(공의)로, 河內郡 脩武縣(수무현)[85] 사람이

84 張範(장범, ?-212년)의 부친 張延(장연)은 靈帝 때 太尉를 역임했으나 환관의 무고로 옥사했다.

85 脩武는 河內郡의 현명. 今 河南省 북부 新鄉市 관할 獲嘉縣(획가현).

다. 祖父인 張歆(장흠)은 漢의 (桓帝 재위 중) 司徒였다. 부친 張延(장연)은 (靈帝 재위 중) 太尉를 역임했다. 太傅인 袁隗(원외)[86]는 딸을 장범에게 아내로 주려고 했으나 장범은 사양하고 결혼하지 않았다.

장범은 성품이 침착하고 樂道하여 명예와 이익을 따지지 않았으며 부름을 받았어도 관직에 나가지 않았다. 동생 張承(장승)의 字는 公先(공선)으로 역시 이름이 알려졌는데, 方正한 인재로 徵召(징소)되어 議郎을 제수 받았다가 伊闕都尉(이궐도위)로 승진했다.

동탁이 作亂하자, 장승은 무리를 모아 동탁 토벌에 함께 참여하였다. 장승의 동생 張昭(장소)도 그때 議郎이었는데 장안에서 낙양으로 돌아와 장승에게 말했다.

"지금 동탁을 죽이겠다지만 衆寡不敵(중과부적)이며, 하루의 계획으로 농민을 끌어 모아 평소에 모아놓은 인재도 없이 훈련도 되지 않은 군사로 싸운다 해도 성공할 수 없습니다. 동탁은 무력에만 의지하고 道義도 모르니 오래갈 수 없습니다. 그러니 우리가 의지할만한 세력에 귀부한 뒤에 때를 기다렸다가 우리의 뜻을 실현해야 합니다."

장승도 그렇게 생각하여 인수를 풀어놓고 귀향한 뒤에 장범과 함께 揚州(양주) 지역으로 피신하였다. 袁術이 예를 갖춰 초빙하였지만, 장범은 병을 핑계로 응하지 않았는데 원술도 어떻게 강요할 수 없었다. 원술은 장승을 불러 만나서 물었다.

"옛날 周室이 쇠약하자, 齊桓(제환)과 晉文(진문) 같은 霸者가 출

86 袁隗(원외)는 靈帝 中平 6년(서기 189)에 영제가 죽은 뒤, 太傅가 되어 大將軍 何進(하진)과 함께 錄尙書事에 참여하였다. 袁隗(원외)는 袁紹와 袁術의 큰아버지이고, 원소가 反董卓 의병을 일으키자 낙양에서 동탁에게 피살되었다.

현했고, 秦이 실정했기에 漢이 이어 천하를 차지했습니다. 지금 나의 영역이 광대하고 많은 士民을 거느렸기에 齊 桓公 같은 패자나 漢 高祖의 행적을 따르고 싶은데 어떻게 생각하는가?"

이에 장승이 대답했다.

"천하 차지하기는 德에 있지 무력이 아닙니다. 인덕을 베풀며 세상 사람들이 원하는 바에 부응해야 하나니, 비록 필부의 바탕이라도 霸王의 업적을 이루기는 어려운 일이 아닙니다. 만약 분수를 넘거나 시류를 어기면서 움직인다면 백성들이 싫어할 것인데, 누구와 같이 나라를 세우겠습니까?"

원술은 불쾌했다. 이때 조조는 冀州를 정벌 중이었는데, 원술이 장승에게 다시 물었다.

"지금 조조는 지친 군사 수천 명으로 십 만의 군사를 상대하는데, 이는 자신의 능력을 헤아리지 못한 것이요! 그대는 어떻게 생각하는가?"

이에 장승이 말했다.

"漢德이 비록 쇠약하지만 아직 天命이 바뀐 것은 아닙니다. 지금 曹公은 천자를 끼고 천하를 호령하고 있으니 수백 만을 상대할 수도 있을 것입니다."

원소는 얼굴을 붉히며 싫어했고, 장승은 원술을 떠났다.

❙原文❙

太祖平冀州, 遣使迎範. 範以疾留彭城, 遣承詣太祖, 太祖表以爲諫議大夫.

範子陵及承子戩爲山東賊所得, 範直詣賊請二子, 賊以陵還範. 範謝曰, "諸君相還兒厚矣. 夫人情雖愛其子, 然吾憐戩之小, 請以陵易之." 賊義其言, 悉以還範.

太祖自荊州還, 範得見於陳, 以爲議郎, 參丞相軍事, 甚見敬重. 太祖征伐, 常令範及邴原留, 與世子居守. 太祖謂文帝, "擧動必諮此二人." 世子執子孫禮.

救恤窮乏, 家無所餘, 中外孤寡皆歸焉. 贈遺無所逆, 亦終不用, 及去, 皆以還之. 建安十七年卒. 魏國初建, 承以丞相參軍祭酒領趙郡太守, 政化大行. 太祖將西征, 徵承參軍事, 至長安, 病卒.

| 국역 |

조조는 기주를 평정한 뒤에(서기 200) 사람을 보내 張範(장범)을 데려오게 했다. 그러나 장범은 병이 나서 彭城縣(팽성현)[87]에 머물면서 동생 張承(장승)을 조조에게 보냈고, 조조는 표문을 올려 장승을 간의대부에 임명하였다.

그전에 장범의 아들 張陵(장릉)과 장승의 아들 張戩(장진)이 山東 지역의 도적에 잡혀갔는데, 장범은 바로 도적을 찾아가 두 아들을 돌려달라고 요청했다. 도적은 장릉을 내주었다. 장범이 사례하며

87 徐州 관할 彭城國(팽성국)의 治所는 彭城縣, 今 江蘇省 북부 徐州市.

말했다.

"여러분이 내 아들을 돌려준 것은 고맙습니다. 사람의 정이 제 자식을 사랑하지만, 나는 어린 조카가 더 안쓰러우니 내 아들과 바꿔 데려가겠소."

그러자 도적은 장범을 의인이라 생각하여 두 아이를 돌려주었다.

조조는 荊州(형주)에서 돌아오면서 陳國[88]에서 장범을 만나 議郎을 제수하고 丞相府軍事의 직무를 수행케 하였는데 예를 엄격히 갖춰 대하였다. 조조는 정벌에 나설 때마다 장범과 邴原(병원)을 남겨 世子(曹丕)와 함께 지키게 하였다. 조조는 "무슨 일을 하던 두 사람에게 묻도록 하라."고 말했다. 조비는 두 사람에게 아들의 예를 지켜 받들었다.

장범은 궁핍한 이웃을 구휼하여 집안에 비축한 재산이 없었고, 가족 내외의 고아나 과부가 모두 장범에게 의지하였다. 장범은 다른 사람이 보내오는 물건을 마다하지 않았지만 끝내 사용하지 않고 그 사람이 돌아갈 때에 모두 돌려보냈다.

장범은 建安 17년(서기 212년)에 죽었다. 魏가 건국되자, 장승은 丞相府參軍祭酒로 趙郡太守를 겸임하였는데 정치와 교화에 실적을 거두었다. 조조가 서쪽을 원정할 때 장승을 불러 軍事를 담당케 하였는데, 장승은 長安에 이르러 병사했다.

88 豫州 관할 陳國 治所는 陳縣. 今 河南省 周口市 淮陽縣. 진군 북쪽에 접한 陳留郡은 兗州 관할.

❸ 涼茂

| 原文 |

涼茂字伯方, 山陽昌邑人也. 少好學, 論議常據經典, 以處是非. 太祖闢爲司空掾, 擧高第, 補侍御史. 時泰山多盜賊, 以茂爲泰山太守, 旬月之間, 襁負而至者千餘家.

轉爲樂浪太守. 公孫度在遼東, 擅留茂, 不遣之官, 然茂終不爲屈. 度謂茂及諸將曰, "聞曹公遠征, 鄴無守備, 今吾欲以步卒三萬, 騎萬匹, 直指鄴, 誰能御之?" 諸將皆曰, "然."

又顧謂茂曰, "於君意何如?" 茂答曰, "比者海內大亂, 社稷將傾, 將軍擁十萬之衆, 安坐而觀成敗, 夫爲人臣者, 固若是邪! 曹公憂國家之危敗, 愍百姓之苦毒, 率義兵爲天下誅殘賊, 功高而德廣, 可謂無二矣. 以海內初定, 民始安集, 故未責將軍之罪耳! 而將軍乃欲稱兵西向, 則存亡之效, 不崇朝而決. 將軍其勉之!"

諸將聞茂言, 皆震動. 良久, 度曰, "涼君言是也." 後徵遷爲魏郡太守, 甘陵相, 所在有績. 文帝爲五官將, 茂以選爲長史, 遷左軍師. 魏國初建, 遷尙書僕射, 後爲中尉奉常. 文帝在東宮, 茂復爲太子太傅, 甚見敬禮. 卒官.

| 국역 |

涼茂(양무)의 字는 伯方(방백)으로, 山陽郡 昌邑縣[89] 사람이다. 젊어 호학했고 매사 의논에 늘 경전을 바탕으로 시비를 가렸다. 조조가 불러 司空掾(사공연)에 임용했고 근무 성적이 좋아 侍御史가 되었다. 그 무렵 泰山[90]에는 도적이 많았는데, 양무가 泰山太守가 되자 한 달 사이에 어린아이를 업고 찾아오는 백성이 1천여 가구나 되었다.

양무는 樂浪太守로 전근했다. 公孫度(공손도)는 遼東郡에 있으면서 멋대로 양무를 억류하고 임지로 보내지 않았지만 양무는 끝내 굴복하지 않았다. 공손도가 양무 및 여러 장수에게 말했다.

"내가 듣자니, 曹公(曹操)이 원정 중이라서 鄴縣(업현)에 수비가 없을 것이니, 내가 보병 3만과 기병 1만을 거느리고 곧장 업현을 친다면 누가 막을 수 있겠는가?"

그러자 여러 장수들은 "그렇습니다."라고 말했다.

이어 공손도가 양무를 돌아보며 말했다. "당신 생각은 어떻소?"

이에 양무가 말했다.

"요즈음 천하가 大亂을 겪으면서 사직이 위태로운데, 장군은 10만 군사를 보유하고 앉아서 성패를 관망하고 있는데 人臣으로 어찌 그럴 수 있습니까! 曹公은 위기에 처한 국가를 걱정하고 고통에 시

89 兗州 관할 山陽郡. 治所는 昌邑縣, 今 山東省 서남부 菏澤市 관할의 鉅野縣.

90 泰山은 五嶽의 하나. 古名 岱山(대산), 또는 岱宗, 山東省 중부, 泰安市 관내, 主峰 玉皇峰은 해발 1,532m. 오악은 北岳(北嶽)인 今 山西省의 恒山(항산, 常山), 西岳인 陝西省의 華山, 中岳인 河南省의 嵩山(숭산), 東岳인 山東省 泰山, 南岳인 湖南省 衡山(형산).

달리는 백성을 불쌍히 여겨 義兵을 거느리고 세상의 잔악한 무리를 주살하면서 큰 공을 세우고 덕을 널리 베풀고 있으니, 그런 분이 또 없을 것입니다. 지금 海內가 겨우 평정되면서 백성이 이제야 안정되었기에 장군의 죄를 문책할 겨를이 없는 것입니다! 만약 장군이 군사를 일으켜 서쪽으로 향한다면, 사느냐 죽느냐의 결판은 하루도 안 가서 결판날 것입니다. 장군은 스스로 판단하기 바랍니다!"

여러 장수들은 양무의 말을 듣고 모두 두려워 떨었다. 잠시 뒤에 공손도가 말했다.

"涼君의 말이 옳습니다."

양무는 뒷날 승진하여 魏郡太守와 甘陵國 相[91]이 되었는데 임지에서 치적이 훌륭했다.

그때 曹조는 五官將이었는데, 양무를 골라 長史에 임명했고 이어 左軍師로 승진시켰다. 魏國이 건국되면서 양무는 尙書僕射(상서복야)가 되었다가 뒤에 中尉[92]와 奉常(봉상)[93]을 역임했다. 曹조가 동궁

91 冀州 관할 甘陵國은 清河國, 治所 甘陵縣, 今 山東省 직할 臨清市(河北省과 접경) 동북. 군국의 치소인 현명을 군국 명으로도 통용한다. 147年에 清河國을 甘陵國으로 개칭. 建安 11년(206년)에 감릉국을 폐하고 清河郡으로 개칭했다.

92 제후로서 王國은 皇子의 封邑으로 郡과 규모가 거의 동급이다. 이 경우 제후왕에게는 행정의 권한이 없고 제후국의 경제적 특권을 향유하였다. 제후국의 행정은 相(太守와 동급, 중앙에서 임명)이 담당하였다. 왕국의 稅收는 중앙에 보내지 않았다. 제후국의 相(상, 1인)은 治國의 실무 담당하는데 중앙에서 임명하여 파견하고 질록은 二千石이다. 長史는 郡丞과 같은 副職이다. 中尉(중위, 1인)는 왕국의 군사 관련 업무와 치안 유지 담당. 질록 比二千石이었다. 낙양 도성 방어를 책임지는 衛尉(위위)는 9卿의 하나로 질록이 中이천석이었다.

93 漢 景帝 中元6년(前 144년)에 奉常을 太常으로 개칭했다. 新朝(王莽)은 秩宗이라고 했다가 후한에서는 太常으로 환원하였다. 太常의 주요 직무는 종묘와 사직의 각종 제사를 관장하며 조회와 황제의 장례 등 각종 의례를 담당했다.

에 있을 때 양무는 太子太傅[94]가 되었는데, 조비는 극진한 예를 갖춰 양무를 대우했다. 양무는 재직 중에 죽었다.

❹ 國淵

| 原文 |

國淵字子尼, 樂安蓋人也. 師事鄭玄. 後與邴原,管寧等避亂遼東. 既還舊土, 太祖闢爲司空掾屬, 每於公朝論議, 常直言正色, 退無私焉.

太祖欲廣置屯田, 使淵典其事. 淵屢陳損益, 相土處民, 計民置吏, 明功課之法, 五年中倉廩豐實, 百姓競勸樂業.

太祖征關中, 以淵爲居府長史, 統留事. 田銀,蘇伯反河間, 銀等既破, 後有餘黨, 皆應伏法. 淵以爲非首惡, 請不行刑.

太상의 속관으로는 博士 및 太樂令, 太史令, 太卜令, 太醫令 등을 거느렸다. 魏國에서는 奉常이라 칭하다가 태상으로 개칭했다.

94 太子太傅(태자태부) – 卿, 1인, 질록 中二千石. 太子 輔導. 태자의 師傅(사부), 無 관속. 태자궁의 제반 업무는 太子小傅(1인, 질록 二千石)가 담당했는데, 太子 輔導와 태자궁 관련 관속을 지휘 감독했다. 太子率更令(1인, 千石), 太子庶子(4石. 無 定員), 太子舍人(二百石, 無 定員, 숙위 담당), 太子家令(1인, 질록 千石, 태자궁의 음식 재물 관리 태자 중의 司農이며 少府의 역할 수행), 太子倉令(1인, 질록 6백석), 太子食官令(1인, 질록 6백석. 飲食 담당), 太子僕(1인, 질록 千石. 車馬 관리), 太子廐長(1인, 4百石. 車馬 관리), 太子門大夫(질록 6백석), 太子中庶子(질록 6백석. 5人, 侍中의 역할 수행), 太子洗馬(질록 比 6백석) 등의 속관을 두었다.

太祖從之, 賴淵得生者千餘人. 破賊文書, 舊以一爲十, 及淵上首級, 如其實數.

太祖問其故, 淵曰, "夫征討外寇, 多其斬獲之數者, 欲以大武功, 且示民聽也. 河間在封域之內, 銀等叛逆, 雖克捷有功, 淵竊恥之."

太祖大悅, 遷魏郡太守.

| 국역 |

國淵(국연)[95]의 字는 子尼(자니)로, 樂安國 蓋縣(개현)[96] 사람이다. (후한) 鄭玄(정현)[97]에게 사사하였다. 뒷날 邴原(병원), 管寧(관녕) 등과 함께 遼東(요동) 지역으로 피난했었다.

95 國淵(국연)은 國이 성씨. 생졸년 미상.

96 青州자사부 관할 樂安國은 본래 齊郡을 분할한 千乘郡이었고, 後漢에서는 千乘國인데 뒤에 樂安國으로 개칭했다. 後漢 후기에 그 영역은 대개, 今 山東省 濱州市 동부와 淄博市(치박시) 서북부 및 東營市 남부 및 壽光市 일대였다. 治所는 臨濟縣, 今 山東省 淄博市 관할 高青縣. 蓋縣(개현)은 北海郡이지 樂安郡이 관할이 아니다. 國淵의 貫籍은 益縣(익현), 今 山東省 濰坊市 관할 壽光市라는 주석이 있다.

97 鄭玄(정현, 서기 127－200년. 字 康成)으로, 北海郡 高密縣 사람이다. 정현은 太學에서 受業을 받았고 여러 경전에 두루 박통하였다. 정현은 서쪽으로 關中에 들어가서 涿郡(탁군)과 盧植(노식)과 함께 右扶風의 馬融(마융)을 스승으로 섬겼다. 마융의 문하에서 10년을 硏學한 뒤 마융을 떠났는데, 마융은 한숨을 쉬며 제자들에게 말했다. "鄭玄이 지금 떠나간다니, 나의 학문이 동쪽에 전해질 것이다." 黨錮(당고)의 禍가 일어나자, 정현은 은거하면서 경서 연구에만 전념하고 두문불출하였다. 鄭玄(정현)은 文辭와 訓詁(훈고)에 치중하였기에 학식이 廣博한 사람은 설명이 너무 번잡하다고 비판하였다. 그러나 經傳에 관한 넓고도 상세한 지식으로 純儒(순유)라는 칭송을 들었고, 齊와 魯 일대에서는 宗師가 되었다. 그의 명성은 그가 벼슬길을 기웃거리지 않았고 학문의 길만을 걸

국연이 고향으로 돌아오자, 조조는 국연을 불러 司空府 掾屬(연속)에 임명하였는데, 국연은 국정을 논의할 때 늘 직언하였고 엄숙했으며 退朝 후에도 私利를 추구하지 않았다.

조조는 많은 곳에 屯田(둔전)을 설치하였고 국연에게 둔전을 총괄케 하였다. 국연은 여러 번 정책의 장단점을 진언하였고 토지를 살펴 백성 거처를 마련하고, 백성 숫자에 따라 관리를 배치하고 功過를 정확하게 평가하니, 5년 만에 국가 창고가 가득 찼고 백성들은 기꺼이 생업에 종사하였다.

조조가 關中을 정벌할 때 국연은 居府長史(거부장사)로 낙양에서 행정을 담당하였다. 田銀(전은)과 蘇伯(소백)이란 자들이 河間國에서 반기를 들었는데, 전은 등이 격파된 뒤에 그 잔당 역시 모두 국법대로 사형에 처해야 했다.

이에 국연은 주동자가 아니라면 처형하지 말 것을 주청하였다. 조조가 건의를 수락하여, 국연 때문에 살아난 자가 1천여 명이나 되었다. 적을 격파한 보고서에는 보통 1명을 죽이고서 10명을 죽였다고 했지만 국연이 올린 보고서는 사실대로만 기록했다. 조조가 그 까닭을 묻자, 국연이 말했다.

"외적을 토벌하면서 참수나 노획한 숫자를 늘려 보고하는 것은 무공을 과장하고, 또 백성에게 자신의 위세를 과시하려는 뜻입니다. 하간국은 우리 封地이고, 전은 등의 반역을 진압했다는 공적이 저 자신에게는 그저 부끄러울 뿐입니다."

……………

었기에 얻은 명성이니, 그의 경력 자체가 당시로서는 특이하고 또 어려운 일이었다. 《後漢書》 35권, 〈張曹鄭列傳〉에 立傳. 정현은 國淵에 대하여 "美才이니 내가 볼 때 틀림없이 國器가 될 것이다."라고 말했다.

조조는 크게 기뻐하며 국연을 魏郡太守로 승진시켰다.

| 原文 |

時有投書誹謗者, 太祖疾之, 欲必知其主. 淵請留其本書, 而不宣露. 其書多引〈二京賦〉, 淵敕功曹曰, "此郡旣大, 今在都輦, 而少學問者. 其簡開解年少, 欲遣就師." 功曹差三人, 臨遣引見, 訓以 "所學未及, 〈二京賦〉, 博物之書也, 世人忽略, 少有其師, 可求能讀者從受之."

又密喩旨. 旬日得能讀者, 遂往受業. 吏因請使作箋, 比方其書, 與投書人同手. 收攝案問, 具得情理.

遷太僕. 居列卿位, 布衣蔬食, 祿賜散之舊故宗族, 以恭儉自守, 卒官.

| 국역 |

그때, 投書하여 時政을 誹謗(비방)하는 자가 있었는데, 조조가 몹시 미워하며 그 범인을 찾아내려 했다. 國淵(국연)은 투서 원본을 받고서 공개하지는 않겠다고 하였다. 그 투서는 (張衡의) 〈二京賦〉[98]

98 〈二京賦〉의 작자 後漢 張衡(장형, 78 – 139) – 天文學者, 數學者, 科學者이며 發明家, 그리고 文學者로 太史令, 侍中, 尙書 역임. 그의 일생과 성취는 정말 특별하였으니, 水力으로 움직이는 渾天儀를 발명했고, 地動儀(지진계)와 指南車(나침반)을 만들었으며, 〈二京賦〉로 문명을 떨쳐 '漢賦四大家' 의 한 사람이다. 《後漢書》 59권, 〈張衡列傳〉에 立傳. 賦(부)는 漢代에 유행한 文學 형식으로 〈楚

를 모방한 투서였는데, 국연이 功曹에게 말했다.

"우리 魏郡은 영역이 광대하지만 魏國의 都城에 학문을 하는 사람은 많지 않다. 응당 총명하고 말귀를 알아들을 만한 젊은이를 골라 스승을 찾아 배우도록 주선할 예정이다."

이에 功曹(공조)에게 3인을 선발하여 학문을 배우게 하면서 출발 전에 3인에게 말했다.

"자네들이 많은 것을 배워야 하겠지만, 〈二京賦〉는 사물에 대해 博識을 자랑하는 글인데, 세상 사람들이 소홀히 하여 그를 가르치는 사부도 많지 않으니, 자네들은 〈二京賦〉를 이해하는 사람을 찾아 배우도록 하라."

그러면서 은밀히 비밀 지시를 알려주었다. 10여 일이 되자 〈二京賦〉를 잘 아는 사람을 찾아 배울 수가 있었다. 그러면서 그 사람의 서신을 받아오게 하여 투서와 비교하니 같은 필체였다. 그 사람을 잡아 심문하여 자백을 받아내었다.

국연은 太僕(태복)으로 승진하였다. 列卿의 지위에 재직했지만 국연은 무명옷에 나물 반찬을 먹으면서도 녹봉은 옛 지인이나 일족에 나눠주었고, 공경과 검약으로 분수를 지켰으며 재직 중에 죽었다.

....

辭〉에서 발전하여 시가와 산문의 특성을 합한 형태라 할 수 있다. 漢賦는 辭藻(사조)가 화려하고 筆勢가 힘차다지만, 대개 내용은 공허하고 글자와 뜻이 어려워 읽고 이해하기가 쉽지 않다. 司馬相如 이후에 後漢 班固의 〈兩都賦〉, 張衡의 〈二京賦〉, 曹植의 〈洛神賦〉, 西晉 陸機의 〈文賦〉, 左思의 〈三都賦〉가 유명하고 東晉 陶淵明의 〈歸去來辭〉도 賦의 명편이며, 唐 杜牧(두목)의 〈阿房宮賦〉, 宋 歐陽脩의 〈秋聲賦〉, 소식의 〈赤壁賦〉도 모두 賦의 명작이다.

❺ 田疇

| 原文 |

田疇字子泰, 右北平無終人也. 好讀書, 善擊劍.

初平元年, 義兵起, 董卓遷帝於長安. 幽州牧劉虞嘆曰, "賊臣作亂, 朝廷播盪, 四海俄然, 莫有固志. 身備宗室遺老, 不得自同於衆. 今欲奉使展效臣節, 安得不辱命之士乎?"

衆議咸曰, "田疇雖年少, 多稱其奇." 疇時年二十二矣. 虞乃備禮請與相見, 大悅之, 遂署爲從事, 具其車騎. 將行, 疇曰, "今道路阻絶, 寇虜縱横, 稱官奉使, 爲衆所指名. 願以私行, 期於得達而已."

虞從之. 疇乃歸, 自選其家客與年少之勇壯慕從者二十騎俱往. 虞自出祖而遣之. 旣取道, 疇乃更上西關, 出塞, 傍北方, 直趣朔方, 循間徑去, 遂至長安致命. 詔拜騎都尉. 疇以爲天子方蒙塵未安, 不可以荷佩榮寵, 固辭不受. 朝廷高其義. 三府並辟, 皆不就.

得報, 馳還, 未至, 虞已爲公孫瓚所害. 疇至, 謁祭虞墓, 陳發章表, 哭泣而去. 瓚聞之大怒, 購求獲疇, 謂曰, "汝何自哭劉虞墓, 而不送章報於我也?"

疇答曰, "漢室衰頹, 人懷異心, 唯劉公不失忠節. 章報所言, 於將軍未美, 恐非所樂聞, 故不進也. 且將軍方擧大事以求所欲, 旣滅無罪之君, 又讎守義之臣, 誠行此事, 則燕,趙之士將皆蹈東海而死耳, 豈忍有從將軍者乎!"

瓚壯其對, 釋不誅也. 拘之軍下, 禁其故人莫得與通. 或說瓚曰, "田疇義士, 君弗能禮, 而又囚之, 恐失衆心." 瓚乃縱遣疇.

| 국역 |

田疇(전주)의 字는 子泰(자태)로, 右北平郡 無終縣 사람이다.[99] 독서를 좋아했으며 검술에도 능했다.

(獻帝) 初平 元年(서기 190), (反 董卓) 義兵이 일어나자, 동탁은 헌제를 長安으로 데려갔다. 그때 幽州牧인 劉虞(유우)[100]가 탄식하며 말했다.

"간악한 賊臣이 作亂하여 조정이 옮겨 다니며 뒤집혔고, 천하가 기울어 무너지는데도 굳은 뜻을 가진 사람이 없도다. 이 몸은 종실의 늙은이로 다른 사람과 같을 수야 없다. 나는 황제에게 사람을 보

99 田疇(전주, 169-214년)의 疇는 밭두둑 주. 右北平은 유주자사부의 군명. 치소는 治所 土垠縣(토은현), 今 河北省 북동부 唐山市 豊潤區. 無終은 현명. 今 天津市 북부 薊州區(계주구).

100 劉虞(유우, ?-193년, 字 伯安) - 漢 종실의 일원이었고, 유능하고 인자한 지방관으로 이민족에게도 관대하였다. (初平) 2년, 冀州 자사인 韓馥(한복), 勃海(발해) 太守 袁紹(원소) 및 山東의 여러 장수들은 나이 어린 황제가 동탁의 핍박을 받고 있는데도 멀리 떨어진 곳이고, 길도 막혀 황제의 안녕 여부도 알 수 없다면서 유우가 종실의 어른이니 유우를 옹립해야 한다고 논의하였다. 그러나 유우는 받지 않았다. 유우는 나중에 공손찬에게 살해되었다. 《後漢書》 73권, 〈劉虞公孫瓚陶謙列傳〉 立傳.

내 신하의 충절을 보여야 하는데, 이런 임무를 수행할 사람을 어디서 구하겠는가?"

그러자 많은 사람들이 모두 말했다.

"田疇(전주)가 비록 젊지만 모두가 그의 奇才를 칭찬합니다."

그때 전주는 나이 22세였다. 이에 유우는 예를 갖춰 전주를 불러 만나본 뒤에 크게 기뻐하며 전주를 從事[101]에 임명했고 거마를 내주었다. 전주는 長安으로 떠나기 전에 말했다.

"지금 도로가 불통하고 도적이 횡행하는데, 관부의 명을 받아 출장 간다고 하면 많은 사람들이 주시할 것입니다. 사적인 여행처럼 꾸며 틀림없이 목적을 달성하겠습니다."

유우는 수락했다. 전주는 집에 돌아와 문객 중에서 젊고 용감하며 동행을 원하는 사람 20여 명을 모집하여 함께 출발하였다. 유우는 직접 제사(祖道)[102]를 지내주고 전별하였다.

전주는 출발한 뒤 西關을 지나, 국경을 넘어 북쪽 길로 가다가 소로를 택해 장안까지 가서 임무를 완수하였다. 헌제는 조서를 내려 전주에게 騎都尉를 제수하였다. 전주는 지금 천자가 蒙塵(몽진, 避難) 중에 평안치 않은데, 황제의 은총을 받을 수 없다며 극구 사양하며 받지 않았다. 조정에서는 그의 의리를 높이 평가하였다. 삼공부에서 관리로 불렀지만 전주는 응하지 않았다.

101 從事 - 從事史의 간칭. 司隸校尉의 속관(정원 12인). 都官從事(百官 범법자 감찰), 功曹從事(서무 총괄), 別駕從事(사예교위 호위) 및 簿曹從事(경리회계 담당), 兵曹從事(사예교위 소속 병사 관리) 등이 있었다. 각 郡國에도 從事가 있었다.

102 祖道 - 먼 길 여행하는 사람을 위해 무사여행을 비는 제사와 함께 하는 전별연.

전주는 회보를 받아 幽州에 돌아왔지만, 전주가 도착 전에 유우는 이미 公孫瓚(공손찬)에게 살해되었다. 전주는 유우의 묘소에 가서 제사를 지내며 조정의 명령을 아뢰고 통곡한 뒤에 떠났다.

공손찬은 이를 알고 대노하면서 현상금을 걸고 전주를 체포케 한 뒤에 말했다.

"너는 왜 유우의 묘에 통곡했으며, 조정의 문서를 왜 나한테 보고하지 않았느냐?"

전주는 "漢室이 쇠약해졌고 백성이 딴마음을 품고 있지만, 오직 劉公만은 충절을 지켰습니다. 회신을 유공의 묘소에 보고한 것은 이 일이 당신에게 기쁜 일이 아니기에 말씀드리지 않았습니다. 또 지금 장군은 대사를 꾸며 바라는 바를 얻으려고 아무 죄도 없는 劉公을 죽였으며, 대의를 지키는 신하를 원수로 여기며 이런 짓을 하니, 비록 燕과 趙의 장졸이 모두 東海에 빠져 죽을지언정 누가 장군을 추종하겠습니까!"

공손찬은 전주의 응답을 장하게 여기며 죽이지는 않았다. 그러나 전주를 軍中에 억류하며 다른 사람과 왕래하지 못하게 하였다. 그러자 어떤 사람이 공손찬에게 말했다.

"전주는 義士인데, 장군께서 예를 갖춰 대우하지 않고 억류하니 여러 사람의 인심을 잃을까 걱정됩니다."

이에 공손찬은 전주를 풀어주었다.

| 原文 |

疇得北歸, 率擧宗族他附從數百人, 掃地而盟曰, “君仇不報, 吾不可以立於世!” 遂入徐無山中, 營深險平敞地而居, 躬耕以養父母. 百姓歸之, 數年間至五千餘家.

疇謂其父老曰, “諸君不以疇不肖, 遠來相就. 衆成都邑, 而莫相統一, 恐非久安之道, 原推擇其賢長者以爲之主.” 皆曰, “善.” 同僉推疇.

疇曰, “今來在此, 非苟安而已, 將圖大事, 復怨雪恥. 竊恐未得其志, 而輕薄之徒自相侵侮, 偸快一時, 無深計遠慮. 疇有愚計, 願與諸君共施之, 可乎?” 皆曰, “可.”

疇乃爲約束相殺傷,犯盜,諍訟之法, 法重者至死, 其次抵罪, 二十餘條. 又制爲婚姻嫁娶之禮, 興擧學校講授之業, 班行其衆, 衆皆便之, 至道不拾遺. 北邊翕然服其威信, 烏丸,鮮卑並各遣譯使致貢遺, 疇悉撫納, 令不爲寇. 袁紹數遣使招命, 又卽授將軍印, 因安輯所統, 疇皆拒不受. 紹死, 其子尙又辟焉, 疇終不行.

| 국역 |

田疇(전주)는 북쪽 고향으로 돌아온 뒤에, 일족과 따르는 무리 수백 명을 모아 땅을 깨끗하게 소제한 뒤에 “主君(劉虞)의 원수를 갚기 전에는 세상에 나서지 않겠다.”고 맹세하였다. 그리고 무리와 함께 徐無山(서무산)[103] 속 험한 곳에 깊이 들어가 평평한 곳을 골라 거처를 정하고 직접 농사를 지으며 부모를 봉향했다. 이에 백성들이 찾아와 의지하니 몇 년 안에 5천여 호가 되었다.

전주는 마을의 父老에게 말했다.

"여러분은 이 못난 전주를 믿고 먼 데서 찾아오셨습니다. 사람이 많아지고 큰 성읍이 되었습니다만, 하나로 통일되지 않는다면 오랫동안 안전할 수가 없으니, 원컨대 현명한 존장자를 가려 주관케 해야 합니다."

모두가 "옳다."고 하면서 전주를 추대하였다. 이에 전주가 말했다.

"이번에 여기에 모인 것은 그저 편하게만 살려는 뜻이 아니라 앞으로 큰일을 도모하여 원수를 설욕하기 위한 뜻입니다. 내 생각으로는 이런 뜻을 실현하기 전에 경박한 자들이 있어 남을 해치거나 한때의 쾌락 때문에 먼 뒷날에 대한 생각을 못할까 걱정입니다. 나의 어리석은 생각이지만 여러분과 함께 약속을 해도 괜찮겠습니까?"

그러자 모두가 좋다고 하였다. 전주는 이에 살인, 상해, 절도, 소송 및 법을 거듭 어기는 자는 처형하며 다른 여러 가지 죄와 형벌에 관한 20여 조항을 약정하였다. 또 결혼에 관한 의례를 정하고 학교를 세워 학업을 장려 등 여러 가지를 반포 시행하자, 모두가 편하다고 받아들였으며 길에 떨어진 물건을 주워갖는 사람이 없었다.

북방의 이민족도 전주의 위엄과 신의에 복종하였는데, 烏丸(오

103 徐無山은 右北平郡 徐無縣의 산 이름. 今 河北省 동부, 唐山市 관할 玉田縣에 해당.

환), 鮮卑族(선비족)들도 각각 통역과 사자를 보내 공물을 보내오자, 전주는 침략하지 않도록 모두를 위무하며 받아들였다. 袁紹도 여러 번 사자를 보내 초빙하며, 바로 장군의 인수를 보내주며 거느린 무리를 안전하게 수용하겠다고 하였지만 전주는 모두 거절하며 받지 않았다. 원소가 죽은 뒤 그 아들 袁尙(원상)이 또 초빙하였지만 전주는 끝내 응하지 않았다.

| 原文 |

疇常忿烏丸昔多賊殺其郡冠蓋, 有欲討之意而力未能. 建安十二年, 太祖北征烏丸, 未至, 先遣使辟疇, 又命田豫喩指. 疇戒其門下趣治嚴. 門人謂曰, "昔袁公慕君, 禮命五至, 君義不屈. 今曹公使一來而君若恐弗及者, 何也?"

疇笑而應之曰, "此非君所識也." 遂隨使者到軍, 署司空戶曹掾, 引見諮議. 明日出令曰, "田子泰非吾所宜吏者." 卽擧茂才, 拜爲蓨令, 不之官, 隨軍次無終. 時方夏水雨, 而濱海洿下, 濘滯不通, 虜亦遮守蹊要, 軍不得進. 太祖患之, 以問疇.

疇曰, "此道, 秋夏每常有水, 淺不通車馬, 深不載舟船, 爲難久矣. 舊北平郡治在平岡, 道出盧龍, 達於柳. 自建武以來, 陷壞斷絶, 垂二百載, 而尙有微徑可從. 今虜將以大軍當由無終, 不得進而退, 懈弛無備. 若嘿回軍, 從盧龍口越白檀之險,出空虛之地, 路近而便, 掩其不備, 蹋頓之首可不戰而禽也."

太祖曰, "善." 乃引軍還, 而署大木表於水側路傍曰, "方今暑夏, 道路不通, 且俟秋冬, 乃復進軍." 虜候騎見之, 誠以爲大軍去也. 太祖令疇將其衆爲鄕導, 上徐無山, 出盧龍, 歷平岡, 登白狼堆, 去柳城二百餘里, 虜乃驚覺. 單于身自臨陳, 太祖與交戰, 遂大斬獲, 追奔逐北, 至柳城. 軍還入塞, 論功行封, 封疇亭侯, 邑五百戶. 疇自以始爲居難, 率衆循逃, 志義不立, 反以爲利, 非本意也, 固讓. 太祖知其至心, 許而不奪.

| 국역 |

田疇(전주)는 전날에 右北平郡의 관리들을 많이 죽인 오환족에 늘 원한을 품었지만 토벌하고 싶어도 힘이 없었다.

建安 12년(서기 207) 조조는 북쪽으로 오환족 원정에 나섰는데, 조조는 도착하기 전에 미리 사자를 전주에게 보냈고, 또 田豫(전예)를 시켜 조조의 뜻을 알려왔다. 전주는 아랫사람들을 엄히 신칙하며 맞이할 준비를 하였다. 이에 문인이 물었다.

"전에 袁公이 사모하며 예를 갖춰 5번이나 사람을 보내왔지만 의리로 원소에 복종하지 않으셨습니다. 그런데 지금 曹公이 사자를 처음 보냈지만, 혹 부족한 것이 있는가 걱정하시는데 왜 그러십니까?"

이에 전주가 웃으면서 "이는 그대가 알 바가 아니네."라고 말했다.

사자를 따라 도착한 조조는 전주를 司空戶曹掾에 임명하면서 전주를 불러 만났다. 그리고 조조는 다음 날 명령을 내렸다. "田子泰

(田疇)는 나의 속리가 될 수 없다." 그리고는 즉시 전주를 茂才(무재)로 천거하며 蓨縣(수현) 현령에 임명했다. 전주는 부임하지는 않고 군사를 따라 無終縣에 주둔하였다.

그때 한여름이라서 비가 많이 내려 바닷가나 낮은 지대가 진흙탕으로 변해 길이 막혔고, 오환족도 이를 이용하여 요지를 막고 있어 군대가 전진할 수가 없었다. 조조가 이를 걱정하여 전주에게 물었다. 이에 전주가 대답했다.

"이 길은 여름과 가을에 늘 물에 잠기는데, 얕지만 군마가 나갈 수 없고 깊다지만 배를 띄울 수도 없이 오랫동안 막혀버립니다. 옛 右北平郡의 치소는 平岡(평강)에 있었는데, 길은 盧龍縣(노룡현)을 지나가야 柳城[104]에 이를 수 있습니다. (光武帝의) 建武 이래로 길이 붕괴되어 불통한 지 거의 2백 년이 됩니다만, 그래도 아직 좁은 길이 남아있어 갈 수는 있습니다. 지금 적장들은 대군이 당연히 無終縣(무종현)에서 오도 가도 못하리라 생각하여 해이한 채로 방비가 없을 것입니다. 만약 조용히 回軍하여 盧龍口(노룡구)에서 白檀(백단)의 험로를 넘어 사람이 없는 空地[105]를 통과하여 지난다면, 길도 가깝고 행군이 편하여 적의 방비가 없을 때 기습한다면 오환의 單于(선우)[106] 蹋頓(답돈)[107]을 싸우지 않고도 생포할 수 있습니다."

104 柳城(유성)은 遼西郡의 城池, 今 遼寧省 중부 朝陽市 서남.

105 〈武帝紀〉 건안 12년 조에는 선비족의 직할지라고 기록했다.

106 後漢 시대에 흉노가 약해지면서 烏桓族이 강성하여 후한을 괴롭혔다. 單于(선우)는 본래 흉노족의 왕을 부르는 칭호이나 오환족과 선비족의 족장도 선우라 불렀다.

107 원소는 오환의 족장들을 單于(선우)로 인정하면서 (袁氏) 가문의 딸들을 자기의 딸이라면서 오환의 선우에게 아내로 주었다. 그중에서 遼西郡의 單于(선

조조는 "좋다." 면서 군사를 이끌고 돌아가면서 물가에 큰 나무를 깎아서, '지금 한여름이고 길이 막혔으니 일단 가을이나 겨울을 기다렸다가 다시 진군하겠다.' 고 써 놓았다. 오환족의 척후 기병이 보고서는 조조의 대군이 정말 철수했다고 생각하였다.

조조는 전주가 무리와 함께 길을 안내케 하여 徐無山을 넘어 盧龍(노룡)으로 나와 平岡(평강)을 거쳐 白狼堆(백랑퇴)를 넘어 柳城(유성)에서 2백 리 떨어진 곳에 나타나자 오환족은 깜짝 놀랐다. 單于인 답돈이 직접 진을 치고 나와 조조의 군사와 교전했는데, 조조의 군사는 적군을 크게 무찔렀고 오환족은 도주했으며, 조조는 (遼西郡의) 柳城을 차지하였다.

조조는 군사를 돌려 국경으로 돌아와 논공행상을 했는데, 전주를 亭侯에 봉했고 식읍은 5백 호였다. 그러나 전주는 식읍에 오래 머물 수 없다고 생각하여 무리와 함께 물러나면서, 자신의 뜻을 실천하지 못하고 이익을 얻는 것은 본의가 아니라면서 굳이 사양하였다. 조조도 전주의 진심을 알기에 허용하며 억지로 강요하지 않았다.

‖原文‖

遼東斬送袁尙首, 令 '三軍敢有哭之者斬.' 疇以嘗爲尙所辟, 乃往弔祭. 太祖亦不問. 疇盡將其家屬及宗人三百餘家居鄴. 太祖賜疇車馬穀帛, 皆散之宗族和知舊.

우)인 蹋頓(답돈)이 제일 강했었다.

從征荊州還, 太祖追念疇功殊美, 恨前聽疇之讓, 曰, "是成一人之志, 而虧王法大制也."

於是乃復以前爵封疇. 疇上疏陳誠, 以死自誓. 太祖不聽, 欲引拜之, 至於數四, 終不受. 有司劾疇狷介違道, 苟立小節, 宜免官加刑. 太祖重其事, 依違者久之. 乃下世子及大臣博議, 世子以疇同於子文辭祿, 申胥逃賞, 宜勿奪以優其節. 尙書令荀彧,司隸校尉鍾繇亦以爲可聽.

太祖猶欲侯之. 疇素與夏侯惇善, 太祖語惇曰, "且往以情喩之, 自從君所言, 無告吾意也." 惇就疇宿, 如太祖所戒. 疇揣知其指, 不復發言.

惇臨去, 乃拊疇背曰, "田君, 主意殷勤, 曾不能顧乎!"

疇答曰, "是何言之過也! 疇, 負義逃竄之人耳, 蒙恩全活, 爲幸多矣. 豈可賣盧龍之塞, 以易賞祿哉? 縱國私疇, 疇獨不愧於心乎? 將軍雅知疇者, 猶復如此, 若必不得已, 請願效死刎首於前." 言未卒, 涕泣橫流.

惇具答太祖. 太祖喟然知不可屈, 乃拜爲議郎. 年四十六卒. 子又早死. 文帝踐阼, 高疇德義, 賜疇從孫續爵關內侯, 以奉其嗣.

| 국역 |

遼東 태수가 袁尙(원상)의 목을 잘라 보내오자, 조조는 "三軍에서

감히 원상을 위해 곡하는 자는 죽이겠다."로 명령했다. 田疇(전주)는 앞서 원상의 부름을 받은 적이 있어 제사를 지내주고 곡을 하였다. 그러자 조조는 모른 척하였다.

전주는 그 가속과 일족 3백여 명을 거느리고 나와 鄴縣(업현)에 거주하였다. 조조는 전주에게 車馬와 곡식, 비단 등을 하사했는데, 전주는 이를 모두 일족과 지인에게 나눠 주었다.

荊州(형주) 원정에서 돌아온 조조는 전주의 뛰어난 공적을 생각하며 앞서 전주의 작위 사양을 수락한 것을 후회하며 말했다.

"전주의 사양은 한 사람의 뜻을 관철했지만 국법의 원칙을 훼손한 것이다."

그러면서 다시 예전의 작위로 전주를 봉했다. 그러나 전주는 상소하여 자신의 참뜻을 말하며 죽어도 받지 않겠다고 했다. 그러나 조조는 수락하지 않으면서 전주를 데려다가 작위를 내리려 하여 사자가 서너 번을 왕복했지만 끝내 받지 않았다.

이에 담당 관리가 전주는 고집을 피우며 正道를 위반했다고 탄핵하면서 구차하게 작은 지조를 고집한다면 면직시키고 형벌을 내려야 한다고 주청하였다. 조조도 이를 중시하면서 오랫동안 방치할 수 없다고 생각하였다.

이에 世子(曹丕)와 대신들에게 이를 논의케 하였는데, 조비는 전주가 (춘추시대 楚나라의) 子文(자문)이 자신의 녹봉을 사양했고, (춘추시대, 楚의) 申包胥(신포서)가 상을 받지 않고 피신한 것처럼 전주의 지조를 빼앗지 말아야 한다고 생각했다. 尙書令인 荀彧(순욱)과 司隸校尉인 鍾繇(종요) 역시 작위 사양을 수용해야 한다고 주장했다.

그렇지만 조조는 전주를 제후로 봉하려 했다. 전주는 평소에 夏侯惇(하후돈)과 친했는데, 조조가 하후돈을 불러 말했다.

"일단 전주에게 가서 우정으로 권유하되 자네의 뜻이라 말하고 내 뜻은 말하지 말라."

하후돈은 전주를 찾아가 하루를 자면서 조조가 시키는 대로 했다. 전주는 그 뜻을 짐작하고서 더 말하지 않았다. 하후돈이 떠나오면서 전주의 등을 두드리며 말했다.

"田君! 자네 뜻이 진정이겠지만, 그래도 다른 사람을 생각 안할 수 있겠는가!"

이에 전주가 말했다.

"무슨 말을 그렇게 하는가! 나 전주는 大義를 버리고 숨어사는 사람이었는데, 주군의 은덕을 받아 일족이 살아났으니 다행일 뿐이요. 내가 변방 盧龍塞(노룡새)의 공적을 팔아 상록으로 바꿔야 하겠는가? 설령 나라가 나에게 특별한 혜택을 준다면 나는 마음속으로 부끄럽지 않겠는가? 장군은 평소에 나를 잘 알면서도, 또 이렇게 해서 부득이 내가 받을 수밖에 없다면 나는 주군 앞에 나아가 목을 찔러 죽을 것이요!"

그러면서 말을 다 마치기도 전에 눈물을 흘렸다. 하후돈은 조조에게 보고하였다. 조조는 탄식하며 전주의 뜻을 꺾을 수 없다 생각하였고, 곧 議郎을 제수하였다.

전주는 46세에 죽었다. 아들도 일찍 죽었었다. 文帝가 제위에 오른 뒤 전주의 德義를 높이 생각하여 전주의 從孫인 田續(전속)에게

關內侯의 작위를 내려 제사를 받들게 하였다.

❻ 王脩

| 原文 |

王脩字叔治, 北海營陵人也. 年七歲喪母. 母以社日亡, 來歲鄰里社, 脩感念母, 哀甚. 鄰里聞之, 爲之罷社. 年二十, 遊學南陽, 止張奉舍. 奉擧家得疾病, 無相視者, 脩親隱恤之, 病癒乃去.

初平中, 北海孔融召以爲主簿, 守高密令. 高密孫氏素豪俠, 人客數犯法. 民有相劫者, 賊入孫氏, 吏不能執. 脩將吏民圍之, 孫氏拒守, 吏民畏憚不敢近. 脩令吏民, "敢有不攻者與同罪." 孫氏懼, 乃出賊. 由是豪强懾服. 擧孝廉, 脩讓邴原, 融不聽.

時天下亂, 遂不行. 頃之, 郡中有反者. 脩聞融有難, 夜往奔融. 賊初發, 融謂左右曰, "能冒難來, 唯王脩耳!" 言終而脩至. 復署功曹.

時膠東多賊寇, 復令脩守膠東令. 膠東人公沙盧宗强, 自爲營塹, 不肯應發調. 脩獨將數騎徑入其門, 斬盧兄弟, 公沙氏驚愕莫敢動. 脩撫慰其餘, 由是寇少止. 融每有難, 脩雖休歸在家, 無不至. 融常賴脩以免.

| 국역 |

王脩(왕수)[108]의 字는 叔治(숙치)로, 北海郡 營陵縣(영릉현)[109] 사람이다. 나이 7살에 모친을 잃었다. 모친이 社日에 죽었는데, 다음 해 마을 제삿날에 왕수는 모친을 생각하여 매우 서글프게 울었다. 마을 사람들이 듣고서는 왕수를 생각하여 土地社의 제사를 그만두었다. 왕수는 20세에 南陽郡에 유학하러 가다가 張奉(장봉)이란 사람의 집에 머물렀다. 그러나 양봉의 일가족이 전염병에 걸려 돌봐줄 사람이 없자, 왕수는 친히 구휼하여 병이 다 나은 뒤에 떠나갔다.

(獻帝) 初平 연간에(서기 190－193), 北海郡 孔融(공융)[110]이 왕수를 불러 主簿(주부)[111]에 임명했다가 高密(고밀) 현령을 대행케 했다. 高密縣의 孫氏란 사람은 평소에 협객이었는데 그 客人들이 자주 법을 어겼다. 백성 중에 겁탈을 당한 자가 있었는데 범인이 손씨 집에 들어가 숨어서 관리가 잡아낼 수가 없었다. 이에 왕수는 관리와 백성을 데리고 손씨 집을 포위했으나 손씨가 저항하자 관리 누구도 접근하지 못했다. 이에 왕수가 명령했다.

"공격하지 않는 자는 같은 죄로 다스리겠다."

108 王脩(王修, 생졸년 미상. 字 叔治) － 孔融, 袁譚, 曹操를 섬겼다.

109 青州 관할 北海郡(國)의 治所는 劇縣, 今 山東省 중부 濰坊市(유방시) 昌樂縣. 營陵縣(영릉현)은, 今 濰坊市 관할 昌樂縣 부근.

110 孔融(공융)은 〈荀彧荀攸賈詡傳〉의 〈荀彧傳〉 주석 참고.

111 主簿(주부)는 文書 簿籍 및 印鑑 관리 담당, 文件을 기초하고 사건을 기록, 태수나 현령의 비서격.

이에 손씨는 두려워 범인을 내 주었다. 이후 토착 강호들이 두려워 복종했다.

왕수는 孝廉(효렴)으로 천거받았는데, 이를 邴原(병원)에게 양보하려 했지만 공융은 수락치 않았다. 그 무렵 천하가 혼란하여 효렴 천거는 없던 일이 되었다.

얼마 뒤에 北海郡에 반기를 든 자가 있었다. 왕수는 공융이 난관에 처했다는 소식을 듣고, 밤에 공융에게 달려갔다. 反賊이 처음 일어날 때 공융이 말했다.

"어떤 난관을 무릅쓰고서라도 왕수만은 나를 도울 것이다."

그 말이 끝나자마자 왕수가 도착했다. 왕수는 다시 功曹(공조)가 되었다.

그때 膠東縣(교동현)에는 도적떼가 많았는데, 공융은 왕수를 膠東 현령 대리[112]에 임명하였다. 교동현 사람 公沙盧(공사로)는 강대한 종족을 믿고 막사를 짓고 참호를 팠으며, 관청에서 부과하는 요역이나 징세도 거부하였다. 왕수는 기병 몇 명을 데리고 그 집에 들어가 공사로의 형제를 참수하자 공사로는 감히 대항하지 못했다. 왕수가 그 잔당을 회유하자 비로소 도적떼가 줄어들었다.

공융에게 어려운 일이 있을 때마다, 왕수는 집에서 휴가 중일지라도 가서 돕지 않을 때가 없었다. 공융은 늘 왕수에 의지하며 어려운 일을 해결하였다.

112 膠東國(郡)의 치소는 卽墨縣, 今 山東省 靑島市 관할 平度市.

原文

袁譚在青州, 辟脩爲治中從事, 別駕劉獻數毀短脩. 後獻以事當死, 脩理之, 得免. 時人益以此多焉. 袁紹又辟脩除卽墨令, 後復爲譚別駕. 紹死, 譚,尙有隙. 尙攻譚, 譚軍敗, 脩率吏民往救譚. 譚喜曰, "成吾軍者, 王別駕也."

譚之敗, 劉詢起兵救陰, 諸城皆應. 譚嘆息曰, "今擧州背叛, 豈孤之不德邪!" 脩曰, "東萊太守管統雖在海表, 此人不反. 必來." 後十餘日, 統果棄其妻子來赴譚, 妻子爲賊所殺, 譚更以統爲樂安太守.

譚復欲攻尙, 脩諫曰, "兄弟還相攻擊, 是敗亡之道也." 譚不悅, 然知其志節. 後又問脩, "計安出?" 脩曰, "夫兄弟者, 左右手也. 譬人將鬪而斷其右手, 而曰 '我必勝', 若是者可乎? 夫棄兄弟而不親, 天下其誰親之! 屬有讒人, 固將交鬪其間, 以求一朝之利, 願明使君塞耳勿聽也. 若斬佞臣數人, 復相親睦, 以御四方, 可以橫行天下."

譚不聽, 遂與尙相攻擊, 請救於太祖. 太祖旣破冀州, 譚又叛. 太祖遂引軍攻譚於南皮. 脩時運糧在樂安, 聞譚急, 將所領兵及諸從事數十人往赴譚. 至高密, 聞譚死, 下馬號哭曰, "無君焉歸?" 遂詣太祖, 乞收葬譚屍. 太祖欲觀脩意, 默然不應. 脩復曰, "受袁氏厚恩, 若得收斂譚屍, 然後就戮, 無所恨." 太祖嘉其義, 聽之.

以脩爲督軍糧, 還樂安. 譚之破, 諸城皆服, 唯管統以樂安不從命. 太祖命脩取統首, 脩以統亡國之忠臣, 因解其縛, 使詣太祖. 太祖悅而赦之. 袁氏政寬, 在職勢者多畜聚. 太祖破鄴, 籍沒審配等家財物貲以萬數. 及破南皮, 閱脩家, 穀不滿十斛, 有書數百卷. 太祖嘆曰, "士不妄有名." 乃禮闢爲司空掾, 行司金中郎將, 遷魏郡太守. 爲治, 抑强扶弱, 明賞罰, 百姓稱之.

魏國旣建, 爲大司農郎中令. 太祖議行肉刑, 脩以爲時未可行, 太祖采其議. 徙爲奉常. 其後嚴才反, 與其徒屬數十人攻掖門. 脩聞變, 召車馬未至, 便將官屬步至宮門. 太祖在銅爵臺望見之, 曰, "彼來者必王叔治也." 相國鍾繇謂脩, "舊, 京城有變, 九卿各居其府." 脩曰, "食其祿, 焉避其難? 居府雖舊, 非赴難之義." 頃之, 病卒官.

子忠, 官至東萊太守,散騎常侍. 初, 脩識高柔於弱冠, 異王基於幼童, 終皆遠至, 世稱其知人.

| 국역 |

袁譚(원담)이 靑州牧이 되었을 때, 王脩(왕수)를 불러 治中從事에 임명했는데, 別駕(별가)[113]인 劉獻(유헌)이란 사람이 왕수를 자주 헐뜯었다. 뒷날 유헌이 업무상 죄를 지어 처형되어야 했는데, 왕수는

113 정식 명칭은 別駕從事(별가종사), 刺史(牧)의 屬吏. 衆事(庶務)를 총괄.

유헌을 심리하면서 처형을 면하게 했다. 그때 사람들이 이를 두고 왕수를 많이 칭송했다.

원소가 왕수를 불러 卽墨(즉묵) 현령을 제수했었고, 원담은 왕수를 다시 불러 별가에 임명했다. 원소가 죽고, 아들 원담과 원상은 틈이 벌어졌다. 원상이 원담을 공격했고 원담이 패전하자, 왕수는 관리와 백성을 동원하여 원담을 구원했다. 이에 원담이 기뻐하며 "나의 군사를 지켜줄 사람은 王別駕(王脩)이다."라고 말했다.

원담이 패전한 뒤에, 劉詢(유순)이란 사람이 漯陰(탑음)에서 반기를 들자, 여러 성이 호응하였다. 이에 원담은 "이제 靑州 모두가 배반하니 내가 이리 부덕했단 말인가!"라고 탄식했다. 그러자 왕수가 말했다.

"東萊(동래)[114] 태수인 管統(관통)이 비록 바다 끝에 있지만, 이 사람은 배반치 않습니다. 틀림없이 올 것입니다."

그 10여 일 뒤에 관통은 처자식도 버리고 원담을 구원하러 왔는데, 그의 처자는 도적에게 살해되었다. 원담은 관통을 樂安郡 太守[115]에 다시 임명했다.

원담이 다시 원상을 공격하려 하자, 왕수는 "兄弟가 서로를 공격하는 일은 敗亡之道입니다."라고 충간하였다. 원담은 좋아하지 않았지만 왕수의 忠節을 알아주었다. 원담이 어떻게 하면 좋은가 묻자, 왕수가 말했다.

---

114 靑州 관할 東萊郡(동래군)의 치소는 黃縣, 今 山東省 동쪽 烟臺市 관할 龍口市.

115 靑州 관할 樂安國(千乘國)의 治所는 臨濟縣, 今 山東省 중부 淄博市 관할 高靑縣. 前漢의 天乘郡.

"兄弟란 좌우측의 손입니다. 사람으로 비유하면 장차 남과 싸울 때 오른손을 자르고서 '나는 기어코 이기겠다.' 라고 말할 수 있겠습니까? 형제가 서로를 버리고 친하지 않는데 세상 사람 누가 친할 수 있겠습니까! 부하 중 참소하는 자가 있어 형제가 싸우게 하면서 한때의 이익을 취하려는 자가 있다면 현명하신 使君께서는 귀를 막고 듣지 마십시오. 만약 아부하는 신하 몇 사람을 참수하면 다시 가까워지고 서로 친목하며 사방을 다스리고 천하의 패권을 차지할 것입니다."

원담은 따르지 않았고, 원상을 공격하면서 조조에게 구원을 요청하였다. 조조가 冀州를 격파하자, 원담은 다시 반역했다. 조조는 군사를 거느리고 원상을 南皮縣(남피현)[116]에서 격파하였다. 왕수는 그때 군량을 조달하려고 樂安郡에 있었는데, 원담이 위급하다는 소식을 듣고 군사와 從事 수십 명을 거느리고 원담을 구원하러 출발하였다. 왕수는 高密縣에 와서 원담이 죽었다는 소식을 듣고 말에서 내려 통곡하며 "주군이 죽었으니 누구에게 의지하겠나?" 라고 말했다.

왕수는 조조를 찾아와 원담의 시신을 장례하겠다고 애원하였다. 조조는 왕수의 뜻을 알아보려고 아무 말도 하지 않았다. 이에 왕수가 다시 말했다.

"袁氏(원씨)의 厚恩을 입었기에, 만약 원담의 시신을 거둔 뒤에 처형된다 하여도 여한이 없습니다."

태조는 왕수의 대의를 가상하게 여겨 허락하였다. 조조는 왕수에게 군량을 독려하도록 다시 樂安郡에 보냈다. 원담이 격파된 뒤에

116 南皮縣은 勃海郡(발해군)의 郡治. 今 河北省 滄州市 관할 南皮縣 북쪽.

여러 군현은 모두 굴복했지만, 오직 管統(관통)은 樂安郡에서 조조의 명을 따르지 않았다. 조조는 왕수에게 관통을 죽이라 하였지만, 왕수는 관통이 亡國의 忠臣이라 생각하여 관통의 포박을 풀어 함께 조조를 찾아갔다. 조조는 기뻐하며 사면하였다.

袁氏의 정치 기강이 해이했었기에 원씨 아래서 재직했던 자들은 모두 재산 축적이 많았다. 조조가 鄴縣을 격파한 뒤에 審配(심배) 등의 가산과 물자 수만 전을 몰수하였다. 조조는 南皮를 격파한 뒤 왕수의 집을 조사해보니 남은 곡식이 10斛(곡)도 되지 않았지만, 책은 수백 권이 있었다. 이에 조조가 탄식하였다.

"士人이란 虛妄(허망)한 이름을 얻으려는 사람이 아니다."

그리고서는 예를 갖춰 왕수를 司空掾(사공연)에 임명하였고, 임시 司金中郎將으로 삼았다가 魏郡太守로 승진시켰다. 왕수는 魏郡을 다스리며 강자를 누르고 약한 백성을 지켜주었고 상벌이 분명하여 백성들의 칭송을 들었다.

魏國이 건립된 뒤에 왕수는 大司農郎中令이 되었다. 魏王 조조가 肉刑을 실행 여부를 논의하게 했는데, 왕수는 아직 시행할 때가 아니라고 주장했고, 위왕은 왕수의 의견을 받아들였다.

왕수는 奉常(太常)이 되었다. 그 뒤에 嚴才(엄재)가 반역하며 그 무리 수십 명이 掖門(액문)을 공격하였다. 왕수는 소식을 들었지만 거마가 준비되지 않자, 바로 관속들과 함께 걸어서 궁문에 도착했다. 위왕 조조는 銅爵臺(동작대)에서 바라보고 있다가 말했다.

"저기 오는 사람이 틀림없이 王叔治(王脩)이다."

相國인 鍾繇(종요)가 왕수에게 말했다. "옛날 도성에서 변란이 발생하면 九卿은 각자 자기 부서에 있어야 했다."

이에 왕수가 말했다. "국록을 받는 사람이 어찌 변란을 회피할 수 있습니다. 자기 부서를 지키는 것이 옛 규정이라지만 난관에 대처하는 대의는 아닙니다."

얼마 뒤에 왕수는 관직에 있으면서 죽었다.

아들 王忠(왕충)은 東萊(동래) 태수와 散騎常侍를 지냈다. 그전에 왕수는 弱冠의 高柔(고유) 알아주었고 어린 王基(왕기)를 특별하다고 여겼는데, 뒷날 모두 높은 자리에 올랐기에 세상 사람들은 왕수가 사람을 볼 줄 안다고 말했다.

❼ 邴原

| 原文 |

邴原字根矩, 北海朱虛人也. 少與管寧俱以操尙稱, 州府辟命皆不就. 黃巾起, 原將家屬入海, 住鬱洲山中. 時孔融爲北海相, 擧原有道. 原以黃巾方盛, 遂至遼東, 與同郡劉政俱有勇略雄氣. 遼東太守公孫度畏惡欲殺之, 盡收捕其家, 政得脫. 度告諸縣, "敢有藏政者與同罪." 政窘急, 往投原, 原匿之月餘, 時東萊太史慈當歸, 原因以政付之.

旣而謂度曰, "將軍前日欲殺劉政, 以其爲己害. 今政已去, 君之害豈不除哉!" 度曰, "然." 原曰, "君之畏政者, 以其有智也. 今政已免, 智將用矣, 尙奚拘政之家? 不若赦之, 無重怨."

度乃出之. 原又資送政家, 皆得歸故郡. 原在遼東, 一年中往歸原居者數百家, 遊學之士, 敎授之聲, 不絶.

| 국역 |

邴原(병원)[117]의 字는 根矩(근구)로, 北海國 朱虛縣 사람이다. 젊어 管寧(관영)과 함께 지조가 높다는 칭송을 들었고 자사나 태수의 부름에도 응하지 않았다. 黃巾賊(황건적)이 봉기하자(서기 184), 병원은 가속을 데리고 섬으로 피난했다가 鬱洲(울주, 위치 미상)의 山中으로 옮겨 살았다.

그때 孔融(공융)은 北海國 相이었는데 공융은 병원을 有道之士로 천거하였다. 병원은 황건적이 한창 기세를 떨치기에 遼東郡으로 옮겨갔는데, 용기와 지략과 영웅의 기질이 있는 같은 군의 劉政(유정)과 함께 갔다. 遼東太守인 公孫度(공손도)는 이들을 싫어하여 죽이려고 가족들을 모두 체포하였는데, 유정은 탈출하였다.

이에 공손도는 여러 현에 알려 "유정을 숨겨주는 자는 같은 죄로 다스리겠다."고 공표하였다. 다급해진 유정은 병원을 찾아갔고, 병원

117 邴原(병원, 158 – 208년) – 邴은 고을 이름 병. 朱虛縣은, 今 山東省 중동부 濰坊市 관할 臨朐縣. 병원은 11세에 부친을 여의었고 또 가난했다. 이웃에 書舍(글방)이 있었는데 병원이 지나 가다가 눈물을 흘리며 서 있었다. 書舍 사부가 왜 우는가 물었다. 이에 병원이 말했다 "고아는 쉽게 눈물을 흘리고, 가난한 사람은 쉽게 마음이 상합니다. 모두 부모가 있고 글을 배울 수 있는 저들이 부러워 나도 모르게 눈물을 흘렸습니다.", "글을 배우고 싶으냐?", "저는 돈이 없습니다.", "네가 그런 뜻이라면 내가 그냥 가르쳐주겠다." 그래서 병원을 글을 배웠고 겨울 동안에 孝經과 論語를 외워버렸다고 한다.

은 유정을 한 달 정도 숨겨주었다. 그때 東萊郡 출신 太史慈(태사자)[118]가 고향으로 돌아가려 하자 병원은 태사자에게 유정을 부탁했다.

얼마 뒤에 병원이 공손도를 만나 물었다.

"장군께서 지난날에 劉政이 당신을 해칠 것이라 생각하여 죽이려 했습니다. 지금 유정은 이미 사라졌으니 장군을 해칠 사람이 없지 않습니까?"

공손도는 그렇다고 대답하였다. 병원이 말했다.

"장군이 유정을 두려워한 것은 그가 지략이 뛰어났기 때문입니다. 지금 유정은 벗어났고 智將을 등용했는데도, 왜 유정의 가속을 왜 억류하고 있습니까? 그들을 사면하여 묵은 감정을 없애는 것만 못합니다."

공손도는 유정의 가족을 풀어주었다. 병원은 유정의 집에 돈을 보내어 옛 고향으로 돌아가게 주선하였다. 병원이 요동에 머문 1년 동안에 병원의 집 근처에 머문 자가 수백 호나 되었고 먼데서 찾아오는 士人과 글을 가르치는 소리가 그치지 않았다.

| 原文 |

後得歸, 太祖闢爲司空掾. 原女早亡, 時太祖愛子倉舒亦沒, 太祖欲求合葬, 原辭曰, "合葬, 非禮也. 原之所以自容於

118 太史慈(태사자, 166 – 206년, 字 子義) – 孔融(공융)의 위기를 구원했고, 揚州刺史 劉繇(유요)의 장군이었다가 孫策에게 의지. 赤壁之戰 전에 病死. 《三國演義》에 기록된 적벽대전에서 태사자의 활약은 허구이다.

明公, 公之所以待原者, 以能守訓典而不易也. 若聽明公之命, 則是凡庸也, 明公焉以爲哉?”

太祖乃止, 徙署丞相徵事. 崔琰爲東曹掾, 記讓曰, “徵事邴原,議郎張範, 皆秉德純懿, 志行忠方, 淸靜足以厲俗, 貞固足以幹事, 所謂龍翰鳳翼, 國之重寶. 擧而用之, 不仁者遠.”

代涼茂爲五官將長史, 閉門自守, 非公事不出. 太祖征吳, 原從行, 卒.

是後大鴻臚鉅鹿張泰,河南尹扶風龐迪以淸賢稱, 永寧太僕東郡張閣以簡質聞.

| 국역 |

그 뒤에 병원이 고향에 돌아오자, 조조는 병원을 불러 司空掾(사공연)에 임명하였다. 병원의 딸이 어린 나이에 죽었는데, 그때 조조의 사랑하는 아들 倉舒(창서)[119]도 죽었다. 조조는 같이 合葬(합장)을 원했지만 병원이 사양하며 말했다.

“합장은 禮가 아닙니다. 제가 明公에 의지하고 명공께서 저를 후대하는 것은 경전의 가르침에 따르면서 정도를 벗어나지 않기 때문입니다. 만약 제가 명공의 뜻을 따른다면, 저는 그냥 속인이나 마찬

119 倉舒(창서) - 曹沖(조충, 196 - 208, 字 倉舒)은 曹操의 庶子, 環夫人 소생, 神童의 名聲, 病으로 부졸. 조충의 코끼리 몸무게 달기는 유명한 故事, 吳의 영역에 코끼리 존재 여부에 관한 논쟁이 있으나 대체적으로 존재를 인정하고 있다. 그리고 어느 시대에든 曹沖이나 莫札特(Mozart) 같은 神童은 존재했다. 《魏書》 20권, 〈武文世王公傳〉에 입전.

가지이니 명공께서 저를 어찌 생각하시겠습니까?"

조조는 그만두었고, 병원을 승상부 徵事(징사) 서리에 임명하였다. 崔琰(최염)[120]은 그때 東曹掾(동조연)이었는데 상주하여 병원을 칭송하였다.

"徵事(징사)인 邴原(병원), 議郎인 張範(장범)은 모두 德義를 지켜 뜻이 순수하며, 志行이 충직하고 방정하여 세속을 순화하고 굳은 의지로 업무를 잘 처리하니, 이른바 龍鳳(용봉)과 같은 문사이며 나라의 重寶(중보)입니다. 이들을 높이 등용하다면 不仁者는 멀리 사라질 것입니다."

병원은 涼茂(양무)의 후임으로 五官中郎將의 長史가 되었는데, 퇴조한 뒤에는 폐문하고 自守하며 공무가 아니면 외출도 삼갔다. 조조가 吳를 정벌할 때 병원은 조조를 수행했는데 도중에 죽었다.

그 뒤에 大鴻臚(대홍려)인 鉅鹿郡의 張泰(장태), 河南尹인 右扶風(우부풍) 사람 龐迪(방적) 역시 청렴 현명하다는 칭송을 들었고, 永寧宮 太僕인 東郡 출신 張閣(장각)은 간명질박하다고 알려졌다.

❽ 管寧

| 原文 |

管寧字幼安, 北海朱虛人也. 年十六喪父, 中表愍其孤貧,

120 崔琰(최염, 160?–216년, 字 季珪) – 원소의 신하였다가 조조를 섬겼다. 풍채가 훌륭했다. 《魏書》 12권, 〈崔毛徐何邢鮑司馬傳〉에 입전.

咸共贈賵, 悉辭不受, 稱財以送終.

長八尺, 美鬚眉. 與平原華歆,同縣邴原相友, 俱遊學於異國, 並敬善陳仲弓. 天下大亂, 聞公孫度令行於海外, 遂與原及平原王烈等至於遼東. 度虛館以候之. 旣往見度, 乃廬於山谷. 時避難者多居郡南, 而寧居北, 示無遷志, 後漸來從之.

太祖爲司空, 辟寧, 度子康絶命不宣. 王烈者, 字彦方, 於時名聞在原,寧之右. 辭公孫度長史, 商賈自穢. 太祖命爲丞相掾, 徵事, 未至, 卒於海表.

| 국역 |

管寧(관녕)[121]의 字는 幼安(유안)으로, 北海國 朱虛縣(주허현) 사람이다. 나이 16세에 喪父하자, 문중과 內外從이 안쓰럽게 여겨 함께 재물을 증여했지만 관녕은 사양하며 받지 않고 家産에 맞춰 장례를 치렀다.

관녕은 키가 8척이었고 수염과 눈썹이 멋졌다. 관녕은 平原郡의

121 管寧(관녕, 158－241년, 字 幼安) － 春秋 시대 齊國 名相 管仲(관중)의 후손. 당시 사람들이 華歆(화흠), 管寧, 그리고 邴原(병원)을 '一龍' 에 비유했는데 화흠은 龍頭, 병원은 龍腹, 관녕을 龍尾라 했다. 《世說新語 德行》의 기록에 의하면, 管寧과 화흠이 함께 밭일을 하다가 황금 덩어리를 캐냈는데, 관녕은 황금을 돌멩이처럼 던져 버렸으나, 화흠은 한참을 만지작거리다가 땅에 묻었다. 화흠과 관녕이 한 방에서 독서하고 있는데 창 밖에 귀인의 행차가 지나가면서 시끄러웠다. 관녕은 그대로 책을 읽었지만, 화흠은 책을 덮고 밖에 나가 행차를 구경한 뒤에 들어왔다. 이에 관녕은 자리를 떼어 따로 앉으며 "그대는 내 친구가 아니요!" 라고 말했다. 이를 '割席斷交' 라고 한다. 그러나 그런 이야기의 근거는 없다고 한다.

華歆(화흠)[122]과 同縣의 邴原(병원)과 서로 친했으며 함께 타 郡國에 유학하였는데, (潁川郡의) 陳仲弓〔陳寔(진식)〕[123]을 존경하였다. 천하가 大亂하자 公孫度(공손도)가 海外(遼東郡)에서 백성을 다스린다 하여 병원 및 平原郡의 王烈(왕렬)과 함께 遼東으로 찾아갔다. 공손도는 객관을 비워놓고 이들을 기다렸다. 공손도를 만난 뒤에 산속에 초가를 마련하였다. 그때 피난한 사람들은 대개 요동군의 남쪽에 거주하였지만, 관녕은 북쪽에 거처하며 다시 돌아갈 뜻이 없음을 보여주었는데, 이후 점차 많은 사람들이 따라왔다.

조조가 司空이 되어 관녕을 불렀지만, 공손도의 아들 公孫康(공손강)은 이를 숨기고 알려주지 않았다.

王烈(왕렬)이란 사람은 字가 彦方(언방)인데, 그때 병원이나 관녕보다 뛰어나다고 알려졌었다. 왕렬은 公孫度의 長史를 사직한 뒤에 장사를 하여 일부러 자신의 명예를 더럽혔다. 조조가 왕렬을 丞相府의 屬掾(속연)으로 불렀지만 응하지 않았고, 해변에서 살다가 죽

122 華歆(화흠, 157 – 232, 字 子魚) – 曹操의 忠僕이 되어 獻帝가 제위를 曹丕에게 禪讓하는 과정에서 중요 역할을 했고 魏의 司徒, 太尉를 역임했다. 《三國演義》에서는 권세에 추종하는 악인으로 묘사되었다. 魏書 13권, 〈鍾繇華歆王朗傳〉에 입전.

123 陳寔(진식, 서기 104 – 186) – 寔은 진실로 식. 潁川 許縣(今 河南省 省會인 許昌市) 출신. 桓帝 때, 太丘 縣令을 역임. 밤손님(도둑)을 '梁上君子' 라고 불러준 사람. 陳寔(진식)은 마을에 살면서 平心으로 교제하고 일을 처리하였다. 혹 소송을 다툴 일이 있어 진식에게 의견을 물으면, 진식은 是非曲直을 깨우쳐 주었기에 물러나 원망하는 사람이 없었다. 그래서 사람들이 감탄하며 말했다. "차라리 옥에서 형벌을 받을지언정 陳君에게 욕을 먹지 않겠다." 아들이 6명이었는데 陳紀(진기)와 陳諶(진심)이 가장 현명했다. 陳紀(진기, 129 – 199년, 字 元方)는 至德으로 聞名, 父親 陳寔 동생 陳諶(진심)과 함께 당시 사람들이 '三君' 이라 불렀다. 진기와 진심은 成語 '難兄難弟' 의 주인공. 《後漢書》 62권, 〈荀韓鍾陳列傳〉에 입전.

었다.

| 原文 |

中國少安, 客人皆還, 唯寧晏然若將終焉. 黃初四年, 詔公卿擧獨行君子, 司徒華歆薦寧. 文帝卽位, 徵寧, 遂將家屬浮海還郡, 公孫恭送之南郊, 加贈服物. 自寧之東也, 度,康,恭前後所資遺, 皆受而藏諸. 旣已西渡, 盡封還之. 詔以寧爲太中大夫, 固辭不受.

明帝卽位, 太尉華歆遜位讓寧, 遂下詔曰,

「太中大夫管寧, 耽懷道德, 服膺六藝, 淸虛足以侔古, 廉白可以當世. 曩遭王道衰缺, 浮海遁居, 大魏受命, 則襁負而至, 斯蓋應龍潛升之道, 聖賢用舍之義. 而黃初以來, 徵命屢下, 每輒辭疾, 拒違不至. 豈朝廷之政, 與生殊趣, 將安樂山林, 往而不能反乎! 夫以姬公之聖, 而耇德不降, 則鳴鳥弗聞. 以秦穆之賢, 猶思詢乎黃髮. 況朕寡德, 曷能不願聞道於子大夫哉! 今以寧爲光祿勳. 禮有大倫, 君臣之道, 不可廢也. 望必速至, 稱朕意焉.」

又詔靑州刺史曰,

「寧抱道懷貞, 潛翳海隅, 比下徵書, 違命不至, 盤桓利居, 高尙其事. 雖有素履幽人之貞, 而失考父茲恭之義, 使朕虛心

引領歷年, 其何謂邪? 徒欲懷安, 必肆其志, 不惟古人亦有翻然改節以隆斯民乎! 日逝月除, 時方已過, 澡身浴德, 將以曷爲? 仲尼有言, '吾非斯人之徒與而誰與哉!' 其命別駕從事郡丞掾, 奉詔以禮發遣寧詣行在所, 給安車,吏從,茵蓐,道上廚食, 上道先奏.」

| 국역 |

中國이 점차 안정되자, 客人들은 모두 고향으로 돌아왔는데 관녕은 객지서 생을 마감할 듯 평안하였다. (文帝) 黃初 4년(서기 223)에, 公卿에게 조서를 내려 獨行君子를 천거케 하였는데, 司徒인 華歆(화흠)이 관녕을 천거하였다.

(그전에) 文帝가 즉위하며 관녕을 부르자, 관녕은 가속을 거느리고 바다를 건너 고향(北海郡)으로 돌아왔는데 (요동군의) 公孫恭(공손공)은 관녕을 南郊에서 전송하며 의복 등을 보내 주었다. 앞서 관녕이 요동군에 머무는 동안 공손도, 공손강, 공손공 등이 전후로 보내준 물건을 모두 받는 대로 보관했었다. 관녕은 바다를 건너오면서 그동안 보관했던 것을 모두 반환하였다.

明帝가 즉위하고, 太尉인 화흠은 관녕에게 자리를 양보하려 하자, 명제가 조서를 내렸다.

「太中大夫인 管寧(관녕)은 道德에 沈潛(침잠)하고 六藝를 가슴에 품고서, 清淨 虛心한 생활은 古人과 같으며, 청렴결백은 이 시대에 맞추었도다. 지난 날 王道가 쇠퇴한 시절을 당하여 바다를 건너가 은거했지만, 大魏가 천명을 받자 식솔을 거느리고 돌아왔으니, 이는 아마도 용이 물에 잠기거나 하늘에 오르는 道와 같으며, 성현이 등용과 은거에 따른 대의와 같을 것이다. (文帝의 연호) 黃初(황초) 이래 여러 번 초빙하였으나 매번 병을 핑계로 사양하며 出仕하지 않았도다. 이는 조정의 정무와 생활의 趣向(취향)이 다른 까닭이겠지만, 산림에 안거하려고 한 번 떠나 아니 돌아올 수 있겠는가! 姬公(周公)의 聖明으로도 유덕한 노인을 등용하지 않는다면 봉황의 울음을 들을 수 없을 것이다. 현명한 秦 穆公(목공)도 노인에게 자문을 구했었다. 하물며 덕행이 부족한 과인이야 더 말할 것이 없으니, 어찌 大夫(管寧) 같은 현인의 道를 듣지 않을 수 있겠는가! 이에 관녕에게 光祿勳을 제수한다. 禮에 大倫이 있으니 君臣之道는 폐할 수 없을 것이다. 꼭 빨리 부임하여 짐의 뜻에 따르기를 바라노라.」

또 青州刺史에게 조서를 내렸다.

「管寧(관녕)은 도덕과 貞節을 품고서도 바닷가(遼東)에 숨어 지냈으니, 그간 徵召(징소)의 詔書(조서)를 여러 번 내렸지만 명을 어기고 입조하지 않았으며, 초야에 묻혀 한거하였으니, 이는 고상한 일이었다. 그러나 비록 청렴 질박한 은자의 지조를 지켰지만 正考父(정고보)[124]의 명성이 높을수록 공경하는 대의를 더욱 잃었던 것처럼, 짐으로 하여금 몇 년 동안 간절히 기다리게 하였으니, 이를 어찌하겠는가? 다만 安逸(안일)에 미련이 있어 자신의 뜻을 만족시키려 고인이 자신의 뜻과 지조를 바꿔 백성을 편안케 했던 일을 생각하지 않을 수 있겠는가! 날이 가고 달이 지나가며, 지금 이 시간도 지나가

124 正考父(정고보)는 周朝 春秋 시대 宋國의 정치가. 孔父嘉의 父親이니 孔子의 八世祖에 해당한다. 孔父嘉는 宋國의 司馬를 역임했고 이때부터 孔氏라 칭했다.

나니, 몸과 德行만을 깨끗이 한다면 앞으로 무엇을 하려는가? 仲尼(孔子)도 '내가 이 사람들이 아니라면 누구와 같이 하겠나!' 라고 말하였도다. 別駕從事나 郡丞, 屬掾에게 명하여 이 조서를 받들고 예물을 보내 관녕을 짐이 있는 곳으로 보내길 바라나니, 安車와 수행관리, 안석을 갖추고 도중의 식사 등에 관하여 출발에 앞서 먼저 보고하기 바란다.」

| 原文 |

寧稱草莽臣上疏曰,

「臣海濱孤微, 罷農無伍, 祿運幸厚. 橫蒙陛下纂承洪緒, 德侔三皇, 化溢有唐. 久荷渥澤, 積祀一紀, 不能仰答陛下恩養之福. 沈委篤痾, 寢疾彌留, 逋違臣隸顚倒之節, 夙宵戰怖, 無地自厝. 臣元年十一月被公車司馬令所下州郡, 八月甲申詔書徵臣, 更賜安車,衣被,茵蓐, 以禮發遣, 光寵並臻, 優命屢至, 怔營竦息, 悼心失圖. 思自陳聞, 申展愚情, 而明詔抑割, 不令稍脩章表, 是以鬱滯, 訖於今日. 誠謂乾覆, 恩有紀極, 不意靈潤, 彌以隆赫. 奉今年二月被州郡所下三年十二月辛酉詔書, 重賜安車,衣服, 別駕從事與郡功曹以禮發遣, 又特被璽書, 以臣爲光祿勳, 躬秉勞謙, 引喩周,秦, 損上益下. 受詔之日, 精魄飛散, 靡所投死. 臣重自省揆, 德非園,綺而蒙安車之榮, 功無竇融而蒙璽封之寵, 棨梲駑下, 荷棟樑之任, 垂沒之命, 獲九棘之位, 懼有朱博鼓妖之眚. 又年疾日侵, 有加無損, 不任扶輿進路以塞元責. 望慕閶闔, 徘徊闕庭, 謹拜章陳情, 乞蒙哀省, 抑恩聽放, 無令骸骨塡於衢路.」

| 국역 |

관녕은 草野의 백성이라며 上疏(상소)하였다.

「臣은 바닷가에 사는 孤單(고단)하고 미천하며, 농사도 못 짓고 벗도 없지만 관록의 행운이 두터운 백성입니다. 意外로, 제왕의 크신 은택을 미천한 저에게도 베풀어주시니 폐하의 德業은 三皇과 같고, 교화는 唐堯보다도 더 클 것입니다. 오랫동안 폐하의 은택을 입었으며 일생동안 조상 제사를 받들었지만 폐하께서 내리신 恩養의 福에 보답도 못하였습니다.

臣은 중병에 허약한 몸으로 오랫동안 병을 끌어안고 지냈기에 신하가 가져야 할 節操(절조)도 지키지 못하고 밤낮으로 두려워 떨며 어찌할 바를 모르겠습니다. 臣은 (明帝) 元年 11월에 州郡에 하달한 지시를 받았고,[125] (다음 해) 8월 甲申日에, 臣을 徵召(징소)하는 조서와 예법에 따라 하사하신 安車와 의복과 茵蓐(인욕, 깔개)을 받았으니 光榮과 恩寵(은총)이었고, 臣을 우대하시는 명령도 여러 번이라서 숨이 멎을 것 같은 두려움에 어찌할 바를 모르겠습니다. 臣의

125 公車司馬令 – 간칭은 公車令. 衛尉의 속관, 질록 6百石. 공거사마령은 公車司馬門에서 출입자 단속을 관장한다. 황제에게 上書할 사람이나 황제의 부름에 응하는 사람들은 公車門이 대기하며 公車司馬令의 지시를 받는다. 백성의 상소문, 지방관이 보내오는 공물도 접수 관리한다.

진심과 우매한 뜻은 말씀드려야 한다고 생각하였습니다만, 聖明하신 조서를 받고서 章表를 올릴 수도 없어 抑鬱(억울)하고 沈滯(침체)한 마음으로 오늘에 이르렀습니다. 진정으로 말씀드리지만 폐하의 크신 은택은 하늘을 닿을 듯 끝이 없고 뜻밖의 신령하신 潤澤(윤택)은 더욱 크고 혁혁하셨습니다.

臣은 금년 2월에도 州郡을 통해 하사하신 (太和) 3년 12월 辛酉日의 詔書를 받았으며 거듭 하사하신 安車와 衣服, 그리고 예법에 따라 파견하신 別駕從事와 郡의 功曹와 특별히 내리신 국서로 臣에게 光祿勳를 제수하시니 폐하께서 친히 謙和(겸화)와 노고를 다하시면서 옛 周와 秦의 사례를 말씀셨으니, 이처럼 폐하의 尊威(존위)를 깎으면서 하층 백성을 높여주셨습니다.

臣은 조서를 받는 날에 魂飛魄散(혼비백산)하여 어디서 죽어야 할지 알지도 못했습니다. 臣이 거듭 헤아리고 반성해보아도, 臣의 薄德(박덕)은 (漢 高祖 때의) 東園公(동원공)이나 綺里季(기리계)[126]와 같지 않은데도 安車를 받는 혜택을 입었고, 공적은 竇融(두융)[127]만도 못하지만 국서로 관직을 받은 은총을 입었으니, 老鈍한 鈍才(둔재)[128]로 棟樑(동량, 대들보)의 大任을 감당할 수 없고, 곧 죽음을 앞두

126 商山四皓(상산사호). '四皓' 라 간칭. 秦末漢初의 隱士인 東園公, 夏黃公, 綺里季(기리계), 甪里(녹리, 또는 角里)先生. 漢 高祖가 太子(惠帝)를 바꾸려할 때 張良의 방책에 따라 呂后와 惠帝를 성심으로 이들 사호를 초치하였고 고조는 이들을 만나보고 태자를 바꾸려는 생각을 접었다. 《漢書》 40권, 〈張陳王周傳 / 張良傳〉 참고.

127 竇融(두융, 前 16 – 서기 62)은 후한의 개국공신. 章帝 竇皇后의 증조부, 竇 구멍 두. 성씨. 《後漢書》 23권, 〈竇融列傳〉에 입전.

128 원문의 棨棁(절절)은 조그맣고 짧은 기둥. 능력이 모자란 사람이란 뜻. 駑下(노하)는 駑馬(노마, 둔할 노)와 같은 하등 인재.

고서 九棘(구극, 九卿)의 지위에 오른다는 것은 朱博(주박)[129]과 같은 재앙을 받을 것 같아 두렵기만 합니다. 또 노환이 날로 심해지며 더 악화되고 좋아지지 않으며, 다른 사람의 도움이 없으면 걷거나 수레를 탈 수도 없어 중책을 감당할 수도 없습니다. 臣이 궁궐 문을 우러러보고 조정에 배회하며 삼가 陳情하는 글을 올려 폐하께서 불쌍히 여겨 살펴 주십사 하고 애걸하며, 또 은택을 받아 고향에서 지낼 수 있어 臣의 骸骨(해골)이 길에 버려지지 않기만을 앙망할 뿐입니다.」

| 原文 |

自黃初至於青龍, 徵命相仍, 常以八月賜牛酒. 詔書問青州刺史程喜, "寧爲守節高乎, 審老疾尫頓邪?"

喜上言, 「寧有族人管貢爲州吏, 與寧鄰比, 臣常使經營消息. 貢說, '寧常著皁帽,布襦袴,布裙, 隨時單複, 出入閨庭, 能自任杖, 不須扶持. 四時祠祭, 輒自力強, 改加衣服, 著絮巾, 故在遼東所有白布單衣, 親薦饌饋, 跪拜成禮. 寧少而喪母, 不識形象, 常特加觴, 泫然流涕. 又居宅離水七八十步, 夏時詣水中澡灑手足, 闚於園圃.' 臣揆寧前後辭讓之意, 獨自以生長潛逸, 耆艾智衰, 是以棲遲, 每執謙退. 此寧志行所

129 朱博(주박, ?-前 5년)은 前漢 成帝와 哀帝 시 여러 고위직 역임. 서기 前 5年에 朱博은 丞相 孔光(공광)을 탄핵하고 승상이 되었다. 傅太后편에 서서 大將軍 傅喜(부희)를 탄핵, 哀帝가 廷尉를 보내 조사하자 자살하였다. 《漢書》 83권 〈薛宣朱博傳〉에 입전.

欲必全，不爲守高.」

| 국역 |

(文帝) 黃初 연간(서기 220 – 226년)에서 (明帝) 靑龍 연간(서기 233 – 236)까지 (管寧을) 徵召(징소)하려는 策命이 계속 이어졌으며, (해마다) 8월에는 (관녕에게) 소고기와 술을 하사하였다. 조서를 내려 靑州刺史인 程喜(정희)에게 "관녕의 지조가 고상하지만 그의 노환[130]이 어떠한지?" 살펴보게 하였다.

이에 程喜(정희)가 보고하였다.

「관녕의 일족인 管貢(관공)이 靑州의 관리인데, 관녕과 이웃에 살아 臣은 관공을 보내 자주 소식을 묻게 하였습니다. 관공은 '관녕은 늘 검은색 모자를 쓰고 무명으로 만든 바지를 입는데 계절에 따라 홑옷이나 겹옷이며, 집을 출입할 때 혼자 지팡이를 짚어 부축을 받지 않습니다. 四時에 제사를 지낼 때는 힘을 내어 의복을 갈아입고 풀솜으로 만든 건을 착용하는데, 옛날 遼東郡에 살 때 입었던 白布의 單衣를 입고 직접 祭需(제수)를 올리고 꿇어앉아 行禮합니다. 관녕은 어려 모친을 잃어 그 모습을 기억하지도 못하지만 늘 술잔을 올리면서 주르르 눈물을 흘립니다. 또 집에서 7, 80보 떨어진 곳에 냇물이 흐르는데, 여름이면 냇물에서 손발을 씻고 채소밭을 돌보기도 합니다.' 라고 말했습니다.

臣의 생각으로 관녕이 그간 여러 번 관직을 사양한 뜻은 홀로 隱

130 尫頓(왕돈)은 쇠약하고 파리하다. 尫은 절름발이 왕. 頓은 머리를 조아릴 돈. 邪는 어조사 야. 의문과 부정의 뜻을 표현.

逸(은일)의 생활을 오래 계속하였고, 연로하여 智力이 쇠퇴하였기에 家鄕에 체류하며 조정의 부름에 겸양으로 사퇴하고 피하는 것 같습니다.[131] 이는 관녕 자신의 志向과 조행을 지키려는 뜻이지, 자신의 청고한 명성을 높이려는 뜻은 아닐 것입니다.」

| 原文 |

正始二年, 太僕陶丘一,永寧衛尉孟觀,侍中孫邕,中書侍郎王基薦寧曰,

「臣聞龍鳳隱耀, 應德而臻, 明哲潛遁, 俟時而動. 是以鸑鷟鳴岐, 周道隆興, 四皓爲佐, 漢帝用康.

伏見太中大夫管寧, 應二儀之中和, 總九德之純懿, 含章素質, 冰絜淵淸, 玄虛澹泊, 與道逍遙, 娛心黃老, 游志六藝, 升堂入室, 究其閫奧, 韜古今於胸懷, 包道德之機要. 中平之際, 黃巾陸梁, 華夏傾盪, 王綱弛頓. 遂避時難, 乘桴越海, 羈旅遼東三十餘年. 在乾之姤, 匿景藏光, 嘉遁養浩, 韜韞儒墨, 潛化傍流, 暢於殊俗.

黃初四年, 高祖文皇帝疇諮群公, 思求雋乂, 故司徒華歆擧寧應選, 公車特徵, 振翼遐裔, 翻然來翔. 行遇屯厄, 遭罹疾病, 卽拜太中大夫. 烈祖明皇帝嘉美其德, 登爲光祿勳. 寧疾

131 《高士傳》에 의하면, 관녕은 고향 집의 나무 평상에 늘 같은 자리 같은 자세로 50년 가까이 앉아있어 나무 평상에 구멍이 뚫렸다고 하였다.

彌留, 未能進道. 今寧舊疾已瘳, 行年八十, 志無衰倦. 環堵篳門, 偃息窮巷, 飯鬻餬口, 并日而食, 吟詠《詩書》, 不改其樂. 困而能通, 遭難必濟, 經危蹈險, 不易其節, 金聲玉色, 久而彌彰. 揆其終始, 殆天所祚, 當贊大魏, 輔亮雍熙. 衮職有闕, 群下屬望. 昔高宗刻象, 營求賢哲, 周文啓龜, 以卜良佐. 況寧前朝所表, 名德已著, 而久棲遲, 未時引致, 非所以奉遵明訓, 繼成前志也.

陛下踐阼, 纂承洪緒. 聖敬日躋, 超越周成. 每發德音, 動諮師傅. 若繼二祖招賢故典, 賓禮俊邁, 以廣緝熙, 濟濟之化, 侔於前代.

寧淸高恬泊, 擬跡前軌, 德行卓絶, 海內無偶. 歷觀前世玉帛所命, 申公,枚乘,周黨,樊英之儔, 測其淵源, 覽其淸濁, 未有厲俗獨行若寧者也. 誠宜束帛加璧, 備禮徵聘, 仍授几杖, 延登東序, 敷陳墳素, 坐而論道, 上正璇璣, 協和皇極, 下阜群生, 彝倫攸敘, 必有可觀, 光益大化.

若寧固執匪石, 守志箕山, 追跡洪崖, 參蹤巢,許. 斯亦聖朝同符唐,虞, 優賢揚歷, 垂聲千載. 雖出處殊塗, 俯仰異體, 至於興治美俗, 其揆一也.」

| 국역 |

(魏 齊王 曹芳의) 正始 2년(서기 241), 太僕인 陶丘一(도구일), 永

寧宮 衛尉인 孟觀(맹관), 侍中 孫邕(손옹), 中書侍郎 王基(왕기) 등이 관녕을 천거하였다.

「臣이 듣기로, 龍과 鳳凰은 광채를 감추었다가 君王의 德政에 따라 출현하고, 明哲한 인재는 은둔하여 不出하다가 때를 보아 행동한다고 하였습니다. 그러하기에 봉황이 岐山(기산)에서 울자, 周室의 王道가 흥륭하였고 (漢) 商山四皓(상산사호)가 보좌하자 漢의 帝室이 安寧을 이루었습니다.

臣이 볼 때 太中大夫 管寧(관녕)은 二儀의(天地) 中和에 순응하고, 九德의 순수한 아름다움(美懿)을 함께 갖추었으며, 내심에 문채와 순박한 品質을 품었고, 玄虛(현허)와 澹泊(담백)한 심지를 가졌으며, 道에 逍遙(소요)하고 黃老를 즐기며, 六藝에 뜻을 두고서 升堂하여 入室하는 심오한 경지에 이르렀으며, 古今의 지략을 가슴에 품었고 道德의 요체를 포용하였습니다.

(後漢 靈帝) 中平 연간에, 黃巾賊(황건적)이 발호하며 華夏가(화하, 中國)가 기울었고 조정의 법도가 무너졌습니다. 이에 관녕은 당시의 患難(환난)을 피하여 배를 타고 바다를 건너 요동에 들어가 30여 년 객지 생활을 하였습니다. 이는 바로 乾卦(건괘, 乾爲天, ☰☰)와 姤卦(구괘, 天風姤, ☰☴, 相遇, 邂逅를 의미)의 뜻으로, 빛과 광명을 감춘 것이며 은둔하면서 浩然之氣를 배양하였고 儒墨(유묵)의 학설을 융합하였으며, 六家의 도리에도 침잠하면서 異鄉의 풍속을 바로잡았습니다.

(文帝) 黃初 4년(서기 223)에, 高祖 文皇帝는 여러 공경에 자문하며 뛰어난 인재를 구하려 하셨는데 고인이 된 司徒 華歆(화흠)이 관

녕을 천거하자, 公車令은 특별히 관영을 초빙하니, 관녕은 (遼東郡에서) 마치 새가 높이 날아오듯 고향으로 돌아왔습니다. 여행 도중에 온갖 어려움을 겪고 병이 들었지만 조정에서는 관녕에게 太中大夫를 제수하였습니다. 烈祖 明皇帝(明帝, 曹叡)께서는 관녕의 미덕을 가상히 여겨 光祿勳으로 높였습니다. 그러나 관녕은 병이 낫지 않아 상경할 수 없었습니다.

지금 관녕의 병이 나았고 나이가 80이지만, 그 뜻은 衰微(쇠미)하지 않았습니다. 관녕 거쳐 사방에 담을 둘러치고 궁벽한 시골에 살며 죽으로 입에 풀칠하며 하루건너 식사를 하는 가난 속에서도 《詩》, 《書》를 읽으면서 자신의 樂道를 바꾸지 않았습니다. 困窮하면 能通하고, 난관에 처하면 기어이 극복하며 온갖 어려움을 감내하면서 그 지조를 바꾸지 않았으니 銅鐘의 소리와 美玉의 潤氣는 오래도록 더욱 빛이 날 것입니다.

관녕의 始終을 헤아려 본다면, 하늘이 낸 현인으로 응당 大魏를 보필하고 군왕을 도와 천하태평을 이룰 것입니다. 지금 三公의 직위가 궐위되면 많은 사람들의 촉망을 몸에 받고 있습니다. 옛날 (殷) 高宗이 꿈속에 본 모습을 그림으로 그려 현인을 구했으며 周文王은 영험한 龜甲(귀갑)의 점을 통해 賢良한 인재를 점쳐 얻었습니다. 하물며 관녕은 이미 前朝에서도 천거되었으니 그 名德이 이미 드러났지만 너무 오래도록 滯留(체류)되어 때에 맞춰 등용하지 못하였으니, 이는 예전 현명한 인재의 가르침을 계승하거나 이전의 대업을 계승 발전시키는 것은 아닐 것입니다.

폐하께서는 즉위하시며 帝業의 大統을 이으셨습니다. 폐하의 聖

敬하심은 날마다 더욱 높아져 周 成王(성왕)보다 더 훌륭하십니다. 또 德音(詔書)을 내리실 때마다 늘 太師와 太傅(태부)에게 자문을 구하셨습니다. 이는 二祖(文帝와 明帝)께서 招賢(초현)의 전례를 계승한 것이며, 뛰어난 인재에게 賓禮(빈례)를 다 갖춰 대우하시는 일은 조정의 광채를 보태는 것이니, 훌륭한 인재에 의한 교화는 前代와 비슷할 것입니다.

관녕은 純潔(순결), 高尙하고 思念이 淡白하며, 先賢의 모범을 따르며 덕행이 탁월하여 천하에 無雙(무쌍)입니다. 前世에 玉帛(옥백)의 예를 갖춰 입조케 한 전례를 살펴보면 申公(신공)[132]이나 枚乘(매승),[133] 周黨(주당)[134]이나 樊英(번영)[135]과 같을 것이며, 심오한 학식의

132 申公(申培, 申培公, ?前 219 - 135年?) - 公은 존칭. 魯人(山東 曲阜), 前漢 초 儒家의 대표 인물, 荀子 門人 浮丘伯에게 배웠다.

133 枚乘(매승, ?-前 140년, 字 叔) - 辭賦 작자. 대표작 〈七發〉. 漢 武帝가 安車를 보내 초빙했는데 연로하여 長安에 오는 도중에 죽었다.

134 周黨(주당)의 字는 伯況(백황)인데, 太原郡 廣武縣 사람이다. 王莽이 제위에 오르자, 周黨(주당)은 병을 핑계로 두문불출하였다. 建武 연간에 조정의 부름을 받아 議郞이 되었지만 병으로 사직한 뒤에 처자를 거느리고 黽池縣(민지현)에 가서 살았다. 다시 부름을 받았는데 부득이 짧은 홑옷을 입고 볏짚으로 만든 관을 쓰고 尙書를 만났다. 광무제가 불러 만났을 때 주당은 엎드려 있으면서 拜謁하지는 않았고, 자신의 평소 가진 뜻을 진술하자 광무제가 수락하였다. 《後漢書》 83권, 〈逸民列傳〉에 입전.

135 樊英(번영)의 字는 季齊(계제)로, 南陽郡 魯陽縣 사람이다. 젊어 三輔에 유학하면서 《京氏易》를 전공했고 아울러 《五經》에도 밝았다. 또한 風角, 星算, 〈河圖〉와 〈洛書〉, 七緯(칠위), 推步災異에도 뛰어났었다. 州郡에서도 전후 여러 번 예를 갖춰 초빙하였지만 불응하였고, 公卿들이 賢良方正, 有道之士로 천거하여도 응하지 않았으며, 安帝의 부름에도 응하지 않았다. 樊英(번영)이 도술에 뛰어났다 하여, 朝廷에서는 재해와 이변이 있을 때마다 조서로 어떻게 하면 극복할 수 있는가를 물었고, 그의 건의는 효과가 있었다. 그전에 번영이 《易章句》를 저술하였는데, 세상에서는 이를 樊氏學이라고 불렀고, 번영은 도참과 참위설로 이를 교수하였다. 《後漢書》 82권, 〈方術列傳 上〉에 입전.

淵源(연원)을 헤아리고 그 행실의 清濁을 따져보더라도 관녕과 같이 풍속을 교화하면서 지조가 고상한 사람은 없을 것입니다. 응당 誠心으로 비단과 玉璧(옥벽)을 갖춰 하사하시고, 또 几席(궤석)과 지팡이를 내리시어 太學의 東序에 오르게 하여 고대 성현의 경전을 강술하고 論道한다면, 위로는 朝政(璇璣, 선기)를 바로잡고, 천자의 치국방략에 도움이 되고, 아래로는 백성을 부유하고 興旺(흥왕)케 하며, 윤리와 도덕을 진작시켜 틀림없이 볼 만한 치적을 쌓아 광채를 크게 빛낼 것입니다.

만약 관녕이 자신의 뜻을 완고하게 견지하여 箕山(기산)[136]에 은거하는 뜻을 지키며 洪崖先生(홍애선생)[137]의 자취를 따른다면, 이는 巢父(소보)와 許由(허유)와 같을 것입니다. 그렇다면 이는 우리 聖朝가 堯와 舜과 같을 것이며, 성현을 초치하려는 뜻을 천년이 지나도록 널리 빛이 날 것입니다. 비록 출사와 은거의 길이 다르고, 행동과 처세가 다르더라도 미풍양속을 이루려는 뜻은 똑같을 것입니다.」

‖原文‖

於是特具安車蒲輪, 束帛加璧聘焉. 會寧卒, 時年八十四. 拜子邈郎中, 後爲博士.

136 箕山(기산)은 河南省 登封市 嵩山(숭산) 南部의 작은 산, 고도 600-800m 정도. 巢父(소보)와 許由(허유)가 이 산에 은거했었다. 은둔하여 자신의 지조를 지키려는 뜻을 '箕山之志', 또는 '箕山之操'라 한다.

137 洪崖先生(홍애선생)은 道教의 仙人, 《列仙全傳》에 의하면, 洪崖先生은 帝堯 때 나이가 이미 3천 세라고 했다.

初, 寧妻先卒, 知故勸更娶, 寧曰, "每省曾子,王駿之言, 意常嘉之, 豈自遭之而違本心哉?"

| 국역 |

이에 특별히 蒲輪(포륜)한 安車[138]와 비단과 玉璧(옥벽)을 보내 초빙하였다. 그러나 마침 관녕이 죽었는데, 나이 84세였다. 아들 管邈(관막)에게 郎中을 제수하였고, 관막은 나중에 박사가 되었다.

그전에 관녕의 아내가 먼저 죽었는데, 지인들이 재혼을 권유하자 관녕이 말했다.

"나는 매번 曾子(증자)와 王駿(왕준)[139]의 말을 생각하여 늘 그 말이 옳다고 칭송하였는데, 내가 喪妻하고서 내 본 뜻에 어긋난 일을 할 수 있겠는가?"

138 蒲輪(포륜)은 수레의 바퀴를 부들로 감싸 충격을 완화하는 것. 본래 수레는 서서 타는데 앉아 탈 수 있는 수레가 安車이다.

139 王駿(왕준, ?-前 15년) - 前漢 王吉의 아들. 梁丘賀(양구하)의 《易》을 전공한 王駿(왕준)을 成帝가 큰 인재로 등용하려고 京兆尹으로 내보내 그 政事 능력을 시험하였다. 앞서 京兆에는 趙廣漢, 張敞(장창), 王尊(왕준), 王章에 이어 王駿(왕준)까지 모두 유능하다는 명성이 있어 京師에서는 이들을 일컬어 '앞에 趙廣漢, 張敞이 있고, 뒤에 3인의 王氏가 있네.' 라고 했다. 왕준이 少府로 있을 때 아내가 죽었으나 다시 再娶(재취)하지 않았는데, 어떤 사람이 까닭을 묻자 왕준이 말했다. "나의 德은 曾參(증삼)만 못하고, 아들은 증삼의 아들 曾華(증화)와 曾元(증원)만 못한데, 어찌 아내를 또 얻을 수 있겠소?" 《漢書》 72권, 〈王貢兩龔鮑傳〉에 입전.

❾ 張臶

| 原文 |

時鉅鹿張臶, 字子明, 潁川胡昭, 字孔明, 亦養志不仕.

臶少游太學, 學兼內外, 後歸鄕里. 袁紹前後辟命, 不應, 移居上黨. 幷州牧高幹表除樂平令, 不就, 徙循常山, 門徒且數百人, 遷居任縣.

太祖爲丞相, 辟, 不詣. 太和中, 詔求隱學之士能消災復異者, 郡累上也. 此, 發遣, 老病不行. 廣平太守盧毓到官三日, 綱紀白承前致版謁臶. 毓敎曰, "張先生所謂上不事天子, 下不友諸侯者也. 此豈版謁所可光飾哉!" 但遣主簿奉書致羊酒之禮.

靑龍四年辛亥詔書, 「張掖郡玄川溢涌, 激波奮盪, 寶石負圖, 狀像靈龜, 宅於川西, 嶷然磐峙, 倉質素章, 麟鳳龍馬, 煥炳成形, 文字告命, 粲然著明. 太史令高堂隆上言, '古皇聖帝所未嘗蒙, 實有魏之禎命, 東序之世寶.」

事頒天下. 任令于綽連齎以問臶, 臶密謂綽曰, "夫神以知來, 不追已往, 禎祥先見而後廢興從之. 漢已久亡, 魏已得之, 何所追興徵祥乎! 此石, 當今之變異而將來之禎瑞也."

正始元年, 戴鵀之鳥, 巢臶門陰. 臶告門人曰, "夫戴鵀陽鳥, 而巢門陰此凶祥也." 乃援琴歌詠, 作詩二篇, 旬日而卒,時年一百五歲.

是歲, 廣平太守王肅至官, 敎下縣曰,「前在京都, 聞張子明, 來至問之, 會其已亡, 致痛惜之. 此君篤學隱居, 不與時競, 以道樂身. 昔絳縣老人屈在泥塗, 趙孟升之, 諸侯用睦. 愍其耄勤好道, 而不蒙榮寵, 書到, 遣吏勞問其家, 顯題門戶, 務加殊異, 以慰旣往, 以勸將來.」

| 국역 |

그 무렵, 鉅鹿郡(거록군)의 張䄠(장천)[140]의 字는 子明(자명)이었고, 潁川郡(영천군)의 胡昭(호소)의 字는 孔明(공명)이었는데, 이들 역시 養志하며 출사하지 않았다.

장천은 젊어 太學에서 공부했고 內外의 경전에 두루 통했는데 나중에 향리로 돌아왔다.

袁紹가 여러 번 불렀지만 응하지 않고 上黨郡[141]으로 이사했다. 幷州牧인 (원소의 생질) 高幹(고간)이 표문을 올려 장천을 樂平 현령에 임명했으나 부임하지 않았고 다시 常山郡[142]에 은거했는데, 문도가 거의 수백 명이었으며 다시 任縣(임현)[143]으로 이주했다.

조조가 승상일 때 장천을 불렀지만 응하지 않았다. (明帝) 太和

140 冀州 鉅鹿郡(거록군)의 治所는 廮陶縣(영도현), 今 河北省 남부 邢台市 부근 寧晋縣. 張䄠(장천, 서기 136 - 240년)의 䄠은 거듭 천, 거듭 오다.

141 幷州 上黨郡 治所는 長子縣, 今 山西省 동남부 長治市 관할 長子縣.

142 冀州 常山郡 治所는 元氏縣, 今 河北省 남서부 石家莊市 관할 元氏縣.

143 任縣은, 今 河北省 南部 邢台市 관할 任縣.

연간에(서기 227 – 232년) 조서를 내려 隱學之士로 災異(재이)를 극복할 수 있는 인재를 구하자, 郡에서는 여러 번 장천을 천거하였다. 이에 조정에서는 사람을 보냈지만 장천은 노환이라면서 출사하지 않았다.

廣平太守[144]인 盧毓(노육)[145]이 부임하고 3일이 되자 속관이 전임 태수처럼 명판을 가지고 장천을 찾아뵈어야 한다고 말했다. 이에 노육이 속관에게 타일렀다.

"그 張先生이란 분은 위로는 천자를 받들지 않고, 아래로는 제후와 교제하지도 않는다. 그런데 어찌 명함을 들고 찾아가 그의 명성을 높여 주어야 하는가?"

그리고 主簿(주부)를 시켜 서신과 함께 양고기와 술을 예물로 보내주었다.

(明帝) 靑龍 4년(서기 236) 辛亥日에 조서를 내렸다.

「張掖郡(장액군)의 玄川(현천)이 범람하여 큰 격랑이 휩쓸면서 圖像이 그려진 보석이 나타났는데, 형상은 신령한 거북(靈龜)과 같았으며 하천 서쪽에 멈춰 우뚝 자리 잡았으며, 돌의 바탕은 푸른색에 흰 무늬가 있고, 기린, 봉황, 교룡, 준마의 모양이 확실했으며 天命이 쓰인 문자도 뚜렷하고 찬란하였다. 太史令인 高堂隆(고당륭)이 '고대 聖明한 제왕일지라도 이러한 보물을 받은 적이 없으니, 이는 사실 大魏가 天福을 받은 吉祥(길상)이니 東序(太學)에서 대대로 보

144 黃初 2년(서기 221), 魏郡(위군) 東部都尉 관할 지역을 陽平郡으로, 西部都尉 관할 지역을 廣平郡(광평군)으로 개편하였다. 廣平郡 치소는 廣平縣, 今 河北省 남단 邯鄲市(한단시) 관할 廣平縣.

145 盧毓(노육)은 《魏書》 22권, 〈桓二陳徐衛盧傳〉에 立傳.

물로 삼아야 합니다.' 라고 보고하였다.」

이를 천하에 알리게 하였다. (常山郡) 任縣 縣令인 于綽(우작)이 예물을 갖고 장천을 몇 번 찾아가 이에 대하여 물었는데, 장천이 은밀하게 우작에게 말했다.

"이런 神異한 일로 미래를 알 수 있으나 지나간 일을 거스를 수 없으며, 吉祥의 징조가 먼저 나타나고 뒤에 나라의 흥성이나 쇠망이 뒤따르는 것이요. 漢은 이미 오래 전에 망했고 魏가 이미 건국되었는데, 어찌 이런 현상으로 흥성의 祥瑞(상서)를 추리할 수 있겠는가! 이 돌은 지금 세상의 변화와 장래의 상서를 예고하는 것이요."

正始 원년(서기 240), 戴鵀鳥(대임조)[146]란 새가 장천의 대문 응달에 집을 지었다. 이에 장천은 그 門人들에게 말했다.

"戴鵀(대임)이란 새는 陽鳥인데 대문 응달에 둥지를 지었으니, 이는 凶兆(흉조)이다."

그리고는 琴(금)을 타고 노래하며 시를 2편을 지었는데 그 열흘 뒤에 죽었다. 그때 나이는 105세였다.

이 해에, 廣平太守인 王肅(왕숙)이 부임하여 관할 현에 지시하였다.

「전에 내가 京都에 있으면서 張子明〔張㳷(장천)〕의 명성을 들었는데, 부임하여 알아보니 이미 죽었다 하여 매우 애통하였다. 이런 분은 篤學(독학)하고 隱居(은거)하여 시류에 영합하지 않으면서 몸소 道를 즐긴 사람이다. 옛날에 絳縣老人(강현노인)이란 사람이 가난하게 살며 역경에 처하자, 趙孟(조맹)이 발탁하여 제후와 화목하게 지

146 戴鵀鳥(대임조) – 새 이름. 일명 戴勝鳥(대승조).

냈었다. 나는 장천이 연로한데도 근학하였고 好道하였으나 영광을 누리지 못한 것은 안타까워하나니 이 공문을 받으면 관리를 장천의 집에 보내 조문하고 대문에 칭송의 글을 써 붙여 특별히 대우하고 지나간 일을 위로하여 후세 젊은이를 勸勉(권면)하기 바란다.」

⑩ 胡昭

|原文|

胡昭始避地冀州, 亦辭袁紹之命, 遁還鄉里. 太祖爲司空丞相, 頻加禮辟. 昭往應命, 旣至, 自陳一介野生, 無軍國之用, 歸誠求去.

太祖曰, "人各有志, 出處異趣, 勉卒雅尙, 義不相屈."

昭乃轉居陸渾山中, 躬耕樂道, 以經籍自娛. 閭里敬而愛之.

建安二十三年, 陸渾長張固被書調丁夫, 當給漢中. 百姓惡憚遠役, 並懷擾擾. 民孫狼等因興兵殺縣主簿, 作爲叛亂, 縣邑殘破. 固率將十餘吏卒, 依昭住止, 招集遺民, 安復社稷. 狼等遂南附關羽. 羽授印給兵, 還爲寇賊, 到陸渾南長樂亭, 自相約誓, 言, "胡居士賢者也, 一不得犯其部落." 一川賴昭, 咸無怵惕. 天下安輯, 徙宅宜陽.

正始中, 驃騎將軍趙儼,尙書黃休,郭彝,散騎常侍荀顗,鍾毓,太僕庾嶷, 弘農太守何楨等, 遞薦昭曰, "天眞高絜, 老而彌篤. 玄虛靜素, 有夷,皓之節. 宜蒙徵命, 以勵風俗."

至嘉平二年, 公車特徵, 會卒, 年八十九. 拜子纂郎中. 初, 昭善史書, 與鍾繇,邯鄲淳,衛覬,韋誕並有名, 尺牘之跡, 動見模楷焉.

| 국역 |

胡昭(호소)[147]는 처음에 冀州(기주)로 피난했었는데, 원소의 부름을 사양하고 (潁川郡) 鄕里로 돌아왔다. 조조가 司空과 丞相일 때 여러 번 예를 갖춰 초빙했다. 호소는 召命에 응했고, 조조를 만나 자신은 초야의 서생이라 軍國에 아무 소용이 없다면서 돌아가겠다고 간절하게 말했다. 이에 조조가 말했다.

"사람마다 자기 뜻이 있고 출사와 은거의 길이 다르니, 평소 뜻을 이루기를 격려할 뿐 대의라 하여 억지로 꺾을 뜻은 없다."고 말했다.

이에 호소는 陸渾山(육혼산)[148]에 은거하면서 농사를 지으며 樂道하고, 경전을 읽으며 즐겼다. 마을 사람들은 호소를 공경하고 아껴주었다.

建安 23년(서기 218), 陸渾(육혼) 縣長인 張固(장고)는 漢中郡에 보낼 丁夫를 뽑아 보내라는 공문을 받았다. 그러나 백성들은 먼 곳에 가서 노역하기를 꺼려 모두 마음에 큰 불만을 품고 있었다. 백성 중 孫狼(손랑) 등은 군사를 일으켜 縣의 主簿(주부)를 죽이고 반란을

147 胡昭(호소, 162 – 250년)는 隱士이며 서예가로 유명.

148 陸渾山(육혼산)은, 今 河南省 洛陽市 관할 嵩縣(숭현) 동북. 일명 方山.

일으켜 성읍을 무자비하게 파괴하였다. 장고는 10여 명의 관리와 함께 호소가 있는 곳에 피신했다가 백성들을 모아 다시 현을 수복하여 안정시켰다. 그러자 손랑 등은 남쪽으로 달아나 關羽(관우)의 부하가 되었다. 관우는 그들에게 인수를 내리고 병기를 주어 다시 돌아가 노략질을 하게 했는데[149] 손랑 등은 육혼 현의 남쪽 長樂亭(장락정)까지 들어와 서로 서약하며 말했다. "胡居士는 현자이시니 그 마을은 침범하지 말자."고 하였다. 그래서 그 일대 백성은 호소 덕분에 피해를 면했다. 세상이 평온하자, 호소는 다시 (弘農郡) 宜陽縣(의양현)[150]으로 이사했다.

(曹芳의) 正始 연간에(240-248년), 驃騎將軍인 趙儼(조엄), 尙書인 黃休(황휴)와 郭彝(곽이), 散騎常侍인 荀顗(순의), 鍾毓(종육), 太僕인 庾嶷(유의), 弘農太守인 何楨(하정) 등이 함께 호소를 조정에 천거하며 말했다.

"胡昭(호소)는 본성이 純眞高潔(순진고결)하며 노년에 이르도록 더욱 篤學(독학)하였습니다. 겸허하고 沈靜素朴(침정소박)한 생활 속에 伯夷(백이)와 商山 四皓(사호)의 절개가 있습니다. 의당 징소하여 풍속을 바로잡아야 할 것입니다."

(曹芳) 嘉平(가평) 2년(서기 250), 公車司馬令이 특별히 초빙하였지만 그 무렵에 죽었는데, 나이 89세였다. 호소의 아들 胡纂(호찬)에게 郎中을 제수하였다.

그전부터 호소는 史書에 밝았고, 鍾繇(종요, 151-230년, 字 元常),

149 그 당시 許都 이남에서는 여러 곳이 관우에 호응했고, 관우의 위세는 중원에 진동했다.

150 宜陽縣(의양현)은, 今 河南省 洛陽市 관할 宜陽縣(의양현).

邯鄲淳(한단순), 衛覬(위기),[151] 韋誕(위탄) 등과 함께 유명했으며, 호소가 보낸 書信의 글씨는 당시 사람들이 모방하는 법식이 되었다.[152]

| 原文 |

評曰, 袁渙,邴原,張範躬履淸蹈, 進退以道, 蓋是貢禹,兩龔之匹. 涼茂,國淵亦其次也. 張承名行亞範, 可謂能弟矣. 田疇抗節, 王脩忠貞, 足以矯俗. 管寧淵雅高尙, 確然不拔. 張臶, 胡昭闔門守靜, 不營當世, 故並錄焉.

| 국역 |

陳壽의 評論 : 袁渙(원환), 邴原(병원), 張範(장범)은 淸純高尙(청순고상)한 절조를 지켰고, 출사와 은퇴에 역시 정도를 지켰으니, 아마 (前漢의) 貢禹(공우)[153]나 두 명의 龔氏(공씨)[154]와 비슷할 것이다. 涼

151 衛覬(위기)는 문신으로 漢과 魏에 걸쳐 출사하면서 여러 제도의 정착에 기여하였다. 《魏書》 21권 〈王衛二劉傅傳〉에 입전.

152 명필로 유명한 鍾繇(종요)와 제자 劉德升(유덕승)은 行書와 草書로 유명했고, 胡昭는 隸書(예서)에 뛰어났었다.

153 貢禹(공우, 前 124-44년, 字 少翁)는 漢 宣帝 諫大夫에 임용. 元帝 때 어사대부 역임. 《漢書》 72권 〈王貢兩龔鮑傳〉에 입전. 經學에 밝고 깨끗한 행실로 널리 알려져 징소되어 박사에 임용되었고 涼州刺史가 되었으나 병으로 사임하였다. 다시 賢良으로 천거되어 河南 현령이 되었다. 일 년 뒤에 업무 관련으로 태수의 질책을 받자 면관하고 사죄하였다. 이에 공우가 말했다. "한 번 면관하였는데, 어찌 다시 관을 쓰겠는가?" 그리고는 관직을 사임하였다. 나중에 출사하여 여러 제도 개선을 주장하여 많은 적폐를 고쳤다.

茂(양무)와 國淵(국연) 역시 그 다음이라 할 수 있다.

張承(장승)의 명성과 操行(조행)은 張範(장범)에 조금 못 미치지만 그 아우라고 할 수 있다. 田疇(전주)는 높은 지조를 지켰고, 王脩(왕수)는 忠直堅定(충직견정)하여 세속을 바로잡을 만하였다.

管寧(관녕)은 志氣가 심원하고 고상하여 결코 흔들리지 않았다. 張臶(장천)과 胡昭(호소)는 폐문하고 淸靜(청정)한 생활 속에 명리를 좇지 않았기에 함께 수록하였다.

---

154 兩龔은 龔勝(공승)과 龔舍(공사). 공승의 字는 君賓(군빈). 龔은 공손할 공(恭과 通). 성씨. 楚 彭城人(今 江蘇省 蘇州市). 龔舍(공사)의 字는 君倩(군천). 楚 武原人(今 浙江省 嘉興市 海鹽縣). 두 사람이 서로 친했고 둘이 모두 절개를 지켜 이름이 났고, 이 때문에 楚의 兩龔(양공)이라고 일컬었다.

12권 〈崔毛徐何邢鮑司馬傳〉(魏書 12)
(최,모,서,하,형,포,사마전)

❶ 崔琰

| 原文 |

崔琰字季珪, 清河東武城人也. 少樸訥, 好擊劍, 尙武事. 年二十三, 鄕移爲正, 始感激, 讀《論語》,《韓詩》. 至年二十九, 乃結公孫方等就鄭玄受學. 學未期, 徐州黃巾賊攻破北海, 玄與門人到不其山避難. 時穀糴縣乏, 玄罷謝諸生. 琰既受遣, 而寇盜充斥, 西道不通. 於是周旋青,徐,兗,豫之郊, 東下壽春, 南望江,湖. 自去家四年乃歸, 以琴書自娛.

| 국역 |

崔琰(최염)[155]의 字는 季珪(계규)로, 清河郡 東武城縣 사람이다. 젊어 성품은 질박하고 말 수가 적었으며 검술을 좋아했다. 23세에 마을에서는 최염을 正卒로 뽑았는데, 최선을 다하였으며, 《論語》와 《韓詩》[156]를 전공하였다. 29세에 公孫方(공손방) 등과 함께 친교를 맺고 鄭玄(정현)을 찾아가 배웠다. 공부한 지 1년이 안 되었는데 徐州 일대의 黃巾賊 잔당이 北海國을 격파하자(서기 192), 정현은 門人을 거느리고 不其山(불기산)[157]으로 피난하였다. 그때 사들인 곡식이 크게 부족하자, 정현은 교육을 중지하고 門徒들을 내 보냈다.

최염은 문하를 떠났으나 길에는 황건적이 넘쳐나 서쪽으로 가는 길이 막혔다. 이에 최염은 青州, 徐州, 兗州(연주), 豫州 일대를 돌아 동쪽으로 壽春(수춘)까지 갔다가 남쪽 長江과 洞庭湖에 이르렀다. 최염은 집을 떠난 지 4년 만에 돌아와 琴(금)을 타고 독서하며 혼자 즐겼다.

---

155 琰(최염, 160年代?-216년, 字 季珪) - 琰은 옥을 갈 염. 清河郡 東武城縣, 今 山東省 북부 德州市 武城縣 출신. (河北省과 접경). 司空 崔林의 堂兄, 풍채가 훌륭했다. 처음에는 원소를 섬기다가 조조에 귀부했다.

156 《詩經》은 中國의 최초의 詩歌 總集이라 할 수 있는데, 보통 《詩》, 또는 《詩三百》이라고도 일컬으며, 305首(이외 6수는 제목만 전함)를 수록하고 있다. 漢朝에서 유학이 권장되면서 《詩經》이라 했는데, 前漢 초기 《詩》는 齊詩(齊人 轅固生), 魯詩(魯人 申培公), 韓詩〔燕人 韓嬰(한영), ?-前 130〕의 三家詩(3가시)가 형성되었다. 이후 魯人 大毛公 毛亨과 小毛公 毛萇(모장)이 발굴한 古文經의 詩가 발전하면서 《毛詩》학파가 형성되었다. 이후 《齊詩》는 曹魏 시대에, 《魯詩》는 西晉 시대에, 《韓詩》는 北宋 시절에 단절된 것으로 알려졌고, 《毛詩》만 지금까지 전해오고 있다. 그러나 《韓詩》의 한 流派라 할 수 있는 《韓詩外傳》 10卷이 남아있다.

157 不其(불기)는 현명, 山名. 不其山은, 今 山東省 동남 青島市 관할 卽墨區 소재.

| 原文 |

大將軍袁紹聞而辟之. 時士卒橫暴, 掘發丘隴, 琰諫曰, "昔孫卿有言, '士不素敎, 甲兵不利, 雖湯武不能以戰勝.' 今道路暴骨, 民未見德, 宜敕郡縣掩骼埋胔, 示憯怛之愛, 追文王之仁."

紹以爲騎都尉. 後紹治兵黎陽, 次於延津, 琰復諫曰, "天子在許, 民望助順, 不如守境述職, 以寧區宇." 紹不聽, 遂敗於官渡.

及紹卒, 二子交爭, 爭欲得琰. 琰稱疾固辭, 由是獲罪, 幽於囹圄, 賴陰夔,陳琳營救得免.

| 국역 |

大將軍 袁紹(원소)가 소문을 듣고 최염을 불렀다. 그때는 사졸들이 멋대로 횡포하며 남의 무덤을 파내었는데, 최염이 원소에게 말했다.

"옛날에 孫卿(손경, 荀子)은 '병사를 평소에 가르치지 않으면 싸워도 이길 수 없으니, 비록 湯王이나 武王일지라도 승전하지 못할 것입니다.' 라고 말했습니다. 지금 도로에는 해골이 뒹굴고 백성들은 (위정자의) 은덕을 입지 못하니, 응당 군현에 지시하여 해골이나 시신을 수습하여 묻어주고, 백성의 참담한 질고를 위로하며 文王의 어진 덕[158]을 따라야 합니다."

158 文王 文王葬枯骨 – 文王이 사람을 시켜 땅을 파게 했다. 그런데 시신의 뼈가

원소는 최염을 기도위에 임명했다. 뒷날 원소는 黎陽(여양)에 출병했다가 延津(연진)에 주둔하였는데, 최염이 다시 諫言(간언)을 올렸다.

"天子(獻帝)가 許都(허도)에 계시고, 백성은 천자에 순종하는 사람을 지지하려 하니, 임지를 잘 다스리고 신하의 역할을 다하여 경내의 백성을 편안케 해야 합니다."

그러나 원소는 따르지 않았고, 결국 官渡(관도)의 싸움에서 패전하였다(서기 200년).

袁紹가 죽고(서기 202년), 두 아들이(袁譚, 袁尙) 서로 싸우면서 최염을 끌어들이려 했다. 최염은 병을 핑계로 고사하자, 이 때문에 죄를 받아 옥에 갇혔는데 陰夔(음기)[159]와 陳琳(진림)[160]의 도움으로

나오자, 문왕은 뼈를 다시 묻어주라고 했다. 신하들이 시신의 주인도 없다고 하자 문왕이 말했다. "천하를 다스리는 자가 만물의 주인이다. 내가 시신의 주인이 아니겠는가?" 이를 전해들은 백성이 말했다. "왕의 은택이 마른 해골에도 미치는데, 하물며 살아있는 사람이야!"

159 陰夔(음기, 생졸년 미상)는 後漢末 豫州刺史, 袁尙을 섬겼다. 夔는 조심할 기.

160 陳琳(진림, ? – 217년, 字 孔璋) – 시인, 문장가. '建安七子' 의 한 사람. 曹丕(조비)는 그의 《典論 論文》에서 「지금 文人으로는 魯國의 孔融(공융, 字 文擧), 廣陵郡 陳琳(진림, 字 孔璋), 山陽郡의 王粲(왕찬, 字 仲宣), 北海郡의 徐幹(서간, 字 偉長), 陳留郡의 阮瑀(완우, 字 元瑜), 汝南郡의 應瑒(응창, 字 德璉), 東平郡의 劉楨(유정, 字 公幹) 등 일곱 사람이 있다.」고 하였다. 官渡의 싸움 전에 원소의 명에 의거 陳琳(진림, 字 孔璋)은 조조를 토벌하자는 격문을 지었다. 진림이 원소의 文士였기에 원소의 일방적 주장을 담았지만 名文은 명문이었다. 《魏書》 6권, 〈董二袁劉傳〉의 裴松之의 주석에는 陳琳(진림)의 「"蓋聞明主圖危以制變, 忠臣慮難以立權 ~」으로 시작하는 명문이 실려 있지만 너무 長文이라서 번역은 생략한다. 진림은 원소가 패망한 뒤 조조에게 귀부하였다. 조조가 물었다. "그대가 옛날에 本初(袁紹)를 위해 격문을 지었을 때 나의 죄상을 지적한 것이야 그렇다 치지만, 어찌 나의 父祖까지 모욕했는가?" 그러자 진림은 '어쩔 수 없었다.' 는 뜻으로 사죄하였다. 조조는 진림의 재주가 아까워 살려주었다.

풀려났다.

| 原文 |

太祖破袁氏, 領冀州牧, 辟琰爲別駕從事, 謂琰曰, "昨案戶籍, 可得三十萬衆, 故爲大州也." 琰對曰, "今天下分崩, 九州幅裂, 二袁兄弟親尋干戈, 冀方蒸庶暴骨原野. 未聞王師仁聲先路, 存問風俗, 救其塗炭, 而校計甲兵, 唯此爲先, 斯豈鄙州士女所望於明公哉!"

太祖改容謝之. 於時賓客皆伏失色.

| 국역 |

조조가 袁氏(원씨) 일족을 격파한 뒤에, 冀州牧을 겸임하며 최염을 불러 別駕從事에 임명하고서 최염에게 말했다.

"어제 내가 冀州의 호적을 살펴보았더니 30만 군사를 얻을 수 있으니 기주를 大州라 하는 것이요."

그러자 최염이 대답했다.

"지금 천하가 분열 붕괴되었고, 九州도 찢겨 각자 할거하면서 원씨 두 형제가 서로 싸웠기에 기주의 들판에 백골이 널려 있습니다. 조정의 군사는 먼저 仁德을 말하고 백성의 풍속이 어떤가를 알아보며 백성을 도탄에서 구해내야 하는데, 먼저 병력의 숫자를 계산하며 전쟁을 최우선한다는 말은 들은 적이 없습니다. 그렇다면 冀州

의 백성들이 明公에게 무엇을 기대할 수 있겠습니까!"

조조는 얼굴빛을 바꿔 최염에게 사과하였다. 그때 빈객이 모두 하얗게 질렸었다.

| 原文 |

太祖征幷州, 留琰傅文帝於鄴. 世子仍出田獵, 變易服乘, 志在驅逐. 琰書諫曰,

「蓋聞盤於游田,《書》之所戒, 魯隱觀魚,《春秋》譏之, 此周,孔之格言, 二經之明義. 殷鑑夏後,《詩》稱不遠, 子卯不樂,《禮》以爲忌, 此又近者之得失, 不可不深察也.

袁族富强, 公子寬放, 盤游滋侈, 義聲不聞. 哲人君子, 俄有色斯之志, 熊羆壯士, 墮於呑噬之用, 固所以擁徒百萬, 跨有河朔, 無所容足也.

今邦國殄瘁, 惠康未洽, 士女企踵, 所思者德. 況公親御戎馬, 上下勞慘, 世子宜遵大路, 愼以行正, 思經國之高略, 內鑒近戒, 外揚遠節, 深惟儲副, 以身爲寶. 而猥襲虞旅之賤服, 忽馳騖而陵險, 志雉兎之小娛, 忘社稷之爲重, 斯誠有識所以惻心也. 唯世子燔翳捐褶, 以塞衆望, 不令老臣獲罪於天.」

世子報曰,「昨奉嘉命, 惠示雅數, 欲使燔翳捐褶, 翳已壞矣, 褶亦去焉. 後有此比, 蒙復誨諸.」

| 국역 |

曹操가 幷州(병주)를 정벌하면서 최염을 남겨 鄴縣(업현)에서 曹丕(조비)를 보좌케 하였다. 조비는 사냥을 자주 나갔는데, 옷을 갈아입고 거마를 바꿔 가며 짐승몰이에 전념하였다. 이에 최염이 상서하였다.

「제가 알기로, 사냥에 전심전력하는 것을 《尙書》에서 경계하였고, 魯의 隱公[161]이 물고기 잡이를 玩賞(완상)한 것을 《春秋》에서도 풍자하였는데 이는 周公과 孔子의 바른 말씀이며, 《尙書》와 《春秋》에 실려 있는 명확한 도리입니다. 殷(은)은 夏(하) 桀王(걸왕)의 멸망을 거울삼았는데, 《詩經》에서는 鑑戒(감계)할 사건의 기일이 멀지 않다(不遠) 하였고, 甲子日과 乙卯日(을묘일)에는 행락하지 않는다[162] 하여 《禮記》에서도 忌避(기피)하였으며, 近者에 袁氏의 몰락도 있으니 깊이 살피지 않을 수 없습니다.

袁氏 일족은 부강했으나 그 자제들은 방종하였고 놀이와 행락이 분수를 넘었으며 仁義에 대한 말은 들으려 하지도 않았습니다. 賢哲한 군자는 빨리 벗어나려는 뜻을 품었고, 용맹한 壯士(장사)들은 내부의 먹고 먹히는 싸움에 말려들었기에 백만 대군을 보유하며 黃河 북쪽에 웅거했다지만 결국 어디에도 발을 붙일 수가 없었습니다.

---

161 魯의 隱公(前 722 – 712년 재위, 姬姓, 名 息姑) – 魯國 14代 國君. 《春秋》 및 三傳의 記事가 모두 魯 隱公에서 시작한다. 隱公 재위 중 魯의 정치, 외교에서 치적이 괜찮았다. 隱公이 棠(당)이란 곳에서 백성이 물고기 잡는 것을 구경했는데 이것은 예법에 어긋난다고 평가했다.

162 子卯不樂 – 殷 紂王(주왕)은 甲子日에 망했고, 夏 桀王(걸왕)은 乙卯日(을묘일)에 망했기에 子卯日은 불길한 날이라고 생각하였다. 그래서 國君은 그날 음악을 연주하지 않고 스스로 戒懼(계구)한다고 하였다.

지금 온 나라가 피폐하였고 백성에 대한 아무런 은덕을 베풀지 못하기에 남녀 모두가 애타게 기다리는 것은 仁德입니다. 하물며 부친께서는 친히 원정에 나가셔서 상하 모두가 고생을 하고 계시는데, 世子께서는 정도를 지키고 실천하며 행실은 신중하고 단정히 하며, 經國의 대략을 생각하여 내심으로는 근래의 모든 일을 거울삼아 조심하고, 밖으로는 고상한 지조를 발양하며, 다음 후계자로서의 책무를 깊이 사고하면서 심신을 소중히 보양해야 합니다. 그런데도 함부로 사냥꾼의 천박한 옷을 입고 산등성이나 험지를 내달리면서 꿩이나 토끼를 잡는 재미에 사직의 소중함을 모르고 계시니, 이는 식견을 가진 사람이 볼 때 참으로 마음 아픈 일입니다. 세자께서는 사냥 도구나 의복을 불사르고 백성들의 여망에 부응하시어 老臣이 하늘에 죄를 짓지 않기를 바랄뿐입니다.」

이에 世子가 답신을 보냈다.

「어제 선의의 교훈과 일러주신 훌륭한 여러 말씀을 잘 받았으며, 사냥 도구를 태워버리고 거마나 복장들도 버릴 것입니다. 이후로도 이러한 일에 대하여 또 다른 가르침을 받겠습니다.」

| 原文 |

太祖爲丞相, 琰復爲東西曹掾屬徵事. 初授東曹時, 敎曰, 「君有伯夷之風, 史魚之直. 貪夫慕名而淸, 壯士尙稱而厲, 斯可以率時者已. 故授東曹, 往踐厥職.」

魏國初建, 拜尙書. 時未立太子, 臨菑侯植有才而愛. 太祖

狐疑, 以函令密訪於外. 唯琰露板答曰,

「蓋聞《春秋》之義, 立子以長, 加五官將仁孝聰明, 宜承正統. 琰以死守之.」

植, 琰之兄女婿也. 太祖貴其公亮, 喟然嘆息, 遷中尉.

| 국역 |

조조가 丞相(승상)이었을 때 崔琰(최염)은 다시 東西曹의 掾屬徵事가 되었다. 처음 東曹가 되었을 때 조조가 敎令을 내렸다.

「君은 伯夷(백이)의 풍모에 史魚(사어)[163]처럼 정직하도다. 탐욕한 사람은 명예를 탐내 청렴한 척하고, 뜻만 큰 사람은 칭송을 얻으려고 엄격하니, 이는 時流만을 따르는 자이다. 君을 東曹[164]에 임명하니 직분을 다하라.」

魏國이 처음 건국(建安 21년, 서기 216)되고, 최염은 尙書가 되었다. 그때 세자를 아직 책립하지 않았는데, 臨菑侯(임치후)인 曹植(조

163 史魚는 춘추시대 衛나라의 대부. 史가 성씨, 이름은 鰌(미꾸라지 추), 字가 子魚. 衛 靈公이 遽伯玉(거백옥)을 등용하지 않자, 사유는 죽으면서 아들에게 유언했다. "나는 살아 人君의 잘못을 바로잡지 못했다. 죽는다 하여 예를 다 갖출 수 없으니 내 시신은 창문 아래 두도록 하라!" 위 영공을 문상하며 이상히 여겨 까닭을 물었고 아들이 사실을 말했다. 이에 위령공은 거백옥을 등용하고 子瑕(자하)를 물리쳤다. 孔子가 이를 듣고 말했다. "예로부터 많은 사람이 간언을 했지만 죽으면 그뿐이었다. 그러나 史魚처럼 죽으면서도 屍身으로 간언하여(屍諫) 주군을 감동시킨 사람이 없으니 이것을 정직이라 아니할 수 없다."《孔子家語 困誓》.

164 東曹, 西曹. 後漢 光武帝 建武 27년에 大司馬를 太尉로 개칭했다. 속관으로는 부서 내 실무 총괄 지휘하는 長史 1인이 있고, 그 아래 속관으로 東曹, 西曹, 東曹, 戶曹, 奏曹, 辭曹, 法曹, 尉曹, 賊曹, 決曹, 兵曹, 金曹, 倉曹, 黃閣主簿 등 24명의 속관을 두어 업무를 분장했다. 掾(연)은 실무 책임자.

식)은 재능이 뛰어나 조조가 총애하였다. 조조는 세자책봉에 狐疑(호의)하면서, 서신을 밀봉하여 의견을 올리게 하였다. 그러나 최염은 공개적으로 말했다.

「제가 알기로도, 《春秋》의 대의에도 장자를 세워야 한다고 했으며 五官中郞將(曹丕)은 仁孝하고 총명하니 응당 정통을 이어야 합니다. 저는 장자를 죽음으로 지키겠습니다.」

曹植은 최염에게는 형의 사위였다. 조조는 최염이 公正을 중하게 생각한다고 탄식했고, (최염을) 中尉(중위)[165]로 승진시켰다.

| 原文 |

琰聲姿高暢, 眉目疏朗, 鬚長四尺, 甚有威重, 朝士瞻望, 而太祖亦敬憚焉. 琰嘗薦鉅鹿楊訓, 雖才好不足, 而淸貞守道, 太祖卽禮辟之. 後太祖爲魏王, 訓發表稱讚功伐, 褒述盛德. 時人或笑訓希世浮僞, 謂琰爲失所擧. 琰從訓取表草視之, 與訓書曰, "省表, 事佳耳! 時乎時乎, 會當有變時."

琰本意譏論者好譴呵而不尋情理也. 有白琰此書傲世怨謗者, 太祖怒曰, "諺言 '生女耳.' '耳' 非佳語. '會當有變時.' 意指不遜." 於是罰琰爲徒隸, 使人視之, 辭色不撓. 太祖令

165 中尉는 秦의 中尉를 武帝 때 執金吾로 개칭했다. 吾는 禦(막을 어)의 뜻. 兵器를 들고 非常에 대비한다는 뜻. 질록 中二千石. 궁성 외곽 경계, 수재나 화재 등 돌발 사태 대비, 황제 행차 시 집금오 병력(緹騎 2백 인)이 의장대 역할. 여기서는 제후국 魏國의 中尉로 군사 관련 업무와 치안 유지 담당. 질록 比二千石.

曰, "琰雖見刑, 而通賓客, 門若市人, 對賓客虯鬚直視, 若有所瞋." 遂賜琰死.

| 국역 |

崔琰(최염)은 목소리가 우렁차고, 眉目(미목)이 清秀하며 수염이 4尺이나 되어 매우 위엄이 있었고 조정의 관리들도 우러러 보았으며 조조 역시 敬畏(경외)[166]하였다.

전에 최염이 鉅鹿郡(거록군)의 楊訓(양훈)을 천거하였는데, 才學이 좀 부족했지만 清貞하며 正道를 따랐기에 조조 역시 양훈을 우대하였다. 뒷날 조조가 魏王이 되자, 양훈은 조조의 원정 성과를 칭송하고 盛德을 크게 찬양하였다.

당시 인물 중에 어떤 사람은 양훈이 세속에 영합한다면서 최염이 잘못 천거하였다고 비웃었다. 최염은 양훈한테서 표문을 받아 읽어 보고서는 양훈에게 돌려주며 말했다.

"표문을 보니 아주 잘 지었네! 時運을 따라야 하겠지만, 때로는 변용할 필요도 있소."

최염은 본뜻은 양훈을 비웃는 자가 남의 이야기를 쉽게 하고 사

166 조조가 흉노 사신을 만나야 했는데 자신의 풍채가 별로 안 좋아 먼 나라에 위엄이 없을 것 같다 하여, 최염을 대역으로 앉히고 자신은 그 아래서 칼을 잡고 시위하는 사람처럼 의자 옆에 서 있었다. 면담이 끝난 뒤 조조는 은밀히 사람을 흉노 사신에게 보내 '魏王을 어떻다고 보는가?' 라고 물었다. 이에 흉노 사신은 "위왕의 고아한 풍모와 덕망은 보통이 아닙니다. 그러나 위왕 의자 옆에 칼을 잡고 서있던 사람이 진정 영웅인 것 같았습니다."라고 말했다. 조조는 그 말을 전해듣고 몰래 군사를 보내 돌아가는 흉노 사신을 추격하여 죽여 버렸다고 한다. 《世說新語 容止》에 실려 있는 이야기이다.

리를 잘 알지 못한다는 의미였다. 그런데 이를 두고서 최염이 오만하며 원한이 있어 조조를 비웃었다고 말하는 자가 있었다. 이에 조조는 화를 내며 최염에게 말했다.

"속언에 '딸을 낳았을 뿐이다(生女耳).' 라는 말이 있지만 '뿐이다(耳).' 는 좋은 말이 아니다. '시운을 따라 변용할 때가 있어야 한다.' 란 말도 그 뜻이 불손하다."

이에 최염을 노동하는 징벌에 처하고 사람을 시켜 감시케 하였는데, 최염은 언사와 기색이 조금도 흔들리지 않았다. 이에 조조가 명했다.

"최염은 형벌을 받으면서도 빈객과 왕래하여 대문 앞이 시장처럼 붐볐고, 빈객들에게 수염을 비벼 꼬아 올리며 마치 노기를 띤 형상이었다고 한다."

조조는 최염을 사형에 처했다.

| 原文 |

始琰與司馬朗善, 晉宣王方壯, 琰謂朗曰, "子之弟, 聰哲明允, 剛斷英特, 殆非子之所及也." 朗以爲不然, 而琰每秉此論. 琰從弟林, 少無名望, 雖姻族猶多輕之, 而琰常曰, "此所謂大器晩成者也, 終必遠至." 涿郡孫禮,盧毓始入軍府, 琰又名之曰, "孫疏亮亢烈, 剛簡能斷, 盧淸警明理, 百鍊不消, 皆公才也." 後林,禮,毓咸至鼎輔.

及琰友人公孫方,宋階早卒, 琰撫其遺孤, 恩若己子. 其鑑識篤義, 類皆如此. 初, 太祖性忌, 有所不堪者, 魯國孔融, 南陽許攸, 婁圭, 皆以恃舊不虔見誅. 而琰最爲世所痛惜, 至今寃之.

| 국역 |

그전에 崔琰(최염)은 司馬朗(사마랑)[167]과 친했는데, 晉 宣王(司馬懿, 사마의)이 한창 젊었을 대로, 최염이 사마랑에게 말했다.

"자네 동생은 매우 총명하고 기민하며 성실한데다가 剛斷(강단)하고 영특하니 자네가 따라갈 수 없을 것이요."

사마랑은 그렇지 않다고 생각했지만, 최염은 자주 그런 말을 하였다. 최염의 사촌동생 崔林(최림)[168]은 젊어 아무런 재주가 없어 많은 친인척들이 경시하였는데, 최염은 늘 "이 동생은 이른바 '大器晩成' 할 사람이니, 끝에 가서는 높이 오를 것이다."라고 말했다.

涿郡(탁군)의 孫禮(손례)와 盧毓(노육)[169]이 처음 太尉府에 근무할 때 최염은 이들을 일러 "孫疏亮(손소량, 孫禮)은 강렬하고 굳세며 과단성이 있고, 盧淸警〔노청경, 盧毓(노육)〕은 명철하고 이지적이며 어려

167 司馬朗(사마랑, 171－217년, 字 伯達) － 河內郡 溫縣(今 河南省 북부 焦作市 관할 溫縣) 사람. 京兆尹을 지낸 司馬防(사마방)의 아들로 兗州刺史를 역임했다. 司馬懿(司馬仲達)의 친형. 사마방은 장남 사마랑, 차남 사마의, 三子 司馬孚(사마부) 등 8명의 아들을 두었는데, 모두 유명하여 '八達' 이라고 불렀다. 《魏書》 15권, 〈劉司馬梁張溫賈傳〉에 입전.

168 崔林(최림, ?－244년, 字 德儒) － 魏 文帝 때 幽州刺史, 大鴻臚, 司隸校尉를 역임하고 魏 明帝때 三公의 하나인 司空이 되었다. 曹芳 在位 중인 正始 5年(244년)에 죽었다. 대기만성 성어의 주인공. 《魏書》 24권, 〈韓崔高孫王傳〉에 입전.

169 孫禮(손례)는 《魏書》 24권, 〈韓崔高孫王傳〉에 입전. 盧毓(노육)은 《魏書》 22권, 〈桓二陳徐衛盧傳〉에 입전.

운 일을 당해도 움츠리지 않으니 모두 三公의 재목이다."라고 말했다. 뒷날 최림, 손례, 노육은 모두 재상이 되었다.

최염의 友人인 公孫方(공손방)과 宋階(송계)가 일찍 죽었는데, 최염은 그 아들들을 자기 아들처럼 돌봐주었다. 최염의 사람을 보는 눈과 돈독한 의리가 대개 이와 같았다.

그전에 조조의 성질이 각박하여 조조가 포용하지 못한 사람으로, 魯國의 孔融(공융), 南陽郡의 許攸(허유)[170]와 婁圭(누규)[171] 등은 조조와 예부터 가까운 사이라고 믿다가 모두 주살되었다. 그중에서도 최염의 죽음을 세상 사람들이 안타까워하며 지금도 억울한 죽음이라고 생각하고 있다.

❷ 毛玠

| 原文 |

毛玠字孝先, 陳留平丘人也. 少爲縣吏, 以淸公稱. 將避亂荊州, 未至, 聞劉表政令不明, 遂往魯陽. 太祖臨兗州, 辟爲治中從事.

170 許攸(허유, ?-204년, 字 子遠). 袁紹(원소)에게 방략을 건의했으나 받아들이지 않자, 나중에 조조에 귀부하였다. 허유가 조조를 찾아오자, 조조는 맨발로 달려 나와 맞이했다. 원소 격파와 冀州 성 함락에 공을 세웠지만 그 공을 믿고 조조를 무시하다가 잡혀 처형되었다.

171 婁圭(누규, 생졸년 미상, 字 子伯) - 조조와 젊어서 친교, 형주 원정에서 조조를 도왔으나 나중에 조조에게 잡혀 죽었다.

玠語太祖曰, “今天下分崩, 國主遷移, 生民廢業, 饑饉流亡, 公家無經歲之儲, 百姓無安固之志, 難以持久. 今袁紹,劉表, 雖士民衆强, 皆無經遠之慮, 未有樹基建本者也. 夫兵義者勝, 守位以財, 宜奉天子以令不臣, 脩耕植, 畜軍資, 如此則霸王之業可成也.”

太祖敬納其言, 轉幕府功曹.

| 국역 |

毛玠(모개)[172]의 字는 孝先(효선)으로, 陳留郡 平丘縣(평구현)[173] 사람이다. 젊어 縣吏(현리)가 되었는데 청렴과 공정으로 칭송을 들었다. 모개는 荊州로 피난하는 도중에, 劉表의 政令이 不明하다는 말을 듣고, (南陽郡) 魯陽縣(노양현)[174]으로 이주했다. 曹操가 兗州刺史(연주자사)로 있으면서 불러 治中從事에 임명했다.

모개가 조조에게 말했다.

“지금 천하가 분열, 붕괴되었고, 황제가 옮겨 다니고 백성은 본업을 잃고 기근 속에 유랑하기에, 公家에도 1년을 지낼 양식이 없고 백성은 어디 안주할 곳도 없으니 오래 지탱할 수가 없습니다. 지금

172 毛玠(모개, ?-216년, 字 孝先) - 玠는 큰 홀 개(大圭). 陳留郡 平丘縣人. 崔琰(최염)과 비슷한 정직한 인물, 조조의 권력 장악을 도왔지만 결국 조조를 비방했다 하여 파직 당한 후 집에서 죽었다. 《三國演義》에서는 于禁(우금)과 같은 水軍 도독이었지만 적벽대전에서 패전한다.

173 陳留郡의 治所는 陳留縣, 今 河南省 동부의 開封市. 平丘縣(평구현)은, 今 河南省 북부 新鄕市 관할 封丘縣. 黃河 북안.

174 南陽郡의 동북 끝 魯陽縣은, 今 河南省 중부 平頂山市 관할 魯山縣.

袁紹와 劉表가 많은 백성을 거느린 강자라고 하지만 미래를 내다보지 못하고 근본을 확고히 세우지도 못합니다. 이런 상황에서는 정의를 내세워 전투에서 승리하고, 재력을 바탕으로 우월한 지위를 유지하려면, 응당 천자를 받들고 거역하려는 자를 진압하며 농업을 장려하여 軍資를 비축한다면 霸王(패왕)의 대업을 이룰 수 있습니다."

조조는 그 건의를 받아들여 幕府功曹의 직무를 맡겼다.

| 原文 |

太祖爲司空丞相, 玠嘗爲東曹掾, 與崔琰並典選擧. 其所擧用, 皆清正之士, 雖於時有盛名而行不由本者, 終莫得進. 務以儉率人, 由是天下之士莫不以廉節自勵, 雖貴寵之臣, 輿服不敢過度.

太祖嘆曰, "用人如此, 使天下人自治, 吾復何爲哉!"

文帝爲五官將, 親自詣玠, 屬所親眷. 玠答曰, "老臣以能守職, 幸得免戾, 今所說人非遷次, 是以不敢奉命." 大軍還鄴, 議所並省. 玠請謁不行, 時人憚之, 咸欲省東曹. 乃共白曰, "舊西曹爲上, 東曹爲次, 宜省東曹." 太祖知其情, 令曰, "日出於東, 月盛於東, 凡人言方, 亦復先東, 何以省東曹?" 遂省西曹.

初, 太祖平柳城, 班所獲器物, 特以素屛風素馮几賜玠, 曰, "君有古人之風, 故賜君古人之服." 玠居顯位, 常布衣蔬食,撫育孤兄子甚篤, 賞賜以振施貧族, 家無所餘. 遷右軍師. 魏國初建, 爲尙書僕射, 復典選擧. 時太子未定, 而臨菑侯植有寵, 玠密諫曰, "近者袁紹以嫡庶不分, 覆宗滅國. 廢立大事, 非所宜聞."

後群僚會, 玠起更衣, 太祖目指曰, "此古所謂國之司直, 我之周昌也."

| 국역 |

조조가 司空을 거쳐 丞相이 되었는데, 毛玠(모개)는 東曹掾(동조연)이 되어, 崔琰(최염)과 함께 인재 선발[175]을 주관하였다. 모개와 최염이 뽑아 등용하는 인재는 모두 청렴공정한 士人이었는데, 비록 크게 이름이 알려졌더라도 행실이 본분을 떠난 자는 끝내 등용하지 않았다. 모개는 검소, 진솔한 사람의 본보기였기에 세상 사람들은 누구나 청렴과 절제에 힘썼고, 비록 고귀한 신분이라서 총애를 받는 사람일지라도 수레나 복장이 常道를 벗어날 수 없었다. 이에 조조도 탄식하며 말했다.

"인재 등용이 늘 이와 같다면 세상 사람들은 스스로 자제할 것이니 내가 할 일이 무엇이겠는가!"

曹丕(조비)는 그때 五官中郎將[176]이었는데 직접 모개를 찾아와 가

175 選擧(선거)는 인재 선발과 등용, 추천과 승진. 投票(투표)가 아님.

176 五官中郎將은 光祿勳(궁궐 수비 및 황제 호위)의 속관. 질록 比二千石의 武官. 五官中郎將, 左, 右中郎將, 虎賁中郎將, 羽林中郎將 외 使匈奴中郎將도 있었다.

까운 측근의 승진을 부탁하였다. 이에 모개가 대답하였다.

"老臣이 직무를 수행하면서 다행히 過失이 없었습니다만, 지금 말씀하신 사람들은 아직 승진할 차례가 아니기 때문에 감히 명을 받들지 못하겠습니다."

(조조의) 大軍이 鄴縣에 회군한 뒤에 부서의 통합을 논의하였다. 모개에게 어떤 부탁이 통하지 않았기에 그때 사람들이 모두 東曹의 폐지를 주장하면서 함께 아뢰었다.

"옛날에 西曹가 동조보다 위였고, 東曹가 다음이었으니 응당 東曹를 폐지해야 합니다."

조조는 그들 속셈을 알고 있었기에 명령하였다.

"해가 동쪽에서 뜨고 달도 동쪽에 있을 때 가장 밝아 사람들이 방위를 말할 때 누구나 동쪽을 먼저 말하는데 왜 동조를 폐지해야 하는가?"

결국 西曹를 폐지하였다.

그전에 조조가 (遼西郡의) 柳城을 점령하고 노획한 물건을 나눠줄 때 특별히 흰 비단 병풍과 기대는 几席(궤석)을 모개에게 주면서 "君은 古人의 풍모가 있기에 옛사람이 사용하는 물건을 주겠다."고 말했다.

모개는 중요한 직위에 있었지만 늘 무명옷에 나물 반찬을 먹었으며 아버지를 여윈 조카를 아주 독실하게 양육하였으며, 상으로 받는 하사품은 가난한 일족에게 나눠주어 집안에는 여분의 재물이 없었다.

모개는 右軍師로 승진하였다. 魏國이 건국된 뒤에 모개는 尙書僕

射(상서복야)가 되어 다시 관리 선발과 천거를 담당하였다. 그때 太子가 미정이었는데, 臨菑侯(임치후) 曹植이 조조의 총애를 받자, 모개가 조조에게 간언을 올렸다.

"近者에 袁紹가 嫡庶(적서)를 不分하였기에 가문과 나라가 망했습니다. 태자의 廢立(폐립)과 같은 큰일을 사실대로 말씀드리지 않을 수 없습니다."

나중에 모든 신하들이 모인 자리에서 모개가 잠시 화장실에 가자 조조가 눈짓을 보내며 모개를 두고 말했다.

"예전에 저런 사람을 나라의 司直(사직)이라 하였으니, 나에게는 周昌(주창)[177]과 같은 신하이다."

....

177 周昌(주창, ?-前 192년) - 周昌은 沛縣 사람으로, 沛公(패공) 때부터 고조를 섬겼다. 고집이 세면서도 직언을 서슴지 않았는데, 蕭何(소하)나 曹參(조참) 같은 사람도 주창만 못했다. 한번은 주창이 황제가 한가한 시간에 업무를 상주하러 들어갔더니 고조는 戚(척)부인을 껴안고 있어서 주창은 돌아 나왔다. 고조가 따라 나와 주창의 목에 올라타고 물었다. "나는 어떤 主君인가?" 주창은 고조를 올려다보며 말했다. "폐하는 꼭 桀紂(걸주)와 같은 주군입니다." 그러자 고조는 웃고 말았지만 속으로는 주창을 더욱 어려워하였다. 고조가 태자를 폐하고 戚(척)부인 소생의 如意(여의)를 태자로 삼으려 할 때, 대신들이 완강히 간쟁을 하여도 통하지 않았는데, 주창도 조정에서 강력하게 따지자 고조가 말을 해보라고 하였다. 주창은 말을 더듬었는데, 크게 화난 모습으로 말했다. "臣이 입으로는 말을 잘 못하지만, 臣은 마음속으로 그~ 그것이 불가하다는 것을 압니다. 폐하께서 태자를 폐하려 하더라도 臣은 기~, 기필코 명을 따르지 않을 것입니다." 고조는 그 모습이 재미있어 실소하면서 조회를 파했다. 呂后가 동쪽 복도에서 엿듣고 있었는데, 주창을 보고서는 무릎을 꿇고 사례하며 말했다. "경이 아니었으면 태자를 거의 폐할 뻔 했습니다." 《漢書》 42권, 〈張周趙任申屠傳〉에 입전.

| 原文 |

崔琰既死, 玠內不悅. 後有白玠者, "出見黥面反者, 其妻子沒爲官奴婢, 玠言曰 '使天不雨者蓋此也.'" 太祖大怒, 收玠付獄. 大理鍾繇詰玠曰,

"自古聖帝明王, 罪及妻子. 《書》云, '左不共左, 右不共右, 予則孥戮女.' 司寇之職, 男子入於罪隸, 女子入於舂槀. 漢律, 罪人妻子沒爲奴婢, 黥面. 漢法所行黥墨之刑, 存於古典. 今眞奴婢祖先有罪, 雖歷百世, 猶有黥面供官, 一以寬良民之命, 二以宥並罪之辜. 此何以負於神明之意, 而當致旱? 案典謀, 急恒寒若, 舒恒燠若, 寬則亢陽, 所以爲旱. 玠之吐言, 以爲寬邪, 以爲急也? 急當陰霖, 何以反旱? 成湯聖世, 野無生草, 周宣令主, 旱魃爲虐. 亢旱以來, 積三十年, 歸咎黥面, 爲相値不? 衛人伐邢, 師興而雨, 罪惡無徵, 何以應天? 玠譏謗之言, 流於下民, 不悅之聲, 上聞聖聽. 玠之吐言, 勢不獨語, 時見黥面, 凡爲幾人? 黥面奴婢, 所識知邪? 何緣得見, 對之嘆言? 時以語誰? 見答云何? 以何日月? 於何處所? 事已發露, 不得隱欺, 具以狀對."

| 국역 |

崔琰(최염)이 죽은 뒤에, 毛玠(모개)는 불만이 많았다. 뒷날 "모개가 외출하여 반역으로 얼굴에 墨刑(묵형)을 한 자와 관노비가 된 그 처자식을 보고서 '이런 형벌 때문에 하늘이 비를 내리지 않는다.' 고 말했다."며 모개를 고발한 자가 있었다.

조조는 대노하면서 모개를 잡아 가두었다. (형벌을 주관하는) 大理인 鍾繇(종요)가 모개를 힐난하였다.

"自古로 聖帝明王 시절에도 죄는 그 妻子까지 받았다.《尙書》에서도, '좌측 군사가 왼쪽의 적을 공격하지 않고 우측 군사가 오른쪽의 적을 치지 않는다면 나는 그 처자식을 죽이겠다.'[178]고 하였다. 司寇(사구)의 직무로 (죄인) 男子는 관청의 노예로 만들고, 여자는 관청에서 방아를 찧는 노역에 처했다. 漢의 법률로도, 罪人의 처자는 奴婢로 만들고 얼굴에 墨刺(묵자)를 했으니 옛 법도에도 그러했다. 지금 奴婢는 그 선조가 죄를 지었기 때문이며, 비록 百世가 지난다 해도 얼굴에 묵형을 받고 관노비가 될 것이니, 이는 첫째 양민의 생명을 보존하고, 둘째로 그 죄를 용서하는 형벌이다. 이런 형벌이 어찌 天神의 뜻을 거슬러 날을 가물게(旱) 했겠는가? 옛 경전을 보면 政令을 가혹하게 행하면 天氣가 한랭하고, 느긋하면 양기가 온난하나 지나치게 너그러우면 비가 내리지 않는다고 하였다. 그렇다면 당신이 한 말은 지금의 政令이 관대하다고 생각하는지, 아니면 가혹하다고 생각하는가? 가혹하다면 큰 비가 내려야 하는데, 어찌 반대로 날이 가무는가? 成湯(湯王)의 聖世에도 들에 살아있는 풀이 없다고 하였고, 周 宣王(선왕) 같은 현명한 왕 재위 중에도 한발이 극심했었다. 큰 한발이 든 이후 벌써 30년이 지났는데, 그것이 얼굴에 묵형을 받은 죄인 때문이라면 맞는 말인가 아닌가? 衛(위)나라

178 《書經 夏書 甘誓》의 구절. 지금 통용되는 《서경》하고는 내용이 약간 다르다.

군사가 邢(형)나라를 정벌하는 군사를 일으키자 비가 내렸는데 죄악을 징벌하지도 않았는데 왜 하늘이 감응했겠는가? 나라 정치를 비방하는 당신의 말이 백성에게 알려진다면 백성의 불평을 위로 천자의 귀에도 들어갈 것이다. 당신의 불평이 한두 사람 때문이 아니라면, 그때 묵자를 한 사람을 몇 명이나 보았는가? 묵자를 한 노비가 아는 사람이었나? 무슨 연고가 있어 그렇게 탄식하였는가? 아니면 그때 누구에게 한 말이었나? 그 대답이 무엇이었나? 몇 월 며칠이었고? 어디에서 그랬는가? 죄는 이미 드러나 숨길 수 없으니 사실대로 모두 말하기 바란다."

| 原文 |

玠曰, "臣聞蕭生縊死, 困於石顯, 賈子放外, 讒在絳,灌, 白起賜劍於杜郵, 晁錯致誅於東市, 伍員絶命於吳都, 斯數子者, 或妒其前, 或害其後. 臣垂齠執簡, 累勤取官, 職在機近, 人事所竄. 屬臣以私, 無勢不絶, 語臣以冤, 無細不理. 人情淫利, 爲法所禁, 法禁於利, 勢能害之. 青蠅橫生, 爲臣作謗, 謗臣之人, 勢不在他. 昔王叔,陳生爭正王廷, 宣子平理. 命舉其契, 是非有宜, 曲直有所,《春秋》嘉焉, 是以書之. 臣不言此, 無有時,人. 說臣此言, 必有徵要. 乞蒙宣子之辨, 而求王叔之對. 若臣以曲聞, 即刑之日, 方之安駟之贈, 賜劍之來, 比之重賞之惠. 謹以狀對."

時桓階,和洽進言救玠. 玠遂免黜, 卒於家. 太祖賜棺器錢帛, 拜子機郎中.

| 국역 |

이에 모개가 말했다.

"臣이 알기로, 환관 石顯(석현)에게 시달림을 받았기에 (前漢의) 蕭望之(소망지)[179]는 자살했고, (漢 文帝 때) 絳侯(강후, 周勃 주발)와 灌嬰(관영)의 참언으로 賈誼(가의)[180]는 방출되었으며, 白起(백기)[181]

---

179 蕭望之(소망지, ?－前 46년, 字 長倩) － 蕭何(소하)의 6世孫, 前漢의 대신, 漢 元帝 사부, 유학자, 뒷날 宦官 弘恭(홍공), 石顯(석현)의 모함으로 조사를 받게 되자 자살하였다. 《漢書》 卷 78권 〈蕭望之傳〉에 입전. 班固는 소망지에 대하여 이렇게 말했다. "蕭望之(소망지)는 將相의 지위를 역임하고 사부의 은택을 빙자했다지만 실제로 친밀하여 간극이 없었다고 말할 수 있다. 나중에는 소망지의 의도가 알려지고 틈이 벌어지면서 참언이 먹혀들었고, 결국엔 아부하는 환관의 뜻대로 되었으니 슬픈 일이다. 그렇지 않았으면 소망지의 당당함은 꺾일지언정 굽히지는 않을 것이고, 그 자신은 유가의 대종이 되었을 것이며, 보좌하는 능력을 발휘하여 近古의 社稷之臣이 되었을 것이다."

180 賈誼(가의, 前 200－168) － 가의는 文帝의 신임을 받으면서 여러 법령을 개정하고 열후를 封國으로 보내야 한다는 주장은 모두 가의가 발의한 것이었다. 이에 문제는 가의를 공경의 지위에 임명하려고 논의케 하였다. 그러나 絳侯 周勃(주발)과 灌嬰(관영), 東陽侯, 馮敬(풍경) 같은 사람들이 모두 가의를 싫어하면서 가의를 헐뜯는 말을 했다. "洛陽 사람은 나이도 어린 초학자인데도 오직 권력을 잡고 싶어서 여러 일에 분란만 일으킨다." 그러자 문제도 나중에는 가의를 멀리하면서 가의의 건의를 채용하지 않았으며 가의를 당시 변방인 長沙王의 太傅로 임명하였다. 가의의 政論文으로 〈過秦論〉, 〈論積貯疏〉, 〈論治安策〉이 유명하다. 辭賦로는 〈弔屈原賦〉, 〈鵩鳥賦〉, 〈惜誓〉 등이 잘 알려졌다.

181 白起(백기, 前 332?－257년) －《戰國策》에는 公孫起, 戰國時代 秦國의 명장, 兵家의 대표적 인물, 秦의 군사를 30여 년간 지휘하며 70여 성을 탈취하였고 섬멸한 적군이 1백 만에 이른다고 하였다. 《千字文》에서도 白起와 王翦(왕전),

는 杜郵(두우)에서 죽음을 내리는 칼을 받았고, 晁錯(조조)[182]는 東市에서 처형되었으며, 伍員(오원, 伍子胥)은 吳都에서 절명하였는데, 이들 몇 사람은 남들의 시기심 때문에 또는 배후의 모함으로 해를 입었습니다. 臣이 비록 젊었을 때부터 관청의 문서를 다룬 이후 여러 관직을 역임하였고 국가 기밀을 취급하는 일을 담당하는 동안 人事와 관련한 분란에 말려들기도 했습니다. 사적으로 여러 부탁을 받았지만 권세가의 부탁을 거절하지 않은 적이 없었으며, 臣에 대한 원망이나 소소한 불평에 상관하지 않았습니다. 人情은 이득을 탐하기에 이를 법으로 금지하지만, 이득에 대한 法禁도 권세의 힘으로 깨트릴 수 있습니다. 참언이나 무고하는 소인이 날뛰고, 신하된 자가 남을 비방하는데, 비방자는 그에게 힘이 없기 때문입니다. 옛날에 王叔(왕숙)과 陳生(진생)이 조정에서 옳고 그름을 논쟁하자, (晉의) 范宣子(범선자)[183]가 이를 평결하면서 근거가 될 문서를 제출케

廉頗(염파)와 李牧(이목)을 戰國의 四名將으로 꼽았다.(起翦頗牧 用軍最精)

182 晁錯(조조, 200 - 前 154년) - 晁(아침 조, 朝의 古字), 鼂錯, 朝錯로도 표기. 조조는 엄격하고 강직하며 각박한 사람이었다. 文帝 재위 시 齊의 伏生(복생)에게 가서 《尙書》를 배우게 하였고, 조조는 돌아와 배운 것과 학설을 上書하였다. 조조는 太子舍人 등을 博士가 되었다. 景帝가 즉위하면서, 조조는 제후의 세력을 꺾기 위하여 여러 가지 개혁(削藩策)을 추진하였는데 제후들의 의논이 매우 분분하였다. 조조의 부친이 潁川(영천)에서 걱정하자, 조조는 "이렇게 하지 않으면 천자를 높이지 못하고 종묘가 불안해집니다."라고 말했다. 부친은 "劉氏야 안정되겠지만 우리 鼂氏(조씨)는 위태로울 것이니, 나는 너를 두고 가겠다!"라면서 돌아가 약을 마시고 죽었다. 吳와 楚 七國이 함께 모반하면서 조조를 주살하겠다는 명분을 내세웠다. 결국 경제는 조조의 경쟁자인 袁盎(원앙)의 建議를 받아들여 조조를 죽여 반란을 진압하려 했고, 조조는 朝服을 입은 채 東市에서 처형되었다. 《漢書》 49권, 〈爰盎鼂錯傳〉에 입전.

183 范宣子(범선자, ? - 前 548년) - 春秋 시대 晉國의 정치가, 法家 사상가. 先驅.

하여 무엇이 옳고 그르며 잘 잘못이 어디에 있는가를 평결하였는데,《春秋》에서도 이를 기록하였습니다. 臣이 신이 조정의 정치를 비방하지 않았기에 때나 증인은 없습니다. 臣이 그런 말을 했다고 말하는 사람에게 그런 증거를 요구해야 합니다. 조정에서 범선자처럼 시비를 판결하려 한다면 王叔(왕숙)처럼 나와 대질을 시키면 됩니다. 만약 臣이 왜곡된 사실로 조정을 속이려 했다면 처형되는 날 저에게 네 마리 말이 끄는 安車에 저를 태워주고 자살할 칼을 내려 마치 큰 상을 내려주는 은혜를 베풀어주기 바랍니다. 삼가 글로 대신하겠습니다."

그때 桓階(환계)와 和洽(화흡) 같은 사람들이 모개를 구원하려 進言하였다. 모개는 파면되었고 집에서 죽었다. 조조는 棺과 부장품, 금전과 비단을 하사하였고[184] 아들 毛機(모기)를 郎中에 임명하였다.

❸ 徐奕

| 原文 |

徐奕字季才, 東莞人也. 避難江東, 孫策禮命之. 奕改姓名, 微服還本郡. 太祖爲司空, 辟爲掾屬, 從西征馬超. 超破, 軍

184 漢 高祖에게 蕭何를 비방하는 사람이 있어 고조는 대노하며 소하를 옥에 가두었지만 사실무근으로 판명되자, 소하를 다시 相國에 임용하였다. 曹操는 참소 한 마디를 듣고 毛玠를 내쳤고 파면했다. 결국 漢 고조와 조조의 그릇 차이가 아니겠는가? 죽인 다음에 관을 하사하고, 죽은 자의 아들에게 벼슬을 내려주는 것도 은택이겠는가?

還. 時關中新服, 未甚安, 留奕爲丞相長史, 鎭撫西京, 西京稱其威信. 轉爲雍州刺史, 復還爲東曹屬. 丁儀等見寵於時, 並害之, 而奕終不爲動. 出爲魏郡太守. 太祖征孫權, 徙爲留府長史, 謂奕曰,

"君之忠亮, 古人不過也, 然微太嚴. 昔西門豹佩韋以自緩, 夫能以柔弱制剛强者, 望之於君也. 今使君統留事, 孤無復還顧之憂也."

魏國旣建, 爲尙書, 復典選擧, 遷尙書令.

| 국역 |

徐奕(서혁)[185]의 字는 季才(계재)로, 東莞郡(동완군)[186] 사람이다. 江東땅으로 피난했는데, 孫策(손책)이 예를 갖춰 관직에 임명했다. 그러나 서혁은 성명을 바꾸고 평상복 차림으로 本郡으로 돌아왔다.

조조가 司空이 되자 서혁을 불러 掾屬(연속, 속관)으로 임명했고, 서혁은 조조를 따라 馬超(마초)를 원정했다. 마초를 격파하고 대군은 돌아왔다. 그때 關中이 막 평정되어 매우 불안정하여 서혁을 남겨 丞相府 長史로 삼아 西京(長安)을 鎭撫(진무)케 하였는데, 장안에서는 서혁의 위엄과 신의를 칭송하였다. 서혁은 雍州(옹주) 刺史[187]

185 徐奕(서혁, ?-219년, 字 季才) - 奕은 클 혁.

186 東莞郡(동완군)은 후한 建安 초년에 琅邪郡(낭야군)과 齊郡을 나눠 설치한 군. 治所는 東莞縣, 今 山東省 동남부 臨沂市(임기시) 관할 沂水縣.

187 雍州(옹주, 廱州) - 古代 九州의 하나였는데 漢 武帝가 13자사부를 설치할 때, 옹주지역은 涼州刺史部에 속했었다. 후한 (獻帝) 興平 元年(서기 194년)에 雍州는 정식 行政區가 되었는데, 涼州 중 河西 일대의 武威, 張掖, 酒泉, 敦

로 전직되었다가 다시 낙양에 돌아와 東曹의 속관이 되었다. 丁儀(정의)[188] 등이 조조의 신임을 받으면서 서혁을 해치려 했지만, 서혁은 끝내 동요하지 않았다. 서혁은 魏郡太守가 되었다. 조조가 孫權을 정벌한 뒤 서혁을 留府長史에 임명하면서 말했다.

"자네의 충정과 지조는 古人도 따라올 수 없지만 너무 엄격하다. 옛날에 西門豹(서문표)[189]는 가죽 혁대를 매어 자신의 성격을 부드럽게 했으니, 자네가 柔弱(유약)으로 剛强(강강)한 자를 제어하기 바란다. 이제 자네를 남겨 도성의 행정을 위임하니, 내가 후방을 걱정하지 않게 하라."

魏國이 건국되자, 서혁은 尙書가 되었고 다시 관리 선임과 천거를 담당하다가 尙書令으로 승진했다.

煌, 西海郡을 雍州刺史部에 소속시켰고, 治所는 姑臧縣(고장현, 今 甘肅省 중부 武威市)이었다. 建安 18년(서기 213년), 涼州를 폐지하고 司隸校尉部의 三輔지역까지 모두 雍州가 되었다.

188 丁儀(정의, ?-220, 字 正禮) - 三國 시 魏國의 文人. 曹操가 愛女 清河公主를 丁儀에게 시집보내려 했는데, 曹丕는 정의가 눈병이 있고 생김새가 마음에 안든다고 극력 반대하여 清河公主는 夏侯楙(하후무)와 결혼했다. 이에 정의는 조비를 증오했다. 정의는 이후 曹植 편에 섰고, 한때 조조의 총애도 받았다. 徐奕(서혁)이 관직을 잃고 崔琰이 주살된 것도 정의의 짓이었다. 정의는 뒷날 참수형을 받았다.

189 西門豹(서문표, 생졸년 미상.) 戰國 시대 魏國 사람, 官人이며 水利 전문가. 魏文侯 재위 기간에 鄴縣令으로 '河伯娶婦'의 습속을 혁파했고 황하의 물을 끌어들여 소위 西門豹渠(서문표거)를 준공했다. 《韓非子》, 《史記滑稽列傳》, 《論衡》, 《戰國策》, 《淮南子》 등에 서문표의 치적이 기록되었다.

| 原文 |

太祖征漢中, 魏諷等謀反, 中尉楊俊左遷. 太祖嘆曰, "諷所以敢生亂心, 以吾爪牙之臣無遏奸防謀者故也. 安得如諸葛豐者, 使代俊乎!"

桓階曰, "徐奕其人也."

太祖乃以奕爲中尉, 手令曰, 「昔楚有子玉, 文公爲之側席而坐, 汲黯在朝, 淮南爲之折謀. 《詩》稱 '邦之司直', 君之謂與!」

在職數月, 疾篤乞退, 拜諫議大夫, 卒.

| 국역 |

조조가 漢中을 정벌할 때, 魏諷(위풍)[190] 등이 모반을 획책했고, 中尉인 楊俊(양준)은 左遷(좌천)되었다. 이때 조조가 탄식했다.

"위풍 같은 자가 모반을 생각한 것은 나의 爪牙之臣(조아지신, 武臣)이 이런 자들을 막아낼 능력이 없기 때문일 것이다. 어디서 諸葛豐(제갈풍)[191] 같은 자를 얻어 양준을 대신하겠나!"

190 魏諷(위풍, ?-219년, 字 子京) - 沛人. 鍾繇(종요)는 위풍을 불러 西曹掾에 임명하였다. 위풍은 대중을 현혹시키는 재능이 있었다. 建安 24년(서기 219) 曹操가 漢中을 정벌할 때, 魏諷은 비밀리에 무리를 모아 鄴城에서 모반을 계획했다. 이에 가담했던 陳禕(진의)가 曹조에게 자복하자, 조비는 관련된 수십 명을 체포하여 처형하였고, 相國인 鍾繇(종요)도 魏諷(위풍)의 반역에 연루되어 해임되었다.

191 諸葛豐(제갈풍)은 西漢의 大臣. 經學에 밝아 고향 琅邪郡(낭야군) 文學이 되었고 御史大夫 貢禹(공우)의 屬官이 되었다. 侍御史를 역임하고 漢 元帝 때 司

이에 桓階(환개)가 "徐奕(서혁)이 적임자입니다."라고 말했다. 조조는 서혁을 中尉에 임명하면서 직접 써서 명령하였다.

「옛날 楚에 子玉(자옥)[192]이 있어 (晉) 文公은 편히 앉아 있지 못했고, 漢에 汲黯(급암)[193]이 조정에 있었기에 淮南王은 모반을 포기했다. 이런 사람을 《詩經》에서는 나라의 司直(지킴이)이라.' 고 하였으니 바로 君을 두고 한 말일 것이다!」

몇 달간 在職하고 병이 위독하여 퇴직하려 하자 諫議大夫[194]를 제수했으나 서혁은 곧 죽었다.

隸校尉가 되어 엄격하게 법을 집행하였다. 법을 어기는 權貴에게 엄격하게 법규를 적용하여 장안 사람들의 칭송을 받았다. 제갈량, 제갈근 등은 모두 제갈풍의 먼 후손이다.

192 子玉(자옥)은 楚의 成得臣(?-前 632년, 成氏, 名 得臣, 字 子玉).《史記 楚世家》,《史記 晉世家》 참고.

193 汲黯(급암, ?-前 112) - 汲은 물 길을 급. 黯 어두울 암. 전한 무제의 신하. 급암은 심한 간쟁을 자주 했기에 內職에 계속 근무하지 못하고 東海郡 太守가 되었다. 汲黯(급암)은 黃老의 사상을 배웠는데, 관리와 백성을 다스리면서도 청정한 생활을 좋아하였는데 郡丞이나 長史에게 일을 맡기고 큰 일만 챙길 뿐 사소한 일을 엄히 따지지 않았다. 급암은 병이 많아 관사에 누워 지내며 외출도 없었다. 일 년 남짓에 東海郡이 아주 잘 다스려졌다고 칭송이 많았다. 武帝가 이를 알고 불러 主爵都尉에 임명하니 九卿의 반열에 올랐다. 업무를 처리하면서 無爲(무위)의 뜻에 의거 큰 원칙을 따르며 문서나 법령에 구애받지 않았다. 무제가 말했다. "옛날에 사직을 지키는 신하가 있다 하였는데 급암과 같은 사람이 이에 가까울 것이다!" 《漢書 張馮汲鄭傳》에 입전. 《史記 汲鄭列傳》 참고.

194 諫議大夫(간의대부) 같은 大夫 職은 정원도 없고 꼭 수행해야 할 직무도 없었다. 원로대신들이 은퇴할 때 이런 관직을 내리면 언제든지 다시 불러 직무를 내릴 수 있고, 본인은 관리의 녹봉을 받으며 생활할 수 있으니 일종의 예우이면서 복지였다.

❹ 何夔

| 原文 |

何夔字叔龍, 陳郡陽夏人也. 曾祖父熙, 漢安帝時官至車騎將軍. 夔幼喪父, 與母兄居, 以孝友稱. 長八尺三寸, 容貌矜嚴. 避亂淮南. 後袁術至壽春, 辟之, 夔不應, 然遂爲術所留. 久之, 術與橋蕤俱攻圍蘄陽, 蘄陽爲太祖固守.

術以夔彼郡人, 欲脅令說蘄陽. 夔謂術謀臣李業曰, "昔柳下惠聞伐國之謀而有憂色, 曰 吾聞伐國不問仁人, 斯言何爲至於我哉!"

遂遁匿灊山. 術知夔終不爲己用, 乃止. 術從兄山陽太守遺母, 夔從姑也, 是以雖恨夔而不加害.

| 국역 |

何夔(하기)[195]의 字는 叔龍(숙룡)으로, 陳郡 陽夏縣[196] 사람이다. 曾祖父인 何熙(하희)는 前漢 安帝 때 車騎將軍을 역임했다. 하기는 어려 부친을 여의고 모친, 형과 함께 살았는데 효도와 우애로 칭송을 받았다. 하기는 신장이 8尺3寸으로 용모가 점잖고 엄숙하였다. 淮南에 피난했었다. 뒷날 袁術(원술)이 壽春(수춘)에 와서 (初平 4년 서기 193) 하기를 초빙하였지만 하기가 불응하였는데, 결국 하기는

195 何夔(하기, 생졸년 미상) – 夔는 조심할 기.

196 陽夏縣은 河南省 중동부 周口市 관할 太康縣.

원술에게 억류되었다.

얼마 뒤에 원술과 그 부장 橋蕤(교유)는 함께 蘄陽城(기양성)을 포위 공격하였는데 기양성은 조조 편이 되어 굳게 지켰다. 원술은 하기가 진류군 출신이라 생각하여 하기를 협박하여 기양성의 투항을 권유케 할 생각이었다. 이에 하기는 원술의 謀士인 李業(이업)에게 말했다.

"옛날 (魯의) 柳下惠(유하혜)[197]에게 정벌에 대해 묻자, 유하혜는 걱정스레 '내가 알기로 仁人에게는 정벌에 대해 묻지 않는다.' 고 말하였는데, 그런 일을 왜 나에게 묻습니까?"

그리고서는 灊山(첨산)에 숨어버렸다. 원술은 하기를 끝내 등용할 수 없을 것을 알고 그만두었다. 원술의 從兄인 山陽太守인 袁遺(원유)의 모친은 하기의 從 姑母(고모)였기에 하기에게 감정은 있었지만 해치지는 않았다.

| 原文 |

建安二年, 夔將還鄕里, 度術必急追, 乃間行得免, 明年到

197 柳下惠(유하혜)는 魯의 대부로, 본명은 展獲(전획)이고 柳下를 식읍으로 받았고 惠는 시호이다. 공자는 유하혜의 탁월한 재능을 칭찬하였다. 유하혜는 典獄官(전옥관)으로 현명하고 유능하였지만 관직에서 3번이나 쫓겨났다. 어떤 사람이 유하혜에게 "당신은 아직도 이 나라를 떠나지 않을 겁니까?" 라고 물었다. 이에 유하혜가 말했다. "正道로 주군을 섬긴다면 어디를 가더라도 3번쯤은 쫓겨나지 않겠습니까? 정도를 굽힌 枉道(왕도)로 섬길 것이라면 하필 부모님이 살던 나라를 떠나겠습니까?" 라고 말했다. 이처럼 유하혜는 사리에 맞는 말을 사려 깊은 행동으로 정도를 지켰지만 3번이나 면직되는 치욕을 겪었다(降志辱身).

本郡. 頃之, 太祖闢爲司空掾屬. 時有傳袁術軍亂者, 太祖問夔曰, "君以爲信不?"

夔對曰, "天之所助者順, 人之所助者信. 術無信順之實, 而望天人之助, 此不可以得志於天下. 夫失道之主, 親戚叛之, 而況於左右乎! 以夔觀之, 其亂必矣."

太祖曰, "爲國失賢則亡. 君不爲術所用, 亂, 不亦宜乎!" 太祖性嚴, 掾屬公事, 往往加杖, 夔常畜毒藥, 誓死無辱, 是以終不見及.

出爲城父令. 遷長廣太守. 郡濱山海, 黃巾未平, 豪傑多背叛, 袁譚就加以官位. 長廣縣人管承, 徒衆三千餘家, 爲寇害. 議者欲擧兵攻之. 夔曰, "承等非生而樂亂也, 習於亂, 不能自還, 未被德敎, 故不知反善. 今兵迫之急, 彼恐夷滅, 必並力戰. 攻之旣未易拔, 雖勝, 必傷吏民, 不如徐喩以恩德, 使容自悔, 可不煩兵而定."

乃遣郡丞黃珍往, 爲陳成敗, 承等皆請服. 夔遣吏成弘領校尉, 長廣縣丞等郊迎奉牛酒, 詣郡. 牟平賊從錢, 衆亦數千, 夔率郡兵與張遼共討定之. 東牟人王營, 衆三千餘家, 脅昌陽縣爲亂. 夔遣吏王欽等, 授以計略, 使離散之. 旬月皆平定.

| 국역 |

建安 2년(서기 197), 何夔(하기)는 향리로 돌아오려 했는데, 틀림없이 원술이 추격하리라 생각하여 몰래 탈출하여 다음 해에 본군으로 돌아왔다. 얼마 후에, 하기는 조조의 부름을 받고 司空府 掾屬(연속)이 되었다. 그때 원술의 군사가 혼란에 빠졌다는 소식을 전하는 자가 있어 조조가 하기에게 "믿을 수 있나 없나?"를 물었다. 이에 하기가 말했다.

"순리를 따르면 하늘이 돕고, 신의를 따르면 백성이 도와줍니다. 원술은 신의도 없고 순리를 따르지 않으면서 하늘과 백성의 도움을 기대하니 원술은 결코 천하에 뜻을 펼 수 없습니다. 도리를 따르지 않는 자는 친척도 배반하거늘, 하물며 측근이 배반하지 않겠습니까! 틀림없이 변란이 일어났을 것입니다."

이에 조조가 말했다.

"나라를 다스리며 賢者를 잃으면 멸망한다. 원술이 그대를 등용하지 못했으니 어찌 변란이 없겠나!"

태조는 매우 엄격하여 屬吏(속리)들을 가끔 몽둥이로 체벌했다. 하기는 늘 독약을 갖고 다니면서 굴욕을 당하면 죽기로 작정했기에 끝내 모욕을 당하지는 않았다.

하기는 (汝南郡) 城父(성보) 현령[198]으로 전출하였다. 이어 長廣太守[199]로 승진하였다. 장광군은 산과 바다를 끼고 있어 黃巾賊이 아직도 평정되지 않았고, 배반하는 호걸이 많았었는데 袁譚(원담)은 이들에게 관직을 수여했었다.

長廣縣 사람 管承(관승)은 그 무리 3천여 명을 거느리고 노략질을

198 城父縣은, 今 安徽省 북부 亳州市(박주시) 譙城區.

199 長廣郡은 建安 원년에 설치한 군, 곧 폐군되었다. 치소는 長廣縣, 今 山東省 동부 煙臺市 관할 萊陽市.

하여 폐해가 많았다. 많은 사람들이 이들을 토벌해야 한다고 말했다. 이에 하기가 말했다.

“관승 등이 본래 반란을 좋아하지는 않았지만 반역에 익숙하여 평상으로 돌아올 수 없고, 또 德化를 받은 적이 없어 善으로 돌아올 수 없을 뿐이다. 지금 급박하게 공격하면 저들은 죽을 것을 알고 필히 온 힘을 다해 싸울 것이다. 그간 쉽게 토벌하지 못했으니 토벌한다 하여도 많은 백성이 살상할 것이니, 서서히 은덕을 베풀고 저들을 뉘우치게 하면 군사를 동원하지 않고도 평정할 수 있다.”

이어 郡丞인 黃珍(황진)을 보내 성패를 놓고 설득하자, 관승 등은 투항하였다. 하기는 成弘(성홍)을 校尉 대행으로, 또 長廣 縣丞 등을 보내 교외에서 영접하여 郡 소재지로 데려왔다.

牟平(모평)의 도적 從錢(종전) 역시 그 무리가 수천 명이었는데, 하기는 郡兵과 張遼(장료) 등과 함께 토벌하였다. 東牟(동모) 사람 王營(왕영)도 그 무리가 3천여 호나 되어 昌陽縣(창양현)을 공격하며 반란을 일으켰다. 하기는 관리 王欽(왕흠) 등을 보내 책략을 써서 무리들을 해산시켰다. 하기는 한 달 사이에 모두 평정하였다.

| 原文 |

是時太祖始制新科下州郡, 又收租稅綿絹. 夔以郡初立, 近以師旅之後, 不可卒繩以法, 乃上言曰,

「自喪亂已來, 民人失所, 今雖小安, 然服教日淺. 所下新科, 皆以明罰敕法, 齊一大化也. 所領六縣, 疆域初定, 加以

饑饉, 若一切齊以科禁, 恐或有不從教者. 有不從教者不得不誅, 則非觀民設教隨時之意也.

先王辨九服之賦以殊遠近, 制三典之刑以平治亂, 愚以爲此郡宜依遠域新邦之典, 其民間小事, 使長吏臨時隨宜, 上不背正法, 下以順百姓之心. 比及三年, 民安其業, 然後齊之以法, 則無所不至矣.」

太祖從其言. 徵還, 參丞相軍事. 海賊郭祖寇暴樂安,濟南界, 州郡苦之. 太祖以夔前在長廣有威信, 拜樂安太守. 到官數月, 諸城悉平.

| 국역 |

그 무렵 조조는 새 법령을 제정하여 각 州郡에 시달하였고, 또 田租(전조)와 綿布(면포), 비단(絹) 등을 징수하였다. 何夔(하기)는 長廣郡이 신설된 군이고 근래에 전쟁을 겪었던 곳이라서 갑자기 법으로 강제할 수 없다고 생각하여 상서하였다.

「근래 兵亂을 겪으면서 백성이 생업을 잃었다가 지금 겨우 안정되었지만 백성을 교화할 겨를이 없었습니다. 반포한 新令은 국법을 엄히 집행하여 국가의 교화를 통일하려는 뜻입니다. 長廣郡은 6현을 관할하지만 郡 疆域(강역)의 겨우 확정되었고, 거기에 기근을 겪었기에 만일 신 법령을 그대로 적용하면 혹 교화를 따르지 못할 자가 있을 것입니다. 법령을 따르지 않는 자는 부득불 주살하지 않을 수 없는데, 이는 백성의 時宜(시의)를 고려하여 법령을 적용한다는 본뜻에 어긋날 것입니다.

先王은 王都 外 지역을 9服[200]으로 차등을 두어 부세를 징수하고 三典[201]의 형벌제도를 정비하여 治亂하였으니, 저의 愚見(우견)으로는 本郡을 京都에서 먼 지방에 또 새로 건설된 나라에 적용하는 형벌을 적용하며, 백성들의 소소한 일은 현령이나 관리가 상황에 따라 처리하게 한다면, 위로는 正法을 위배하지 않고 아래로는 민심에 순응할 수 있을 것입니다. 그렇게 3년을 적용하여 백성이 생업에 안주한 다음에 국법을 통일 적용한다면 不通하는 일이 없을 것입니다.」

조조는 하기의 건의에 따랐다. 하기는 조정에 들어가 丞相府의 軍事 업무를 담당하였다. 海賊(해적)인 郭祖(곽조)가 樂安(낙안)[202]과 濟南郡 일대를 노략질하자, 州郡의 백성이 고통을 받았다. 조조는 하기가 長廣 太守로 위엄과 신뢰를 얻었다 하여 樂安 太守에 임명하였다. 하기가 낙안군에 부임하여 몇 달 안에 여러 군현의 도적 무리는 모두 평정되었다.

....

200 九服 –《周禮 夏官 職方氏》기록에 의하면, 古代 天子는 京都 이외의 지방을 원근에 의거 9개 지역으로 나누었다. 王畿는 京都 4방의 둘레 총 1천 리 외에 5백리 마다 侯服(후복) – 甸服(전복) – 男服 – 采服(채복) – 衛服(위복) – 蠻服(만복) – 夷服(이복) – 鎭服(진복) – 藩服(번복)으로 구분하였다.《尙書 禹貢》에 九州와 五服에 대한 기록이 있는데, 大禹는 天下를 冀州, 兗州, 青州, 徐州, 揚州, 荊州, 豫州, 梁州, 雍州로 나누었고, 王都(帝鄕)을 중심으로 5백리마다 甸服(전복), 侯服(후복), 綏服(수복), 要服(요복), 荒服(황복)으로 구분하였다.

201 三典 – 형벌의 적용도 나라를 새로 건설했을 때 적용하는 輕典, 평상시에 적용하는 中典, 나라가 혼란할 때 적용하는 重典이 있다고 하였다.

202 樂安郡(國)의 영역은, 今 山東省 황하 하류지역, 郡治는 臨濟縣, 今 山東省 중북부 淄博市 관할 高青縣.

| 原文 |

入爲丞相東曹掾. 夔言於太祖曰,

"自軍興以來, 制度草創, 用人未詳其本, 是以各引其類, 時忘道德. 夔聞以賢制爵, 則民愼德, 以庸制祿, 則民興功.

以爲自今所用, 必先核之鄕閭, 使長幼順敍, 無相踰越. 顯忠直之賞, 明公實之報, 則賢不肖之分, 居然別矣. 又可脩保擧故不以實之令, 使有司別受其負. 在朝之臣, 時受敎與曹並選者, 各任其責. 上以觀朝臣之節, 下以塞爭競之源, 以督群下, 以率萬民, 如是則天下幸甚."

太祖稱善. 魏國旣建, 拜尙書僕射. 文帝爲太子, 以涼茂爲太傅, 夔爲少傅, 特命二傅與尙書東曹並選太子諸侯官屬. 茂卒, 以夔代茂. 每月朔, 太傅入見太子, 太子正法服而禮焉. 他日無會儀.

夔遷太僕, 太子欲與辭, 宿戒供, 夔無往意, 乃與書請之, 夔以國有常制, 遂不往. 其履正如此. 然於節儉之世, 最爲豪汰.

文帝踐阼, 封成陽亭侯, 邑三百戶. 疾病, 屢乞遜位.

詔報曰, 「蓋禮賢親舊, 帝王之常務也. 以親則君有輔弼之勳焉, 以賢則君有醇固之茂焉. 夫有陰德者必有陽報, 今君疾雖未瘳, 神明聽之矣. 君其卽安, 以順朕意.」

薨, 謚曰靖侯. 子曾嗣, 咸熙中爲司徒.

| 국역 |

何夔(하기)는 조정에 들어와 丞相府 東曹掾(동조연, 인사 실무 책임자)이 되었다. 하기가 조조에게 말했다.

"승상의 여러 정벌 이후로 새로운 법제가 마련되었으나, 用人에 그 사람의 근본을 따져보지 못하고 각각 비슷한 사람을 등용하다 보니 때로는 도덕과 품성을 중시하지 않았습니다. 제가 알기로, 賢德에 바탕을 두어 작위를 하사하면 백성이 도덕과 수양을 중시하고, 공로를 중시하여 녹봉을 내리면 백성이 공훈을 세우려 애쓴다고 하였습니다.

제 생각에 지금 인재 등용에서는 먼저 향리에서의 평판을 따져 長幼(장유)의 차례를 알아 서열을 지킬 수 있어야 합니다. 충직한 사람을 포상하여 이름을 顯揚(현양)하고 치적에 따른 보상을 확실히 한다면 賢者와 아닌 자가 확실하게 구분될 것입니다. 또 보증과 천거 제도를 강화하여 부실한 자에 대한 천거를 막고 부서에서의 감독을 중시해야 합니다. 조정의 신하가 교서를 받고, 부서에 협조하여 선발하되 책임소재를 구분해야 합니다. 위로는 조정 대신의 지조를 관찰하고 아래로는 경쟁과 관직 삭탈의 원천을 막으면서 관료를 감독하고 백성을 통솔하게 한다면 천하 백성 모두에게 은택이 미칠 것입니다.

조조는 하기의 건의를 칭찬하였다. 魏가 건국되자, 하기는 尙書僕射(상서복야)가 되었다. 曹丕가 태자가 되자, 涼茂(양무)[203]가 太傅

---

203 涼茂(양무, 생졸년 미상, 字 伯方) – 山陽郡 昌邑縣人. 《魏書》 11권, 〈袁張涼國田王邴管傳〉에 立傳

(태부), 하기는 少傅(소부)가 되었는데, 魏王의 特命으로 태부와 소부, 尙書 東曹가 함께 태자와 제후의 관속을 선발하게 하였다.

양무가 죽어 하기가 태부가 되었다. 매월 초하루에 太傅는 입조하여 太子를 알현했는데 太子는 法服을 바로 입고 예를 갖추었다. 다른 날에는 만나는 의식이 없었다.

하기가 太僕(태복)이 되자, 太子는 작별의 뜻으로 酒食을 준비했으나 하기가 참석하지 않자, 태자가 서신을 보내 초청했지만 하기는 그것이 常制가 될 수 있다며 가지 않았다. 정도와 원칙을 준수하는 뜻이 이와 같았다. 그러나 節儉을 숭상할 때에, 하기는 지나치게 사치한 일면이 있었다.

文帝(曹丕)가 제위에 오르자, 成陽亭侯가 되었고 식읍은 3백 호였다. 하기는 질병으로 여러 차례 사직하려 했다. 이에 文帝가 조서를 내렸다.

「현명한 인재와 원로를 우대하는 일은 帝王의 일상 업무이다. 재능을 논한다면 군왕을 보필한 공적이 있고, 재덕을 생각하면 순수하면서도 견고한 뜻이 제일이었다. 음덕을 베푼 자는 틀림없이 현세의 보답을 받는다 하였으니, 지금 태부의 병환이 완쾌하지는 않았지만 神明이 돌보아 줄 것이다. 경의 병환이 낫는 대로 짐의 뜻을 따라주기 바라노라.」

하기가 죽자, 시호는 靖侯(정후)였다. 아들 何曾(하증) 뒤를 이었고, 하증은 (曹奐의) 咸熙(함희) 연간(서기 264－265년)에 司徒가 되었다.

❺ 邢顒

| 原文 |

邢顒, 字子昂, 河間鄚人也. 擧孝廉, 司徒辟, 皆不就. 易姓字, 適右北平, 從田疇游. 積五年, 而太祖定冀州. 顒謂疇曰, "黃巾起來二十餘年, 海內鼎沸, 百姓流離. 今聞曹公法令嚴. 民厭亂矣, 亂極則平. 請以身先."

遂裝還鄕里. 田疇曰, "邢顒, 民之先覺也." 乃見太祖, 求爲鄕導以克柳城.

| 국역 |

邢顒(형옹)[204]의 字는 子昂(자앙)으로, 河間郡 鄚縣(막현)[205] 사람이다. 孝廉(효렴)으로 천거되어 司徒府의 부름을 받았지만 응하지 않았다. 형옹은 성명을 바꾸고 (북쪽) 右北平郡으로 가서 田疇(전주)[206]를 따라 遊學했다. 5년이 지나자, 조조는 冀州를 평정하였다. 이에 형옹이 전주에게 말했다.

"황건적이 봉기한 이래 20여 년에 천하가 물 끓는 듯 하면서 백

204 邢顒(형옹, ?-223년) - 邢은 나라 이름 형. 성씨. 顒은 공경할 옹.

205 河間郡(國) 치소는 樂成縣, 今 河北 남부 滄州市 관할 獻縣. 鄚縣(막현)은, 今 河北省 남부 滄州市 관할 河間市 근처.

206 右北平은 유주자사부의 군명. 치소는 治所 土垠縣(토은현), 今 河北省 북동부 唐山市 豊潤區. 田疇(전주, 169-214년). 疇는 밭두둑 주. 유우를 섬겼다가 나중에 조조의 오환정벌에 큰 공을 세웠다. 《魏書》 11권, 〈袁張涼國田王邴管傳〉에 立傳.

성은 흩어졌습니다. 지금 曹公(曹操)은 법령을 엄격히 지킨다고 들었습니다. 백성은 혼란을 싫어하고 혼란이 다하면 사회는 안정될 것입니다. 제가 먼저 出仕해 보겠습니다."

형옹은 여장을 챙겨 향리로 돌아왔다. 이에 전주는 "형옹은 백성 중 선각자"라고 말했다. 형옹은 조조를 만났고 鄕導(향도)가 되어 (遼西郡의) 柳城(유성) 정벌에 참여했다.

|原文|

太祖辟顒爲冀州從事, 時人稱之曰, '德行堂堂邢子昂.' 除廣宗長, 以故將喪棄官. 有司擧正, 太祖曰, "顒篤於舊君, 有一致之節." 勿問也. 更辟司空掾, 除行唐令, 勸民農桑, 風化大行. 入爲丞相門下督, 遷左馮翊, 病, 去官.

是時, 太祖諸子高選官屬, 令曰,「侯家吏, 宜得淵深法度如邢顒輩.」遂以爲平原侯植家丞. 顒防閑以禮, 無所屈撓, 由是不合. 庶子劉楨書諫植曰,

「家丞邢顒, 北土之彦, 少秉高節, 玄靜澹泊, 言少理多, 眞雅士也. 楨誠不足同貫斯人, 並列左右. 而楨禮遇殊特, 顒反疏簡, 私懼觀者將謂君侯習近不肖, 禮賢不足, 采庶子之春華, 忘家丞之秋實. 爲上招謗, 其罪不小, 以此反側.」

後參丞相軍事, 轉東曹掾. 初, 太子未定, 而臨菑侯植有寵, 丁儀等並贊翼其美. 太祖問顒, 顒對曰, "以庶代宗, 先世之戒也.

願殿下深重察之!" 太祖識其意, 後遂以爲太子少傅, 遷太傅.

文帝踐阼, 爲侍中尙書僕射, 賜爵關內侯, 出爲司隸校尉, 徙太常. 黃初四年薨. 子友嗣.

| 국역 |

조조는 邢顒(형옹)을 冀州從事에 임용하였는데, 그때 사람들은 '德行이 당당한 邢子昂(형자앙, 형옹)' 이라고 칭송하였다. 형옹은 廣宗 縣長이 되었는데 옛 상관이 죽자 관직을 사임하였다. 이에 유관 관원이 징계를 주장하자, 조조는 "형옹은 옛 상관을 사모하는 뜻이 깊고, 충성을 다하는 지조가 있다." 고 하면서 불문에 부쳤다.

형옹은 다시 司空府의 속관이 되었다가 (常山郡) 行唐(행당) 현령이 되었는데, 백성에게 농사와 길쌈을 장려하고 풍속을 바로 잡았다. 형옹은 다시 丞相門下督이 되었다가 左馮翊(좌풍익)[207]으로 승진했으나 질병으로 사임하였다.

그때 조조의 여러 아들은 높은 수준의 속관을 선발하려 했는데, 조조가 명령하였다.

「侯王의 家吏는 형옹처럼 법도를 잘 알고 준수해야 한다.」

그래서 형옹은 平原侯인 曹植(조식)의 家丞이 되었다. 형옹은 예법을 근거로 조식의 지나친 행위를 견제하면서 조금도 굽히지 않았기에 형옹과 조식은 不和했다. 이에 庶子(서자)[208]인 劉楨(유정)이 조

207 左馮翊(좌풍익) – 三輔(삼보)는 京兆尹(경조윤)과 左馮翊(좌풍익), 右扶風(우부풍)으로 關中 땅, 長安 주변의 여러 縣을 다스리는 행정구역 명칭이며 그 행정책임자를 지칭한다.(郡 太守와 동급)

208 庶子(서자)는 관직명. 여기서는 平原侯 曹植의 서자. 太子 小傅(소부)의 속관

식에게 간언을 상서하였다.

「家丞(가승)인 邢顒(형옹)은 북방의 걸출한 인재로 젊어서부터 고상한 지조를 지켜왔고, 性情이 침착 담백하며 言辭가 바르고 깊으니 진정 훌륭한 士人입니다. 저는 진정 형옹을 따라갈 수 없으며 다만 庶子로 (당신의) 좌우에서 일할 뿐입니다. 그런데도 저는 특별한 예우를 받고 있지만, 형옹은 도리어 소원하여 예우를 받지 못하고 있어 옆에서 보는 사람들이 君侯(曹植)의 습성이 소인을 가까이하고 賢才를 예우하지 않으며, 봄날의 꽃과 같은 庶子(劉楨 자신)를 선택하고, 가을 열매와 같은 家丞(邢顒)을 버렸다고 비난할 것이 두렵습니다. 윗분이 이런 비방을 받는다면 저의 죄가 작지 않기에 저는 두렵기만 합니다.」

형옹은 뒤에 丞相府의 군사 관련 업무를 담당하였고 東曹掾으로 전직했다. 그전에 태자가 미정이었을 때, 臨菑侯(임치후) 曹植이 총애를 받았고, 丁儀(정의) 등은 조식의 장점을 그게 찬양하였다. 이에 조조가 형옹에게 묻자, 형옹이 대답하였다.

"之次(지차)가 長子를 대신하는 것을 先世에서도 경계하였습니다. 殿下(전하)께서는 깊이 또 신중하게 살펴보셔야 합니다!"

조조는 형옹의 뜻을 알았고, 뒷날 형옹은 太子少傅가 되었다가 太子太傅가 되었다.

文帝(曹丕)가 즉위한 뒤에 侍中 겸 尙書僕射(상서복야)가 되었고 關內侯의 작위를 받았으며, 司隸校尉가 되었다가 太常(태상)이 되었

에도 서자가 있고, 天子에 직속되어 제후나 대부들의 庶子(嫡庶의 庶子)를 단속하는 (관직명) 庶子도 있다.

다. 형옹은 (文帝) 黃初 4년(서기 223)에 죽었다. 아들 邢友(형우)가 계승했다.

❻ 鮑勛

| 原文 |

鮑勛字叔業, 泰山平陽人也, 漢司隸校尉鮑宣九世孫. 宣後嗣有從上黨徙泰山者, 遂家焉. 勛父信, 靈帝時爲騎都尉, 大將軍何進遣東募兵. 後爲濟北相, 協規太祖, 身以遇害. 語在〈董卓傳〉,〈武帝紀〉.

建安十七年, 太祖追錄信功, 表封勛兄邵新都亭侯. 辟勛丞相掾,

| 국역 |

鮑勛(포훈)[209]의 字는 叔業(숙업)인데, 泰山郡 平陽縣 사람으로, 前漢 司隸校尉인 鮑宣(포선)[210]의 9세손이다. 포선의 후손 중 上黨郡에서 泰山郡으로 이주한 사람이 있어 泰山郡이 본향이 되었다. 포훈의

209 鮑勛(포훈, ?-226, 字 叔業) – 勛은 勳의 古字. 泰山郡 平陽縣(今 山東省 중부 泰安市 관할 新泰市) 사람. 前漢 司隸校尉 鮑宣(포선)의 후손, 後漢 濟北相 鮑信(포신)의 아들.

210 鮑宣(포선, ?-서기 3년) – 포선은 어떤 자리에 있을 때마다 여러 번 상서하여 간쟁하였는데 그 말은 많지 않지만 상서한 문장은 실적이 많았다. 백성에게 '七亡七死'가 있다는 상소로 유명. 《漢書》 72권, 〈王貢兩龔鮑傳〉에 입전.

부친 鮑信(포신)은 靈帝 때 騎都尉(기도위)였는데 大將軍 何進(하진)이 동쪽에 보내 군사를 모집케 하였다. 포신은 뒷날 濟北國 相이 되었는데 조조를 돕다가 살해되었다. 이는 〈董卓傳〉과 〈武帝紀〉에 수록했다.[211]

建安 17년(서기 212), 조조는 포신의 공훈을 수록하고 표문을 올려 포신의 형 鮑邵(포소)를 新都亭侯에 봉하고 포훈을 승상의 속관에 임용했다.

|原文|

二十二年, 立太子, 以勛爲中庶子. 徙黃門侍郎, 出爲魏郡西部都尉. 太子郭夫人弟爲曲周縣吏, 斷盜官布, 法應棄市.

太祖時在譙, 太子留鄴, 數手書爲之請罪. 勛不敢擅縱, 具列上. 勛前在東宮, 守正不撓, 太子固不能悅, 及重此事, 恚望滋甚. 會郡界休兵有失期者, 密敕中尉奏免勛官. 久之, 拜侍御史. 延康元年, 太祖崩, 太子卽王位, 勛以駙馬都尉兼侍中.

211 (初平) 3년(서기 192), 포신은 연주의 관리 萬潛(만잠) 등과 함께 東郡에 와서 조조를 임시 兗州牧(연주목)으로 영입하였다. 그리고는 함께 진격하여 황건적 무리를 壽張縣(수장현) 동쪽에서 공격하였다. 포신 등은 死力을 다해 싸워 전사하였고, (조조는) 황건적을 겨우 이겼다. (조조는) 현상금을 걸고 포신의 시신을 찾으려 했으나 찾지 못하자, 나무를 깎아 포신의 형상을 만들어 제사를 지내며 통곡하였다.

| 국역 |

(建安) 22년(서기 217) 太子를 책립하였는데, 鮑勛(포훈)은 中庶子[212]가 되었다. 다시 黃門侍郎이 되었다가 魏郡 西部都尉가 되었다. 太子의 郭夫人의 동생이 (鉅鹿郡) 曲周縣(곡주현)의 縣吏로 무단히 官布를 도용하였는데 棄市(기시)의 형에 처해야 했다.

그때 (魏王) 조조는 譙縣에 있었고, 太子는 鄴縣에 있으면서 여러 번 서신을 보내 면죄를 요청하였다. 포훈은 그런 요청을 마음대로 수락할 수 없어 모든 것을 상주하였다. 포훈은 앞서 東宮에 근무하면서도 정도를 지켜 굽히지 않았기에 太子(曹丕)가 좋아하지 않았는데, 이런 일이 겹치자 포훈에 대한 원망이 매우 많았다. 마침 魏郡 (西部都尉) 내에 교대 군사로 기일을 어긴 자가 있었는데, 은밀히 이를 근거로 (제후국 군사업무를 주관하는) 中尉에게 일러 포훈을 면직시켰다. 얼마 뒤, 포훈은 다시 侍御史가 되었다.

延康(연강)[213] 원년(서기 220)에, (魏王) 조조가 죽고 太子가 왕위에 오르자, 포훈은 駙馬都尉 겸 侍中이 되었다.

| 原文 |

文帝受禪, 勛每陳 "今之所急, 唯在軍農, 寬惠百姓. 臺榭苑囿, 宜以爲後." 文帝將出遊獵, 勛停車上疏曰,

212 中庶子는 太子小傅의 속관. 태자의 侍中 겸 고문응대. 질록 6백석.

213 延康(연강)은 헌제의 마지막 연호(서기 220년). 그러나 이 해에 헌제가 조비에게 선양하자, 조비가 즉위하면서 바로 黃初 원년으로 개원하였다.

「臣聞五帝三王, 靡不明本立教, 以孝治天下. 陛下仁聖惻隱, 有同古烈. 臣冀當繼蹤前代, 令萬世可則也. 如何在諒闇之中, 修馳騁之事乎! 臣冒死以聞, 唯陛下察焉.」

帝手毀其表而競行獵, 中道頓息, 問侍臣曰, "獵之爲樂, 何如八音也?" 侍中劉曄對曰, "獵勝於樂." 勛抗辭曰, "夫樂, 上通神明, 下和人理, 隆治致化, 萬邦咸乂. 移風易俗, 莫善於樂. 況獵, 暴華蓋於原野, 傷生育之至理, 櫛風沐雨, 不以時隙哉? 昔魯隱觀漁於棠,《春秋》譏之. 雖陛下以爲務, 愚臣所不願也." 因奏, "劉曄佞諛不忠, 阿順陛下過戲之言. 昔梁丘據取媚於遄臺, 曄之謂也. 請有司議罪以淸皇廟."

帝怒作色, 罷還, 卽出勛爲右中郎將.

| 국역 |

文帝가 (헌제의) 선양을 받은 뒤, 포훈은 여러 번 "지금은 군사와 농사, 그리고 백성에게 관대하고 혜택을 베푸는 일을 우선해야 합니다. 누대와 정자를 짓고 정원 조성은 급하지 않습니다."라고 말했다. 文帝가 사냥을 나가려 하자, 포훈은 수레를 잡고 상소를 올렸다.

「臣이 알기로, 五帝와 三王은 모두 근본을 밝히고 교화하면서 효도로 천하를 다스렸습니다. 폐하께서는 인자, 聖明하시며 백성을 측은히 여기시어 고대의 名王과 같습니다. 臣은 폐하께서 전대의 자취를 따라 만대 후손의 본보기가 되기를 바랍니다. 지금 상중이신데[214] 어찌 사냥을 나가실 수 있겠습니까? 臣은 죽음을 무릅쓰고 말씀드리오니 폐하께서는 살펴주십시오.」

그러나 문제는 표문을 찢어버리고 서둘러 사냥을 나갔다. 중도에 잠시 쉬면서 侍臣에게 물었다. "사냥을 즐기는 것은 풍악에 비해 어떠한가?"

그러자 侍中인 劉曄(유엽)이 말했다. "사냥이 풍악보다 더 낫습니다."

이에 포훈이 따져 말했다.

"풍악은 위로는 神明과 통하고, 아래로는 인간에 도리에 화합하여 교화를 크게 이룩하고, 萬邦의 안정을 이룰 수 있습니다. 또 백성의 풍속을 바꾸는데 예악보다 더 나은 것이 없습니다. 그러나 사냥은 폐하의 수레가 들판을 가로질러 다니며, 만물의 생육의 근본을 저해하며 바람과 비를 맞아야 하고[215] 한가로운 때가 있겠습니까? 옛날에 魯 隱公이 棠(당)이란 곳에서 물고기 잡이를 구경했는데, 이를 《춘추》에서 비판하였습니다. 지금 폐하께서 사냥을 업무로 생각하시지만 愚臣이 원하는 바가 아닙니다."

그리고 이어 말했다.

"劉曄(유엽)은 아부로 不忠하며 폐하의 지나친 농담에 순종하였습니다. 옛날에 梁丘據(양구거)[216]가 遄臺(천대)에서 齊侯에게 아부하였다고 하였으니, 유엽이 바로 그런 사람입니다. 담당 관원으로 하

214 원문의 諒闇(양암)은 君主의 居喪. 喪中에 거처하는 방.

215 원문의 櫛風沐雨(즐풍목우)는 바람으로 머리를 빗고 빗물로 목욕한다는 말로, 野戰에서 고생을 겪는다는 뜻이다.

216 梁丘據(양구거) – 梁丘는 복성, 據가 이름. 齊 景公의 신하. 《左傳 昭公》 26條 참고.

여금 그 죄를 심리하게 하여 깨끗한 조정에서 자를 제거해야 합니다."

文帝는 노하면서 얼굴을 붉히고 사냥을 중지하고 환궁하였고 포훈을 右中郞將으로 전직시켰다.

原文

黃初四年, 尙書令陳羣,僕射司馬宣王並擧勛爲宮正, 宮正卽御史中丞也. 帝不得已而用之, 百寮嚴憚, 罔不肅然.

六年秋, 帝欲征吳, 群臣大議, 勛面諫曰, "王師屢征而未有所克者, 蓋以吳,蜀脣齒相依, 憑阻山水, 有難拔之勢故也. 往年龍舟飄蕩, 隔在南岸, 聖躬蹈危, 臣下破膽. 此時宗廟幾至傾覆, 爲百世之戒. 今又勞兵襲遠, 日費千金, 中國虛耗, 令黠虜玩威, 臣竊以爲不可."

帝益忿之, 左遷勛爲治書執法.

국역

黃初 4년(서기 223), 尙書令인 陳羣(진군),[217] 僕射(복야)인 司馬宣

217 陳羣(진군, 陳群)은 《魏書》 22권, 〈桓二陳徐衛盧傳〉에 立傳. ※ 漢字에는 群과 羣처럼 部首의 위치나 모양이 바뀌어도 통용되는 글자가 있다. 중국에서 출판되는 책에도 이런 경우가 많다. 陳群과 陳羣이 같은 책에서도 다르게 표기되지만 모두 통한다. 이런 예는 裏-裡, 裴-裵, 鑑-鑒, 讎-讐(원수 수), 慙-慚(부끄러울 참), 匯-滙(물 모일 회) 등 매우 많다.

王(司馬懿)이 鮑勛(포훈)을 宮正(궁정)으로 천거하였는데, 宮正은 御史中丞(어사중승)[218]이다. 文帝는 부득이 등용하였고 모든 관료들은 두려워 근신하지 않는 자가 없었다.

(黃初) 6년 가을, 문제는 吳를 정벌하려고 群臣을 모아 의논하였는데 포훈은 황제 앞에서 직접 諫言(간언)하였다.

"우리 군사가 여러 번 원정했지만 이기지 못한 까닭은 吳와 蜀이 입술(脣, 입술 순)과 치아(齒)처럼 서로 도우며 산과 강에 의지하여 정벌하기 어려운 형세였습니다. 往年에 폐하가 親征할 때 龍舟가 파도에 휩쓸리며 강의 남쪽 연안에 표류하여 폐하를 위험에 빠트렸고 신하의 간담을 놀라게 하였습니다. 그때 종묘가 거의 뒤엎어질 위기에 처한 것은 이후 百世에 훈계로 삼아야 합니다. 이번에 또 군사를 동원하여 남쪽을 원정한다면 날마다 千金의 비용을 소비하여 국고를 바닥낼 것이며, 교활한 적국이 폐하의 권위를 위협할 것이니 臣은 절대로 불가합니다."

황제는 포훈에게 크게 화를 내었고, 포훈을 治書執法(치서집법)으로 강등시켰다.

‖原文‖

帝從壽春還, 屯陳留郡界. 太守孫邕見, 出過勛. 時營壘未

218 御史中丞(어사중승)은 최고 감찰관. 후한 光武帝는 司隸校尉(백관 규찰)와 어사중승, 尙書令을 '三獨坐'라 호칭했는데, 이는 조회 시에 전용석에 혼자 앉는다는 뜻이다.

成, 但立標埒, 邕邪行不從正道, 軍營令史劉曜欲推之, 勛以塹壘未成, 解止不擧. 大軍還洛陽, 曜有罪, 勛奏絀遣, 而曜密表勛私解邕事. 詔曰,「勛指鹿作馬, 收付廷尉.」

廷尉法議, '正刑五歲.' 三官駮, "依律罰金二斤." 帝大怒曰, "勛無活分, 而汝等敢縱之! 收三官已下付刺奸, 當令十鼠同穴."

太尉鍾繇, 司徒華歆, 鎭軍大將軍陳羣, 侍中辛毗, 尙書衛臻, 守廷尉高柔等並表 "勛父信有功於太祖." 求請勛罪. 帝不許, 遂誅勛. 勛內行旣脩, 廉而能施, 死之日, 家無餘財. 後二旬, 文帝亦崩, 莫不爲勛嘆恨.

| 국역 |

文帝는 壽春縣[219]으로 돌아와 陳留郡에 주둔하였다. (陳留) 太守인 孫邕(손옹)이 文帝를 알현하고 나와서 포훈을 만났다. 그때 군영의 보루가 다 완성되지 않고 다만 말뚝을 박아 놓은 상태였는데, 손옹은 正道를 따라 들어오지 않았기에 軍營의 令史인 劉曜(유요)가 이를 조사하려고 하였는데, 포훈은 아직 보루가 완성된 것이 아니었으니 고발하지 말라고 하였다. 大軍이 洛陽에 돌아온 뒤에, 유요는 다른 죄가 있어 포훈이 유요를 파직해야 한다고 주청하자, 유요는 앞서 손옹을 고발하려 했으나 포훈이 저지한 일을 몰래 상주하였다. 이에 文帝는 조서를 내렸다. 「포훈은 사슴을 말(指鹿爲馬)이

219 淮南郡 壽春縣. 揚州牧의 치소. 今 安徽省 중부 淮南市 관할 壽縣.

라 하였으니 정위가 체포하라.」

廷尉는 법에 따라 '5년간 노역형'을 판결하였다.[220] 이에 정위의 속관이 三官[221]에서는 "법 조항대로 황금 二斤의 벌금형"이라고 정위의 판결을 반박하였다. 이에 문제가 大怒하며 말했다.

"포훈은 살아날 자격이 없는데 당신들이 감히 풀어주려 하는가! 정위의 속관을 모두 잡아 조사한 뒤에 모두 한 곳에 잡아가두도록 하라."

이에 太尉인 鍾繇(종요), 司徒인 華歆(화흠), 鎭軍大將軍 陳羣(진군), 侍中 辛毗(신비), 尙書 衛臻(위진), 정위 대행인 高柔(고유) 등이 함께 표문을 올려 "포훈의 부친 鮑信(포신)은 太祖(曹操)에게 큰 공을 세웠습니다."라면서 포훈의 죄를 용서해야 한다고 청원하였다. 그러나 文帝는 불허했고 결국 포훈은 처형되었다.

포훈은 평소 바른 행실에 수양이 깊었으며, 청렴한 생활에 많이 베풀었기에 죽는 날에 집안에 여분의 재물이 없었다. 그 20일 뒤에 文帝도 붕어하였는데, 포훈을 위하여 탄식하며 한탄하지 않는 사람이 없었다.

---

220 廷尉法議, '正刑五歲' – 法議는 법에 의건 판결하다. '正刑五歲'의 正은 正決. 五歲는 5년간의 머리를 깎고 城에서 노역하는 형벌.

221 여기서 三官은 廷尉의 廷尉正 등 廷尉의 속관.

❼ 司馬芝

| 原文 |

司馬芝字子華, 河內溫人也. 少爲書生, 避亂荊州, 於魯陽山遇賊, 同行者皆棄老弱走, 芝獨坐守老母. 賊至, 以刃臨芝, 芝叩頭曰, "母老, 唯在諸君!" 賊曰, "此孝子也, 殺之不義." 遂得免害, 以鹿車推載母. 居南方十餘年, 躬耕守節.

太祖平荊州, 以芝爲菅長. 時天下草創, 多不奉法. 郡主簿劉節, 舊族豪俠, 賓客千餘家, 出爲盜賊, 入亂吏治. 頃之, 芝差節客王同等爲兵, 掾史據白, "節家前後未嘗給繇, 若至時藏匿, 必爲留負."

芝不聽, 與節書曰, "君爲大宗, 加股肱郡, 而賓客每不與役, 既衆庶怨望, 或流聲上聞. 今調同等爲兵, 幸時發遣."

兵已集郡, 而節藏同等, 因令督郵以軍興詭責縣, 縣掾史窮困, 乞代同行. 芝乃馳檄濟南, 具陳節罪. 太守郝光素敬信芝, 卽以節代同行, 青州號芝'以郡主簿爲兵.'

遷廣平令. 征虜將軍劉勳, 貴寵驕豪, 又芝故郡將, 賓客子弟在界數犯法. 勳與芝書, 不著姓名, 而多所屬託, 芝不報其書, 一皆如法. 後勳以不軌誅, 交關者皆獲罪, 而芝以見稱.

| 국역 |

司馬芝(사마지)[222]의 字는 子華(자화)로, 河內郡 溫縣 사람이다. 젊어 書生이었을 때 荊州로 피난하였는데, 魯陽山이란 곳에서 산적 떼를 만나자, 同行하던 사람들은 모두 노약자를 버려두고 달아났으나 사마지는 홀로 노모 곁을 지켰다. 도적들이 와서 칼로 사마지를 위협하자, 사마지는 고개를 끄덕이며 "母老의 생사는 이제 여러분에게 달렸습니다!"라고 말했다.

이에 도적들이 말했다. "이는 효자이니 죽인다면 불의이다." 결국 위험에서 벗어나 조그만 수레에 노모를 모시고 떠나갔다. 남방에서 10여 년간 농사를 지으며 지조를 지켰다.

조조가 荊州를 평정한 뒤에 사마지를 (濟南郡) 菅縣(관현) 縣長에 임명했다. 그때 나라가 草創期라서 많은 사람이 법을 지키지 않았다. 郡의 主簿인 劉節(유절)은 世家大族에 협객으로 그 빈객이 1천여 명이나 되었고, 밖에서는 도적질을 하고 안으로는 관리의 행정을 방해하였다. 얼마 뒤에 사마지는 유절에 명하여 그 빈객 王同(왕동) 등을 징병하여 나가게 하였다. 그러자 掾史(연사)가 사실대로 보고하였다.

"유절의 가문에서는 요역에 차출되지 않았으니 차례가 되면 숨어버려 끝까지 피하였습니다."

그러나 사마지는 듣지 않고 조절에게 문서를 보내 말했다.

"그대는 世家大族이며, 또 郡 태수를 보좌하지만 그 빈객들은 요

222 司馬芝(사마지, 생졸년 미상, 字 子華) – 河內 司馬氏. 溫縣은, 今 河南省 북부 焦作市(초작시) 관할 溫縣.

역을 이행하지 않아 많은 사람들의 원망을 사고 있으니, 혹 이런 사실은 상부로 보고가 될 것이다. 이번에 왕동 등을 병역을 차출하니 때맞춰 출발시키기 바란다."

군사들이 郡에 모두 집합했지만 유절은 왕동 등을 숨긴 뒤에 督郵(독우)[223]를 시켜 군수물자 부담을 縣에 떠넘겨 문책케 하자 縣의 掾史는 어찌할 수가 없어서 자신이 대행하겠다고 말했다. 이에 사마지는 급한 공문을 濟南郡에 보내 유절의 죄상을 보고하였다.

(濟南) 太守인 郝光(학광)은 평소에 사마지를 경애하며 믿고 있었기에 바로 유절에게 왕동을 대신하여 동원에 나가게 하였는데, 이 때문에 青州 일대에서는 사마지를 두고 '郡의 主簿를 병졸로 만들었다.' 고 하였다.

사마지는 (鉅鹿郡) 廣平 縣令이 되었다. 征虜將軍(정로장군)인 劉勳(유훈)은 고관이면서 조조의 신임을 받았기에 멋대로 방종하였으며 또 사마지의 옛 상관이었는데, 유훈의 빈객과 자제들은 광평현 일대에서 여러 번 법을 어겼다. 이에 유훈이 사마지에게 서신을 보내 성명을 쓰지는 않았지만 여러 부탁을 하였으나 사마지는 유훈의 서신에 답장하지 않고 모두 법대로 처리하였다. 뒤에 유훈은 모반을 꾸며 주살되었고 유훈과 교류한 자도 모두 형을 받았는데, 사마지는 이 때문에 더 칭송을 들었다.

223 督郵(독우)는 郡 太守의 속관으로, 관할 현의 업무와 조세 납부 실적이나 군사동원 관련 직무를 감찰하였다. 太守의 耳目 역할로 필요한 정보도 수집하였다.

| 原文 |

遷大理正. 有盜官練置都廁上者, 吏疑女工, 收以付獄. 芝曰, "夫刑罪之失, 失在苛暴. 今贓物先得而後訊其辭, 若不勝掠, 或至誣服. 誣服之情, 不可以折獄. 且簡而易從, 大人之化也. 不失有罪, 庸世之治耳. 今宥所疑, 以隆易從之義, 不亦可乎!"

太祖從其議. 歷甘陵,沛,陽平太守, 所在有績. 黃初中, 入爲河南尹, 抑强扶弱, 私請不行. 會內官欲以事託芝, 不敢發言, 因芝妻伯父董昭. 昭猶憚芝, 不爲通.

芝爲敎與群下曰, "蓋君能設敎, 不能使吏必不犯也. 吏能犯敎, 而不能使君必不聞也. 夫設敎而犯, 君之劣也. 犯敎而聞, 吏之禍也. 君劣於上, 吏禍於下, 此政事所以不理也. 可不各勉之哉!"

於是下吏莫不自勵. 門下循行嘗疑門幹盜簪, 幹辭不符, 曹執爲獄. 芝敎曰, "凡物有相似而難分者, 自非離婁, 鮮能不惑. 就其實然, 循行何忍重惜一簪, 輕傷同類乎! 其寢勿問."

| 국역 |

司馬芝(사마지)는 大理正[224]으로 승진하였다. 어떤 사람이 官府의 비단을 훔쳐 변소 위에 숨겨 두었는데, 관리는 女工의 범죄라 생각

224 大理는 司法(刑獄)을 담당하는 廷尉(정위)를 개칭한 것. 大理正은 大理의 속관.

하여 옥에 보냈다. 이에 사마지가 말했다.

"형벌의 잘못되는 것은 그것이 가혹 폭압한 데 있다. 지금 장물을 먼저 찾아내고 뒤에 문초하여 자백을 받았으니 고문을 견디지 못했거나 또는 거짓 자백일 수도 있다. 거짓 자백으로는 평결할 수 없다. 그리고 근거가 확실한 평결은 죄인도 쉽게 복종하니, 이는 현명한 대인의 교화이다. 죄인을 방면하지 않는 것은 보통 시대의 치안이다. 지금 의심할만하나 용서한다면 국법에 기꺼이 복종케 하는 대의를 선양하는 것이니 이 또한 옳지 않겠는가!"

조조는 사마지의 평결에 따랐다. 사마지는 甘陵郡, 沛郡, 陽平郡[225]의 太守를 역임하였는데 임지에서 치적이 좋았다.

(文帝) 黃初 연간에 河南尹[226]이 되었는데, 강자를 억제하고 약자를 지켜주었으며 사적인 부탁을 수락하지 않았다. 그때 조정 관원이 사마지에게 부탁할 일이 있으나 감히 말을 못하고 사마지의 처큰아버지인 董昭(동소)[227]에게 부탁하였다. 그러나 동소도 사마지를 어려워하여 부탁하지 못했다. 사마지가 자신의 속관에게 말했다.

"主君이 명령하여도 아래 관원의 부정을 다 막을 수 없다. 관리가 법령을 위배하고서 끝까지 주군에게 숨길 수도 없다. 하달된 명령을 아래에서 지키지 못한다면 이는 주군의 실책이고, 법령을 위반하여 상부에 보고되면 관리에게 화가 닥친다. 주군은 위에서 잘못하고 관리는 아래서 화를 당한다면, 이는 잘못된 政事이다. 그러니

225 陽平郡은 後漢 말에 크게 넓어진 魏郡을 분할한 군. 치소는 館陶縣, 今 河北省 남부 邯鄲市 관할 館陶縣.

226 河南尹은 수도 洛陽縣을 포함하여 18개 현을 관할하였다.

227 董昭(동소)는 《魏書》 14권, 〈程郭董劉蔣劉傳〉에 입전.

각자가 힘써 노력하지 않을 수 없다!"

이에 아래 관속들이 모두 힘써 노력하였다. 어떤 관원이 순시하는 동안 문지기가 자신의 머리꽂이(簪)를 훔쳤다고 의심하였고, 문지기 말의 앞뒤가 맞지 않자 문지기를 옥에 보냈다. 이에 사마지가 말했다. "대개 같은 물건이라도 서로 비슷하여 구분이 어려우니, 離婁(이루)[228]와 같이 눈 밝은 사람이 아니라면 의혹에 빠지지 않을 수 없다. 설령 사실이 그렇다 하여도 순행하는 관원이 어찌 머리꽂이 하나가 아까워 같이 근무하는 사람을 함부로 다치게 할 수 있겠는가! 사건을 덮어두고 더 이상 조사하지 말라."

| 原文 |

明帝卽位, 賜爵關內侯. 頃之, 特進曹洪乳母當, 與臨汾公主侍者共事無澗神繫獄. 卞太后遣黃門詣府傳令, 芝不通, 輒敕洛陽獄考竟, 而上疏曰,

「諸應死罪者, 皆當先表須報. 前制書禁絶淫祀以正風俗, 今當等所犯妖刑, 辭語始定, 黃門吳達詣臣, 傳太皇太后令. 臣不敢通, 懼有救護, 速聞聖聽, 若不得已, 以垂宿留. 由事不早竟, 是臣之罪, 是以冒犯常科, 輒敕縣考竟, 擅行刑戮, 伏須誅罰.」

228 離婁(이루)는 고대의 人名. 시력이 아주 좋았던 사람. 《孟子 離婁 上》, 離婁之明, 公輸子之巧, 不以規矩, 不能成方圓.

帝手報曰,「省表, 明卿至心, 欲奉詔書, 以權行事, 是也. 此乃卿奉詔之意, 何謝之有? 後黃門復往, 愼勿通也.」

芝居官十一年, 數議科條所不便者. 其在公卿間, 直道而行. 會諸王來朝, 與京都人交通, 坐免.

| 국역 |

明帝가 즉위하자, 사마지에게 關內侯의 작위를 하사하였다. 얼마 뒤 特進인 曹洪(조홍)의 乳母 當(당)이 臨汾公主(임분공주)의 侍子(시자)와 함께 無澗山(무간산)의 神을 섬긴다 하여 옥에 갇혔다. (曹丕의 생모) 卞太后(변태후)가 환관을 사마지에게 보내 부탁을 하였지만 사마지는 따르지 않았고, 낙양의 옥에 보냈는데 두 사람이 절명하자 사마지가 상소하였다.

「사형 죄에 해당하는 자는 모두 먼저 표문을 올려 회보를 기다려야 합니다. 이전 制書로 淫祀(음사)를 엄격히 근절하여 풍속을 바로잡게 하였던 바, 이번에 當(당) 등은 간악한 죄를 범했고 조사를 겨우 마쳤는데, 黃門(宦官)이 吳達(오달)이 臣을 찾아와 太皇太后(卞太后)의 명을 전하였습니다. 臣은 이를 받아들일 수 없었고 죄인을 빼낼 것이 두려워 신속히 폐하께 보고를 올렸고, 만약 폐하께서도 어쩔 수 없으시다면 죄인을 살려두려고 했습니다. 이런 일을 신속히 마무리 짓지 못한 것은 臣의 잘못입니다만, 이로써 통상의 법규를 어길 수 없어 낙양 현리에게 타살을 지시하여 자의로 형벌을 집행하였으니 폐하의 처벌을 기다리겠습니다.」

이에 명제가 직접 답신을 써 보냈다.

「上奏를 읽어보고 경의 지극한 마음을 알았으며, 조서를 기다리면서 상황에 따라 처리하였다니 잘한 일이다. 이는 경이 짐의 뜻을 받들려는 뜻이었는데, 왜 사죄를 해야 하는가? 뒤에 환관이 다시 와서 부탁하더라도 청탁을 받아들이지 말라.」

사마지는 大理正으로 11년에 재직하면서 불편한 법조항을 자주 개정하였다. 사마지는 공경으로 재직하는 동안 정도를 실천하였다. 그때 제후 왕이 입조하여 황제를 알현하면서 낙양의 지인과 왕래하였는데 사마지는 이에 연관되어 파면되었다.

| 原文 |

後爲大司農. 先是諸典農各部吏民, 末作治生, 以要利入. 芝奏曰,

「王者之治, 崇本抑末, 務農重穀. 〈王制〉'無三年之儲, 國非其國也.'《管子 區言》以積穀爲急. 方今二虜未滅, 師旅不息, 國家之要, 惟在穀帛. 武皇帝特開屯田之官, 專以農桑爲業. 建安中, 天下倉廩充實, 百姓殷足. 自黃初以來, 聽諸典農治生, 各爲部下之計, 誠非國家大體所宜也. 夫王者以海內爲家, 故《傳》曰, '百姓不足, 君誰與足!' 富足之由, 在於不失天時而盡地力. 今商旅所求, 雖有加倍之顯利, 然於一統之計, 已有不貲之損, 不如墾田益一畝之收也. 夫農民之事田, 自正月耕種, 耘鋤條桑, 耕熯種麥, 穫刈築場, 十月乃畢. 治

廪繫橋, 運輸租賦, 除道理梁, 墐塗室屋, 以是終歲, 無日不爲農事也. 今諸典農, 各言'留者爲行者宗田計, 課其力, 勢不得不爾. 不有所廢, 則當素有餘力.' 臣愚以爲不宜復以商事雜亂, 專以農桑爲務, 於國計爲便.」

明帝從之.

| 국역 |

그 뒤에 司馬芝(사마지)는 大司農[229]이 되었다. 이보다 앞서 여러 典農官이 관할하는 각 屯田(둔전) 소속 관리나 백성 중에는 末業(工商)에 종사하면서 이익을 추구하였다. 이에 사마지가 상주하였다.

「王者의 治國은 本業(농업)을 숭상하고 末業(工商)을 억제하였으며, 농업에 전력하고 곡식을 중히 여겼습니다. (禮記) 〈王制〉에서도 '3년분의 비축이 없다면 나라가 아니다.' 라고 하였으며, 《管子 區言》에서도 곡식 비축을 우선하였습니다. 지금 蜀과 吳 두 나라를 멸망하지 않고 원정이 끊이지 않으니, 국가의 중요한 정무는 오직 곡식과 옷감을 비축에 두어야 합니다. 武皇帝(曹操)께서는 특별히 屯田官을 설치하여 전적으로 농사와 길쌈을 본업으로 삼았습니다. 그래서 建安 연간에, 나라의 창고가 충실하였고 백성은 풍족하게 살았습니다. (文帝) 黃初 이래로, 각 典農官 별로 산업 경영을 허용

229 大司農 – 국가의 穀物과 재화, 국가 재정 담당. 九卿의 하나. 질록 中二千石. 景帝 後元 원년 治粟內史(치속내사)를 大農令으로 개칭했다가 武帝 太初 원년 대농령을 大司農으로 개칭했다. 後漢의 경우 屬官으로 丞 1인 질록 比 千石, 部丞 1人, 6百石 外에 太倉令, 平準令, 導官令(각 질록 6백석)과 그 아래 丞을 두었다.

하면서 각 부별로 실천 운영하다 보니 국가의 대체적 방략과 일치하지 않았습니다. 王者는 海內를 一家로 생각했기에 《論語》에서도 '百姓이 不足한데 주군이 어찌 풍족하겠습니까!'[230]라고 하였습니다. 나라 살림이 넉넉하려면 天時를 놓치지 않고, 또 地力을 다 기울여야 합니다. 지금 상인들이 얻으려 하는 바는 2배나 되는 이익이지만, 통일 국가의 大計는 토지의 손실을 고려하지 않고 1畝(무)의 땅이라도 더 개간하여 그 수확을 거두는데 있습니다. 대체로 백성이 농사를 지으려면 정월부터 밭갈이에 씨를 뿌리고, 김을 매고 뽕을 따며 경작지를 정리하고 보리씨를 뿌린 뒤 추수를 하여 10월에야 1년 농사일을 마치게 됩니다. 그러면서 창고를 수리하고 물도랑을 연결하고 田租(전조)를 운반하며, 도로를 정비하고 교량을 수리하며 담장과 집을 보수하다 보면 1년이 다 지나도록 잠시라도 농사 관련 일을 쉴 때가 없습니다. 지금 여러 典農官들 모두가 '남겨놓은 사람은 밖에 나가 장사하는 사람들 몫을 하는 것이고, 능력에 따라 사정이 부득이한 것입니다. 장사를 폐하지 않는 것은 평소에 인력이 남아돌기 때문입니다.' 라고 말합니다. 臣의 愚見입니다만, 더 이상 장사를 허용하지 않고 오로지 농사와 길삼에만 전념케 하는 것이 국가의 대계를 위하는 길입니다.」

明帝는 사마지의 의견을 받아들였다.

230 《論語 顔淵》 哀公問於有若曰, "年饑, 用不足, 如之何?" ~對曰, "百姓足, 君孰與不足? 百姓不足, 君孰與足?"

| 原文 |

每上官有所召問, 常先見掾史, 爲斷其意故, 敎其所以答塞之狀, 皆如所度. 芝性亮直, 不矜廉隅. 與賓客談論, 有不可意, 便面折其短, 退無異言. 卒於官, 家無餘財, 自魏迄今爲河南尹者莫及芝.

芝亡, 子岐嗣, 從河南丞轉廷尉正, 遷陳留相. 梁郡有繫囚, 多所連及, 數歲不決. 詔書徙獄于岐屬縣, 縣請豫治牢具. 岐曰, "今囚有數十, 旣巧詐難符, 且已倦楚毒, 其情易見. 豈當復久處囹圄邪!" 及囚至, 詰之, 皆莫敢匿詐, 一朝決竟. 遂超爲廷尉.

是時大將軍爽專權, 尙書何晏,鄧颺等爲之輔翼. 南陽圭泰嘗以言迕指, 考繫廷尉. 颺訊獄, 將致泰重刑. 岐數颺曰, "夫樞機大臣, 王室之佐, 旣不能輔化成德, 齊美古人, 而乃肆其私忿, 枉論無辜. 使百姓危心, 非此焉在?"

颺於是慚怒而退. 岐終恐久獲罪, 以疾去官. 居家未期而卒, 年三十五. 子肇嗣.

| 국역 |

上官이 불러 어떤 일에 관하여 질문을 하면, 사마지는 먼저 掾史(연사, 실무 담당자)를 만나 상관이 왜 불렀는가를 미리 알고 준비하여 실무자가 일러준 대로 막히지 않고 잘 대처하였다. 사마지는 그 성격이 성실 정직했으며 자신의 청렴을 내세우지도 않았다. 빈객과 담론할 때, 서로 생각이 다르면 맞대고 그 잘못을 지적하였지만 물러나서는 다른 말을 하지 않았다. 사마지는 관직을 갖고 죽었는데, 집안에 여분의 재물이 없었으며 魏 이후 지금까지 河南尹으로 사마지 만한 사람이 없었다.

사마지가 죽자 아들 司馬岐(사마기)가 후사가 되었는데, 사마기는 河南丞(하남승, 河南尹의 副職)에서 廷尉正이 되었다가, 陳留國 相이 되었다.

梁郡에 죄수와 관련된 사람이 많아 해를 넘기도록 판결이 나지 않았다. 이에 조서로 사마기의 속현으로 죄수를 이감시켰고, 속현에서는 죄수를 가둘 형구를 요청하였다. 이에 사마기가 말했다.

"지금 죄수가 수십 명이고 그 거짓 진술 여부를 따지기도 어렵지만, 이미 매질의 고통을 지쳤기 때문에 그 실상을 쉽게 파악할 수 있을 것이다. 그런데 그 죄수들을 어찌 다시 더 가둬둘 수 있겠는가!"

죄수들이 도착하여 사마지가 죄수를 심문하자, 누구도 거짓말을 못하여 하루에 모두 결판을 내었다. 사마기는 순차를 뛰어넘어 廷尉가 되었다.

그때 大將軍 曹爽(조상)이 專權하면서 尙書인 何晏(하안), 鄧颺(등양) 등이 조상을 돕고 있었다. 南陽郡의 圭泰(규태)는 그들의 뜻을 거슬러 체포되어 정위에게 보내졌다. 등양은 그 獄案을 살펴보고 규태를 중형에 처하게 하였다. 이에 사마기는 등양에게 따져 말했다.

"군국기무를 다루는 大臣(尙書를 지칭)은 王室의 보좌관으로서 폐하의 교화와 은덕을 보좌하여 先人과 같은 미덕을 갖춰야 하거늘, 사적 감정으로 무고한 백성에게 억울한 판결을 내려고 하였습니다. 백성의 두려움과 불안이, 이것 아니면 무엇이겠습니까?"

등양은 부끄럽고 화가 나 물러났다. 사마기는 결국 나중에 죄를 덮어쓸 것 같아 병을 핑계로 사직하였다. 귀가 1년도 안 되어 35세에 죽었다. 아들 司馬肇(사마조)가 뒤를 이었다.

| 原文 |

評曰, 徐奕,何夔,邢顒貴尙峻厲, 爲世名人. 毛玠清公素履, 司馬芝忠亮不傾, 庶乎不吐剛茹柔.

崔琰高格最優, 鮑勛秉正無虧, 而皆不免其身, 惜哉! 〈大雅〉貴 '旣明且哲', 〈虞書〉尙 '直而能溫', 自非兼才, 疇克備諸!

| 국역 |

陳壽의 評論 : 徐奕(서혁)과 何夔(하기), 그리고 邢顒(형옹)은 준엄 엄격을 숭상하여 당세의 이름이 알려졌다. 毛玠(모개)는 청렴 정직하였고, 司馬芝(사마지)는 충직 성실하며 흔들리지 않았으니 강자를 두려워않고 약자를 도왔다.

그중에서도 崔琰(최염)의 품격이 가장 뛰어나고 훌륭했으며, 鮑勛(포훈)은 정도를 견지하며 행실에 결함이 없었지만 자신을 지키지 못했으니 애석할 뿐이다. (《詩經》) 〈大雅〉에서는 '明智와 聰慧(총혜)'를 숭상한다고 하였고,[231]《尙書 虞書》에서는 '정직과 溫和'를 중히 여기나니,[232] 전지전능하지 않다면 누가 이를 다 겸비하겠는가!

231 旣明且哲 –《詩經 大雅 蒸民(증민)》의 구절. '旣明且哲 以保其身～.'
232 直而能溫 –《書經 虞書 舜傳》'～ 敎胄子 直而溫 寬而栗～'

13권 〈鍾繇華歆王朗傳〉(魏書 13)
(종요,화흠,왕랑전)

❶ 鍾繇

| 原文 |

鍾繇字元常, 潁川長社人也. 嘗與族父瑜俱至洛陽, 道遇相者, 曰, “此童有貴相, 然當厄於水, 努力愼之!” 行未十里, 度橋, 馬驚, 墮水幾死. 瑜以相者言中, 益貴繇, 而供給資費, 使得專學.

擧孝廉, 除尙書郞,陽陵令, 以疾去. 辟三府, 爲廷尉正,黃門侍郞. 是時, 漢帝在西京, 李傕,郭汜等亂長安中, 與關東斷絶. 太祖領兗州牧, 始遣使上書.

傕,汜等以爲 ‘關東欲自立天子, 今曹操雖有使命, 非其至實.' 議留太祖使, 拒絶其意. 繇說傕,汜等曰, "方今英雄並起, 各矯命專制, 唯曹兗州乃心王室, 而逆其忠款, 非所以副將來之望也."

傕,汜等用繇言, 厚加答報, 由是太祖使命遂得通. 太祖旣數聽荀彧之稱繇, 又聞其說傕,汜, 益虛心. 後傕脅天子, 繇與尙書郞韓斌同策謀. 天子得出長安, 繇有力焉. 拜御史中丞, 遷侍中尙書僕射, 並錄前功封東武亭侯.

| 국역 |

鍾繇(종요)[233]의 字는 元常(원상)으로, 潁川郡 長社縣[234] 사람이다. 일찍이 집안 숙부 鍾瑜(종유)와 함께 洛陽에 가는데 길에서 만난 관상가가 말했다.

"이 아이는 貴相이지만 물에 厄運(액운)이 끼었으니 노력하고 조심하시오!"

그리고서 10리를 못 가서 다리를 건너다가 말이 놀라면서 물에 빠져 거의 죽을 뻔하였다. 종유는 관상가의 말이 적중했다 하여 종요를 더욱 귀하게 생각하며 학비를 대주며 학문에 전념케 하였다.

종요는 孝廉(효렴)으로 천거되었고,[235] 尙書郞을 거쳐 (京兆尹) 陽

233 鍾繇(종요, 151 – 230년, 字 元常) – 繇는 일을 시킬 요, 부역 요. 豫州 潁川郡 長社縣 출신. 曹魏의 重臣, 유명한 서예가. 太傅 역임. 晉代 書法家 王羲之와 함께 '鍾王' 으로 불린다.

234 長社縣은, 今 河南省 중부 許昌市 관할 長葛市.

235 南陽 사람 陰脩(음수)는 潁川太守로 재직하며, 五官掾인 張仲(장중), 功曹인 鍾繇(종요), 主簿인 荀彧(순욱), 主記掾인 張禮(장례), 賊曹掾인 杜祐(두우), 孝

陵 현령을 제수 받았지만 종요는 병으로 사직하였다. 종요는 三公府의 부름을 받고, 廷尉正을 역임하고 黃門侍郎이 되었다. 이때 漢帝(獻帝)는 西京(長安)에 있었고, 李傕(이각)과 郭汜(곽사) 등은 장안을 혼란에 빠트렸으며 關東과는 단절되었다. 조조는 兗州牧(연주목)을 대리하면서 처음 사자를 보내 上書하였다.

이각과 곽사는 '關東에서는 모두가 자립하여 天子가 되려 하는데, 지금 조조가 사자를 보내 복명하나 진심이 아닐 것이다.' 라고 생각하여 사자를 억류시켜 거절하기로 서로 의논하였다. 이에 종요는 이각과 곽사를 설득하였다.

"방금 영웅이 모두 일어나 각자 책명을 사칭하고 멋대로 행동하지만, 오직 연주목 조조만이 왕실을 생각하는데 그 충성된 뜻을 거부하는 것은 장래의 소망에 부응하는 것이 아닙니다."

이각과 곽사 등은 종요의 말을 채용하여 후한 예물과 함께 답신을 보냈는데, 이로써 조조의 사자가 통행할 수 있었다. 조조는 荀彧(순욱)의 종요에 대한 칭찬을 여러 번 들었고, 또 이각과 곽사를 설득했다는 말을 듣고 종요를 마음속으로 생각하게 되었다.

뒷날을 이각이 獻帝를 협박할 때 종요와 尙書郎인 韓斌(한빈)은 함께 방책을 꾸몄다. 헌제가 長安을 탈출할 수 있었던 것은 종요의 힘이었다. 종요는 御史中丞을 제수 받았다가 侍中 겸 尙書僕射가 되었는데 그간의 공적으로 東武亭侯에 봉해졌다.

················

廉인 荀攸(순유), 計吏인 郭圖(곽도) 등을 천거하였다.

| 原文 |

時關中諸將馬騰,韓遂等, 各擁强兵相與爭. 太祖方有事山東, 以關右爲憂. 乃表繇以侍中守司隸校尉, 持節督關中諸軍, 委之以後事, 特使不拘科制. 繇至長安, 移書騰,遂等, 爲陳禍福, 騰,遂各遣子入侍. 太祖在官渡, 與袁紹相持, 繇送馬二千餘匹給軍.

太祖與繇書曰, 「得所送馬, 甚應其急. 關右平定, 朝廷無西顧之憂, 足下之勳也. 昔蕭何鎭守關中, 足食成軍, 亦適當爾.」

其後匈奴單于作亂平陽, 繇帥諸軍圍之, 未拔. 而袁尙所置河東太守郭援到河東, 衆甚盛. 諸將議欲釋之去, 繇曰, "袁氏方强, 援之來, 關中陰與之通, 所以未悉叛者, 顧吾威名故耳. 若棄而去, 示之以弱, 所在之民, 誰非寇讎? 縱吾欲歸, 其得至乎! 此爲未戰先自敗也. 且援剛愎好勝, 必易吾軍, 若渡汾爲營, 及其未濟擊之, 可大克也."

張旣說馬騰會擊援, 騰遣子超將精兵逆之. 援至, 果輕渡汾, 衆止之, 不從. 濟水未半, 擊, 大破之, 斬援, 降單于. 語在〈旣傳〉.

其後河東衛固作亂, 與張晟,張琰及高幹等並爲寇, 繇又率諸將討破之. 自天子西遷, 洛陽人民單盡, 繇徙關中民, 又招納亡叛以充之, 數年間民戶稍實. 太祖征關中, 得以爲資, 表繇爲前軍師.

| 국역 |

그 무렵 關中의 여러 장수 중 馬騰(마등)[236]과 韓遂(한수)[237] 등은 각각 강력한 군대를 거느리고 서로 경쟁하였다. 조조는 한창 崤山(효산) 동쪽(山東)을 평정하면서 函谷關(함곡관) 서쪽(關右)을 걱정하였다. 이에 표문을 올려 鍾繇(종요)를 侍中 겸 司隸校尉 대행으로 임명하고, 부절을 내려 關中의 모든 군사를 감독케 하였으며, 후방의 통치를 위임하였는데 법제에 구애받지 않게 하였다.

종요는 長安에 와서 마등과 한수 등에게 서신을 보내 승패에 따른 禍福(화복)을 설명하여 마등과 한수가 각각 아들을 보내 입시케 하였다. 조조가 官渡(관도)에서 袁紹와 대치할 때, 종요는 말 2천 필을 조조의 군사에 공급하였다.

이에 조조가 종요에게 서신을 보내 말했다.

「보내준 戰馬를 받으니 응급상황에 긴요한 도움이 되었소. 關右가 안정되어 조정에서는 서방을 걱정하지 않아도 되니 모두가 足下(貴下)의 공훈이요. 옛날 蕭何(소하)[238]가 關中을 鎭守하면서 군량을

236 馬騰(마등, ?-212년) - 字는 壽成(수성), 右扶風 茂陵縣人, 馬援(마원)의 후손. 八尺이 넘는 신장에 신체가 매우 장대하였고 천성이 현명 온후하여 많은 사람의 존경을 받았다. 마등의 아들이 촉한의 馬超(마초, 176-222년 字 孟起)이다.

237 韓遂(한수)는 隴右(농우)에서 반역한 뒤에 영제 때 金城郡에서 반란을 일으킨 邊章(변장)과 함께 三輔 지역을 노략질하였다.

238 蕭何(소하, 前 257-193) - 沛縣 豐邑(今 江蘇省 徐州市 관할의 豐縣) 출신. 漢初 三傑의 한 사람. 蕭何는 縣의 主吏였고 劉邦은 亭長이었으니 소하의 지위가 높았다(소하는 나이도 한 살 위였다). 高祖 劉邦과 曹參, 樊噲(번쾌)가 모두 동향이었는데 蕭, 曹 2인은 관리로 명성이 있었고 유방과 번쾌는 토박이 불량배(地痞, 지비)였다. 그 외에도 周勃(주발), 夏侯嬰(하후영), 王陵(왕릉), 盧綰(노관), 周昌(주창), 劉交(고조의 이복동생) 등이 모두 패현 출신이었다. 한고조는 논공행상에서 소하의 공적을 1위로 꼽으면서 사냥에 비유하여 설

공급하여 군사 작전을 성공케 했는데, 족하의 공로는 소하와 같소.」

그 뒤로 흉노 單于(선우)가 平陽縣[239]을 침략하자, 종요는 군사를 거느리고 선우를 포위하였지만 아직 정벌하지는 못했다. 그때 (원소의 아들) 袁尙(원상)이 임명한 河東太守 郭援(곽원)[240]이 河東郡 지역에 들어왔는데 군대가 매우 강성했다. 여러 장수들은 흉노 선우에 대한 포위를 풀자고 하였으나 종요가 말했다.

"袁氏가 한창 강성하나 곽원이 여기에 온 것은 關中에 은밀히 통하는 바가 있으나, 관중 세력이 아직 반기를 들지 않는 것은 나의 군사와 명성 때문이다. 만약 흉노의 포위를 풀고 물러선다면, 이는 나의 약세를 보여주는 것이니, 여기 백성 누군들 우리의 적이 아니겠는가? 만약 우리가 돌아가려한들 돌아갈 수 있겠는가! 이는 싸우지도 않고 스스로 망하는 것이다. 그리고 곽원은 억세고 괴팍하며 이기기를 좋아하는 성질이라 틀림없이 우리를 얕볼 것이니, 만약 그들이 汾水(분수, 汾河)[241]를 건너 군영을 설치하려 한다면 그들이 다

명하였다. "사냥에서 짐승을 따라가 잡는 것은 사냥개이지만 풀어주며 일러주는 것은 사람이다. 지금 여러분들은 한갓 달려가 짐승을 잡았으니 개와 같은 일을 한 것이고, 소하는 개를 풀어주고 지시를 하였으니 사람의 공적이라 할 수 있다. 그리고 제군은 홀로 나를 따라왔거나 많아야 두세 사람이었다. 소하는 온 집안 수십 명이 나를 따라 싸웠으니 그 공은 잊을 수 없다!"

239 平陽郡 치소는 平陽縣, 今 山西省 서남부 臨汾市(임분시).

240 郭援(곽원, ?-202년) - 袁尙의 部下, 鍾繇(종요)의 생질, 원상이 河東郡太守에 임명. 종요와 마등의 연합군에 패배. 곽원은 龐德(방덕)에게 피살. 종요는 곽원의 수급을 보고 눈물을 흘렸다.

241 汾水(분수, 汾河)는 山西省人의 '母親河' 黃河의 가장 큰 지류가 渭水(위수)이고, 다음이 汾水이다. 山西省의 가운데를 흘러 山西省의 省會(省都)인 太原市 남쪽을 지난 다음에 新絳縣에서 서쪽으로 꺾여 흘러 運城市 관할 河津市에서 黃河에 합류한다. 全長 710km.

건너기 전에 공격하면 크게 이길 수 있다."

張旣(장기)[242]는 마등을 설득하여 함께 곽원을 공격키로 하였고, 마등은 아들 馬超(마초)를 보내 정병을 거느리고 적을 맞이하게 했다. 곽원이 도착했는데 예상대로 상대를 경시하며 汾水(분수)를 건너려 하자, 여러 장수들이 제지하여도 곽원은 따르지 않았다. 강을 절반 쯤 건넜을 때 공격하여 대파하였고, 곽원은 참수되었으며 흉노 선우는 투항하였다. 이는 〈張旣傳〉에 수록했다.

그 뒤에 河東郡 사람 衛固(위고)가 난을 일으켜 張晟(장성), 張琰(장염) 및 高幹(고간) 등과 함께 노략질을 하자, 종요는 여러 장수를 거느리고 이들을 격파하였다. 그전에 헌제가 장안으로 옮겨가면서 낙양의 백성은 모두 흩어졌는데, 종요는 관중의 백성들을 이주시키고 또 반기를 들고 도망한 백성들을 불러들여 수년 만에 어느 정도 채워졌다. 조조가 關中을 평정할 때 낙양의 백성을 동원하였으며, 조조는 표문을 올려 종요를 前軍師에 임명하였다.

| 原文 |

魏國初建, 爲大理, 遷相國. 文帝在東宮, 賜繇五熟釜, 爲之銘曰,「於赫有魏, 作漢藩輔. 厥相惟鍾, 實幹心膂. 靖恭夙夜, 匪遑安處. 百寮師師, 楷玆度矩.」

數年, 坐西曹掾魏諷謀反, 策罷就第. 文帝卽王位, 復爲大

242 張旣(장기, ?-223년, 字 德容) - 左馮翊 高陵縣 사람.《魏書》15권,〈劉司馬梁張溫賈傳〉에 입전.

理. 及踐阼, 改爲廷尉, 進封崇高鄕侯. 遷太尉, 轉封平陽鄕侯. 時司徒華歆,司空王朗, 並先世名臣. 文帝罷朝, 謂左右曰, "此三公者, 乃一代之偉人也, 後世殆難繼矣!"

明帝卽位, 進封定陵侯, 增邑五百, 並前千八百戶, 遷太傅. 繇有膝疾, 拜起不便. 時華歆亦以高年疾病, 朝見皆使載輿車, 虎賁舁上殿就坐. 是後三公有疾, 遂以爲故事.

| 국역 |

魏國이 건국되자, 鍾繇(종요)는 (司法 담당) 大理가 되었다가 相國으로 승진하였다. 曹丕(조비)가 東宮으로 있을 때, 종요에게 五熟釜(오숙부)[243]를 하사하였는데, 그 솥에 새겨진 글은 다음과 같다.

「혁혁한 魏國은 漢의 울타리며 기둥이로다. 魏國 相國 鍾繇여, 신뢰받는 大臣이로다. 밤낮으로 공경하며 힘쓰나니 안거할 틈이 없도다. 모든 백관이 본받나니 모범이며 법도로다.」

몇 년 뒤에 西曹掾인 魏諷(위풍)의 모반에 연루되어 책서로 파직되어 귀가했다.

조비가 魏王으로 즉위하자(서기 220), 종요는 다시 大理가 되었다. 제위에 오르자(서기 220), 大理를 廷尉(정위)로 개칭하였고 崇高鄕侯에 봉해졌다. 太尉로 승진하였고 다시 平陽鄕侯로 올려 책봉

243 五熟釜(오숙부) – 五熟은 五味(鹹, 苦, 酸, 辛, 甘)와 같은 뜻. 釜는 솥. 발(足)이 없는 솥. 五熟釜(오숙부)는 솥 안에 5구역이 나눠져 있어 다섯 가지 음식을 삶을 수 있는 솥. 이는 마치 다섯 가지 맛이 어울려 좋은 맛을 내듯 相國이 국정을 조화롭게 잘 운영하라는 뜻.

되었다. 그때 司徒인 華歆(화흠), 司空인 王朗(왕랑)은 모두 先世의(曹操) 名臣이었다. 文帝가 조회를 마치고 측근에게 말했다.

"이분들 三公은, 곧 一代의 偉人이니 後世에 아마도 다시 없을 것이다!"

明帝가 즉위한 뒤에 定陵侯에 올려 책봉되었고 식읍 5백 호를 더 받아 이전과 합하여 1,800호가 되었고 太傅(태부)가 되었다. 종요는 무릎이 아파 배례하고 일어나기가 어려웠다. 그때 화흠 역시 노환이 심하여 입조할 경우 모두가 수레를 타고 도착하면 虎賁(호분) 衛士(위사)가 들어 올려 좌석에 앉혔다. 이후 三公의 몸이 아플 경우 이것이 전례가 되었다.

| 原文 |

初, 太祖下令, 使平議死刑可宮割者. 繇以爲'古之肉刑, 更歷聖人, 宜復施行, 以代死刑.' 議者以爲非悅民之道, 遂寢. 及文帝臨饗群臣, 詔謂"大理欲復肉刑, 此誠聖王之法. 公卿當善共議." 議未定, 會有軍事, 復寢. 太和中, 繇上疏曰, 「大魏受命, 繼蹤虞,夏. 孝文革法, 不合古道. 先帝聖德, 固天所縱, 墳典之業, 一以貫之. 是以繼世, 仍發明詔, 思復古刑, 爲一代法. 連有軍事, 遂未施行. 陛下遠追二祖遺意, 惜斬趾可以禁惡, 恨入死之無辜, 使明習律令, 與群臣共議.

出本當右趾而入大辟者, 復行此刑.《書》云, '皇帝淸問下民, 鰥寡有辭有苗.' 此言堯當除蚩尤,有苗之刑, 先審問於下民之有辭者也. 若今蔽獄之時, 訊問三槐,九棘,群吏,萬民, 使如孝景之令, 其當棄市, 欲斬右趾者許之. 其黥,劓,左趾,宮刑者, 自如孝文, 易以髡,笞. 能有奸者, 率年二十至四五十, 雖斬其足, 猶任生育. 今天下人少於孝文之世, 下計所全, 歲三千人.

張蒼除肉刑, 所殺歲以萬計. 臣欲復肉刑, 歲生三千人. 子貢問 '能濟民可謂仁乎?' 子曰, '何事於仁, 必也聖乎, 堯,舜其猶病諸!' 又曰, '仁遠乎哉? 我欲仁, 斯仁至矣.' 若誠行之, 斯民永濟.」

| 국역 |

그전에, 조조는 사형을 宮刑으로 대체하는 것이 가능한가를 논의하라고 했었다. 種繇(종요)는 '古代의 肉刑은 여러 聖人을 거치면서 반복적으로 시행되었으니 사형을 대신할 수 있을 것이라.' 고 생각하였다. 그러나 논의에 참여한 사람들은 육형은 백성이 싫어하는 형벌이라 하여 논의는 중지되었다.

문제는 여러 신하를 초청한 잔치에서 "大理는 肉刑의 복원 시행을 검토하라. 육형이 오히려 성왕의 법이라 할 수 있으니 公卿이 함께 논의토록 하라."고 명령하였다.

그러나 논의가 확정되기 전에 다시 전쟁이 있어 논의 안건은 다시 폐지되었다. 그러다가 (明帝) 太和 연간(서기 227 – 232년)에 종요가 다시 상소하였다.

「大魏는 천명을 받아 舜(순)과 夏(하)의 업적을 계승하였습니다. (漢) 孝文帝[244]의 刑律 개정은 고대의 正道에 부합하지 않았습니다. 先帝의 聖德은 진실로 하늘이 내리신 것이며, 옛 경전에 기록된 대업을 한결 같이 지켜왔습니다. 황상께서 繼位하신 이후로 여러 번 영명하신 조서를 내리시며 고대의 형벌제도를 복구하여 이 시대에 적용코자 하셨습니다. 그러나 연이은 정벌 때문에 아직 시행을 못하고 있습니다. 폐하께서는 二祖(武帝, 文帝)의 뜻을 깊이 알고 실천코자 하셨으니 발꿈치를 베는 형벌로 사형을 대신하여 악행을 근절하고, 백성의 처형을 애석히 생각하시어 법률에 밝은 여러 신하가 함께 논의하게 하셨습니다.

이는 본래 오른발 뒤꿈치를 베는 형벌 대신 사형 시키던 것을 원래대로 회복하려는 뜻이었습니다. 《尙書》에서는 '皇帝가 백성에게 상세히 물었더니, 홀아비나 과부들은 有苗氏(유묘씨)에게 원망이 많았다.' 라고 하였습니다. 이 말은 堯(요)가 蚩尤(치우)와 有苗氏(유묘씨)[245]의 형벌을 없애기 전에, 먼저 백성들에게 하고 싶은 말을 물었다는 뜻입니다.

244 (漢) 孝文帝(재위 서기 前 179 - 157년)는 前 167년에 肉刑을 폐지하였다. 肉刑은 劓刑(의형, 코를 베는 형벌), 刖刑〔월형, 발꿈치를 자르다, 剕刑(비형), 臏刑(빈형)〕과 같이 신체를 훼손하는 형벌이다. 이는 인명을 중시한다는 뜻이었지만 五刑 중 墨刑(묵형, 黥刑)과 宮刑(腐刑, 蠶室刑), 大辟(대벽, 死刑, 大刑)은 계속 행해졌다. 육형의 폐지도 중요하지만, 법 조항이 너무 엄격하여 작은 잘못으로도 사형에 처하는 경우가 많았다.

245 有苗氏(유묘씨) - 傳說의 黃帝에서 堯, 舜, 禹 시대의 남방 부족으로 三苗民, 有苗, 有苗氏, 苗民등으로 표기. 주로 長江 중, 하류 일대에 거주. 전국시대에 이들은 古 洞庭湖와 鄱陽湖 일대에 거주했다는 기록이 있다.

만약 지금 이런 형벌의 폐지에 대해서는 三槐(삼괴, 三公), 九棘(구극, 九卿) 및 여러 관리나 백성의 뜻을 물어 (漢) 孝景帝(재위 前 157－141년)의 棄市(기시)의 형벌 대신 오른쪽 발꿈치를 자르도록 할 것인가를 물어야 할 것입니다. 그리고 黥(경, 墨刺), 劓刑(의형, 코벨의), 左趾(좌지, 왼발 뒤꿈치를 자름) 및 宮刑(궁형, 去勢)에 해당하는 형벌은 (漢) 孝文帝(재위, 前 180－157년)의 명령에서 髡刑(곤형, 머리를 깎음)과 笞刑(태형)으로 바뀌었습니다. 간악한 행위를 하는 자로 20세에서 4, 50세에 해당하는 사람은 그 발꿈치를 자른다 하여도 여전히 살아갈 것입니다. 지금 나라의 백성 숫자는 (漢) 孝文帝의 시대보다 적지만 이런 형벌 개정으로 목숨을 유지할 사람은 1년에 3천 명 정도를 추산할 수 있습니다.

(前漢) 張蒼(장창)[246]이 肉刑을 폐지할 때 1년에 처형되는 사람이 1만 명 정도였습니다. 肉刑을 부활할 경우 臣의 추산으로 1년에 약 3천 명이 살아날 것입니다. 子貢(자공)이 공자에게 '백성을 구제할 수 있다면 仁이라 할 수 있습니까? 라고 물었을 때, 공자는 '어찌 仁이겠는가, 백성을 구제한다면 틀림없이 聖일 것이다. 백성 구제는 堯와 舜도 어려운 일이라 생각했도다!'[247]라고 말했습니다. 또 '仁

---

246 張蒼(장창, 前 253－152)－秦漢 시기의 儒學者, 陰陽家의 대표적 인물. 蕭何는 相國이었고, 장창은 秦나라 때부터 柱下御史로 천하의 圖書와 計籍 업무에 밝고, 또 算學과 律曆을 잘 알아 장창은 列侯이지만 승상부에 근무하면서 郡國에서 올라오는 보고를 처리하게 하였다. 九江王이던 경포가 반기를 들자, 漢에서는 皇子 劉長을 淮南王에 봉하고 장창이 보좌하게 하였다. 장창은 御史大夫를 거쳐 文帝 때 승상 역임. 뒷날 賈誼에게 영향.《史記》96권, 〈張丞相列傳〉 참고.《한서》42권, 〈張周趙任申屠傳〉에 입전.

247《論語 雍也》子貢曰, "如有博施於民而能濟衆, 何如? 可謂仁乎?" 子曰, "何事於仁! 必也聖乎! 堯舜其猶病諸!～"

이 먼 곳에 있는가? 내가 仁을 실천하려 한다면 仁이 가까이 있을 것이다.'[248]라고 하였습니다. 만약 肉刑을 부활하고 사형을 폐지한다면 오래오래 백성을 구제하는 것입니다.」

| 原文 |

書奏, 詔曰,「太傅學優才高, 留心政事, 又於刑理深遠. 此大事, 公卿群僚善共平議.」

司徒王朗議, 以爲 "繇欲輕減大辟之條, 以增益刖刑之數, 此卽起偃爲豎, 化尸爲人矣. 然臣之愚, 猶有未合微異之意. 夫五刑之屬, 著在科律, 自有減死一等之法, 不死卽爲減. 施行已久, 不待遠假斧鑿於彼肉刑, 然後有罪次也. 前世仁者, 不忍肉刑之慘酷, 是以廢而不用. 不用已來, 歷年數百. 今復行之, 恐所減之文未彰於萬民之目, 而肉刑之問已宣於寇讎之耳, 非所以來遠人也. 今可按繇所欲輕之死罪, 使減死之髡,刖. 嫌其輕者, 可倍其居作之歲數. 內有以生易死不訾之恩, 外無以刖易釱駭耳之聲."

議者百餘人, 與朗同者多. 帝以吳,蜀未平, 且寢.

太和四年, 繇薨. 帝素服臨吊, 謚曰成侯. 子毓嗣. 初, 文帝分毓戶邑, 封繇弟演及子劭,孫豫列侯.

248 《論語 述而》 子曰, "仁遠乎哉? 我欲仁, 斯仁至矣."

| 국역 |

상서가 보고되자, 조서를 내렸다.

「太傅(鍾繇)는 학문이 깊고 재능이 뛰어나며 政事에 깊은 관심을 갖고, 또 刑政에 깊은 지식을 갖고 계신 분이다. 이는 국정의 큰 과제이니 공경과 모든 신료들은 함께 잘 논의하기 바란다.」

이에 司徒인 王朗(왕랑)이 논의하며 말했다.

"鍾繇(종요)는 大辟(대벽, 死刑)에 해당하는 조항을 축소하고 대신 刖刑(월형, 발꿈치를 베는 형벌)에 해당하는 죄목을 늘리려는 것이니, 이는 누워 있는 자를 세워놓자는 것이며, 屍身(시신)을 사람으로 살게 하자는 뜻입니다. 그렇지만 臣의 우견은 생각이 약간 다릅니다. 대체로 五刑[249]에 속하는 조항은 법률로 정해져 있고, 또 사형에서 1등급 감형하는 법도 있으니 사형에 처하지 않는 것이, 곧 감형입니다. 이는 오래 전부터 시행해 왔으며, 죄수의 몸에 도끼를 대는 형벌이 아니더라도 죄에 따라 차등이 있습니다. 이전 세대의 仁者가 참혹한 肉刑을 차마 못 보겠다 했으면 아마 폐지하였을 것입니다. 肉刑을 채용하지 않은 지가 이미 수백 년입니다. 지금 육형을 다시 적

---

249 漢 文帝이전에는 墨(묵, 黥), 劓(의), 刖(월, 臏), 宮刑(腐刑, 蠶室刑) 등 이상 4종의 형벌은 육형인데 원상회복이 불가능한 형벌이다. 大辟(대벽)은 死刑인데 사형은 종류가 다양했다. 곧 斬(梟首, 棄市), 刺殺(척살), 絞殺(교살), 烹殺(팽살), 坑殺(갱살), 腰斬(요참), 車裂(거열), 凌遲(능지) 등이 있고, 사후에도 鞭屍(편시, 시신에 매질), 戮屍(육시, 시신을 꺼내 토막 냄), 脯刑(포형, 시신의 살을 떼어 냄), 醢刑(해형, 시신을 젓갈로 담음) 등 잔혹 그 자체였다. 이를 노예제 시대의 오형이라 칭한다. 이에 반하여 봉건제 五刑은 笞刑(태형, 10대에서 50대까지 5등, 둔부를 가격), 杖刑(장형)은 등, 둔부, 허벅지나 종아리 등을 가격하는데 60에서 1백 대까지 5등급으로 구분했다. 徒刑(도형, 징역, 강제노역, 1년에서 3년), 流刑(은 변방이나 오지로 방출, 사면 전에는 回鄕 불가, 2천 리, 2천5백 리, 3천 리의 3등), 그리고 死刑(사형, 교수형, 능지, 참수 포함)을 오형이라 했다.

용한다면, 아마 사형에서 감형하는 조항을 백성의 눈앞에 확실하게 선언해야 하고, 육형에 해당하는 조항도 원한을 가진 사람들의 귀에 확실하게 알려야 할 것이나, 육형의 부활이 먼 변방의 백성을 조정으로 끌어들이는 방법이 되지는 않을 것입니다. 지금 종요가 적용하고자 하는 바는 사형 죄를 감하여 髡刑(곤형)과 刖刑(월형)으로 하자는 것입니다. 그러면 죄에 따른 형벌이 너무 가벼울 것이기에 옥에서 복역하는 기간을 두 배로 늘려야 합니다. 이는 안으로는 죽음을 生으로 바꿔주는 큰 은덕이겠지만, 밖으로는 월형을 당하면서 울부짖는 큰 소리로 바꾸는 것입니다."

논의에 참여한 1백여 명 중에 왕랑의 의견에 동의하는 자가 많았다. 그러나 명제는 吳와 蜀을 아직 평정하지 못했다 하여 일단 다시 보류하였다.

(明帝) 太和 4년(서기 230), 鍾繇(종요)가 죽었다. 明帝는 素服으로 조문했고, 시호는 成侯(성후)였다. 아들 鍾毓(종육)이 계승했다. 그전에 文帝는 종육의 식읍을 분할하여 종요의 동생 鍾演(종연) 및 아들 鍾劭(종소), 손자 鍾豫(종예)를 列侯에 봉했다.

❷ 子 鍾毓

| 原文 |

毓字稚叔. 年十四爲散騎侍郎, 機捷談笑, 有父風. 太和初, 蜀相諸葛亮圍祁山, 明帝欲西征, 毓上疏曰,

「夫策貴廟勝，功尙帷幄，不下殿堂之上，而決勝千里之外. 車駕宜鎭守中土，以爲四方威勢之援. 今大軍西征，雖有百倍之威，於關中之費，所損非一. 且盛暑行師，詩人所重，實非至尊動軔之時也.」

遷黃門侍郞. 時大興洛陽宮室，車駕便幸許昌，天下當朝正許昌. 許昌偪狹，於城南以氈爲殿，備設魚龍曼延，民罷勞役. 毓諫，以爲“水旱不時，帑藏空虛，凡此之類，可須豐年.” 又上“宜復關內開荒地，使民肆力於農.” 事遂施行.

正始中，爲散騎常侍. 大將軍曹爽盛夏興軍伐蜀，蜀拒守，軍不得進. 爽方欲增兵，毓與書曰，

「竊以爲廟勝之策，不臨矢石. 王者之兵，有徵無戰. 誠以干戚可以服有苗，退舍足以納原寇，不必縱吳漢於江關，騁韓信於井陘也. 見可而進，知難而退，蓋自古之政. 惟公侯詳之!」

爽無功而還. 後以失爽意，徙侍中，出爲魏郡太守. 爽旣誅，入爲御史中丞,侍中廷尉. 聽君父已沒，臣子得爲理謗，及士爲侯，其妻不復配嫁，毓所創也.

| 국역 |

(鍾繇의 아들) 鍾毓(종육)[250]의 字는 稚叔(치숙)이다. 나이 14세에

---

250 鍾毓(종육, 210 ?－263년, 字 稚叔) － 毓은 기를 육. 潁川 長社人. 曹魏 太傅 鍾繇(종요)의 아들, 蜀漢을 멸망시킨 鍾會(종회)의 兄.

散騎侍郞(산기시랑)이 되었는데, 기민하고 담소를 좋아하는 등 부친을 닮은 풍모가 있었다.

(明帝) 太和 초에 蜀相 諸葛亮(제갈량)이 祁山(기산)을 포위하는데, 明帝가 서쪽으로 蜀을 원정하려 하자, 종육이 상소하였다.

「묘당에 앉아 승리하는 計策이 귀한 것이고, 帷幄(유악)에서 작전 수립한 功績을 더 중시하니, 전각에서 내려가지 않고 천리 밖에서의 승리를 노려야 합니다. 車駕(皇帝)는 응당 國都를 鎭守하며 사방의 위세로 원정군을 지원해야 합니다. 지금 大軍이 西征하는 동안 그 백배의 위세로 지원하더라도 關中에서의 비용은 하나도 나가지 않을 것입니다. 지금 한여름에 군사가 출동했는데, 이는 詩人도 신중하라고 말한 만큼, 사실 지존께서 직접 출동할 시기도 아닙니다.」

종육은 黃門侍郞으로 승진하였다. 그때 낙양에서는 궁궐 공사를 크게 벌렸기에 명제는 수시로 許昌(허창)에 행차하였는데, 천하의 관리가 입조하려면 바로 許昌으로 갔다. 그러나 許昌은 좁고 작아서 城南에 천막을 쳐서 전각처럼 사용하였고 여러 시설이 魚龍처럼 이어졌고 백성들은 노역에 지쳐 있었다.

이에 종육은 간언을 올려 "不時에 장마와 가뭄이 들고 국고가 비어있으니, 이런 공사는 풍년이 든 해를 기다려 시행해야 합니다."라고 말했다. 또 "응당 關內의 황무지를 개간해야 하며 백성의 노동력은 농사에 집중해야 합니다."라고 말하여 명제가 받아들였다.

(齊王正 曹芳의) 正始 연간에(서기 240－248), 종육은 散騎常侍(산기상시)가 되었다. 大將軍 曹爽(조상)은 한여름에 군사를 크게 동원하여 蜀 정벌에 나섰지만, 蜀의 저항으로 군사는 진격할 수가 없었다. 조상이 군사를 더 동원하려 하자, 종육이 조상에게 서신을 보

냈다.

「묘당에 앉아 승리를 거둔다면 전투를 하지 않아도 된다고 저는 생각합니다. 王者의 군사는 싸우지 않고 적을 응징해야 합니다. 군사를 동원하여 有苗氏(유묘씨)를 정벌하였고, 군사를 물려 原國의 투항을 이끌어냈으며, (後漢의) 吳漢(오한)[251] 같은 명장에게 長江의 관문을 부수게 하거나 (前漢) 韓信(한신)을 불러다 井陘(정형)[252]에서 싸우게 하지 않아도 됩니다. 나아갈 수 있다면 진격하지만, 난관에 봉착했다면 물러나는 것이 예로부터의 바른 방책입니다. 그러니 公께서 살펴 결정하십시오!」

조상은 아무런 성과도 없이 돌아왔다. 종육은 뒷날 (조상의) 미움을 받아 侍中으로 옮겼다가 나중에 魏郡太守[253]가 되었다. 조상이 (사마의에게) 주살된 뒤에, 종육은 조정에 들어와 御史中丞과 侍中 겸 廷尉가 되었다. 主君이나 親父가 죽은 뒤, 살아서 비방 받은 내용을 신하나 아들이 伸寃(신원)하거나, 士人이 제후가 된 뒤에 그 아내를 改嫁(개가) 시키지 못하게 하는 것은 종육이 발의하여 제정한 법제였다.

251 吳漢(오한, ?-서기 44년, 字 子顔) - 南陽郡 宛縣 출신. 後漢 光武帝의 개국공신, 雲臺 28將 중 2위. 吳漢(오한)은 하북 평정과 公孫述의 蜀 평정에 큰 공을 세웠다. 오한은 광무제 中興(建武) 이후로 늘 上公의 지위를 누렸고 죽을 때까지 광무제가 의지했고 신임했는데, 이는 오한의 바탕이 질박 진실하면서도 열심히 노력했기 때문이다. 《後漢書》 18권, 〈吳蓋陳臧列傳〉에 입전.

252 井陘(정형)은 韓信의 격전지. 常山國의 縣名, 今 河北省 石家庄市 관할의 井陘市.

253 鍾毓(종육)이 魏郡太守로 재직할 때 유명한 管輅(관로, 209-256년, 字 孔明)가 찾아왔다. 종육과 관로가 《易經》에 관하여 토론한 뒤에 종육의 낳고 죽을 날을 점칠 수 있다고 하였다. 관로가 종육의 생일을 정확하게 맞추자, 종육이 놀라며 말했다. "죽음은 하늘에 달렸지 당신에게 맡기지 않았습니다." 그러면서 죽을 날 점을 그만두게 하였다는 이야기가 있다.

| 原文 |

正元中, 毌丘儉,文欽反, 毓持節至揚,豫州班行赦令, 告諭士民, 還爲尙書. 諸葛誕反, 大將軍司馬文王議自詣壽春討誕. 會吳大將孫壹率衆降, 或以爲 "吳新有釁, 必不能復出軍. 東兵已多, 可須後問."

毓以爲 "夫論事料敵, 當以己度人. 今誕擧淮南之地以與吳國, 孫壹所率, 口不至千, 兵不過三百. 吳之所失, 蓋爲無幾. 若壽春之圍未解, 而吳國之內轉安, 未可必其不出也."

大將軍曰, "善." 遂將毓行. 淮南旣平, 爲靑州刺史, 加後將軍, 遷都督徐州諸軍事, 假節, 又轉都督荊州. 景元四年薨, 追贈車騎將軍, 謚曰惠侯. 子駿嗣. 毓弟會, 自有傳.

| 국역 |

(高貴鄕公 曹髦의) 正元 연간에(서기 254 - 255), 毌丘儉(관구검)[254]과 文欽(문흠)[255]이 반역하자(서기 255), 鍾毓(종육)은 부절을 받

254 毌丘儉(관구검, ?-255) - 毌丘(관구)는 복성. 毌은 貫의 本字, 毋(말 무, 금지사)가 아님. 正始 5년(서기 244) 玄菟郡(현도군)에서 출발하여 고구려 도읍 丸都城을 점령, 東川王은 옥저로 피난했다. (嘉平) 4년(서기 252) 겨울인 11월, 조서로 征南大將軍인 王昶(왕창), 征東將軍인 胡遵(호준), 鎭南將軍 毌丘儉(관구검) 등에게 명하여 吳를 원정케 하였다. (正元) 2년(서기 255) 봄 정월 乙丑日, 鎭東將軍 毌丘儉(관구검)과 揚州刺史 文欽(문흠)이 반역했다. 戊寅日, 大將軍 司馬景王(司馬師)가 토벌하였다. 《魏書》 28권, 〈王毌丘諸葛鄧鍾傳〉에 立傳.

255 文欽(문흠, ?-258년, 字 仲若) - 豫州 譙郡 출신, 曹魏의 前將軍, 揚州刺史 역임. 建安 24년(서기 219)에 魏諷謀의 모반에 연좌되어 치죄하여 사형 판결이

아가지고 揚州와 豫州 일대에서 사면령을 시행하며 백성을 회유하였는데 돌아와서는 尙書가 되었다. 諸葛誕(제갈탄)이 반역하자, 대장군인 司馬文王(司馬昭)이 친히 壽春에 와서 제갈탄 토벌을 의논하였다.

그때 吳의 대장 孫壹(손일)이 무리를 거느리고 투항하였는데, 어떤 사람은 "吳에서 새로운 내분이 일어났으니 틀림없이 군사를 낼 수 없을 것이다. 우리의 많은 군사가 동남에 있으니 다음 소식을 기다려 정벌할 수 있을 것이다."라고 말했다.

그러나 종육이 말했다.

"상황을 보아 적을 헤아리는 것은 우리를 근거로 상대를 추측해야 합니다. 지금 제갈탄이 淮南 땅을 들어 東吳에 주려 하는데, 孫壹(손일)이 거느린 군사는 1천 명에도 못 미치는 불과 3백 명입니다. 吳가 잃는 것은 거의 얼마 안 됩니다. 만약 壽春의 포위를 풀지 않았는데 吳國의 내부가 안정된다면 그들이 출동 안할 것이라고 단정할 수 없습니다."

이에 대장군 사마소는 옳다고 말했다. 그리고서는 종육과 함께 출동하였다.

淮南 지역이 평정된 뒤에 종육은 靑州刺史가 되었고, 後將軍의 加官[256]을 받아 도독이 되어 徐州의 모든 군사를 감독하였으며, 부

났으나 조조는 자신의 부장 文稷(문직)의 아들이라 하여 특별히 사면하였다. 관구검과 함께 모반한 뒤 東吳로 도주하여 譙侯로 책봉되었다.

256 加官이란 本職 외에 다시 더 받은 관직의 직함이다. 열후, 장군, 경대부나 낭관 이상의 관직에서 가관을 받을 수 있었다. 가관의 칭호로 자주 보이는 것은 侍中, 左右曹, 諸吏, 常侍, 散騎, 給事中 등이 있다. 가관을 받은 신하는 황제의 신임을 받고 있다는 뜻이며, 권한이 강대한 內朝의 要職을 차지하였다. 給

절을 받았고 다시 荊州의 도독이 되었다.

종육은 (曹奐의) 景元 4년에(서기 263) 죽었는데 車騎將軍에 추증되었고, 시호는 惠侯(혜후)였다. 아들 鍾駿(종준)이 계승하였다. 종육의 동생인 鍾會(종회)는 별도로(〈王毌丘諸葛鄧鍾傳〉) 立傳했다.

❸ 華歆

| 原文 |

華歆字子魚, 平原高唐人也. 高唐爲齊名都, 衣冠無不遊行市里. 歆爲吏, 休沐出府, 則歸家闔門. 議論持平, 終不毁傷人.

同郡陶丘洪亦知名, 自以明見過歆. 時王芬與豪傑謀廢靈帝. 語在〈武紀〉. 芬陰呼歆,洪共定計, 洪欲行, 歆止之曰, "夫廢立大事, 伊,霍之所難. 芬性疏而不武, 此必無成, 而禍將及族. 子其無往!" 洪從歆言而止. 後芬果敗, 洪乃服.

擧孝廉, 除郎中, 病, 去官. 靈帝崩, 何進輔政, 徵河南鄭泰, 潁川荀攸及歆等. 歆到, 爲尙書郎. 董卓遷天子長安, 歆求出爲下邽令, 病不行, 遂從藍田至南陽. 時袁術在穰, 留歆. 歆說術使進軍討卓, 術不能用. 歆欲棄去, 會天子使太傅馬日磾

事中은 황제 측근에서 여러 잡무를 담당, 加官의 加官의 한 종류. 황제를 가까이 모실 수 있는 자리이다.

安集關東, 日磾辟歆爲掾. 東至徐州, 詔卽拜歆豫章太守, 以爲政淸靜不煩, 吏民感而愛之.

孫策略地江東, 歆知策善用兵, 乃幅巾奉迎. 策以其長者, 待以上賓之禮. 後策死. 太祖在官渡, 表天子徵歆. 孫權欲不遣, 歆謂權曰, "將軍奉王命, 始交好曹公, 分義未固, 使僕得爲將軍效心, 豈不有益乎? 今空留僕, 是爲養無用之物, 非將軍之良計也." 權悅, 乃遣歆. 賓客舊人送之者千餘人, 贈遺數百金. 歆皆無所拒, 密各題識, 至臨去, 悉聚諸物, 謂諸賓客曰, "本無拒諸君之心, 而所受遂多. 念單車遠行, 將以懷璧爲罪, 願賓客爲之計." 衆乃各留所贈, 而服其德.

| 국역 |

華歆(화흠)[257]의 字는 子魚(자어)인데, 平原郡 高唐縣 사람이다. 高唐(고당)은 齊 땅의 名都로 士大夫(衣冠)는 저잣거리를 출입하지 않았다. 화흠은 관리가 되었고 (5일마다) 休沐日(휴목일)에는 집에서 대문을 닫고 지냈다. 화흠은 議論이 공정했고 절대로 타인을 비방하지 않았다.[258]

257 華歆(화흠, 157－232, 字, 子魚) － 後漢 平原郡 高唐縣(今 山東省 북부 德州市 관할 禹城市) 출신. 漢 獻帝의 禪讓 과정에서 주요 역할. 曹魏에서 司徒, 太尉 역임. 《三國演義》에서는 권세에 추종하며 伏皇后를 끌어내는 간악한 간신으로 묘사되었다.

258 華歆(화흠)과 王朗(왕랑)이 함께 배를 타고 피난하는데 마침 어떤 사람이 함께 태워달라고 말했다. 화흠이 난색을 표하자, 왕랑은 배에 여유가 있으니 태워도 괜찮다고 말했다. 나중에 도적의 추격이 긴박하자, 왕랑은 앞서 태워주

同郡(平原郡)의 陶丘洪(도구홍) 역시 이름이 알려졌는데, 도구홍은 자신이 화흠보다 식견이 뛰어나다고 자부하고 있었다. 그때 王芬(왕분)은 다른 호걸과 함께 靈帝 폐위를 모의하고 있었다. 이는 〈武帝紀〉에 수록했다.[259] 왕분은 은밀히 화흠과 도구홍을 불러 함께 폐위를 꾸미려 했는데, 도구홍이 가려고 하자 화흠이 제지하며 말했다.

"황제의 폐위나 옹립과 같은 대사는 伊尹(이윤)과 (前漢) 霍光(곽광) 같은 사람에게도 어려운 일이었습니다. 왕분은 성격이 거칠고 결단력도 없어 틀림없이 실패할 것이니, 나중에 가족에게도 화가 미칠 것입니다. 가지 마십시오."

도구홍은 화흠의 말에 따라 가지 않았다. 뒷날 왕분은 실패했고, 도구홍은 화흠에게 歎服(탄복)했다.

화흠은 孝廉(효렴)으로 천거되어 郎中을 제수 받았지만 병으로 사임하였다. 靈帝가 붕어하고 何進(하진)이 정사를 보필하면서 河南尹의 鄭泰(정태), 潁川郡의 荀攸(순유) 및 화흠 등을 초빙하였다. 화흠은 입조하여 尙書郎이 되었다. 董卓(동탁)이 헌제를 長安으로 데려갈 때, 화흠은 (京兆郡) 下邽(하규) 현령 자리를 얻었지만 병으로 부임하지는 못했고 나중에 (京兆郡) 藍田縣을 거쳐 南陽郡으로 옮겨갔다.

었던 사람에게 배에서 내리라고 하였다. 이에 화흠이 말했다. "내가 난처했던 것은 이런 일 때문이었습니다. 아까는 태워주고서 지금 위급하다고 저 사람을 내리게 할 수는 없습니다." 일행은 모두 무사했다.《世說新語 德行》.

259 冀州刺史(기주자사)인 王芬(왕분), 南陽郡(남양군) 사람 許攸(허유), 沛國(패국) 사람 周旌(주선) 등이 호걸들과 연결하여 靈帝(영제)를 폐위하고, 合肥侯(합비후)를 옹립하려고 모의한 뒤에 이를 太祖(曹操)에게 통고했는데, 조조는 제의를 거절하였다. 왕분 등의 모의는 결국 실패했다.

그때 원술은 (南陽郡) 穰縣(양현)에 주둔했었는데 화흠을 만류했다. 이에 화흠은 원술에게 진격하여 동탁을 공격하라고 건의했지만 원술은 받아들이질 못했다. 화흠은 원술에게서 떠나려 할 때, 마침 헌제가 太傅(태부)인 馬日磾(마일제)[260]를 보내 關東을 안정케 했는데, 마일제는 화흠을 속관으로 차출하였다. 마일제는 동쪽으로 나아가 徐州에 이르러 조서를 받아 화흠을 豫章太守[261]에 임명하였는데, 화흠의 정사가 청정 간략하여 백성들이 감복하고 존경하였다.

孫策(손책)이 江東 지역을 경략했는데, 화흠은 손책이 用兵에 뛰어난 사실을 알고 평복을 입고 나아가 환영하였다. 손책은 화흠을 長者로 생각하며 上賓의 禮로 대우하였다. 뒷날 손책이 죽었다. 조조는 官渡(관도)에 주둔하고 있으면서 헌제에게 표문을 올려 화흠을 徵召(징소)케 하였다. 孫權(손권)이 화흠을 보내려 하지 않자, 화흠이 손권에게 말했다.

"장군께서는 王命을 받들어 처음에는 曹公과 좋은 관계였습니다만 그 情誼(정의)가 아직은 두텁지 않으니, 저로 하여금 장군을 위해 진력할 수 있게 한다면 훨씬 유익할 것입니다. 지금 공연히 저를 여기에 남겨두어야 쓸모없는 사람을 부양하는 것과 같으니 장군에게 좋은 방책이 아닙니다."

손권은 기꺼이 화흠을 보내주었다. 1천여 명이나 되는 빈객과 지인들이 화흠에게 재물을 보내 주었는데 수백 金에 달했다. 화흠은 하나도 거절하지 않았고 몰래 모두 이름을 써 놓았다. 출발 직전에

260 馬日磾(마일제, 字 翁叔)는 馬融(마융)의 족손. 獻帝 때 太傅 역임. 나중에 袁術에게 모욕을 당하고 분을 못 참아 죽었다. 磾는 검은 돌 제.

261 揚州 관할 豫章郡. 治所는 南昌縣, 今 江西省 북부 南昌市(江西省의 省都).

화흠은 여러 빈객을 불러 말했다.

"본래 여러분의 성의를 거절할 마음은 없었지만 너무 많이 받았습니다. 혼자 먼 길을 가면서 귀중한 보물을 갖고 가는 것이 바로 허물이니, 여러분께서 방책을 마련해 주시기 바랍니다."

그러면서 받은 재물을 다시 돌려주자 모두가 화흠의 덕에 감복하였다.

| 原文 |

歆至, 拜議郎, 參司空軍事, 入爲尙書, 轉侍中, 代荀彧爲尙書令. 太祖征孫權, 表歆爲軍師. 魏國旣建, 爲御史大夫. 文帝卽王位, 拜相國, 封安樂鄕侯. 及踐阼, 改爲司徒.

歆素淸貧, 祿賜以振施親戚故人, 家無擔石之儲. 公卿嘗並賜沒入生口, 唯歆出而嫁之. 帝嘆息, 下詔曰, 「司徒, 國之俊老, 所與和陰陽理庶事也. 今大官重膳, 而司徒蔬食, 甚無謂也.」 特賜御衣, 及爲其妻子男女皆作衣服.

三府議, "擧孝廉, 本以德行, 不復限以試經." 歆以爲 "喪亂以來, 六籍墮廢, 當務存立, 以崇王道. 夫制法者, 所以經盛衰. 今聽孝廉不以經試, 恐學業遂從此而廢. 若有秀異, 可特徵用. 患於無其人, 何患不得哉?" 帝從其言.

| 국역 |

華歆(화흠)은 조정에 들어와, 議郞를 제수 받았고 司空의 軍事 업무를 담당하다가 조정의 尙書가 되었으며, 侍中으로 전직했다가 荀彧(순욱)의 후임으로 尙書令이 되었다. 조조가 손권을 원정할 때, 표문을 올려 화흠을 軍師로 삼았다. 魏國이 건국되자, 화흠은 御史大夫가 되었다. 曹丕(조비)가 魏王으로 즉위하자, 화흠은 相國이 되었고 安樂鄕侯에 봉해졌다. 조비가 제위에 오르자, 화흠은 司徒(사도)가 되었다.

화흠은 평소에 청빈했고 봉록이나 하사품을 모두 친척이나 지인에 나눠주었기에 집안에는 여분의 식량이 남아 있지도 않았다. 公卿들은 籍沒(적몰)한 生口(노비)를 하사받아 보유했지만, 화흠만은 그들을 내보내고 결혼시켜 주었다. 이에 문제가 탄식하며 조서를 내렸다.

「司徒(華歆)는 나라의 훌륭한 원로로 음양의 조화를 이루며 국정을 잘 처리하고 있도다. 지금 대관들은 맛있는 여러 반찬을 먹지만, 사도는 채소 반찬으로 식사하니 더 이상 할 말이 없도다.」

그러면서 특별히 화흠에게 御衣(어의)를 하사하였고, 화흠 처자식의 의복을 지어 하사하였다.

三公府에서는 "孝廉은 본래 덕행으로 천거되는 인재이니, 경전을 다시 시험하는 제한을 폐지해야 한다."고 의논하였다.

그러나 화흠은 "喪亂 이래로 六經의 전적이 없어졌으니 응당 보전에 힘쓰며 王道를 존숭해야 합니다. 법 제정에 따라 성쇠가 크게 달라집니다. 효렴으로 천거된다고 경전을 시험하지 않는다면 이 때문에 학업을 폐하게 될 것입니다. 만약 특별한 인재가 있다면 불러 등용해야 합니다. 그런 인재가 없을까 걱정을 해야지, 어찌 얻지 못할까 걱정하겠습니까?"

文帝는 화흠의 의견에 따랐다.

| 原文 |

黃初中, 詔公卿擧獨行君子, 歆擧管寧, 帝以安車徵之. 明帝卽位, 進封博平侯, 增邑五百戶, 並前千三百戶, 轉拜太尉. 歆稱病乞退, 讓位於寧. 帝不許. 臨當大會, 乃遣散騎常侍繆襲奉詔喩指曰,

「朕新涖庶事, 一日萬幾, 懼聽斷之不明. 賴有德之臣, 左右朕躬, 而君屢以疾辭位. 夫量主擇君, 不居其朝, 委榮棄祿, 不究其位, 古人固有之矣, 顧以爲周公,伊尹則不然. 絜身徇節, 常人爲之, 不望之於君. 君其力疾就會, 以惠予一人. 將立席几筵, 命百官總己, 以須君到, 朕然後御坐.」

又詔襲, "須歆必起, 乃還." 歆不得已, 乃起.

| 국역 |

(文帝) 黃初 연간에, 공경들은 獨行君子를 천거하라고 조서를 내리자, 華歆(화흠)은 管寧(관녕)을 천거하였다. 文帝는 安車를 보내 관녕을 초빙했다.

明帝가 즉위한 뒤에 화흠은 博平侯에 봉해졌고, 식읍 5백 호를 늘려 받아 총 1,300호가 되었으며, 太尉를 제수 받았다. 휴흠이 병을 핑계로 사직하면서 관녕에게 양위하려 했으나 명제는 수락하지 않았다. 명제는 君臣의 大會에 참석하기 직전에 散騎常侍인 繆襲(목습)[262]을 보내 조서로 뜻을 설명케 했다.

「朕(짐)이 최근에 많은 하루에도 많은 정무를 처리하면서 나의 결단이 정확한가를 늘 걱정한다. 有德之臣이 좌우에서 짐을 보필해주기를 바라지만, 태위는 여러 번 병을 핑계로 사임하려고 하였다. 물론 헤아려보고 주군을 선택한다지만 조정에 출사하지 않고, 영광과 녹봉을 버리고 지위에 연연하지 않았던 옛사람이 있었지만 周公이나 伊尹(이윤)은 그러하지 아니하였다. 깨끗한 몸으로 지조를 지켜 죽는 것을 보통 사람이 따르지만, 짐은 태위에게는 그러 하기를 원하지 않는다. 태위는 병환을 무릅쓰고 大會에 나와 짐을 보살펴주기 바란다. 짐은 연석의 가장자리에 서서 백관이 모두 자기 직분을 다하며 태위가 도착하기를 기다렸다가 자리에 앉을 것이다.」

또 목습에게는 "화흠의 출발을 기다렸다가 돌아오라."고 명했기에 화흠은 부득이 일어나 참석하였다.

| 原文 |

太和中, 遣曹眞從子午道伐蜀, 車駕東幸許昌. 歆上疏曰,

262 繆襲(목습, 186－245年, 字 熙伯) － 東海郡 蘭陵縣人. 古代 '繆'는 '穆' 二字同音, 魯로 繆公은 보통 魯 穆公으로도 표기. 그 支庶子孫이 시호를 姓으로 삼았다.

「兵亂以來, 過踰二紀. 大魏承天受命, 陛下以聖德當成康之隆, 宜弘一代之治, 紹三王之跡. 雖有二賊負險延命, 苟聖化日躋, 遠人懷德, 將襁負而至. 夫兵不得已而用之, 故戢而時動. 臣誠願陛下先留心於治道, 以征伐爲後事. 且千里運糧, 非用兵之利, 越險深入, 無獨克之功. 如聞今年徵役, 頗失農桑之業. 爲國者以民爲基, 民以衣食爲本. 使中國無饑寒之患, 百姓無離土之心, 則天下幸甚, 二賊之釁, 可坐而待也. 臣備位宰相, 老病日篤, 犬馬之命將盡, 恐不復奉望鑾蓋, 不敢不竭臣子之懷, 唯陛下裁察!」

帝報曰,「君深慮國計, 朕甚嘉之. 賊憑恃山川, 二祖勞於前世, 猶不克平, 朕豈敢自多, 謂必滅之哉! 諸將以爲不一探取, 無由自弊, 是以觀兵以闚其釁. 若天時未至, 周武還師, 乃前事之鑑, 朕敬不忘所戒.」

時秋大雨, 詔眞引軍還. 太和五年, 歆薨, 謚曰敬侯. 子表嗣. 初, 文帝分歆戶邑, 封歆弟緝列侯. 表, 咸熙中爲尙書.

| 국역 |

(明帝) 太和 연간에, 曹眞(조진)[263]을 보내 子午道(자오도)[264]를 거

263 曹眞(조진, ?-231년, 字 子丹) - 曹魏名將, 曹操의 族子. 그 부친이 조조를 위해 모병하다가 피살되었다. 조조의 특별한 신임을 받았다. 대장군, 大司馬 역임. 《삼국연의》에서는 제갈량의 조롱 편지를 받고 화병으로 죽는 인물로 묘사 되었다. 《魏書》 9권, 〈諸夏侯曹傳〉에 입전.

264 子午道(子午谷) - 남북 약 330km, 今 陝西省 長安 서남 옛 漢中郡 褒中縣의

쳐 蜀(촉)을 정벌하면서 明帝는 동쪽 許昌에 행차하였다. 이에 화흠이 상소하였다.

「兵亂 이래로 이미 20년이 지났습니다. 大魏가 천명을 받았고, 폐하께서는 聖德으로 周 成王과 康王의 태평성대(成康之治)를 이루시고 훌륭하신 치적을 널리 베푸시며 三王(禹, 湯, 文,武王)의 자취를 계승하시니, 비록 二賊(蜀, 吳)이 험지에서 연명하더라도 폐하의 聖化는 日月처럼 상승하니, 遠人도 덕치를 그리워하며 어린아이를 업고 귀부하고 있습니다. 대체로 전쟁은 부득이 할 경우에만 써야 하기에 일단은 중지했다가 때를 보아 행동으로 보여줘야 합니다. 臣은 폐하께서 진정 治國 方略에 마음을 먼저 쓰시고 정벌은 뒷일로 미뤄두길 바랄뿐입니다. 또 천리 밖에 군량을 운반하는 것은 用兵에서 유리하지 않으며, 적진 깊이 들어갈수록 승리의 효과를 거두기도 어렵습니다. 금년의 요역과 군사 징발로 많은 백성이 농사와 길쌈의 생업을 잃었다고 들었습니다. 나라 통치에는 백성이 기본이고 백성은 衣食이 충족되어야 합니다. 우리 中國으로 하여금 배고픔과 추위 걱정이 없어, 백성이 농토를 떠나려는 마음이 없다면 나라에 큰 다행이며, 蜀과 吳의 내분을 앉아서 기다려도 될 것입니다. 臣은 그저 宰相 자리만 차지하고 있으나 노환이 날마다 심하여 신하로 충성할 날도 이제 곧 끝나서 어가를 다시는 모시지 못할

山中에서 시작하여 남쪽 陝西省, 남부 安康市 관할 石泉縣에 이르는 길. 王莽(왕망) 시대에 개통된 길로, 북방 출구를 '子口' 남방 출구를 午口라 부른다. 子午谷은 절벽에 가설한 수없이 많은 棧道(잔도)를 통과해야 蜀에 들어갈 수 있다. 蜀漢 丞相 諸葛亮의 1차 북벌 시 이 길을 이용했고 曹魏 大將 曹眞 伐蜀 할 때 이 길을 이용했으나 大雨를 만나 잔도가 많이 끊겨 절반쯤 진군하다가 회군했다.

것 같기에, 저의 심회를 말씀드리지 않을 수 없으니 폐하께서는 살펴주시기 바랍니다!」

이제 명제가 답서를 보냈다.

「太尉의 국가대계를 위한 심려를 짐은 매우 칭송하오. 적도는 험한 산천에 의지하기에 二祖(武帝와 文帝)께서도 앞서 勞心하셨지만 이길 수 없었으니, 짐이 어찌 自大하며 꼭 멸망시킨다 장담하겠는가! 여러 장수는 우리가 잡아내지 않는다면 그들이 스스로 망할 때까지 기다릴 수 없다기에 군사를 보내 그 틈을 이용하려는 것이요. 만약 天時가 아직 이르지 않았다면 周 武王이 군사를 돌린 것을 거울삼을 것이며, 짐은 태위의 염려를 잊지 않을 것이요.」

때마침 가을 큰 비가 내려 曹眞에게 회군토록 명령했다. 太和 5년(서기 231년)에 화흠이 죽었는데(時年 75세), 시호는 敬侯(경후)였다. 아들 華表(화표, 字 偉容)가 계승했다. 그전에 文帝는 화흠의 식읍을 나눠 화흠의 동생 華緝(화집)을 제후에 봉했다. 화표는 (曹奐의) 咸熙 연간에(서기 264 – 265) 尙書가 되었다.

❹ 王朗

| 原文 |

王朗字景興, 東海郯人也. 以通經, 拜郎中, 除菑丘長. 師太尉楊賜, 賜薨, 棄官行服. 擧孝廉, 辟公府, 不應. 徐州刺史陶謙察朗茂才. 時漢帝在長安, 關東兵起, 朗爲謙治中, 與別駕趙昱等說謙曰, “《春秋》之義, 求諸侯莫如勤王. 今天子越在西京, 宜遣使奉承王命.” 謙乃遣昱奉章至長安. 天子嘉其意, 拜謙安東將軍. 以昱爲廣陵太守, 朗會稽太守.

孫策渡江略地. 朗功曹虞翻以爲力不能拒, 不如避之. 朗自以身爲漢吏, 宜保城邑, 遂擧兵與策戰, 敗績, 浮海至東冶. 策又追擊, 大破之. 朗乃詣策. 策以儒雅, 詰讓而不害. 雖流移窮困, 朝不謀夕, 而收恤親舊, 分多割少, 行義甚著.

太祖表徵之, 朗自曲阿展轉江海, 積年乃至. 拜諫議大夫, 參司空軍事. 魏國初建, 以軍祭酒領魏郡太守, 遷少府,奉常, 大理. 務在寬恕, 罪疑從輕. 鍾繇明察當法, 俱以治獄見.

| 국역 |

王朗(왕랑)[265]의 字는 景興(홍경)으로, 東海郡 郯縣(담현)[266] 사람이다. 유가 경전에 박통하여 郎中이 되었다가 (彭城國) 菑丘(치구) 縣長이 되었다. 太尉 楊賜(양사)[267]에게 師事했는데, 양사가 죽자 관직

265 王朗(왕랑, ?-228년, 字 景興) - 本名 嚴, 東海 郯縣人, 曹魏에서 司徒 역임. 漢의 舊臣이었지만 華歆(화흠)과 함께 조조의 출세를 적극 도왔고, 헌제에게 曹조에게 禪讓(선양)할 것을 도왔다. 왕랑의 손녀가 司馬昭(사마소, 司馬懿의 아들)에게 출가하여 司馬炎(사마염)과 司馬攸(사마유) 형제를 낳으니, 왕랑은 곧 西晉 武帝 司馬炎(재위 265-290)의 외증조이다. 《三國演義》에서는 諸葛亮의 北伐 때, 王朗(왕랑)은 76세의 고령에도 불구하고 曹眞 등과 함께 祁山(기산)에서 제갈량과 맞서지만, 제갈량이 그의 불충을 꾸짖자 분통이 터져 말에서 떨어져 죽는다(武鄕侯罵死王朗).

266 徐州 관할 東海郡의 治所는 郯縣(담현), 今 山東省 남부 臨沂市(임기시) 관할 郯城縣(담성현).

267 楊賜(양사)는 2차례의 걸쳐 후한의 司徒 염임. 太尉에 臨晉侯에 봉해짐. 子

을 버리고 服喪(복상)했다. 孝廉(효렴)으로 천거되어 三公府의 부름을 받았지만 응하지 않았다. 徐州刺史인 陶謙(도겸)[268]이 왕랑을 살펴보고 茂才로 천거하였다. 그때 漢 獻帝는 長安에 있었고, 關東에서 (반 동탁) 의병이 일어났는데, 왕랑은 陶謙(도겸)의 治中從事가 되어 別駕인 趙昱(조욱) 등과 함께 도겸을 설득하였다.

"《春秋》의 大義에 제후가 되려면 군사를 일으켜 勤王(근왕)만한 일이 없습니다. 지금 天子는 西京(長安)에 流亡 중이니, 응당 사자를 보내고 왕명을 받들어야 합니다."

도겸은 이에 조욱을 장안으로 보내 奏章(주장)을 올리게 하였다. 헌제는 그 뜻을 가상히 여겨 도겸에게 安東將軍을 제수하였다. 그리고 조욱에게 廣陵太守, 왕랑에게는 會稽太守를 제수하였다.

孫策(손책)이 長江을 건너 평정하자, (회계태수) 왕랑의 功曹인 虞翻(우번)[269]은 힘으로 저지할 수 없으니 피난해야 한다고 말했다. 왕랑은 자신이 漢의 관리이니, 응당 城邑을 보전해야 한다고 생각하며 손책과 싸웠으나 패전하자, 바다를 따라 (交州) 東冶城(동야성)[270]

楊彪(양표), 손자가 鷄肋(계륵)으로 유명한 楊修(양수).

268 陶謙(도겸, 132-194, 字 恭祖) - 丹陽郡(縣, 今 安徽省 馬鞍山市 博望區) 사람. 《後漢書》 73권, 〈劉虞公孫瓚陶謙列傳〉에 立傳. 《魏書》 8권, 〈二公孫陶四張傳〉에 입전. 初平 4년(서기 193), 조조는 부친 曹嵩(조숭) 泰山郡에서 피살된 것을 도겸의 책임으로 돌리고 도겸을 공격하고 서주 지역에 살육을 감행했다. 興平 원년(서기 194)에 조조가 다시 徐州를 공격할 때, 도겸은 병사했다. 《三國演義》에서 도겸은 온화하고 바른 사람으로 묘사되었지만, 正史에서는 소인을 신임하며 刑政이 失和한 흉악한 이며 군자를 협박하며 백성의 재물을 편취하는 인물로 서술되었다.

269 虞翻(우번, 164-233년, 字 仲翔) - 會稽 餘姚(今 浙江省 餘姚)人. 東吳의 經學者. 騎都尉 역임. 《吳書》 12권, 〈虞陸張駱陸吾朱傳〉에 立傳.

270 東冶는 福建省 省都인 福州市 屛山 동남 冶山 一帶로 추정.

으로 옮겨갔다. 그러나 손책이 추격하여 왕랑의 군사를 대파했다.

왕랑은 손책을 찾아가 만났다. 손책은 왕랑이 유생이라서 비난은 했으나 해치지는 않았다. 이때 왕랑은 몹시 곤궁하여 아침에 저녁 끼니가 없었지만, 지인의 도움을 받으면 그것을 없는 사람에게 다시 나눠주는 등 義行을 크게 베풀었다.

조조가 표문을 올려 왕랑을 초빙했는데, 왕랑은 (吳郡) 曲阿縣[271]을 출발하여 長江과 바다를 전전하며 1년이 지나서 도착하였다. 왕랑은 諫議大夫를 제수 받고 司空의 군사업무를 담당하였다. 魏國이 건국되자, 왕랑은 軍 祭酒로 魏郡太守를 겸임했고, 이어 少府[272]로 승진했으며 奉常, 大理 등을 역임했다. 왕랑은 관용으로 업무를 수행하였고 죄가 확실치 않으면 가볍게 처벌하였다. 鍾繇(종요)는 명철하게 법을 집행했는데, 왕랑과 함께 司法에 칭송을 들었다.

| 原文 |

文帝卽王位, 遷御史大夫, 封安陵亭侯. 上疏勸育民省刑曰, 「兵起已來三十餘年, 四海盪覆, 萬國殄瘁. 賴先王芟除寇

271 吳郡 曲阿縣은, 今 江蘇省 남부 長江 남안 鎭江市 관할 丹陽市.

272 魏의 관제는 後漢의 관제를 거의 그대로 답습했다. 후한의 경우 少府(소부)는 9卿의 하나로, 질록 中二千石인데, 궁중 소요 각종 의복, 물자, 보화의 제조나 공급 담당했고 차관인 丞 1인(질록 比千石)을 두었다. 소부의 속관으로는 太醫令(1인, 질록 6백석. 의료 담당), 太官令(1인, 질록 6백석. 황제의 식사 飮食 주관), 守宮令(1인, 질록 6백석, 황제 소용 紙筆墨 및 尙書가 필요한 제 물자 및 封泥 등 관장)이 있고, 황제 직속 비서라 할 수 있는 侍中, 尙書令, 감찰 담당 御使中丞(어사중승) 등 주요 관직도 소부의 속관이었다.

賊, 扶育孤弱, 遂令華夏復有綱紀. 鳩集兆民, 於茲魏土, 使封鄙之內, 雞鳴狗吠, 達於四境, 蒸庶欣欣, 喜遇昇平. 今遠方之寇未賓, 兵戎之役未息, 誠令復除足以懷遠人, 良宰足以宣德澤, 阡陌咸修, 四民殷熾, 必復過於囊時而富於平日矣. 《易》稱敕法,《書》著祥刑, 一人有慶, 兆民賴之, 愼法獄之謂也. 昔曹相國以獄市爲寄, 路溫舒疾治獄之吏. 夫治獄者得其情, 則無冤死之囚. 丁壯者得盡地力, 則無饑饉之民. 窮老者得仰食倉廩, 則無餧餓之殍. 嫁娶以時, 則男女無怨曠之恨. 胎養必全, 則孕者無自傷之哀, 新生必復, 則孩者無不育之累. 壯而後役, 則幼者無離家之思, 二毛不戎, 則老者無頓伏之患. 醫藥以療其疾, 寬繇以樂其業, 威罰以抑其强, 恩仁以濟其弱, 賑貸以贍其乏. 十年之後, 旣笄者必盈巷. 二十年之後, 勝兵者必滿野矣.」

| 국역 |

曹丕(조비)가 魏王이 되자, 王朗(왕랑)은 御史大夫로 승진했고 安陵亭侯가 되었다. 이에 왕랑은 백성을 愛育하고 형벌을 줄여야 한다는 상소를 올렸다.

「병란이 일어난 지 30여 년에 천하가 뒤엎어졌고 萬國이 피폐하였습니다. 先王(曹操)께서 적도들을 모조리 제거하고 힘없는 백성을 애육하는데 힘입어 이제 온 나라에 다시 기강이 잡혔습니다. 많은 백성들이 魏國에 모여들었고, 각 영역 내에 닭이 울고 개 짖는 소리가 사방에서 들리고 백성들은 기뻐하며 昇平 시대를 만났습니다. 지금 먼 곳의 도적들이 아직은 투항하지 않았고 전쟁이 끝나지는 않았지만, 진정으로 각종 부세를 가볍게 한다면 먼 곳의 백성들이 귀부하고, 관리들은 황상의 은덕에 만족할 것이며, 농지가 개간되고 四民(士農工商)이 번창하여 지난날보다 더 번영할 것입니다. 그래서 《易經》에서는 국법을 바로 세우라 하였고, 《尙書》에서는 형법을 잘 적용하라 하였으며, 一人이 좋은 일을 하면 만민이 그 혜택을 본다고 한 말도 법 집행에 신중을 기하라는 뜻이었습니다. (前漢의) 相國인 曹參(조참)은 후임자에게 獄(옥)과 시장을 잘 관리하라고 부탁하였으며,[273] (前漢의) 路溫舒(노온서)[274]는 가혹한 옥리를 미워하

273 曹相國以獄市爲寄 – 齊의 監獄과 市場을 사람이 사는 곳으로 생각하다. 감옥과 시장이 모두 중요하다는 뜻. 寄는 의탁하다. 붙어살다. 曹參(조참, ? – 前 190)은 漢 개국공신. 조참은 漢 6년(前 201)에 齊王의 相에 임명되었다. 前 193년에 소하의 뒤를 이어 漢 승상이 되어 無爲의 정치를 구현하였다. '蕭規曹隨(소규조수)' 成語의 주인공. 조참은 齊의 승상으로 齊 70개 성을 다스렸다. 조참의 치국은 道家의 학설을 적용하는 것으로 齊의 승상 9년에 齊는 매우 안정되었고 賢相이라는 높은 명성을 누렸다. 相國 蕭何(소하)는 혜제 2년(前 193)에 죽었다. 소하가 죽었다는 소식을 듣자, 조참은 舍人(사인)들에게 빨리 행장 준비하라면서 말했다. "내가 곧 相國으로 入朝할 것이다." 과연 얼마 있지 않아 조정의 사자가 조참을 부르러 왔다. 조참은 떠나면서 그 후임 승상에게 말했다. "齊나라의 감옥과 시장을 살만한 곳으로 생각하고 조심하여 소란스럽게 하지 마시오." 후임 승상이 물었다. "治國에 그보다 중요한 일은 없습니까?" 조참이 말했다. "그렇지 않소. 감옥과 시장은 누구나 수용해야 하는 것이니(善人과 惡人 모두를 포용해야 한다는 뜻), 승상이 소란스럽게 한다면 악인은 어디서 살 수 있겠소?(악인이라고 다 죽일 수 없으니 그들이 살 곳은 감옥과 시장 밖에 없다는 뜻) 그래서 내가 우선적으로 다루었소."

274 路溫舒(노온서, 생졸년 미상, 字는 長君) – 鉅鹿縣(거록현) 東里 사람이다. 노온서는 宣帝에게 〈言宜尙德緩刑書〉를 올려 응당 덕을 숭상하고 형벌을 완화해야 한다고 주장하였다. 《漢書》 51권, 〈賈鄒枚路傳〉에 입전.

였습니다. 대체로 治獄者가 죄수의 사연을 다 들어주면 억울하게 죽는 죄수가 없을 것입니다. 壯丁(장정)이 힘써 농사를 지으면 굶주리는 백성이 없습니다. 가난한 노인이 나라의 구휼로 먹을 수 있다면 굶어죽은 시신이 없을 것입니다. 남녀가 제때에 결혼할 수 있다면 홀로 죽는 원한이 없을 것입니다. 낳은 아이를 온전히 기를 수 있다면 임산부의 슬픔이 없이 다시 아이를 가질 것이며, 어린아이가 양육되지 못하는 폐단이 없을 것입니다. 그 아이가 커서 나라의 요역을 담당할 것이니, 어린 나이에 고향을 떠날 생각을 아니 하기에 斑白(반백)의 노인이 군대에 징집되지 않아 노인이 곤경에 처할 우려가 없을 것입니다. 醫藥(의약)으로 질병을 치료하듯 관대한 요역은 생업을 즐겁게 하고, 위엄으로 징벌하여 강자를 누르고 恩仁으로 약자를 지켜주며, 賑貸(진대, 빈민구제)로 곤핍한 백성을 도와야 합니다. 그렇게 한다면 10년 뒤에 장성한 여인들이 마을에 가득할 것입니다. 그리고 20년 뒤에는 병졸로 전장에 나가 승리할 군사가 들에 가득할 것입니다.」

| 原文 |

及文帝踐阼, 改爲司空, 進封樂平鄕侯. 時帝頗出遊獵, 或昏夜還宮.

朗上疏曰,

「夫帝王之居, 外則飾周衛, 內則重禁門, 將行則設兵而後出幄, 稱警而後踐墀, 張弧而後登輿, 淸道而後奉引, 遮列而後轉轂, 靜室而後息駕, 皆所以顯至尊, 務戒愼, 垂法敎也. 近日車駕出臨捕虎, 日昃而行, 及昏而反, 違警蹕之常法, 非萬乘之至愼也.」

帝報曰, 「覽表, 雖魏絳稱虞箴以諷晉悼, 相如陳猛獸以戒漢武, 未足以喩. 方今二寇未殄, 將帥遠征, 故時入原野以習戎備. 至於夜還之戒, 已詔有司施行.」

‖ 국역 ‖

文帝가 제위에 오르면서[275] 왕랑은 司空이 되었고, 작위도 올라 樂平鄕侯가 되었다. 그때 文帝는 자주 사냥을 나갔고 가끔은 어두운 밤에 환궁하였다. 이에 왕랑이 상소하였다.

「帝王의 거처는 밖으로 禁衛(금위)를 둘러 배치하고, 안으로는 궁문을 엄격히 단속하며, 행차할 경우에는 위병을 배치한 뒤에 帷幄(유악, 帳幕)을 나서되 경계를 외치게 한 뒤에 계단을 내려서며, (위사가) 활을 당겨 쏠 준비를 한 뒤에 수레에 오르고, 길을 치우고(淸道) 길잡이가 앞에 나서서 대열이 늘어선 뒤에 수레가 출발하며, 머물 곳을 깨끗하게 치운 뒤에 들어가 휴식하는데, 이 모두는 지존의 존엄을 나타내며, 방비를 철저히 한 뒤에야 법도로 후세를 교화하였습니다. 요즈음에 폐하께서 사냥을 하시면서 해가 기운 다음 어두워야 환궁하신다니, 이는 警蹕(경필, 길 치우기)의 常法에 어긋나며

275 원문의 踐阼(천조)의 踐은 밟을 천. 阼는 동편 층계 조. 주인이 오르고 객은 서편 계단으로 오른다. 帝位. 천제에 제사할 때 천자는 동쪽 계단으로 올라간다.

만승천자의 근신이라 할 수 없습니다.」

이에 황제가 답신을 보냈다.

「상주를 읽었나니, 魏絳(위강)[276]은 虞人(우인)의 箴言(잠언)으로 晉 悼公(도공)을 훈계하였고, (前漢) 司馬相如(사마상여)[277]가 맹수를 서술하여 漢 武帝를 훈계한 것도 卿의 가르침만 못할 것이요. 지금 바야흐로 두 도적들(蜀, 吳)을 섬멸하지 못하였고, 장수가 원정에 나갔기에 가끔 들판에서 武備를 연습한 것이요. 이미 담당자에 명하여 야간 환궁에 대비한 경계를 시행하고 있도다.」

---

276 魏絳(위강) - 魏昭子, 魏莊子로 통칭. 春秋 시대 晉國의 武將, 政治家, 諡號 昭, 莊. 晉 悼公과 平公을 섬김. 《史記 魏世家》 참고.

277 司馬相如(사마상여, 前 179?-118, 字는 長卿) - 蜀郡 成都縣 사람. 漢賦의 代表作家, '賦聖' 이라는 칭송도 있다. 卓文君과의 私奔(사분)은 널리 알려진 이야기이다. 《漢書 藝文志》에 사마상여의 賦 29편명이 올랐는데 잘 알려진 것으로는 〈子虛賦〉, 〈上林賦〉, 〈大人賦〉, 〈哀秦二世賦〉 등이 있다. 蜀人 楊得意(양득의)란 사람이 狗監(구감)이 되어 武帝를 모시었다. 무제는 〈子虛賦〉를 읽고 칭찬하며 말했다. "朕(짐)은 어찌 이 사람과 같은 때 살지 못했는가!" 그러자 득의가 말했다. "臣의 고향사람 司馬相如가 이 賦를 자신이 지었다고 말했습니다." 무제는 놀라면서 사마상여를 불러 물었다. 상여가 말했다. "그렇습니다. 그러나 이는 제후의 일을 쓴 것이라서 볼 것이 없으니 천자의 사냥을 읊은 부를 지어보겠습니다." 무제는 尙書에게 붓과 목간을 주게 하였다. 상여의 '子虛' 는 '빈말' 이란 뜻으로 楚를 묘사하였고 '烏有先生' 이란 '어디에 이런 일이 있는가?' 라는 뜻으로 齊를 비난하였으며 '亡是公(무시공)' 이란 '이런 사람은 없다' 는 뜻인데 천자의 大義를 밝히었다. 그리하여 이 세 사람의 말로 천자와 제후의 苑囿(원유, 놀이동산, 사냥)를 상상케 하고 끝에 가서 節儉을 말하여 이를 통해 風諫(풍간)하려는 뜻이었다. 《史記 司馬相如列傳》 참고. 《漢書 司馬相如傳 上,下》에 입전.

| 原文 |

初, 建安末, 孫權始遣使稱藩, 而與劉備交兵. 詔議“當興師與吳並取蜀不?”

朗議曰, “天子之軍, 重於華,岱, 誠宜坐曜天威, 不動若山. 假使權親與蜀賊相持, 搏戰曠日, 智均力敵, 兵不速決, 當須軍興以成其勢者, 然後宜選持重之將, 承寇賊之要, 相時而後動, 擇地而後行, 一擧更無餘事. 今權之師未動, 則助吳之軍無爲先征. 且雨水方盛, 非行軍動衆之時.”

帝納其計. 黃初中, 鵜鶘集靈芝池, 詔公卿擧獨行君子. 朗薦光祿大夫楊彪, 且稱疾, 讓位於彪. 帝乃爲彪置吏卒, 位次三公.

詔曰, 「朕求賢於君而未得, 君乃翻然稱疾, 非徒不得賢, 更開失賢之路, 增玉鉉之傾. 無乃居其室出其言不善, 見違於君子乎! 君其勿有後辭.」 朗乃起.

| 국역 |

그전에, 建安 末年에 孫權(손권)은 사신을 보내 藩臣(번신)을 자칭하며 劉備(유비)와 교전하겠다고 말했다. 군사를 일으켜 吳와 연합하여 蜀을 멸망시킬 수 있는가를 왕명에 의거 논의하였다. 이에 왕랑이 말했다.

“天子의 군사는 華山(화산, 西嶽)과 岱山(대산, 泰山, 東嶽)처럼 重大한 만큼 천자의 빛나는 위엄을 바탕으로 산처럼 不動해야 합니다.

가령 손권이 직접 蜀의 무리와 대치하고 싸우며 오랜 세월을 허비하고, 지모와 군사력이 대등하여 쉽게 결판이 나지 않더라도, 천자의 군사는 군수물자를 동원하여 그 성패를 관망한 연후에, 신중하고 自重한 장수를 골라 출동시켜 적들의 요체를 파악한 뒤에, 때를 보아 출동하거나 지리적 이점을 골라 행군하여 일거에 모든 것을 마무리 지어야 합니다. 지금 손권이 군사를 동원하지 않는데, 吳를 도울 군사가 먼저 정벌에 나설 이유가 없습니다. 그리고 지금 한창 비가 많이 내릴 계절이니 군사를 동원할 시기도 아닙니다."

魏王은 그 계책을 받아들였다.

(文帝) 黃初 연간에, 鵜鶘(제호, 사다새)가 靈芝池(영지지)에 모여들었는데, 공경에게 조서를 내려 獨行君子를 천거케 하였다. 왕랑은 光祿大夫인 楊彪(양표)를 천거하면서 병을 이유로 양표에게 양위하려고 했다. 문제는 양표를 호위할 군사를 배치케 하였고, 양표의 서열은 三公 다음이었다.

문제는 왕랑에게 명했다.

「朕(짐)이 君에게 求賢하라 하였으나 인재를 얻지도 못하였는데, 君은 반대로 병이라 사임하려 하니, 현인을 얻지 못하면서 현인을 잃어버릴 길을 열었고, 좋은 음식이 든 귀한 솥(玉鉉)을 엎어지도록 밀어버렸도다. 이것은 짐이 거처하는 궁궐에서 不善한 말이 나오고 군자의 원한을 사고 있다는 뜻은 아니겠는가! 君은 더 이상 다른 말을 하지 말지어다.」

왕랑은 병석에서 일어나 입조하였다.

| 原文 |

孫權欲遣子登入侍, 不至. 是時車駕徙許昌, 大興屯田, 欲擧軍東征.

朗上疏曰,

「昔南越守善, 嬰齊入侍, 遂爲冢嗣, 還君其國. 康居驕黠, 情不副辭, 都護奏議以爲宜遣侍子, 以黜無禮. 且吳濞之禍, 萌於子入, 隗囂之叛, 亦不顧子. 往者聞權有遣子之言而未至, 今六軍戒嚴, 臣恐輿人未暢聖旨, 當謂國家慍於登之逋留, 是以爲之興師. 設師行而登乃至, 則爲所動者至大, 所致者至細, 猶未足以爲慶. 設其傲狠, 殊無入志, 懼彼輿論之未暢者, 並懷伊邑. 臣愚以爲宜敕別征諸將, 各明奉禁令, 以愼守所部. 外曜烈威, 內廣耕稼, 使泊然若山, 澹然若淵, 勢不可動, 計不可測.」

是時, 帝以成軍遂行, 權子不至, 車駕臨江而還.

| 국역 |

孫權(손권)은 아들 孫登(손등)을 보내 입시하겠다고 말했지만, 손권의 아들은 입시하지 않았다. 이 무렵 황제는 許昌에 행차하였고 屯田을 크게 일으켰는데 군사를 동원하여 吳를 원정하려고 했다. 이에 왕랑이 상소하였다.

「옛날에 南越王은 그 땅을 잘 지키면서 아들 嬰齊(영제)를 漢에 입시케 했다가 후계자로 지정되었고 돌아가 왕이 되었습니다. (서역의) 康居(강거) 국왕은 교만하고 교활하여 말과 뜻이 일치하지 않았는데, 西域都護가 상주하여 그 아들을 입조시키겠다 하여 군사를 시켜 호위하였으나 무례하여 쫓아버렸습니다. 또 (前漢) 吳國의 劉濞(유비)가 주동이 된 (吳楚七國의) 반란[278]도 그 맹아는 아들의 入侍였으며, (후한 초기) 隗囂(외효)[279]의 반란 또한 그 아들을 버리고 시작하였습니다. 예전에 손권은 아들을 보낸다고 말했지만 보내지 않았으며, 지금 六軍이 경계가 삼엄하지만, 臣은 여러 사람이 폐하의 의도를 제대로 이해하지 못하고 손권의 아들을 보내지 않기에 화가 나서 군사를 일으켰다고 생각할까 두렵습니다. 설사 대군이 원정을 떠나고 손권의 아들이 입시한다고 하여도 대군을 동원한 일은 지대한 일이고, 그로써 성취한 것은 아주 미세한 것이라서 성공하더라도 경하 받을 만한 일도 아닙니다. 가령 손권이 오만 횡포하고 아들을 입시시킬 뜻이 처음부터 없다 하여도, 臣이 걱정하는 것은 폐하의 뜻을 잘 알지 못하고 원정에 회의를 품는 여론입니다. 臣의 우견

278 吳楚七國의 난(景帝 3년, 前 154) - 亂에 가담한 제후왕은 吳王 劉濞(유비), 膠西王(교서왕) 劉卬(유앙), 楚王 劉戊(유무), 趙王 劉遂(유수), 濟南王 劉辟光, 菑川王(치천왕) 劉賢, 膠東王 劉雄渠(유웅거) 등이 거병하며 반역했다. 주동인물은 吳王 劉濞(유비, 前 215-154), 고조 둘째 형의 아들이니 고조의 조카. 35권, 〈荊燕吳傳〉에 立傳. 濞는 물소리 비. 오초칠국난의 원인에 대해서는 39권, 〈爰盎鼂錯傳〉의 鼂錯傳(조조전) 참고. 난의 경과에 대해서는 35권, 〈荊燕吳傳〉의 吳王 劉濞(유비)의 기록 참고.

279 隗囂(외효, ?-33년) - 隗 험할 외, 나라 이름 외. 囂는 시끄러울 효. 광무제에 臣屬을 거부, 建武 6년(서기 30) 정식으로 반기, 公孫述에 의지, 건무 8년 광무제 親征, 9년(서기 33년). 隗囂(외효)는 병들고 굶주리다가 성 밖에서 볶은 쌀로 식사를 하다가 성질이 나서 죽었다. 외효가 낙양에 입시시킨 아들은 외효의 반란에 처형되었다. 《後漢書》 13권, 〈隗囂公孫述列傳〉 立傳.

으로는 출정하는 여러 장군들에게 명령하여 모두가 禁令을 철저히 지키고 거느린 부대를 잘 통솔케 하는 것입니다. 그리하여 밖으로는 조정의 권위를 내세우며, 안으로는 농업생산을 증대시키면서 장수로 하여금 마치 부동의 큰 산처럼 당당하고, 깊은 연못처럼 침착하여 군사의 위엄이 흔들리지 않고 계책을 예측할 수 없게 하는 것입니다.」

이때 文帝는 대군을 출동시켰지만 손권의 아들은 입시하지 않았다. 文帝는 長江까지 진군했다가 회군하였다.

| 原文 |

明帝卽位, 進封蘭陵侯, 增邑五百, 並前千二百戶. 使至鄴省文昭皇后陵, 見百姓或有不足. 是時方營修宮室, 朗上疏曰, 「陛下卽位已來, 恩詔屢布, 百姓萬民莫不欣欣. 臣頃奉使北行, 往反道路, 聞衆徭役, 其可得蠲除省減者甚多. 願陛下重留日昃之聽, 以計制寇. 昔大禹將欲拯天下之大患, 故乃先卑其宮室, 儉其衣食, 用能盡有九州, 弼成五服. 句踐欲廣其禦兒之疆, 馘夫差於姑蘇, 故亦約其身以及家, 儉其家以施國, 用能囊括五湖, 席捲三江, 取威中國, 定霸華夏. 漢之文, 景亦欲恢弘祖業, 增崇洪緖, 故能割意於百金之臺, 昭儉於弋綈之服, 內減太官而不受貢獻, 外省徭賦而務農桑, 用能號稱昇平, 幾致刑錯. 孝武之所以能奮其軍勢, 拓其外境, 誠因祖考畜積素足, 故能遂成大功. 霍去病, 中才之將, 猶以匈奴未滅, 不治第宅. 明卹遠者略近, 事外者簡內. 自漢之初及其中興, 皆於金革略寢之後, 然後鳳闕猥閌, 德陽並起. 今當建始之前足用列朝會, 崇華之後足用序內官, 華林,天淵足用展游宴, 若且先成閶闔之象魏, 使足用列遠人之朝貢者, 脩城池, 使足用絶逾越, 成國險, 其餘一切, 且須豐年. 一以勤耕農爲務, 習戎備爲事, 則國無怨曠, 戶口滋息, 民充兵强, 而寇戎不賓, 緝熙不足, 未之有也.」

轉爲司徒.

| 국역 |

明帝가 즉위하자, 王朗(왕랑)은 蘭陵侯(난릉후)로 작위가 올랐고 식읍 5백 호를 더 받아 모두 1,200호가 되었다. 왕랑은 鄴縣[280]의 文昭皇后陵[281]을 성묘하러 갔다가 백성의 의식이 너무 부족한 것을 알았다. 그때 궁궐을 한창 신축할 때였는데 왕랑이 상소하였다.

「폐하 즉위 이래로 은택을 베푸는 조서를 여러 번 반포하여 기뻐하지 않는 백성이 없었습니다. 臣이 얼마 전에 명을 받아 북쪽에 갔다가 왕복하는 길에 많은 백성이 傜役(요역)에 동원된 것을 보았는

280 魏郡의 治所인 鄴縣(업현), 今 河北省 남부 邯鄲市(한단시) 관할 臨漳縣. 曹操가 魏公이 되고 魏王으로 있는 동안 조조 세력의 근거지였다.

281 文昭甄皇后(문소견황후. 183 – 221)는 名 不明, 魏 明帝 曹叡(조예)의 生母. 曹叡(明帝) 즉위 후 文昭皇后로 추존, 上蔡令 甄逸(견일)의 딸. 袁紹의 2子 袁熙의 처, 원소가 패망할 때(건안 9년), 曹丕(조비)가 그 미모에 반해 娶妻(취처). 황후가 되었다.

데 그중에는 면제되어야 하나 동원된 백성이 매우 많았습니다. 바라옵건대, 폐하께서는 해가 기울도록 식사를 잊어버리고 애쓰던 고대 선왕의 사례에 유념하시어 적을 제압할 방책을 수립하시기 바랍니다.

옛날 大禹(대우)는 천하의 大患을 극복하려고 먼저 작은 궁궐에 살며 검소한 衣食을 실천하였기에 九州를 차지하고 사방의 藩國(번국)과 五服(오복)[282]을 거느릴 수 있었습니다. (越王) 句踐(구천)[283]은 禦兒(어아, 吳와의 국경 지명)의 땅을 넓히려고 (吳王) 夫差(부차)를 姑蘇城(고소성)[284]에서 격파하였는데 그전에 자신과 가족이 검약한 생활을 하고 가족의 재물을 국가에 바쳤기에 五湖 일대를 차지하고 三江을 석권하였으며 中原에 맹위를 떨치고 전 제후의 패권을 장악했습니다.

漢의 文帝와 景帝는 선조가 개창한 帝業을 이어 후세에 물려줄 대업을 확실하게 구축하려고 百金의 비용이 들어간다며 樓臺(누대)

282 《尙書 禹貢》에 九州와 五服에 대한 기록이 있는데, 大禹는 天下를 冀州, 兗州, 靑州, 徐州, 揚州, 荊州, 豫州, 梁州, 雍州로 나누었고, 王都(帝鄕)을 중심으로 5백 리마다 甸服(전복), 侯服(후복), 綏服(수복), 要服(요복), 荒服(황복)으로 구분하였다.

283 勾踐(구천)은 春秋時代 後期 越國의 君主. 生年 미상, 前 496年－464년 재위. 前 482年에 黃池에서 吳王 夫差(부차)와 싸워 吳 都城 姑蘇城을 함락시켰고, 재위 24년인 前 473년에 부차를 다시 공격하자, 부차는 자살했고 吳國은 멸망했다. 臥薪嘗膽(와신상담)의 주인공. 《史記 越王勾踐世家》 참고.

284 姑蘇城(고소성)은 江蘇省 남단 蘇州市. 魚米之鄕, 狀元之鄕, 人間天堂으로 불리는 곳, 春秋 시기 吳國의 首都. 吳王 闔閭(합려)는 靈岩山에 姑蘇臺를 지었는데 이때부터 靈岩山은 姑蘇山이 되었다. 후한 시대에 會稽郡 북부를 吳郡으로 개편했고 郡治는 吳縣이었다. 남부는 會稽郡으로 남았고, 郡治는 山陰縣이었다. 三國시대에 吳國의 도읍이었다. 秦漢六朝 시대에 '江東一都會'의 美稱으로 불렸다.

신축을 하지 않았고,[285] 절검을 강조하며 검은 비단옷을 입었으며, 궁내 太官(황제 식사 담당)의 반찬을 줄이고[286] 지방의 헌상품을 받지 못하게 하였으며, 밖으로는 백성의 조세와 부역을 경감하고 農桑(농상)을 장려하여 거의 승평시대를 이루었을 뿐만 아니라 형벌제도도 개선하였습니다. 孝武帝가 漢의 軍勢를 떨치고 국경을 넓힐 수 있었던 것도 祖考의 축적이 있어 재정이 넉넉하였기에 큰 성공을 거둘 수 있었습니다. 霍去病(곽거병)[287]은 보통 재능의 장수였는데(中才之將), 흉노를 없애지도 못했다며 자신의 집을 꾸미지 않았습니다.

이처럼 먼 장래를 설계하려는 사람은 눈앞의 이익을 돌보지 않고

---

285 孝文皇帝(재위 前 179-157년) 宮室과 苑囿(원유)와 車騎(거기)와 服御(복식과 수레)에 더 늘어난 것이 없었다. 불편한 제도는 바로 폐지하여 백성에게 도움을 주었다. 그전에 노천에 누대를 지으려고 匠人을 불러 계산을 물었더니 황금 1百斤이 소요된다고 하였다. 이에 문제가 말했다. "百金이면 보통 사람 十家의 재산이다. 짐이 先帝의 궁실을 물려받은 것만으로도 늘 先帝께 부끄러웠는데, 왜 누대를 더 지어야 하는가!" 文帝는 검은 비단 옷을 입었으며 총애하는 愼夫人의 옷도 땅에 끌리지 않았고, 휘장에 수를 놓지도 않아 돈후질박한 생활로 천하에 솔선하였다. 霸陵(패릉)을 조성하면서도 질그릇을 사용하였고, 금은 또는 구리나 주석으로 장식하지 않았으며, 산의 형세에 따랐고 봉분을 만들지도 않았다. 孝景帝(名 啓, 재위 前 156-141년)도 文帝의 원칙을 바꾸지 않고 그대로 따랐기에 건국 후 5, 60년에 풍속이 바뀌어 백성들은 순박해졌다. 周에서는 成王과 康王의 盛世를, 漢에서는 文帝와 景帝 시대를 盛世로 지칭한다.

286 減太官 - 음식을 줄이다. 太官은 少府의 속관. 황제의 식사를 주선하는 內官.

287 霍去病(곽거병, 前 140-117) - 衛子夫와 衛青의 생질. 匈奴 격파한 名將. 곽거병은 사람이 말수가 적고 감정을 드러내지 않았으며 기개가 있고 과감하였다. 무제가 그에게 孫子 吳子의 兵法을 가르치라고 하자, 곽거병이 말했다. "방략을 어떻게 쓰느냐가 문제이지 옛 병법을 배울 필요는 없습니다." 무제가 그를 위해 좋은 집을 마련하고 가보라고 하였으나 곽거병은 "흉노를 없애지도 못했는데 집을 꾸밀 수가 없습니다."라고 말했다. 《漢書》 55권, 〈衛青霍去病傳〉에 입전.

밖에 큰일을 하려는 자는 내부를 간략히 처리합니다. 漢의 건국에서 中興까지(後漢의 건국) 전쟁을 완전히 종식시킨 뒤에야 누대를 짓고 궁궐을 마련하면서 은택을 함께 베풀었습니다.

지금 建始宮의 前殿은 충분히 백관을 모아 조회할 수 있고, 崇華殿의 후원에는 內官을 모두 수용할 수 있으며, 華林園(화림원)과 天淵池(천연지)는 游宴(유연)을 충분히 즐길 수 있습니다. 그런데 다시 성문 밖에 큰 건물을 궁궐을 지어 먼 지방에서 조공하는 자를 수용하려는 일은, 城池를 수축하여 적의 침입을 막고 나라의 요새를 짓는 이외의 일이니, 풍년을 기다려 시행해야 합니다. 오로지 우선 농사를 중시하고 군사의 정비와 훈련을 한다면 나라에 원망이 없고 민호가 불어나 백성이 많아지며 군사가 강할 것이니 외적이 투항하지 않거나 황제 위엄이 부족한 일은 일어나지 않을 것입니다.」

왕랑은 司徒가 되었다.

|原文|

時屢失皇子, 而後宮就館者少, 朗上疏曰,

「昔周文十五而有武王, 遂享十子之祚, 以廣諸姬之胤. 武王旣老而生成王, 成王是以鮮於兄弟. 此二王者, 各樹聖德, 無以相過, 比其子孫之祚, 則不相如. 蓋生育有早晩, 所産有衆寡也. 陛下旣德祚兼彼二聖, 春秋高於姬文育武之時矣, 而子發未擧於椒蘭之奧房, 藩王未繁於掖庭之衆室. 以成王爲喩, 雖未爲晩, 取譬伯邑, 則不爲夙.《周禮》六宮內官百二十

人, 而諸經常說, 咸以十二爲限, 至於秦漢之末, 或以千百爲數矣. 然雖彌猥, 而就時於吉館者或甚鮮, 明'百斯男'之本, 誠在於一意, 不但在於務廣也. 老臣慺慺, 願國家同祚於軒轅之五五, 而未及周文之二五, 用爲伊邑. 且少小常苦被褥泰溫, 泰溫則不能便柔膚弱體, 是以難可防護, 而易用感慨. 若常令少小之縕袍, 不至於甚厚, 則必咸保金石之性, 而比壽於南山矣.」

帝報曰,「夫忠至者辭篤, 愛重者言深. 君旣勞思慮, 又手筆將順, 三復德音, 欣然無量. 朕繼嗣未立, 以爲君憂, 欽納至言, 思聞良規.」

朗著《易》,《春秋》,《孝經》,《周官傳》, 奏議論記, 咸傳於世. 太和二年薨, 諡曰成侯. 子肅嗣. 初, 文帝分朗戶邑, 封一子列侯, 朗乞封兄子詳.

| 국역 |

이때 명제는 여러 번 皇子를 잃었고, 側室(측실)에 옮겨 분만하는 後宮도 많지 않았다. 이에 왕랑이 상소하였다.

「옛날 周 文王은 15세에 武王(名 發, 周 건국자)을 낳고 10명의 아들 복을 누려 姬姓의 후손을 크게 늘렸습니다. 武王은 나이가 들어 成王을 낳았기에 成王[288]은 형제가 많지 않았습니다. 이 두 분의

288 周 成王의 재위 기간은 前 1042-1021년으로 재위 22년, 또는 前 1042-

왕의 聖德은 서로 비슷하였지만 자손 복에서는 같지 않았습니다. 이는 아마 자식을 낳고 기른 기간의 많고 적음에 따라 달랐습니다. 폐하는 周 文王과 武王의 성덕을 겸하였으며, 春秋도 武王을 양육한 文王보다 높으시지만, 아들 武王(發)이 황후의 內宮에서 출산한 숫자보다 많지 않고, 또 번왕 비빈의 掖庭(액정)에서 출산도 많지 않습니다. 武王이 成王을 낳은 시기에 비유하면 늦었다고는 볼 수 없지만 文王이 맏아들을 낳은 것에 비하면 이르지도 않습니다.

《周禮》에는 六宮의 內官이 120명이라 했지만 여러 경전에서 모두 12명의 비빈을 둔다고 하였는데, 秦漢의 말기에는 천이나 백 단위로 세었습니다. 비빈이 이렇게 많았어도 적절한 시기에 태어나는 숫자는 매우 적었습니다만, 이는 많은 아들을 두어야 한다는 기본을 밝힌 것이기에 그 뜻은 한가지였으며, 비빈을 늘리는데 힘쓰라는 뜻은 아니었습니다.

老臣의 간절한 소망은 황실이 黃帝 軒轅氏(헌원씨)처럼 25명의(五五) 아들을 두기를 바라오며, 周 文王처럼 10명의 아들에도(二五) 미치지 못하는 것을 걱정할 뿐입니다. 또 어린아이 때부터 이부자리 속에서 지나치게 따뜻하게 키우는데, 너무 따뜻하면 신체가 허약하여 질병을 이겨낼 수 없는 것을 크게 걱정할 뿐입니다. 어려서부터 따뜻하게 입히되 너무 많이 입히고, 따뜻하게만 양육하지 않는다면 金石과 같은 성정을 배양하여 南山과 같은 長壽를 누릴 수 있을 것입니다.」

1006년. 성왕과 아들 康王의 통치기간에 천하태평하고 40여 년간 형벌을 집행하지 않아 보통 '成康之治'라고 한다.

이에 명제가 회보하였다.

「간절한 충성에 愛重의 뜻이 심원하도다. 君이 이렇듯 노심초사하여 친히 상소하고 순리대로 당부하여 세 차례나 좋은 말을 들으니 기쁨을 헤아릴 수 없도다. 짐이 후사를 아직 책립하지 못하여 君이 우려하니 간절한 뜻을 기쁘게 받아들이노라.」

왕랑은 《周易》, 《春秋》, 《孝經》, 《周官》의 傳을 저술하였으며, 上奏文와 논의, 筆記 등이 후세에 전해졌다. (명제) 太和 2년(서기 228)에 죽었고, 시호는 成侯(성후)였다. 아들 王肅(왕숙)이 후사가 되었다. 그전에 文帝는 왕랑의 식읍을 나눠 아들 하나를 列侯에 봉하려 하자, 왕랑은 兄의 아들 王詳(왕상)을 봉해달라고 청원했었다.

❺ 子 王肅

| 原文 |

肅字子雍. 年十八, 從宋忠讀《太玄》, 而更爲之解. 黃初中, 爲散騎黃門侍郎. 太和三年, 拜散騎常侍. 四年, 大司馬曹眞征蜀, 肅上疏曰,

「前志有之, '千里饋糧, 士有飢色, 樵蘇後爨, 師不宿飽.' 此謂平塗之行軍者也. 又況於深入阻險, 鑿路而前, 則其爲勞必相百也. 今又加之以霖雨, 山坂峻滑, 衆逼而不展, 糧縣而難繼, 實行軍者之大忌也. 聞曹眞發已逾月而行裁半谷, 治道

功夫, 戰士悉作. 是賊偏得以逸而待勞, 乃兵家之所憚也. 言之前代, 則武王伐紂, 出關而復還. 論之近事, 則武,文征權, 臨江而不濟. 豈非所謂順天知時, 通於權變者哉! 兆民知聖上以水雨艱劇之故, 休而息之, 後日有釁, 乘而用之, 則所謂悅以犯難, 民忘其死者矣.」

於是遂罷.

| 국역 |

王肅(왕숙)[289]의 字는 子雍(자옹)이다. 18세에 宋忠(송충)[290]에게 《太玄經》[291]을 배웠고 그 주석을 달았다. (曹丕) 黃初 연간에, 散騎黃門侍郎이 되었다. (明帝) 太和 3년에 散騎常侍가 되었다. 4년(서기 230), 大司馬 曹眞(조진)이 蜀(촉) 원정에 나서자, 왕숙이 상소하였다.

「예전 기록에도 있지만 '千里 밖에서 군량을 운반해오면 士卒이 굶주리고, 나무를 해서 밥을 지어야 한다면 군사들이 배부르지 않다.' 고 하였는데, 이는 평탄한 길을 행군할 때의 일입니다. 그런데

289 王肅(왕숙, 195 - 256年, 字 子雍) - 東海郡 郯縣(담현) 사람. 曹魏 중신 王朗의 아들. 三國 시대 經學者. 晉王 司馬昭(사마소)의 장인. 司馬炎의 외조부(왕숙의 딸이 사마소와 결혼 사마염을 출산. 文明皇后) 儒家《六經》에 대한 王肅의 注釋은 三國에서 南北朝에 이르는 시기에 官學의 教材로 사용되었고, 唐代 孔穎達(공영달)에게도 큰 영향을 끼쳤다.

290 宋忠(송충, ? - 219년, 字 仲子) - 後漢 末 儒學者, 荊州刺史 劉表의 家臣.

291 《太玄》은 《太玄經》 또는 《揚子太玄經》, 《玄經》으로 통칭. 前漢 學者 揚雄(양웅)의 저술.

하물며 험한 적진에 깊이 들어가고 길을 뚫어가며 전진해야 한다면 그 고생은 아마 백배가 될 것입니다. 지금 또 장마가 계속되어 산비탈이 험준하고 미끄러워 행군이 막히고 전진하기도 어려우며, 군량의 조달도 어려우니 이 모두는 행군에서 가장 꺼리는 것입니다. 臣은 曹眞(조진)의 대군이 출발한 지 한 달이 넘었지만 아직 子午谷의 절반 밖에 진군하지 못했고 길을 뚫는데 전 병력을 동원하다고 들었습니다. 이로써 적군은 편안하게 앉아 우리가 지치기를 기다리니 이 또한 兵家에서 꺼리는 바입니다. 예전의 사례를 들자면, 武王은 (殷) 紂王(주왕)을 정벌하면서 函谷關을 나섰다가도 회군하였습니다. 가까운 예를 들자면, 武帝(曹操)와 文帝(曹丕)가 손권을 원정할 때도 長江까지 갔다가도 건너지 않았습니다. 이 모두가 어찌 順天하고 知時하여 상황에 따른 적용이 아니겠습니까! 백성들은 대군이 장마로 어려움에 처했기에 성상께서 일단 쉬었다가 다음에 틈을 보아 대군을 다시 움직일 것이라고 예상하는데, 이는 난관 봉착을 기뻐하기보다는 백성이 죽음을 불사하겠다는 뜻일 것입니다.」

이에 원정은 중지되었다.

| 原文 |

又上疏,「宜遵舊禮, 爲大臣發哀, 薦果宗廟.」事皆施行. 又上疏陳政本曰,

「除無事之位, 損不急之祿, 止因食之費, 並從容之官. 使官必有職, 職任其事, 事必受祿, 祿代其耕, 乃往古之常式, 當今

之所宜也. 官寡而祿厚, 則公家之費鮮, 進仕之志勸. 各展才力, 莫相倚仗. 敷奏以言, 明試以功, 能之與否, 簡在帝心. 是以唐,虞之設官分職, 申命公卿, 各以其事, 然後惟龍爲納言, 猶今尙書也, 以出內帝命而已. 夏,殷不可得而詳. 《甘誓》曰 '六事之人', 明六卿亦典事者也. 《周官》則備矣, 五日視朝, 公卿大夫並進, 而司士辨其位焉. 其《記》曰, '坐而論道, 謂之王公, 作而行之, 謂之士大夫.' 及漢之初, 依擬前代, 公卿皆親以事升朝. 故高祖躬追反走之周昌, 武帝遙可奉奏之汲黯, 宣帝使公卿五日一朝, 成帝始置尙書五人. 自是陵遲, 朝禮遂闕. 可復五日視朝之儀, 使公卿尙書各以事進. 廢禮復興, 光宣聖緒, 誠所謂名美而實厚者也.」

| 국역 |

또 상서하여 「전례에 따라 大臣이 죽어 發喪할 경우에 宗廟(종묘)에 과일을 헌상해야 합니다.」라고 하였는데, 그대로 시행되었다. 또 國政의 근본에 대하여 상서하였다.

「실무가 없는 관직을 폐지하고 不急한 봉록을 줄이며, 일없이 지출하는 비용을 줄이고 한가한 직책을 통합해야 합니다. 관원은 실무가 있어야 하고 일하는 만큼 봉록을 받으며, 봉록으로 경작을 대신하는 것은 예로부터의 상식이니 지금도 그러해야 합니다. 관직의 수가 적으면 봉록을 더 지급할 수 있고, 국가 행사의 비용을 절약하여 출사하는 관원의 志行을 장려해야 합니다. 관원 각자의 능력을 발휘케 하고 서로 의존이 없어야 합니다. 관원은 자신의 업무 실적을 보고하고 그 실적을 평가받아야 하며 능력 여부는 황제가 감별해야 합니다. 이러하기에 堯와 舜도 관직을 설치했고, 공경에게 각자의 업무실적을 보고케 하였고 龍(용)을 納言(납언)에 임명하였으니,[292] 오늘의 尙書와 같으며 帝命을 출납하게 하였습니다. 夏(하)와 殷(은)에 대해서는 상세한 것이 없습니다. 《甘誓(감서)》[293]에서 말한 '六事之人'은 六卿으로 그 담당 직무를 밝혔습니다. 《周官》[294]에 상세한 내용이 있는데, (황제는) 5일마다 조정에 나가 聽政하는데 公卿과 大夫가 함께 입조하고 司士(사사)가 그 位次를 정합니다. 또 《考工記》[295]에는 '坐하여 論道하는 사람은 王公이고, 일을 계획하고 집행하는 사람을 士大夫'라고 하였습니다. 漢朝의 초기에는 전대의 선례에 따라 公卿이 모두 자신의 업무를 보고하기 위하여 입조

292 惟龍爲納言 – 堯가 죽은 뒤에 舜은 정치 개혁을 단행하여 이미 등용된 禹, 皐陶, 契, 棄, 伯夷, 夔, 龍, 垂, 益 등에게 직분을 부여했다. 禹를 司空으로 삼아 治理水土를 담당하게 했다. 棄(기)는 后稷(후직)으로 농업을 관장케 하였고 契(설)은 司徒로 教化를, 皐陶(고요)는 刑法을, 垂(수)는 共工으로 百工을 관장하고, 益(익)은 山林을 관장하고, 伯夷는 秩宗으로 삼아 禮儀를, 夔(기)는 樂官으로 음악 교화를, 龍(용)은 納言으로 명령반포와 민의를 수렴케 했다. 《尙書 虞書 舜傳》 참고.

293 《甘誓》는 夏朝 2대 왕 啓(계)가 甘(감)에서 有扈氏(유호씨)를 정벌하기 전에 발표한 동원령.

294 《周禮》, 또는 《周官》, 《周官經》이라는 書名, 周代의 관직을 설명한 책이나 戰國시대의 저작으로 알려졌다. 중국이 추구하는 이상정치의 모델이라고 볼 수 있다.

295 《考工記》는 中國 現存 가장 오래된 수공업에 대한 국가의 규범. 춘추시기 말, 전국시대 초기에 저술된 책. 이 책에 齊國의 도량형과 齊國의 방언이 사용되어 齊人의 저술로 인정되고 있다. 이 《考工記》에 직업을 6가지로 분류하였는데, 王公, 士大夫, 百工, 商人, 農夫, 女工이다.

하였습니다. 그렇기에 高祖는 되돌아 나오는 周昌을 따라와 붙잡았으며,[296] 武帝는 멀리 출장 다녀온 汲黯(급암)[297]의 奏章을 보고받았고, (前漢) 宣帝는 公卿과 5일마다 조회를 했고, 成帝는 처음으로 尙書 5인[298]을 임명하였습니다. 그러나 이후로 제도가 점차 해이해져서 朝禮가 잘 실행되지 않았습니다. 이에 다시 5일마다 조례하는 의식을 복구하고, 公卿과 尙書가 각자 담당업무를 보고해야 합니다. 폐지된 의례를 다시 시행하는 것은 聖王의 업적을 널리 실천하는 것이니, 이는 명분과 실질을 모두 다 갖추는 것입니다.」

....

296 周昌(주창)에 관해서는 본서 12권, 〈崔毛徐何邢鮑司馬傳〉의 〈毛玠傳(모개전)〉 주석 참고.

297 汲黯(급암, ?-前 112) - 汲은 물 길을 급. 黯 어두울 암. 武帝가 즉위하고 급암은 謁者(알자)가 되었다. 東粤人(동월인)들이 서로 싸운다 하여 무제는 급암을 보내 살펴보게 하였다. 급암은 吳郡까지 갔다가 돌아와 보고하였다. "越人들이 서로 전쟁을 하는 것은 그 풍속에 따른 것이기에 천자의 사자가 고생할 필요가 없습니다." 河內郡에서 화재로 민가 1천여 채가 불탔는데 무제가 급암을 시찰 보냈다. 돌아와 보고하기를 "민가에서 실화하고 집들이 붙어 있어 불이 번진 것이라서 걱정을 하지 않아도 됩니다. 臣이 河內郡에 들려보니 빈민들이 수해와 旱害(한해)를 당해 1만여 민가에서 간혹 부자간에 서로 잡아먹을 지경이라서 폐하의 부절로 하내군 창고의 곡식을 내어 빈민들을 구휼하였습니다. 폐하의 부절을 반납하며 폐하의 명을 가탁한 벌을 받고자 합니다." 무제는 잘 했다고 생각하여 급암을 풀어주며 滎陽縣令(형양현령)으로 발령을 내었다. 급암은 현령이 된 것을 수치로 여겨 병을 핑계대고 고향으로 돌아갔다. 무제가 이를 알고 바로 불러 中大夫에 임명하였다. 급암은 심한 간쟁을 자주 했기에 內職에 계속 근무하지 못하고 東海郡 太守가 되었다.

298 建始 4年(前 29년), 成帝는 5명의 상서를 두어 업무를 분장하였는데, 常侍尙書(승상과 어사대부가 올리는 보고 담당), 二千石尙書(14부 자사와 태수가 보고하는 문서 담당), 戶曹尙書(백성들의 上書 담당), 主客尙書(외국 관련 上書 담당). 三公尙書(刑獄 관련 보고 주관) 등이다.

| 原文 |

青龍中, 山陽公薨, 漢主也. 肅上疏曰,

「昔唐禪虞, 虞禪夏, 皆終三年之喪, 然後踐天子之尊. 是以帝號無虧, 君禮猶存. 今山陽公承順天命, 允答民望, 進禪大魏, 退處賓位. 公之奉魏, 不敢不盡節. 魏之待公, 優崇而不臣. 旣至其薨, 櫬斂之制, 輿徒之飾, 皆同之於王者, 是故遠近歸仁, 以爲盛美. 且漢總帝皇之號, 號曰皇帝. 有別稱帝, 無別稱皇, 則皇是其差輕者也. 故當高祖之時, 土無二王, 其父見在而使稱皇, 明非二王之嫌也. 況今以贈終, 可使稱皇以配其謚.」

明帝不從使稱皇, 乃追謚曰漢孝獻皇帝.

| 국역 |

(明帝) 青龍 연간에(서기 234년), 山陽公(漢 獻帝, 劉協)[299]이 죽었는데 漢의 군주였었다. 이에 王肅(왕숙)이 상소했다.

「옛날 唐堯는 虞舜에게 선양했고, 舜은 夏禹에게 선양하였는데, 모두 3년 상을 마친 뒤에 天子의 존위에 나아갔습니다. 때문에 帝號

299 獻帝 劉協은 中平 6年(서기 189년) 9월 甲戌日, 황제로 즉위하였는데, 나이는 9세이었다. 서기 220년까지 漢 황제로 재위했고, 魏王 曹丕에게 魏 文帝 黃初 원년(서기 220) 11월 癸酉日(계유일)에 선양했다. 文帝는 河內郡 山陽邑의 1만 戶로 漢帝(獻帝)를 山陽公으로 봉했었다. (青龍) 2년(서기 234) 3월 庚寅日에 山陽公(後漢 獻帝)이 죽었는데, 明帝는 소복으로 애도하며 사자를 보내 부절을 가지고 가서 喪事를 주관케 하였다.

에 아무런 결함이 없었고, 군왕에 대한 의례는 연속되었습니다. 지금 山陽公은 天命에 순응하고 백성들의 여망에 응답하여 大魏에 선양하고 물러나 賓位(빈위)에 머물렀습니다. 산양공은 魏國을 섬기면서 신하로서의 지조를 다 갖추었습니다. 그리고 魏는 山陽公을 높이 존중하며 신하로 대우하지 않았습니다. 이제 산양공이 죽었으니 棺槨(관곽)과 殮葬(염장)의 禮制나 靈柩(영구)와 잡부의 꾸밈에 帝王의 예와 동일하게 갖추면 원근의 모두가 귀부할 것이니 훌륭한 전례가 될 것입니다. 또 漢의 황제 칭호 그대로 황제라 칭해야 합니다. 별도로 稱帝는 하나, 별도로 稱皇하면 칭황은 약간 경미한 칭호입니다. 그래서 漢은 고조 재위 시에는 王土에 二王이 있을 수 없다는 뜻으로, 그 부친이 살아 있을 때는 太上皇이라 칭하였지만 二王이 존재한다는 뜻은 분명히 아니었습니다. 더군다나 지금은 사후의 추증이니 칭황하고 그 시호를 내려야 할 것입니다.」[300]

明帝는 稱皇의 예는 따르지는 않았고 追謚(추시)를 漢孝獻皇帝라 하였다.

| 原文 |

後肅以常侍領秘書監, 兼崇文觀祭酒. 景初間, 宮室盛興,

300 보통 皇帝를 하나의 칭호로 사용하는데 孫盛(손성)의 註에는 神에 화합함을 皇, 그 德이 天에 합일하는 것이 帝라는 설명이 있고, 그래서 三皇이라는 칭호가 나왔고 나중에 五帝라는 호칭을 사용했다는 주석이 있는데, 王肅의 상소 내용이 사실에 부합한가는 이론의 여지가 있을 것이다. 裴松之의 註에도 왕숙이 상서가 정확한 내용이 아니라는 주석이 있다.

民失農業, 期信不敦, 刑殺倉卒. 肅以疏曰,

「大魏承百王之極, 生民無幾, 干戈未戢, 誠宜息民而惠之以安靜遐邇之時也. 夫務畜積而息疲民, 在於省徭役而勤稼穡. 今宮室未就, 功業未訖, 運漕調發, 轉相供奉. 是以丁夫疲於力作, 農者離其南畝, 種穀者寡, 食穀者衆, 舊穀旣沒, 新穀莫繼. 斯則有國之大患, 而非備豫之長策也. 今見作者三四萬人, 九龍可以安聖體, 其內足以列六宮, 顯陽之殿, 又向將畢, 惟泰極已前, 功夫尙大, 方向盛寒, 疾疢或作.

誠願陛下發德音, 下明詔, 深愍役夫之疲勞, 厚矜兆民之不贍, 取常食廩之士, 非急要者之用, 選其丁壯, 擇留萬人, 使一期而更之, 咸知息代有日, 則莫不悅以卽事, 勞而不怨矣. 計一歲有三百六十萬夫, 亦不爲少. 當一歲成者, 聽且三年. 分遣其餘, 使皆卽農, 無窮之計也. 倉有溢粟, 民有餘力, 以此興功, 何功不立? 以此行化, 何化不成?

夫信之於民, 國家大寶也. 仲尼曰, '自古皆有死, 民非信不立'. 夫區區之晉國, 微微之重耳, 欲用其民, 先示以信, 是故原雖將降, 顧信而歸, 用能一戰而霸, 于今見稱. 前車駕當幸洛陽, 發民爲營, 有司命以營成而罷. 旣成, 又利其功力, 不以時遣. 有司徒營其目前之利, 不顧經國之體.

臣愚以爲自今以後, 儻復使民, 宜明其令, 使必如期. 若有事以次, 寧復更發, 無或失信. 凡陛下臨時之所行刑, 皆有罪

之吏, 宜死之人也. 然衆庶不知, 謂爲倉卒. 故願陛下下之於吏而暴其罪. 鈞其死也, 無使汙于宮掖而爲遠近所疑. 且人命至重, 難生易殺, 氣絶而不續者也, 是以聖賢重之.

孟軻稱殺一無辜以取天下, 仁者不爲也. 漢時有犯蹕驚乘輿馬者, 廷尉張釋之奏使罰金, 文帝怪其輕, 而釋之曰, '方其時, 上使誅之則已. 今下廷尉. 廷尉, 天下之平也, 一傾之, 天下用法皆爲輕重, 民安所措其手足?'

臣以爲大失其義, 非忠臣所宜陳也. 廷尉者, 天子之吏也, 猶不可以失平, 而天子之身, 反可以惑謬乎? 斯重於爲己, 而輕於爲君, 不忠之甚也. 周公曰, '天子無戲言, 言則史書之, 工誦之, 士稱之.' 言猶不戲, 而況行之乎? 故釋之之言不可不察, 周公之戒不可不法也.」

又陳 "諸鳥獸無用之物, 而有芻穀人徒之費, 皆可蠲除."

| 국역 |

뒷날 王肅(왕숙)은 常侍로 秘書監을 겸임하였으며, 崇文觀 祭酒(제주)도 겸임하였다. (明帝) 景初 연간(서기 237 – 239년)에, 궁궐을 대규모로 신축하느라고 백성은 농사철을 놓쳤으며, 관부의 약속기일은 지켜지지 않았고, 처형은 창졸간에 집행되었다.

이에 왕숙이 상소하였다.

「大魏가 百代 帝王의 종말을 이어 받았지만 백성은 많이 남지 않았고 전쟁도 그치지 않았기에, 진정으로 백성이 휴식하도록 은덕을 베풀고 멀고 가까운 백성을 모두 안정시켜야 할 시기였습니다. 대체로 곡식 비축에 힘쓰고 지친 백성을 쉬게 하는 길은 徭役(요역)을 줄이고 농업을 장려하는데 있습니다. 지금 궁궐공사가 끝나지 않아 여전히 진행되고, 또 水路로 군량을 운반하여(漕運) 각지에 공급해야 합니다. 이 때문에 거듭되는 중노동에 백성을 징발하여, 농부는 농토를 떠날 수밖에 없어 농사짓는 사람은 적고 곡식을 먹어야 할 사람은 많으며, 작년 곡식은 떨어졌고 올해 곡식은 나오지 않았습니다. 이는 위정자에게 大患이며 미리 준비한 대책도 없었습니다. 지금 노역에 동원된 백성이 3, 4만 명입니다. 九龍殿은 황상께서 안거하는 곳으로 그 안에 六宮의 后妃들도 거처할 곳이며, 顯陽之殿은 곧 완공될 것이고, 泰極殿의 전면 공사는 대규모 공사로 앞으로 공정이 많은데다가 곧 겨울이 닥칠 것이라 질병도 유행할 것입니다.

臣이 진정 원하는 것은, 폐하께서 德音을 발표하시고 영명한 조서를 내리시어 役夫(역부)들의 지친 몸을 불쌍히 생각하시고 억조창생의 부족한 의식을 가련하게 살펴주셔야 합니다. 그리하여 국록을 받는 관료들 중에 긴급한 업무 담당자가 아니라면 그들 중 장정 1만 명을 선발하여 1년 단위로 교체해 준다면 모두가 자신의 교대 기일을 알게 되어 기꺼이 일하지 않을 자가 없을 것이며 힘들어도 원망하지 않을 것입니다. 1년에 3백60만 명을 동원하는 일 또한 결코 적은 수가 아닙니다. 1년에 완공해야 할 일을 3년에 하도록 허락해야 합니다. 그 나머지를 돌려보내 농사를 짓게 한다면 큰 효과를 거둘 수 있습니다. 그러면 나라의 창고에는 곡식이 넘쳐나고 백성은 여력이 있을 것이니 그런 때 공사를 한다면 무슨 일을 못하겠습니까?

또 이런 식으로 교화를 추진한다면 성공 못할 교화가 어디 있겠습니까?

백성의 신뢰란 나라의 큰 보물입니다. 그래서 仲尼(중니, 공자)가 말했습니다. '자고로 누구나 다 죽는다. 백성의 신뢰가 없으면 나라는 존립할 수 없다.'[301] (춘추시대에) 작은 나라 晉國(진국)에 미약한 重耳(중이)[302]는 백성을 동원하기 전에 먼저 신의를 보였기에 原國

301 子貢(자공)이 政事의 要諦(요체)를 묻자, 공자는 '足食'을 제일 먼저 꼽았다. 족식은 식량을 풍족하게 한다는 뜻이니 우선 백성의 배를 채워야 한다.《尙書 周書 洪範》의 八政의 첫째가 '一日食'이다.《禮記 王制》에서는 나라에 9년 정도의 식량이나 군량 비축이 없다면 '不足'이라 했고, 3년 치 양식의 비축이 없다면 '나라가 나라도 아니다(國非其國)'라고 했다. 다음으로 공자가 열거한 것은 '足兵'이다. 여기서 兵은 병력과 무기나 군수물자를 총칭한다. 나라에 文事가 중요하지만 반드시 武備(무비)가 있어야 한다. 공자는 "백성을 가르치지 않고 전쟁에 내보내는 것은 백성을 버리는 것이라."고 했다. 백성을 적당히 훈련시키는 것도 足兵이다. 공자는 세 번째로 '民信之'라고 했다. 이는 백성이 위정자를 신뢰하게 하는 것, 곧 主君이나 제후, 관리, 그리고 나라의 정책이 백성으로부터 신뢰를 얻어야 한다. 자공이 물었다. "어쩔 수 없이 하나를 버려야 한다면 무엇을 먼저 버리겠습니까?"라고 묻자, 공자는 '去兵'이라고 했다. 무기가 좀 부족하고 병력이 좀 劣勢(열세)라도 나라는 버틸 수 있다는 뜻이다. 그러면 이제 남은 둘 중에서 하나를 버려야 한다면? 공자는 '去食'이라고 말했다. 옛날부터 죽지 않는 사람은 없다. 사람은 언젠가는 죽는 존재이다. 나라에 식량이 좀 부족하더라도 참고 견디며 다음 해 농사를 기대할 수 있다. 그러면서 공자가 이어 말했다. "백성의 신뢰가 없다면 나라가 존속할 수 없다." 물은 배를 띄울 수도 있지만 배를 엎을 수도 있다(載舟覆舟, 재주복주). 백성이 물이라서 배를 뜨게 할 수도 있지만 물에 파도가 일면 배는 전복된다. 물을 잔잔하게 하는 것이 바로 신의이고 신뢰이다. 신뢰를 잃었다면 그 다음을 기약할 수가 없다. 나라도 그러하지만 개인 역시 그럴 것이다. 다른 사람의 신뢰를 잃은 사람이 어찌 사회생활, 공동생활을 영위할 수 있겠는가?《論語 顔淵》子貢問政. 子曰, "足食, 足兵, 民信之矣." 子貢曰, "必不得已而去, 於斯三者何先?" 曰, "去兵." 子貢曰, "必不得已而去, 於斯二者何先?" 曰, "去食. 自古皆有死, 民無信不立."

302 重耳(중이)는 晉 文公(재위 前 636-628년)의 이름. 齊 桓公 다음의 霸者.

(원국)은 사자를 보내 투항하려다가 신의를 보고서는 철군하였고, (重耳는) 한 번의 전투로 覇者가 되어 지금까지도 칭송을 받고 있습니다. 그전에 폐하께서 낙양에 행차하셨을 때 백성을 징발하여 군영을 만들면서 담당 관리는 군영이 완성되면 동원을 연장하지 않겠다고 약속하였습니다. 군영이 완성된 뒤에 백성의 노동력이 계속 필요하여 약속 일자에 돌려보내지 않았습니다. 담당 관리는 목전의 이익을 생각하였고 經國의 要諦(요체)를 고려하지 않았습니다.

臣의 우견이지만 지금부터라도 백성의 노동력을 동원할 경우에는 그 명령을 분명히 발표하고 약속대로 진행해야 합니다. 만약 그 다음 일이 남아 있다면 차라리 다시 동원할지언정 신의를 잃을 수는 없습니다. 무릇 폐하께서 일시적으로 형벌로 권위를 보일 필요가 있다면 그 대상자는 죄를 지은 관리나 응당 처형되어야 할 백성이어야 합니다. 그러고도 백성이 알지 못하게 해야 하니 바로 갑자기 집행해야 합니다. 그런 뒤에 폐하께서는 그 죄상을 관련 있는 관리에게 알려주기 바랍니다. 이 같은 방식으로 사형이 이루어진다면 조정을 향한 불평이나 원근 백성의 의심은 없어질 것입니다. 그리고 人命은 아주 중요하기에 살리기는 어렵고 죽이기는 쉬우며, 숨이 한번 끊어지면 다시 살릴 수도 없는 목숨이기에 聖賢은 인명을 중시하였습니다.

그래서 孟軻(맹가, 孟子)는 무고한 백성 하나를 죽여 천하를 차지할 수 있다 하여도 仁者는 그렇게 하지 않는다고 하였습니다.[303] 前

303 《孟子, 公孫丑 上》~ 曰有得百里之地而君之, 皆能以朝諸侯有天下, 行一不義, 殺一不辜而得天下, 皆不爲也,~.

漢에서 황제의 행차에 통행을 금지시켰는데, 어떤 자가 어가의 말을 놀라게 했는데 그 백성에게 廷尉인 張釋之(장석지)는 벌금을 부과했습니다. 文帝가 정위의 가벼운 처벌을 문책하자 장석지가 말했습니다. '그때 현장에서 폐하께서 백성을 죽였다면 그만이었습니다. 그러나 정위에게 넘기셨습니다. 정위는 누구에게나 공평해야 하는데 한번 기울어져서 법 적용이 경중에 따라 달라진다면 천하 백성이 손발을 어디에 놀릴 수 있겠습니까?' 304

臣이 볼 때, 폐하께서는 정위가 대의를 잃었고, 충신이라면 그렇게 말해서는 안 된다고 생각할 수 있습니다. 廷尉의 직책은 천자의 관리이지만 平正을 잃어서는 안 되는데, 천자께서 오히려 오류를 범할 수 있겠습니까? 이는 정위가 자신의 직분만을 중히 여긴 것이고, 주군에 대한 충성을 가볍게 여긴 것이며 아주 심한 불충이라고

304 《漢書 張馮汲鄭傳》. 文帝가 中渭橋를 행차하는데 어떤 사람이 다리 아래에서 나와 달아났고 황제 수레의 말이 놀랐다. 그러자 기병을 보내 체포하여 廷尉에게 넘겼다. 정위 張釋之(장석지)가 죄인을 조사케 했다. 속관이 "장안 縣 사람이 길을 치우라는 소리를 듣고 다리 아래 숨었습니다. 오래 있다가 지나갔으리라 생각하여 나왔다가 수레와 말을 보고 달아난 것입니다."라고 보고하였다. 장석지는 "이 사람이 길 치우라는 명령을 어겼으니 벌금에 해당합니다."라고 판결을 상주하였다. 문제가 화를 내며 말했다. "그 사람이 직접 짐의 말을 놀라게 했고 말의 성질이 온순했지만 다른 말이었다면 틀림없이 나를 다치게 하지 않았겠는가? 그런데 정위는 그 사람에게 벌금을 내라고 하는가!" 그러자 장석지가 말했다. "법이란 천자나 천하의 백성에게나 한 가지이어야 합니다. 지금 법이 이러한데, 더 무거운 벌에 처한다면 백성들이 법을 불신할 것입니다. 게다가 폐하께서 사람을 시켜 바로 처형했다면 거기서 끝이었습니다. 지금은 이미 정위에게 넘겨졌고 정위는 온 천하에 공평해야 하며 한번 기울어져서 천하에 법 적용에 경중을 달리 한다면 백성들은 손발을 어떻게 놀리겠습니까? 폐하께서 살펴주시기 바랍니다." 문제가 잠시 뒤에 말했다. "정위의 판결이 옳도다."

생각할 수 있습니다. 周公이 말했습니다. '천자는 戱言(희언)을 할 수 없다. 무슨 말을 하든 史官이 기록하고, 樂工이 노래로 읊고, 士人은 이를 인용한다.' 농담도 할 수 없는 천자인데, 하물며 그런 행동을 할 수 있겠습니까? 그러하오니, 장석지의 말을 살펴보지 않을 수 없고 周公의 훈계를 본받지 않을 수 없습니다.」

왕숙은 또 건의하였다. "모든 새나 짐승은 無用之物이며 사료와 곡식과 사육자의 인력만을 낭비하니, 모두 없애야 합니다."

| 原文 |

帝嘗問曰, "漢桓帝時, 白馬令李雲上書言, '帝者, 諦也. 是帝欲不諦'. 當何得不死?" 肅對曰, "但爲言失逆順之節. 原其本意, 皆欲盡心, 念存補國. 且帝者之威, 過於雷霆, 殺一匹夫, 無異螻蟻. 寬而宥之, 可以示容受切言, 廣德宇於天下. 故臣以爲殺之未必爲是也."

帝又問, "司馬遷以受刑之故, 內懷隱切, 著《史記》非貶孝武, 令人切齒." 對曰, "司馬遷記事, 不虛美, 不隱惡. 劉向,揚雄服其善敍事, 有良史之才, 謂之實錄. 漢武帝聞其述《史記》, 取孝景及己本紀覽之, 於是大怒, 削而投之. 於今此兩紀有錄無書. 後遭李陵事, 遂下遷蠶室. 此爲隱切在孝武, 而不在於史遷也."

| 국역 |

언젠가 명제가 왕숙에게 물었다. "後漢 桓帝[305] 때, 白馬 縣令인 李雲(이운)[306]이 상서하여 '帝란 요체(諦)입니다. 그런데 황제는 요체를 알려고 하지 않습니다.' 라고 말했는데도, 왜 죽이지 않았는가?" 이에 왕숙이 대답했다.

"이운의 상소는 다만 황제에게 순종해야 할 도리를 잃어버린 것입니다. 그 본의는 원래 자신의 성심을 토로하여 補國하려 했습니다. 황제의 권위는 벼락보다 더 무서우니 필부한 사람 죽이는 것은 개미 한 마리 죽이는 것과 같을 것입니다. 그러나 관대하게 용서한

305 孝桓皇帝(劉志) - 桓은 푯말 환, 굳셀 환. 빛나다. 謚法에 '克敵服遠曰 桓.' 재위 146-167년, 延熹(연희) 2년(159)에 환관의 힘을 빌려 외척 梁氏 일당을 제거. 환관의 부패에 따른 太學生의 개혁 요구에 桓帝가 태학생을 배척한 '黨錮之禍(당고의 화)' 를 야기했다.

306 白馬 縣令인 李雲(이운)의 字는 行祖(행조)인데, 천성이 好學하였고 陰陽學에도 밝았다. 처음에 孝廉으로 천거되었는데, 두 번 승진하여 (東郡의) 白馬 縣令이 되었다. 桓帝 延熹 2年(서기 159), 대장군 梁冀(양기)를 주살하였는데, 中常侍 單超(선초) 등 5명은 양기를 주살한 공로로 모두 列侯에 책봉되었으며 인재 천거의 전권을 장악하였다. 이운을 이에 상서하였다. 그 상서에서 말했다. 「孔子는 '帝는 일의 요체를 알고 있는 사람' 이라고 하였습니다. 지금 官位가 뒤섞여 소인은 아첨으로 승진하고 뇌물을 터놓고 주고받으며 정치는 날로 나빠지고 있으며, 策書로 관직을 임명할 때 황제께서 읽지도 않는다 하니, 이는 황제께서 업무를 잘 살펴 처리하지 않는 것이 아니겠습니까?」 환제는 상주문을 보고 진노하면서 有司에서 이운을 체포하라고 명했다. 이에 大鴻臚(대홍려)인 陳蕃(진번)이 이운을 구원하려는 상소를 올렸다. 「李雲의 상소가 비록 폐하의 금기를 알지 못하고 윗사람을 범하며 뜻을 어겼지만, 그 뜻은 나라에 대한 충성심에 귀결합니다. 옛날 高祖께서는 周昌(주창)의 거리낌 없는 간언을 받아들였고, 成帝는 朱雲(주운)의 극형을 용서하셨습니다. 오늘 이운을 죽인다면, 臣의 생각에 세상에서 심장을 갈라 죽였다는 비난이 일어날 것입니다. 감히 용의 逆鱗(역린)을 건드리면서 죽음을 무릅쓰고 주청합니다.」《後漢書 杜欒劉李劉謝列傳》 참고.

다면 간절한 충언을 받아들이고 온 천하에 덕을 펼 수가 있습니다. 그래서 臣의 생각으로는, 죽일 수 있더라도 꼭 그러하지 않는 것이 옳다고 생각합니다."

명제가 또 물었다.

"司馬遷(사마천)[307]은 宮刑을 받았기에 내심으로 원한을 품고《史記》를 저술하여 孝武帝를 비난 폄하했기에 후인으로 하여금 이를 갈게 하였는가?"

이에 왕숙이 답하였다. "司馬遷의 사실 기록은 공허한 칭송도 없고 악행을 숨기지 않았습니다. 劉向(유향)과 揚雄(양웅)도 사마천의 사실적 기록을 칭찬하며 사마천에게 良史의 재능이 있다면서《史記》를 실록이라고 하였습니다. 漢 武帝는 사마천이《史記》를 저술한 사실을 알고 〈孝景帝紀〉와 〈今上本紀〉를 열람하고서 대노하며 삭제하고 없애버렸습니다. 그래서 지금 두 본기는 목록만 있지 내

307 司馬遷(사마천)은 12本紀, 30世家, 8書, 10表, 70列傳의 총 130편에 52만6천 500字의《太史公書》를 지었다. 그 대략을 편술하고 빠지거나 부족한 것을 보완하여 一家의 학설을 만들고,《六經》의 異傳을 보완하고 百家의 雜語를 정리하여 名山에 보관하고, 副本을 京師(長安)에 두어 뒤에 오는 聖君子를 기다린다고 하였다. 第 70권은 사마천의 자신에 관한 서술이라 할 수 있다. 그리고 10편이 망실되어 목록은 있으나 내용이 없다.《史記》서술은 秦과 漢은 상세하다. 경전에서 재료를 모으고 百家의 사적을 분산 서술하였기에 소략한 부분이 매우 많고 어떤 것은 서로 다르기도 하다. 그렇지만 그가 섭렵한 것이 매우 넓고 많으며 경전을 두루 관통하고 고금의 상하 수천 년을 함께 아울렀으니, 이는 사마천의 근면일 것이다. 劉向과 揚雄(양웅)은 여러 책을 두루 열람한 학자로 두 사람 다 사마천을 '良史之材'라 칭송하면서 그가 일을 바르게 계획하여 처리하였고, 달변이지만 화려하지 않고 질박하지만 속되지 않으며, 그 문장이 곧고 기록은 건실하며 공허한 아름다움이 없고 악을 감추지 않았기에 '사실적 기록(實錄)'이라고 칭송하였다.

용은 없습니다. 뒷날 李陵(이릉)의 사건[308]으로 사마천을 蠶室(잠실)에 보내 궁형에 처했습니다. 이렇듯 원한은 武帝에게 있었지 史遷(司馬遷)에 있지 않았습니다."

| 原文 |

正始元年, 出爲廣平太守. 公事徵還, 拜議郞. 頃之, 爲侍中, 遷太常. 時大將軍曹爽專權, 任用何晏,鄧颺等. 肅與太尉蔣濟,司農桓范論及時政, 肅正色曰, "此輩卽弘恭,石顯之屬, 復稱說邪!" 爽聞之, 戒何晏等曰, "當共愼之! 公卿已比諸君前世惡人矣."

坐宗廟事免. 後爲光祿勳. 時有二魚長尺, 集於武庫之屋, 有司以爲吉祥. 肅曰, "魚生於淵而亢於屋, 介鱗之物失其所也. 邊將其殆有棄甲之變乎?" 其後果有東關之敗. 徙爲河南尹. 嘉平六年, 持節兼太常, 奉法駕, 迎高貴鄕公於元城.

是歲, 白氣經天, 大將軍司馬景王問肅其故, 肅答曰, "此蚩尤之旗也, 東南其有亂乎? 君若脩己以安百姓, 則天下樂安者歸德, 唱亂者先亡矣."

明年春, 鎭東將軍毌丘儉,揚州刺史文欽反, 景王謂肅曰,

308 司馬遷이 李陵(이릉)을 변호한 전말은 《漢書 62권, 司馬遷傳》에 수록된 〈報任少卿書〉(任少卿(安)에게 드리는 글)에 상세한 내용이 있다.

"霍光感夏侯勝之言, 始重儒學之士, 良有以也. 安國寧主, 其術焉在?" 肅曰, "昔關羽率荊州之衆, 降于禁於漢濱, 遂有北向爭天下之志. 後孫權襲取其將士家屬, 羽士衆一旦瓦解. 今淮南將士父母妻子皆在內州, 但急往御衛, 使不得前, 必有關羽土崩之勢矣."

景王從之, 遂破儉,欽. 後遷中領軍, 加散騎常侍, 增邑三百, 並前二千二百戶.

甘露元年薨, 門生縗絰者以百數. 追贈衛將軍, 謚曰景侯. 子惲嗣. 惲薨, 無子, 國絶. 景元四年, 封肅子恂爲蘭陵侯. 咸熙中, 開建五等, 以肅著勳前朝, 改封恂爲丞子.

| 국역 |

(曹芳) 正始 元年(서기 240), 王肅(왕숙)은 廣平 太守로 전출되었다. 公事 관계로 낙양에 불려 와서 議郞이 되었다. 얼마 뒤에 侍中이 되었고 太常으로 승진하였다. 그때 大將軍 曹爽(조상)이 專權하면서 何晏(하안)과 鄧颺(등양) 등을 등용하였다. 왕숙은 太尉인 蔣濟(장제),[309] 司農인 桓范(환범) 등과 함께 담론하다가 화제가 時政에 미치자, 왕숙이 정색을 하고 말했다.

"이 자들은 弘恭(홍공)이나 石顯(석현)[310]과 같은 무리거늘 다시 말

309 蔣濟(장제)는 正始 3년(서기 242)에 태위가 되었다. (魏書) 〈程郭董劉蔣劉傳〉에 立傳.

310 弘恭(홍공, ?-前 47년)은 漢 宣帝 때 환관으로, 법률과 前例에 밝아 나중에 中書令을 역임했다. 元帝 즉위 몇 년 뒤 弘恭이 죽자, 石顯(석현, ?-前 33年)이

해 무엇을 하겠는가!"

나중에 조상이 듣고서는 하안 등을 훈계하였다.

"그대들 모두 조심할지어다. 公卿들이 여러분들을 이전 왕조의 악인이라 비판하고 있다."

왕숙은 종묘 관련 업무로 면직되었다. 뒷날 광록훈이 되었다. 그때 길이가 한 자(尺)나 되는 물고기 두 마리가 武庫(武器庫) 지붕에 떨어져 있었는데 담당 관리가 좋은 징조라고 말했다. 이에 왕숙이 말했다.

"물고기는 연못에 사는데, 지붕은 높은 지붕 위에 떨어졌으니 비늘 있는 동물이 있어야 할 곳을 잃은 셈이다. 변방의 장수가 아마 갑옷을 벗어버리는 변고가 있지 않겠는가?"

그 뒤에 과연 (魏의 군사는) 東關에서 패전했다.[311] 왕숙은 河南尹이 되었다. (曹芳) 嘉平 6년(서기 254) 부절을 받고 太常을 겸직했는데, 어가를 모시러 가서 高貴鄉公(曹髦, 조모)을 (魏郡) 元城縣(원성현)에서 영입하였다.

그 해에, 白氣가 하늘을 가로지르자, 대장군인 司馬景王(司馬師)이 왕숙에게 까닭을 묻자, 왕숙이 대답했다.

"이는 蚩尤(치우)의 깃발(旗)이니, 동남쪽에서 아마 반란이 있지 않았는가요? 만약 대장군께서 자신을 수양하며 백성을 안정시키려

中書令이 되었다. 元帝가 聲色에 탐닉하여 정사를 소홀히 하자, 석현이 권력을 잡고 휘둘렀는데 蕭望之, 張猛, 京房, 陳咸(진함) 등을 박해하였다.

311 (嘉平) 4년(서기 252) 겨울, 征南大將軍인 王昶(왕창), 征東將軍인 胡遵(호준), 鎭南將軍 毌丘儉(관구검) 등이 吳를 원정했는데, 12월, 吳의 大將軍인 諸葛恪(제갈각)에게 魏軍은 東關(동관)에서 격파 당해 회군하였다.

하신다면, 세상에서 안정을 얻으려는 자는 仁德을 따라 귀부하고 반란을 주도한 자는 우선 망할 것입니다."

그 다음 해 봄(서기 255), 鎭東將軍인 毌丘儉(관구검)과 揚州刺史인 文欽(문흠)이 반역하자, 사마사가 왕숙에게 말했다.

"(前漢) 霍光(곽광)은 夏侯勝(하후승)의 말에 감복하여, 儒學之士를 중용한 것도 확실히 까닭이 있었을 것입니다. 나라를 안정시키고 군주를 편안케 할 방책이 무엇이겠습니까?"

이에 왕숙이 말했다.

"그전에 關羽(관우)가 荊州(형주)의 군사를 거느렸을 때, 漢水 부근에서 于禁(우금)[312]의 항복을 받은 뒤에, 북으로 진출하여 천하를 놓고 다투려는 뜻을 가졌습니다. 뒷날 손권이 관우를 기습 공격하여 장졸과 장졸의 일족을 잡아가자, 관우의 군사는 하루아침에 瓦解(와해) 되었습니다.[313] 지금 淮南 지역 장졸의 부모나 처자는 모두 內州(內地의 各郡)에 살고 있으니, 대장군께서 서둘러 반군을 방어하여 반군이 진격하지 못하게 잡는다면 틀림없이 관우의 군사처럼 무너질 것입니다."

사마사는 왕숙의 말에 따랐고 관구검과 문흠을 격파하였다. 왕숙은 뒷날 中領軍으로 승진했고 散騎常侍의 加官을 받았으며 식읍 3백를 더 받아 총 2,200호가 되었다.

312 于禁(우금, ?-221, 字 文則)은 泰山 鉅平(山東省 泰安). 曹魏의 장수. 樊城(번성) 싸움에서 關羽(관우)의 水攻에 투항하여 쓰디쓴 굴욕을 맛보았다(건안 24년 서기 219년).《魏書》17권, 〈張樂于張徐傳〉에 입전.

313 관우가 荊州를 잃고 고립된 麥城(맥성)은, 今 湖北省 서부 宜昌市 관할 當陽市 兩河鎭이다.

왕숙은 (曹髦) 甘露 元年(서기 256)에 죽었는데, 상복을 입은 門生이 수백 명이었다. 왕숙에게 衛將軍이 추증되었고, 시호는 景侯(경후)였다. 아들 王惲(왕운)이 계승했다. 왕운이 죽고, 아들이 없어 단절되었다. (曹奐) 景元 4년(서기 263), 王肅의 아들 王恂(왕순)[314]은 蘭陵侯(난릉후)가 되었다. (曹奐) 咸熙 연간(서기 264-265)에, 5등 작위제를 시행하였는데, 왕숙은 전대의 공적이 있어 왕순은 丞子(승자, 丞의 子爵)에 봉해졌다.

| 原文 |

初, 肅善賈,馬之學, 而不好鄭氏, 采會同異, 爲《尙書》,《詩》,《論語》,《三禮》,《左氏》解, 及撰定父朗所作《易傳》, 皆列於學官. 其所論駁朝廷典制,郊祀,宗廟,喪紀,輕重, 凡百餘篇.

時樂安孫叔然, 受學鄭玄之門, 人稱東州大儒. 徵爲秘書監, 不就. 肅集〈聖證論〉以譏短玄, 叔然駁而釋之, 及作《周易》,《春秋例》,《毛詩》,《禮記》,《春秋三傳》,《國語》,《爾雅》諸注, 又注書十餘篇.

自魏初徵士敦煌周生烈, 明帝時大司農弘農董遇等, 亦歷注經傳, 頗傳於世.

314 王恂(왕순, ?-278, 字 良夫) - 東海郡 郯縣 사람. 西晉 外戚, 蘭陵侯(난릉후)에 봉해졌다가 丞子(승현 자작)이 되었다.

| 국역 |

그전에, 王肅(왕숙)은 賈逵(가규)[315]와 馬融(마융)[316]의 학설을 좋아했고 鄭玄(정현)의 학설을 좋아하지 않았는데, (各 학설의) 同異를 모아《尙書》,《詩》,《論語》,《三禮》,《左氏傳》의 주해를 저술하였으며, 또 부친 王朗(왕랑)의 저술인《易傳》을 새로 편찬하였는데 모두가 學官에서 채택되었다. 왕숙은 조정의 典制와 郊祀(교사), 宗廟, 喪紀(상기), 輕重(경중)에 관하여 論駁(논박)하거나 저술한 문장 1백여 편을 남겼다.

그때 樂安郡의 孫叔然(손숙연)[317]은 鄭玄의 문하에서 수학하였는데 학자들은 東州의 大儒라고 칭송하였다. 조정에서 손숙연을 秘書監으로 초빙했으나 응하지 않았다. 왕숙이 〈聖證論〉을 저술하여 정현 학문의 단점을 비판하자, 손숙연도 반박하고 해설하였으며《周易》,《春秋例》,《毛詩》,《禮記》,《春秋三傳》,《國語》,《爾雅》 등의 주석을 저술하였고, 또 다른 주석 10편이 있다.

魏初의 徵士(징사)인 敦煌郡의 周生烈(주생열)[318]과 明帝 때 大司農인 弘農郡의 董遇(동우)[319] 등도 경전의 주석을 남겼는데 여러 권이

---

315 賈逵(가규, 서기 30－101년, 字 景伯)는 賈誼(가의)의 九世孫. 후한의 經學家이며 天文學者. 曹魏의 賈逵(가규)가 아님. 曹魏의 賈逵(가규, 174－228, 字 梁道)의 本名 衢(구), 河東郡 襄陵縣人. 曹魏政權의 軍政奇才. 賈逵의 아들 賈充(가충)은 뒷날 西晉의 開國元勳.

316 馬融(마융, 79－166, 字 季長)은 伏波將軍 馬援(마원)의 侄孫, 후한의 經學者.

317 孫叔然(손숙연)의 叔然(숙연)은 字. 名이 晉武帝(司馬炎)과 같아 字를 기록했다는 주석이 있다.

318 周生烈(주생열)은 周生이 복성, 名 烈.

319 董遇(동우, 字 季直)는《老子》를 전공하여《老子》를 주석했고《左氏傳》에도 밝았다. 동우를 찾아와 배우려는 문도가 있어도 가르치지 않으면서 '응당 먼

후세에 전승되었다.

| 原文 |

評曰, 鍾繇開達理幹, 華歆清純德素, 王朗文博富贍, 誠皆一時之俊偉也. 魏氏初祚, 肇登三司, 盛矣夫! 王肅亮直多聞, 能析薪哉!

| 국역 |

陳壽의 評論 : 鍾繇(종요)는 활달하고 큰일을 잘 처리했으며, 華歆(화흠)은 청정 순결하고 人品이 고상하였으며, 王朗(왕랑)은 박학하였고 才華가 뛰어났으니 진정 모두가 일세의 준걸이었다. 魏氏가 천명을 받았을 때 모두 삼공의 지위에 올랐으니 칭송할만 하도다! 王肅(왕숙)은 성실 정직하고 博學多聞하여 부친의 학문을 계승하였다.[320]

저 백 번을 읽으라.' 고 말했다. '讀書百遍而義自見(독서백편의자현)' 의 성어는 여기서 나왔다. 또 '시간을 내기 어렵다.' 는 사람에게는 '응당 三餘에 독서해야 한다.' 고 말했다. 그 三餘의 뜻을 묻자, "겨울은 한 해의 남는 시간이며, 밤은 하루의 나머지이고 비오는 날(陰雨)은 계절의 여유 시간이라." 고 말했다. 《魏略》에서는 董遇 및 賈洪(가홍), 邯鄲淳(한단순), 薛夏(설하), 隗禧(외희), 蘇林(소림), 樂詳(악상) 등 7일을 儒宗(유종)이라고 칭했다.

320 원문의 析薪(석신) – 장작을 패다. 아버지가 장각을 패면 아들이 등에 지고 간다는 뜻. 부친의 사업, 학문을 계승하다. 「其父析薪, 其子弗克負荷」《左傳 昭公》 7년 條 참고.

14권 〈程郭董劉蔣劉傳〉(魏書 14)
(정,곽,동,유,장,유전)

❶ 程昱

| 原文 |

程昱字仲德, 東郡東阿人也. 長八尺三寸, 美鬚髯. 黃巾起, 縣丞王度反應之, 燒倉庫. 縣令逾城走, 吏民負老幼東奔渠丘山. 昱使人偵視度, 度等得空城不能守, 出城西五六里止屯.

昱謂縣中大姓薛房等曰, "今度等得城郭不能居, 其勢可知. 此不過欲虜掠財物, 非有堅甲利兵攻守之志也. 今何不相率還城而守之? 且城高厚, 多穀米, 今若還求令, 共堅守, 度必不能久, 攻可破也."

房等以爲然. 吏民不肯從, 曰, "賊在西, 但有東耳." 昱謂房等"愚民不可計事."乃密遣數騎擧幡於東山上, 令房等望見, 大呼言"賊已至."便下山趣城, 吏民奔走隨之, 求得縣令, 遂共城守. 度等來攻城, 不能下, 欲去. 昱率吏民開城門急擊之, 度等破走. 東阿由此得全.

| 국역 |

程昱(정욱)[321]의 字는 仲德(중덕)으로, 東郡 東阿縣(동아현)[322] 사람이다. 8尺3寸의 큰 키에 수염이 멋졌다. 황건적이 봉기하자(서기 184년), 縣丞인 王度(왕도)가 반역 호응하여 창고를 불태웠다. 縣令은 성을 넘어 도주하였고, 다른 관리나 백성은 노인과 어린아이를 데리고 동쪽 渠丘山(거구산)으로 달아났다. 정욱이 사람을 보내 왕도를 염탐했는데, 왕도 등은 空城을 지킬 수 없어 성을 나가 서쪽 5, 6리 떨어진 곳에 주둔하였다.

정욱의 현의 大姓인 薛房(설방) 등에게 말했다.

"지금 왕도는 성을 차지하고도 지키지 못하니 그 세력을 짐작할 수 있습니다. 저들은 그저 재물을 노략질할 뿐 좋은 무기로 공격을 막아낼 뜻도 없습니다. 지금 모두 성으로 돌아가 지키는 것이 어떻겠습니까? 성은 높고 튼튼하며 곡식도 많으니, 현령을 불러들여 같

321 程昱(정욱, 141－220년, 字 仲德)－原名 程立, 泰山에 올라 해를 들어 올리는 꿈을 꾸었다 하여 조조가 '立' 위에 '日'을 보태어 程昱으로 개명해 주었다. 담략이 뛰어난 장수였지만 성격이 급박하여 다른 사람과 원만하지 못했다는 설명이 있다. 《三國演義》에서 정욱은 10회에 등장하는데, 荀彧(순욱)이 정욱을 조조에게 천거하였다. 정욱은 나중에 郭嘉(곽가)를 조조에게 천거한다.

322 東郡 東阿縣(동아현)은 今 山東省 서부 黃河 북안 聊城市(요성시) 관할 東阿縣.

이 굳게 지킨다면 왕도는 오래 버틸 수 없고 우리가 공격하면 격파할 수 있습니다."

설방 등도 같은 생각이었다. 그러나 다른 백성은 따르려 하지 않으면서 "적이 서쪽에 있으니 동쪽으로 가야 합니다." 라고 말했다.

이에 정욱은 설방 등에게 "愚民(우민)과 함께 일을 꾸밀 수 없습니다."라고 말했다. 정욱은 바로 은밀히 기병 몇 사람을 보내 동쪽 산에서 깃발을 흔들게 하여 설방 등이 보게 한 뒤에 큰 소리로 말했다. "황건적이 이미 다가왔습니다."

그리고 바로 하산하여 성으로 달려가자, 다른 백성들도 정욱을 뒤따랐고 현령을 찾아오게 하여 함께 성을 지켰다. 왕도 등이 성을 공격했지만 이길 수 없자 다른 곳으로 이동하려고 했다. 정욱은 백성과 함께 성문을 열고 서둘러 왕도를 공격, 격파하여 쫓아버렸다. 동아현은 이 때문에 안전했다.

|原文|

初平中, 兗州刺史劉岱辟昱, 昱不應. 是時岱與袁紹,公孫瓚和親, 紹令妻子居岱所, 瓚亦遣從事范方將騎助岱. 後紹與瓚有隙. 瓚擊破紹軍, 乃遣使語岱, 令遣紹妻子, 使與紹絶. 別敕范方, "若岱不遣紹家, 將騎還. 吾定紹, 將加兵於岱."

岱議連日不決, 別駕王彧白岱, "程昱有謀, 能斷大事." 岱乃召見昱, 問計, 昱曰, "若棄紹近援而求瓚遠助, 此假人於越以救溺子之說也. 夫公孫瓚, 非袁紹之敵也. 今雖壞紹軍, 然終爲紹所禽. 夫趣一朝之權而不慮遠計, 將軍終敗."

岱從之. 范方將其騎歸, 未至, 瓚大爲紹所破. 岱表昱爲騎都尉, 昱辭以疾.

| 국역 |

(獻帝) 初平 연간에(서기 190 - 193년), 兗州(연주) 자사인 劉岱(유대)[323]가 정욱을 초빙했지만 정욱은 응하지 않았다. 이때 유대와 원소, 公孫瓚(공손찬)은 서로 화친했었는데, 원소는 그 처자를 유대의 거처에 부탁했었고, 공손찬도 從事 范方(범방)에게 기병을 내주어 유대를 돕게 했다.

나중에 원소와 공손찬은 사이가 벌어졌다. 공손찬은 원소의 군사를 격파하면서 사자를 보내 유대에게 원소의 처자를 돌려보내라고 말하며 원소와의 관계를 끊게 했다. 또 범방에게는 "만약 유대가 원소의 가족을 돌려보내지 않으면 기병을 거느리고 귀환하라. 내가 원소를 평정한 뒤에 유대를 공격할 것이다."라고 지시하였다.

이에 유대는 이를 논의했으나 여러 날이 지나도 결말이 나지 않자, 別駕인 王彧(왕욱)이 유대에게 "정욱은 지모가 있어 큰일을 결단할 것입니다."라고 말했다.

그래서 유대가 정욱을 불러 만나 대책을 묻자, 정욱이 말했다.

"만약 원소의 가까운 도움을 버리고 멀리 있는 공손찬의 도움을

323 劉岱(유대, ? - 192년, 字 公山) - 漢의 종실. 山陽太守 劉輿(유여)의 아들. 揚州牧 劉繇(유요)의 형.

청하는 것은 남쪽 越나라에 사람을 보내 물에 빠진 아이를 건져달라는 것과 같습니다. 공손찬은 원소의 상대가 못됩니다. 지금 공손찬이 원소 군사를 격파했다지만 결국은 원소에게 잡힐 것입니다. 하루아침에 임시 방편으로 뒷날을 고려하지 않는다면 장군도 끝내 패망할 것입니다."

유대는 정욱의 의견을 따랐다. 범방이 기병을 거느리고 회군하여 공손찬 본영에 도착하기도 전에 공손찬은 원소에게 완전히 격파 당했다. 유대는 표문을 올려 정욱을 騎都尉에 임명하였지만, 정욱은 병을 핑계로 사양했다.

| 原文 |

劉岱爲黃巾所殺. 太祖臨兗州, 辟昱. 昱將行, 其鄕人謂曰, "何前後之相背也!" 昱笑而不應. 太祖與語, 說之, 以昱守壽張令. 太祖征徐州, 使昱與荀彧留守鄄城. 張邈等叛迎呂布, 郡縣響應, 唯鄄城,范,東阿不動. 布軍降者, 言陳宮欲自將兵取東阿, 又使氾嶷取范, 吏民皆恐.

彧謂昱曰, "今兗州反, 唯有此三城. 宮等以重兵臨之, 非有以深結其心, 三城必動. 君, 民之望也, 歸而說之, 殆可!"

昱乃歸, 過范, 說其令靳允曰, "聞呂布執君母弟妻子, 孝子誠不可爲心! 今天下大亂, 英雄並起, 必有命世, 能息天下之亂者, 此智者所詳擇也. 得主者昌, 失主者亡. 陳宮叛迎呂布而百城皆應，似能有爲，然以君觀之，布何如人哉！夫布，粗中少親，剛而無禮，匹夫之雄耳．宮等以勢假合，不能相君也．兵雖衆，終必無成．曹使君智略不世出，殆天所授！君必固范，我守東阿，則田單之功可立也．孰與違忠從惡而母子俱亡乎？唯君詳慮之！"

允流涕曰，"不敢有二心．" 時氾嶷已在縣，允乃見嶷，伏兵刺殺之，歸勒兵守．昱又遣別騎絶倉亭津，陳宮至，不得渡．昱至東阿，東阿令棗祗已率厲吏民，拒城堅守．又兗州從事薛悌與昱協謀，卒完三城，以待太祖．

太祖還，執昱手曰，"微子之力，吾無所歸矣．" 乃表昱爲東平相，屯范．

| 국역 |

劉岱(유대)는 황건적에게 살해되었다. 曹操가 兗州(연주) 자사가 되어 정욱을 불렀다. 정욱이 떠나려 할 때 그 마을 사람이 말했다.

"이전과 지금이 왜 이렇게 다른가!"

정욱은 웃기만 하고 대답하지 않았다. 조조는 정욱과 이야기를 나눈 뒤, 기뻐하면서 정욱을 임시 壽張(수장) 현령에 임명했다. 조조는 徐州를 원정하면서 정욱과 荀彧(순욱)을 남겨 (濟陰郡의) 鄄城(견성)[324]을 지키게 하였다.

324 鄄城(견성) – 濟陰郡의 鄄城縣. 前漢이 설치한 현명. 戰國 名將 孫臏(손빈)의 고향. 今 山東省 서남부 菏澤市 관할 鄄城縣(견성현). 河南省 동북단 濮陽市와 접경. 甄은 질그릇 견. 밝다(明也).

張邈(장막) 등이 반기를 들고 여포를 영입하자, 여러 군현이 響應(향응)하였으나 오직 鄄城(견성), 范縣(범현),[325] 東阿縣(동아현)만 동요하지 않았다. 陳宮은 군사를 거느리고 동아현을 공격하고, 氾嶷(범의)를 보내 범현을 탈취하려 한다고 투항해온 여포의 군사들이 말하자 관리와 백성 모두가 두려워했다. 이에 순욱이 정욱에게 말했다.

"이번에 兗州가 반기를 들면서 오직 이 3개의 현만 남았습니다. 진궁 등이 중무장한 군사로 쳐들어올 때, 3개 성이 굳게 한마음이 되지 않으면 3개의 성은 틀림없이 흔들릴 것입니다. 당신은 백성에게 명망이 높으니, 백성을 설득한다면 버틸 수 있을 것입니다!"

정욱은 동아현으로 가면서 范縣(범현)에 들러 현령인 靳允(근윤)을 설득하였다.

"내가 알기로는, 여포가 당신의 모친과 동생, 그리고 처자를 잡아가두었다니 효자로서 정말 견딜 수 없을 것이요! 지금 천하가 혼란에 빠져 영웅이 각지서 들고 일어나는데 틀림없이 명성이 알려진 사람이 천하 대란을 수습할 것이니 이에 智者라면 잘 선택해야 합니다. 主君을 잘 만난 자는 번창하고 주군을 놓친 자는 망합니다. 진궁이 반역하여 여포를 맞이했고 많은 城이 호응하여 무엇인가 이룰 것 같지만, 현령께서 볼 때 여포가 어떤 사람이겠습니까! 여포는 사람이 거칠어 가까운 사람이 없고 뻣뻣하고 무례하니 그저 힘 좀 쓰는 匹夫(필부)입니다. 진궁 등은 여포의 무력과 결합했지만, 주군을 도울만한 사람이 아닙니다. 그들 군사가 많다지만 끝내 아무것도 성취 못할 것입니다. 曹使君(曹操)은 그 智略이 뛰어난 不世出의

325 范縣(범현)은 東郡의 현명. 河南省 동북 濮陽市 관할 范縣, 山東省 접경.

인재로 하늘이 낸 분입니다! 현령께서 이곳 범현을 굳게 지키고 나는 東阿縣을 지킨다면, (齊의) 田單(전단)[326]과 같은 공을 세울 수 있습니다. 충신을 버리고 악인을 따르며, 母子가 함께 망할 사람이 어디 있겠습니까? 현령께서 깊이 생각하십시오!"

이에 현령인 근윤이 눈물을 흘리며 말했다. "내 어찌 두 마음을 품겠습니까!"

그때 (진궁이 보낸) 氾嶷(범의)가 현에 머물고 있었는데, 근윤은 범의를 만나본 뒤에 복병을 배치하여 범의를 살해하고 군사를 단속하며 성을 지켰다. 정욱은 별도의 기병을 倉亭津(창정진)에 보내 나루를 막았기에, 진궁이 도착했지만 건널 수가 없었다. 정욱이 동아현에 도착하자, 동아 현령인 棗祗(조지)[327]는 관리와 백성을 단속하며 성을 굳게 지키고 있었다. 또 兗州從事인 薛悌(설제)도 정욱과 함께 협력하니 끝까지 3개 縣城을 보존하며 조조의 귀환을 기다렸다. 조조는 돌아와 정욱의 손을 잡고 말했다.

"그대의 도움이 없었으면 나는 돌아갈 데가 없었소!"

조조는 곧 표문을 올려 정국을 東平國 相에 임명하여 范縣(범현)에 주둔케 하였다.

326 田單(전단, 陳單) – 戰國 시대 田齊 宗室의 먼 선조, 齊國의 장군, 출신은 齊都 臨淄(임치)에서 시장을 관리하는 小吏였다. '火牛陣'으로 燕軍을 대파하고 70여 성을 수복했다. 고사성어 '毋忘在莒(무망재거)'(收復失地) 참고. 《史記 田單列傳》 참고.

327 棗祗(조지, 생졸년 미상) – 棗(대추나무 조)가 성씨. 祗(공경할 지)는 潁川郡 長社人, 東阿令, 羽林監, 屯田都尉, 陳留太守 역임. 屯田制(둔전제)를 건의하고 정착시켰다.

| 原文 |

太祖與呂布戰於濮陽, 數不利. 蝗蟲起, 乃各引去. 於是袁紹使人說太祖連和, 欲使太祖遷家居鄴. 太祖新失兗州, 軍食盡, 將許之. 時昱使適還, 引見, 因言曰, "竊聞將軍欲遣家, 與袁紹連和, 誠有之乎?" 太祖曰, "然."

昱曰, "意者將軍殆臨事而懼, 不然何慮之不深也! 夫袁紹據燕,趙之地, 有並天下之心, 而智不能濟也. 將軍自度能爲之下乎? 將軍以龍虎之威, 可爲韓,彭之事邪? 今兗州雖殘, 尙有三城. 能戰之士, 不下萬人. 以將軍之神武, 與文若,昱等, 收而用之, 霸王之業可成也. 願將軍更慮之!"

太祖乃止.

| 국역 |

조조와 呂布는 (東郡 治所인) 濮陽(복양)에서 싸웠으나 여러 번 패전하였다. 거기에 황충의 폐해까지 겹쳐 각자 철군하였다. 이에 원소는 사람을 보내 조조에게 화해를 제의하면서 조조에게 가족을 데리고 (魏郡) 鄴縣(업현)에 머물게 하였다. 조조는 兗州(연주)를 잃은 데다가 군량도 바닥났기에 수락하려고 했다. 이때 程昱(정욱)이 돌아왔고 조조가 불러 만나자, 정욱이 말했다.

"제가 듣기로, 장군께서는 가족을 鄴縣으로 보내고 원소와 강화하려 한다는데 정말 그러하십니까?"

조조는 그렇다고 했다. 이에 정욱이 말했다.

"어떤 사람들은 장군께서 일을 닥치면 두려워 하신다는데, 그렇지 않다면 어찌 그리 사려가 깊지 못하십니까! 원소가 燕(연)과 趙(조)의 땅을 바탕으로 천하를 차지할 욕심을 내지만, 아마 그 지모로는 성공할 수 없을 것입니다. 장군께서는 원소보다 능력이 뒤진다고 생각하십니까? 장군의 龍虎와 같은 위세로 韓信(한신)과 彭越(팽월)[328]의 자취를 따르렵니까? 지금 비록 兗州(연주)를 잃었다지만 아직 3개의 성이 남았습니다(尙有三城). 싸울 수 있는 군사는 1만 명 이상입니다. 장군의 神武에, 또 순욱과 저(정욱)의 의견을 수용한다면 霸王(패왕)의 대업을 이룰 수 있습니다. 장군께서는 다시 생각하셔야 합니다!"

조조는 원소와의 강화를 그만두었다.

| 原文 |

天子都許, 以昱爲尙書. 兗州尙未安集, 復以昱爲東中郎將, 領濟陰太守, 都督兗州事. 劉備失徐州, 來歸太祖. 昱說

328 韓信(한신)과 彭越(팽월) 두 사람 모두《漢書》34권,〈韓彭英盧吳傳〉에 입전. 淮陰侯 韓信(前 230 - 196)은 淮陰人. 漢初三杰(한초삼걸)의 한 사람. 胯下之辱(과하지욕), 漂母進飯(표모진반), 國士無雙, 多多益善, 鳥盡弓藏(조진궁장), '成敗一蕭何 生死兩婦人.' 成語의 주인공.
彭越(팽월, ?-前 196) - 字는 仲(중)이며 昌邑 사람이다. 늘 鉅野澤에서 고기를 잡았는데 도적이 되었다. 陳勝이 봉기했을 때 어떤 사람이 팽월에게 말했다. "호걸들이 서로 봉기하여 秦에 반기를 드는데 당신도 봉기하십시오." 팽월은 처음에 항우를 섬기다가 漢王을 섬겼고 漢 건국 후 梁王이 되었지만, 나중에 異姓 諸侯를 없애려는 漢의 정책에 희생당했다. 한왕은 팽월을 죽이고 그 시신으로 젓을 담가 여러 제후에게 돌려 보내졌다.

太祖殺備, 太祖不聽. 語在〈武紀〉.

後又遣備至徐州要擊袁術, 昱與郭嘉說太祖曰, "公前日不圖備, 昱等誠不及也. 今借之以兵, 必有異心."

太祖悔, 追之不及. 會術病死, 備至徐州, 遂殺車胄, 擧兵背太祖.

頃之, 昱遷振威將軍. 袁紹在黎陽, 將南渡. 時昱有七百兵守鄄城, 太祖聞之, 使人告昱, 欲益二千兵. 昱不肯, 曰, "袁紹擁十萬衆, 自以所向無前. 今見昱兵少, 必輕易不來攻. 若益昱兵, 過則不可不攻, 攻之必克, 徒兩損其勢. 願公無疑!"

太祖從之. 紹聞昱兵少, 果不往. 太祖謂賈詡曰, "程昱之膽, 過於賁,育."

昱收山澤亡命, 得精兵數千人, 乃引軍與太祖會黎陽, 討袁譚,袁尙. 譚,尙破走, 拜昱奮武將軍, 封安國亭侯. 太祖征荊州, 劉備奔吳. 論者以爲孫權必殺備, 昱料之曰,

"孫權新在位, 未爲海內所憚. 曹公無敵於天下, 初擧荊州, 威震江表, 權雖有謀, 不能獨當也. 劉備有英名, 關羽,張飛皆萬人敵也, 權必資之以御我. 難解勢分, 備資以成, 又不可得而殺也."

權果多與備兵, 以御太祖. 是後中夏漸平, 太祖拊昱背曰, "兗州之敗, 不用君言, 吾何以至此?"

宗人奉牛酒大會, 昱曰, "知足不辱, 吾可以退矣." 乃自表

歸兵, 闔門不出.

| 국역 |

天子(獻帝)가 (潁川郡) 許縣에 도읍하자, 정욱은 尙書가 되었다. 兗州(연주)가 아직 다 평정되지 않았기에, 정욱은 다시 東中郎將이 되어 濟陰太守를 겸하면서 兗州를 감독하였다. 劉備는 徐州를 잃고 조조에게 귀부하였다. 정욱은 조조에게 유비를 죽여야 한다고 권유했지만 조조는 따르지 않았다. 이는 〈武帝紀〉에 수록했다.

뒷날 조조는 유비를 徐州에 보내 원술을 공격케 했는데, 정욱과 郭嘉(곽가)가 조조에게 말했다.

"公께서 이전에 유비를 죽이지 않은 것을 저는 정말 이해 못하겠습니다. 이번에 유비에게 군사를 빌려주셨으니 유비는 틀림없이 딴 마음을 가질 것입니다."

조조는 후회하면서 유비를 추격했지만 따라잡지 못했다. 그때 마침 원술이 죽었고, 유비는 徐州에 들어가 車冑(차주)[329]를 죽이고 거병하며 조조를 배신하였다.

얼마 후 정욱은 振威將軍(진위장군)이 되었다. 원소는 (魏郡의) 黎陽(여양)[330]에 주둔하며 남쪽으로 황하를 건너려 했다. 그때 정욱은 7백 명 군사를 거느리고 鄄城(견성)을 지키고 있었는데, 조조가 소식을 듣고 사람을 보내 정욱에게 군사 2천 명을 지원하겠다고 말했

329 車冑(차주, ?－200년) – 曹操가 여포를 죽인 뒤에 차주를 徐州刺史에 임명했었다.

330 黎陽(여양)은 冀州 관할 魏郡의 縣名. 今 河南省 북부 옛 黃河 북안, 鶴壁市 관할 浚縣(준현). 이곳에서 官渡가 멀지 않다.

다. 그러나 정욱은 받지 않으면서 말했다.

"원소가 10만 군사를 거느리고 있기에 자기 앞에 적이 없다고 생각합니다. 지금 제가 거느린 군사가 적은 수이기에 틀림없이 깔보면서 공격하지 않을 것입니다. 만약 저에게 군사를 늘려주면 원소가 지나가면서 틀림없이 공격하고, 그러면 함락당할 것이고 이래저래 손해입니다. 公께서는 의심치 마십시오!"

조조는 정욱의 의견을 따랐다. 원소는 정욱의 군사가 적은 것을 알고 공격하지 않았다. 조조가 賈詡(가후)에게 말했다.

"정욱의 담력은 孟賁(맹분)과 夏育(하육)보다 강하다."

정욱은 산이나 늪지대에 숨은 도망친 사람들을 끌어모아 정병 수천 명을 확보하였고, 그 군사를 이끌고 黎陽(여양)에서 조조에 합세하였으며, 袁譚과 袁尙을 토벌하였다. 원담과 원상은 격파당해 도주하였고, 정욱은 奮武將軍이 되었으며, 安國亭侯에 봉해졌다.

조조가 荊州를 정벌하자, 유비는 吳로 도망했다. 論者는 손권이 유비를 죽일 것이라고 생각했는데 정욱이 짐작하였다.

"손권은 새로이 즉위하여 세상의 비난을 받으려 하지 않을 것이요. 감히 맞설 수 없는 曹公이 일거에 형주를 정벌하여 長江 밖에까지 위세가 진동하니, 손권이 智謀가 있다 해도 혼자서는 당할 수가 없을 것이요. 또 유비도 그런대로 英名이 있고, 關羽(관우)와 張飛(장비) 역시 만인을 상대할 수 있으니, 손권은 그들과 함께 우리에게 맞설 것이요. 정세 분석이 쉽지 않지만 유비는 이를 이용할 것이고, 또 손권은 유비를 죽일 수 없을 것입니다."

예상대로 손권은 유비에게 군사를 많이 지원하여 조조에 대항케 하였다. 이후 중원은 점차 평온하였다. 조조는 정욱의 등을 두드리며 말했다.

“兗州(연주)를 잃은 뒤에 장군의 말을 듣지 않았으면, 내가 어찌 지금에 이르렀겠는가?”

일족이 소고기와 술을 준비하여 잔치할 때, 정욱이 말했다.

“知足하면 不辱(불욕)이라 하니, 나는 이제 은퇴할 것이요.”

그리고서는 표문을 올려 병권을 반납한 뒤, 문을 닫고 세상과 왕래하지 않았다.

| 原文 |

昱性剛戾, 與人多迕. 人有告昱謀反, 太祖賜待益厚. 魏國旣建, 爲衛尉, 與中尉邢貞爭威儀, 免. 文帝踐阼, 復爲衛尉, 進封安鄕侯, 增邑三百戶, 並前八百戶. 分封少子延及孫曉列侯. 方欲以爲公, 會薨, 帝爲流涕, 追贈車騎將軍, 謚曰肅侯. 子武嗣. 武薨, 子克嗣. 克薨, 子良嗣.

| 국역 |

程昱(정욱)은 성격이 강직하고 거칠어 남을 잘 무시하였다. 어떤 사람이 정욱이 모반한다고 밀고 하였지만 조조는 더욱 후대하였다. 魏國이 세워진 뒤 衛尉(위위)가 되었는데 中尉(중위)인 邢貞(형정)과 위세를 다투다가 면직되었다. 文帝가 즉위한 뒤(서기 220년) 다시 衛尉가 되었고 安鄕侯에 올려 봉해졌으며 식읍 3백 호를 더 받아 총 8백호가 되었다. 막내아들 程延(정연)과 손자 程曉(정효)가 列侯가 되었다.

정욱을 三公에 등용하려 했으나 마침 죽으니(時年八十), 文帝는 눈물을 흘리며 車騎將軍을 追贈하였고, 시호는 肅侯(숙후)였다. 아들 程武(정무)가 뒤를 이었다. 정무가 죽고, 아들 程克(정극)이 계승했다. 정극이 죽고, 아들 程良(정량)이 계승했다.

| 原文 |

曉, 嘉平中爲黃門侍郞. 時校事放橫, 曉上疏曰,

「《周禮》云, '設官分職, 以爲民極.'《春秋傳》曰, '天有十日, 人有十等.' 愚不得臨賢, 賤不得臨貴. 於是並建聖哲, 樹之風聲. 明試以功, 九載考績. 各脩厥業, 思不出位. 故欒書欲拯晉侯, 其子不聽, 死人橫於街路, 邴吉不問.

上不責非職之功, 下不務分外之賞, 吏無兼統之勢, 民無二事之役, 斯誠爲國要道, 治亂所由也. 遠覽典志, 近觀秦漢, 雖官名改易, 職司不同, 至於崇上抑下, 顯分明例, 其致一也. 初無校事之官干與庶政者也.

昔武皇帝大業草創, 衆官未備, 而軍旅勤苦, 民心不安, 乃有小罪, 不可不察, 故置校事, 取其一切耳, 然檢御有方, 不至縱恣也. 此霸世之權宜, 非帝王之正典. 其後漸蒙見任, 復爲疾病, 轉相因仍, 莫正其本. 遂令上察宮廟, 下攝衆司, 官無局業, 職無分限, 隨意任情, 唯心所適. 法造於筆端, 不依科

詔, 獄成於門下, 不顧覆訊. 其選官屬, 以謹愼爲粗疏, 以謥詷爲賢能. 其治事, 以刻暴爲公嚴, 以循理爲怯弱. 外則託天威以爲聲勢, 內則聚群姦以爲腹心. 大臣恥與分勢, 含忍而不言, 小人畏其鋒芒, 鬱結而無告. 至使尹模公於目下肆其奸慝, 罪惡之著, 行路皆知, 纖惡之過, 積年不聞.

旣非《周禮》設官之意, 又非《春秋》十等之義也. 今外有公卿將校總統諸署, 內有侍中尙書綜理萬機, 司隸校尉督察京輦, 御史中丞董攝宮殿, 皆高選賢才以充其職, 申明科詔以督其違. 若此諸賢猶不足任, 校事小吏, 益不可信. 若此諸賢各思盡忠, 校事區區, 亦復無益. 若更高選國士以爲校事, 則是中丞司隸重增一官耳. 若如舊選, 尹模之奸今復發矣. 進退推算, 無所用之.

昔桑弘羊爲漢求利, 卜式以爲獨烹弘羊, 天乃可雨. 若使政治得失必感天地, 臣恐水旱之災, 未必非校事之由也. 曹恭公遠君子, 近小人, 〈國風〉託以爲刺. 衛獻公舍大臣, 與小臣謀, 定姜謂之有罪. 縱令校事有益於國, 以禮義言之, 尙傷大臣之心, 況姦回暴露, 而復不罷, 是兗闕不補, 迷而不返也.」

於是遂罷校事官. 曉遷汝南太守, 年四十餘薨.

| 국역 |

(程昱의 손자) 程曉(정효, 字 季明)는, (曹芳) 嘉平 연간에(서기 249

－254) 黃門侍郎이 되었다. 그때 조정의 校事官(교사관)[331]의 횡포가 극심하여 정효가 상소하였다.

「《周禮》에서는 '設官하여 分職하니, 백성의 표준이 된다.' 고 하였으며, 《春秋傳》에서도 '하늘에 10개의 태양이 있고 백성도 10등급이 있다.' 고 하였으니, 어리석은 사람은 재능이 뛰어난 사람을 이길 수 없고, 천민은 높은 자리에 오를 수 없습니다. 이에 어떤 도덕적 표준을 세워 양호한 명성을 평가하고 관리의 공적을 시험하고 9년마다 업적을 평가하는 것입니다. 모든 관리는 자신의 직무를 수행하지만 그 思慮(사려)는 직위를 넘지 못합니다. 그래서 欒書(난서)[332]는 晉侯(진후)를 구원하려 했지만 그 아들은 따르지 않았으며, 죽은 사람이 길에 널려 있어도 (前漢 丞相) 邴吉(병길, 丙吉)[333]은 이

331 校事官은 曹操가 관리나 장군들의 비리 조사 및 수사 정보를 수집하기 위해 설치한 관직. 조조는 처음에 盧洪(노홍)과 曹達(조달)을 校事로 임명했다. 이미 그 당시에 '不畏曹公하고 但畏盧洪' 이란 말이 유행할 정도로 두려운 존재였다. 東吳에서도 校事가 있었는데, 손권의 신임을 받았던 呂壹(여일)의 행패가 심했었다.

332 欒書(난서, ?－前 573년) － 姬姓, 欒氏, 謚曰武, 欒武子로 통칭, 晉 景公, 厲公의 신하.

333 丙吉(邴吉, ?－前 55, 字 少卿) － 태어난 지 얼마 안 되는 武帝의 증손이 衛太子 사건으로 감옥에 갇히자, 병길은 황증손을 옥에서 키워 나중에 宣帝로 즉위케 했다. 宣帝 麒麟閣 11공신의 한 사람. 前 59－55년 승상. 승상 병길이 행차하며 길을 치웠는데, 패싸움을 하여 죽고 다친 자가 길에 널렸으나 병길은 지나가면서도 묻지 않자, 승상부 속관들은 이상하다고 생각하였다. 병길이 더 가다가 소를 끌고 오는 사람을 보았는데, 소가 혀를 내놓고 헐떡거리자 멈춰서 말 탄 관리를 시켜 "소를 몰고 몇 리 길을 왔는가?" 라고 묻게 하였다. 속관은 승상이 앞뒷일을 잘못 물었다고 생각했다. 나중에 어떤 사람이 이를 비판하자, 병길이 말했다. "백성들이 서로 싸워 죽고 다친 것은 長安令이나 京兆尹이 직분상 금지시키고 체포할 일이며, 연말에 승상은 그 치적을 평가하여 상벌을 상주하면 될 일입니다. 승상은 소소한 일을 하지 않기에 길에서

유를 묻지 않았습니다.

주군은 신하 직분의 범위 이외의 치적을 요구할 수 없고, 신하는 자기 직무 이외의 치적으로 상을 요구해서는 안 되며, 관리는 직무 이외 다른 권세를 부려서도 안 되고, 백성은 한 번에 두 가지 요역을 감당해서도 안 되는 것이 치국의 핵심이며, 또 이로써 治亂해야 합니다. 멀리 상고의 전적을 보거나 가깝게 秦과 漢의 사례를 보더라도, 관직명이 바뀌고 담당 업무분야가 다르더라도 윗사람을 받들고 아래 사람을 통제하면서 직분을 분명히 명시하여 목표를 달성하려는 취지는 똑같습니다. 校事官(교사관)은 본래 庶政(서정)에 관여할 수 없는 직분이었습니다.

그전에 武皇帝(曹操)의 大業이 草創하여 여러 관직이 미비하고, 또 군사 관련 업무는 힘들고 민심이 불안했기에 미세한 죄악일지라도 살피지 않을 수 없었기에 교사관을 두고 여러 일을 맡겼지만, 그때는 조사나 통제에 법도가 있어 방종이나 자의에 이르지는 않았습니다. 교사관의 세상을 흔드는 권위는 본래 제왕의 바른 법도가 아니었습니다. 그 이후로 점차 황제의 신임을 받고 여러 병폐가 누적되고, 그것이 전례가 되었기에 누구도 그 근본을 바로잡지 못했습니다. 결국에는 위로는 궁정과 조정을 사찰하고, 아래로는 모든 부서 업무에 관여하게 되었으니 그 교사관의 본업이 없고, 업무에 한계가 없어 모든 것이 마음 내키는 대로 이루어졌습니다. 법령은 그

....

물어야 할 일이 아니었습니다. 지금 봄철에 동방의 神이 나올 때라서 크게 더울 때가 아닌데, 소가 가까운 길을 왔어도 더위 때문에 헐떡거린다면 이는 절기가 이상한 것이니 혹시 재해가 있을지 걱정할 일입니다. 三公은 직분상 陰陽의 造化를 걱정하기 때문에 물었던 것입니다." 승상부의 속관들은 병길이 政事의 큰 틀을 알고 있다고 생각하였다. 《漢書》 74권 〈魏相丙吉傳〉에 입전.

들의 붓끝에서 만들어지면서 법령과 조서를 따르지 않았고, 그 부서가 그대로 사람을 가두는 옥이 되었고 재조사나 심리도 없었습니다. 거기서 선임한 관리는 謹愼(근신)하면 대충하라고 했으며 황당무계한 일도 유능하다고 하였습니다. 교사관은 업무 처리에 각박하고, 포악하면 공정 엄격하다고 인정했으며, 순리에 따르면 怯弱(겁약)하다고 여겼습니다. 겉으로는 황제의 권위에 가탁하여 큰 소리를 치고 안으로는 온갖 간악한 무리를 끌어 모아 심복으로 만들었습니다. 대신은 그들과 세력 다툼을 치욕으로 생각하여 분함을 삼키며 말하지 않았고, 미천한 직위의 관리는 그 칼날이 무서워 억울해도 고발하지 않았습니다. 그리하여 尹模(윤모) 같은 자는 백일하에 공공연히 간악한 짓을 자행하여 그 죄악은 길을 가는 사람 모두가 다 알고 있었으며, 그 자의 소소한 악행은 여러 해가 지나도 알려지지 않았습니다.

이런 校事官은《周禮》設官의 목적도, 또《春秋》10등급의 大義도 아닙니다. 지금 外朝에서는 공경과 장교가 여러 관서를 총체적으로 관리하고, 內朝에서는 侍中과 尙書가 군국기무를 종합적으로 처리하며, 司隸校尉는 京師의 관리를 사찰하고 御史中丞은 궁전 내 관리 행동을 감독하는데, 모두가 賢才를 발탁하여 그 직임을 맡겼으며 법규와 조서에 따라 비위를 사찰하고 있습니다. 만약 이런 현명한 관리로도 일을 맡길 수 없다면 校事官의 소리는 더더욱 믿을 수가 없는 것입니다. 만약 이런 현명한 관리가 충성을 다 하지 않는다고 생각한다면 校事官의 자잘한 업무 또한 더 무익할 것입니다. 만약 나라에서 최고의 인재를 뽑아 교사관을 맡긴다면 御史中丞이나 司隸校尉에 관직이 또 하나 늘게 됩니다. 만약 전처럼 교사관을 선발 운영한다면 尹模(윤모)와 같은 간악한 자는 또 나올 것입니다. 이리저리 생각한다면 교사관은 쓸모가 없습니다.

옛날 (前漢) 桑弘羊(상홍양)[334]은 漢을 위해 國利를 추구했는데, 卜式(복식)[335]이 상홍양을 팽살하자 하늘이 비를 내렸습니다. 이처럼 정치의 득실은 틀림없이 天地에 감응하나니, 臣의 생각으로 수해나 旱災(한해)를 당한다면 아마도 校事官 때문일 수도 있습니다. 曹의 恭公(공공)[336]이 군자를 멀리하고 소인을 가까이 하자, 〈國風, 曹諷〉

334 桑弘羊(상홍양, 前 152－80) － 武帝 때 財政 전문가. 鹽, 鐵, 酒의 專賣를 주장. 후에 均輸法, 平準法 시행했다. 桑弘羊은 어사대부로 8년을 근무했는데 스스로 국가를 위하여 전매하는 이득을 올렸다고 생각하면서 그 공을 자랑했으며 자제들의 관직을 얻으려다가 곽광에게 원한을 가졌고 上官桀(상관걸) 등과 모반을 꾀하다가 멸족되었다.

335 卜式(복식)은 河南縣 사람이다. 농사와 목축이 생업이었다. 武帝 때 흉노 渾邪王(혼야왕)의 무리가 투항해 왔는데 나라에서는 비용지출이 많아 창고가 비었고 빈민들이 대거 몰려들며 나라에서 구제해주길 바랬으나 구제할 재물이 없었다. 복식은 다시 20만전을 가지고 가서 하남태수에게 바쳐 빈민을 구제케 하였다. 하남군에서 빈민을 구제한 부자들 명단을 보고하였는데 무제는 복식의 성명을 알아보고서 말했다. "바로 이 사람이 전에 재산의 절반을 군사비에 보태려 했었다." 그리고서는 복식에게 요역 인부 400명분의 돈을 상금으로 하사했는데 복식은 그 돈도 모두 나라에 기부하였다. 이 무렵 부호들은 경쟁적으로 재산을 숨겼는데 오직 복식만이 더 많은 재물을 바치려했다. 결국 무제는 복식이 후덕한 사람이라 생각하고 복식을 불러 中郎官에 임명했고 左庶長의 작위와 경지 10頃(경)을 하사하고 천하에 널리 알려 높이며 백성을 깨우치게 했다. 元鼎 연간에 복식은 부름을 받아 石慶의 후임으로 御史大夫가 되었다. 복식이 재직하는 동안 郡國에서는 鹽鐵의 전매와 선박에 대한 조세가 불편하니 폐지해야 한다고 말했다. 무제는 이 때문에 복식을 좋아하지 않았다. 다음 해 봉선을 앞두었고 또 복식이 예악에 대해 밝지 못하기에 폄직하여 태자태부가 되었고 兒寬(예관)이 대신하였다. 복식은 천수를 누리고 죽었다. 《漢書》 58권 〈公孫弘卜式兒寬傳〉에 입전.

336 曹國은 春秋戰國時代의 제후국, 伯爵, 國君은 姬姓. 建都는 陶丘, 今 山東省 菏澤市 定陶區. 曹 恭公(共公)은 재위 前 652－618.

에서는 이를 풍자하였습니다.[337] 衛 獻公(헌공)이 대신을 버려두고 小臣과 국정을 논의하자, 定姜(정강)은 이를 유죄라고 하였습니다. 설령 校事官이 국정에 유익하여도 禮義로 말하자면, 여전히 大臣의 마음을 다치게 하는데, 하물며 교사관의 간악한 죄악이 계속 폭로되는데도 이를 폐지하지 않는다면, 이는 皇上의 잘못을 바로잡지 못하는 것과 같으며 길을 잃어 돌아오지 못하는 것과 같습니다.」

이에 곧 校事官을 혁파하였다. 程曉(정효)는 汝南太守가 되었는데, 나이 40여 세에 죽었다.

❷ 郭嘉

| 原文 |

郭嘉字奉孝, 潁川陽翟人也. 初, 北見袁紹, 謂紹謀臣辛評, 郭圖曰,

"夫智者審於量主, 故百擧百全而功名可立也. 袁公徒欲效周公之下士, 而未知用人之機. 多端寡要, 好謀無決, 欲與共濟天下大難, 定霸王之業, 難矣!"

於是遂去之. 先是時, 潁川戲志才, 籌畫士也, 太祖甚器之. 早卒. 太祖與荀彧書曰, "自志才亡後, 莫可與計事者. 汝, 潁

337 《詩經 曹諷 候人》 - 어진 군자를 멀리하고, 소인만을 가까이 하는 것을 풍자한 詩.

固多奇士, 誰可以繼之?"

彧薦嘉. 召見, 論天下事. 太祖曰, "使孤成大業者, 必此人也."

嘉出, 亦喜曰, "眞吾主也." 表爲司空軍祭酒.

| 국역 |

郭嘉(곽가)[338]의 字는 奉孝(봉효)로, 潁川郡(영천군) 陽翟縣(양책현) 사람이다. 처음에는 북쪽으로 가서 원소를 만났는데, 원소의 謀臣인 辛評(신평)과 郭圖(곽도)를 보고 말했다.

"智者는 主君의 능력을 살펴보고 선택을 해야 무슨 일을 하던 다 성취하여 이름을 날릴 수 있습니다. 袁公(원공, 袁紹)은 한갓 周公이 자신을 낮춰 아랫사람 대우했던 전례를 본받으려 하지만, 用人하는 요체를 모릅니다. 일은 많이 벌리지만 요령이 없고 지모를 좋아한다지만 결단력이 없으며, 천하의 大難을 함께 이겨내어 霸王(패왕)의 대업을 이루려 하지만 어려울 것입니다!"

그리고 바로 원소를 떠났다. 이보다 앞서 潁川郡 사람 戲志才(희지재)[339]가 조조의 謀士였는데, 조조가 크게 인정했었지만 일찍 죽었다. 이에 조조가 荀彧(순욱)에게 서신을 보냈다.

338 郭嘉(곽가, 170－207년, 字 奉孝) － 潁川郡 陽翟縣(양책현, 今 河南省 중부 許昌市 관할 禹州市, 翟은 꿩 적. 땅이름 책.) 출신, 본래는 袁紹(원소)의 휘하에 있었다. 몸이 허약했던 조조의 참모, 司空軍祭酒 담당. 《魏書》 14권, 〈程郭董劉蔣劉傳〉에 立傳.

339 戲志才(희지재)는 潁川(영천) 사람으로, 순욱이 조조에게 천거한 謀士로 謀略이 뛰어나 조조가 매우 중시하였지만 일찍 죽었다. 순욱은 희지재 다음에 郭嘉(곽가)를 천거했었다. 《三國演義》에는 희지재가 등장하지 않는다.

"희지재가 죽은 뒤로 함께 책모를 꾸밀 사람이 없도다. 汝南郡과 潁川郡에는 정말 奇士가 많다 하니 후임으로 누가 좋겠는가?"

순욱은 곽가를 천거했다. 조조가 불러 만난 뒤 천하 대사를 논했다.[340]

조조는 "나의 대업을 성취케 할 사람은 틀림없이 이 사람이다."라고 말했다. 곽가도 조조를 만난 뒤 역시 기뻐하며 "나의 참 주인이다."라고 말했다. 조조는 표문을 올려 곽가를 司空軍祭酒에 임명했다.

| 原文 |

征呂布, 三戰破之, 布退固守. 時士卒疲倦, 太祖欲引軍還,

340 郭嘉(곽가)는 조조에게 원소와 그 군사를 걱정할 상대가 아니라는 뜻으로 두 사람을 비교하였는데, 조조는 10가지 측면에서 승리할 수 있고, 원소는 10가지 이유로 패할 수밖에 없다고 하였다. 곽가의 비교에 대해 조조의 참모 순욱도 동감을 표시했다. 이에 조조는 웃으며 "내 어찌 그대가 말하는 그 정도겠는가?"라며 겸손을 떨었다. 곽가의 비교를 도표로 만들면 다음과 같다.

영 역	曹操의 장점	袁紹의 부족
인품(道)	몸소 실천, 자연스러움(體任自然)	허례허식 따름 (繁禮多儀)
정의(義)	정의를 따름 (順率)	정의를 거역 (逆動)
통치(治)	엄격한 관리 감독 (猛糾)	방만한 관리 (寬濟)
아량(度)	겉은 간결, 안은 명철 (外簡內明) 재능대로 인재 등용 (用人唯才)	겉엔 관용, 속은 좁음 (外寬內忌) 친척들에게 일을 맡김 (任多親戚)
지략(謀)	책략을 신속 결행 (得策輒行)	지모 있음, 결단 적음 (多謀少決)
덕행(德)	지성으로 사람을 대함(至誠待人)	오직 명예만을 추구 (專收名譽)
인자(仁)	주변 모두를 챙겨 줌 (慮無不周)	근친 자애, 먼 사람 홀대(恤近忽遠)
분별(明)	참소가 먹혀들지 않음(浸潤不行)	참소 듣고 현혹됨 (聽讒惑亂)
행정(文)	법도 엄하고 밝음 (法度嚴明)	시비 분별 못함 (是非混淆)
군사(武)	神의 경지 용병술 (用兵如神)	병법 요체 모름 (不知兵要)

嘉說太祖急攻之, 遂禽布. 語在〈荀攸傳〉.

孫策轉鬪千里, 盡有江東, 聞太祖與袁紹相持於官渡, 將渡江北襲許. 衆聞皆懼, 嘉料之曰, "策新並江東, 所誅皆英豪雄傑, 能得人死力者也. 然策輕而無備, 雖有百萬之衆, 無異於獨行中原也. 若刺客伏起, 一人之敵耳. 以吾觀之, 必死於匹夫之手." 策臨江未濟, 果爲許貢客所殺.

| 국역 |

조조가 (徐州의) 呂布를 정벌할 때 3번이나 격파하자, 여포는 물러나 굳게 지키기만 했다. 그때 장졸이 피로에 지쳤기에, 조조는 군사를 거느리고 돌아가려고 하자, 곽가는 조조에게 서둘러 공격하라[341]고 설득하여 결국 여포를 생포하였다. 이는 〈荀攸傳〉에 기록했다.

孫策(손책)은 1천 리를 떠돌며 싸워 江東을 모두 차지하였는데, 조조와 원소가 官渡(관도)에서 대치한다는 소식을 듣고 長江을 건너 북으로 진격하여 許都를 습격하려고 했다. 군사들이 이를 듣고 모두 두려워했지만 곽가가 이에 대하여 예상했다.

"손책은 강동을 이제 겨우 손에 넣으면서 많은 영웅과 호걸이 죽었고, 자신을 위해 죽기로 싸우려는 사람만을 손에 넣었습니다. 그러나 손책은 일처리가 경솔하고 만일에 대비하지 못하기에 비록 백

341 곽가가 조조에게 말했다. "옛날 項籍(항우)는 70여 전투를 겪으며 패배한 적이 없었지만 하루아침에 패망한 것은 그가 자신의 용기만 믿고 무모했기 때문입니다. 지금 여포는 매번 격파 당했고 자신의 영역도 다 잃었습니다. 그리고 여포의 위력은 항우만도 못합니다. 우리가 지쳤다고 후퇴할 때 여포가 공격해오면 우리가 포로로 잡힐 것입니다." 조조는 곽가의 말을 받아들였다.

만 군사를 거느렸다고 하여도 中原 땅을 혼자 지나가는 것과 다름 없습니다. 만약 자객이 습격한다면 단 한 사람이면 될 것입니다. 내가 볼 때 손책은 틀림없이 필부의 손에 죽을 것입니다."

손책은 長江에 와서 도강하기도 전에 예상대로 許貢(허공)[342]의 빈객에게 살해되었다.

| 原文 |

從破袁紹, 紹死, 又從討譚,尙於黎陽, 連戰數克. 諸將欲乘勝遂攻之, 嘉曰, "袁紹愛此二子, 莫適立也. 有郭圖,逢紀爲之謀臣, 必交鬪其間, 還相離也. 急之則相持, 緩之而後爭心生. 不如南向荊州若征劉表者, 以待其變, 變成而後擊之, 可一擧定也."

太祖曰, "善." 乃南征. 軍至西平, 譚,尙果爭冀州. 譚爲尙軍所敗, 走保平原, 遣辛毗乞降. 太祖還救之, 遂從定鄴. 又從攻譚於南皮, 冀州平. 封嘉洧陽亭侯.

| 국역 |

(郭嘉는) 조조를 따라 원소를 격파했고, 원소가 죽은 뒤 또 조조를 따라 (그 아들) 袁譚(원담)과 袁尙(원상)을 黎陽(여양)에서 토벌하

342 許貢(허공, ?-197년?) – 吳郡(治所 今 江蘇省 남부 蘇州市)의 都尉, 太守를 역임하였는데 손책에게 살해되었다.

면서 여러 번 승리를 거두었다. 여러 장수들이 승세를 타고 계속 공격해야 한다고 주장하자 곽가가 말했다.

"원소는 이 두 아들을 아꼈지만 嫡子(적자)를 세우지 않았습니다. 郭圖(곽도)와 逢紀(봉기) 같은 謀臣이 있지만, 틀림없이 그들 사이에서 싸우거나 아니면 서로 분리시킬 것입니다. 우리가 급하게 공격하면 서로 돕지만 느긋하게 놔주면 싸울 것입니다. 그러니 차라리 남쪽으로 형주의 유표를 공격하여 저들의 변란이 일어나길 기다렸다가 일거에 공격해야 합니다."

이에 조조는 좋다면서, 곧 남쪽을 원정했다. 조조의 군사가 西平에 이르자, 예상대로 원담과 원상은 冀州를 놓고 다투었다. 원담이 원상에게 패퇴하자, 平原郡으로 달아나 지키면서 辛毗(신비)를 보내 투항하였다. 조조는 돌아와 원담을 구원했는데, 곽가는 조조를 따라 鄴縣(업현)을 평정했다. 또 조조를 따라 원담을 南皮(남피)에서 격파하여 기주를 평정하였다. 곽가는 洧陽亭侯(유양정후)가 되었다.

| 原文 |

太祖將征袁尙及三郡烏丸, 諸下多懼劉表使劉備襲許以討太祖,

嘉曰, "公雖威震天下, 胡恃其遠, 必不設備. 因其無備, 卒然擊之, 可破滅也. 且袁紹有恩於民夷, 而尙兄弟生存. 今四州之民, 徒以威附, 德施未加, 舍而南征, 尙因烏丸之資, 招其死主之臣, 胡人一動, 民夷俱應, 以生蹋頓之心, 成覬覦之計,

恐青,冀非己之有也. 表, 坐談客耳, 自知才不足以御備, 重任之則恐不能制, 輕任之則備不爲用, 雖虛國遠征, 公無憂矣."

太祖遂行. 至易, 嘉言曰, "兵貴神速. 今千里襲人, 輜重多, 難以趣利, 且彼聞之, 必爲備. 不如留輜重, 輕兵兼道以出, 掩其不意."

太祖乃密出盧龍塞, 直指單于庭. 虜卒聞太祖至, 惶怖合戰. 大破之, 斬蹋頓及名王已下. 尙及兄熙走遼東.

| 국역 |

조조가 원상과 三郡(漁陽郡, 右北平郡, 遼西郡)의 烏丸族(오환족)을 원정하려 하자, 여러 장수들은 유표가 유비를 시켜 許都를 급습할 수 있다고 걱정하자, 이에 곽가가 말했다.

"公의 위세가 中原에 진동하지만 오환족은 멀리 있다 하여 틀림없이 대비하지 않을 것입니다. 그들이 무방비일 때 갑자기 공격하면 파멸시킬 수 있습니다. 또 그간 원소는 북방의 漢人과 胡人에게 은덕을 베풀었고 원상 형제는 살아 있습니다. 지금 북방 4州(靑州, 冀州, 幽州, 幷州)의 백성들은 우리의 위세에 눌려 잠시 귀부하였으며, (그들에게) 은덕을 베풀어준 것도 없습니다. 공께서 이들을 놔주고 남쪽을 원정하는 동안 원상은 오환족을 비롯하여 옛 원소의 신하들을 불러 모았고, 오환이 한번 움직이면 漢人과 胡人이 함께 호응할 것이며, 오환의 선우인 蹋頓(답돈)은 야심을 내어 우리의 빈틈을 노릴 것이니, 그렇게 되면 아마도 청주와 기주는 우리 것이 아닐 것입니다. 유표는 앉아서 좌담이나 즐길 인물이며, 자신이 유비를 거느릴 능력이 없다는 것을 알기에 유비를 중용하면 제어할 수 없고, 홀대하면 유비를 이용할 수 없기에 우리가 나라를 비우고 원정중이지만, 공께서는 걱정하지 마십시오."

조조는 원정에 나섰다. 조조가 (河間郡) 易縣(역현)[343]에 이르자, 곽가가 말했다.

"兵은 신속한 이동이 중요합니다. 지금 천리 밖을 공격하는데 치중물자가 많아 빨리 진군하지 못하고 적이 알면 필히 대비할 것입니다. 치중물자를 뒤에 따라오게 하고 경무장으로 빨리 진격하여 불의에 습격해야 합니다."

조조는 비밀리에 盧龍塞(노룡새)를 지나 선우의 직할지를(單于庭) 바로 공격하였다. 오환족은 갑자기 조조의 공격을 알고 황급히 맞서 싸웠다. 적을 대파하고 선우인 蹋頓(답돈)과 (족장급) 名王 이하를 죽였다. 원상과 그 형 袁熙(원희)는 遼東郡(요동군)으로 달아났다.

| 原文 |

嘉深通有算略, 達於事情. 太祖曰, "唯奉孝爲能知孤意." 年三十八, 自柳城還, 疾篤, 太祖問疾者交錯. 及薨, 臨其喪, 哀甚, 謂荀攸等曰, "諸君年皆孤輩也, 唯奉孝最少. 天下事竟, 欲以後事屬之, 而中年夭折, 命也夫!"

343 易縣(역현)은, 今 河北省 中部 保定市 관할 易縣. 拒馬河와 易水의 상류.

乃表曰,「軍祭酒郭嘉, 自從征伐, 十有一年. 每有大議, 臨敵制變. 臣策未決, 嘉輒成之. 平定天下, 謀功爲高. 不幸短命, 事業未終. 追思嘉勳, 實不可忘. 可增邑八百戶, 並前千戶.」

諡曰貞侯. 子奕嗣.

| 국역 |

郭嘉(곽가)는 계산과 책략이 깊었고 여러 사정에 통달했었다. 조조는 "오직 奉孝(郭嘉)만이 나의 의중을 알고 있다."고 말했다.

38세에, (遼西郡의) 柳城(유성)에서 돌아오면서 병이 위독했는데 조조가 문병하러 보내는 사람이 줄을 이었다. 곽가가 죽자, 조조는 직접 문상하고 심히 애통해 하며 荀攸(순유) 등에게 말했다.

"여러분은 그래도 나와 비슷한 나이지만 奉孝만이 가장 어렸었다. 천하 대사가 이제 안정되면 奉孝에게 뒷일을 부탁하려 했는데, 중년에 夭折(요절)하니 운명이로다!"

그리고 표문을 올렸다.

「軍祭酒 郭嘉는 11년간 나와 함께 정벌에 참여했습니다. 큰 논의가 있을 때마다 적을 제압하였습니다. 臣의 방책이 미결일 때마다 결단을 내리도록 곽가가 도왔습니다. 천하를 평정하는데 책모를 꾸민 공적이 컸습니다. 불행 단명하여 대업을 끝내지 못했습니다. 뛰어난 공적을 결코 잊을 수 없습니다. 식읍 8백 호를 늘려 총 1천 호를 정하겠습니다.」

시호는 貞侯였고, 아들 郭奕(곽혁, 字 伯益)이 계승했다.

| 原文 |

後太祖征荊州還, 於巴丘遇疾疫, 燒船, 嘆曰, "郭奉孝在, 不使孤至此." 初, 陳群非嘉不治行檢, 數廷訴嘉, 嘉意自若. 太祖愈益重之, 然以群能持正, 亦悅焉. 奕爲太子文學, 早薨. 子深嗣. 深薨, 子獵嗣.

| 국역 |

뒷날 조조는 형주를 정벌하고 돌아오면서[344] 巴丘(파구)란 곳에서 심하게 앓았고 戰船을 불태우며 탄식하였다.

"郭奉孝(郭嘉)가 있었다면, 나를 이 지경으로 만들지 않았을 것이다."[345]

그전에 陳群(진군, 陳羣)[346]은 곽가가 검약하지 않는다고 조정에서 여러 번 곽가를 비난했지만, 곽가는 태연자약했다. 그래도 조조는 더욱 곽가를 중히 여겼고, 陳群도 언행이 늘 곧았기에 역시 좋아하였다.

곽가의 아들 郭奕(곽혁)은 太子文學이 되었는데, 일찍 죽었다. 아들 郭深(곽심)이 계승했다. 곽심이 죽고, 아들 郭獵(곽렵)이 계승했다.

344 형주를 정벌하러 나선 뒤 유표가 죽고, 아들 劉琮(유종)이 투항하고 이어 江陵(강릉)에 주둔하여 전선을 준비한 뒤 겨울에 赤壁大戰으로 이어졌고, 조조는 대패했다(建安 13년, 서기 208년). 적벽대전의 패배를 '형주를 정벌하고 돌아오면서' 로 기록했다.

345 조조는 "哀哉라, 奉孝여! 痛哉라, 奉孝여! 惜哉라, 奉孝여!" 라면서 통곡했다는 주석도 있다. 《삼국연의》 50회.

346 陳群(진군, 陳羣, ?-237년, 字 長文) - 潁川郡 許昌人, 後漢 末 三國 시기 曹魏의 大臣. '九品官人法' (九品中正法, 인재천거제도)을 처음 발의. 《魏書》 22권, 〈桓二陳徐衛盧傳〉에 立傳.

❸ 董昭

| 原文 |

董昭字公仁, 濟陰定陶人也. 擧孝廉, 除癭陶長, 柏人令, 袁紹以爲參軍事. 紹逆公孫瓚於界橋, 鉅鹿太守李邵及郡冠蓋, 以瓚兵强, 皆欲屬瓚. 紹聞之, 使昭領鉅鹿. 問, "御以何術?" 對曰, "一人之微, 不能消衆謀, 欲誘致其心, 唱與同議, 及得其情, 乃當權以制之耳. 計在臨時, 未可得言."

時郡右姓孫伉等數十人專爲謀主, 驚動吏民. 昭至郡, 僞作紹檄告郡云, "得賊羅候安平張吉辭, 當攻鉅鹿, 賊故孝廉孫伉等爲應, 檄到收行軍法, 惡止其身, 妻子勿坐."

昭案檄告令, 皆卽斬之. 一郡惶恐, 乃以次安慰, 遂皆平集. 事訖白紹, 紹稱善. 會魏郡太守栗攀爲兵所害, 紹以昭領魏郡太守. 時郡界大亂, 賊以萬數, 遣使往來, 交易市買. 昭厚待之, 因用爲間, 乘虛掩討, 輒大克破. 二日之中, 羽檄三至.

| 국역 |

董昭(동소)[347]의 字는 公仁(공인)으로, 濟陰郡 定陶縣(정도현) 사람이다. 孝廉으로 천거되었고, 癭陶(영도)[348] 縣長과 (趙國) 柏人(백

347 董昭(동소, 156 – 236년, 字 公仁) – 濟陰郡 定陶縣人. 袁紹, 張楊, 曹操, 曹丕, 曹叡(조예)를 섬겼다.

348 癭陶(영도)는 鉅鹿郡의 현명. 今 河北省 남부 邢台市 관할 平鄕縣.

인)[349] 縣令을 역임하자, 袁紹가 불러 參軍事[350]에 임명했다. 원소는 公孫瓚과 界橋(계교)[351]란 곳에서 싸웠는데, 鉅鹿太守 李邵(이소) 및 郡內의 여러 관원들은 공손찬의 군대가 강하다고 공손찬의 편이 되려고 했다. 원소가 이를 알고 동소를 임시 鉅鹿 太守로 임명하며 저들을 어떻게 제어할 수 있는가를 물었다. 이에 동소가 말했다.

"한 사람의 미약한 힘으로는 여러 사람의 지모를 당할 수 없으니, 그들 마음을 얻으려면 그들을 불러 같이 의논하며 그 실정을 알고 상황에 따라 제어해야 합니다. 방책을 그때 생각해야 하기에 지금은 말씀드릴 수 없습니다."

그때 거록군의 大姓인 孫伉(손항) 등 수십 명이 여론을 주도하며 관리와 백성을 흔들고 있었다. 동소는 거록군에 부임하여 거짓으로 원소의 격문을 지어 군내에 포고하였다.

"내가 賊徒(적도)의 척후인 安平郡人 張吉(장길)의 자백을 보니 적도가 거록군을 공격할 때 적이 알고 지내는 孝廉(효렴)인 孫伉(손항) 등이 호응할 것이라는데, 격문이 도착하는 대로 체포하여 법으로 다스릴 것이나, 죄악은 당사자일 뿐 처자는 연좌되지 않을 것이다."

동소는 격문의 포고대로 즉시 잡아 참수하였다. 거록군이 모두 두려워 떨었지만 점차 안정되며 모두 평온해졌다. 일을 처리한 뒤, 원소에게 보고하자 원소는 동소를 칭찬하였다.

349 (趙國) 柏人(백인)은 현명. 今 河北省 남부 邢台市 관할 隆堯縣. 柏人의 柏은 측백나무 백. 柏은 近也, 迫也(假借).

350 參軍事는 三公이나 장군의 속관이며, 막료. 參軍으로 통칭.

351 界橋(계교) – 鉅鹿郡 廣宗縣 界城橋, 今 河北省 남부 邢台市 관할 威縣 북쪽. 나중에 (獻帝) 初平 3년(서기 192), 이곳에서 袁紹와 公孫瓚이 冀州의 패권을 다툰 전투가 벌어졌다.

그때 魏郡太守인 栗攀(율반)이 병졸에게 살해되자, 원소는 동소를 魏郡太守를 겸임케 하였다. 그때 군내가 크게 혼란하였고 도적이 수만 명이었지만 사자가 왕래하며 물자가 시장에서 거래되었다. 동소는 상인을 후대하면서 그들을 첩자로 활용하였고 틈을 보아 기습 공격하여 적도를 모두 평정하였다. 2일 동안에 긴급 문서(羽檄, 우격)가 3번이나 내려왔다.

| 原文 |

昭弟訪, 在張邈軍中. 邈與紹有隙, 紹受讒將致罪於昭. 昭欲詣漢獻帝, 至河內, 爲張楊所留. 因楊上還印綬, 拜騎都尉. 時太祖領兗州, 遣使詣楊, 欲令假塗西至長安, 楊不聽.

昭說楊曰, "袁,曹雖爲一家, 勢不久群. 曹今雖弱, 然實天下之英雄也, 當故結之. 況今有緣, 宜通其上事, 並表薦之, 若事有成, 永爲深分."

楊於是通太祖上事, 表薦太祖. 昭爲太祖作書與長安諸將李傕,郭汜等, 各隨輕重致殷勤. 楊亦遣使詣太祖. 太祖遺楊犬馬金帛, 遂與西方往來. 天子在安邑, 昭從河內往, 詔拜議郞.

| 국역 |

董昭(동소)의 아우인 董訪(동방)은 張邈(장막)[352]의 軍中에 근무했

352 張邈(장막, ?-195년 字 孟卓) - 邈은 멀 막. 黨錮의 화를 당한 名士 중 한 사람.

었다. 장막과 원소 사이가 벌어지면서 원소는 참소를 받아들여 동소를 치죄하려고 했다.

동소는 漢 獻帝에게 가려고 河內郡에 왔다가 張楊(장양)[353]에게 억류되었다. 동소는 장양을 통해 인수를 바치고 새로 騎都尉가 되었다. 그때 조조는 (스스로) 兗州자사가 되었는데 그 사자가 장양을 찾아와 하내군을 지나 長安에 가려 했으나 장양은 허락하지 않았다.

이에 동소가 장양을 설득했다.

"원소와 조조가 한 편이지만 그 형세는 오래갈 수 없습니다. 지금은 조조가 약세이지만 실지로 천하를 차지할 영웅이니 일부러라도 친해야 합니다. 하물며 이런 연고가 닿았으니, 위로 연결해 주면서 표문을 올려 조조를 천거하면 일이 잘 풀려 오래도록 친분을 유지할 수 있습니다."

《後漢書》 67권, 〈黨錮列傳〉 참고. 陳留郡 태수 역임. 反 동탁군의 한 사람. 張邈(장막)은 한때 조조가 자신의 가족의 뒷일을 부탁했던 사람이었지만 결국 조조와 갈라섰다. 여기에는 조조의 인격적 결함도 작용했지만 두 사람 다 서로를 잘못보았다. 장막은 袁紹와도 교제하였다. 반복이 무상했다. 《魏書》 7권, 〈呂布臧洪傳〉에 입전.

353 張楊(장양, ?-서기 198년, 字는 稚叔) - 雲中郡 사람. 헌제가 長安을 탈출하여 河東郡에 왔을 때, 하내태수 였던 장양은 군사를 거느리고 安邑縣에서 와서 獻帝 일행에게 식량을 공급하자, 장양은 安國將軍을 제수 받았고, 晉陽侯에 봉해졌다. 장양은 天子를 영입하여 낙양까지 모시려 했었다. 建安 원년(서기 196), 楊奉(양봉)과 董承(동승), 韓暹(한섬) 등은 헌제를 모시고 舊京(낙양)으로 돌아왔지만 식량이 없었다. 이에 張楊은 식량을 가지고 도로에서 헌제를 영입하였고 함께 낙양으로 들어왔다. 그리고서는 여러 장수에게 말했다. "天子는 천하 백성과 함께 있어야 하나니, 다행히 公卿大臣이 많이 있으니, 나 張楊은 응당 외적을 방어해야지 京都에서 무슨 일을 하겠는가?" 그리고서는 (河內郡) 野王縣으로 돌아갔다. 장양은 곧 大司馬를 제수 받았다. 《魏書》 8권, 〈二公孫陶四張傳〉에 입전.

장양은 이에 조조의 상서를 올려 보내며 조조를 천거하였다. 동소는 조조를 위해 문서를 작성하고 아울러 長安의 李傕(이각)과 郭汜(곽사) 등 여러 장수에게 서신을 보냈는데 각각 칭송의 말과 함께 은근한 예를 갖추었다. 장양 역시 조조에게 사람을 보내 교류했고 조조는 장양에게 犬馬와 금과 비단을 보내주어 서방과 왕래할 수 있었다. 헌제가 (河東郡) 安邑(안읍)에 머물 때 동소는 河內郡을 떠나 헌제에 입조했고, 동소는 議郎이 되었다.

| 原文 |

建安元年, 太祖定黃巾於許, 遣使詣河東. 會天子還洛陽, 韓暹,楊奉,董承及楊各違戾不和. 昭以奉兵馬最强而少黨援, 作太祖書與奉曰,

「吾與將軍聞名慕義, 便推赤心. 今將軍拔萬乘之艱難, 反之舊都, 翼佐之功, 超世無疇, 何其休哉! 方今群凶猾夏, 四海未寧, 神器至重, 事在維輔. 必須衆賢以淸王軌, 誠非一人所能獨建. 心腹四支, 實相恃賴, 一物不備, 則有闕焉. 將軍當爲內主, 吾爲外援. 今吾有糧, 將軍有兵, 有無相通, 足以相濟, 死生契闊, 相與共之.」

奉得書喜悅, 語諸將軍曰, "兗州諸軍近在許耳, 有兵有糧, 國家所當依仰也." 遂共表太祖爲鎭東將軍, 襲父爵費亭侯. 昭遷符節令.

| 국역 |

(獻帝) 建安 원년(서기 196), 조조는 (潁川郡) 許縣 부근의 황건적을 평정한 뒤에 河東郡에 사자를 보냈다. 곧 天子는 洛陽으로 돌아왔고, 韓暹(한섬), 楊奉(양봉), 董承(동승) 및 張楊은 각자 다투며 불화했다. 동소는 양봉의 병마가 가장 강하나 지원 무리가 적은 것을 알고 조조의 서신을 만들어 양봉에 보냈다.

「나와 장군은 서로 명성을 알고 대의를 흠모하며 함께 충성을 바치고 있습니다. 지금 將軍은 천자가 겪은 역경을 극복하고 舊都로 모시어 천자를 호위하는 공을 세우시니, 여태껏 누구도 이런 공을 세우지 못했으면 얼마나 아름답습니까! 바야흐로 온갖 흉도들이 中原을 어지럽히며 四海가 평안치 못하지만, 帝位는 至重하니 오로지 우리가 보좌해야 합니다. 衆賢이 王朝의 법과 기강을 확립하기를 기다려야 하지만, 이는 한 사람이 홀로 가능한 일이 아닙니다. 四支와 같은 心腹이 서로 협조하되 하나라도 미비하다면, 곧 그만한 결손입니다. 장군께서 조정 정사를 주관한다면 나는 밖에서 도울 것입니다. 지금 나에게는 군량이 있고, 장군은 병권이 있으니 有無가 相通한다면 족히 성취할 수 있으니 사활이 걸린 문제에 함께 공생하기를 바랍니다.」

양봉은 서신을 받고 기뻐하며 여러 부장에게 말했다.

"兗州(연주)의 여러 병력은 許縣에 가까우며 군사와 군량이 있으니 나라가 응당 의지할 수 있다."

그리고는 함께 표문을 올려 조조를 鎭東將軍에 임명하고 부친의 費亭侯 작위를 계승케 하였다. 동소는 符節令(부절령)으로 승진했다.

| 原文 |

太祖朝天子於洛陽, 引昭並坐, 問曰, "今孤來此, 當施何計?"

昭曰, "將軍興義兵以誅暴亂, 入朝天子, 輔翼王室, 此五伯之功也. 此下諸將, 人殊意異, 未必服從, 今留匡弼, 事勢不便, 惟有移駕幸許耳. 然朝廷播越, 新還舊京, 遠近跂望, 冀一朝獲安. 今復徙駕, 不厭衆心. 夫行非常之事, 乃有非常之功, 願將軍算其多者."

太祖曰, "此孤本志也. 楊奉近在梁耳, 聞其兵精, 得無爲孤累乎?"

昭曰, "奉少黨援, 將獨委質. 鎭東, 費亭之事, 皆奉所定, 又聞書命申束, 足以見信. 宜時遣使厚遺答謝, 以安其意. 說'京都無糧, 欲車駕暫幸魯陽, 魯陽近許, 轉運稍易, 可無縣乏之憂'. 奉爲人勇而寡慮, 必不見疑, 比使往來, 足以定計. 奉何能爲累!"

太祖曰, "善." 卽遣使詣奉. 徙大駕至許. 奉由是失望, 與韓暹等到定陵鈔暴. 太祖不應, 密往攻其梁營, 降誅卽定. 奉, 暹失衆, 東降袁術.

三年, 昭遷河南尹. 時張楊爲其將楊醜所殺, 楊長史薛洪, 河內太守繆尙城守待紹救. 太祖令昭單身入城, 告喩洪, 尙等, 卽日擧衆降. 以昭爲冀州牧.

| 국역 |

조조는 낙양에서 황제를 알현하고서 동소를 불러 함께 앉아 물었다.

"나를 여기 오게 하였으니, 내가 어떻게 해야 하는가?"

이에 동소가 말했다.

"장군께서는 의병을 일으켜 난폭한 자를 제거하고 천자께 입조하여 황실을 보위하는 이는 五伯(오패, 五霸, 伯은 으뜸 패, 霸와 同)의 공적과 같습니다. 이곳의 여러 장수는 그 뜻이 제각각이라서 장군께 복종하지 않을 것이니, 지금 이곳에서 황제를 보필하다가 정황이 불리하면 천가를 모시고 許縣으로 옮겨가십시오. 그렇지만 조정이 거처를 잃고 옮겨 다니다 겨우 되찾아 왔기에 원근의 모두가 발끝으로 서서 안정되기를 희망하고 있습니다. 그런데 지금 다시 옮겨간다면 대중의 心願을 만족시킬 수 없습니다. 그러나 비상한 일을 하려면 비상한 공을 들여야 하니 장군께서 많이 생각해 보십시오."

이에 태조가 말했다.

"이는 나의 본뜻과 같소. 다만 楊奉이 가까운 梁(양) 땅[354]에 있고 그가 정병을 보유하고 있으니 나에게 장애가 되지 않겠는가?"

이에 동소가 말했다.

"양봉은 그 가까이 돕는 세력이 없으니 홀로 버려진 것과 같습니다. 장군이 鎭東장군이 되고 費亭侯가 된 것은 양봉이 도운 일이니 빨리 서신을 보내 인사한다면 신뢰할 것입니다. 그리고 적당한 때

354 後漢 梁國의 치소는 睢陽縣(수양현), 今 河南省 동부 商丘市 睢陽區. 허현의 동북 방향.

를 보아 후하게 답례하여 그 마음을 달래 주십시오. 그러면서 '京都에 식량이 부족하니 잠시 (南陽郡) 魯陽縣(노양현)[355]에 행차하나, 魯陽은 許縣에 가까웁고 轉運(전운)이 용이하여 식량이 부족할 염려가 없다.' 고 하십시오. 양봉은 그 爲人이 용감하나 생각이 적어 의심하지 않을 것이고, 사자를 계속 왕래시키면서 목적을 달성한다면 양봉이 무슨 장애가 되겠습니까!"

이에 조조는 "옳은 말이요."라고 말했다. 조조는 즉시 사자를 양봉에게 보냈다. 그리고 황제를 모셔 許縣으로 옮겨갔다. 이에 양봉은 실망하면서 韓暹(한섬) 등과 함께 (潁川郡) 定陵縣(정릉현)[356]을 노략질했다. 조조는 양봉에 대응하지 않고 몰래 양봉의 梁郡 본영을 공격하자, 그 무리가 투항하거나 죽어 바로 평정되었다. 양봉과 한섬은 군사를 잃고 동쪽으로 원소를 찾아가 투항했다.

건안 3년(서기 198), 동소는 河南尹으로 승진했다. 그대 張楊(장양)은 그 부장 楊醜(양추)에게 살해되었고, 장양의 長史인 薛洪(설홍), 河內太守인 繆尚(목상)은 성을 지키면서 원소의 구원을 기다렸다. 조조는 동소를 단신으로 그 성 안으로 보내 설홍과 목상을 설득하자 그들은 당일로 무리를 거느리고 투항하였다. 조조는 동소를 冀州牧에 임명하였다.

---

355 南陽郡의 동북 끝 魯陽縣은, 今 河南省 중부 平頂山市 관할 魯山縣.

356 潁川郡 定陵縣(정릉현)은, 今 河南省 중남부 漯河市(탑하시) 관할 舞陽縣.

| 原文 |

太祖令劉備拒袁術, 昭曰, "備勇而志大, 關羽,張飛爲之羽翼, 恐備之心未可得論也!" 太祖曰, "吾已許之矣." 備到下邳, 殺徐州刺史車胄, 反. 太祖自征備, 徙昭爲徐州牧.

袁紹遣將顏良攻東郡, 又徙昭爲魏郡太守, 從討良. 良死後, 進圍鄴城. 袁紹同族春卿爲魏郡太守, 在城中, 其父元長在揚州, 太祖遣人迎之. 昭書與春卿曰,

「蓋聞孝者不背親以要利, 仁者不忘君以徇私, 志士不探亂以徼幸, 智者不詭道以自危. 足下大君, 昔避內難, 南遊百越, 非疏骨肉, 樂彼吳會, 智者深識, 獨或宜然. 曹公愍其守志清恪, 離群寡儔, 故特遣使江東, 或迎或送, 今將至矣. 就令足下處偏平之地, 依德義之主, 居有泰山之固, 身爲喬松之偶, 以義言之, 猶宜背彼向此, 舍民趣父也. 且郲儀父始與隱公盟, 魯人嘉之, 而不書爵, 然則王所未命, 爵尊不成,《春秋》之義也. 況足下今日之所託者乃危亂之國, 所受者乃矯誣之命乎? 苟不逞之與群, 而厥父之不恤, 不可以言孝. 忘祖宗所居之本朝, 安非正之奸職, 難可以言忠. 忠孝並替, 難以言智. 又足下昔日爲曹公所禮辟, 夫戚族人而疏所生, 內所寓而外王室, 懷邪祿而叛知己, 遠福祚而近危亡, 棄明義而收大恥, 不亦可惜邪! 若能翻然易節, 奉帝養父, 委身曹公, 忠孝不墜, 榮名彰矣. 宜深留計, 早決良圖.」

鄴既定, 以昭爲諫議大夫. 後袁尙依烏丸蹋頓, 太祖將征之. 患軍糧難致, 鑿平虜,泉州二渠入海通運, 昭所建也. 太祖表封千秋亭侯, 轉拜司空軍祭酒.

| 국역 |

조조는 劉備에게 원술을 방어하게 했는데, 董昭(동소)가 말했다.

"유비는 勇略이 있고 큰 뜻을 품었으며 關羽(관우)와 張飛(장비)가 羽翼(우익)으로 돕고 있어 그 심사를 헤아릴 수 없습니다!"

이에 조조는 "내가 이미 허락했다."고 말했다. 유비는 (徐州의) 下邳(하비)에 도착하여 徐州刺史인 車冑(차주)를 죽이고 반기를 들었다. 조조는 직접 유비를 원정하면서 동소를 徐州牧에 임명했다. 원소가 장수 顔良(안량)을 보내 東郡을 공격하자, 다시 동소를 魏郡太守에 임명하였고, 동소는 조조의 안량 토벌에 참여했다.

안량이 죽은 뒤 (魏郡) 鄴縣(업현)을 포위했다. 원소의 동족인 袁春卿(원춘경)이 魏郡太守로 업현 성 안에 있었고, 원춘경의 부친 袁元長(원원장)은 揚州에 있었는데, 조조는 사람을 보내 원원장을 데려왔다. 그리고 동소는 원춘경에게 서신을 보냈다.

「효자는 부친의 뜻을 어겨 이득을 구하지 않고, 仁者는 君恩을 버리고 사리를 챙기지 않으며, 志士는 혼란을 이용하여 요행수를 바라지 않고, 智者는 거짓 술수로 자신을 위험에 빠트리지 않는다고 하였습니다. 귀하의 大君(父親)은 예전에 중원에서 남쪽 越人(월인)의 땅으로 피난하였는데, 이는 골육을 멀리하고 吳會(오회)의 땅이 좋아서 그런 것이 아니며, 智者의 깊은 식견에서 아마 그리하셨을 것입니다. 曹公께서는 그분의 굳은 심지와 청렴한 성심, 그리고 속인과 떨어져 홀로 계시는 어려움을 잘 알았기에 특별히 사람을 江東으로 보내 영접하거나 전송하여 여기로 모셔왔습니다. 귀하 부친께서는 조용하고 외진 곳에 계시면서 德義를 숭상하는 분들과 함께 泰山처럼 굳건하게 지조를 지키며, 王子喬(왕자교)와 赤松子(적송자)[357]처럼 생활하셨으니, 道義를 따져 말하자면 귀하께서는 그곳을 버리고 이곳으로, 그리고 그곳 백성을 버리고 부친께 돌아와야 합니다.

또 邾國(주국)의 儀父(의보, 安公의 字)[358]는 (魯) 隱公(은공)과 동맹을 맺었는데, 魯人이 이를 칭송하면서도 작위를 기록하지 않은 것은 (周) 왕실의 명에 의한 것이 아니기 때문이며, 작위를 높이지 않은 것을 《春秋》에서도 의롭게 여겼습니다. 그렇다면 귀하께서 오늘 의탁하고 있는 곳은 危亂에 처한 나라이며, 귀하가 받은 관직은 王命을 假託(가탁)한 거짓 임명이 아닙니까? 만약 불순한 무리와 함께 하거나 부친을 보살피지 않는다면 결코 효도라 할 수 없습니다. 祖宗이 출사했던 本朝(漢)를 잊어버리고 정당하지도 않은 거짓 직분에 안주한다면 그것을 忠이라고 말할 수 없습니다. 그리고 忠과 孝

357 王子喬(왕자교)와 赤松子(적송자)는 신선과 長壽의 대명사처럼 통하는 인물. 王子喬는 周 靈王의 太子, 太子 晉(진)으로 통칭. 일찍 죽어 왕위에 오르지 못했지만 姬姓 王氏의 시조. 왕자교는 신선으로 늘 학을 타고 나는 모습으로 그려진다. 赤松子(赤誦子)는 전설 속의 신선이다. 劉向(유향)의 《列仙傳》에 의하면, 赤松는 神農 시대 인물로 雨師이며 水玉(玉露, 옥로, 이슬)을 늘 복용한다고 하였다. 張良은 漢 건국 후, 高祖에게 "人間事를 버리고 赤松子를 따라 노닐고 싶다."고 하였다.

358 邾國(邾婁國, 鄒國)은 春秋 시대의 諸侯國. 邾 安公의 名은 克, 字 儀父? - 前678년). 《左傳 隱公》 元年에 魯와 동맹을 맺었다.

를 다 버렸다면 지혜롭다고 말할 수도 없습니다.

그리고 귀하는 지난 날 曹公의 예를 갖춘 초빙을 받았지만, (귀하는) 친족이라지만 소원하며, 사는 곳을 우선하고 황실은 멀리하며, 거짓 祿位를 생각하고 知己를 배신하며, 복을 멀리하고 위험을 가까이하며, 大明란 의리를 버리고 치욕을 받으면서 원소를 따랐으니 어찌 애석하지 않겠습니까! 만약 지금의 처지와 생각을 바꿔 황제를 받들고 부친을 봉양하며 曹公에게 몸을 위탁한다면, 忠과 孝에서 벗어나지 않고 영광과 명성을 빛낼 것입니다. 깊이 잘 생각해보시고 좋은 방책을 빨리 결정하기 바랍니다.」

鄴縣이 평정된 뒤에 동소는 조정의 諫議大夫가 되었다. 뒷날 원상은 烏丸(오환)의 선우 蹋頓(답돈)에 의지했고, 조조는 친히 원상을 원정하였다. 조조가 군량 수송의 어려움을 걱정할 때, 바다를 통해 운송하려고 平虜渠(평로거)와 泉州渠(천주거)를 만들어 개통한 것은 동소의 업적이었다. 조조는 표문을 올려 동소를 千秋亭侯에 봉했고, 司空府의 軍祭酒를 제수하였다.

| 原文 |

後昭建議, '宜脩古建封五等.' 太祖曰, "建設五等者, 聖人也, 又非人臣所制, 吾何以堪之?"

昭曰, "自古以來, 人臣匡世, 未有今日之功. 有今日之功, 未有久處人臣之勢者也. 今明公恥有慚德而未盡善, 樂保名節而無大責, 德美過於伊,周, 此至德之所極也. 然太甲,成王未必可遭, 今民難化, 甚於殷,周, 處大臣之勢, 使人以大事疑己, 誠不可不重慮也. 明公雖邁威德, 明法術, 而不定其基, 爲萬世計, 猶未至也. 定基之本, 在地與人, 宜稍建立, 以自藩衛. 明公忠節穎露, 天威在顔, 耿弇床下之言, 朱英無妄之論, 不得過耳. 昭受恩非凡, 不敢不陳."

後太祖遂受魏公,魏王之號, 皆昭所創.

| 국역 |

뒷날 동소는 '고대 5등급 봉건제[359] 실시'를 건의했다. 이에 조조가 말했다.

"五等 爵位 제도를 시행한 분은 聖人이고, 또 人臣이 창제할 수 없거늘 내가 어찌 감당할 수 있겠는가?"

이에 동소가 말했다.

"자고로 人臣이 한 시대를 보필하여 오늘과 같은 공적을 이루지 않았습니다. 또 오늘의 여러 제도를 만든 사람 중에 (明公처럼) 人臣의 자리에 오래 머문 사람도 없었습니다. 지금 명공께서는 덕이 부족하고 최선을 다하지 못했다 하여 부끄럽게 생각하며, 명예와 지조를 지켜 대과가 없었다고 기뻐하지만 명공의 공덕과 장점은 伊尹(이윤)이나 周公보다 더 위대하며 至德의 극점에 이르셨습니다.

359 《春秋》에 보이는 제후의 칭호로 公(사방 둘레길이 총합 百里, 천자의 三公), 侯(사방 70리, 卿), 伯(사방 70리, 卿), 子(사방 50리, 大夫), 男(사방 50리, 大夫)의 5等 爵位(작위). 《禮記》와 《周禮》에도 5등작이 나온다. 《孟子》에서는 天子一位, 公一位, 侯一位, 伯一位, 子와 男 同一位라 하여 五等을 설명하고 있다.

그리고 (商의) 太甲(태갑)[360]이나 (周의) 成王(성왕)일지라도 (명공 같은 신하를) 만날 수 없을 것이며, 지금 백성을 교화하기 힘든 정도는 殷(은, 商)과 周代보다 힘들고, 대신의 지위에서 백성을 이끌고 대사를 처리 능력에 대한 회의를 아니 가질 수 없기에 (人臣으로서의 처지를) 거듭 생각하지 않을 수 없습니다. 명공께서 위엄과 은덕을 함께 베풀고 法術을 분명히 시행하시며, 또 자신의 기반을 다져 萬世에 이르는 계책을 수립하지 않는다면 목적을 달성할 수 없을 것입니다. (萬代 大業의) 기반 확립은 영역과 백성에 있으니 점차 확립하면서 울타리를 확장해야 합니다. 명공의 충절은 이미 충분히 알려졌고, 天威(천자의 위엄)는 玉顔(옥안)에 나타나니 (後漢) 耿弇(경엄)[361]이 光武帝에게 천하를 차지할 것을 건의했고, (전국시대에 楚의) 朱英(주영)이 (春申君에게) 왕위를 대신해야 한다는 건의와 같은 논의를 (명공은) 귀에 들으려고도 안 하십니다. 저 동소는 명공의 특별한 은혜를 받았기에 이를 말씀드리지 않을 수 없습니다."

뒷날 조조에게 魏公과 魏王의 칭호를 내리게 한 것은 모두 동소가 먼저 발의하였다.

360 太甲(태갑, 祖甲, ?-前 1557년) - 商 湯王의 長孫, 商의 5대 군주, 묘호 太宗.

361 耿弇(경엄, 서기 3-58, 字 伯昭) - 耿은 빛날 경, 弇은 덮을 엄. 우리나라 옥편에 '사람 이름 감' 이라는 음훈이 있지만 택하지 않는다. '弇音 演' 의 주석에 의거 경엄으로 표기한다. 光武는 邯鄲(한단)에 머무는 어느 날 경엄이 침상에 다가와 문안을 올린 뒤에 말했다. "지금 更始(경시, 更始帝)가 失政하자, 주군이나 신하 모두의 행동이 분수를 모르고 여러 장수는 장안 근교에서 제멋대로 명령하고, ~(중략) 公(光武帝)께서는 南陽에서 처음 봉기하시어 百萬 군사를 격파하시고 이제 河北을 평정하여 天府의 땅을 차지하셨습니다. ~천하는 지극히 중대하기에 다른 성씨가 차지하게 할 수는 없습니다.~." 光武帝의 功臣, 雲臺二十八將 중 4위. 《後漢書》 19권, 〈耿弇列傳〉 立傳.

原文

及關羽圍曹仁於樊, 孫權遣使辭以"遣兵西上, 欲掩取羽. 江陵,公安累重, 羽失二城, 必自奔走, 樊軍之圍, 不救自解. 乞密不漏, 令羽有備."

太祖詰群臣, 群臣咸言宜當密之.

昭曰, "軍事尙權, 期於合宜. 宜應權以密, 而內露之. 羽聞權上, 若還自護, 圍則速解, 便獲其利. 可使兩賊相對銜持, 坐待其弊. 秘而不露, 使權得志, 非計之上. 又, 圍中將吏不知有救, 計糧怖懼, 儻有他意, 爲難不小. 露之爲便. 且羽爲人强梁, 自恃二城守固, 必不速退."

太祖曰, "善." 卽敕救將徐晃以權書射著圍里及羽屯中, 圍里聞之, 志氣百倍. 羽果猶豫. 權軍至, 得其二城, 羽乃破敗.

국역

關羽(관우)가 曹仁(조인)을 樊城(번성)[362]에서 포위하자, 孫權(손권)은 사자를 보내 조조에게 말했다.

"서쪽으로 군사를 보내 관우를 엄습하려 합니다. 江陵(강릉)과 公安(공안)[363]은 서로 가까운 요지이니, 만약 관우가 그 2성을 빼앗기면 틀림없이 도주할 것이고, 번성의 포위는 구원이 없어도 절로 풀릴 것

362 樊城(번성)은 보루, 작은 성 이름. 당시 南郡 襄陽縣(양양현) 소재, 今 湖北省 襄陽市 樊城區에 해당. 漢水 남안.

363 江陵은 荊州 관할 南郡의 治所, 今 湖北省 남부 荊州市 관할 江陵縣. 公安(공안)은 군사 주둔지, 今 湖北省 남부 荊州市 관할 公安縣, 長江 남안.

입니다. 다만 이를 비밀에 부쳐 관우가 대비하지 못하게 하십시오."

조조는 이를 여러 신하에게 물었다 모두가 비밀로 하자고 말했다. 이에 동소가 말했다.

"軍事는 상황에 따라 운용하지만 합리적이어야 합니다. 상황에 따라 비밀로 하겠지만 은밀히 공개할 필요도 있습니다. 손권이 내습할 것이라 관우가 알면, 관우는 자기 진영을 방어해야 하기에 번성의 포위는 빨리 풀릴 수도 있으니 우리는 유리한 쪽을 선택해야 합니다. 저들 두 적국이 서로 다투면서 견제한다면 우리는 앉아서 지치기를 기다려야 합니다. 비밀에 부쳐 누설하지 않는다면 손권의 뜻을 이루게 되지만 우리에게 최상은 아닙니다. 또, 포위된 장수는 구원군이 올 것이라는 사실을 모르면 군량을 헤아려가며 공포에 떨게 되는데, 만약 다른 마음을 먹으면 상당히 어려워질 수도 있습니다. 저는 공개하는 것이 더 낫다고 생각합니다. 또 관우란 사람은 억세고 고집이 있어 강릉과 공안 2개 성을 지킬 수 있다고 믿으며, 빨리 퇴각하지 않을 수도 있습니다."

이에 조조는 옳은 말이라고 말하며 즉시 구원하러 내려간 徐晃(서황)을 시켜 손권의 말을 관우의 군영으로 쏘아 보냈고 번성에서는 용기백배하였다. 관우는 예상대로 유예미결하였다. 손권의 군사가 도착하여 江陵과 公安 2성을 차지했고, 관우는 패전하였다.

❙原文❙

<u>文帝</u>卽王位, 拜<u>昭</u>將作大匠. 及踐阼, 遷大鴻臚, 進封<u>右鄉</u>

侯. 二年, 分邑百戶, 賜昭弟訪爵關內侯, 徙昭爲侍中.

三年, 征東大將軍曹休臨江在洞浦口, 自表「願將銳卒虎步江南, 因敵取資, 事必克捷, 若其無臣, 不須爲念.」

帝恐休便渡江, 驛馬詔止. 時昭侍側, 因曰, "竊見陛下有憂色, 獨以休濟江故乎? 今者渡江, 人情所難, 就休有此志, 勢不獨行, 當須諸將. 臧霸等既富且貴, 無復他望, 但欲終其天年, 保守祿祚而已, 何肯乘危自投死地, 以求徼倖? 苟霸等不進, 休意自沮. 臣恐陛下雖有敕渡之詔, 猶必沉吟, 未便從命也."

是後無幾, 暴風吹賊船, 悉詣休等營下, 斬首獲生, 賊遂迸散. 詔敕諸軍促渡. 軍未時進, 賊救船遂至.

| 국역 |

文帝(曹丕)가 魏王(위왕)으로 즉위한 뒤 董昭(동소)를 將作大匠(장작대장)[364]에 임명했다. 제위에 오른 뒤에 동소는 大鴻臚(대홍려)로 승진했고 右鄕侯(우향후)에 올려 봉해졌다. (黃初) 2년(서기 221), 동소의 식읍 1백 호를 나눠 동소의 동생 董訪(동방)을 關內侯에 봉했고, 동소는 侍中(시중)이 되었다.

(黃初) 3년, 征東大將軍 曹休(조휴)[365]는 長江의 洞浦口(동포구)란

364 將作大匠(장작대장)은 종묘와 궁궐 건축, 陵園의 토목공사를 주관하는 고급관리(질록 이천석). 속관으로 左, 右校令(질록 6백석)이 있었다.

365 曹休(조휴, ?-228, 字 文烈)는 조조의 일족 형제의 아들(族子)로, 조조가 (反董卓) 義兵을 일으키자, 조휴는 성명을 바꾸고 荊州(형주)를 거처 샛길로 북쪽으로 돌아와 조조를 만났다. 조휴는 曹丕(조비)와 함께 기거하게 하면서 아

곳에 주둔하면서, 表文을 올려 말했다.

「정예 장졸을 거느리고 江南 일대를 이동하면서 적의 군수물자를 활용하면 충분히 승리할 수 있습니다. 만약 臣이 전사할지라도 괘념치 마십시오.」

文帝는 조휴가 금방이라도 長江을 건널까 걱정하여 驛馬를 보내 조서로 중지시켰다. 그때 동소가 문제를 모시고 있으면서 말했다.

"臣이 볼 때 폐하께서는 조휴가 혼자 長江을 건널까 걱정하십니까? 지금 長江을 건너가기를 누구나 어려운 일이라 생각하는데, 조휴가 그럴 뜻이 있더라도 혼자는 단행하지 못하고 틀림없이 다른 장수를 기다릴 것입니다. 臧霸(장패)[366] 등은 이미 부유하고 높이 올라 더 바랄 것이 없이 그냥 천수를 누리면서 녹봉과 작위만을 지키려 하는데, 왜 스스로 위험한 일을 벌려가며 요행수를 바라겠습니까? 아마 장패 등이 나서지 않는다면 조휴는 스스로 그만둘 것입니다. 臣은 폐하께서 長江을 건너가라는 조서를 내리신다 하여도 조휴는 아마 금방 실천하지도 못할 것입니다."

그 얼마 뒤, 폭풍에 적의 戰船이 조휴의 군영으로 밀려왔고 생포된 적병을 모두 처형했다고 적병은 흩어졌다. 그리고 빨리 도강하라는 조서를 내렸다. 조휴의 군사가 진격하지 못하고 있는 동안, 적을 구원하는 전선이 도착했다.

들처럼 대우를 받았다. 《三國演義》 第 56回 〈曹操大宴銅雀臺 孔明三氣周公瑾〉에서는 조조가 동작대에서 戰袍를 상으로 내걸고 활쏘기 시합을 하는데, 맨 먼저 曹休가 나와 붉은 과녁을 맞히자, 조조가 "此吾家千里駒也!"라고 말했다. 千里駒(천리구)는 뛰어난 후손을 지칭하는 말이다.

366 臧霸(장패, 164－231년, 字 宣高) － 兗州 泰山郡 華縣人, 曹魏名將, 장패의 별칭은 '奴寇' (魏書) 18권, 〈二李臧文呂許典二龐閻傳〉에 입전.

| 原文 |

大駕幸宛, 征南大將軍夏侯尙等攻江陵, 未拔. 時江水淺狹, 尙欲乘船將步騎入渚中安屯, 作浮橋, 南北往來, 議者多以爲城必可拔.

昭上疏曰, 「武皇帝智勇過人, 而用兵畏敵, 不敢輕之若此也. 夫兵好進惡退, 常然之數. 平地無險, 猶尙艱難, 就當深入, 還道宜利, 兵有進退, 不可如意. 今屯渚中, 至深也. 浮橋而濟, 至危也. 一道而行, 至狹也. 三者兵家所忌, 而今行之. 賊頻攻橋, 誤有漏失, 渚中精銳, 非魏之有, 將轉化爲吳矣. 臣私慼之, 忘寢與食, 而議者怡然不以爲憂, 豈不惑哉! 加江水向長, 一旦暴增, 何以防禦? 就不破賊, 尙當自完. 奈何乘危, 不以爲懼? 事將危矣, 惟陛下察之!」

帝悟昭言, 卽詔尙等促出. 賊兩頭並前, 官兵一道引去, 不時得泄, 將軍石建,高遷僅得自免. 軍出旬日, 江水暴長.

帝曰, "君論此事, 何其審也! 正使張,陳當之, 何以復加."

五年, 徙封成都鄕侯, 拜太常. 其年, 徙光祿大夫,給事中. 從大駕東征, 七年還, 拜太僕. 明帝卽位, 進爵樂平侯, 邑千戶, 轉衛尉. 分邑百戶, 賜一子爵關內侯.

| 국역 |

어가가 (南陽郡) 宛縣(완현)에 행차했고, 征南大將軍 夏侯尙(하후상)[367] 등은 江陵을 공격했으나 점거하지 못했다. 그때 강 수심이 얕고 폭이 좁아 하후상은 보병과 기병을 배에 실어 강 가운데 섬에 주둔케 하고 浮橋(부교)를 만들어 남북으로 왕래하였는데, 이에 강릉을 확실하게 점거할 수 있다고 생각하는 사람이 많았다.

이에 동소가 상소하였다.

「武皇帝(曹操)께서는 智略과 勇氣가 보통 사람보다 뛰어나셨는데도 용병에서는 적을 두려워하며 함부로 진격하지 않으셨습니다. 대개 군사 작전에서 진격을 좋아하고 후퇴를 싫어하는 것은 일반적 상리입니다. 평지가 위험하지 않다지만 어디든 위험은 있고, 적진 깊이 진격하더라도 퇴로가 용이해야 하며, 진격과 후퇴는 마음대로 안 될 경우가 많습니다. 지금 강 가운데 섬에 주둔하는 것은 깊이 전진한 것과 같습니다. 부교를 가설하여 강을 건너기는 매우 위험합니다. 외길 통행은 좁은 길과 같습니다.

이 3가지는 兵家의 금기인데 지금 실행하려 합니다. 적은 부교를 자주 공격할 것이니 잘못되면 점령당할 것이고 그러면 섬 안에 정예병은 우리의 군사가 아니라 吳나라의 군사로 바뀔 것입니다. 臣이 혼자 걱정하며 침식을 잊을 정도지만 많은 사람들은 아무도 걱

---

367 夏侯尙(하후상, ?-226년, 字 伯仁) - 夏侯淵(하후연)의 조카. 曹魏의 武將, 曹丕의 重臣, 荊州牧과 征南大將軍 역임. 하후상에게는 몹시 아끼고 사랑하는 애첩이 嫡室(적실)의 총애를 빼앗고 있었는데, 적실은 曹氏 여인이었기에 文帝가 사람을 보내 하후상의 애첩을 絞殺(교살)하였다. 하후상은 슬픔으로 병이 나서 제 정신을 잃었는데 애첩을 매장했지만 보고 싶은 생각을 견디지 못하고 다시 파내어 부둥켜안고 통곡하였다. 文帝는 이를 알고서 화를 내며 말했다. "杜襲(두습)이 하후상을 경박하다고 했는데, 정말 그러하구나!" 《魏書》 9권, 〈諸夏侯曹傳〉에 입전.

정하지 않으니, 이 어찌 미혹이 아니겠습니까! 거기다가 長江 수위가 높아질 때면 하루아침에 무섭게 불어나는데 어떻게 막을 수 있겠습니까? 적을 격파하지는 못할지라도 우리 군은 안전해야 합니다. 왜 위험에 빠지면서 두려워하지도 않습니까? 사태가 곧 위기에 처할 것이니, 폐하께서는 통찰하시기 바랍니다!」

文帝는 동소의 상소를 이해하고 즉시 하후상 등에게 서둘러 퇴각하라고 명했다. 적이 두 길로 공격했고 魏 군사는 외길로 철수했지만 제때에 다 퇴각하지 못했으며 장군인 石建(석건)과 高遷(고천) 등은 겨우 빠져나올 수 있었다. 군사가 탈출한 10일 뒤에 長江 수위가 크게 불어났다. 이에 문제가 말했다.

"君의 이번 일에 대한 주장은 정말 치밀하였도다! 정말 張良과 陳平(진평)일지라도 따라올 수 없었을 것이다."

(黃初) 5년(서기 224), 동소는 成都鄕侯로 옮겨 봉해졌고 太常이 되었다. 그 해에 光祿大夫에 給事中이 되었다. 황제를 모시고 東征에 참가했다가 (黃初) 7년에 돌아와 太僕(태복)이 되었다. 明帝가 즉위하고 樂平侯로 작위로 올랐다. 식읍은 1천 호였고, 衛尉(위위)가 되었다. 식읍 1백 호를 나눠 아들 한 명이 關內侯가 되었다.

| 原文 |

太和四年, 行司徒事, 六年, 拜眞. 昭上疏陳末流之弊曰, 「凡有天下者, 莫不貴尙敦樸忠信之士, 深疾虛僞不眞之人者, 以其毁敎亂治, 敗俗傷化也. 近魏諷則伏誅建安之末, 曹偉則斬戮黃初之始. 伏惟前後聖詔, 深疾浮僞, 欲以破散邪黨, 常用切齒. 而執法之吏皆畏其權勢, 莫能糾擿, 毁壞風俗, 侵欲滋甚.

竊見當今年少, 不復以學問爲本, 專更以交遊爲業. 國士不以孝悌淸脩爲首, 乃以趨勢游利爲先. 合黨連群, 互相褒嘆, 以毁訾爲罰戮, 用黨譽爲爵賞, 附己者則嘆之盈言, 不附者則爲作瑕釁. 至乃相謂'今世何憂不度邪, 但求人道不勤, 羅之不博耳. 又何患其不知己矣, 但當呑之以藥而柔調耳.' 又聞或有使奴客名作在職家人, 冒之出入, 往來禁奧, 交通書疏, 有所探問. 凡此諸事, 皆法之所不取, 刑之所不赦, 雖諷,偉之罪, 無以加也.」

帝於是發切詔, 斥免諸葛誕,鄧颺等. 昭年八十一薨, 謚曰定侯. 子冑嗣. 冑歷位郡守,九卿.

| 국역 |

(明帝) 太和 4년(서기 230), (董昭는) 司徒(사도) 직무를 대행했는데, (太和) 6년에 정식 사도가 되었다. 동소는 퇴폐적 폐단을 지적하는 상소를 올렸다.

「천하를 다스리면서 누구나 敦厚樸實(돈후박실)하고 忠誠信實한 士人을 존중하며, 虛僞(허위)와 불성실을 미워하지 않는 자가 없는데, 이는 禮教를 파괴하고 사회 안정을 흔들며 미풍양속을 무너트리기 때문입니다. 최근의 예를 들면 魏諷(위풍)[368]은 建安 말년에, 曹

偉(조위)[369]란 자는 (文帝) 黃初 초년에 처형되었습니다. 臣이 생각건대, 폐하께서는 여러 번 조서를 내리시어 浮華(부화)와 虛僞(허위)를 통렬하게 미워하시며 사악한 무리를 제거하시고자 切齒腐心(절치부심)하고 계십니다. 그러나 법을 집행하는 관리는 권세를 두려워하여 아무도 적폐를 바로잡으려 하지 않기에 미풍의 파괴는 점차 심해지고 있습니다.

臣이 볼 때 요즈음의 젊은이들은 근본적으로 학문을 탐구하지 않고 교유를 專業처럼 생각하고 있습니다. 또 나라의 名流士人은 孝悌(효제)와 淸廉修養을 으뜸으로 하지 않고 권세에 추종하며 이득 추구를 우선하고 있습니다. 끼리끼리 무리를 짓고 서로를 칭송하며 다른 동료의 처벌을 비방하거나 같은 무리끼리 추켜세워 자신에게 이롭게 만들고 자신의 편을 드는 자를 무조건 칭찬하고 자기편이 아닌 자를 허물어 비방하고 있습니다. 그리하여 지금은 끼리끼리 '지금 세상에 해결 못할 걱정이 무엇인가? 다만 무리와 교제에 전심전력하지 않는다면 힘을 쓸 수가 없을 것이다. 또 나를 알아주는 사람이 없다고 왜 걱정하는가? 다만 甘言과 蜜語(밀어)로 마치 약을 삼키게 하듯 부드럽게 순조롭게 따르면 해결된다.' 라고 말하고 있습니다. 또 어떤 자들은 노비를 관리의 가속으로 가탁한 뒤에 멋대로 출입시키고, 궁중에도 왕래케 하여 서신이나 청탁을 넣으며 필요한 정보를 얻기도 합니다. 이러한 모든 일은 법으로 금지되어 있

368 魏諷(위풍, ?-219년, 字 子京) - 위풍은 대중을 현혹시키는 奸雄의 재능이 있었다. 建安 24년(219年) 9월, 相國인 鍾繇(종요)도 西曹掾(서조연)인 魏諷(위풍)의 반역에 연루되어 해임되었다.

369 曹偉(조위)는 黃初 연간에, 손권과 내통한 혐의로 처형되었다.

고, 형벌을 받으면 사면할 수 없는데, 비록 魏諷(위풍)과 曹偉(조위)의 죄악도 이보다 더 나쁘지는 않을 것입니다.」

明帝는 이에 절실한 조서를 내렸고 諸葛誕(제갈탄)이나 鄧颺(등양) 같은 무리를 파면하였다. 동소는 81세에 죽었는데, 시호는 定侯(정후)였다. 아들 董胄(동주)가 계승했다. 동주는 郡守와 九卿의 반열에 올랐다.

❹ 劉曄

| 原文 |

劉曄字子揚, 淮南成德人, 漢光武子阜陵王延後也. 父普, 母脩, 産渙及曄. 渙九歲, 曄七歲, 而母病困. 臨終, 戒渙,曄以 "普之侍人, 有諂害之性. 身死之後, 懼必亂家. 汝長大能除之, 則吾無恨矣."

曄年十三, 謂兄渙曰, "亡母之言, 可以行矣." 渙曰, "那可爾!" 曄卽入室殺侍者, 徑出拜墓. 舍內大驚, 白普. 普怒, 遣人追曄. 曄還拜謝曰, "亡母顧命之言, 敢受不請擅行之罰." 普心異之, 遂不責也. 汝南許劭名知人, 避地揚州, 稱曄有佐世之才.

| 국역 |

劉曄(유엽)[370]의 字는 子揚(자양)으로, 淮南郡[371] 成德縣 사람으로, 漢 光武帝의 아들인 阜陵王(부릉왕) 劉延(유연)의 후손이다. 부친은 劉普(유보), 모친은 脩(수)였는데, 劉渙(유환)과 劉曄(유엽) 형제를 낳았다. 유환이 9살, 유엽이 7살에 모친의 병이 위독했다. 臨終하며 유환과 유엽에게 훈계하였다.

"너희 아버지 시종은 사람에게 아첨하고 남을 해칠 사람이다. 내가 죽은 뒤에 집안을 어지럽힐까 걱정된다. 너희들이 커서 죽여 버릴 수 있다면 나는 여한이 없을 것이다."

나중에 유엽이 13살이 되자, 형 유환에게 말했다. "돌아가신 어머님 말씀을 실행할 때가 되었습니다." 유환이 "해치울 만하다!"라고 말했다. 유엽은 즉시 방에 들어가 시종을 죽인 뒤 지름길로 모친의 묘에 가서 아뢰었다. 집안사람들이 크게 놀라 유보에게 아뢰었다. 유보가 대노하여 유엽을 잡아오게 하였다. 유엽은 돌아와 부친에게 아뢰었다.

"돌아가신 어머니의 유언이 있어 부득이 말씀드리지 못하고 실행하였습니다."

유보는 놀라면서 문책하지 않았다. 汝南郡 사람 許劭(허소)는 사람을 잘 본다고 유명했었는데, 揚州에 피난해 살면서 유엽은 제왕

370 劉曄(유엽, ?-234년, 字 子揚) - 淮南 成德(今 安徽省 壽縣) 사람, 曹魏의 戰略家로 曹操, 曹丕, 曹叡의 三代를 섬겼다.

371 前漢의 淮南國이 폐지된 뒤 九江郡이 되었다. 후한 말에 九江郡을 淮南郡으로 개칭, 治所는 壽春縣(今 安徽 壽縣). 揚州刺史部의 치소였던 歷陽, 壽春, 合肥 등이 모두 淮南郡에 있었다.

을 도울 재능이 있다고 칭찬하였다.

| 原文 |

揚士多輕俠狡桀, 有鄭寶,張多,許乾之屬, 各擁部曲. 寶最驍果, 才力過人, 一方所憚. 欲驅略百姓越赴江表, 以曄高族名人, 欲强逼曄使唱導此謀. 曄時年二十餘, 心內憂之, 而未有緣. 會太祖遣使詣州, 有所案問. 曄往見, 爲論事勢, 要將與歸, 駐止數日.

寶果從數百人齎牛酒來候使, 曄令家僮將其衆坐中門外, 爲設酒飯, 與寶於內宴飮. 密勒健兒, 令因行觴而斫寶. 寶性不甘酒, 視候甚明, 觴者不敢發. 曄因自引取佩刀斫殺寶, 斬其首以令其軍, 云, "曹公有令, 敢有動者, 與寶同罪." 衆皆驚怖, 走還營.

營有督將精兵數千, 懼其爲亂, 曄卽乘寶馬, 將家僮數人, 詣寶營門, 呼其渠帥, 喩以禍福, 皆叩頭開門內曄. 曄撫慰安懷, 咸悉悅服, 推曄爲主. 曄睹漢室漸微, 己爲支屬, 不欲擁兵, 遂委其部曲與廬江太守劉勳. 勳怪其故, 曄曰, "寶無法制, 其衆素以鈔略爲利, 僕宿無資, 而整齊之, 必懷怨難久, 故相與耳."

時勳兵强於江,淮之間. 孫策惡之, 遣使卑辭厚幣, 以書說勳曰, "上繚宗民, 數欺下國, 忿之有年矣. 擊之, 路不便, 原因大國伐之. 上繚甚實, 得之可以富國, 請出兵爲外援."

勳信之, 又得策珠寶,葛越, 喜悅. 外內盡賀, 而曄獨否. 勳問其故, 對曰, "上繚雖小, 城堅池深, 攻難守易, 不可旬日而擧, 則兵疲於外, 而國內虛. 策乘虛而襲我, 則後不能獨守. 是將軍進屈於敵, 退無所歸. 若軍必出, 禍今至矣."

勳不從. 興兵伐上繚, 策果襲其後. 勳窮蹴, 遂奔太祖.

| 국역 |

揚州 일대의 士族들은 경박, 편협, 교활, 잔혹한 기질이 있었는데, 鄭寶(정보), 張多(장다), 許乾(허건) 같은 무리들은 각자 무장한 패거리를 옹유하고 있었다. 그중에서 정보가 가장 용감하고 才力도 남들보다 뛰어나 일대 백성들에게 두려운 존재였다.

정보는 백성들을 몰아 長江 남쪽으로 이주할 생각을 했는데, 劉曄(유엽)이 현지 大族 중에서도 高明했기에, 유엽이 먼저 나서서 선동하도록 강요하였다. 그때 유엽은 20여 세였는데, 마음으로 크게 걱정하였지만 정보를 죽일만한 기회가 없었다.

마침 조조가 파견한 사자가 揚州에 내려와 현지 사정을 파악하고 있었다. 유엽은 조조의 사자를 만나보고 현지 상황을 논의하면서 귀부할 예정으로 며칠을 함께 머물렀다.

정보 역시 무리 수백 명을 거느리고 소고기와 술을 준비하여 사자를 만나려 기다렸는데, 유엽은 집안 하인들을 그들 무리에 섞여

中門 밖에서 고기와 안주를 장만하게 시켰고, 유엽은 정보와 함께 집안에서 술을 마시며 기다렸다. 유엽은 비밀리에 건장한 하인을 시켜 술시중을 들다가 정보를 죽이라고 지시하였다. 그러나 정보는 술을 좋아하지 않고 감시하는 자가 많아 감히 어떻게 손쓸 수가 없었다. 이에 유엽은 직접 차고 있던 칼로 정보를 찌른 다음 그 머리를 잘라 그 무리들에게 보이며 소리 질렀다.

"曹公의 명령이니 감히 움직이는 자는 정보와 같은 죄로 다스릴 것이다."

무리들은 모두 놀랐고 그들 본영으로 달아났다.

정보의 본부에는 무리 수천 명을 거느린 자가 있어, 그들의 반란을 걱정한 유엽은 하인 몇 명을 데리고 곧바로 정보의 말을 타고 정보의 본거지에 가서 그 우두머리를 불러내 승패와 禍福으로 설득하자, 모두가 머리를 조아리며 문을 열고 유엽을 맞이하였다.

유엽이 무리를 위무하고 안심시키자 모두 기꺼이 복종하며, 유엽을 새로운 지도자로 추대하였다. 유엽은 漢 종실이 이미 쇠약해졌으며, 자신도 먼 支孫(지손)이기에 병력을 직접 거느리지 않고 무리를 모두 廬江(여강)[372]太守인 劉勳(유훈)에게 인계하였다. 유훈이 그 사연을 궁금해 하자, 유엽이 말했다.

"정보는 본래 법을 따르지 않았고 그 무리들은 평소에 노략질을 일삼았는데, 저는 본래 내세울만한 것도 없으면서 그들을 단속하고 이끌면 틀림없이 원한을 품게 되어 오래 견딜 수 없어 인계하는 것

372 揚州刺史部 관할 廬江郡(여강군)의 治所는 舒縣. 今 安徽省 중서부 六安市 舒城縣.

입니다."

그때 유훈의 군사는 長江과 淮水 일대에서 막강하였다. 孫策(손책)은 유훈을 미워하면서도 사람을 보내 겸손한 언사와 많은 예물과 함께 편지를 보내 유훈을 설득하였다.

"上繚縣(상료현)[373]의 우두머리와 백성들이 자주 우리 땅을 침범했기에 여러 해 동안 원한을 품었습니다. 그들을 정벌하려 해도 길이 멀어 불편하니, 이번 기회에 大國에서 정벌해 주시기 바랍니다. 상료현은 매우 풍족하기에 차지하면 나라가 부유하오니 우리가 출병할 때에 도와주시기 바랍니다."

유훈은 손책의 말을 믿었고, 또 손책으로부터 많은 보물과 葛越布(갈월포)[374] 등을 받고 기뻐하였다. 이를 내외에서 모두 축하했지만 유엽은 혼자 축하하지 않았다. 유훈이 그 까닭을 묻자, 유엽이 말했다.

"상료현은 비록 작은 땅이나 성이 견고하고 물이 깊어 공격은 힘들고 용이하게 지킬 수 있기에 열흘이 걸려도 점거할 수 없을 것이며, 원정하는 군사들은 지치고 우리 내부를 지킬 군사가 없습니다. 그럴 때 손책이 빈틈을 노려 우리를 공격하면 우리를 지킬 방법이 없습니다. 장군께서 진격한다면, 적에게 욕을 당하고 물러난다 하여도 돌아올 곳이 없습니다. 만약 출병한다면 바로 화가 닥칠 것입니다."

373 上繚(상료)는 後漢 豫章郡(치소, 南昌縣. 今 江西省 南昌市)의 현명. 今 江西省 宜春市 관할 奉新縣. 여러 주석과 사전을 종합한 결과이나 현재 지도상 위치나 거리를 보면 불합리하다.

374 葛越布(갈월포)는 옷감의 한 종류, 葛越草로 짠 옷감.

그러나 유훈은 따르지 않고 군사를 동원하여 상료현을 공격했고, 예상대로 손책은 유훈의 후방을 습격했다. 유훈은 궁지에 몰려 나중에 조조를 찾아갔다.

| 原文 |

太祖至壽春, 時廬江界有山賊陳策, 衆數萬人, 臨險而守. 先時遣偏將致誅, 莫能禽克. 太祖問群下, 可伐與不? 咸云, "山峻高而谿谷深隘, 守易攻難, 又無之不足爲損, 得之不足爲益."

曄曰, "策等小豎, 因亂赴險, 遂相依爲强耳, 非有爵命威信相伏也. 往者偏將資輕, 而中國未夷, 故策敢據險以守. 今天下略定, 後伏先誅. 夫畏死趨賞, 愚知所同, 故廣武君爲韓信畫策, 謂其威名足以先聲後實而服鄰國也. 豈況明公之德, 東征西怨, 先開賞募, 大兵臨之, 令宣之日, 軍門啓而虜自潰矣."

太祖笑曰, "卿言近之!" 遂遣猛將在前, 大軍在後, 至則克策, 如曄所度. 太祖還, 辟曄爲司空倉曹掾.

| 국역 |

조조가 壽春(수춘)에 진군했을 때 廬江郡(여강군) 내의 산적 陳策(진책)의 무리 수만 명이 험지를 이용하여 방어하고 있었다. 이보다 앞서 偏將(편장)을 보내 죽이려 했지만 잡을 수가 없었다. 조조가 여려 막료에게 정벌의 가부를 물었다. 어떤 사람은 “산이 높고 험준하며 계곡이 깊어 지키기는 쉬우나 공격이 어려우며, 그 땅이 없다 하여 아쉬운 것이 없고, 있다 하여 이득이 되지도 않습니다.”라고 말했다.

이에 劉曄(유엽)이 말했다.

“陳策(진책) 같은 조무래기는 혼란한 시절에 험지를 차지하고, 무리를 끌어 모아 강대해졌기에 작위와 관직을 내려도 굴복하지 않을 것입니다. 지난번에 보냈던 편장은 너무 약했으며, 중원이 평온하지 않기에 진책이 험지에 살아남은 것입니다. 지금 천하가 대략 평정되었지만 늦게 투항한다면 우선 죽여야 합니다. 죽음을 겁내고 상을 좋아하는 것은 우매한 자이든 약은 자나 모두 같기에, 옛날 廣武君(광무군)[375]이 韓信(한신)을 위해 策謀를 건의한 것도 위엄과 명

375 廣武君(광무군, 李左車)은 趙國 名將 李牧(이목)의 孫子. 漢 건국 초기(漢高祖 3년, 前 204)에 韓信(한신)은 趙國을 평정하면서 陳餘(진여)를 泜水(기수)에서 죽였고, 趙王 歇(헐)을 사로잡았다. 한신은 즉시 전군에 廣武君을 죽이지 말 것과 산 채로 잡아오면 1천금을 주겠다고 명령하였다. 얼마 뒤 한신은 광무군을 상좌에 앉히고 전략을 물었다. “저는 북으로 燕을 공격하고 동쪽으로 齊를 정벌하려는데, 어떻게 하면 뜻대로 되겠습니까?” 이에 광무군이 사양하며 말했다.
“제가 알기로는, ‘亡國의 대부는 나라를 지킬 계책을 말할 수 없고 패군 장수는 용기를 말할 수 없다.’ 고 하였습니다. 나 같은 사람이 어찌 그런 큰일을 말할 수 있겠습니까!”
한신의 성의와 간청에 광무군이 말했다. “제가 알기로는, ‘智者의 千慮에도 꼭 一失이 있고, 愚者의 千慮에도 쓸 만한 하나는 있다고 하였습니다. 그래서 狂夫의 말일지라도 聖人은 가려 듣는다 하였습니다. ~(中略)~ 燕을 향하면서 사자를 한 사람에게 국서 한 장을 燕(연)나라에 보내면 燕에서는 따르지 않을 수 없을 것입니다. 그리고 燕에서부터 동쪽 齊로 나아간다면 세상에 아무리 지혜로운 자라도 齊를 위한 방책은 없을 것입니다. 이리 되면 온 천하를 도모할 수 있을 것입니다. 그래서 병법에 있는 ‘먼저 소리를 지른 뒤에 나

성으로 먼저 회유한 다음에 뒤에 실력으로 주변을 공격하라고 하였습니다. 하물며, 지금 明公의 功德으로 동쪽을 먼저 원정하며 서쪽에서 (평정이 늦다고) 원망하니, 먼저 상을 내걸고 투항을 권유한 다음에 大軍이 진격한다면, 아마 명령을 내리는 날에 산적들은 문을 열고 투항하여 저절로 무너질 것입니다."

이에 조조는 웃으면서 "卿의 말이 옳다!" 고 말했다. 그래서 猛將을 앞에 보내고 대군이 뒤에 진군해 들어가 산적 진책을 잡았고, 유엽의 말대로 종결되었다. 조조는 돌아오면서 유엽을 불러 司空府倉曹掾(창조연)에 임명하였다.

|原文|

太祖征張魯, 轉曄爲主簿. 既至漢中, 山峻難登, 軍食頗乏. 太祖曰, "此妖妄之國耳, 何能爲有無? 吾軍少食, 不如速還." 便自引歸, 令曄督後諸軍, 使以次出. 曄策魯可克, 加糧道不繼, 雖出, 軍猶不能皆全, 馳白太祖, "不如致攻." 遂進兵, 多出弩以射其營. 魯奔走, 漢中遂平.

曄進曰, "明公以步卒五千, 將誅董卓, 北破袁紹, 南征劉表, 九州百郡, 十並其八, 威震天下, 勢慴海外. 今擧漢中, 蜀人望風, 破膽失守, 推此而前, 蜀可傳檄而定. 劉備, 人傑也,

중에 행동한다(兵故有先聲而後實者).' 는 말은 이런 뜻일 것입니다." 한신이 말했습니다. "훌륭합니다. 삼가 가르침을 따르겠습니다." 《漢書》 34권, 〈韓彭英盧吳傳〉 참고.

有度而遲, 得蜀日淺, 蜀人未恃也. 今破漢中, 蜀人震恐, 其勢自傾. 以公之神明, 因其傾而壓之, 無不克也. 若小緩之, 諸葛亮明於治而爲相, 關羽,張飛勇冠三軍而爲將, 蜀民旣定, 據險守要, 則不可犯矣. 今不取, 必爲後憂."

太祖不從, 大軍遂還. 曄自漢中還, 爲行軍長史, 兼領軍.

延康元年, 蜀將孟達率衆降. 達有容止才觀, 文帝甚器愛之, 使達爲新城太守, 加散騎常侍. 曄以爲 "達有苟得之心, 而恃才好術, 必不能感恩懷義. 新城與吳,蜀接連, 若有變態, 爲國生患."

文帝竟不易, 後達終於叛敗.

| 국역 |

조조는 張魯(장로)[376]를 원정하면서 劉曄(유엽)을 主簿(주부)에 임명하였다. 대군이 漢中郡에 당도했지만 산이 높아 오르기 힘들고 군량이 자주 부족했다. 이에 조조가 말했다.

"이곳은 요사한 술수를 믿는 괴상한 땅인데, 우리가 차지하든 못하든 어찌 해야 하는가? 군량이 자주 떨어지니 빨리 철수하는 것만 못하다."

그러면서 직접 철군하면서 유엽에게 後軍을 감독하며 순차적으로

376 張魯(장로, ?-216년?, 245년?)는 五斗米道의 창립자인 張陵(장릉, 張道陵)의 손자, 張衡(장형)의 아들. 天師道의 教主. 張道陵은 늘 호랑이를 타고 다녔으며 葛玄(갈현), 許遜(허손) 등과 함께 四大天師로 추앙된다. 한때 武將으로 漢中郡 일대를 장악했었다. 《魏書》 8권, 〈二公孫陶四張傳〉에 입전.

철수하게 하였다. 유엽은 장로를 격파할 수 있어도 군량 공급이 원활하지 않아 철수할지라도 안전할 수 없다고 생각하여 조조에게 나아가 "서둘러 공격해야 합니다."라고 건의하였다. 그리고 유엽은 쇠뇌(弩)를 장로의 군영을 향해 많이 발사하였다. 그래서 장로는 달아났고 漢中郡은 평정되었다. 이에 유엽이 조조에게 나아가 말했다.

"명공께서는 5천 보졸로 동탁을 토벌한 이후, 북으로 원소를 격파하시고 남으로 유표를 정벌하셨으며, 9州 100郡의 10의 8을 병합하시어 천하에 위엄을 보이고 해외까지 두려워 떨게 하셨습니다. 이번에 漢中郡을 점거하시자, 蜀人은 이런 형세를 보고 낙담하여 어쩔 줄을 모르고 있으니, 이런 때에 전진하신다면 격문 하나로 촉을 평정하실 수 있습니다. 유비가 人傑이라 하지만 蜀을 차지한지 얼마 안 되었기에, 촉의 백성은 아직 믿질 못하고 있습니다. 이번에 漢中을 격파하자, 촉의 백성은 두려워 떨며 그 형세는 저절로 기울고 있습니다. 明公의 神明으로 이런 형세를 이용한다면 틀림없이 격파할 수 있습니다. 만약 조금 늦춘다면 통치에 밝은 諸葛亮이 승상으로, 또 關羽와 張飛[377]는 장수로 삼군의 으뜸이라서 蜀이 곧 안정되어 험지를 근거로 요지를 지킨다면 쉽게 이길 수 없을 것입니다. 이번에 촉을 정벌하지 않으면 뒷날 큰 우환이 될 것입니다."

377 張飛(장비, 167－221년, 字 益德, 《三國演義》에서는 翼德) － 幽州 涿郡 출신, 今 河北省 保定市 관할 涿州市(北京市 연접). 關羽와 함께 '萬人敵' 으로 일컬음. 陳壽 撰《三國志》에서는 關羽, 張飛, 馬超, 黃忠, 趙雲을 合傳. 羅貫中《三國演義》에서는 '五虎上將' 으로 통칭. 中國 傳統 文化에서 張飛의 캐릭터는 거칠고 剛烈(강렬)하며 好酒하는 성격으로 고정화되었는데, 이는 소설의 영향이라 할 수 있다. 그러면서 장비는 수많은 속담의 단골 소재로 사랑을 받고 있다.

그러나 조조의 대군은 곧 돌아왔다. 유엽은 漢中에서 돌아온 뒤에 行軍長史 겸 領軍을 겸임하였다. (獻帝) 延康 원년(서기 220), 蜀將 孟達(맹달)[378]이 무리를 거느리고 투항했다. 맹달은 용모와 재능이 있어 文帝가 매우 신임하여 맹달을 新城(신성)[379] 太守에 임명했고, 加官으로 散騎常侍가 되었다. 이에 유엽이 말했다.

"맹달은 구차하게 얻으려는 욕심이 있고, 재주를 믿으며 술수를 좋아하고 은덕과 인의를 모르는 사람이며, 新城은 吳, 蜀과 연접하여 만약의 경우 변심하면 나라에 우환거리가 될 것입니다."

文帝는 끝까지 바꾸지 않았고, 뒷날 맹달은 반역하다가 죽었다.

| 原文 |

黃初元年, 以曄爲侍中, 賜爵關內侯. 詔問群臣令料劉備當

378 孟達(맹달, ?-228, 字 子敬, 子度) - 본래 益州 劉璋(유장)의 부하. 劉備가 蜀에 들어갈 때 유장은 맹달을 보내 유비를 영접케 했는데 맹달은 유비에 귀부한다. 맹달은 江陵(강릉)을 수비했다. 건안 24년(서기 219년)에, 孟達은 秭歸(자귀)에서 房陵(방릉)을 공격하고 이어 上庸(상용)까지 진격하여 劉封(유봉)과 합세한다. 關羽(관우)가 樊城(번성)에서 포위되었을 때 유봉과 맹달은 구원을 거절한다. 관우가 패전 후 전사하자, 맹달은 문책이 두렵고 또 유봉과 不和하여 바로 曹魏에 투항했다. 투항한 맹달은 魏에서 승진을 거듭하다가 文帝(曹丕)가 죽자, 촉으로 다시 돌아가려다 계획이 누설되어 司馬懿(사마의)에게 죽는다(서기 228년). 《三國演義》에서는 제갈량의 1차 북벌 때 호응하려 했다고 묘사했는데 사실과 다르다. 맹달이 죽은 뒤에 제갈량의 北伐이 있었다.

379 新城郡은 房陵, 上庸, 西城의 三郡을 병합하여 新城郡이라 하였다. 魏의 서남방, 곧 蜀의 북진을 저지하기 위한 전초기지였다. 맹달은 桓階(환해)나 夏侯尙과 친했고, 夏侯尙, 徐晃(서황)과 함께 劉封을 공격했다. 太和 2년(서기 228) 봄 정월, 司馬懿(사마의)가 新城郡(신성군)을 공격하여 孟達(맹달)을 죽여 그 首級을 보내왔다.

爲關羽出報吳不. 衆議咸云, "蜀, 小國耳, 名將唯羽. 羽死軍破, 國內憂懼, 無緣復出."

曄獨曰, "蜀雖狹弱, 而備之謀欲以威武自强, 勢必用衆以示其有餘. 且關羽與備, 義爲君臣, 恩猶父子, 羽死不能爲興軍報敵, 於終始之分不足."

後備果出兵擊吳. 吳悉國應之, 而遣使稱藩. 朝臣皆賀, 獨曄曰, "吳絶在江,漢之表, 無內臣之心久矣. 陛下雖齊德有虞, 然醜虜之性, 未有所感. 因難求臣, 必難信也. 彼必外迫內困, 然後發此使耳, 可因其窮, 襲而取之. 夫一日縱敵, 數世之患, 不可不察也."

備軍敗退, 吳禮敬轉廢, 帝欲興衆伐之, 曄以爲 "彼新得志, 上下齊心, 而阻帶江湖, 必難倉卒." 帝不聽.

五年, 幸廣陵泗口, 命荊,揚州諸軍並進. 會群臣, 問, "權當自來不?" 咸曰, "陛下親征, 權恐怖, 必擧國而應. 又不敢以大衆委之臣下, 必自將而來." 曄曰, "彼謂陛下欲以萬乘之重牽己, 而超越江湖者在於別將, 必勒兵待事, 未有進退也."

大駕停住積日, 權果不至, 帝乃旋師. 云, "卿策之是也. 當念爲吾滅二賊, 不可但知其情而已."

| 국역 |

(文帝) 黃初 원년(서기 220), 유엽은 侍中[380]이 되었고 關內侯의

작위를 받았다. 群臣에게 조서를 내려 劉備가 關羽[381]를 위하여 吳에 복수하려고 원정할 것인가? 아닌가를 예상해 보라고 명했다.

많은 사람들이 "蜀은 소국이고, 명장은 오직 관우뿐이었습니다. 관우가 죽었고, 그 군사가 격파되어 국내가 두려워 떨기에 다시 출병할 이유가 없습니다."라고 말했다. 이에 유엽이 혼자 말했다.

"蜀이 비록 좁고 약한 나라지만, 유비의 方略은 武威로 自强을 꾀하고 대군을 출동시켜 자신과 나라의 여유를 보여주려 할 것입니다. 또 관우와 유비는 대의로는 군신 관계지만 恩情으로는 부자 관계와 같았으며, 관우의 죽음에 군사를 일으켜 복수하지 않는다면 같이 살고 같이 죽자는 의리를 보여줄 수 없습니다."

그 뒤에 유비는 예상대로 출병하여 吳를 공격하였다. 吳는 온 나라를 동원하여 촉에 대항하면서 사자를 보내 魏의 藩臣(번신)을 자청하였다. 이에 모든 朝臣이 경하하였지만 유엽만이 홀로 말했다.

"吳는 長江과 漢水 이남에서 우리의 신하라는 마음은 옛날부터 별로 없었습니다. 폐하께서 舜임금과 같은 은덕을 베풀더라도 吳의 비루한 야만인 본성으로는 느끼는 것이 없을 것입니다. 吳가 국난을 당해 신하를 자청하는 것을 결코 믿어서는 안 됩니다. 저들은 외적이 쳐들어와 내부적으로 힘들기에 사자를 보냈을 뿐이니, 저들이

380 侍中 – 侍中은 황제의 최측근 近侍官. 顧問應對 담당. 무 정원, 후한에서는 질록 比二千石의 實職. 그 우두머리가 侍中祭酒(시중제주, 비 상설직, 전한에서는 侍中僕射). 어가 출행할 때 박식한 시중 1인이 參乘, 나머지는 후미에 수행. 中常侍(千石, 宦者, 比이천석으로 증액), 黃門侍郎(六百石, 환관이 아님), 小黃門(六百石, 宦者)을 거느렸다.

381 關羽는 建安 24년(서기 219)에 죽었고, 吳에서는 건안 25년 正月에 관우의 수급을 洛陽에 보냈다. 조조는 그 달 庚子日에 죽었다.

곤궁할 때 우리가 공격하면 그들을 잡을 수 있습니다. 그런데 어느 날 그들을 풀어주면 오랫동안 우환이 될 것이니, 이를 통찰하여야 합니다."

유비의 군사를 패퇴시킨 뒤, 吳의 공손한 자세는 슬그머니 사라졌는데, 文帝가 군사를 일으켜 吳를 공격하려 하자, 유엽은 "저들이 득의양양하고 상하가 한마음이며 장강과 호수가 막아주기에 갑자기 원정할 수 없습니다."라고 말했다. 그러나 文帝는 따르지 않았다.

(黃初) 5년(서기 224), 文帝는 廣陵郡 泗口(사구)[382]에 행차하여 荊州와 揚州 관할 모든 군사의 진군을 명령했다. 문제가 모든 신하를 모아 물었다.

"손권이 직접 출동하겠는가?"

이에 모두가 말했다.

"폐하께서 親征하시니, 손권은 두려워 온 나라를 들어 대응할 것입니다. 또 대군을 신하에만 위임할 수 없어 틀림없이 직접 거느리고 나올 것입니다."

이에 유엽이 말했다.

"저들은 폐하께서 萬乘 天子의 몸으로 직접 출동하더라도 長江과 大湖 밖에서 別將에게 맡겨놓고 군사를 조련하고 사태를 관망하며 움직이지 않을 것입니다."

문제는 오랜 날을 주둔했지만, 손권은 끝까지 출동하지 않았고

382 廣陵郡의 治所는 廣陵縣, 今 江蘇省 서남부 揚州市. 泗口(사구)는 淮陰縣의 지명. 今 江蘇省 중서부 淮安市 淮陰區.

문제는 회군하였다. 그러면서 유엽에게 말했다.

"卿의 방책이 옳았소. 나는 蜀과 吳를 멸망시킬 생각만 했지, 그 실정을 정확하게 몰랐도다."

❙原文❙

明帝卽位, 進爵東亭侯, 邑三百戶.

詔曰,「尊嚴祖考, 所以崇孝表行也. 追本敬始, 所以篤教流化也. 是以成湯,文,武, 實造商,周,《詩》,《書》之義, 追尊稷, 契, 歌頌有娀,姜嫄之事, 明盛德之源流, 受命所由興也. 自我魏室之承天序, 旣發跡於高皇,太皇帝, 而功隆於武皇,文皇帝. 至於高皇之父處士君, 潛脩德讓, 行動神明, 斯乃乾坤所福饗, 光靈所從來也. 而精神幽遠, 號稱罔記, 非所謂崇孝重本也. 其令公卿已下, 會議號謚.」

曄議曰, "聖帝孝孫之欲褒崇先祖, 誠無量已. 然親疏之數, 遠近之降, 蓋有禮紀, 所以割斷私情, 克成公法, 爲萬世式也. 周王所以上祖后稷者, 以其佐唐有功, 名在祀典故也. 至於漢氏之初, 追謚之義, 不過其父. 上比周室, 則大魏發跡自高皇始. 下論漢氏, 則追謚之禮不及其祖. 此誠往代之成法, 當今之明義也. 陛下孝思中發, 誠無已已, 然君擧必書, 所以愼於禮制也. 以爲追尊之義, 宜齊高皇而已."

尙書衛臻與曄議同, 事遂施行. 遼東太守公孫淵奪叔父位, 擅自立, 遣使表狀. 曄以爲公孫氏漢時所用, 遂世官相承, 水則由海, 陸則阻山, 故胡夷絶遠難制, 而世權日久. 今若不誅, 後必生患. 若懷貳阻兵, 然後致誅, 於事爲難. 不如因其新立, 有黨有仇, 先其不意, 以兵臨之, 開設賞募, 可不勞師而定也. 後淵竟反.

| 국역 |

明帝가 즉위하고, 劉曄(유엽)은 작위가 올라 東亭侯가 되었고 식읍은 3백 호였다.

명제가 조서를 내렸다.

「선조를 받들어 공경하기는 효도와 효행을 받들고 표창하는 뜻이다. 근본과 시작을 찾고 받들기는 교화를 돈독히 하며 널리 펴려는 뜻이다. 때문에 成湯(湯王), (周) 文王과 武王은 商(殷)과 周朝의 건국자이나 《詩經》과 《尙書》의 大義로는 后稷(후직)과 (殷祖인) 契(설)을 추존하고, 有娀(유융)[383]과 姜嫄(강원)[384]의 사적을 歌頌(가송)하

383 有娀(유융)은 國名. 유융씨의 長女가 帝嚳(제곡)의 妃로 契(설)의 母親인 簡狄(간적)이다.

384 姜嫄(강원)은 有邰氏(유태씨), 后稷(후직)의 母親. 《史記 五帝本紀》에 의하면, 姜嫄(강원, 姜原)은 帝嚳 高辛氏의 正妃(次妃가 簡狄)이다. 傳說에 의하면, 강원은 들에서 上帝(또는 巨人)의 큰 발자국(脚印)을 밟은 뒤에 임신하여 后稷을 출산했고 后稷은 是周朝의 祖先이다. 《詩經 大雅 生民》에서도 '厥初生民, 時維姜嫄. 生民如何, 克禋克祀, 以弗無子. 履帝武敏歆, 攸介攸止, 載震載夙, 載生載育, 時維后稷.' 이라 하였다. 《詩經 魯頌 閟宮》에서도 '赫赫姜嫄, 其德不回, 上帝是依' 라고 노래했다.

는데, 이는 훌륭한 덕행의 원류나 천명을 받아 흥기한 사실을 밝히려는 의미가 있다. 나의 魏室이 천명을 받은 것은 高皇帝〔曹騰(조등)〕와 太皇帝〔曹嵩(조숭), 조등의 양자로 입적, 조조의 生父〕에서 시작하였고, 큰 공적을 이뤄 발흥하기는 武皇帝(曹操)와 文皇帝(曹丕)이시다. 高皇帝의 부친은 관직에 나가지 않은 君子로 仁德과 禮讓을 닦는데 전심하셨지만 그분 행실이 神明하셨기에 乾坤(건곤, 天地)의 복을 누리셨고 魏 황실의 천복이 여기서 시작하였다. 그분들의 정신은 幽遠(유원)하나 號稱(호칭)에 관한 기록이 없도다. 公卿 이하 모두가 그분들의 시호를 논의하기 바란다.」

이에 유엽이 말하였다.

"聖帝의 孝孫이 先祖를 표창 숭모하려는 뜻은 헤아릴 수 없는 효심의 발로이십니다. 그러나 親疏(친소)의 禮度는 遠祖와 近祖의 구별과 차이에 의거 예의의 법도를 적용하여 私情에 의하지 아니하고 公法에 의거 실행하되, 이는 만세의 法式이 되어야 합니다. 周王室에서 祖上인 后稷(후직)을 받드는 것은 堯帝를 보좌한 공적이 있고, 그 이름이 조상 제사의 법전에 올랐기 때문입니다. 漢氏(劉氏)의 건국 초기에 追諡(추시)를 올린 것은 그 生父에 그쳤습니다. 위로 周室에 비교해 본다면 大魏의 출발은 高皇帝에서 시작합니다. 아래로 漢室에 비교하더라도 追諡(추시)의 禮法은 祖父까지 올라가지 않았습니다. 이는 진정으로, 지난 세대에 이루어진 법이지만 지금에도 명확한 大義입니다. 폐하께서는 효심이 돈독하시어 진정 끝이 없으시나, 그래도 언행은 모두 기록되기에 특히 禮制에 관해서는 신중하지 않을 수 없습니다. 臣은 追尊의 대의는 高皇帝까지 실행해야 한다고 생각합니다."

尙書인 衛臻(위진)[385]이 유엽의 논의에 동조하였고 그대로 시행되었다.

遼東太守인 公孫淵(공손연)[386]은 叔父의 지위를 빼앗아 멋대로 자립한 뒤에 사자를 보내 상주하였다. 유엽은 公孫氏는 漢代에 등용된 이후 대대로 관직을 세습하였고 水路를 택하면 바다를 건너야 하고 뭍으로 간다 하여도 산이 막혔기에 그곳 胡人은 중원과 멀리 떨어져 있어 제재하지 못한 것이 오래되었다고 생각하였다. 이번에 주살하지 못한다면 뒷날 우환거리가 될 것이며, 만약 딴마음을 품고 군사를 막으면 나중에 죽이기도 어려울 것이라 생각하였다. 그래서 새로 취임한 것을 인정해주되, 당인이나 원수가 형성되어 불의의 사태가 일어나면 파병하되 상을 내걸고 군사를 모으면 크게 동원하지 않더라도 평정할 수 있다고 생각하였다. 뒷날 공손연은 끝내 반역했다.[387]

385 衛臻(위진)은《魏書》22권, 〈桓二陳徐衛盧傳〉에 입전.

386 명제 太和 2년(서기 228)에 요동태수 公孫恭(공손공)의 조카인 公孫淵(공손연)이 공손공의 지위를 겁탈하였는데, 결국 공손연에게 遼東太守를 대행케 하였다.

387 遼東太守 公孫淵(공손연)은 車騎將軍으로 지위가 올랐고, 나중에는 公孫淵(공손연)은 孫權이 파견한 사자 張彌(장미)와 許晏(허안)의 죽여 그 수급을 보내왔는데, 공손연은 大司馬로 樂浪公(낙랑공)이 되었다. (명제 景初 2년, 서기 238)에 司馬懿는 반란을 일으킨 公孫淵(공손연)을 요동군의 치소인 襄平縣(양평현, 今 遼寧省 遼陽市)에서 포위하여 대파하고 공손연의 수급을 낙양으로 보내왔다.

| 原文 |

曄在朝, 略不交接時人. 或問其故, 曄答曰, "魏室卽阼尙新, 智者知命, 俗或未咸. 僕在漢爲支葉, 於魏備腹心, 寡偶少徒, 於宜未失也."

太和六年, 以疾拜太中大夫. 有間, 爲大鴻臚, 在位二年遜位, 復爲太中大夫, 薨. 謚曰景侯. 子寓嗣. 少子陶, 亦高才而薄行, 官至平原太守.

| 국역 |

劉曄(유엽)은 조정에 근무하며 다른 사람과 별로 교제가 없었다. 어떤 사람이 그 이유를 묻자, 유엽이 대답하였다.

"魏室이 천명을 받은 지가 얼마 되지 않았으며, 智者는 천명을 알지만 속인 모두가 다 알지는 못합니다. 나는 漢室의 먼 支孫으로 魏朝의 腹心(복심)이 되었지만, 어려서부터 붕우나 따르는 사람도 없어 늘 適宜(적의)한 正道를 따라야만 했습니다."

太和 6년(서기 232년), 병으로 太中大夫가 되었다. 얼마 뒤에 大鴻臚(대홍려)가 되었다가 2년을 재직한 뒤 사직하고 다시 太中大夫가 되었다가 죽었다. 시호는 景侯(경후)였다.

아들 劉寓(유우)가 계승했다. 막내아들 劉陶(유도)는 재주가 뛰어났지만 행실이 경박했고 平原太守를 역임했다.

❺ 蔣濟

| 原文 |

蔣濟字子通, 楚國平阿人也. 仕郡計吏,州別駕. 建安十三年, 孫權率衆圍合肥. 時大軍征荊州, 遇疾疫, 唯遣將軍張喜單將千騎, 過領汝南兵以解圍, 頗復疾疫. 濟乃密白刺史僞得喜書, 云步騎四萬已到雩婁, 遣主簿迎喜. 三部使齎書語城中守將, 一部得入城, 二部爲賊所得. 權信之, 遽燒圍走, 城用得全.

明年使於譙, 太祖問濟曰, "昔孤與袁本初對官渡, 徙燕,白馬民, 民不得走, 賊亦不敢鈔. 今欲徙淮南民, 何如?" 濟對曰, "是時兵弱賊强, 不徙必失之. 自破袁紹, 北拔柳城, 南向江,漢, 荊州交臂, 威震天下, 民無他志. 然百姓懷土, 實不樂徙, 懼必不安."

太祖不從, 而江,淮間十餘萬衆, 皆驚走吳. 後濟使詣鄴, 太祖迎見大笑曰, "本但欲使避賊, 乃更驅盡之." 拜濟丹陽太守. 大軍南征還, 以溫恢爲揚州刺史, 濟爲別駕. 令曰, "季子爲臣, 吳宜有君. 今君還州, 吾無憂矣."

民有誣告濟爲謀叛主率者, 太祖聞之, 指前令與左將軍于禁,沛相封仁等曰, "蔣濟寧有此事! 有此事, 吾爲不知人也. 此必愚民樂亂, 妄引之耳."

促理出之. 闢爲丞相主簿西曹屬. 令曰, "舜擧皐陶, 不仁者遠. 臧否得中, 望於賢屬矣."

關羽圍樊,襄陽. 太祖以漢帝在許, 近賊, 欲徙都. 司馬宣王及濟說太祖曰,

"于禁等爲水所沒, 非戰攻之失, 於國家大計未足有損. 劉備,孫權, 外親內疏, 關羽得志, 權必不願也. 可遣人勸躡其後, 許割江南以封權, 則樊圍自解."

太祖如其言. 權聞之, 卽引兵西襲公安,江陵. 羽遂見禽.

| 국역 |

蔣濟(장제)[388]의 字는 子通(자통)으로, 楚國 平阿縣 사람이다. 郡에 출사하여 計吏와 州 자사의 別駕(별가)[389] 등을 역임했다. (獻帝) 建安 13년(서기 208), 손권은 군사로 合肥城[390]을 포위했다. 그때 조조의 대군은 荊州(형주)를 정벌 중이었고, 전염병이 크게 유행했는데, 장군 張喜(장희)에게 1천 기병을 주어 汝南郡의 병력를 함께 거느리고 합비의 포위를 풀게 하였지만, 거기도 전염병이 돌았다.

이에 蔣濟(장제)는 비밀리에 자사에게 거짓으로 장희의 문서를 받았다며, 보병 4만이 雩婁(우루)란 곳에 도착했으니 主簿(주부)를 보

388 太蔣濟(장제, ?-249年, 字 子通) - 楚國 平阿人. 曹魏의 太尉 역임. 楚國은 전한의 군국명. 후한에서는 楚郡 또는 彭城國(팽성국)으로 불렸다. 치소는 彭城縣. 今 江蘇省 북부 徐州市. 平阿는, 今 安徽省 북부 蚌埠市(방부시) 관할 懷遠縣.

389 정식 명칭은 別駕從事(별가종사), 刺史(牧)의 屬吏. 衆事(庶務)를 담당.

390 合肥는 九江郡의 縣名. 今 安徽省(안휘성) 省會(省都)이며 최대 도시인 合肥市. 安徽省 중앙부.

내 장희를 영입케 하였다. 그러면서 장제는 3명의 사자에게 문서를 주어 각각 출발케 했는데, 한 사람은 합비성에 들어갔지만 2명은 吳軍에게 잡혔다. 손권은 (4만 명의) 군사가 도착했다는 서신의 내용을 믿고 합비성의 포위를 풀었고 합비성은 안전했다.

다음 해, 장제가 (沛國) 譙縣(초현)에 업무 차 갔을 때 조조가 장제에게 물었다.

"그전에 내가(孤) 원소와 官渡(관도)에서 대결할 때, 燕(연)과 (東郡) 白馬縣[391]의 백성을 이주시키려 했지만 백성은 옮기려 하지 않았고 적 또한 노략질을 못했었다. 지금 나는 淮南의 백성을 이주시키려 하는데 어쩌면 좋겠는가?"

이에 장제가 말했다.

"그때 우리 군사는 약하고 적병은 강했기에 이주시키지 않으면 틀림없이 빼앗겼을 것입니다. 장군께서 원소를 격파하고 북으로 나아가 (遼西郡의) 柳城(유성)을 점거하셨으며, 남쪽으로는 長江과 漢水에 이르렀고 荊州(형주)는 손을 모아 투항하여 장군의 위세는 온 세상을 흔들고 있으니 백성들은 딴마음을 품지 못합니다. 그러나 백성은 땅에 연연하기기에 사실 이주를 좋아하지 않지만 두려워하고 불안한 것은 사실입니다."

조조는 장제의 말을 무시했고, 長江과 淮水 일대의 10여만 호가 놀라 모두 吳 땅으로 이주해 버렸다. 뒷날 장제가 업무 차 鄴縣(업현)에 갔을 때, 조조는 장제를 보고 크게 웃으며 말했다

"나는 본래 적을 피하여 백성을 옮기려 했는데, (너의 건의를 따

391 白馬는 兗州 東郡의 현명. 今 河南省 동북 安陽市 관할 滑縣(활현).

르지 않아) 아예 몽땅 몰아내버렸다."

그러면서 장제를 丹陽(단양)[392] 太守에 임명했다. 大軍이 吳이 원정에서 귀환한 뒤에 溫恢(온회)[393]가 揚州刺史가 되었고, 장제는 자사의 別駕(별가)가 되었다. 이에 조조가 말했다.

"옛날 季子(季札)[394]가 신하가 되자, 吳에는 主君이 섰다. 이제 장제가 揚州에 돌아왔으니 나는 걱정이 없을 것이다."

어떤 백성이 장제가 모반의 주동자라고 무고하는 자가 있었는데, 조조가 이를 듣고서는 左將軍 于禁(우금)과 沛相 封仁(봉인) 등에게 전달케 하였다.

"장제에게 어찌 이런 일이 있겠나! 정말 그렇다면 나는 사람을 못 보는 것이다. 이는 틀림없이 어리석은 백성이 분란을 일으키려고 제멋대로 끌어댄 말일 것이다."

그리고서는 빨리 사실 여부를 조사케 시켰다. 조조는 장제를 불러 丞相府 主簿西曹의 속관으로 임명했다. 그리고 말했다.

"舜이 皐陶(고요)[395]를 등용하자, 不仁者가 멀리 사라졌다. 옳고

---

392 丹陽郡은 揚州刺史部의 군명. 治所는 宛陵縣(완릉현), 今 安徽省 동남부 宣城市.

393 溫恢(온회)는 《魏書》 15권, 〈劉司馬梁張溫賈傳〉에 입전.

394 季札(계찰) – 姬姓, 名札, 公子札, 延陵季子, 季子로 불림. 吳王 壽夢(수몽)의 막내아들 수몽은 계찰이 계위하기를 바랐지만 계찰은 만형에게 양위하였다. 계찰이 魯에 와서 周樂을 감상하고 평했다. 계찰의 墓上掛劍(묘상괘검)은 미담으로 널리 알려졌다.

395 皐陶(고요, 陶는 사람 이름 요, 皐繇, 咎陶, 咎繇로도 표기) – 舜帝와 夏朝 초기의 賢臣, 舜의 理官으로 형벌을 담당. 正直으로 널리 알려짐. 中國 司法의 鼻祖(비조). '舜擧皐陶, 不仁者遠.' 은 《論語 顔淵》의 구절. 樊遲問仁. 子曰, "愛人." 問知. 子曰, "知人." ~ 子夏曰, "富哉言乎! 舜有天下, 選於衆, 擧皐陶, 不仁者遠矣. 湯有天下, 選於衆, 擧伊尹, 不仁者遠矣." 舜은 禹(우), 稷(직, 后稷), 卨(설), 皐陶(고요), 伯益(백익) 등 5인의 신하를 등용하여 천하를 다스렸다. 최고의 위

그른 것이(臧否) 제자리를 찾고 현명한 사람을 많이 등용해주기 바란다."

關羽(관우)가 襄陽縣(양양현) 樊城(번성)을 포위했다. 조조는 漢帝(獻帝)가 있는 許都가 적과 가까웁다고 생각하여 도읍을 옮기려 했다. 사마의와 장제가 조조를 설득했다.

"于禁(우금) 등이 수몰되어 패전한 것은 전투에 의한 패전이 아니오며 국가대계에 큰 손실이 아닙니다. 劉備와 孫權은 겉으로는 친교하지만, 속으로는 소원하며 關羽가 得志하는 것을 손권은 틀림없이 원하지 않습니다. 사람을 손권에게 보내 蜀의 배후를 공격케 하면서 長江 이남의 땅을 잘라 손권을 봉한다면 번성의 포위는 저절로 풀릴 것입니다."

조조는 그 말에 따랐다. 손권은 이를 알고 즉시 군사를 보내 公安과 江陵을 공격했다. 관우는 나중에 생포되었다.[396]

| 原文 |

文帝卽王位, 轉爲相國長史. 及踐阼, 出爲東中郎將. 濟請留, 詔曰,

정자는 求人에 힘쓰고 賢者에 일임한 뒤 공손하게 자리만 지켰다. 즉 공자는 지도자가 유능한 인재를 골라 일임하고, 주군은 行善하며 그 아래서는 자발적으로 본받아 따라오는(上行下效) 것이 공자가 생각한 '無爲의 治' 였다.

396 원문 '羽遂見禽' 의 禽(날짐승 금)은 擒(사로잡을 금)과 通用. 關羽는 建安 24년(서기 219) 吳軍 呂蒙(여몽)에 밀려 12월에 麥城(맥성)에 포위되었다가 탈출을 시도했지만, 今 湖北省 襄樊市 南漳縣에서 潘璋(반장)의 部將인 馬忠(마충)의 매복에 걸려 생포되었고 關平(관평)은 피살되었다.

「高祖歌曰‘安得猛士守四方!’天下未寧, 要須良臣以鎭邊境. 如其無事, 乃還鳴玉, 未爲後也.」

濟上〈萬機論〉, 帝善之. 入爲散騎常侍. 時有詔, 詔征南將軍夏侯尙曰,「卿腹心重將, 特當任使. 恩施足死, 惠愛可懷. 作威作福, 殺人活人.」

尙以示濟. 濟既至, 帝問曰, “卿所聞見天下風教何如?” 濟對曰, “未有他善, 但見亡國之語耳.” 帝忿然作色而問其故, 濟具以答, 因曰, “夫‘作威作福’,《書》之明誡. ‘天子無戲言’, 古人所愼. 惟陛下察之!” 於是帝意解, 遣追取前詔.

黃初三年, 與大司馬曹仁征吳, 濟別襲羨谿. 仁欲攻濡須洲中, 濟曰, “賊據西岸, 列船上流, 而兵入洲中, 是爲自內地獄, 危亡之道也.”

仁不從, 果敗. 仁薨, 復以濟爲東中郎將, 代領其兵.

詔曰,「卿兼資文武, 志節慷慨, 常有超越江湖吞吳會之志, 故復授將率之任.」

頃之, 徵爲尙書. 車駕幸廣陵, 濟表水道難通, 又上〈三州論〉以諷帝. 帝不從, 於是戰船數千皆滯不得行. 議者欲就留兵屯田, 濟以爲東近湖, 北臨淮, 若水盛時, 賊易爲寇, 不可安屯. 帝從之, 車駕卽發.

還到精湖, 水稍盡, 盡留船付濟. 船本歷適數百里中, 濟更鑿地作四五道, 蹴船令聚, 豫作土豚遏斷湖水, 皆引後船, 一時開遏入淮中. 帝還洛陽, 謂濟曰, "事不可不曉. 吾前決謂分半燒船于山陽池中, 卿於後致之, 略與吾俱至譙. 又每得所陳, 實入吾意. 自今討賊計畫, 善思論之."

| 국역 |

曹조가 王位에 오르자, 蔣濟(장제)는 相國 長史[397]가 되었다. 조비가 帝位에 오르자, 장제는 조정에서 나가 東中郎將이 되었다. 장제가 조정 근무를 청원하자, 문제가 조서를 내렸다.

「漢 高祖는 '어디서 猛士를 얻어 사방을 지켜야 하나!' [398]라고 노래했는데, 지금 천하가 안정되지 않았으니 변경을 잘 지킬 유능한 신하가 필요하다. 만약 무사하다면 다시 조정에 근무하더라도 늦지 않을 것이다.」

장제는 〈萬機論〉을 지어 건의했다. 문제가 칭찬했다. 장제는 조정에 들어와 散騎常侍[399]가 되었다. 그때 조서를 내려 征南將軍 夏

---

397 長史는 丞相, 太尉, 公, 將軍, 太守의 속관, 승상의 장사는 승상의 비서실장격. 태수의 속관은 군사에 관한 일 담당. 질록 6백석～1천석.

398 安得猛士守四方!는 漢 高祖의 〈大風歌〉, 문학 형식으로는 楚歌로 분류된다. 漢 高祖 12년(前 195) 10월에, 고조는 英布의 반군을 격파하고 돌아오면서 고향 沛縣에 들려 유숙하며 沛宮에서 옛 친우와 父老들을 모두 부르고 자제로 하여금 술시중을 들게 했다. 패현의 아이 120명을 불러 노래를 부르게 했다. 술이 얼큰해지자, 고조는 筑(축)을 치며 몸소 노래했다. '큰 바람 일고 구름 날리네(大風起兮雲飛揚), 천하에 맹위 떨치고 고향에 왔네(威加海內兮歸故鄉), 어디서 猛士 얻어다 천하를 지키나!(安得猛士兮守四方!)' 모든 아이들도 따라 부르게 했다. 고조는 일어나 춤을 추며 강개하고 복받쳐 눈물을 줄줄 흘렸다.

399 散騎常侍 – 황제 측근에서 간언 담당, 정원 4명, 질록 比2천석.

侯尙(하후상)에게 말했다.

「卿은 내가 신뢰하는 重將으로 특별한 임무도 수행하여야 한다. 죽음으로 보답할 은덕이나, 가슴에 새길 은혜를 내리려 한다. 황제는 위엄을 행사하고 복록을 내리며, 백성을 살릴 수도 죽일 수도 있도다.」

하후상은 조서를 장제에게 보여주었다. 장제가 입궁하자, 문제가 물었다.

"卿이 알기로, 천하 백성에 대한 교화를 어떻게 실천해야 하는가?"

이에 장제가 대답하였다.

"다른 좋은 방법은 없고 다만 망국에 이르게 하는 말인가를 잘 살펴야 합니다."

이에 문제가 화를 내며 무슨 뜻인가를 물었는데, 장제가 답변하면서 이어 말했다.

"위엄과 복을 줄 수 있다(作威作福)[400]는 말은 《尙書》에 있는 확실한 가르침입니다. '天子가 장난으로 하는 말은 없다.' 고 하여 옛 사람도 조심하였으니 폐하께서 유념하셔야 합니다."

이에 문제는 노기를 풀었고 앞서 하후상에게 내린 조서를 회수하였다.

(文帝) 黃初 3년(서기 222), 大司馬 曹仁(조인)의 吳 정벌에 참여했는데, 장제는 별도의 군사로 羨谿(연계)를 공격하였다. 조인이 濡

400 作威는 위엄을 세운다. 학정으로 다스린다는 뜻. 作福은 백성에게 선정의 은덕을 베푼다는 뜻. 《尙書 周書 泰誓 下》에 이 뜻을 설명하였다.

須(유수)의 강 안의 섬을 공격하려 하자, 장제가 말했다.

"賊이 맞은편 江岸을 차지하고 상류에 적군의 배가 줄을 지었는데, 군사가 강 안의 섬을 공격하는 것은 스스로 지옥에 들어가는 것과 같아 멸망하는 길입니다."

그런데도 조인은 받아들이지 않았고 결국 패전했다. 조인이 죽은 뒤, 장제는 다시 東中郎將이 되어 조인의 군사를 거느렸다. 이에 문제가 조서를 내렸다.

「卿은 文武를 겸비하였고 지조와 節義도 慷慨(강개)하며, 늘 長江과 大湖를 넘어 吳를 병합하려는 큰 뜻을 품었으니 다시 군사 통솔의 大任을 부여한다.」

얼마 뒤에 다시 조정에 들어가 尙書가 되었다. 文帝가 廣陵(광릉)에 행차했을 때, 장제는 표문을 올려 물길 교통의 어려움을 언급했고, 또 〈三州論〉을 올려 황제를 諷諫(풍간)하였다. 그러나 문제는 받아들이지 않아 물길이 서로 막혀 결국 戰船 수천 척이 통행하질 못했다. 이를 논의하는 자들은 군사를 남겨 屯田(둔전)해야 한다고 했지만, 장제는 동쪽은 大湖에 닿았고 북쪽은 淮水에 접했기에 만약 수위가 차오르면 도적이 쉽게 노략질 할 수 있기에 둔전할 수 없다고 말하였다. 문제는 건의를 받아들였고, 황제는 즉시 돌아갔다.

장제는 精湖(정호)로 돌아왔고, 수위가 점차 낮아지자 나머지 戰船은 모두 장제가 관리하게 되었다. 이 戰船은 본래 수백 리에 걸쳐 있었는데, 장제는 땅을 파내어 4, 5개의 수로를 다시 만들어 전선을 모아두었으며, 둑을 쌓아 호수를 만들어 배를 모았다가 배를 묶은 다음에 일시에 물을 터서 淮水로 이송했다.

文帝는 낙양으로 돌아와 장제에게 말했다.

"모든 일에 사리를 깨우치지 않을 수가 없도다. 나는 앞서 戰船의 절반을 山陽池에서 태워 없애려고 생각했었는데, 卿은 나중에 이 전선을 모두 끌고 나와 거의 같은 때 譙縣에 도착했다. 또 경의 모든 건의가 사실 나의 마음과 같았다. 오늘 이후로 적을 토벌하는 계획을 잘 논의하고 건의하기 바란다."

| 原文 |

明帝卽位, 賜爵關內侯. 大司馬曹休帥軍向皖, 濟表以爲「深入虜地, 與權精兵對, 而朱然等在上流, 乘休後, 臣未見其利也.」

軍至皖, 吳出兵安陸, 濟又上疏曰, "今賊示形於西, 必欲並兵圖東, 宜急詔諸軍往救之."

會休軍已敗, 盡棄器仗輜重退還. 吳欲塞夾石, 遇救兵至, 是以官軍得不沒. 遷爲中護軍. 時中書監,令號爲專任, 濟上疏曰,

「大臣太重者國危, 左右太親者身蔽, 古之至戒也. 往者大臣秉事, 外內扇動.

陛下卓然自覽萬機, 莫不祗肅. 夫大臣非不忠也, 然威權在下, 則衆心慢上, 勢之常也. 陛下旣已察之於大臣, 願無忘於左右. 左右忠正遠慮, 未必賢於大臣, 至於便辟取合, 或能工

之. 今外所言, 輒云中書, 雖使恭慎不敢外交, 但有此名, 猶惑世俗. 況實握事要, 日在目前, 儻因疲倦之間有所割制, 衆臣見其能推移於事, 卽亦因時而向之.

一有此端, 因當內設自完, 以此衆語, 私招所交, 爲之內援. 若此, 臧否毁譽, 必有所興, 功負賞罰, 必有所易. 直道而上者或壅, 曲附左右者反達. 因微而入, 緣形而出, 意所狎信, 不復猜覺. 此宜聖智所當早聞, 外以經意, 則形際自見. 或恐朝臣畏言不合而受左右之怨, 莫適以聞.

臣竊亮陛下潛神默思, 公聽並觀. 若事有未盡於理而物有未周於用, 將改曲易調, 遠與黃,唐角功, 近昭武,文之跡, 豈近習而已哉! 然人君猶不可悉天下事以適己明, 當有所付.

三官任一臣, 非周公旦之忠, 又非管夷吾之公, 則有弄機敗官之弊. 當今柱石之士雖少, 至於行稱一州, 智效一官, 忠信竭命, 各奉其職, 可並驅策, 不使聖明之朝有專吏之名也.」

詔曰,「夫骨鯁之臣, 人主之所仗也. 濟才兼文武, 服勤盡節, 每軍國大事, 輒有奏議, 忠誠奮發, 吾甚壯之.」

就遷爲護軍將軍, 加散騎常侍.

| 국역 |

明帝가 즉위하여 關內侯(관내후) 작위를 내렸다. (太和 2년, 서기 228) 大司馬 曹休(조휴)가 군사를 거느리고 皖縣(환현)[401]으로 출발하자, 장제는 表를 올렸다.

「적지에 깊이 진입하여 손권의 정병과 대결하지만 吳將 朱然(주연) 등이 上流에 주둔하고 있다가 조휴의 후방을 급습할 것 같아 臣은 불리하리라 생각합니다.」

조휴의 군사가 환현에 도착했고, 吳의 군사는 安陸(안륙)으로 출병하자, 장제는 다시 상소하여 "지금 賊兵이 서쪽에 출현했다 하니 틀림없이 우리의 동쪽을 공격할 것 같으니 서둘러 여러 군부대가 출동하여 구원토록 하십시오."라고 건의하였다.

그러나 조휴의 군사는 이미 패전하여 병기와 의장, 輜重(치중) 물자를 모두 버리고 후퇴하였다. 吳는 夾石(협석)이란 곳을 봉쇄하려 했지만, 魏의 구원병이 도착했기에 전멸 당하지는 않았다. 장제는 中護軍으로 승진하였다. 그때 中書監[402]이 정사를 멋대로 호령한다는 말이 있어 장제가 상소하였다.

「大臣의 권력이 지나치게 강하면 나라가 위태하고, 측근을 너무 親任하면 주군이 작폐를 당하는 것은 예로부터의 중요한 교훈입니다. 과거 大臣이 정사를 장악하면 조정 내외의 인심이 소란하였습니다. 폐하께서는 영명하시어 萬機를 親覽(친람)하시니, 어느 누구도 공경치 않는 자가 없습니다. 대체로 大臣이 不忠한 것은 아니나,

401 揚州 자사부 廬江郡(여강군)의 晥縣(환현), 今 安徽省 서남부 晥河 상류 安慶市 관할 潛山縣.

402 前漢의 中書는 환관으로 황제 측근에서 서류를 전담하는 관리였고 그 우두머리를 中書令이라고 하였는데, 司馬遷 이후 학식이 뛰어난 인물 중, 腐刑을 받은 자를 임명하였다. 曹魏 이후로는 宮內圖書를 관리하는 직임으로 환관이 아닌 士人을 등용하였고, 점차 정책을 토론하는 기구로 발전하였고 책임자를 中書監, 부 책임자를 中書令이라고 하였다.

위세와 권력이 신하의 수중에 있으면, 많은 사람들이 늘 君王을 경시하게 됩니다.

폐하께서는 이미 대신의 권한을 잘 통찰하시지만, 측근에 대한 관찰을 잊어서는 안 됩니다. 측근의 충성 정직과 심모원려가 대신보다 더 현명하지야 않겠지만, 아첨으로 주군의 뜻에 영합하는 일은 훨씬 나을 것입니다. 지금 조정 밖에 소문이 나는 것은 어떤 사람이 비록 공손하고 근신하며 외부와 왕래하지는 않아도 평판이 있어 보통 사람을 미혹시키기 때문입니다. 하물며 실제로 대권을 장악하고 날마다 폐하의 면전에 있으면서, 혹시 폐하께서 피곤하실 때 어떤 정무를 대신하여 처리한다면, 衆臣들은 그가 본 것을 가지고 다른 일까지 확대하여 생각하게 되고, 기회가 있으면 그에게 의탁하거나 추종하게 됩니다.

일단 이런 일이 생기고 나면 대신들은 자신을 보전하려 하고, 또 이 때문에 분분한 의론이 일어나게 되고, 사적으로 연결되는 사람을 자신의 후원세력으로 삼게 됩니다. 이렇게 되면 옳고 그름이나 비방과 칭송이 틀림없이 뒤따르고, 성공과 실패나 상과 벌이 필히 바뀌게 됩니다. 正道로 승진하는 자는 길이 막히고 측근에서 아부하는 자는 그 반대로 영달하게 됩니다. 작고 미미하게 진언하더라도 폐하의 안면을 보고 나와서는 호령하고, 폐하의 신임을 확인하고 나면 어떤 걱정이나 조심도 하지 않게 됩니다. 이를 총명한 주군라면 응당 일찍 알아야 하고, 그런 자의 심리는 외부에 저절로 나타나게 됩니다. 혹 朝臣은 자신의 의견이 폐하의 뜻에 맞지 않거나 측근들의 원한을 사게 될지 두려워하기 때문에 폐하께 사실대로 말씀드리는 사람이 없게 됩니다.

臣은 폐하께서 깊고 조용한 사려로 공평하게 듣고 관찰하신다는 사실을 잘 알고 있습니다. 만약 어떤 政事에 관하여 사리에 합당하지 않다든지, 사물의 운용이 적당하지 않을 경우 바로 고치거나 바로잡아 나간다면 멀리로는 黃帝나 堯帝와 같은 공덕을 이룰 수 있으며, 가깝게는 (魏) 武帝나 文帝의 자취를 잇는 것이니, 이를 어찌 寵臣(총신)하는 측근이 행할 수 있겠습니까! 그렇지만 人君은 자신의 총명만으로는 천하의 모든 사리에 통달할 수 없기에 응당 도움을 받아야만 합니다.

三公의 직무를 한 사람에게 일임한다면, 周公 旦(단)의 忠心이 없거나 또는 管夷吾(관이오, 管仲)와 같은 공평심이 아니라면 권력을 갖고 놀거나 관리의 부패를 낳게 됩니다. 지금 비록 국가대사를 이끌 인물이 없다지만 한 州에서 칭송을 듣거나, 주어진 직무를 잘 수행할 관리, 충성과 신의로 조정에 헌신하고, 자신의 책무를 다할 사람이 모두 등용할 수 있다면, 전심전력하는 관리를 등용하는 聖明한 조정이라고 칭송을 들을 것입니다.」

이에 조서를 내렸다.

「정직하고 강경한 신하를 군주는 믿고 의지한다. 蔣濟는 문무를 겸전하고 성실한 복무에 충절을 다하며, 軍國大事가 있을 때마다 의논을 상주하고, 忠誠으로 奮發(분발)하니 짐이 심히 칭찬하노라.」

장제는 護軍將軍으로 승진했고, 加官으로 散騎常侍가 되었다.

| 原文 |

景初中, 外勤征役, 內務宮室, 怨曠者多, 而年穀饑儉.

濟上疏曰, 「陛下方當恢崇前緒, 光濟遺業, 誠未得高枕而治也. 今雖有十二州, 至於民數, 不過漢時一大郡. 二賊未誅, 宿兵邊陲, 且耕且戰, 怨曠積年. 宗廟宮室, 百事草創, 農桑者少, 衣食者多, 今其所急, 唯當息耗百姓, 不至甚弊. 弊攰之民, 儻有水旱, 百萬之衆, 不爲國用. 凡使民必須農隙, 不奪其時.

夫欲大興功之君, 先料其民力而燠休之. 句踐養胎以待用, 昭王恤病以雪仇, 故能以弱燕服强齊, 羸越滅勁吳. 今二敵不攻不滅, 不事卽侵, 當身不除, 百世之責也. 以陛下聖明神武之略, 舍其緩者, 專心討賊, 臣以爲無難矣. 又歡娛之耽, 害於精爽. 神太用則竭, 形太勞則弊. 願大簡賢妙, 足以充'百斯男'者. 其冗散未齒, 且悉分出, 務在淸靜.」

詔曰, 「微護軍, 吾弗聞斯言也.」

| 국역 |

(明帝) 景初 연간에(서기 237 – 239), 대외 원정과 요역 징발이 많았고, 안에서는 궁궐 건축에 전력하자, 독거하거나 사별한 백성의 원망이 많았고 흉년으로 곡식이 귀했다. 이에 蔣濟(장제)가 상소하였다.

「폐하께서는 선대의 치적을 계승하시면서 유업을 두루 성취하시려는 治國에 편안하게 쉴 여유가 없으십니다. 지금 나라에 12州牧이 있지만 백성 숫자로는 漢代 大郡 하나보다 적습니다. 蜀과 吳를 없애지 못하여 변방의 군사는 오래 주둔해야 하고, 백성은 농사와 전쟁을 겸하면서 여러 해 동안 독거하거나 사별하였습니다. 宗廟와 宮室, 여러 가지 제도를 새로 시작하다 보니 농사나 길쌈하는 백성은 적고 소비하는 자는 많은데, 심각한 궁핍에 이르지 않도록 백성을 쉬게 하는 일이 지금 가장 시급한 일입니다. 몹시 피폐한 백성이라서 만약 수해나 가뭄을 겪게 되면 백만의 군사를 운영할 수가 없을 것입니다. 여하튼 농한기에 백성을 동원하고 백성의 농사철을 빼앗지 말아야 합니다.

군주가 큰 치적을 이루고자 한다면, 먼저 백성의 처지를 헤아려 백성을 편히 쉬게 해야 합니다. (越王) 句踐(구천)은 어린아이를 양육하며 국가에 필요한 때를 기다렸고, (燕의) 昭王(소왕) 병든 백성을 구제하여 원한을 갚게 했기에 허약한 燕나라가 강한 齊(제)를 굴복시켰으며, 피폐했던 越나라가 강한 吳나라를 멸망시켰습니다. 지금 蜀과 吳를 공격할 수도 멸망시킬 수도 없으며, 원정하지 않으면 우리가 그들의 침략을 받아야 하니, 지금 우리가 제거하지 않으면 백세에 이르도록 책망을 받을 것입니다. 지금 폐하의 聖明하신 神武의 책략으로 시급하지 않은 일은 버려두고 오로지 적을 토벌해야 하는데, 臣은 어렵지 않다고 생각합니다. 또 여러 오락에 탐닉하면 맑은 정신을 해칠 뿐입니다. 마음을 너무 많이 쓰면 기력이 다하고, 몸이 너무 피로하면 망가지게 됩니다. 현명하고 아름다우며 '아들을 많이 출산할' [403] 여인을 널리 간택하시길 바랍니다. 동시에 궁 안에 남는 여인을 내보내며 청정한 생활에 힘써야 할 것입니다.」

이에 명제는 「護軍將軍이 아니라면 짐은 이런 말을 못 들었을 것이다.」라고 조서를 내렸다.

| 原文 |

齊王卽位, 徙爲領軍將軍, 進爵昌陵亭侯, 遷太尉.

初, 侍中高堂隆論郊祀事, 以魏爲舜後, 推舜配天. 濟以爲舜本姓嬀, 其苗曰田, 非曹之先, 著文以追詰隆. 是時, 曹爽專政, 丁謐,鄧颺等輕改法度. 會有日蝕變, 詔群臣問其得失, 濟上疏曰,

「昔大舜佐治, 戒在比周, 周公輔政, 愼於其朋. 齊侯問災, 晏嬰對以布惠, 魯君問異, 臧孫答以緩役. 應天塞變, 乃實人事. 今二賊未滅, 將士暴露已數十年, 男女怨曠, 百姓貧苦. 夫爲國法度, 惟命世大才, 乃能張其綱維以垂於後, 豈中下之吏所宜改易哉? 終無益於治, 適足傷民, 望宜使文武之臣各守其職, 率以淸平, 則和氣祥瑞可感而致也.」

以隨太傅司馬宣王屯洛水浮橋, 誅曹爽等, 進封都鄕侯, 邑七百戶.

403 원문의 '百斯男'의 斯는 곤충 이름 螽(여치 사. 螽斯)와 通. 여치는 알을 많아 낳는 곤충. 《詩經 周南 螽斯(종사)》는 자손의 번창을 기원하는 시이다.

濟上疏曰,「臣忝寵上司, 而爽敢苞藏禍心, 此臣之無任也. 太傅奮獨斷之策, 陛下明其忠節, 罪人伏誅, 社稷之福也. 夫封寵慶賞, 必加有功. 今論謀則臣不先知, 語戰則非臣所率, 而上失其制, 下受其弊. 臣備宰司, 民所具瞻, 誠恐冒賞之漸自此而興, 推讓之風由此而廢.」

固辭, 不許. 是歲薨, 諡曰景侯. 子秀嗣. 秀薨, 子凱嗣. 咸熙中, 開建五等, 以濟著勳前朝, 改封凱爲下蔡子.

| 국역 |

齊王(曹芳)[404]이 즉위하자, 蔣濟는 領軍將軍이 되었고 昌陵亭侯로 작위가 올랐으며 太尉로 승진했다.

그전에 侍中인 高堂隆(고당륭)[405]은 郊祀에 관하여 논의하면서, 魏는 舜의 후손이니 祭天하며 舜을 선조로 配祀해야 한다고 말했다. 장제는 舜의 本姓은 嬀(규)로 그 후손은 田氏이며, 曹氏의 선조가 아니라고 글을 지어 고당륭을 반박하였다. 이때 曹爽(조상)이 정권을 장악하고 있어, 丁謐(정밀), 鄧颺(등양) 등이 멋대로 법도를 바꾸려

404 齊王 曹芳 - 재위 239 - 254년. 연호 正始(240 - 248년), 嘉平(249 - 254년). 명제가 無子하여 養子를 데려다 어려서부터 궁 안에서 성장하였다. 曹芳은 任城王 曹楷(조해)의 아들이라는 설이 있지만 확인할 수 없다. 조방은 재위 16년으로 가장 오래 재위했지만, 嘉平(가평) 원년(서기 249) 高平陵의 變으로 사마의에게 실력을 빼앗긴 첫 번째 허수아비 황제였다. 뒷날 司馬師(사마사)의 정변으로 강제 퇴위되어 시호가 없다.

405 高堂隆(고당륭, ? - 237년, 字 昇平) - 高堂은 複姓. 泰山郡 東平陽縣(今 山東省 新泰市) 사람. 前漢 經學者 高堂生의 후손. 《魏書》 25권, 〈辛毗楊阜高堂隆傳〉에 立傳.

했었다. 마침 日蝕이 발생하자, 조서로 여러 신하에게 政事의 득실을 물었는데, 이에 장제가 상소하였다.

「옛날 大舜은 堯를 보좌하면서 私黨을 경계하였고,[406] 周公은 輔政하며 朋黨(붕당)에 관하여 신중을 기했습니다. 齊侯가 災異(재이)에 관해 묻자, 晏嬰(안영, 晏子)은 널리 혜택을 베풀어야 한다고 대답하였고, 魯君이 이변을 걱정하자 臧孫仲(장손중)[407]은 요역을 완화하라고 말했습니다. 이처럼 하늘에 감응하고 이변의 발생을 막으려면 백성을 잘 다스려야 합니다. 지금 蜀과 吳를 없애지 못하고 將士가 야전에서 고생하기 수십 년이라서, 남녀는 원망하고 백성은 가난 속에 고생하고 있습니다. 나라의 법도란 세상을 구원할 위대한 분이 기강을 세워 후손에 전한 것인데, 어찌 보통이나 그 이하의 관리가 멋대로 바꿀 수 있겠습니까? 끝내 통치에 무익하고 백성만 다치게 할 것이니, 응당 문무의 신하 모두 자기 직분을 다하고 청렴과 공정으로 솔선한다면 和氣와 祥瑞(상서)가 감응할 것입니다.」

장제는 太傅(태부)인 사마의의 편이 되어 洛水(낙수)의 浮橋에 나갔고(高平陵의 變에 동조), 뒷날 曹爽(조상) 등을 죽여 都鄕侯로 작위가 올랐으며, 식읍은 7백 호였다.

장제가 상소하였다.

「臣은 외람되이 은덕을 입어 太尉가 되었지만 曹爽(조상)이 禍心(화심)을 품었던 것은 臣이 직임을 다하지 못했기 때문입니다. 太傅가(司馬懿) 분연히 방책을 홀로 결단하였으니, 폐하께서는 그의 충

406 '戒在比周'의 比周는 당파. 比는 편파적, 끼리끼리의 교제. 周는 공정한 道로 교제함.

407 臧武仲(장무중, 名 紇, 一名 臧孫紇) – 春秋時期 魯國 대부.

절을 明察하서야 하고, 죄인(曹爽)의 주살은 社稷의 福일 것입니다. 유공자는 封賞과 恩賜를 받아야 합니다. 이번 일을 계획하며 臣은 먼저 알지 못했고 군사를 동원한 것도 臣의 통솔이 아니었으니, 위에서 논공행상이 잘못되어 아래 백성에게 폐해가 돌아갈 것입니다. 臣은 재상 직위에 있어 백성이 기대하는 바가 있지만 잘못된 논공행상이 여기서 시작되고, 사양하는 미풍도 없어질 것 같아 두려울 뿐입니다.」

장제가 固辭하였지만 (齊王은) 허락지 않았다. 그 해에 장제가 죽었는데,[408] 시호는 景侯(경후)였다. 아들 張秀(장수)가 후사였다. 장수가 죽고, 아들 張凱(장개)가 뒤를 이었다. 咸熙 연간에(서기 264-265), 五等 작위제도를 시행하며 前朝에서 장제의 공로로 장개는 下蔡(하채)의 子爵(자작)이 되었다.

❻ 劉放

| 原文 |

劉放字子棄, 涿郡人, 漢廣陽順王子西鄕侯宏後也. 歷郡綱紀, 擧孝廉. 遭世大亂, 時漁陽王松據其土, 放往依之.

太祖克冀州, 放說松曰, "往者董卓作逆, 英雄並起, 阻兵擅

408 司馬懿가 권력을 탈취한 사건이 高平陵의 變이다. 사마의는 군사를 동원하여 洛水의 浮橋를 막고, 齊王 曹芳에게 曹爽의 파면을 요구했다. 장제는 태위의 직함으로 曹爽에게 "免官"하면 된다고 했지만 사마의에게 주살된다. 장제는 자신의 失信을 자책하며 죽었다는 주석이 있다.

命, 人自封殖, 惟曹公能拔拯危亂, 翼戴天子, 奉辭伐罪, 所向必克. 以二袁之强, 守則淮南冰消, 戰則官渡大敗. 乘勝席捲, 將淸河朔, 威刑旣合, 大勢以見. 速至者漸福, 後服者先亡, 此乃不俟終日馳騖之時也. 昔黥布棄南面之尊, 仗劍歸漢, 誠識廢興之理, 審去就之分也. 將軍宜投身委命, 厚自結納."

松然之. 會太祖討袁譚於南皮, 以書招松, 松擧雍奴,泉州,安次以附之. 放爲松答太祖書, 其文甚麗. 太祖旣善之, 又聞其說, 由是遂辟放.

建安十年, 與松俱至. 太祖大悅, 謂放曰, "昔班彪依竇融而有河西之功, 今一何相似也!" 乃以放參司空軍事, 歷主簿記室, 出爲郃陽,祋祤,贊令.

| 국역 |

劉放(유방)[409]의 字는 子棄(자기)로 涿郡(탁군)[410] 출신인데, 漢 廣陽 順王(劉建)의 아들 西鄕侯 劉宏(유굉)의 후손이었다. 탁군의 綱紀(강기)[411]를 역임하고 孝廉으로 천거되었다. 혼란한 시대를 살았는데, 그때 漁陽郡[412] 王松(왕송)이 본 고향에 있을 때 유방이 찾아가

409 劉放(유방, ?-250 年, 字 子棄) - 涿郡 方城縣(今 河北省 중부 廊坊市 固安縣) 출신.

410 涿郡(탁군)의 治所는 涿縣, 今 河北省 직할 涿州市(北京市 서남부와 연접).

411 綱紀(강기)는 관직명. 州나 郡의 主簿(주부)라 할 수 있음. 지방 관아의 전체적 실무를 담당. 庶務나 總務 담당.

412 漁陽郡의 治所는 漁陽縣, 今 北京市 동북부 密雲區. 어양군의 영역은 今 北京市, 河北省, 天津市 일대.

의지했다. 조조가 冀州를 차지하자, 유방이 왕송에게 말했다.

"그전에 董卓(동탁)이 반역할 때, 영웅이 한꺼번에 일어나 군사를 보유하고 멋대로 명령하며 자기 세력을 키울 때 오직 曹公(曹操)만이 위난을 수습하면서 천자의 명을 받들고 반적을 토벌했는데 가는 곳마다 이겼습니다. 원소와 원술이 강했다지만 조공이 淮南을 방어하자 원술은 얼음 녹듯 소멸했고, 조공이 싸우자 원소는 官渡에서 대패했습니다. 조공은 승세를 타고 석권하여 황하 북방의 땅을 안정시켰고 위엄과 형벌을 시행하니 대세는 이미 굳어졌습니다. 빨리 귀부한 자는 북을 받았지만 뒤에 굴복한 자는 망했으니, 이는 하루라도 머뭇거리지 말고 달려가야 할 때입니다. 옛날 黥布(경포)[413]는 南面할 수 있는 왕을 버리고 칼을 차고 漢에 귀부하였는데, 그는 거취를 잘 알아 처신한 것입니다. 장군도 지금 조공을 찾아 귀부한다면 긴밀한 관계를 맺을 수 있습니다."

왕송도 그렇게 생각했다. 그때 조조는 원담을 南皮(남피)에서 토벌하면서 서신을 보내 왕송을 초치하자, 왕송은 雍奴(옹노), 泉州(천주), 安次(안차) 등의 땅을 들어 조조에게 귀부하였다. 유방은 왕송을 위해 조조에게 답서를 보냈는데 그 문장이 매우 美文이었다. 조조는 유방의 文才를 칭찬했고 왕송을 설득한 사실을 알고 유방을 함께 초치하였다.

建安 10년(서기 205), 유방은 왕송과 함께 조조를 만났다. 조조

413 黥布(경포, 英布. ?-前 195년) - 秦末漢初의 장수. 項羽가 九江王에 봉했는데, 한 고조에 협력하여 淮南王이 되었다. 漢이 異姓 제후의 왕을 억압하자, 영포는 불안을 느껴 서기 前 196년에 반란을 일으켰지만 고조에게 패망하여 도주했지만 처남에게 피살되었다.

는 크게 기뻐하며 유방에게 말했다.

"옛날 班彪(반표)[414]가 竇融(두융)에게 의탁하면서 河西 지역을 후한에 병합하는 공을 세웠는데, 지금 그것과 어찌 이리 비슷한가!"

이에 劉放은 司空의 參軍이 되었고 主簿 記室을 역임했으며, 郃陽(합양)[415]과 祋祤(대우), 贊縣(찬현)의 현령을 역임하였다.

| 原文 |

魏國既建, 與太原孫資俱爲秘書郎. 先是, 資亦歷縣令, 參丞相軍事. 文帝卽位, 放,資轉爲左右丞. 數月, 放徙爲令.

黃初初, 改秘書爲中書, 以放爲監, 資爲令, 各加給事中. 放賜爵關內侯, 資爲關中侯, 遂掌機密. 三年, 放進爵魏壽亭侯,

414 班彪(반표, 서기 3 - 54년, 字 叔皮) - 右扶風 安陵縣 사람. 후한 초 외효가 광무제에게 대항할 때, 반표는 〈王命論〉을 저술하여 漢은 堯帝의 德을 계승하였고, 靈命이 符가 합일하며, 王者의 興祚는 거짓이나 무력으로만 얻지 못한다는 것을 외효가 알게 하려고 했으나 외효가 끝내 깨닫지 못하자, 반표는 河西 지역으로 피신하였다. 河西大將軍인 竇融(두융)은 반표를 從事에 임명하고 특별한 대우를 하였는데, 반표를 師友의 道로 대접하였다. 반표는 이에 두융을 위하여 방책을 계획하고 漢을 섬기게 하면서 西河郡의 병마를 총괄하여 외효를 막게 하였다. 반표는 《史記》에서 누락한 부분을 채집하고 《史記》와 다른 내용을 보완하여 그 이후 열전 수십 편을 저술하여 《史記》와 대조하면서 득실을 논하였는데, 이것이 班固의 《한서》 저술의 바탕이 되었다. 반표의 고모가 漢 成帝의 妃嬪인 班婕妤(반첩여). 班彪는 班固(반고), 投筆從戎(투필종융)한 班超(반초), 그리고 《漢書》를 최후로 완성한 才女인 班昭(반소)의 父親이다. 班彪와 班固는 《後漢書》 40권, 〈班彪列傳〉에, 반소는 《後漢書》84권, 〈列女傳〉에, 班超(반초)는 《後漢書》 47권, 〈班梁列傳〉에 입전했다.

415 郃陽(합양)은, 今 陝西省 渭南市 관할 合陽縣.

資關內侯. 明帝卽位, 尤見寵任, 同加散騎常侍, 進放爵西鄕侯, 資樂陽亭侯. 太和末, 吳遣將周賀浮海詣遼東, 招誘公孫淵. 帝欲邀討之, 朝議多以爲不可. 惟資決行策, 果大破之, 進爵左鄕侯.

放善爲書檄, 三祖詔命有所招喩, 多放所爲. 靑龍初, 孫權與諸葛亮連和, 欲俱出爲寇. 邊候得權書, 放乃改易其辭, 往往換其本文而傅合之, 與征東將軍滿寵, 若欲歸化, 封以示亮. 亮騰與吳大將步騭等, 騭等以見權. 權懼亮自疑, 深自解說. 是歲, 俱加侍中,光祿大夫. 景初二年, 遼東平定, 以參謀之功, 各進爵, 封本縣, 放方城侯, 資中都侯.

| 국역 |

魏國이 건국되자(건안 21년, 서기 216), 劉放(유방)은 太原郡 출신의 孫資(손자)와 함께 秘書郞이 되었다. 이보다 앞서 손자 역시 현령을 역임한 뒤 丞相府 參軍이 되었다. 文帝가 즉위하자, 유방과 손자는 (秘書省의) 左, 右丞이 되었다. 몇 달 뒤 유방은 비서령이 되었다.

(文帝) 黃初 初年에 秘書省을 中書省으로 고쳤는데, 유방은 秘書監, 손자는 비서령이 되었고 각각 給事中의 加官을 받았다. 유방은 關內侯의 작위를 받았고, 손자는 關中侯가 되었는데, 모두 군국 기밀을 다루었다. (黃初) 3년(서기 222) 유방은 작위가 올라 魏壽亭侯가, 손자는 關內侯가 되었다.

明帝가 卽位하자, 더 큰 신임을 받았고 함께 散騎常侍의 가관을 받았으며, 유방은 작위가 올라 西鄕侯, 손자는 樂陽亭侯가 되었다.

(明帝) 太和 말년에, 吳의 장수 周賀(주하)를 보내 바다를 건너 遼東郡에 이르러 公孫淵(공손연)을 초빙하였다. 明帝가 공손연을 토벌하려고 할 때 朝議에서 많은 사람이 불가하다고 말했다. 그러나 오직 손자만이 단호하게 정벌을 주창하였고, 공손연을 대파하자 손자는 작위가 올라 左鄕侯가 되었다.

유방은 檄文(격문)을 특히 잘 지었는데 三祖(武帝, 文帝, 明帝)의 조서 중 招諭(초유)하는 많은 글을 유방이 지었다. (明帝) 青龍 초년(서기 233)에 손권과 諸葛亮(제갈량)이 講和하면서 함께 침략하였다. 변방의 척후병이 손권의 서신을 습득하였는데, 유방은 손권의 서신 내용을 바꿔 가끔 본문의 뜻과 합치하게 만들어 征東將軍인 滿寵(만총)[416]이 귀화할 뜻이 있는 것처럼 지어 제갈량에게 보내주었다. 제갈량은 이를 吳大將 步騭(보즐) 등에게 보냈고, 보즐은 이를 손권에게 보내주었다. 손권은 제갈량이 자신을 의심한다고 생각하여 상세하게 자신을 변명하였다.

이 해에 유방과 손자는 함께 侍中의 가관을 받고 光祿大夫가 되었다. (明帝) 景初 2년(서기 238), 遼東이 평정되었고 유방은 參謀로 공을 세웠는데 각각 작위가 올라 縣侯에 봉해졌으니, 유방은 方城侯, 손자는 中都侯가 되었다.

416 滿寵(만총, ?-242년, 字 伯寧) - 曹魏 武將, 신장 八尺. 청렴했던 장군. 《魏書》 26권, 〈滿田牽郭傳〉에 立傳.

原文

其年, 帝寢疾, 欲以燕王宇爲大將軍, 及領軍將軍夏侯獻, 武衛將軍曹爽,屯騎校尉曹肇,驍騎將軍秦朗共輔政. 宇性恭良, 陳誠固辭. 帝引見放,資, 入臥內, 問曰, "燕王正爾爲?"

放,資對曰, "燕王實自知不堪大任故耳." 帝曰, "曹爽可代宇不?" 放,資因贊成之. 又深陳宜速召太尉司馬宣王, 以綱維皇室. 帝納其言, 卽以黃紙授放作詔. 放,資旣出, 帝意復變, 詔止宣王勿使來. 尋更見放,資曰, "我自召太尉, 而曹肇等反使吾止之, 幾敗吾事!" 命更爲詔, 帝獨召爽與放,資俱受詔命, 遂免宇,獻,肇,朗官. 太尉亦至, 登床受詔, 然後帝崩.

齊王卽位, 以放,資決定大謀, 增邑三百, 放並前千一百, 資千戶, 封愛子一人亭侯, 次子騎都尉, 餘子皆郎中. 正始元年, 更加放左光祿大夫, 資右光祿大夫, 金印紫綬, 儀同三司. 六年, 放轉驃騎, 資衛將軍, 領監,令如故. 七年, 復封子一人亭侯, 各年老遜位, 以列侯朝朔望, 位特進.

曹爽誅後, 復以資爲侍中, 領中書令. 嘉平二年, 放薨, 謚曰敬侯. 子正嗣. 資復遜位歸第, 就拜驃騎將軍, 轉侍中, 特進如故. 三年薨, 謚曰貞侯. 子宏嗣.

국역

그 해(景初 2년, 서기 238, 12월), 명제의 병이 위독하자, 명제는

燕王 曹宇(조우)[417]를 大將軍에 임명하고, 領軍將軍인 夏侯獻(하후헌), 武衛將軍인 曹爽(조상), 屯騎校尉인 曹肇(조조), 驍騎將軍인 秦朗(진랑)이 함께 국정을 이끌게 할 생각이었다. 조우는 성품이 공손현량하여 성심으로 사양하였다. 명제는 劉放(유방)과 孫資(손자)를 불러 침전에서 "燕王이 왜 저렇게 고사하는가?"라고 물었다.

이에 유방과 손자가 대답하였다.

"燕王은 사실 스스로 대임을 감당하기 어렵다는 것을 알기 때문입니다."

"그러면 曹爽(조상)으로 조우를 대신할 수 있겠는가?"

이에 유방과 손자는 찬성하였다. 또 유방과 손자는 속히 太尉인 사마의를 불러 황실을 보위라라고 건의하였다. 명제는 건의를 받아들이며, 즉시 黃紙를 유방에게 내려주며 조서를 지으라고 명했다. 유방과 손자가 침전을 나갔는데, 명제는 마음이 변하여 사마의에게 입궁하지 말라는 조서를 전했다. 얼마 후 다시 유방과 손자를 불러 말했다.

"내가 직접 太尉를 불러들이면, 曹肇(조조) 등이 반대로 나의 뜻에 반대할 것이니 거의 일을 그르칠 뻔하였다!"

그러면서 다시 조서를 지으라고 명하면서 명제는 曹爽(조상)을 불러 유방, 손자와 함께 조서를 받게 하고, 조우, 하후헌, 조조, 진랑의 관직을 해임하였다. 그러나 태위 사마의도 입궁하였기에 침상에 다가가 함께 조서를 받았고, 그 후에 명제는 붕어했다.

417 曹宇(조우, ?-278, 字 彭祖) - 曹操의 아들, 環夫人 소생, 曹魏 마지막 황제 曹奐의 생부.

齊王 曹芳이 즉위한 뒤에 유방과 손자는 후사를 결정하는데 기여하여 식읍 3백 호를 늘려 받았는데, 유방은 총 1,100호, 손자는 1천 호가 되었고 아들 1명씩을 亭侯에 봉했으며, 次子는 騎都尉, 나머지 아들은 모두 郎中에 임명했다.

(曹芳) 正始 元年(서기 240), 다시 유방에게 加官으로 左光祿大夫를, 손자에게는 右光祿大夫를 하사하였고, 金印과 紫綬(자수)를 받았으며, 儀同三司가 되었다.

(正始) 6년(서기 245), 유방은 驃騎장군, 손자는 資衛將軍이 되었고, 비서감과 비서령을 전처럼 겸임하였다.

(正始) 7년, 다시 아들 1명을 亭侯에 봉했고, 각각 연로하여 사임한 뒤에도, 열후로써 초하루에 보름에 입조하였는데 지위는 特進이었다. 曹爽이 주살된 뒤에 손자는 다시 侍中으로 中書令를 겸임하였다.

(曹芳) 嘉平 2년(서기 250) 유방이 죽었는데, 시호는 敬侯(경후)였다. 아들 劉正(유정) 계승했다. 손자는 다시 사직한 뒤에 귀가하였지만, 다시 驃騎將軍이 되었다가 侍中이 되었으며 특진의 지위는 전과 같았다. 손자는 嘉平 3년(서기 251)에 죽었는데, 시호는 貞侯였다. 아들 孫宏(손굉)이 작위를 계승하였다.

|原文|

放才計優資, 而自脩不如也. 放,資旣善承順主上, 又未嘗顯言得失. 抑辛毗而助王思, 以是獲譏於世. 然時因群臣諫諍, 扶贊其義, 並時密陳損益, 不專導諛言云. 及咸熙中, 開建五等, 以放,資著勳前朝, 改封正方城子, 宏離石子.

| 국역 |

劉放의 재능과 計謀는 孫資보다 우수했지만 자아 수양은 좀 부족했다. 유방과 손자 모두가 주상의 뜻을 잘 받들었으며 정사의 득실에 대해서 확실한 말을 하지 않았다. 반대로 辛毗(신비)[418]는 王思(왕사)[419]를 적극 도왔기에 世人의 비난을 받았다. 그렇지만 群臣이 간쟁을 하면 그 뜻에 찬동하였고, 황제에게 간언에 따른 득실을 부연설명하였으며 아부로 일관하지는 않았다.

咸熙 연간에(서기 264 – 265년), 처음으로 五等작위를 신설할 때 유방과 손자의 전직 공훈으로 劉正(유정)은 方城 자작이, 孫宏(손굉)은 離石(이석)의 자작이 되었다.

| 原文 |

評曰, 程昱,郭嘉,董昭,劉曄,蔣濟才策謀略, 世之奇士, 雖淸

418 辛毗(신비)는 潁川郡 陽翟縣(양책현) 출신. 毗 도울 비. 《魏書》 25권, 〈辛毗楊阜高堂隆傳〉에 立傳.

419 王思(왕사, 생졸년 미상) – 조조의 인정을 받아 자사가 되었고 大司農에 승진했다. 老年에 성질이 괴팍한 사람, 또 酷吏(혹리)로 알려졌다. 언젠가는 파리가 붓대에 앉자, 쫓아도 자꾸 귀찮게 하자 성질이 나서 온 집안의 파리를 다 잡으려 뛰어다녔으나 한 마리도 잡지 못했다. 지치고 화가 나서 자기 붓을 부숴 버린 다음에 분노를 가라앉혔다는 일화가 전한다.

治德業, 殊於荀攸. 而籌畫所料, 是其倫也.

劉放文翰, 孫資勤愼, 並管喉舌, 權聞當時, 雅亮非體, 是故譏諛之聲, 每過其實矣.

‖ 국역 ‖

陳壽의 評論 : 程昱(정욱), 郭嘉(곽가), 董昭(동소), 劉曄(유엽), 蔣濟(장제)는 才智와 策略으로 당세의 걸출한 인물이었고, 청정한 치적과 덕행으로 이룬 공적은 荀攸(순유)와 달랐다. 단, 그 책모를 헤아려 국정에 기여했다는 점에서는 순유와 비슷하였다.

劉放(유방)은 광채 나는 문장으로, 孫資(손자)는 勤愼(근신)하며 군국기무를 처리하면서[420] 그 권세가 강했지만, 고상한 雅趣가 별로 없었기에 아부에 능하다는 평가를 들어야 했지만, 가끔은 비난이 실제보다 지나치다고 할 수 있다.

420 원문 '並管喉舌'의 喉舌(후설)은 중요한 軍國機務. 喉舌之臣. 喉는 목구멍 후. 舌은 혀 설.

15권 〈劉司馬梁張溫賈傳〉(魏書 15)
(유,사마,양,장,온,가전)

❶ 劉馥

| 原文 |

劉馥字元穎, 沛國相人也. 避亂揚州, 建安初, 說袁術將戚寄,秦翊, 使率衆與俱詣太祖. 太祖悅之, 司徒辟爲掾. 後孫策所置廬江太守李述攻殺揚州刺史嚴象, 廬江梅乾,雷緒,陳蘭等聚衆數萬在江,淮間, 郡縣殘破. 太祖方有袁紹之難, 謂馥可任以東南之事, 遂表爲揚州刺史.

馥既受命, 單馬造合肥空城, 建立州治, 南懷緒等, 皆安集之, 貢獻相繼. 數年中恩化大行, 百姓樂其政, 流民越江山而歸者以萬數. 於是聚諸生, 立學校, 廣屯田, 興治芍陂及茹陂,七門,吳塘諸堨以漑稻田, 官民有畜. 又高爲城壘, 多積木石, 編作草苫數千萬枚, 益貯魚膏數千斛, 爲戰守備.

建安十三年卒. 孫權率十萬衆攻圍合肥城百餘日, 時天連雨, 城欲崩, 於是以苫蓑覆之, 夜然脂照城外, 視賊所作而爲備, 賊以破走. 揚州士民益追思之, 以爲雖董安于之守晉陽, 不能過也. 及陂塘之利, 至今爲用.

| 국역 |

劉馥(유복)[421]의 字는 元穎(원영)으로, 沛國 相縣 사람이다. 揚州로

421 劉馥(유복, ?-208년, 字 元穎) - 沛國 相縣〔今 安徽省 북부 淮北市 관할 濉溪縣(수계현)〕사람. 揚州刺史 역임. 《三國演義》에서는 조조가 南征하면서 戰船 위에서 橫槊賦詩(횡삭부시)할 때 유복이 나와서 「月明星稀, 烏鵲南飛. 繞樹三匝, 無枝可依.」라는 구절이 불길하다고 말하자 조조가 흥취를 깬다고 창으로 찔러 즉사한 사람이다. 이는 유복의 죽은 해가 적벽대전과 같은 해이기에 그렇게 허구로 구성했을 것이다. 月明星稀(월명성희)는 '달이 밝으면 별이 드물다.' 라는 말이지만, 어진 사람이 나타나면 소인들이 숨어버린다는 비유의 뜻도 있다. 건안 13년(서기 208년) 11월 보름날 밤, 54세의 조조는 長江의 水寨(수채)에서 참모들을 거느리고 강에 제사지낸 뒤, 술에 취하고 달빛과 長江의 밤경치에 흥이 도도하였다. 마침 새들이 울며 남으로 나는 것을 보고 뱃전에 기대서서 노래를 지어 불렀다. 노래의 정식 이름은 短歌行이다. 그 끝부분은 다음과 같다.

「달이 밝으니 별이 드물고 새들은 남으로 날아간다(月明星稀 烏鵲南飛).
나무를 몇 번 돌아보지만 의지할 가지가 없도다(遶樹三匝 無枝可依).
산은 높은 것이 싫지 않고 강이 깊은들 어떠리(山不厭高 水不厭深).
周公이 인재를 모으니 천하 인심이 돌아오도다(周公吐哺 天下歸心).」

노래를 마친 조조는 크게 웃었고 모두가 흥이 나서 즐기는데, 劉馥이 '불길한 징조' 라고 말한다. 흥이 깨진 조조는 유복을 처형했지만, 다음 날 술이 깬 뒤 후회했다. "달이 밝으니 별이 드물고 새들은 남으로 날아간다."는 蘇東坡의 〈赤壁賦〉에도 인용된 구절이다.(客曰, 月明星稀 烏鵲南飛, 此非曹孟德之詩乎.)

피난했는데, 建安 초에 袁術의 장수인 戚寄(척기), 秦翊(진익) 등을 설득하여 무리를 거느리고 함께 조조를 찾아 귀부하였다. 이에 조조는 기뻐하며 유복을 司徒府에서 불러 掾吏(연리)에 임명했다. 뒷날 孫策이 임명한 廬江(여강) 太守 李述(이술)이 揚州刺史 嚴象(엄상)을 살해했고, 廬江郡의 梅乾(매건), 雷緒(뇌서), 陳蘭(진란) 등이 각자 수만 명의 무리를 거느리고 長江과 淮水 사이에서 횡행하며 군현을 노략질하였다. 조조는 원소와 한창 싸우고 있어 유복에게 동남방의 통치를 맡기겠다면서 표문을 올려 揚州 자사에 임명하였다.

유복은 임명된 뒤에 單馬로 合肥(합비)의 빈 성에 들어가 揚州 자사부의 치소로 만들고, 남쪽의 雷緒(뇌서) 등을 회유하고 불러 모아 安住시키면서 해마다 나라에 공물을 바쳤다. 몇 년에 걸쳐 은택과 교화가 이뤄지며, 백성은 유복의 政令을 편안하게 즐겼고, 流民들이 강과 산을 넘어 귀부하는 자가 수만 명이나 되었다. 이에 유생을 불러 모으고 학교를 설립하며 둔전을 확대하였고 芍陂(작피)와 茄陂(가피), 七門(칠문), 吳塘(오당) 등 여러 洑(보)를 만들어 벼 논에 관개하면서 관청과 백성 모두 여유물자를 비축하게 하였다. 그러면서 城壘(성루)를 높이 쌓고 나무와 돌을 많이 모아두었고 멍석 수천 장을 만들었으며, 고기 기름 수천 斛(곡)을 비축하여 전쟁에 대비하였다.

유복은 建安 13년(서기 208)에 죽었다. 孫權이 10만 대군을 거느리고 합비성을 1백여 일간 포위했는데, 그때 연일 비가 내리자 성이 무너지려 하자 미리 준비했던 멍석으로 덮었고, 밤에는 기름 횃불로 성 밖을 비춰 적의 움직임에 대비하자 적은 결국 도주하였다.

揚州의 백성은 유복을 더욱 추념하였는데, 비록 (춘추시대 趙의)

董安于(동안우)가 晉陽(진양)[422]을 수비한 것도 이보다 더 잘하지는 않았을 것이라고 생각했다. 그때의 저수지는 지금도 사용하고 있다.

| 原文 |

馥子靖, 黃初中從黃門侍郎遷廬江太守, 詔曰, 「卿父昔爲彼州, 今卿復據此郡, 可謂克負荷者也.」

轉在河內, 遷尙書, 賜爵關內侯, 出爲河南尹. 散騎常侍應璩書與靖曰,

「入作納言, 出臨京任. 富民之術, 日引月長. 藩落高峻, 絶穿窬之心. 五種別出, 遠水火之災. 農器必具, 無失時之闕. 蠶麥有苫備之用, 無雨濕之虞. 封符指期, 無流連之吏. 鰥寡孤獨, 蒙廩振之實. 加之以明擿幽微, 重之以秉憲不撓. 有司供承王命, 百里垂拱仰辦. 雖昔趙,張,三王之治, 未足以方也.」

靖爲政類如此. 初雖如碎密, 終於百姓便之, 有馥遺風. 母喪去官, 後爲大司農衛尉, 進封廣陸亭侯, 邑三百戶.

| 국역 |

劉馥(유복)의 아들 劉靖(유정)은 (文帝) 黃初 연간에 黃門侍郞에서 廬江(여강) 태수로 승진하였다. 이에 조서를 내렸다.

422 董安于(동안우, ?－前 496년) – 春秋 시대 晉國 趙氏의 家臣. 晉陽은 지금 山西省의 省會(省都)인 太原市.

「卿의 부친은 예전 揚州 자사를 역임하였는데, 이제 卿이 다시 그 군을 다스려야 하니 능히 책무를 다하라.」

유정은 河內 태수를 거쳐 尙書가 되었고, 關內侯의 작위를 받았으며 河南尹이 되었다. 散騎常侍인 應璩(응거)가 유정에게 서신을 보냈다.

「(卿은) 조정에 들어와 納言(납언)[423]을 담당했고, 지방관으로 河南尹이 되었습니다. 富民의 治道를 날마다 달마다 실천해야 합니다. 마을 주변에 울타리를 높이쳐 도둑질한 마음을 근절해야 합니다. 오곡을 경작하고 수해와 화재를 막아야 합니다. 농기구를 정비하고 농사철을 빼앗지 마십시오. 누에 치는 자리와 보리 짚으로 멍석을 만들어 장마에 대비해야 합니다. 관리의 임무 수행에 기일을 정하여 게으름을 피지 못하게 해야 합니다. 鰥寡孤獨(환과고독)의 窮民(궁민)에게 나라 창고를 열어 구제해야 합니다. 더 보탠다면, 사소한 잘못이라도 공개적으로 적발하고, 외압에 굴복 않고 불법자를 징치해야 합니다. 담당 관리가 왕명을 준수케 한다면 사방 백리 지방관으로 팔장을 끼고도 다스릴 것입니다. (이렇게 한다면) 비록 옛날 (前漢의) 趙廣漢(조광한), 張敞(장창), 三王(王尊, 王章, 王駿)의 京師 행정도 당신의 치적만 못할 것입니다.」

유정의 치적이 이 서신의 글과 같았다. 처음에는 비록 소소하고 번잡한 것 같았지만 나중에는 백성이 편히 따랐으니 (先親) 劉馥(유복)의 유풍이 있었다. 母喪에 사직했다가 뒤에 大司農과 衛尉(위위)를

423 納言(납언)은 王命 出納을 담당하는 상서를 지칭하였다. 왕망은 국가재정을 책임지는 大司農을 納言으로 개칭했었다.

역임했으며, 작위가 올라 廣陸亭侯가 되었는데 식읍은 3백 호였다.

| 原文 |

上疏陳儒訓之本曰,

「夫學者, 治亂之軌儀, 聖人之大教也. 自黃初以來, 崇立太學二十餘年, 而寡有成者, 蓋由博士選輕, 諸生避役, 高門子弟, 恥非其倫, 故無學者. 雖有其名而無其人, 雖設其教而無其功. 宜高選博士, 取行爲人表, 經任人師者, 掌教國子.

依遵古法, 使二千石以上子孫, 年從十五, 皆入太學. 明制黜陟榮辱之路. 其經明行修者, 則進之以崇德, 荒教廢業者, 則退之以懲惡. 擧善而教不能則勸, 浮華交遊, 不禁自息矣. 闡弘大化, 以綏未賓, 六合承風, 遠人來格. 此聖人之教, 致治之本也.」

後遷鎭北將軍, 假節都督河北諸軍事. 靖以爲"經常之大法, 莫善於守防, 使民夷有別." 遂開拓邊守, 屯據險要. 又修廣戾陵渠大堨, 水漑灌薊南北, 三更種稻, 邊民利之. 嘉平六年薨, 追贈征北將軍, 進封建成鄕侯, 謚曰景侯. 子熙嗣.

| 국역 |

劉靖(유정)이 儒學 교육의 근본을 설명하는 상소를 올렸다.

「儒學은 治亂의 근본 법규이며 聖人의 큰 가르침입니다. (文帝) 黃初 이래로 太學을 설립한 지 20여 년이지만, 大成한 者가 적은 것은 아마도 博士가 제자 선발에 신중을 기하지 않았거나 諸生이 賦役(부역)을 피하려 입학하거나, 高門貴族의 子弟는 太學 弟子職을 부끄럽게 여겨 학문에 힘쓰지 않기 때문입니다. 太學의 이름은 있지만 전심으로 학문하는 자가 없고, 教學하지만 끝까지 공을 들이지 않습니다. 응당 박사 선임에 신중을 기하여 행실이 모범이 되거나 학문이 깊어 師表가 될 만한 자로 나라의 인재 교육을 맡겨야 합니다.

옛 법도대로 二千石 이상 관리의 子孫으로 15세부터는 모두 太學에 입학해야 합니다. 파면이나 승급과 영광과 치욕의 길을 분명히 제정해야 합니다. 經學에 밝고 품행이 고상한 자를 골라 미덕을 숭상토록 진급시키고, 교학에 힘쓰지 않거나 학업을 폐한 자를 퇴출시키고 악행을 징치해야 합니다. 선량하고 학업이 우수한 자를 천거하고 가르쳐도 따라오지 못하는 자를 권면한다면, 경박하고 놀기만 하는 자는 금하지 않아도 저절로 사라질 것입니다. 훌륭한 교화를 개발하고 선양하면서 臣服하지 않는 종족이라도 위무하면 천지사방의 六合에 교화가 성공하고 遠方의 백성도 귀순해올 것입니다. 이는 성인의 교화이면서 태성성대를 이루는 근본이 될 것입니다.」

유정은 뒷날 鎭北將軍으로 승진하여 부절을 받고 河北의 모든 군사를 감독하였다. 유정은 "일상의 大法으로 예방보다 더 좋은 것이 없으며, (경내의) 백성(漢人)과 이민족(胡人)을 구별하여 다스려야 한다."고 생각하였다.

유정은 변방을 개척하고 수비하며 험한 요새를 골라 주둔케 하였다. 또 戾陵渠(여릉거) 같은 큰 저수지를 수리 증축하여 薊縣(계현)

남북의 田地에 두루 灌漑(관개)하였고 (二年) 三毛作의 농사를 가르쳐 백성을 이롭게 하였다.

(曹芳의) 嘉平 6년에(서기 254) 죽었는데, 征北將軍을 추증하였고 작위를 올려 建成鄉侯에 봉했으며, 시호는 景侯(경후)였다. 아들 劉熙(유희)가 작위를 계승했다.

❷ 司馬朗

| 原文 |

司馬朗字伯達, 河內溫人也. 九歲, 人有道其父字者, 朗曰, “慢人親者, 不敬其親者也.” 客謝之. 十二, 試經爲童子郞, 監試者以其身體壯大, 疑朗匿年, 劾問. 朗曰, “朗之內外, 累世長大, 朗雖稚弱, 無仰高之風, 損年以求早成, 非志所爲也.” 監試者異之.

後關東兵起, 故冀州刺史李邵家居野王, 近山險, 欲徙居溫. 朗謂邵曰, “脣齒之喩, 豈唯虞,虢, 溫與野王卽是也. 今去彼而居此, 是爲避朝亡之期耳. 且君, 國人之望也, 今寇未至而先徙, 帶山之縣必駭, 是搖動民之心而開奸宄之原也, 竊爲郡內憂之.”

邵不從. 邊山之民果亂, 內徙, 或爲寇鈔.

| 국역 |

司馬朗(사마랑)[424]의 字는 伯達(백달)로 河內郡 溫縣 사람이다.

9살 때, 어떤 사람이 사마랑 부친의 字를 불러대자, 사마랑이 "남의 부모를 무시하는 사람은 자신의 부모를 공경하지 않는 사람입니다."라고 말하자, 그 사람이 사과하였다.

12살에 경전 시험을 통과하여 童子郞이 되었는데, 시험 감독관이 사마랑의 신체가 장대한 것을 보고 사마랑이 나이를 속였다고 의심하며 캐물었다. 이에 사마랑이 대답했다.

"저의 친가와 외가가 여러 대에 걸쳐 長大하며, 비록 제가 어리고 높이 올라갈 가능성이 없더라도 나이를 줄여 일찍 성취했다는 말을 듣고 싶지는 않습니다."

이에 시험관은 특별하다고 여겼다.

뒷날 관동에서 거병했다는 소식을 전해졌는데, 전임 冀州刺史였던 李邵(이소)는 사는 곳 野王縣(야왕현)[425]이 험한 산에 가깝다 하여 溫縣(온현)으로 이사하려고 했다. 이에 사마랑이 이소에게 말했다.

"입술과 치아에 비유하자면, 虞國(우국)과 虢國(괵국)[426]처럼 溫縣

---

424 司馬朗(사마랑, 171－217년, 字 伯達) － 河內郡 溫縣(今 河南省 북부 焦作市 관할 溫縣) 사람. 京兆尹을 지낸 司馬防(사마방, 字 建公, 71세, 建安 24년, 서기 219년 卒)의 아들로 兗州刺史를 역임했다, 司馬懿(司馬仲達)의 친형. 사마방은 장남 사마랑, 차남 사마의, 三子 司馬孚(사마부) 등 8명의 아들을 두었는데, 모두 유명하여 '八達' 이라고 불렸다. 《魏書》 15권, 〈劉司馬梁張溫賈傳〉에 입전.

425 河內郡 野王縣은, 今 河南省 북부 焦作市(초작시) 관할 沁陽市(심양시).

426 虢國(괵국) － 虢은 범 발톱자국 괵. 나라 이름. 西周 初年의 제후국, 금 陝西省 寶雞市 일대, 뒤에 山西省 平陸縣과 河南省 三門峽市 지역으로 이동했다. 서기 前 655년에 晉國에 병합되어 소멸했다.

과 野王縣이 같을 것입니다. 지금 저쪽을 떠나 이곳에 산다는 것은 마치 나라가 망하려는 때를 피하려는 것과 같습니다. 게다가 君께서는 國人의 존경을 받고 계시면서, 적이 들어오지도 않았는데, 먼저 피신하여 이사한다면 산을 끼고 있는 현에서는 틀림없이 놀랄 것이니, 이는 민심을 요동치게 하고 위법과 作亂의 근원이 될 것이며, 아마 군내 백성에게 부담이 될 것입니다."

이소는 받아들이지 않았다. 산 근처의 백성들이 불안에 떨며 이사하거나 또는 도적질을 하였다.

| 原文 |

是時董卓遷天子都長安, 卓因留洛陽. 朗父防爲治書御史, 當徙西, 以四方雲擾, 乃遣朗將家屬還本縣. 或有告朗欲逃亡者, 執以詣卓, 卓謂朗曰, "卿與吾亡兒同歲, 幾大相負!"

朗因曰, "明公以高世之德, 遭陽九之會, 淸除群穢, 廣擧賢士, 此誠虛心垂慮, 將興至治也. 威德以隆, 功業以著, 而兵難日起, 州郡鼎沸, 郊境之內, 民不安業, 捐棄居産, 流亡藏竄, 雖四關設禁, 重加刑戮, 猶不絶息, 此朗之所以於邑也. 願明公監觀往事, 少加三思, 卽榮名並於日月, 伊,周不足侔也."

卓曰, "吾亦悟之, 卿言有意!"

| 국역 |

그때 董卓(동탁)은 獻帝를 長安으로 옮겨 도읍케 하고, 자신은 아직 洛陽에 남아 있었다. 사마랑의 부친 司馬防(사마방)은 治書御史였기에 당연히 서쪽으로 가야 했지만, 온 나라가 소란하자 사마랑에게 가족을 본향으로 데려가게 했다. 그러자 사마랑이 도망한다고 밀고하는 자가 있어 사마랑은 잡혀서 동탁 앞에 끌려갔다. 동탁이 사마랑에게 말했다. "자네는 죽은 내 아들과 동갑인데, 어찌 이리 나를 버리려 하는가!"

이에 사마랑이 말했다.

"명공께서는 세상 누구보다도 훌륭한 덕행으로 혼란과 재앙의 시대를 만나[427] 온갖 악을 제거하시고 賢士를 널리 등용하시며, 진정 虛心으로 천하를 걱정하시니, 곧 태평을 이룰 것입니다. 장군의 威德이 융성하시고 功業이 뚜렷하지만 날마다 兵難이 일어나 여러 州郡이 물 끓듯하고, 京鄕 백성의 생업이 불안하여 살던 집과 자산을 버리고 도망쳐 숨어버리는데, 장군께서 비록 관문을 막고 무겁게 형벌을 내리더라도 막을 수 없으니, 저도 이를 진정으로 걱정하고 있습니다. 明公께서는 지난 옛 정으로 재삼 은덕을 베풀어 주신다면 장군의 명성은 日月처럼 높이 빛날 것이고 伊尹(이윤)과 周公(주공, 旦)보다도 훌륭하실 것입니다."

그러자 동탁이 말했다. "나 역시 깨달은 바 있으니 그대 말을 유

427 陽九之會 – 불행한 時運을 당하다. 九는 陽數 중 가장 큰 수이다. 九가 겹치고 陰이 없으면, 만물이 不交하여 理가 困極(곤극)하여 천하가 혼란하다고 하였다. 陽九之戹(양구지액).

념하겠다!"

| 原文 |

朗知卓必亡, 恐見留, 卽散財物以賂遺卓用事者, 求歸鄕里. 到謂父老曰, "董卓悖逆, 爲天下所仇, 此忠臣義士奮發之時也. 郡與京都境壤相接, 洛東有成皐, 北界大河. 天下興義兵者若未得進, 其勢必停於此. 此乃四分五裂戰爭之地, 難以自安, 不如及道路尙通, 擧宗東到黎陽. 黎陽有營兵, 趙威孫鄕里舊婚, 爲監營謁者, 統兵馬, 足以爲主. 若後有變, 徐復觀望未晩也."

父老戀舊, 莫有從者, 惟同縣趙咨, 將家屬俱與朗往焉. 後數月, 關東諸州郡起兵, 衆數十萬, 皆集滎陽及河內. 諸將不能相一, 縱兵鈔掠, 民人死者且半. 久之, 關東兵散, 太祖與呂布相持於濮陽, 朗乃將家還溫. 時歲大飢, 人相食, 朗收恤宗族, 敎訓諸弟, 不爲衰世解業.

| 국역 |

司馬朗(사마랑)은 동탁이 틀림없이 멸망할 것을 알고, 억류당할 것이 겁나 동탁의 측근들에게 재물을 뿌려 고향으로 돌아가려 했다. 그래서 父老들에게 말했다.

"동탁은 패역행위로 세상의 원수가 되었으니 이런 때야말로 충신과 의사들이 분발할 때입니다. 우리 河內郡은 京都(洛陽)과 접경했는데, 낙양의 동쪽에 (河南郡) 成皐(성고)[428]가 있고 그 북쪽은 河水입니다. 의병을 일으킨 장수들이 낙양에 진격할 수 없다면 틀림없이 여기에 머물 것입니다. 따라서 그곳은 사분오열할 싸움터가 될 것이니 안전할 수 없습니다. 그러니 도로가 잘 뚫린 곳만 못하기에 일족과 함께 동쪽 黎陽(여양)으로 가려고 합니다. 여양에 병영이 있지만 趙威孫(조의손)은 우리 향리에서 결혼한 사람으로, 지금 監營謁者로 兵馬를 지휘하고 있으니 우리를 지켜줄 사람입니다. 만약 그 뒤에 상황이 바뀌면 천천히 관망해도 늦지 않을 것입니다."

그러나 父老들은 옛 땅을 그리며 따르려는 사람이 없었고, 다만 같은 溫縣 사람 趙咨(조자)만이 가족을 거느리고 사마랑과 함께 갔다. 그 몇 달 뒤에 關東의 여러 州郡에서 수십 만이 擧兵했고, 그들이 모두 滎陽(형양)[429]이나 河內郡으로 모여들었다. 여러 장수들은 하나가 되지 못했고, 군사를 풀어 약탈을 자행하자, 백성 중 거의 절반이 죽었다.

얼마 뒤 關東 의병은 해산했고, 조조와 呂布는 濮陽(복양)에서 대치했는데, 사마랑은 가족을 거느리고 온현으로 돌아왔다. 그 해에 큰 흉년이 들어 사람이 사람을 먹을 정도였는데, 사마랑은 일족을 거둬 보살피고 여러 아우들을 교육하면서 혼란 속에서도 본업을 잃지 않았다.

---

428 成皐(성고)는 河南郡의 현명. 今 河南省 중부 鄭州市 관할 滎陽市 서북 汜水鎭. 교통요지, 전략 요충지.

429 滎陽(형양)은 河南尹(郡)의 현명. 옛 漢 高祖와 項羽의 격전지. 교통과 군사의 요지, 今 河南省 중부 鄭州市 관할 滎陽市.

| 原文 |

年二十二, 太祖闢爲司空掾屬, 除成皋令, 以病去, 復爲堂陽長. 其治務寬惠, 不行鞭杖, 而民不犯禁. 先時, 民有徙充都內者, 後縣調當作船, 徙民恐其不辦, 乃相率私還助之, 其見愛如此. 遷元城令, 入爲丞相主簿.

朗以爲天下土崩之勢, 由秦滅五等之制, 而郡國無蒐狩習戰之備故也. 今雖五等未可復行, 可令州郡並置兵, 外備四夷, 內威不軌, 於策爲長.

又以爲宜復井田. 往者以民各有累世之業, 難中奪之, 是以至今. 今承大亂之後, 民人分散, 土業無主, 皆爲公田, 宜及此時復之. 議雖未施行, 然州郡領兵, 朗本意也. 遷兗州刺史, 政化大行, 百姓稱之.

| 국역 |

司馬朗이 22살 때, 조조의 부름을 받아 司空府 掾屬이 되었다가 成皋(성고) 현령이 되었지만 병으로 사임했고, 다시 (安平郡) 堂陽(당양)[430] 縣長이 되었다. 사마랑은 관용과 자애에 의거 매질도 하지 않았지만 법을 어기는 백성이 없었다.

이에 앞서 큰 성내로 이사한 백성이 있었는데, 뒷날 당양현에서 배(船)를 제조하게 되자, 이사 간 백성은 사마랑이 배를 다 제조하

430 安平郡 堂陽縣은, 今 河北省 남부 邢台市 관할 新河縣.

지 못할까 걱정하여 돌아와 일을 도왔는데, 이처럼 사마랑은 백성의 사랑을 받았다. 사마랑은 (魏郡) 元城[431] 현령이 되었다가 조정에 들어가 승상부 主簿(주부)가 되었다.

사마랑은 세상이 土崩瓦解(토붕와해)한 까닭은 秦(진)이 五等 작위제를 폐지했기 때문이며, 郡國에 수렵이나 전쟁에 대비한 준비가 없었기 때문이라고 생각하였다. 지금 五等의 작위 제도는 다시 시행할 수는 없지만 州郡에 군사를 주둔케 하여 밖으로 四夷에 대비하고, 안으로는 위법자를 제어해야 한다고 주장했다.

사마랑은 또 井田制을 복원해야 한다고 생각했다. 고대 백성은 각각 물려받은 땅이 있었고 중간에 빼앗기지 않았기에 후대까지 전승할 수 있었다, 지금 대 혼란의 뒤끝이라 백성이 흩어졌고 주인 없는 땅이 많으니, 이를 모두 公田으로 삼아 정전제를 복원해야 한다고 주장했다. 그런 논의가 시행되지는 않았지만 州郡에서 군사를 거느리는 것은 본래 사마랑의 뜻이었다. 사마랑은 연주 자사로 승진했고 政事와 교화에 성과가 좋아 백성이 칭송했다.

| 原文 |

雖在軍旅, 常粗衣惡食, 儉以率下. 雅好人倫典籍, 鄉人李覿等盛得名譽, 朗常顯貶下之. 後覿等敗, 時人服焉. 鍾繇,王粲著論云, "非聖人不能致太平." 朗以爲 "伊,顏之徒雖非聖

431 魏郡 元城縣은, 今 河北省 남부 邯鄲市 館陶縣.

人, 使得數世相承, 太平可致."

建安二十二年, 與夏侯惇,臧霸等征吳. 到居巢, 軍士大疫, 朗躬巡視, 致醫藥. 遇疾卒, 時年四十七. 遺命布衣幅巾, 斂以時服, 州人追思之. 明帝卽位, 封朗子遺昌武亭侯, 邑百戶. 朗弟孚又以子望繼朗後. 遺薨, 望子洪嗣.

初朗所與俱徙趙咨, 官至太常, 爲世好士.

| 국역 |

사마랑은 軍中에 있을 때라도 늘 검소한 粗衣惡食(조의악식)으로 아랫사람에게 솔선하였다. 평소에는 인륜을 실천하고 경전을 좋아하였는데, 鄕人 李覿(이적) 등이 큰 명성을 누렸지만 사마랑은 그런 부류를 공개적으로 폄하였다. 뒷날 이적 등이 패망하자, 사람들은 사마랑의 안목에 탄복하였다. 鍾繇(종요)[432]나 王粲(왕찬)[433] 등은 글을 지어 "聖人이 아니라면 태평시대를 이룰 수 없다."고 말했다. 그러나 사마랑은 "伊尹(이윤)이나 顔回(안회)가 비록 성인은 아니지만, 그런 사람이 연속 이어간다면 太平世代을 이룰 수 있다."고 생각했다.

建安 22년(서기 217), 夏侯惇(하후돈), 臧霸(장패)[434] 등과 함께 吳

432 鍾繇(종요)는 조조의 참모로 유능한 정치가였고 名筆로 이름을 날렸다. 《魏書》 13권, 〈鍾繇華歆王朗傳〉에 입전.

433 王粲(왕찬)은 후한 말 '建安七子'의 대표적 인물. 《魏書》 21권, 〈王衛二劉傳傳〉에 입전.

434 臧霸(장패, 164 – 231년, 字 宣高) – 兗州 泰山郡 華縣 사람. 曹魏의 명장. 《魏書》 18권, 〈二李臧文呂許典二龐閻傳〉에 입전.

를 원정했다. (廬江郡) 居巢縣(거소현)[435]에 이르러 부대에 전염병이 크게 돌았는데, 사마랑은 직접 순시하며 장졸을 치료하였다. 그러다가 병에 걸려 죽었는데 47세였다. 보통 무명옷에 幅巾(폭건)으로 염을 하라고 유언했는데 兗州의 백성이 사모하였다.

明帝가 즉위한 뒤에 사마랑의 아들 司馬遺(사마유)를 昌武亭侯에 봉했는데, 식읍은 1백 호였다. 사마랑의 동생 司馬孚(사마부)는 아들 司馬望(사마망)으로 사마랑의 뒤를 계승케 했다. 사마유가 죽자, 사마망의 아들 司馬洪(사마홍)이 계승했다.

전에 사마랑과 함께 이주했던 趙咨(조자, 字 君初)는 太常을 역임했는데 많은 사람들이 좋아하였다.

❸ 梁習

| 原文 |

梁習字子虞, 陳郡柘人也, 爲郡綱紀. 太祖爲司空, 辟召爲漳長, 累轉乘氏,海西,下邳令, 所在有治名. 還爲西曹令史, 遷爲屬. 幷土新附, 習以別部司馬領幷州刺史. 時承高幹荒亂之餘, 胡狄在界, 張雄跋扈, 吏民亡叛, 入其部落. 兵家擁衆, 作爲寇害, 更相扇動, 往往釭跱.

習到官, 誘諭招納, 皆禮召其豪右, 稍稍薦擧, 使詣幕府. 豪

435 廬江郡 居巢縣은, 今 安徽省 중동부 巢湖市(소호시)에 해당.

右已盡, 乃次發諸丁强以爲義從, 又因大軍出征, 分請以爲勇力. 吏兵已去之後, 稍移其家, 前後送鄴, 凡數萬口. 其不從命者, 興兵致討, 斬首千數, 降附者萬計. 單于恭順, 名王稽顙, 部曲服事供職, 同於編戶. 邊境肅淸, 百姓布野, 勤勸農桑, 令行禁止. 貢達名士, 咸顯於世, 語在〈常林傳〉.

太祖嘉之, 賜爵關內侯, 更拜爲詠. 長老稱詠, 以爲自所聞識, 刺史未有及習者. 建安十八年, 州並屬冀州, 更拜議郎,西部都督從事, 統屬冀州, 總故部曲. 又使於上黨取大材供鄴宮室. 習表置屯田都尉二人, 領客六百夫, 於道次耕種菽粟, 以給人牛之費. 後單于入侍, 西北無虞, 習之績也.

| 국역 |

梁習(양습)[436]의 字는 子虞(자우)이며, 陳郡 柘縣(자현) 사람으로, 陳郡의 綱紀(庶務, 總務 담당)였다. 曹操가 司空일 때, 양습은 부름을 받아 (隴西郡) 漳縣(장현)[437] 縣長이 되었고, 이후 (濟陰郡) 乘氏(승씨), (廣陵郡) 海西(해서), (下邳國) 下邳(하비)의 현령을 역임하면서 임지에서 치적으로 유명했다. 조정의 西曹令史가 되었다가 승진하여 西曹屬이 되었다. 幷州가 새로 편입되면서, 양습은 別部司馬로 병주자사를 겸임했다. 그때는 (袁紹의 생질) 高幹(고간)의 반란

436 梁習(양습, 167 – 230, 字 子虞) – 陳郡 柘縣(자현, 河南省 동부 商丘市 관할 柘城縣) 출신. 刺史, 大司農 역임.

437 漳縣(장현)은 甘肅省 定西市 漳縣.

뒤끝이라 이민족이 구역 내에 거주하였는데 멋대로 발호하였고, 관리나 백성은 도망치거나 반기를 들다가 이민족 지역으로 도주하였다. 군대를 보유한 세력자는 노략질을 일삼았고 서로 선동하거나 할거하며 가끔 세력을 다투었다.

양습은 부임하면서 그런 세력을 회유하고 예를 다하여 세력자를 불러들이거나 천거하면서 그들에게 자사부 내의 관직을 부여하였다. 그렇게 그들을 다 회유한 뒤에 건장한 백성들을 징발해서 義勇軍을 편성하여 大軍이 출전할 때 임무를 나눠 勇力을 발휘하게 하였다. 관리나 官兵이 돌아가면 점차 그 가족들을 이주케 하여 여러 차례 나눠 鄴縣(업현)으로 보낸 자가 수만 명이나 되었다. 만약 명을 따르지 않는 자는 군사를 동원하여 토벌하거나 수천 명을 참수하자 투항하는 자가 수만 명이었다. 오환족의 선우는 공손히 순종하였고 그 부족의 名王들은 머리를 숙였으며, 병졸은 직무를 성실하게 수행하여 일반 백성으로 호적에도 올렸다. 이로써 변방의 경내가 안정되었고 일하는 백성이 들에 널려 있었으며, 농사와 길쌈을 장려하였고 명령을 내리면 그대로 실천하였다. 양습은 임지 내의 명사들을 천거하였고 모두 유명하였는데, 이는 〈常林傳 / 23권. 和常楊杜趙裴傳〉에 수록했다.

조조는 양습을 칭송하며 關內侯의 작위를 하사하였고 정식 병주자사로 임명했다. 임지의 長老들은 양습을 칭송하며 자신들이 겪은 자사 중 양습만한 치적이 없었다고 인정하였다.

建安 18년(서기 213), 幷州가 冀州에 병합되자, 양습은 다시 議郎이 되었고, 西部都督의 從事로 冀州를 관할하면서 원래 자신의 부대를 지휘하였다. 또 上黨郡에서 큰 목재를 베어 鄴縣의 궁전 공사에 조달하였다. 양습은 표문을 올려 屯田都尉 2명을 설치하였고, 각 6백 명의 인부를 통솔케 하였으며, 도로 주변에는 콩과 곡식을 심어 목재를 운반하는 소와 인부의 비용으로 지급하였다. 뒷날 오환족의 선우가 입조하면서 서북 지방에 안정되었는데, 이 모두가 양습의 치적이었다.

| 原文 |

文帝踐阼, 復置幷州, 復爲刺史, 進封申門亭侯, 邑百戶. 政治常爲天下最. 太和二年, 徵拜大司農. 習在州二十餘年, 而居處貧窮, 無方面珍物, 明帝異之, 禮賜甚厚. 四年, 薨, 子施嗣.

初, 濟陰王思與習俱爲西曹令史. 思因直日白事, 失太祖指. 太祖大怒, 教召主者, 將加重辟. 時思近出, 習代往對, 已被收執矣, 思乃馳還, 自陳己罪, 罪應受死. 太祖嘆習之不言, 思之識分, 曰, "何意吾軍中有二義士乎?"

後同時擢爲刺史, 思領豫州. 思亦能吏, 然苛碎無大體, 官至九卿, 封列侯.

| 국역 |

文帝가 제위에 오르고 다시 幷州(병주)를 설치하자, 양습은 병주

자사가 되었고 작위가 올라 申門亭侯(신문정후)가 되었으며, 식읍은 1백 호였다. 양습의 치적은 언제나 가장 우수했다. (明帝) 太和 2년(서기 228), 조정에 들어가 大司農이 되었다. 양습은 幷州에 20여 년을 재직했는데, 살림은 늘 빈궁했고 지역 특산물을 하나도 올려 보내지 않았는데, 明帝가 특별히 대우하면서 매우 많은 예물을 하사하였다. 太和 4년에 죽었고, 아들 梁施(양시)가 작위를 계승했다.

그전에, 濟陰郡 출신 王思(왕사)와 양습은 함께 西曹令史였다. 왕사가 근무하는 날에 보고한 문건이 조조의 뜻에 어긋났다. 조조가 대노하면서 업무 담당자를 소환하여 형벌에 처하려 했다. 그때 왕사는 가까운 곳에 나가 있어 양습이 대신 들어가서 대답하였고, 곧 체포되어 갇혔는데 왕사가 달려 들어와서 자신의 죄를 자복하였고 그 죄는 처형이었다. 조조는 양습이 왕사의 업무라는 것을 말하지 않은 것에[438] 탄복하며 말했다.

"나의 軍中에 이러한 義士 2명이 있을 줄을 어찌 알았겠는가?"

뒷날 두 사람은 함께 자사가 되었는데, 왕사는 豫州자사가 되었다. 왕사 역시 유능했으나 너무 꼼꼼하여 큰 방략은 없었지만 9卿의 반열에 올랐고 列侯에 봉해졌다.

438 司馬遷은 "泰山보다 무거운 죽음도 있고, 鴻毛(홍모)보다 가벼운 죽음도 있다."고 하였다. 양습과 왕사는 특별히 의리를 지켜야 할 知己나 혈육도 아니었다. 양습이 왕사의 업무라는 사실을 말하지 않고 처형당했다면 그 죽음은 태산보다 무거운 죽음이겠는가? 아니면 鴻毛와 같은 죽음이겠는가? 이를 義를 지켜 죽었다고 말할 수 있겠는가? – 이는 裴松之의 말이다.

❹ 張旣

| 原文 |

張旣字德容, 馮翊高陵人也. 年十六, 爲郡小吏. 後歷右職, 擧孝廉, 不行. 太祖爲司空, 辟, 未至, 擧茂才, 除新豐令, 治爲三輔第一. 袁尙拒太祖於黎陽, 遣所置河東太守郭援,幷州刺史高幹及匈奴單于取平陽, 發使西與關中諸將合從.

司隷校尉鍾繇遣旣說將軍馬騰等, 旣爲言利害, 騰等從之. 騰遣子超將兵萬餘人, 與繇會擊幹,援, 大破之, 斬援首. 幹及單于皆降. 其後幹復擧幷州反. 河內張晟衆萬餘人無所屬, 寇崤,澠間, 河東衛固,弘農張琰各起兵以應之.

太祖以旣爲議郎, 參繇軍事, 使西徵諸將馬騰等, 皆引兵會擊晟等, 破之. 斬琰,固首, 幹奔荊州. 封旣武始亭侯. 太祖將征荊州, 而騰等分據關中. 太祖復遣旣喩騰等, 令釋部曲求還. 騰已許之而更猶豫, 旣恐爲變, 乃移諸縣促儲偫, 二千石郊迎. 騰不得已, 發東. 太祖表騰爲衛尉, 子超爲將軍, 統其衆. 後超反, 旣從太祖破超於華陰, 西定關右. 以旣爲京兆尹, 招懷流民, 興復縣邑, 百姓懷之.

魏國旣建, 爲尙書, 出爲雍州刺史. 太祖謂旣曰, "還君本州, 可謂衣繡晝行矣." 從征張魯, 別從散關入討叛氐, 收其麥以給軍食. 魯降, 旣說太祖拔漢中民數萬戶以實長安及三輔.

其後與曹洪破吳蘭於下辯, 又與夏侯淵,宋建, 別攻臨洮,狄道, 平之.

是時, 太祖徙民以充河北, 隴西,天水,南安民相恐動, 擾擾不安, 既假三郡人爲將吏者休課, 使治屋宅, 作水碓, 民心遂安. 太祖將拔漢中守, 恐劉備北取武都氐以逼關中, 問既. 既曰, "可勸使北出就穀以避賊, 前至者厚其寵賞, 則先者知利, 後必慕之."

太祖從其策, 乃自到漢中引出諸軍, 令既之武都, 徙氐五萬餘落出居扶風,天水界.

| 국역 |

張既(장기)[439]의 字는 德容(덕용)으로, 左馮翊(좌풍익) 高陵縣[440] 사람이다. 16세에 좌풍익의 小吏가 되었다. 그 후로 주요 직무를 담당했고 孝廉(효렴)으로 천거 받았지만 응하지 않았다. 曹操가 司空일 때 장기를 불렀지만, 장기는 응하지 않았다가 나중에 茂才(무재)로 천거되어 新豐(신풍)[441] 현령이 되었는데, 그 치적이 三輔지역에서 제일이었다.

袁尙(원상)과 조조가 黎陽(여양)에서 대치할 때, 원상이 임명한 河

439 張既(장기, ?-223년, 字 德容) - 左馮翊(좌풍익) 高陵縣 사람.

440 左馮翊(좌풍익) 高陵縣 - 좌풍익은 삼국시대에 馮翊郡, 관직은 馮翊太守로 불렸다. 治所는 高陵縣, 今 陝西省 西安市 高陵區.

441 新豐(신풍)은 京兆尹의 현명. 高祖 劉邦의 고향인 豐沛의 거리를 본떠 새로 조성한 마을, 今 陝西省 西安市 灞橋區(패교구) 舊劉家村 일대.

東太守 郭援(곽원)과 幷州刺史 高幹(고간) 및 흉노의 單于(선우)가 (河東郡) 平陽縣(평양현)을 차지하고서 사자를 關中 지역의 여러 장수에게 보내 그들과 合從(同盟)을 체결했다.

司隸校尉(사예교위)인 鍾繇(종요)[442]는 장기를 보내 장군 馬騰(마등) 등을 설득케 했는데, 장기가 마등을 여러 이해관계로 설득하자 마등은 호응했다. 마등은 아들 馬超(마초)에게 1만여 군사를 주어 종요와 합세케 했고, 종요는 고간과 곽원의 군사를 대파하고 곽원을 참수하였다. 이에 고간과 흉노 선우는 모두 투항하였다. 그 뒤에 고간은 幷州에서 다시 반기를 들었다.

河內郡의 張晟(장성)은 1만여 군사를 보유하고 있었으나 조조나 원상에도 소속되지 않고, 崤山(효산)과 (弘農郡) 澠池(민지, 면지, 黽池)[443] 일대에서 노략질을 했으며, 河東郡 사람 衛固(위고)와 弘農의 張琰(장염)도 각각 起兵하여 장성과 호응하고 있었다.

조조는 장기를 議郞에 임명하여 종요의 참군을 담당케 했는데, 장기는 서쪽으로 마등 등 여러 장수를 끌어들여 각각 군사를 거느리고 종성 등을 공격하여 격파케 하였다. 그리하여 張琰(장염)과 衛固(위고)를 죽이자, 고간은 荊州(형주)로 달아났다.

조조는 장기를 武始亭侯로 봉했다. 조조가 형주를 원정하려 할

442 鍾繇(종요) – 조조는 표문을 올려 鍾繇(종요)를 侍中 겸 司隸校尉 대행으로 임명하고, 부절을 내려 關中의 모든 군사를 감독케 하였으며, 후방의 통치를 위임하였는데 법제에 구애받지 않게 하였다. 종요는 長安에 와서 마등과 한수 등에게 서신을 보내 승패에 따른 禍福(화복)을 설명하여 마등과 한수가 각각 아들을 보내 입시케 하였다. 《魏書》 13권, 〈鍾繇華歆王朗傳〉 참고.

443 崤山(효산)은 함곡관이 있는 험산. 澠池(민지)는 河南省 서북부, 黃河 남안, 今 三門峽市의 澠池縣. 山西省과 연접.

때, 마등 등은 關中에 할거하고 있었다. 조조는 다시 장기를 보내 마등 등을 설득하여 자기 군사를 내놓고 돌아가게 했다. 그러나 마등은 이미 수락하고서도 차일피일 미루고 있었는데, 장기는 마등의 변심을 걱정하여 각 현에 급하게 문서를 보내 마등이 돌아가니 필요한 준비를 하고, 태수는 교외에 나와 마등을 전송하게 하였다. 마등은 부득이 동쪽으로 출발하였다.

조조는 표문을 올려 마등을 衛尉(위위)에 임명했고, 아들 馬超(마초)는 마등의 군사를 통솔하였다. 뒷날 마초가 반역하자, 장기는 조조를 수행하여 (弘農郡) 華陰縣(화음현)[444]에서 마초를 격파했고, 함곡관 우측(서쪽)은 평정되었다. 장기는 京兆尹이 되었고 流民들을 불러들여 여러 縣邑의 성채를 복구하였고, 백성은 장기에게 귀부하였다.

魏國이 건립되자, 장기는 尙書가 되었다가 雍州(옹주) 刺史[445]가 되었다. 조조가 장기에게 말했다.

"君이 본 고향에 비단 옷을 입고 낮에 가는 것일세."[446]

장기는 조조를 따라 張魯(장로)를 토벌하면서 별도의 부대를 거느리고 散關(산관)[447]을 통과하여 반기를 든 氐族(저족)[448]을 토벌하고

---

444 (弘農郡) 華陰縣(화음현)은 今 陝西省 동부, 渭南市 관할 華陰市.

445 建安 18년(서기 213)에 조서를 내려 후한 14자사부(司隸校尉部 포함) 중, 幽州와 幷州를 없애어 그 군국을 冀州에 소속시키고, 司隸校尉와 涼州를 없애고 그 군국을 雍州(옹주)에, 交州를 없애고 荊州와 益州에 나눠 소속시켰다.

446 衣繡晝行(의수주행)은 錦衣還鄕(금의환향)의 뜻. 項羽의 말 '錦衣夜行(금의야행)'의 반대. 조조가 장기에게 농담으로 한 말.

447 大散關 – 古稱 散關, 今 陝西省 서남부 寶雞市 서남 17km 大散嶺에 소재. 漢中에서 關中으로 통하는 관문. 서기 前 206년 漢王 劉邦은 韓信의 '明修棧道하고 暗渡陳倉하라.'는 계책에 의거 항우의 章邯(장한)을 격파하고 大散關을

그들의 보리를 베어 군량으로 공급하였다.

장로가 투항하자, 장기는 조조에게 漢中의 백성 수만 호를 이주시켜 長安 및 三輔 지역을 채워야 한다고 설득하였다. 그 뒤에 장기는 曹洪(조홍)과 함께 下辯(하변)이란 곳에서 吳蘭(오란)[449]을 격파하였고, 또 夏侯淵(하후연), 宋建(송건)과 함께 (隴西郡) 臨洮(임조), 狄道(적도)[450] 등을 공격 평정하였다.

이때 조조는 백성을 이주시켜 河北 지역을 채우려 하자, 隴西(농서), 天水, 南安郡[451] 일대의 백성이 두려워하며 소란 속에 불안했는데, 장기는 3개 郡 출신 장교에게 휴가를 주어 자신들의 집을 수리하고 물레방아(水碓, 碓는 방아 대)를 만들게 하자, 민심이 비로소 안정되었다. 조조는 漢中 일대에 주둔한 군사를 빼내고 싶었지만 劉備(유비)가 북쪽으로 진출하여 武都郡의 氐族(저족)을 이용하여 關中 땅을 노릴 것이 걱정되어 장기에게 물었다.

이에 장기가 말했다.

"사자를 보내 저족에게 식량이 넉넉한 북쪽으로 이주하여 적을(蜀) 피할 것을 설득하여 먼저 오는 자에게 후한 상을 내리면, 먼저 온 사람들이 좋은 땅을 알고, 다음 사람들도 틀림없이 따라올 것입

탈취한 뒤, 楚漢 전쟁을 시작했다. 서기 228년, 諸葛亮은 蜀漢軍을 거느리고 大散關을 나와 關中을 공격하려 했다.

448 氐族(저족)은 古代 중국 서북부 소수 민족의 하나. 今 陝西省, 甘肅省, 四川省의 접경 지역이 주 활동무대. 匈奴, 鮮卑, 氐(저), 羯(갈), 羌(강)의 5胡의 하나.

449 吳蘭(오란, ?-218年)은 본래 益州牧 劉璋(유장)의 부하였다가 유비의 부장이 되었다.

450 狄道縣(적도현)은, 今 甘肅省 남부 定西市 관할의 臨洮縣.

451 南安郡은 後漢 靈帝 中平五年(188年) 설치했다가 建安 19년(서기 214)에 폐군하여 隴西郡에 병합되었다.

니다.”

조조는 그 방책을 따랐고 漢中의 군사를 빼내면서 장기를 武都郡에 보내 저족의 5만여 마을 사람을 이사시켜 右扶風이나 天水郡 지역에 거주케 하였다.

| 原文 |

是時, 武威顏俊,張掖和鸞,酒泉黃華,西平麴演等並擧郡反, 自號將軍, 更相攻擊. 俊遣使送母及子詣太祖爲質, 求助. 太祖問旣, 旣曰, “俊等外假國威, 內生傲悖, 計定勢足, 後卽反耳. 今方事定蜀, 且宜兩存而鬪之, 猶卞莊子之刺虎, 坐收其斃也.”

太祖曰, “善.” 歲餘, 鸞遂殺俊, 武威王祕又殺鸞. 是時不置涼州, 自三輔拒西域, 皆屬雍州. 文帝卽王位, 初置涼州, 以安定太守鄒岐爲刺史. 張掖張進執郡守擧兵拒岐, 黃華,麴演各逐故太守, 擧兵以應之. 旣進兵爲護羌校尉蘇則聲勢, 故則得以有功. 旣進爵都鄉侯.

涼州盧水胡伊健妓妾,治元多等反, 河西大擾. 帝憂之, 曰, “非旣莫能安涼州.” 乃召鄒岐, 以旣代之. 詔曰,「昔賈復請擊郾賊, 光武笑曰, ‘執金吾擊郾, 吾復何憂?’ 卿謀略過人, 今則其時. 以便宜從事, 勿復先請.」

遣護軍夏侯儒,將軍費曜等繼其後. 既至金城, 欲渡河, 諸將守以爲“兵少道險, 未可深入.”既曰,“道雖險, 非井陘之隘, 夷狄烏合, 無左車之計, 今武威危急, 赴之宜速.”遂渡河. 賊七千餘騎逆拒軍於鸇陰口, 既揚聲軍由鸇陰, 乃潛由且次出至武威. 胡以爲神, 引還顯美.

既已據武威, 曜乃至, 儒等猶未達. 既勞賜將士, 欲進軍擊胡. 諸將皆曰,“士卒疲倦, 虜衆氣銳, 難與爭鋒.”既曰,“今軍無見糧, 當因敵爲資. 若虜見兵合, 退依深山, 追之則道險窮餓, 兵還則出候寇鈔. 如此, 兵不得解, 所謂‘一日縱敵, 患在數世’也.”

遂前軍顯美. 胡騎數千, 因大風欲放火燒營, 將士皆恐. 既夜藏精卒三千人爲伏, 使參軍成公英督千餘騎挑戰, 敕使陽退. 胡果爭奔之, 因發伏截其後, 首尾進擊, 大破之, 斬首獲生以萬數.

帝甚悅, 詔曰,「卿逾河歷險, 以勞擊逸, 以寡勝衆, 功過南仲, 勤逾吉甫. 此勳非但破胡, 乃永寧河右, 使吾長無西顧之念矣.」

徙封西鄉侯, 增邑二百, 並前四百戶.

| 국역 |

이때, 武威郡(무위군)의 顔俊(안준), 張掖郡(장액군)의 和鸞(화란),

酒泉郡(주천군)의 黃華(황화), 西平郡[452]의 麴演(국연) 등이 모두 자기 郡에서 반란을 일으켰고, 장군을 자칭하며 서로 공격하였다. 안준은 자신의 모친과 아들을 조조에게 인질로 보내며 구원을 청했다. 조조가 張旣(장기)에게 묻자, 장기가 대답했다.

"안준 등은 밖으로 대국의 위엄을 이용하고, 안으로는 傲慢(오만) 悖惡(패악)한데, 그는 안정된 세력이 만들어지면 다시 배반할 것입니다. 지금 蜀漢을 정벌 중이니 일단 양쪽 세력을 살려두어 서로 싸우게 한 뒤에 마치 卞莊子(변장자)[453]가 호랑이를 찔러 죽이듯 저들이 피폐하기를 기다려야 합니다."

조조는 "옳은 말이다."라고 했다. 1년 뒤에 화란은 안준을 죽였고, 武威郡의 王祕(왕비)란 자가 화란을 죽였다. 이때 涼州자사부는 폐지되었기에 三輔에서 西域까지가 모두 雍州(옹주) 자사부 관할이었다. 曹丕가 王位에 올라 涼州자사부를 설치했고, 安定太守 鄒岐(추기)는 양주자사가 되었다. 張掖郡(장액군)의 張進(장진)은 군수를 잡아놓고 거병하여 추기에 반기를 들었는데, 黃華(황화)와 麴演(국연)도 각각 태수를 내쫓고 거병하여 호응했다. 이에 장기는 군사를 거느리고 진격하면서 護羌校尉(호강교위)인 蘇則(소칙)을 후원하자 소칙은 공을 세울 수 있었다. 장기는 작위가 올라 都鄕侯가 되었다.

涼州 盧水(노수) 지역의 胡人인 伊健妓妾(이건기첩)과 治元多(치원다) 등이 반란을 일으키자 河西 일대가 크게 동요했다. 이에 文帝가

452 西平郡의 治所는 西都縣, 今 青海省 동부 西寧市, 西都, 臨羌, 破羌, 安夷 4縣을 두었음. 汝南郡의 西平縣이 아님.

453 卞莊子(변장자, 管莊子, 卞嚴子, 辨莊子) – 春秋 시대 魯國 卞邑(변읍)의 大夫. 勇力이 過人하여 유명했다. 《史記 張儀列傳》에 변장자가 호랑이 두 마리를 찔러 죽인 이야기가 있다.

걱정하며 말했다.

"장기가 아니라면 涼州를 안정시킬만한 사람이 없다."

바로 추기를 소환하고 장기를 후임에 임명하였다. 그리고 조서를 내렸다.

「옛날 賈復(가복)[454]이 (更始帝의) 郾王(언왕)을 토벌하겠다고 하자, 光武帝는 웃으며 '執金吾(賈復)가 언왕을 정복한다면 내가 무엇을 걱정하겠는가?' 라고 말했었다. 卿의 지모와 책략이 남다르니 지금이 바로 適期(적기)이다. 편한 대로 처리하고 먼저 승낙을 요청하지 말라.」

그리고 護軍인 夏侯儒(하후유), 將軍인 費曜(비요) 등을 장기의 뒤를 이어 파견하였다. 장기가 金城郡[455]에 와서 黃河를 건너려 하자, 여러 장수들은 "군사는 적고 길이 험하니 깊이 들어갈 수 없습니다."라고 말했다. 이에 장기가 말했다.

"길이 아무리 험하더라도 (常山郡) 井陘縣(정형현)[456]처럼 험악하지 않으며, 적은 오합지졸이라서 李左車(이좌거, 廣武君)[457]와 같은 계

454 秦의 中尉를 武帝 때 執金吾로 개칭. 吾는 禦(막을 어)의 뜻. 兵器를 들고 非常에 대비한다는 뜻. 질록 中二千石. 궁성 외곽 경계, 수재나 화재 등 돌발 사태 대비, 황제 행차 시 집금오 병력(緹騎 2백 인)이 의장대 역할. 賈復(가복, 9－55년)－執金吾, 左將軍 역임. 雲臺 28將의 한 사람. 광무제는 建武 2년(서기 26년), 執金吾(집금오)인 賈復(가복)을 파견하여 장군 2명을 인솔하여 更始帝의 郾王(언왕) 尹遵(윤준)을 격파하고 항복케 하였다. 《後漢書》 17권, 〈馮岑賈列傳丞〉에 입전.

455 金城郡의 치소는 治所 允吾縣, 今 甘肅省 臨夏回族自治州 永靖縣.(省都인 蘭州市 서쪽).

456 常山郡 井陘縣(정형현)은, 今 河北省 남부 石家莊市 관할 井陘縣(정형현).

457 廣武君(광무군, 李左車)은, 趙國 名將 李牧(이목)의 孫子. 漢初에 (淮陰侯) 韓信에게 사로잡혔었다.

략이 없을 것이며, 지금 武威郡이 위급한 만큼 빨리 진격해야 한다."

그리고서는 황하를 건너 진격했다. 反賊 7천여 기병이 鸇陰口(전음구)란 곳에서 진격을 막으려 했는데, 장기는 전음을 공격한다는 소문을 내면서 은밀히 且次(차차)란 곳을 경유하여 武威郡에 진격하였다. 胡人은 귀신같다고 생각하며 군사를 (武威郡) 顯美縣(현미현)으로 철수했다.

장기가 武威郡을 진압했을 때, 費曜(비요)는 도착했지만 夏侯儒(하후유)는 도착하지 못했다. 장기는 장졸을 위무하고 상을 내렸고 다시 진격하여 胡人을 공격하려고 했다. 이에 여러 장수가 말했다.

"士卒이 피로하고 지쳤으며 적병은 많고도 강하니 적과 맞서기가 어렵습니다."

이에 장기가 말했다.

"지금 우리 軍에 군량이 부족하니 적의 군량을 이용해야 한다. 만약 적들이 우리의 군사가 모이는 것을 알면 깊은 산속에 숨어들 것이니, 추격하려면 길도 험하고 또 굶주리게 되며 우리가 철수한다면 우리를 감시, 추격하며 노략질을 할 것이다. 그래서 '일단 적을 풀어주면 여러 대에 걸친 재앙이라.' 는 말이 있다."

장기는 군사를 거느리고 (武威郡) 顯美縣(현미현)에 도착하였다. 마침 胡人의 수천 기병이 큰 바람을 틈타 군영에 불을 지르려 하자, 장졸은 모두 두려워했다. 장기는 밤중에 精兵 3천 명을 매복시킨 뒤에, 參軍인 成公英(성공영)에게 1천여 군사를 내주어 공격했다가 거짓 패퇴하게 하였다. 호인이 기병들은 예상대로 다투어 달려들자, 매복시켰던 군사를 출동시켜 적의 후미를 차단하면서 앞뒤에서 공격하여 대파했는데 죽이거나 생포한 자가 수만 명이었다. 文帝가 기뻐하며 조서를 내렸다.

「卿은 황하를 건너고 험로를 거쳐 지친 상태에서 쉬는 적을 공격했고 소수의 군사로 다수를 이겼으니, 그 공적은 南仲(남중)[458]보다 뛰어났고 고생은 吉甫(길보)[459]보다 더 심했었다. 이 공적은 비단 胡人을 격파했을 뿐만 아니라 황하 서쪽 지역을 오랫동안 평안케 하여 짐으로 하여금 서쪽을 걱정하지 않게 하였도다.」

장기는 西鄉侯에 봉해졌고, 식읍 3백 호를 늘려 받아 총 4백 호가 되었다.

| 原文 |

酒泉蘇衡反, 與羌豪鄰戴及丁令胡萬餘騎攻邊縣. 既與夏侯儒擊破之, 衡及鄰戴等皆降. 遂上疏請與儒治左城, 築鄣塞, 置烽候, 邸閣以備胡. 西羌恐, 率衆二萬餘落降.

其後西平麴光等殺其郡守, 諸將欲擊之, 既曰, "唯光等造反, 郡人未必悉同. 若便以軍臨之, 吏民羌胡必謂國家不別是非, 更使皆相持著, 此爲虎傅翼也. 光等欲以羌胡爲援, 今先使羌胡鈔擊, 重其賞募, 所虜獲者皆以畀之. 外沮其勢, 內離

458 南仲〔남중, 南仲皇父(남중황보)〕 – 周 宣王(재위 前 827 – 782년 재위)의 신하. 周 宣王의 淮水 지역 東夷 원정에 공을 세웠다. 《詩經 大雅 常武》의 詩 참고.

459 吉甫 – 西周 尹國 國君, 字 吉父, 一作 吉甫. 尹은 관직이라는 주장도 있다. 吉甫는 周 宣王을 도와 南仲(남중)과 함께 출전하여 공을 세웠다.

其交, 必不戰而定."

乃檄告諭諸羌, 爲光等所詿誤者原之, 能斬賊帥送首者當加封賞. 於是光部黨斬送光首, 其餘咸安堵如故.

| 국역 |

酒泉郡의 蘇衡(소형)이란 자가 반기를 들고, 羌族(강족)[460]의 우두머리 鄰戴(인대)와 丁令(정령)[461]의 胡人(흉노족) 1만여 기병과 함께 변경의 현을 공격하였다. 張既(장기)와 夏侯儒(하후유)가 이들을 격파하자, 소형과 인대 등은 모두 투항하였다. 장기는 상소를 올려 하후유와 함께 左城을 보수하고 방벽을 신축하며, 봉수대를 만들고 군량과 물자를 보관하는 창고 등을 짓겠다고 청원하였다. 이에 서강족들은 두려워하며 무리 2만여 명의 마을을 거느리고 투항하였다.

그 뒤에 西平郡의 麴光(국광) 등이 그 군수를 살해하자, 여러 부장들이 국광을 공격해야 한다고 건의하자, 장기가 말했다.

460 羌族(강족)은 中國(華夏族, 漢族)의 서쪽(今 山西, 陝西, 甘肅省 일대)에서 牧羊을 생업으로 살아가는 종족의 총칭. 그들 자신은 '爾瑪(이마)'라 호칭. 羌은 他稱이고, 羊을 토템(圖騰)으로 하는 '西戎牧羊人'이다. 상고 시대에 古羌(고강), 또는 羌戎(강융)으로도 불렸다. 현대의 羌族(강족), 藏族(장족)의 선조이다. 전한 武帝 때 護羌校尉를 설치하여 羌族에 관한 여러 일을 주관케 하였고, 후한에서도 光武帝 때 隴西郡 令居縣에 護羌校尉府를 설치했는데 수시로 철폐와 설치가 반복되었다. 《史記》와 《漢書》에는 羌族을 입전하지 않았다. 《後漢書》의 〈西羌傳〉은 강족의 역사와 漢族과의 관계 생활방식, 풍속 등을 상세히 서술하였다.

461 丁令(정령) – 前 3세기에서 서기 5세기에 걸쳐 貝加爾湖(바이칼 호, 北海) 남방, 蒙古 高原 북부, 남 西伯利亞(시베리아)에서 활동했던 突厥(돌궐) 계통의 유목민. 匈奴의 별종이라는 주석도 있다. 丁零(정령)으로도 표기.

"다만 국광 등이 반역했을 뿐, 군민들이 다 찬동하지는 않았다. 만약 우리 편한 대로 출동하면 관리나 백성 강족이나 흉노인은 나라가 시비를 분별하지 않는다면서 국광과 한 편이 될 것이니, 이는 호랑이에게 날개를 보태주는 것이다. 국광 등은 강족이나 흉노족의 후원을 기대하지만, 우리는 지금 먼저 강족이나 흉노에게 큰 상을 주고, 노획한 포로나 물자를 그들에게 주겠다며 토벌군을 모집해야 한다. 이렇게 밖으로는 그 세력 확장을 저지하고, 안으로 그들을 이간시키면 틀림없이 싸우지 않고도 평정될 것이다."

이에 격문을 보내 여러 강족에게 알리면서 국광 등에게 속임을 당한 자는 모두 용서할 것이며, 적의 수괴를 죽이는 자는 제후에 봉한다고 말했다. 이에 국광의 무리가 국광의 수급을 잘라왔고 나머지는 모두 전처럼 안정되었다.

‖原文‖

既臨二州十餘年, 政惠著聞, 其所禮辟扶風龐延,天水楊阜, 安定胡遵,酒泉龐淯,敦煌張恭,周生烈等, 終皆有名位. 黃初四年薨.

詔曰,「昔荀桓子立勳翟土, 晉侯賞以千室之邑. 馮異輸力漢朝, 光武封其二子. 故涼州刺史張既, 能容民畜衆, 使群羌歸土, 可謂國之良臣. 不幸薨隕, 朕甚愍之, 其賜小子翁歸爵關內侯.」

明帝卽位, 追謚曰肅侯. 子緝嗣.

緝以中書郎稍遷東莞太守. 嘉平中, 女爲皇后, 徵拜光祿大夫, 位特進, 封妻向爲安城鄕君. 緝與中書令李豐同謀, 誅. 語在〈夏侯玄〉傳.

| 국역 |

張既(장기)는 雍州와 涼州 2개 주 자사로 10여 년을 재직하며 치적과 은혜로 널리 알려졌으며, 그가 예를 갖춰 초빙한 인재로 扶風郡의 龐延(용연), 天水郡의 楊阜(양부), 安定郡의 胡遵(호준), 酒泉郡의 龐淯(방육), 敦煌郡(돈황군)의 張恭(장공)과 周生烈(주생렬) 등은 나중에 모두 중요한 지위에 올랐다. 장기는 (文帝) 黃初 4년(서기 223)에 죽었다.

文帝가 조서를 내렸다.

「옛날 (晉의) 荀桓子(순환자, 荀林父)가 翟土(책토)에서 공을 세우자, 晉侯는 그 아들에게 千室의 읍락에 봉했었다. 馮異(풍이)[462]가

462 馮異(풍이, ?-34) – 光武帝 雲臺 28功臣의 한 사람. 馮 성 풍, 탈 빙. 광무제 친형이 경시제에게 죽음을 당했을 때 광무제를 위로하고 용기를 북돋아주었다. 信都郡 南宮縣에 왔을 때는 큰 비바람을 만나 광무는 수레를 길가 빈 초가에 멈추었는데, 풍이가 나무를 해오고 보리밥과 토끼고기를 올렸다. 풍이는 광무제의 즉위를 적극 권했고 많은 軍功을 세웠다. 建武 6년(서기 30년) 봄, 풍이가 낙양에 入朝하였다. 광무제는 풍이를 만난 뒤, 여러 공경에게 말했다. "이 사람은 내가 기병할 때 主簿(주부)였다. 나를 위해 분란을 걷어내고 關中을 평정하였다." 조회가 끝난 뒤 中黃門을 시켜 많은 珍寶와 의복, 금전, 비단을 하사했다. 그리고 조서를 내렸다. 「경황이 없어서 無蔞亭(무루정)의 콩죽과 虖沱河(호타하)에서 보리밥을 챙겨준 그 厚意를 오랫동안 보답하지 못했다.」 建武 10년(서기 34년) 여름, 풍이는 병에 걸려 軍營에서 죽었다.

漢朝에 충성을 다하자 光武帝는 풍이의 두 아들을 열후에 봉했다. 故 涼州刺史인 張旣(장기)는 백성을 포용하고 양육하였으며, 여러 강족을 우리 땅으로 귀부케 하였으니 가히 나라의 良臣이다. 불행히 죽었기에 짐은 심히 애석해 하며 그 막내아들 張翁歸(장옹귀)에게 關內侯 작위를 내린다.」

明帝가 즉위한 뒤에 추가 시호는 肅侯(숙후)였다. 아들 張緝(장집, 字 敬仲)이 작위를 계승했다.

장집은 中書郎에서 점차 승진하여 東莞(동완)[463] 太守가 되었다. (齊王 曹芳의) 嘉平(가평) 연간에(서기 249－254년) 장집의 딸이 曹芳의 황후가 되자, 장집은 광록대부가 되었고 지위는 特進이었으며, 장집의 아내 向(향)은 安城鄉君이 되었다. 장집과 中書令 李豐(이풍)이 함께 모반했다 하여 주살되었다.[464] 이는 〈夏侯玄傳 / 9권, 諸夏侯曹傳〉에 수록했다.

長子 馮彰(풍창)이 뒤를 이었다. 明年에 광무제는 풍이의 공적을 생각하여 풍창의 동생 馮訢(풍흔)을 析鄉侯(석향후)에 봉했다. 《後漢書》 17권, 〈馮岑賈列傳〉에 입전.

463 徐州 관할 東莞郡. 郡治는 東莞縣, 今 山東省 남부 臨沂市 관할 沂水縣. 廢郡 시기 미상.

464 (曹芳) 嘉平 6(서기 254년) 2월, 中書令 李豐(이풍)과 皇后 父親 光祿大夫 張緝(장집) 등이 대신들을 폐출하고 太常인 夏侯玄(하후현)을 大將軍이 되게 하려고 음모를 꾸몄으나 일이 발각되어 관련자들은 모두 법으로 주살하였다. 三月에 皇后 張氏를 폐출하였다.

❺ 溫恢

| 原文 |

溫恢字曼基, 太原祁人也. 父恕, 爲涿郡太守, 卒. 恢年十五, 送喪還歸鄉里, 內足於財. 恢曰, "世方亂, 安以富爲?" 一朝盡散, 振施宗族. 州里高之, 比之郇越. 擧孝廉, 爲廩丘長, 鄢陵, 廣川令, 彭城, 魯相, 所在見稱. 入爲丞相主簿, 出爲揚州刺史.

太祖曰, "甚欲使卿在親近, 顧以爲不如此州事大. 故《書》云, 「股肱良哉! 庶事康哉!」 得無當得蔣濟爲治中邪?"

時濟見爲丹楊太守, 乃遣濟還州. 又語張遼, 樂進等曰, "揚州刺史曉達軍事, 動靜與共咨議."

| 국역 |

溫恢(온회)[465]의 字는 曼基(만기)로, 太原郡 祁縣(기현)[466] 사람이다. 부친 溫恕(온서)는 涿郡太守 재임 중에 죽었다. 온회는 그때 15살로 부친의 영구를 모시고 고향으로 돌아왔는데 집안에는 재물이 넉넉했다. 온회는 "세상이 한참 어지러운데 재물이 많아 무엇하겠는가?" 라고 말하면서 하루아침에 일가친척에게 모든 재물을 나눠주었다.

465 溫恢(온회, 178－223년, 字 曼基) － 太原 祁縣(기현)人, 曹魏 大臣.

466 祁縣(기현)은 今 山西省 중부 晉中市 관할 祁縣. 唐 詩佛인 王維, 晩唐詞人인 溫庭筠(온정균), 《三國演義》 작자 羅貫中의 고향.

향리에서는 온회를 존경하면서 온회를 郇越(순월)[467]과 같다고 생각하였다. 孝廉(효렴)으로 천거되어 (東郡) 廩丘(늠구)의 縣長, (潁川郡) 鄢陵(언릉)[468]과 (清河國) 廣川縣令[469]을 거쳐 彭城(팽성)과 魯國의 相을 역임했는데 임지에서 평판이 좋았다. 조정에 들어와 丞相府의 主簿가 되었고 외직으로 나가 揚州刺史가 되었다.

조조가 말했다.

"경을 곁에 두고 싶지만, 생각해 보면 揚州 자사의 직무도 매우 중요하다. 그래서 《尙書》에서도 「신하도 훌륭하나니! 모든 일이 평안하도다!」[470]라고 하였으니, 놓칠 수 없는 蔣濟(장제)[471]를 또 그 자리에 쓸 수 있겠는가?"

그때 장제는 丹楊 太守로 임명되었는데, 곧 장제를 양주자사로 보냈었다. 또 조조는 張遼(장료)나 樂進(악진) 등에게 "揚州刺史는(溫恢) 군사업무에도 통달하였으니 모든 일을 상의하기 바란다."고 말했다.

....

467 郇越(순월, 생졸년 미상. 字 臣仲) – 전한 말 太原郡 사람. 전한 成帝에서 王莽(왕망) 시기에 생존, 조상이 물려준 재산을 모두 九族에 나눠주었으며 유가 경전에 밝았고 행실이 근신하였다.

468 鄢陵縣은, 今 河南省 許昌市 관할 鄢陵縣.

469 廣川縣은, 今 河北省 동남부 衡水市 관할 景縣.

470 '～元首明哉, 股肱良哉! 庶事康哉!' – '임금이 밝으시면 신하도 훌륭하나니! 모든 일이 평안하도다!' 《尙書 虞書 益稷》의 구절.

471 蔣濟(장제, ?–249年, 字 子通)는 문무를 겸비한 유능한 臣僚로, 조조와 文帝와 明帝를 섬기고 曹芳 재위 중 高平陵의 變 이후 병사했다. 《魏書》 권 14권, 〈程郭董劉蔣劉傳〉에 立傳.

| 原文 |

建安二十四年, 孫權攻合肥, 是時諸州皆屯戍. 恢謂兗州刺史裴潛曰, "此間雖有賊, 不足憂, 而畏征南方有變. 今水生而子孝縣軍, 無有遠備. 關羽驍銳, 乘利而進, 必將爲患." 於是有樊城之事. 詔書召潛及豫州刺史呂貢等, 潛等緩之.

恢密語潛曰, "此必襄陽之急欲赴之也. 所以不爲急會者, 不欲驚動遠衆. 一二日必有密書促卿進道, 張遼等又將被召. 遼等素知王意, 後召前至, 卿受其責矣!"

潛受其言, 置輜重, 更爲輕裝速發, 果被促令. 遼等尋各見召, 如恢所策.

| 국역 |

(獻帝) 建安 24년(서기 219), 孫權은 合肥(합비)를 공격했는데, 그 때는 각 州에 군사가 주둔하고 있었다. 溫恢(온회)가 兗州刺史인 裴潛(배잠)에게 말했다.

"이 일대에 賊人이 있다 해도 걱정할 필요는 없으나, 남쪽 원정군에 변고가 있을까 걱정입니다. 지금 수위가 급속히 불어나고 있는데, 子孝(曹仁, 168－223년)의 관군이 깊이 진군했지만 멀리 내다본 대책이 없습니다. 關羽(관우)는 용맹하고 무예가 뛰어나 승세를 타고 진격할 것이니 틀림없이 환란이 있을 것입니다."

이어 곧 樊城(번성)[472]의 패전이 있었다. 조서를 내려 裴潛(배잠)과

472 樊城(번성)은 보루, 작은 성 이름. 당시 南郡 襄陽縣(양양현) 소재. 今 湖北省

豫州刺史 呂貢(여공) 등을 소환하였는데, 배잠은 출발을 늦추고 있었다. 이에 온회가 배잠에게 조용히 말했다.

"이는 (荊州) 襄陽(양양)의 형세가 위급하여 그쪽을 지원하려는 뜻입니다. 그런데 급하게 소환하지 않는 것은 먼 곳의 백성을 놀라게 하지 않으려는 뜻입니다. 하루나 이틀 쯤이면 밀서가 도착하여 서두르라고 할 것이며 張遼(장료) 등도 소환될 것입니다. 장료 등은 평소에 魏王(曹操)의 뜻을 알기에 뒤에 불렀어도 일찍 도착할 것이고, 경은 魏王의 문책을 당할 것입니다!"

배잠은 그 말을 듣고 치중 물자를 버려두고 경무장으로 서둘러 출발하였는데, 예상대로 서둘러 오라는 명을 받았다. 장료 등도 부름을 받았는데 모든 것이 온회의 예상과 같았다.

| 原文 |

文帝踐阼, 以恢爲侍中, 出爲魏郡太守. 數年, 遷涼州刺史, 持節領護羌校尉. 道病卒, 時年四十五. 詔曰, 「恢有柱石之質, 服事先帝, 功勤明著. 及爲朕執事, 忠於王室, 故授之以萬里之任, 任之以一方之事. 如何不遂, 吾甚愍之!」

賜恢子生爵關內侯. 生早卒, 爵絶. 恢卒後, 汝南孟建爲涼州刺史, 有治名, 官至征東將軍.

···············

襄樊市 樊城區에 해당.

| 국역 |

文帝가 제위에 오르자, 溫恢(온회)는 侍中이 되었다가 魏郡太守로 부임하였다. 몇 년 뒤 涼州刺史가 되었고 부절을 받고 護羌校尉(호강교위)를 대행케 하였다. 부임하는 길에 죽었는데, 45세였다. 文帝가 조서를 내렸다.

「溫恢(온회)는 재상의 자질이 있고 先帝를 모시면서 공적이 뚜렷했다. 짐을 위해 복무하면서 왕실에 충성하였기에 만 리 밖을 다스릴 중임을 맡겼었다. 왜 뜻대로 아니 되는지, 짐은 심히 애통하도다!」

온회의 아들 溫生(온생)에게 關內侯의 작위를 내렸다. 온생이 일찍 죽어 작위는 단절되었다. 온회가 죽은 뒤, 汝南郡 사람 孟建(맹건)이 涼州刺史가 되었는데, 치적으로 이름났었고 관직은 征東將軍이었다.

❻ 賈逵

| 原文 |

賈逵字梁道, 河東襄陵人也. 自爲兒童, 戲弄常設部伍, 祖父習異之, 曰, "汝大必爲將率." ㅁ授兵法數萬言.

初爲郡吏, 守絳邑長. 郭援之攻河東, 所經城邑皆下, 逵堅守, 援攻之不拔, 乃召單于並軍急攻之. 城將潰, 絳父老與援要, 不害逵. 絳人旣潰, 援聞逵名, 欲使爲將, 以兵劫之, 逵不動. 左右引逵使叩頭, 逵叱之曰, "安有國家長吏爲賊叩頭!" 援怒, 將斬之. 絳吏民聞將殺逵, 皆乘城呼曰, "負要殺我賢君, 寧俱死耳!" 左右義逵, 多爲請, 遂得免.

初, 逵過皮氏, 曰, "爭地先據者勝." 及圍急, 知不免, 乃使人間行送印綬歸郡, 且曰 "急據皮氏." 援旣並絳衆, 將進兵. 逵恐其先得皮氏, 乃以他計疑援謀人祝奧, 援由是留七日. 郡從逵言, 故得無敗.

| 국역 |

賈逵(가규)[473]의 字는 梁道(양도)로, 河東郡 襄陵縣[474] 사람이다. 어린아이였을 때도 늘 편을 짜서 전쟁놀이를 했는데 祖父인 賈習(가습)이 특별하다 여기며 "너는 커서 틀림없이 장군이 될 것이다."라고 말했다. 그러면서 兵法 수만 자를 말로 설명해 주었다.

가규는 처음에 郡吏가 되었다가 (河東郡) 絳邑(강읍)의 임시 縣長이 되었다. (袁紹의 아들 袁尙이 임명한 河東太守) 郭援(곽원)이 河東을 평정할 때, 지나온 모든 성읍이 굴복하였지만, 가규가 강읍을 굳게 지켜 곽원의 공격에도 함락되지 않자, 곽원은 흉노 單于(선우)

473 賈逵(가규, 174-228년, 字 梁道) - 逵는 한길 규. 큰 길. 本名 衢(구, 네거리 구), 河東郡 襄陵縣人. 曹魏의 軍政奇才. 가규의 아들 賈充(가충)은 西晉의 開國元勳이다. 가충의 딸 賈南風(가남풍)이 司馬衷(사마충, 司馬炎의 次子, 西晉 2대 황제 惠帝)과 결혼했는데, 뒷날 유명한 西晉의 賈황후이다.

474 河東郡 襄陵縣은, 今 山西省 남부 臨汾市 관할 襄汾縣.

를 불러들여 맹공을 가했다. 강읍의 성이 함락될 위기에 처하자, 강읍의 원로들이 곽원에게 가규를 죽이지 말 것을 요구하였다.

강읍이 함락되자, 곽원은 가규의 명성을 알고 있어 자신의 부장으로 삼으려고 병기로 위협했지만 가규는 동요하지 않았다. 곽원의 측근이 가규에게 고개를 숙이라고 강요하자, 가규가 질책하였다.

"어찌 나라의 長吏가 적에게 머리를 굽히겠는가!"

곽원이 화가 나서 가규를 참수하려고 했다. 강읍의 백성이 가규가 처형된다는 소식을 듣고서는 모두 성에 올라 소리쳤다.

"약속을 어기고 우리의 賢君을 죽인다면 차라리 같이 죽겠다!"

좌우에서 가규를 논의하면서 많은 사람이 청원하여 가규는 살아날 수 있었다.

그전에, 가규가 (河東郡) 皮氏縣(피씨현)[475]에 우연히 들려 말했다.

"쟁탈할 요지를 먼저 차지하는 자가 이긴다."

가규는 포위되어 어찌 막아야 할지 모르면서도, 가규는 몰래 사람을 보내 인수를 郡의 태수에 보내면서 "빨리 皮氏縣을 점거하십시오."라고 전하게 했다.

곽원이 강읍의 군사를 차지하고서 군사를 거느리고 진격하려고 했다. 가규는 곽원이 皮氏縣을 먼저 차지할까 걱정하여 곽원의 謀士 祝奥(축오)에게 다른 방책을 유도케 하여, 곽원은 7일간을 지체하였다. 河東郡에서는 가규의 진언에 따랐고 때문에 함락되지 않았다.

475 河東郡 皮氏縣은, 山西省 서남부 運城市 관할 河津市. 汾河가 黃河에 합류하는 곳. 陝西省 韓城市(司馬遷의 고향)와 마주 보는 곳.

| 原文 |

後擧茂才, 除澠池令. 高幹之反, 張琰將擧兵以應之. 逵不知其謀, 往見琰. 聞變起, 欲還, 恐見執, 乃爲琰畫計, 如與同謀者, 琰信之. 時縣寄治蠡城, 城塹不固, 逵從琰求兵脩城. 諸欲爲亂者皆不隱其謀, 故逵得盡誅之. 遂脩城拒琰. 琰敗, 逵以喪祖父去官, 司徒闢爲掾, 以議郎參司隸軍事.

太祖征馬超, 至弘農, 曰 "此西道之要." 以逵領弘農太守. 召見計事, 大悅之, 謂左右曰, "使天下二千石悉如賈逵, 吾何憂?" 其後發兵, 逵疑屯田都尉藏亡民. 都尉自以不屬郡, 言語不順. 逵怒, 收之, 數以罪, 撾折脚, 坐免. 然太祖心善逵, 以爲丞相主簿.

太祖征劉備, 先遣逵至斜谷觀形勢. 道逢水衡, 載囚人數十車, 逵以軍事急, 輒竟重者一人, 皆放其餘. 太祖善之, 拜諫議大夫, 與夏侯尙並掌軍計. 太祖崩洛陽, 逵典喪事.

時鄢陵侯彰行越騎將軍, 從長安來赴, 問逵先王璽綬所在. 逵正色曰, "太子在鄴, 國有儲副. 先王璽綬, 非君侯所宜問也."

遂奉梓宮還鄴.

| 국역 |

賈逵(가규) 는 뒷날 茂才(무재, 秀才)로 천거되어, (弘農郡) 澠池(민지) 현령이 되었다. (원소의 생질) 高幹(고간)이 반기를 들자, (弘農

郡의) 張琰(장염)[476]도 거병하여 고간에 호응하였다. 가규는 그 음모도 모른 채 장염을 만났었다. 가규는 변란이 일어났다는 소식을 듣고 잡힐까 걱정되어, 장염을 만나 방책을 논의하며 동모자처럼 행동하자, 장염이 신임하였다. 그때 縣의 치소는 蠡城(여성)이었는데, 城塹(성참)이 튼튼하지 못하여 가규는 장염에게 성벽을 보수할 군사를 빌릴 수 있었다. 반란에 동참하는 자들은 가규에게 그 본심을 숨기지 않았기에 가규는 가담자들을 모조리 주살하였다. 성곽 수리를 마친 가규는 장염에 저항하였다. 장염이 패망한 뒤에 가규는 조부의 상을 당해 관직을 사임했고, (나중에) 가규는 司徒府의 부름을 받고 掾吏(연리)가 되었으며, 議郞으로 司隸校尉의 參軍이 되었다.

조조가 馬超(마초)를 토벌하러 弘農郡에 와서는 "이곳은 西道로 통하는 要地이다."라고 말하고, 가규를 弘農太守 대행에 임명하였다. 조조가 가규를 불러 업무를 협의한 뒤에 크게 기뻐하며 측근들에게 "온 나라 태수가 모두 가규와 같다면 내가 무슨 걱정을 하겠나?"라고 말했다. 그 뒤에 군사를 징발하는데, 가규는 屯田都尉가 도망친 백성을 숨겨두었다고 의심했다. 둔전도위는 자신이 郡에 소속되지 않았다 하여 언사가 불손하였다. 가규는 화가 나서 둔전도위를 잡아 잘못을 하나하나 꾸짖으며 때려서 다리를 분질러버렸는데, 이 때문에 가규는 면직되었다. 그러나 조조는 마음으로 가규가 잘했다고 생각하여 丞相府 主簿(주부)에 임용했다.

조조가 유비를 원정하면서 먼저 가규를 斜谷(사곡)[477]에 보내 형

476 위의 ❹ 〈張旣傳〉 참고.

477 關中과 巴, 蜀을 연결하는 길로 전국시대부터 뚫린 길이 褒斜谷(포사곡, 포야곡)인데 褒谷(포곡)과 斜谷(사곡, 야곡)의 험로이다. 褒水(포수, 남쪽 漢水에 합

세를 살펴보게 하였다. 가는 도중에 수십 대의 수레에 죄수를 태워 호송 중인 水運을 관리하는 관원을(水衡) 만나자, 가규는 갈 길이 바쁜데도 죄수를 심리하여 중죄인 1명을 제외한 나머지 전원을 풀어주었다. 조조는 이를 잘했다며, 가규를 諫議大夫로 발탁하여 夏侯尙(하후상)과 함께 군사 업무를 담당케 하였다. 魏王 조조가 洛陽에서 죽자, 가규는 喪事를 주관하였다.

그때 鄢陵侯(언릉후) 曹彰(조창, 조조의 아들)은 越騎將軍 대행이었는데, 長安에서 낙양으로 와서 가규에게 先王의 국새(璽)와 인끈(綬)의 소재를 물었다. 이에 가규가 정색을 하고 말했다.

"태자가 鄴縣에 계시고, 나라에 왕위 계승자가 있습니다. 先王의 璽綬(새수)는 君侯께서 물어볼 일이 아닙니다."

가규는 魏王의 梓宮(재궁, 靈柩)를 모시고 鄴縣으로 돌아왔다.

‖原文‖

文帝卽王位, 以鄴縣戶數萬在都下, 多不法, 乃以逵爲鄴令. 月餘, 遷魏郡太守. 大軍出征, 復爲丞相主簿祭酒. 逵嘗坐人

⋯⋯⋯⋯⋯⋯

류)와 斜水(사수, 야수, 북쪽 渭水에 합류)의 협곡을 褒斜谷(포사곡, '首尾 七百里', 약 250km)이라 하는데, 이곳을 통과하는 人工 棧道(잔도)로 南의 漢中郡 褒城(포성)에서 시작하여 雞頭關, 馬道, 武休關, 武關驛과 斜谷(사곡)을 거쳐 陝西省 眉縣(미현)에 이르는 길이었다. 지금은 사용하지 않으나 그 유구가 곳곳에 남아 있다. 前漢 말기에서 왕망 시기에 개통되어 關中과 巴, 蜀을 연결하는 남북 약 330km의 子午谷은 북쪽 陝西省 長安縣 서남 秦嶺山에서 시작하여 남쪽 石泉縣에 이르는 길이다. 여기도 역시 절벽과 계곡에 棧道(잔도)를 설치하여 통행이 가능하다.

爲罪, 王曰, "叔向猶十世宥之, 況逵功德親在其身乎?" 從至黎陽, 津渡者亂行, 逵斬之, 乃整. 至譙, 以逵爲豫州刺史.

是時天下初復, 州郡多不攝. 逵曰, "州本以御史出監諸郡, 以六條詔書察長吏二千石已下, 故其狀皆言嚴能鷹揚有督察之才, 不言安靜寬仁有愷悌之德也. 今長吏慢法, 盜賊公行, 州知而不糾, 天下復何取正乎?"

兵曹從事受前刺史假, 逵到官數月, 乃還. 考竟其二千石以下阿縱不如法者, 皆擧奏免之. 帝曰, "逵眞刺史矣." 布告天下, 當以豫州爲法. 賜爵關內侯.

| 국역 |

조비가 왕위에 오른 뒤, 鄴縣(업현)의 수만 民戶가 도성에 거주했는데, 이들 중 다수가 불법을 자행하자 가규를 鄴 현령에 임명했다. 한 달 남짓에 가규는 魏郡太守로 승진했다. 大軍이 출정하면서 가규는 다시 丞相府 主簿祭酒가 되었다. 가규는 전에 다른 사람의 죄에 연루된 적이 있었는데, 위왕이 말했다.

"叔向(숙향)은 그 후손 10대까지 사면을 받았는데, 가규의 공덕으로 일신의 죄를 사면받지 못하겠는가?"

가규는 文帝를 따라 黎陽(여양)에 도착하였는데, 나루를 건너려는 자들이 멋대로 어지럽게 놀자, 가규가 몇 사람을 죽여 질서를 잡았다. 譙縣(초현)에 이르러 가규는 豫州刺史가 되었다. 그때 천하가 겨우 질서가 잡혔지만 州郡에서는 국가의 통제가 잘 먹혀들지 않았다. 이에 가규가 말했다.

"州의 자사는 본래 여러 군을 감사하는 어사이니 6개 조항의 조서에 의거 태수 이하의 관리를 감찰하기에 자사의 언행은 마치 사냥 매가 날아오르듯 엄격해야 하며, 자상하고 조용하며 관대 후덕해야 한다고 말할 수 없다. 지금 태수나 현령, 관리들이 법도를 잘 지키지 않고 도적이 공공연히 횡행하는데, 자사가 알고서도 규찰하지 않는다면 천하는 언제 바로잡힐 수 있겠는가?"

兵曹從事가 전임 자사로부터 휴가를 받았다 하여 가규가 부임한 지 몇 달이 지나서야 돌아왔다. 가규는 태수 이하 아부하거나 방종으로 법도를 지키지 않는 자들을 끝까지 조사 추궁하여 상주한 뒤에 모두 면직시켰다. 이에 문제는 "가규가 진짜 자사로다."라고 말했다. 그리고 천하에 豫州자사를 본보기로 삼으라고 포고하였고 關內侯의 작위를 하사하였다.

| 原文 |

州南與吳接, 逵明斥候, 繕甲兵, 爲守戰之備, 賊不敢犯. 外修軍旅, 內治民事, 遏鄢,汝, 造新陂, 又斷山溜長谿水, 造小弋陽陂, 又通運渠二百餘里, 所謂賈侯渠者也.

黃初中, 與諸將並征吳, 破呂範於洞浦, 進封陽里亭侯, 加建威將軍. 明帝卽位, 增邑二百戶, 並前四百戶. 時孫權在東關, 當豫州南, 去江四百餘里. 每出兵爲寇, 輒西從江夏, 東從廬江. 國家征伐, 亦由淮,沔. 是時州軍在項, 汝南,弋陽諸郡, 守境而已. 權無北方之虞, 東西有急, 並軍相救, 故常少敗. 逵以爲宜開直道臨江, 若權自守, 則二方無救, 若二方無救, 則東關可取. 乃移屯潦口, 陳攻取之計, 帝善之. 吳將張嬰,王崇率衆降.

| 국역 |

豫州(예주)는 남쪽으로 吳와 접경하고 있어, 가규는 공식적으로 척후병을 보내고 갑옷이나 병기를 수선하며 방어와 공격용 장비를 준비하였기에 적군이 감히 침범하지 못했다. 가규는 대외적으로 군대를 정비하고 대내적으로 백성을 위한 정사를 폈으니, 鄢水(언수)와 汝水(여수)를 막아 새로운 洑(보)를 만들거나, 산을 끊어 계곡 물을 끌어오고, 小弋陽陂(소익양피, 저수지 이름)를 만들었으며, 2백여 리에 달하는 人工水路를 개통시키니, 백성들은 이를 賈侯渠(가후거, 渠 도랑 거)라고 통칭했다.

(文帝) 黃初 연간에, 여러 장군과 함께 吳를 정벌하면서 吳의 呂範(여범)[478]을 洞浦(동포)에서 격파하여 작위가 올라 陽里亭侯가 되었고 建威將軍의 직함을 받았다.

明帝가 즉위하고 식읍 2백 호를 늘려 받아 총 4백 호가 되었다. 그때 손권은 東關(동관)[479]이란 곳에 주둔하였는데, 豫州의 남쪽이었

478 呂範(여범, ?-228年, 字 子衡) - 關羽를 격파한 주장. 東吳의 大將軍 역임. 〈吳書〉 11권, 〈朱治朱然呂範朱桓傳〉에 입전.

479 東關은 관문 이름. 今 安徽省 중동부 巢湖市 巢縣 남쪽. 濡須山에 위치.

고 長江에서 4백여 리나 북쪽이었다.

손권은 군사를 풀어 노략질을 하니, 서쪽으로는 江夏郡(강하군)에서 동쪽으로 廬江郡(여강군)에 이르렀다. 나라에서는 吳를 정벌하려고 淮水(회수)와 沔水(면수)에서 대군이 출발하였다. 그때 예주의 군사는 (陳郡) 項縣(항현)[480] 및 汝南(여남)과 弋陽郡(익양군)[481]의 각지에서 국경을 방어하고 있었다. 손권은 북방의 침입에는 대비하지 않고 東西에서 위급한 상황이면 군대를 서로 지원하고 있어 평상시 손실이 거의 없었다.

가규는 군사 작전으로 長江에 이르는 통로를 확보하면 손권의 군사는 자체 방어를 해야 하고, 그러면 동, 서간 상호 구원할 수 없을 것이며 그때 魏는 東關(동관)을 탈취할 수 있을 것이라 생각하였다. 이에 예주의 군사를 潦口(요구)란 곳으로 이동 배치하여 진격할 방책을 수립하자, 明帝는 좋다고 인정하였다. 吳의 장수 張嬰(장영)과 王崇(왕숭)이 그 군사를 거느리고 투항했다.

| 原文 |

太和二年, 帝使逵督前將軍滿寵,東莞太守胡質等四軍, 從西陽直向東關, 曹休從皖, 司馬宣王從江陵. 逵至五將山, 休

480 項縣(항현)은 汝南郡 → 陳郡으로 소속이 바뀌었다. 今 河南省 동부 周口市 관할 沈丘縣.

481 弋陽郡(익양군) – 曹魏 黃初 원년(서기 220)에 汝南郡과 江夏郡을 분할하여 설치한 군. 치소는 弋陽縣, 今 河南省 남부 信陽市 관할 潢川縣(황천현).

更表賊有請降者, 求深入應之. 詔宣王駐軍, 逵東與休合進. 逵度賊無東關之備, 必並軍於皖, 休深入與賊戰, 必敗. 乃部署諸將, 水陸並進, 行二百里, 得生賊, 言休戰敗, 權遣兵斷夾石. 諸將不知所出, 或欲待後軍.

逵曰, "休兵敗於外, 路絶於內, 進不能戰, 退不得還, 安危之機, 不及終日. 賊以軍無後繼, 故至此. 今疾進, 出其不意, 此所謂先人以奪其心也, 賊見吾兵必走. 若待後軍, 賊已斷險, 兵雖多何益!"

乃兼道進軍, 多設旗鼓爲疑兵, 賊見逵軍, 遂退. 逵據夾石, 以兵糧給休, 休軍乃振. 初, 逵與休不善. 黃初中, 文帝欲假逵節, 休曰, "逵性剛, 素侮易諸將, 不可爲督."

帝乃止. 及夾石之敗, 微逵, 休軍幾無救也.

| 국역 |

(明帝) 太和 2년(서기 228), 명제는 賈逵(가규)에게 前將軍 滿寵(만총),[482] 東莞(동완) 태수 胡質(호질)[483] 등 4軍을 감독하여 西陽(서양)에서 (손권이 주둔한) 東關(동관)으로 직행케 했고, 曹休(조휴)는 廬江郡(여강군)의 皖縣(환현)[484]에서, 사마의는 江陵(강릉)에서 출발케

482 滿寵(만총, ?-242년, 字 伯寧) - 曹魏 武將, 신장 八尺. 청렴했던 장군. 《魏書》 26권, 〈滿田牽郭傳〉에 立傳.

483 胡質 - 《魏書》 27권, 〈徐胡二王傳〉에 입전.

484 揚州 자사부 廬江郡(여강군)의 皖縣(환현), 今 安徽省 서남부 皖河 상류 安慶市 관할 潛山縣.

했다.

가규가 五將山(오장산)에 도착했을 때, 조휴는 적군 중에 투항을 요청하는 자가 있어 적지에 깊이 들어가 구원하겠다고 다시 표문을 올렸다. 이에 조서로 사마의에게 진군을 멈추게 하고, 가규는 동쪽으로 가서 조휴의 군사와 함께 진격케 하였다. 가규는 吳나라 군사가 東關을 방비할 준비가 없다는 것을 알고 환현에서 합세하기로 했으나, 조휴가 적진 깊이 진격하면 필패할 것이라 생각했다. 이에 가규는 여러 장수를 재편하여 수륙으로 함께 전진하여 2백 리 정도 행군했고, 포로로 잡은 적군은 조휴가 대패했으며[485] 손권은 군사를 보내 夾石(협석)[486]이란 곳을 차단했다고 말했다. 장수들은 어찌할 바를 모른 채 뒤에 오는 군사를 기다리려고 했다. 이에 가규가 말했다.

"조휴의 군사는 밖에서 패했고 안으로는 진군할 도로가 차단되었으니, 진군해도 싸울 수 없고 퇴군해도 돌아갈 수가 없는 이 중대한 시기에 하루 종일 기다릴 수만은 없다. 적들은 우리의 후속 부대가 없음을 알고 이렇게 나온 것이다. 지금 서둘러 진격하여 그들이 예상하지 못할 때 공격해야 하나니, 이를 두고 옛사람들은 적의 마음을 빼앗는다고 했으니, 적은 우리가 출현하면 틀림없이 달아날 것이다. 만약 우리가 후속부대를 기다리는 동안 적이 우리 후방을 끊는다면 군사가 아무리 많아도 어찌 하겠는가!"

이에 2배 속도로 행군하면서 곳곳에 깃발과 북을 설치하여 疑兵

485 太和 2년(서기 228) 9월에, 曹休(조휴)는 군사를 거느리고 皖縣(환현)에 도착하여 吳將 陸議(육의)와 石亭(석정)에서 싸웠지만 패전하였다. 庚子日에 大司馬 曹休(조휴)가 패전에 따른 수치심이 병이 되어 죽었다.

486 夾石(협석)은, 今 安徽省 서남부 安慶市 관할 桐城市 북쪽 소재 北峽關.

을 꾸미자, 적은 가규의 군사를 보고 마침내 철수하였다. 가규는 夾石(협석)을 점거한 다음에 군량을 조휴의 군대에 보내주자, 조휴의 군사는 다시 사기가 올랐다.

그전에 가규와 조휴는 사이가 나빴다. (文帝) 黃初 연간에, 文帝가 가규에게 부절을 내리려 하자, 조휴는 "가규는 모진 성질이라서 평소에 여러 장수를 무시하였으니 감독이 되어서는 안 됩니다."라고 말했다.

그래서 문제는 그만두었었다. 이번에 夾石(협석)의 패배에 가규의 도움이 없었으면 조휴의 군사는 아무 구원도 없을 뻔했다.

| 原文 |

會病篤, 謂左右曰, "受國厚恩, 恨不斬孫權以下見先帝. 喪事一不得有所脩作." 薨, 諡曰肅侯. 子充嗣. 豫州吏民追思之, 爲刻石立祠.

青龍中, 帝東征, 乘輦入逵祠, 詔曰,

「昨過項, 見賈逵碑像, 念之愴然. 古人有言, 患名之不立, 不患年之不長. 逵存有忠勳, 沒而見思, 可謂死而不朽者矣. 其布告天下, 以勸將來.」

充, 咸熙中爲中護軍.

‖ 국역 ‖

가규는 마침 병이 위독하자 측근에게 말했다.

"나라의 두터운 은덕을 받고도 손권을 죽이지 못하고 죽어 先帝를 뵙는 것이 한스럽다. 喪事에 무엇 하나 새로 만들지 말라."

그리고 죽었는데(時年 55세), 시호는 肅侯(숙후)였다. 아들 賈充(가충)[487]이 작위를 이었다. 豫州의 관리나 백성은 가규를 추모하여 비석과 사당을 세웠다. (明帝) 青龍 연간에(서기 233－236년), 명제는 東吳를 원정하던 중 연을 타고 가규의 사당에 들려 조서를 내렸다.

「어제 (陳郡) 項縣(항현)을 지나면서 賈逵(가규)의 비석을 보고 슬픔에 잠겨 회상했노라 옛사람이 말했으니, 명성을 날리지 못한 것을 걱정하더라도 단명을 걱정하지 말라고 하였다. 가규는 충성스런 공훈을 세웠고 죽었지만 보고 싶으니, 죽었어도 이름은 죽지 않는 사람이라고 말할 수 있도다. 이를 온 세상에 널리 알려 후세 사람을 권면케 하라.」

賈充(가충)은 (曹奐의) 咸熙 연간에(서기 264－265) 中護軍이 되었다.

‖ 原文 ‖

評曰, 自漢季以來, 刺史總統諸郡, 賦政於外, 非若曩時司

487 賈充(가충, 217－282년, 字 公閭) － 曹魏 豫州刺史 賈逵(가규)의 아들. 뒷날 西晉 建國 공신, 司馬昭, 司馬炎의 심복. 그 딸 賈南風이 司馬炎의 아들 司馬衷(사마충)과 결혼. 뒷날 서진의 정치판에 큰 영향력을 행사했다.

察之而已. 太祖創基, 迄終魏業, 此皆其流稱譽有名實者也. 咸精達事機, 威恩兼著, 故能肅齊萬里, 見述於後也.

| 국역 |

陳壽의 評論 : 漢末 이래로, 刺史가 여러 군을 총괄하면서, 원래의 책무 이외에 賦稅(부세)와 行政도 담당하였으니 옛날의 司察(사찰, 査察) 기능만은 아니었다. 武帝(曹操)가 나라의 기틀을 세우고 曹魏의 대업을 성취한 것은 좋은 명성과 함께 실질적 공적을 세운 사람들의 도움이 있었다. 여기 실린 모두는 정무 처리에 능숙했고 권위와 은택을 함께 베푼 사람으로 일만 리 넓은 땅을 안정케 하여 후세 사람의 칭송을 받았다.

16권 〈任蘇杜鄭倉傳〉(魏書 16)
(임,소,두,정,창전)

❶ 任峻

| 原文 |

任峻字伯達, 河南中牟人也. 漢末擾亂, 關東皆震. 中牟令楊原愁恐, 欲棄官走. 峻說原曰, "董卓首亂, 天下莫不側目, 然而未有先發者, 非無其心也, 勢未敢耳. 明府若能唱之, 必有和者." 原曰, "爲之奈何?" 峻曰, "今關東有十餘縣, 能勝兵者不減萬人, 若權行河南尹事, 總而用之, 無不濟矣." 原從其計, 以峻爲主簿.

峻乃爲原表行尹事, 使諸縣堅守, 遂發兵. 會太祖起關東, 入中牟界, 衆不知所從, 峻獨與同郡張奮議, 擧郡以歸太祖.

峻又別收宗族及賓客家兵數百人, 願從太祖. 太祖大悅, 表峻爲騎都尉, 妻以從妹, 甚見親信.

太祖每征伐, 峻常居守以給軍. 是時歲飢旱, 軍食不足, 羽林監潁川棗祗建置屯田, 太祖以峻爲典農中郞將, 募百姓屯田於許下, 得穀百萬斛, 郡國列置田官, 數年中所在積粟, 倉廩皆滿.

官渡之戰, 太祖使峻典軍器糧運. 賊數寇鈔絶糧道, 乃使千乘爲一部, 十道方行, 爲復陳以營衛之, 賊不敢近. 軍國之饒, 起於棗祗而成於峻. 太祖以峻功高, 乃表封爲都亭侯, 邑三百戶, 遷長水校尉.

| 국역 |

任峻(임준)[488]의 字는 伯達(백달)이며, 河南尹 中牟縣(중모현)[489] 사람이다. 漢末에 세상이 소란하며 關東 지역도 뒤흔들렸다. 中牟(중모) 현령인 楊原(양원)은 걱정하며 두려워 관직을 버리고 도망치려 했다. 이에 임준이 양원에게 말했다.

"동탁이 분란을 일으킨 이후 세상 사람 모두가 동탁을 원수처럼 생각하지만 먼저 나서지 못하는 것은 뜻이 없어서가 아니라 형세가 그렇지 못하기 때문입니다. 지금 明府께서 선창하신다면 틀림없이 호응이 있을 것입니다."

488 任峻(임준, ?-204년, 字 伯達) - 曹魏의 屯田制(둔전제) 정착에 크게 기여.

489 中牟縣(중모현)은, 今 河南省 중부 鄭州市 관할 中牟縣, 河水 남안. 牟는 소가 우는 소리 모.

이에 양원은 "어떻게 하면 되는가?"라고 물었다. 임준이 대답했다.

"지금 關東에 10여 현이 있지만 군사가 될 만한 자는 1만 명도 안 되니, 만약 河南尹 직무를 대행하여 河南의 백성을 동원하면 무슨 일이든 할 수 있습니다."

양원은 그 말에 따르면서 임준을 主簿(주부)에 임명했다.

임준은 양원이 하남윤의 직무를 대행하겠다는 표문을 올리고, 여러 현에 대해서는 굳게 지키라 지시하면서 거병하였다. 마침 조조가 關東에서 기병한 뒤 중모현에 들어가자 많은 사람들은 누구를 따라야 할지 몰랐는데, 임준만은 同郡의 張奮(장분)과 협의한 뒤, 하남윤 전체를 들어 조조에게 귀부하였다. 임준은 또 별도로 종족과 자신의 빈객과 家兵 수백 명과 함께 자원하여 조조를 지원하였다. 조조는 크게 좋아하며 표문을 올려 임준을 騎都尉에 임명했고 사촌 누이를 아내로 주면서 크게 신임하였다.

조조가 정벌에 나설 때마다 임준은 늘 군량 공급을 담당했다. 그 해는 흉년이 들어 군량이 부족했는데, 羽林監(우림감)인 潁川郡(영천군) 사람 棗祗(조지)[490]가 屯田의 시행[491]을 건의하자, 조조는 임준을

490 棗祗(조지, 生卒年 미상) - 棗는 대추나무 조. 성씨. 潁川郡 長社縣 출신. 東阿 현령, 羽林監, 屯田都尉, 陳留太守 역임. 屯田制를 韓浩(한호)와 함께 최초로 건의한 사람. 삼국 초 曹操의 북방 통일에 크게 기여했다.

491 군량 자급을 위해 짓는 농사가 屯田이다. 전한 武帝 때 서역과의 교통을 위해 屯田校尉를 설치했었다. 후한에서는 서역도호의 속관으로 둔전을 관장하는 戊己校尉(무기교위)가 있었다. 둔전제는 兵農一致의 군사제도로 유사 시 군량 수송의 불편을 해결하려는 취지로 군부대 주둔지에서만 실행되었다. 후한 말 조조가 채택한 둔전제는 황건적 진압 과정에서 노획한 農牛와 농기구를 유민에게 대여하여 許都 부근에서 농사를 짓게 하였다.

典農中郎將에 임명하였고, 백성을 모아 許縣 부근에서 둔전케 하여 군량 百萬 斛(곡)을 거두자, 각郡國에 田官(둔전 담당관)을 설치하여 몇 년 만에 비축한 곡식이 창고마다 가득 찼다.

(원소와 싸운) 官渡의 전투에서 조조는 임준을 典軍器糧運에 임명했었다. 원소 군사의 노략질로 군량 공급이 자주 끊기자, 임준은 수레 1천 량을 1부대로 편성하여, 10개의 길로 운행케 하며 二重 방위병을 설치 운영하자 적이 접근하지 못했다. 이러한 軍國의 풍요는 棗祗(조지)에서 시작하여 임준에 의해 완성되었다. 조조는 임준의 큰 공적을 상신하여 都亭侯에 봉했는데 식읍은 3백호였으며, 임준은 長水校尉[492]로 승진했다.

| 原文 |

峻寬厚有度而見事理, 每有所陳, 太祖多善之. 於饑荒之

曹魏의 둔전제는 둔전을 民屯과 軍屯으로 대별할 수 있고, 전국 州郡에 이를 담당하는 田官(典農中郎將)을 설치하였다. 이는 이전의 군부대 중심의 둔전과 달랐다. 曹魏의 둔전제는 국가 재정 확보와 軍卒 보충에 기여하여 曹魏의 안정적 발전을 가져왔다. 전농중랑장은 둔전 지역의 민정과 생산 활동 감독과 조세 징수 등을 담당하였고, 질록은 二千石 태수와 같았다. 曹魏 멸망 직전(서기 264년)에 둔전 지역을 郡으로 승격시켰다.

492 長水校尉 - 後漢에서는 五校尉를 두어 중앙 禁軍을 지휘케 하였는데, 校尉의 질록은 比 2천석으로 고위 무관이다. 屯騎校尉. 越騎校尉, 步兵校尉, 長水校尉, 射聲校尉를 지칭한다. 무관 지휘관으로 將軍-中郎將-校尉의 三級이 있는데, 단위 부대를 校라 하고 一校의 지휘관이 校尉이다. 교위 아래에 丞과 司馬 등 속관을 두었다. 長水校尉는 흉노족 출신 기병 3,000명을 통솔하였고, 장수교위의 속관인 長水司馬는 질록 1천석이었다. 나머지 교위의 병력은 7백 명이었다. 그 외에 城門校尉(낙양 12개, 각 성문 수비를 담당)가 있었다.

際, 收恤朋友孤遺, 中外貧宗, 周急繼乏, 信義見稱. 建安九年薨, 太祖流涕者久之. 子先嗣. 先薨, 無子, 國除. 文帝追錄功臣, 謚峻曰成侯. 復以峻中子覽爲關內侯.

| 국역 |

任峻(임준)은 寬厚하고 도량이 넓고 사리를 잘 알아 건의를 자주 했는데 조조의 칭찬이 많았다. 흉년이 들면 죽은 벗의 자식이나 내외의 가난한 일족을 많이 구휼하여 그 신의로 칭송이 많았다.

建安 九年(서기 204)에 죽었는데, 조조는 한동안 눈물을 흘렸다. 아들 任先(임선)이 계승했다. 임선이 죽고, 아들이 없어 나라가 없어졌다. 文帝 때 공신을 추가 기록하면서 임준의 시호를 成侯(성후)라 했다. 또 임준의 작은아들 任覽(임람)을 關內侯에 봉했다.

❷ 蘇則

| 原文 |

蘇則字文師, 扶風武功人也. 少以學行聞, 擧孝廉茂才, 辟公府, 皆不就. 起家爲酒泉太守, 轉安定,武都, 所在有威名.

太祖征張魯, 過其郡, 見則悅之, 使爲軍導. 魯破, 則綏定下辯諸氐, 通河西道, 徙爲金城太守. 是時喪亂之後, 吏民流散飢窮, 戶口損耗, 則撫循之甚謹.

外招懷羌胡, 得其牛羊, 以養貧老. 與民分糧而食, 旬月之間, 流民皆歸, 得數千家. 乃明爲禁令, 有干犯者輒戮, 其從教者必賞. 親自教民耕種, 其歲大豐收, 由是歸附者日多.

李越以隴西反, 則率羌胡圍越, 越卽請服. 太祖崩, 西平麴演叛, 稱護羌校尉. 則勒兵討之. 演恐, 乞降. 文帝以其功, 加則護羌校尉, 賜爵關內侯.

| 국역 |

蘇則(소칙)[493]의 字는 文師(문사)로, 우부풍 武功縣 사람이다. 젊어 학행으로 잘 알려졌고, 孝廉과 茂才(무재)로 천거를 받아 三公府의 부름을 받았지만 응하지 않았다. 나중에 在家 중에 관직에 바로 임용되어(起家) 酒泉太守가 되었고, 安定郡과 武都郡[494]의 태수로 임지에서 위엄과 명성이 있었다.

조조가 張魯(장로)를 원정하면서 그 郡에 들려 만나보고 좋아하며 軍中의 嚮導(향도)를 부탁했다. 장로를 격파한 다음에, (소칙은) 下辯縣 주변의 여러 氐族(저족)을 안정시켜 河西의 길을 교통할 수 있게 하였으며 金城太守[495]로 전근하였다. 이때는 혼란한 시대 뒤끝이라서 관리와 백성이 유랑했고 굶주려 민호가 격감하였기에 백성을

493 蘇則(소칙, ?-223年, 字 文師) - 扶風 武功縣(今 陝西省 咸陽市 武功縣)人. 河西 지역 평정에 공을 세웠다. 《魏書》 16권, 〈任蘇杜鄭倉傳〉에 입전.

494 安定郡 治所는 臨涇縣, 今 甘肅省 동부 慶陽市 관할 鎭原縣. 武都郡 治所는 下辨縣, 今 甘肅省 남부 隴南市 成縣.

495 金城郡 治所는 允吾縣, 今 甘肅省 臨夏回族自治州 永靖縣. 省都인 蘭州市 서쪽.

잘 위무하였다.

소칙은 밖으로 羌族과 흉노들을 회유하여 그들의 소나 羊으로 빈민과 노인의 부양했다. 또 백성과 식량을 나눠 먹자 한 달 남짓에 귀부하는 유민이 수천 호나 되었다. 소칙은 禁令을 분명히 하면서 위반자는 바로 처형했고 따르는 자에게는 필히 상을 내렸다. 백성과 함께 직접 교화하고 농사를 지어 그해에 대풍을 거두자, 귀부하는 백성이 날마다 많아졌다.

李越(이월)이란 자가 隴西郡(농서군)에서 반기를 들자, 소칙은 강족과 흉노를 동원하여 이월을 포위하자, 이월은 곧 굴복하였다. 魏王(曹操)이 죽은 뒤, 西平郡[496]의 麴演(국연)[497]이 배반하며 護羌校尉(호강교위)를 자칭했는데, 소칙이 군사를 동원하여 토벌에 나서자 국연은 두려워 투항했다. 文帝는 그 공적으로 소칙에게 護羌校尉를 加官했고 關內侯의 작위를 내렸다.

| 原文 |

後演復結旁郡爲亂, 張掖張進執太守杜通, 酒泉黃華不受太守辛機, 進,華皆自稱太守以應之. 又武威三種胡並寇鈔, 道路斷絶. 武威太守毌丘興告急於則. 時雍,涼諸豪皆驅略羌

496 西平郡 治所는 西都縣, 今 青海省 동부 西寧市. 西都, 臨羌, 破羌, 安夷의 4縣을 관장.

497 그전 建安 20년(서기 215) 5월에, 西平郡의 麴演(국연)은 蔣石(장석)과 함께 韓遂(한수)를 죽여 首級(수급)을 보내왔다.

胡以從進等, 郡人咸以爲進不可當. 又將軍郝昭,魏平先是各屯守金城, 亦受詔不得西度.

則乃見郡中大吏及昭等與羌豪帥謀曰, "今賊雖盛, 然皆新合, 或有脅從, 未必同心. 因釁擊之, 善惡必離, 離而歸我, 我增而彼損矣. 旣獲益衆之實, 且有倍氣之勢, 率以進討, 破之必矣. 若待大軍, 曠日持久, 善人無歸, 必合於惡, 善惡旣合, 勢難卒離. 雖有詔命, 違而合權, 專之可也."

於是昭等從之, 乃發兵救武威, 降其三種胡, 與興擊進於張掖. 演聞之, 將步騎三千迎則, 辭來助軍, 而實欲爲變. 則誘與相見, 因斬之, 出以徇軍, 其黨皆散走. 則遂與諸軍圍張掖, 破之, 斬進及其支黨, 衆皆降. 演軍敗, 華懼, 出所執乞降, 河西平. 乃還金城. 進封都亭侯, 邑三百戶.

| 국역 |

뒷날 麴演(국연)은 다시 이웃 郡과 연합하여 반란을 일으켰고, 張掖郡(장액군)[498]의 張進(장진)은 太守 杜通(두통)로 인질로 잡았고, 酒泉郡[499]의 黃華(황화)는 太守 辛機(신기)의 부임을 막았는데, 장진과 황화는 태수를 자칭하며 국연에 호응하였다. 또 武威郡의 소수민족 3족(羌族, 氐族, 匈奴族)과 함께 노략질을 자행하자 도로가 단절되었다.

498 張掖郡(장액군) 治所는 觻得縣(역득현), 今 甘肅省 중부 張掖市.

499 酒泉郡의 治所는 祿福縣. 今 甘肅省 서북부 酒泉市.

武威 太守[500]인 毌丘興(관구흥)이 蘇則(소칙)에게 위급을 알렸다. 그때 雍州(옹주)와 涼州(양주)의 여러 호족들은 모두 羌族과 흉노를 동원하여 장진을 따라 노략질을 자행하였는데 군민들은 장진을 당할 수 없다고 생각하였다. 또 將軍인 郝昭(학소)와 魏平(위평)은 전부터 金城郡에 주둔하고 있었지만 조서를 받고서 서쪽으로 진격 구원하지 못하고 있었다.

소칙은 이에 金城郡의 大吏와 학소 및 강족의 우두머리와 함께 의논하며 말했다.

"지금 반적의 무리가 강성하다지만 모두 금방 합세했거나 위협 때문에 따르는 자들이니, 한마음이 되지 않았습니다. 그런 틈을 이용하여 우리가 공격하면 분명 선인과 악인이 분리될 것이고 선한 자들은 우리를 따를 것이니 우리는 불어나지만 적은 줄어듭니다. 실질적인 세력이 늘어나면 사기가 오를 것이며, 무리를 거느리고 진격 토벌한다면 틀림없이 격파할 수 있습니다. 그러나 大軍의 지원을 기다리며 오래 끌다보면 선인은 우리에게 귀부할 수 없고, 결국 악인에 동조하여 떼어낼 수가 없을 것입니다. 비록 조정 명령을 어기더라고 형편에 따라 공격을 결단하는 것이 좋을 것입니다."

이에 학소 등이 동의하자, 곧 군사를 출동하여 武威郡을 구원하고 여러 이민족의 투항을 받고, 관구흥과 함께 장액군을 공격하였다. 국연은 소식을 듣고 보병과 기병 3천여 명을 거느리고 소칙을 맞이하면서, 말로는 관군을 돕는다고 하면서도 반란을 계속하려 했

500 武威郡(무위군)의 치소는 姑臧縣(고장현), 今 甘肅省 중부 武威市. 長安에서 서쪽으로 가면 武威郡 – 張掖郡(장액군) – 酒泉郡 – 敦煌郡이고, 그 밖은 西域都護府 관할이었다.

다. 이에 소칙은 국연을 유인하여 바로 국연을 참수한 뒤에 그 수급을 내보이자 그 무리들은 모두 도주하였다. 소칙은 모든 군사를 동원하여 장액군을 포위 격파하고 장진 및 그 잔당을 죽이자 나머지는 모두 투항하였다. 국연의 군사가 패망하자, 黃華(황화)도 겁을 먹고 그간 억류한 자를 풀어주고 투항하자 河西 일대가 평정되었다. 소칙은 金城郡으로 개선하였다. 소칙은 작위가 올라 都亭侯가 되었고 식읍은 3백 호였다.

| 原文 |

徵拜侍中, 與董昭同寮. 昭嘗枕則膝臥, 則推下之, 曰, "蘇則之膝, 非佞人之枕也." 初, 則及臨菑侯植聞魏氏代漢, 皆發服悲哭, 文帝聞植如此, 而不聞則也.

帝在洛陽, 嘗從容言曰, "吾應天而禪, 而聞有哭者, 何也?" 則謂爲見問, 鬚髯悉張, 欲正論以對. 侍中傅巽掐則曰, "不謂卿也." 於是乃止.

文帝問則曰, "前破酒泉,張掖, 西域通使, 敦煌獻徑寸大珠, 可復求市益得不?" 則對曰, "若陛下化洽中國, 德流沙漠, 卽不求自至, 求而得之, 不足貴也."

帝默然. 後則從行獵, 槎桎拔, 失鹿, 帝大怒, 踞胡床拔刀, 悉收督吏, 將斬之. 則稽首曰, "臣聞古之聖王不以禽獸害人, 今陛下方隆唐堯之化, 而以獵戲多殺群吏, 愚臣以爲不可. 敢以死請!" 帝曰, "卿, 直臣也."

遂皆赦之. 然以此見憚. 黃初四年, 左遷東平相. 未至, 道病薨, 諡曰剛侯. 子怡嗣. 怡薨, 無子, 弟愉襲封. 愉, 咸熙中爲尙書.

| 국역 |

蘇則(소칙)은 조정에 들어가 侍中이 되었는데 董昭(동소)[501]와 同寮(동료)였다. 언젠가 동소가 소칙의 무릎을 베고 눕자, 소칙이 밀어내며 말했다.

"소칙의 무릎은 간사한 사람의 베개가 아닙니다."

그전에 소칙은 臨菑侯(임치후) 曹植으로부터 曹魏가 漢을 대신해야 한다는 말을 듣고,[502] 상복을 꺼내 입고 슬피 통곡했는데, 이에 조비는 조식이 그랬다는 말을 들었지만 소칙도 함께 곡을 했었다는 말을 듣지는 못했다. 그때 조비는 洛陽에 있었는데 조용히 소칙에게 물었다.

"나는 천명에 따라 선양을 받았지만, 이를 두고 통곡한 사람이 있었다고 하는데 왜 그랬겠는가?"

501 董昭(동소, 156–236년, 字 公仁) – 濟陰郡 定陶縣人. 袁紹, 張楊, 曹操, 曹丕, 曹叡(조예)를 섬겼다. 董昭(동소)는 才智와 策略으로 당세의 걸출한 인물이었고, 淸淨한 치적과 德行으로 이룬 공적은 荀攸(순유)와 달랐다. 다만 그 책모를 헤아려 국정에 기여했다는 점에서는 순유와 비슷하였다. 《魏書》 14권, 〈程郭董劉蔣劉傳〉에 입전.

502 다른 기록에는 蘇則이 金城郡에 재직할 때 獻帝가 죽었다는 소문이 퍼져 여러 사람이 상복을 입고 통곡했다고 하였다.

이에 소칙은 자신을 두고 한 말이라 생각하여 머리끝이 쭈뼛하게 서면서 정론으로 대답하려 했다. 그러자 侍中인 傅巽(부손)[503]이 소칙을 쿡 찌르며 "卿에게 묻지 않았습니다."라고 말해 소칙은 멈칫하였다.

文帝가 소칙에게 물었다. "그전에 酒泉과 張掖(장액)을 평정하여 서역에 사자를 보낼 수 있어 敦煌郡에서 직경이 1寸이나 되는 큰 구슬을 보내왔는데 이를 다시 얻어 팔 수 있다면 큰 이득이 아니겠는가?"

이에 소칙이 말했다.

"만약 폐하의 은택이 온 나라에 고루 미치면, 덕이 사막에도 전해져서 구하지 않아도 저절로 얻을 수 있지만, 구해서 얻는다면 귀한 물건이 아닐 것입니다."

文帝는 할 말이 없었다. 그 뒤에 소칙은 문제의 사냥을 수행하였는데, 목책 우리가 좀 열어 있어 사슴을 놓치자, 문제가 대노하면서 걸상에서 칼을 뽑아들고 감독 관원을 모아놓고 참수하려고 했다. 이에 소칙이 머리를 조아리며 말했다.

"옛 성인은 짐승 때문에 사람을 다치게 하지는 않는다고 臣은 들었습니다만, 지금 폐하께서는 한창 堯의 교화를 크게 실행하려 하시면서 사냥 놀이 때문에 많은 관리를 죽이려 하시니, 臣은 불가하다고 생각합니다. 감히 죽음을 자청합니다."

이에 문제가 말했다. "卿은 直臣이로다."

503 傅巽(부손, 생졸년 미상, 明帝 太和 연간에 죽었음, 字 公悌) – 雍州 北地郡 사람. 후한의 東曹掾, 魏國의 散騎常侍, 侍中, 尙書 역임.

그리고 모두를 사면했다. 그러나 이 때문에 문제의 미움을 샀다. (文帝) 黃初 4년에, 東平國 相으로 좌천되었다. 동평국에 도착하기 전에 길에서 병사했다. 시호는 剛侯(강후)였다. 아들 蘇怡(소이)가 계승했다. 소이가 죽고, 아들이 없어 동생 蘇愉(소유)가 작위를 계승했다. 소유는 (曹奐) 咸熙 연간에 尙書가 되었다.

❸ 杜畿

| 原文 |

杜畿字伯侯, 京兆杜陵人也. 少孤, 繼母苦之, 以孝聞. 年二十, 爲郡功曹, 守鄭縣令. 縣囚繫數百人, 畿親臨獄, 裁其輕重, 盡決遣之, 雖未悉當, 郡中奇其年少而有大意也. 擧孝廉, 除漢中府丞. 會天下亂, 遂棄官客荊州, 建安中乃還. 荀彧進之太祖, 太祖以畿爲司空司直, 遷護羌校尉, 使持節, 領西平太守.

| 국역 |

杜畿(두기)[504]의 字는 伯侯(백후)로, 京兆 杜陵縣[505] 사람이다. 젊어 부친을 여의고 계모의 학대를 받았지만 효자로 소문이 났었다. 나

504 杜畿(두기, 161–222년, 字 伯侯) – 京兆 杜陵縣 사람. 曹魏 官吏, 장군. 前漢의 유명한 御史大夫 杜延年(두연년)의 후손. 16년간 하동태수로 재직했다.

505 杜陵縣은 陵縣의 이름. 杜陵은 前漢 宣帝 劉詢의 능묘, 今 陝西省 西安市.

이 20에 郡의 功曹가 되었다가 (京兆尹) 鄭縣 현령의 직무대리가 되었다. 그때 현에는 죄수 수백 명이 있었는데, 두기는 친히 옥에 가서 그 죄의 경중을 따져 모두 석방하였는데, 그 판결 전부가 다 옳은 것은 아니었지만 郡에서는 젊은 사람이 큰 뜻을 가졌다고 기이하게 생각하였다.

두기는 孝廉(효렴)으로 천거되었다가 漢中 府丞(부승)이 되었다. 마침 천하가 혼란하자, 관직을 버리고 荊州(형주)로 피난했다가 建安 연간에 돌아왔다. 荀彧(순욱)이 두기를 조조에게 천거하였는데, 조조는 두기를 司空府 司直에 임명했고, 두기는 나중에 護羌校尉(호강교위)가 되어 부절을 받고 西平太守를 겸임하였다.

| 原文 |

太祖既定河北, 而高幹擧幷州反. 時河東太守王邑被徵, 河東人衛固,范先外以請邑爲名, 而內實與幹通謀. 太祖謂荀彧曰, "關西諸將, 恃險與馬, 征必爲亂. 張晟寇殽,澠間, 南通劉表, 固等因之, 吾恐其爲害深. 河東被山帶河, 四鄰多變, 當今天下之要地也. 君爲我擧蕭何,寇恂以鎭之." 彧曰, "杜畿其人也."

於是追拜畿爲河東太守. 固等使兵數千人絶陜津, 畿至不得渡. 太祖遣夏侯惇討之, 未至. 或謂畿曰, "宜須大兵." 畿曰, "河東有三萬戶, 非皆欲爲亂也. 今兵迫之急, 欲爲善者無主, 必懼而聽於固. 固等勢專, 必以死戰. 討之不勝, 四鄰應之, 天下之變未息也. 討之而勝, 是殘一郡之民也. 且固等未顯絶王命, 外以請故君爲名, 必不害新君. 吾單車直往, 出其不意. 固爲人多計而無斷, 必僞受吾. 吾得居郡一月, 以計縻之, 足矣." 遂詭道從郖津度.

范先欲殺畿以威衆. 且觀畿去就, 於門下斬殺主簿已下三十餘人, 畿擧動自若. 於是固曰, "殺之無損, 徒有惡名, 且制之在我." 遂奉之. 畿謂衛固,范先曰, "衛,范, 河東之望也, 吾仰成而已. 然君臣有定義, 成敗同之, 大事當共平議." 以固爲都督, 行丞事, 領功曹, 將校吏兵三千餘人, 皆范先督之. 固等喜, 雖陽事畿, 不以爲意. 固欲大發兵, 畿患之, 說固曰, "夫欲爲非常之事, 不可動衆心. 今大發兵, 衆必擾, 不如徐以貲募兵."

固以爲然, 從之, 遂爲貲調發, 數十日乃定, 諸將貪多應募而少遣兵. 又入喩固等曰, "人情顧家, 諸將掾吏, 可分遣休息, 急緩召之不難." 固等惡逆衆心, 又從之. 於是善人在外, 陰爲己援, 惡人分散, 各還其家, 則衆離矣.

會白騎攻東垣, 高幹入濩澤, 上黨諸縣殺長吏, 弘農執郡守, 固等密調兵未至. 畿知諸縣附己, 因出, 單將數十騎, 赴張辟拒守, 吏民多擧城助畿者, 比數十日, 得四千餘人. 固等與幹,晟共攻畿, 不下, 略諸縣, 無所得. 會大兵至, 幹,晟敗,固等伏誅, 其餘黨與皆赦之, 使復其居業.

| 국역 |

조조가 河北을 평정하였지만, (원소의 생질) 高幹(고간)은 幷州(병주)를 들어 반란을 일으켰다. 그때 河東太守인 王邑(왕읍)이 조정의 부름으로 入朝하자, 河東郡 사람 衛固(위고)와 范先(범선) 등은 겉으로는 왕읍의 유임을 청원한다고 하였지만 안으로는 실제로 고간과 通謀하고 있었다.

이에 조조가 荀彧(순욱)에게 말했다.

"關西의 여러 장수들은 험한 지형과 말을(胡馬) 믿고서 정벌해도 또 반란을 일으킨다. 張晟(장성)[506]은 殽山(효산)과 澠池(민지) 일대를 노략질하면서 남쪽으로 劉表(유표)와 왕래하며, 위고 등도 이를 이용하니 그 폐해가 심해서 걱정이다. 河東郡은 산이 많고 큰 강이 흐르며 사방에서 변란이 많아, 지금으로서는 천하의 요지라 할 수 있다. 君은 나를 위해 蕭何(소하)나 (光武帝의) 寇恂(구순)[507] 같은 사람

506 河內郡의 張晟(장성)은 1만여 군사를 보유하고 있었으나 조조나 원상에도 소속되지 않고, 崤山(효산)과 (弘農郡) 澠池(민지, 면지, 黽池) 일대에서 노략질을 했으며, 河東의 衛固(위고)와 弘農의 張琰(장염)도 각각 起兵하여 장성과 호응하고 있었다.

507 寇恂(구순) – 光武帝의 공신. 寇 도둑 구. 성씨. 恂 정성 순. 광무제는 구순을 河內太守에 제수하고 大將軍 업무를 대리케 하였다. 광무가 구순에게 말했다. "河內郡은 城池가 완전하며 부유하니, 나는 장차 여기를 바탕으로 일어날 것이다. 옛날 高祖께서 소하를 남겨 관중을 진무케 했듯이 나도 지금 公에게 河內을 맡기니, 굳게 지키면서 轉運으로 군량을 공급하며 군사를 거느려 다른 군사를 막아 북으로 들어오지 못하게 하라." 《後漢書》 16권, 〈鄧寇列傳〉에 입전.

을 천거하여 河東郡을 진압하기 바란다."

이에 순욱이 말했다. "杜畿(두기)가 바로 적임자입니다."

이에 조조는 두기를 河東太守에 임명했다. 위고 등이 군사 수천 명을 동원하여 陝津(섬진)을 봉쇄했기에 두기는 河水를 건너 부임할 수가 없었다. 조조는 夏侯惇(하후돈)을 보내 위고를 토벌케 하였다. 그러나 하후돈의 군사는 아직 도착하지 않았다. 어떤 사람이 두기에게 "응당 대군을 기다려야 합니다."라고 말했다. 이에 두기가 말했다.

"河東郡에 民戶가 3만이나 되는데, 모두가 반기를 들은 것은 아니다. 지금 대군이 와서 급하게 공격하면 선한 백성이 의지할 데가 없어 두려워하며 틀림없이 위고의 말을 따르게 된다. 그렇게 되면 위고 등은 세력을 키워 죽기로 싸울 것이다. 만약 토벌하여 꺾지 못하면 사방에서 호응하여 천하의 변란은 그치지 않을 것이다. 또 토벌하여 이긴다면 一郡의 백성이 다 죽게 된다. 게다가 위고 등은 공개적으로 왕명을 거역하지 않고, 겉으로는 전임 태수의 유임을 명분으로 내세우니, 틀림없이 신임 태수를 해치지는 않을 것이다. 나 혼자 수레를 타고 바로 들어가 그들이 예상 못할 때 나타난다면, 위고란 자는 계산은 많아도 결단하지 못하니 거짓이나마 나를 틀림없이 받아들일 것이다. 내가 한 달 정도만 河東郡에 머물면 내 계략대로 위고를 잡아낼 수 있다."

그리고는 몰래 길을 바꿔 郖津(두진)이란 나루를 건너갔다.

范先(범선)은 두기를 죽여 백성을 위협할 생각이었다. 그러나 일단 두기의 처신을 살펴보려고 두기의 처소 앞에서 主簿 이하 30여 명을 참수하였지만 두기의 거동은 늘 태평하였다. 이에 위고가 말했다.

"사람을 죽인다 하여 신임 태수가 손해 볼 일 없고 우리의 악명만 남으며, 내가 신임 태수를 제어할 수 있다."

그러면서 두기를 모시는 척했다. 이에 두기가 위고와 범선에게 말했다.

"衛氏(위씨)와 范氏(범씨)는 河東郡의 名望家이며 나도 두 가문의 도움을 받아야 직분을 다할 수 있소. 그러나 君臣간에는 분명한 大義가 있고, 태수로서의 성패 또한 두 가문과 같이 할 것이니, 큰일은 앞으로 협의하여야 합니다."

그러면서 위고를 (郡의 군사 업무 책임자) 都督에 임명하고 태수의 副職을 수행케 하면서 (郡의) 功曹를 겸임케 하였으며, 장교와 관리와 병졸 3천여 명을 범선이 모두 감독케 하였다. 이에 위고 등은 기뻐하면서 겉으로만 두기를 섬겼지만 두기를 무시하였다. 위고가 군사를 크게 동원하려 하자, 두기는 걱정하며 위고를 설득하였다.

"비상한 큰일을 하려면 백성 마음을 움직이지 않을 수 없습니다. 지금 군사를 대거 징발하면 백성이 동요할 것이니 천천히 돈을 뿌려가며 모집해야 합니다."

위고도 그렇게 생각하며 따랐다. 그리고 돈으로 군사들을 모집하는데 수십 일 걸렸고, 여러 장교들은 돈을 탐내 모집에 응하면서도 군사는 적게 모아 보냈다. 그러면서 위고를 설득하며 말했다.

"인정상 집안을 돌보아야 하기에 여러 장교나 관리들을 나눠 휴가를 주어도 만약 긴급한 일이 터지면 다시 소집하기가 어렵지 않을 것입니다."

위고 등은 대중의 민심을 거스를 수 없다며 그런 말에 따랐다. 이러다 보니 선한 백성은 군청을 떠나 밖에 있으면서 몰래 두기의 후원 세력이 되었고, 악한 자들은 각각 분산하여 집에 가 있으면서 무리가 흩어졌다.

그 무렵 張白騎(장백기)라는 도적 무리가 (河東郡) 東垣縣(동원현)을 노략질하고, 高幹(고간)은 濩澤縣(호택현)으로 진격하였으며, 上黨郡의 여러 현에서도 현령과 관리를 죽였고, 弘農郡에서는 郡守를 생포하자, 위고 등은 은밀히 군사를 불러 모았지만 아직 다 모이지 않았다. 이에 두기는 여러 현이 자기 편이 된 것을 알고 郡에서 나와 홀로 수십 명의 기병을 거느리고 東張(동장)이란 성에 들어가 위고 일당을 방어하자, 많은 吏民이 城을 들어 두기를 돕겠다고 나서서 10여 일에 4천여 명을 모을 수 있었다. 위고와 고간, 그리고 張晟(장성) 등이 함께 두기를 공격하였지만 함락시키지 못했고 여러 현을 공략했지만 아무런 소득이 없었다. 마침 하후돈의 대군이 도착하자, 고간과 장성은 패전 도주하였고 위고 등은 처형되었으며, 그 나머지 무리는 모두 사면을 받아 다시 생업에 종사케 하였다.

| 原文 |

是時天下郡縣皆殘破, 河東最先定, 少耗減. 畿治之, 崇寬惠, 與民無爲. 民嘗辭訟, 有相告者, 畿親見爲陳大義, 遣令歸諦思之, 若意有所不盡, 更來詣府. 鄉邑父老自相責怒曰, "有君如此, 奈何不從其敎?" 自是少有辭訟.

班下屬縣, 擧孝子,貞婦,順孫, 復其繇役, 隨時慰勉之. 漸課民畜牸牛,草馬, 下逮雞豚犬豕, 皆有章程. 百姓勤農, 家家豐實. <u>畿</u>乃曰, "民富矣, 不可不敎也."

於是冬月修戎講武, 又開學宮, 親自執經敎授, 郡中化之.

| 국역 |

그 무렵에 천하의 모든 郡縣이 피폐하고 파괴되었지만, 河東郡이 제일 먼저 안정되었으며 인구 감소도 적었다. 杜畿(두기)는 하동군을 다스리면서 관용과 은혜를 베풀었으며 백성에게 형벌을 가하지 않았다. 백성이 말로 訟事를 올리거나 서로 고발하는 자가 있으면, 두기는 당사자를 불러 大義로 설명하여 돌려보낸 뒤, 그래도 만족하지 못하면 다시 太守府로 오게 하였다. 그러면 鄕邑의 父老들이 서로 질책하며 "태수께서 이렇게 성의를 다하시는데, 왜 그 가르침을 따르지 않는가?" 라고 말했다. 이후로는 송사가 거의 없었다.

두기는 여러 현에 孝子나 貞婦와 順孫(효순)을 천거하라 명령하여 그들에게 요역을 면제시켰으며 수시로 불러 위로하였다. 또 점차로 백성에게 암소나 암말의 사육을 장려했으며, 닭이나 돼지의 사육에 관한 방침도 제정하였다. 이에 백성은 농사에 힘써 집집마다 살림이 풍족해졌다. 이에 두기가 말했다. "백성이 부유하니 백성을 가르치지 않을 수 없도다."[508]

---

508 孔子가 衛(위)에 갔을 때 冉有(염유, 冉求. 魯國人. 孔門十哲 중 政事)가 수레를 몰았다(僕은 마부 복, 수레를 몰다). 공자는 사람이 많은 거리를 보고 감탄했다(庶矣哉! 庶는 衆多). 그러자 염구가 물었다. "이렇게 인구가 많으니 다음은 어떻게 해야 합니까?" "백성을 부유하게 해야 한다." "백성이 부유하다면 어떻게 하시겠습니까?" "백성을 가르쳐야 한다."《論語 子路》子適衛, 冉有

그리고 겨울철에는 군사 훈련을 시켰으며, 또 學宮을 개설하고 친히 경전을 교육하자 군내의 백성이 크게 변하였다.

| 原文 |

韓遂,馬超之叛也, 弘農,馮翊多擧縣邑以應之. 河東雖與賊接, 民無異心. 太祖西征至蒲阪, 與賊夾渭爲軍, 軍食一仰河東. 及賊破, 餘畜二十餘萬斛. 太祖下令曰, "河東太守杜畿, 孔子所謂「禹, 吾無間然矣.」 增秩中二千石."

太祖征漢中, 遣五千人運, 運者自率勉曰, "人生有一死, 不可負我府君." 終無一人逃亡, 其得人心如此. 魏國旣建, 以畿爲尙書. 事平, 更有令曰, "昔蕭何定關中, 寇恂平河內, 卿有其功, 間將授卿以納言之職. 顧念河東吾股肱郡, 充實之所, 足以制天下, 故且煩卿臥鎭之."

畿在河東十六年, 常爲天下最.

| 국역 |

韓遂(한수)와 馬超(마초)가 반기를 들자,[509] 弘農郡과 左馮翊(좌풍익)의 여러 縣邑이 들고 일어나 호응하였다. 河東郡은 그들 적과 연

僕. 子曰, "庶矣哉!" 冉有曰, "旣庶矣, 又何加焉?" 曰, "富之." 曰, "旣富矣, 又何加焉?" 曰, "敎之."

509 建安 16년(서기 211), 7월이 조조가 직접 원정에 나서서 토벌하였다.

접했지만 백성들은 두 마음을 품지 않았다. 조조가 서쪽을 원정하며 蒲阪縣(포판현)[510]에 진군하여 반적과 渭水(위수)를 끼고 주둔했는데 군량은 전적으로 河東郡에 의지하였다. 반적을 격파한 뒤에도 여분의 비축이 20만 斛(곡)이나 되었다. 이에 조조가 명령하였다.

"河東太守 杜畿(두기)는 孔子가 말한 '禹(우)는 내가 비판할 수가 없다.'[511]는 말 그대로이다."

그러면서 두기의 질록을 中二千石[512]으로 늘려주었다. 조조가 漢中郡을 원정할 때 두기는 인부 5천 명을 보내 군수물자를 운반케 하였는데 인부들이 서로를 권면하며 말했다.

"인생에 한 번은 죽겠지만, 우리의 태수를 실망시킬 수 없다."

그러면서 끝내 한 사람도 도망치지 않았으니, 두기는 이 정도로 민심을 얻고 있었다.

魏國이 건국되자(건안 21년, 서기 216), 두기는 조정의 尙書가 되었다. 천하가 평정된 후에 魏王이 두기에게 명을 내렸다.

"옛날 (전한의) 蕭何(소하)는 관중을 안정시켰고, (後漢의) 寇恂(구순)은 河內郡을 평정하였는데, 지금 경은 그런 공을 세웠고, 다시 경에게 納言의 직무(尙書)를 맡겼었다. 돌이켜 생각해보면 河東은 나의 팔다리와 같은 군으로 국고와 군수물자가 풍족하여 족히 천하를 제패할 수 있었기에, 번거롭지만 경에게 하동군을 다시 맡기니 누워서라도 다스리기 바란다."

510 今 山西省 서남부 運城市 관할 永濟市.

511 「禹 吾無間然矣」－《論語 泰伯》子曰, "禹, 吾無間然矣. 菲飮食, 而致孝乎鬼神, ～". 禹의 생활과 백성을 위하는 마음, 그 어느 하나 흠잡을 데가 없다는 뜻.

512 郡 태수의 질록은 이천석이고, 中二千石은 9卿의 질록이다.

두기는 河東郡 태수로 16년을 재직했으며 치적은 언제든지 천하 제일이었다.

| 原文 |

文帝卽王位, 賜爵關內侯. 徵爲尙書. 及踐阼, 進封豐樂亭侯. 邑百戶, 守司隸校尉. 帝征吳, 以畿爲尙書僕射, 統留事. 其後帝幸許昌, 畿復居守. 受詔作御樓船, 於陶河試船, 遇風沒.

帝爲之流涕. 詔曰, 「昔冥勤其官而水死, 稷勤百穀而山死. 故尙書僕射杜畿, 於孟津試船, 遂至覆沒, 忠之至也. 朕甚愍焉.」

追贈太僕, 謚曰戴侯. 子恕嗣.

| 국역 |

文帝(曹丕)가 王位에 오른 뒤, 關內侯의 작위를 내렸다. 두기는 부름을 받아 尙書가 되었다. 문제가 제위에 오르자, 두기의 작위가 올라 豐樂亭侯가 되었는데, 식읍은 1백 호였다. 두기는 임시 司隸校尉가 되었다.

문제가 吳를 정벌할 때, 두기를 尙書僕射에 임명하여 조정에 남아 업무를 총괄케 하였다. 그 뒤에 문제가 許昌에 행차하자, 두기는 다시 낙양의 정무를 총괄하였다. 두기는 명을 받아 황제의 樓船(누선)을 제조하였고, 陶河(도하)에서 시운전을 하였는데, 바람에 배가 침몰하면서 익사하였다. 문제는 눈물을 흘렸다. 조서를 내렸다.

「옛날 (夏의 水官인) 冥(명)은 관직에 충실하다가 익사하였고, 后稷(후직)은 百穀 농사를 짓다가 산에서 죽었다. 故 尙書僕射 杜畿(두기)는 孟津(맹진)에서 배를 시운전하다가 전복되어 죽었으니 지극한 충성이었다. 짐은 심히 애통하도다.」

그리고 太僕(태복)을 추증하였고, 시호는 戴侯(대후)였다. 아들 杜恕(두서)가 계승하였다.

❹ 子 杜恕

| 原文 |

杜恕字務伯, 太和中爲散騎黃門侍郎. 恕推誠以質, 不治飾, 少無名譽. 及在朝, 不結交援, 專心向公. 每政有得失, 常引綱維以正言, 於是侍中辛毗等器重之.

時公卿以下大議損益, 恕以爲"古之刺史, 奉宣六條, 以淸靜爲名, 威風著稱, 今可勿令領兵, 以專民事."

俄而鎭北將軍呂昭又領冀州, 乃上疏曰,

| 국역 |

杜恕(두서)의 字는 務伯(무백)이고, (明帝) 太和 연간에 散騎黃門

侍郞이 되었다. 두서는 사람이 아주 질박하고 남을 정성을 대하면서 꾸미지 않았으며 젊어서는 아무런 명성이 없었다. 조정에 재직하면서 남과 교제하며 붕당으로 승진하려 하지 않고 오로지 나라만을 생각하였다. 정사에 어떤 득실에 관한 논의가 있으면 늘 원칙을 내세워 바른 말을 하였기에 侍中 辛毗(신비)[513] 등이 아끼고 인정하였다.

그때 公卿 이하 모두가 정사의 득실을 논하였는데, 두서는 "옛날의 刺史(자사)는 六條[514]의 지침에 따르고 淸靜(청정)을 명예로 삼고 위엄으로 칭송을 들었지만, 지금의 자사는 군사를 거느리고 민정에 專心하고 있다."고 생각하였다.

얼마 있어 鎭北將軍인 呂昭(여소)가 冀州刺史를 겸임하게 되자, 두서는 상소를 올렸다.

| 原文 |

「帝王之道, 莫尙乎安民, 安民之術, 在於豐財. 豐財者, 務

513 辛毗(신비)는 《魏書》 25권, 〈辛毗楊阜高堂隆傳〉에 입전.

514 刺史에 관한 내용은 《魏書 武帝紀》 建安 9년 기사의 주석 참고. 자사의 刺는 政事를 조사하고 탐문하여 不法을 刺擧(자거, 찾아내다)한다는 뜻이고, 史는 使人의 뜻이다. 漢 武帝가 지시한 자사가 수행하는 지침 六條는 아래와 같다. 1) 强豪의 田宅이 法制를 위반했거나 약자나 빈민을 무시하고 포악 행위 여부. 2) 백성의 재산을 침탈, 부세를 징수의 부정불법 여부. 3) 疑獄의 공정 재판 여부와 형벌과 포상의 공정한 실행 여부. 4) 아부 편애하는 자를 신임, 현인을 방폐, 무능력자 등용 여부. 5) 지방관 자제의 횡포, 청탁에 의한 부정 여부. 6) 뇌물 거래, 政令 임의 해석이나 미 수행 여부 등이다.

本而節用也. 方今二賊未滅, 戎車亟駕, 此自熊虎之士展力之秋也. 然搢紳之儒, 橫加榮慕, 搤腕抗論, 以孫,吳爲首, 州郡牧守, 咸共忽恤民之術, 脩將率之事. 農桑之民, 競干戈之業, 不可謂務本. 帑藏歲虛而制度歲廣, 民力歲衰而賦役歲興, 不可謂節用.

今大魏奄有十州之地, 而承喪亂之弊, 計其戶口不如往昔一州之民, 然而二方僭逆, 北虜未賓, 三邊遘難, 繞天略匝. 所以統一州之民, 經營九州之地, 其爲艱難, 譬策羸馬以取道里, 豈可不加意愛惜其力哉? 以武皇帝之節儉, 府藏充實, 猶不能十州擁兵, 郡且二十也. 今荊,揚,青,徐,幽,幷,雍,涼緣邊諸州皆有兵矣, 其所恃內充府庫外制四夷者, 惟兗,豫,司,冀而已.

臣前以州郡典兵, 則專心軍功, 不勤民事, 宜別置將守, 以盡治理之務. 而陛下復以冀州寵秩呂昭. 冀州戶口最多, 田多墾闢, 又有桑棗之饒, 國家徵求之府, 誠不當復任以兵事也. 若以北方當須鎭守, 自可專置大將以鎭安之. 計所置吏士之費, 與兼官無異. 然昭於人才尙復易, 中朝苟乏人, 兼才者勢不獨多. 以此推之, 知國家以人擇官, 不爲官擇人也. 官得其人, 則政平訟理, 政平故民富貴, 訟理故囹圄空虛.

陛下踐阼, 天下斷獄百數十人, 歲歲增多, 至五百餘人矣. 民不益多, 法不益峻. 以此推之, 非政敎陵遲, 牧守不稱之明效歟? 往年牛死, 通率天下十能損二, 麥不半收, 秋種未下. 若二賊遊魂於疆埸, 飛芻輓粟, 千里不及. 究此之術, 豈在强兵乎? 武士勁卒愈多, 愈多愈病耳.

夫天下猶人之體, 腹心充實, 四支雖病, 終無大患. 今兗,豫,司,冀亦天下之腹心也. 是以愚臣慺慺, 實願四州之牧守, 獨脩務本之業, 以堪四支之重. 然孤論難持, 犯欲難成, 衆怨難積, 疑似難分, 故累載不爲明主所察. 凡言此者, 類皆疏賤, 疏賤之言, 實未易聽. 若使善策必出於親貴, 親貴固不犯四難以求忠愛, 此古今之所常患也.」

| 국역 |

「帝王 치국의 道에 安民보다 더 중요한 것은 없으며, 安民의 방법은 풍족한 재물에 있습니다. 풍족한 재물은 농업에 힘쓰고(務本) 씀씀이를 절약하는(節用) 것입니다. 지금 蜀과 吳을 없애지 못했기에 兵車를 빨리 또 자주 출동시켜야 하니, 지금이야말로 힘센 무사들이 온 힘을 바쳐야 할 시기입니다. 그렇지만 넓은 허리띠를 맨 유생은 用兵習武를 부러워하면서도(武臣의 功績을 부러워한다는 뜻) 팔을 흔들며 의논에 열중하여, 孫子(孫武)나 吳子(吳起)부터 각 州郡의 牧과 太守까지도 모두 백성을 보살피는 일을 소홀히 하면서 군사 통솔에만 관심을 보이고 있습니다. 농사와 길쌈을 하는 백성은 군사훈련에 자주 동원되어 농사에 전념할 수가 없습니다. 나라의 창고는 해마다 텅 비게 되고, 여러 제도는 해마다 늘어나기에 백성의 財力은 해마다 나빠지고 부역은 해마다 늘어나게 되니 절약을 말할 수가 없는 지경입니다.

지금 大魏는 10州의 영역을 차지하고 있으며 병란의 폐해를 겪었기에 民戶를 계산해 보면, 이전 각 주의 민호보다 적은데다가 蜀과 吳는 외람되이 반역하고, 북방 이민족은 굴복하지 않아 3方의 변방에서 환난을 만들며 하늘까지 에워싼 것 같습니다. 때문에 1개 州의 백성을 다스리고 9州의 영역을 경영하는 일은 매우 어려워 비유하자면 말채찍으로 지치고 쇠약한 말을 몰아 먼 길을 가야하는 것과 같으니, 어찌 마필의 힘을 아끼지 않을 수 있겠습니까?

武皇帝(曹操)의 절약과 검소로 국고가 충실했을 때도 10州의 20개 郡의 군사를 유지하기가 어려웠습니다. 지금 荊州, 揚州, 靑州, 徐州, 幽州, 幷州, 雍州, 涼州 등 국경 변방의 여러 州에는 자체 군사를 보유하고 있지만, 충실한 창고의 군량을 바탕으로 四夷(사이)를 제어해야 하는 곳은 兗州, 豫州, 司州, 冀州뿐입니다.

臣은 그전에 州郡에서 병력을 보유하면 軍功에만 專心하고 民政에 힘쓰지 않기 때문에 응당 별도의 장군을 임명하고, 자사나 태수는 민정에만 전념케 해야 한다고 말했습니다. 그러나 폐하께서는 또 冀州의 軍政大權을 총애하는 呂昭(여소)에게 부여했습니다. 冀州는 戶口가 가장 많고 개간한 토지도 광대하며, 또 뽕나무나 대추나무도 많아 국가에서 부세를 징수할 중요 지역으로 그곳의 군사업무만 전념할 수 없는 지역입니다. 만약 北方을 수비해야 한다면 기주에 大將을 보내어 전적으로 鎭守하고 안정시켜야 합니다. 군사 전담 장군과 그 장교들의 비용을 계산하면 자사 설치비용과 차이가 없습니다. 게다가 呂昭(여소)의 재능을 보자면 조정에 굳이 그만한 사람이 없는 것도 아니며, 군정과 민정을 겸한다 하여 권력이 더 강한 것도 아닐 것입니다. 이를 두고 추론한다면, 국가가 인재에 맞춰 관직을 내리지 않고 관직을 보아 사람을 임명하고 있습니다. 관직 적임자를 임명하면 民政과 재판이 합리적이라서 정무는 순탄하고 백성은 부귀하고, 판결이 공정하다면 감옥은 비게 됩니다.

폐하께서 즉위하실 때, 천하에 사형 판결 받은 자가 백수십 명이었지만, 해마다 처형자가 늘어나 5백여 명에 이르렀습니다. 백성이 크게 늘어나지 않았고 법은 더 준엄해지지 않았습니다. 그렇다면 政教가 제대로 이뤄지지 않았고, 州牧이나 태수가 임무를 제대로 수행하지 못한 것이 아니고 무엇이겠습니까? 작년에 農牛가 (전염병으로) 많이 죽어 나라 전체로 10분의 2로 줄었고, 보리 수확은 절반이 안 되었으며 가을보리는 아직 파종도 못했습니다. 만약 蜀과 吳의 군사가 변방에라도 침입한다면, 사료와 군량을 긴급 수송해야 하나 천리 밖으로 보내기는 어려울 것입니다. 이런 치국의 방법을 고찰해 본다면, 어찌 强兵에만 의존하겠습니까? 강한 무사와 병졸이 많을수록 국가에서 지급할 것은 많아지고 백성은 더욱 병들 것입니다.

천하는 인간의 신체와 같아서 뱃속이 든든하게 차야 손발에 병이 있더라도 큰 폐해가 없습니다. 지금 兗州(연주), 豫州, 司隷(사예),[515]

515 前漢의 司隷校尉는 처음에 중앙관서에서 사역하는 노예를 감독하는 직책이었다. 前漢 武帝 征和 4년(前 89)에 京師지역, 곧 三輔〔京兆尹, 右扶風, 左馮翊(좌풍익)〕와 三河(河東郡 河南郡, 河內郡) 및 弘農郡 등 7郡의 관리를 규찰하고 범법자를 다스리는 임무를 수행하도록 사예교위를 설치하였는데, 13자사부와 같은 기능을 수행하였다. 질록은 二千石. 後漢의 司隷校尉는 질록 비이천석, 京師와 三輔의 백관, 외척, 제후, 태수를 규찰하고 1州(三輔 등 7郡)

冀州는 天下의 腹心(복심)입니다. 이에 愚臣은 공손한 마음으로 이번 상소를 올리면서 원하는 것은, 이 4州의 자사나 태수는 오로지 농업에만 전념토록 해야만 四肢(사지)를 감당할 수 있을 것입니다. 그렇지만 臣 혼자만의 의론은 오래 견지할 수 없고 성취하지도 못할 것이며, 백성들의 불만이 쌓이더라도 유사한 논리는 분별하기 어려워 오랫동안 明主께서 살펴보지 않으셨습니다. 이상 말씀드린 모든 것이 소략하고 천박한 주장 같고, 이런 주장은 잘 이해할 수도 없을 것입니다. 만약 훌륭한 방책이 폐하께서 신임하는 고관에게서 나온다면, 신임하는 고관은 위에서 말한 4가지 어려움을 범하지 않고도 충성하는 명성과 총애를 얻을 것이니, 이는 아마 고금에서 다 같은 우려일 것입니다.」

| 原文 |

時又大議考課之制, 以考內外衆官. 恕以爲用不盡其人, 雖才且無益, 所存非所務, 所務非世要. 上疏曰,

「《書》稱 '明試以功, 三考黜陟', 誠帝王之盛制. 使有能者

를 직접 감찰하여 그 권세가 당당했다. 建武 元年에 光武帝는 御史中丞(어사중승, 최고 감찰관), 司隸校尉(백관 규찰), 尙書令의 三官을 '三獨坐'라 호칭했는데, 이는 조회 시에 전용석에 혼자 앉는다는 뜻이다. 司隸校尉部의 치소는 洛陽. 東京 또는 司隷라고도 칭했다. 후한에서는 105개 郡을 사예교위부 등 13자사부에 소속시켜 지방을 관할 통제했다. 曹魏의 司隸는 河南尹, 河東, 河內, 魏郡, 弘農郡과 魏郡에서 분리한 陽平, 廣平 2郡, 그리고 平陽郡과 野王郡 및 原武郡 등 10개 郡, 101개 縣을 관할하였다.

當其官, 有功者受其祿, 譬猶烏獲之擧千鈞, 良,樂之選驥足也. 雖歷六代而考績之法不著, 關七聖而課試之文不垂, 臣誠以爲其法可粗依, 其詳難備擧故也. 語曰, '世有亂人而無亂法.' 若使法可專任, 則唐,虞可不須稷,契之佐, 殷,周無貴伊,呂之輔矣. 今奏考功者, 陳周,漢之法爲, 綴京房之本旨, 可謂明考課之要矣.

於以崇揖讓之風, 興濟濟之治, 臣以爲未盡善也. 其欲使州郡考士, 必由四科, 皆有事效, 然後察擧, 試辟公府, 爲親民長吏, 轉以功次補郡守者, 或就增秩賜爵, 此最考課之急務也. 臣以爲便當顯其身, 用其言, 使具爲課州郡之法, 法具施行, 立必信之賞, 施必行之罰. 至於公卿及內職大臣, 亦當俱以其職考課之也.」

| 국역 |

당시 또 내외의 모든 관리에 대한 考課(근무성적 평가) 제도에 대한 토의가 있었다. 杜恕(두서)는 인재가 등용되어도 그 재능을 다 발휘할 수 없으며, 재능이 뛰어나더라도 쓸모가 없는 것은, 재능에 맞는 근무처가 아니고 세상이 요구하는 직무가 아니기 때문이라 생각하였다. 이에 두서가 상소하였다.

「《尙書》에 말하기를, '치적을 공개적으로 평가하여 3차 평가 후에 파면 또는 승진을 결정한다.'[516]고 하였으니, 이는 참으로 帝王의

516 《尙書 虞書 舜傳》「三載考績, 三考黜陟幽冥, 庶績咸熙, 分北三苗～」

훌륭한 법제입니다. 有能者가 관직을 담당하고 有功者가 녹위를 받는 것은 비유하자면, 烏獲(오획)[517]이 千鈞(1鈞은 30斤)의 무게를 들어올리고, 王良(왕량)과 伯樂(백락)[518]이 千里馬를 감별하는 것과 같습니다. 비록 六代의 관리 평가에 관한 제도의 기록이 전하지 않고, 七位 聖人의 고과 평가에 관한 글이 없다 하여도 臣은 그런 고과 평가가 대체적으로 전해왔으며, 조악하거나 상세한 조항을 하나하나 열거하기는 어려울 것이라 생각합니다.

그리고 속어에 '세상을 어지럽히는 사람은 있지만, 법령을 난잡하게 만드는 사람은 없다.' 고 하였습니다. 만약 전적으로 법 조항에 의해서만 통치한다면, 세상에는 堯와 舜이라도 后稷(후직)이나 契(설)과 같은 賢人의 도움이나, 殷(은)과 周(주)에 伊尹(이윤)이나 呂尙(여상)의 보필도 필요 없을 것입니다. 지금 근무평가 방법을 상주하는 자가 周代와 漢朝의 법령이나 조치를 근거로 제시하거나 (前漢) 京房(경방)[519]이 생각한 근무 평정의 본 취지를 모아 설명하며 考課의 요령을 명확히 설명하고 있습니다.

517 烏獲(오획)은 戰國 시대 秦國의 勇士. 힘이 무궁하여 千鈞(30,000斤)의 무게를 들 수 있고 관리가 되어 80세에 죽었다고 한다.

518 王良(왕량)은 春秋 晉國 趙襄子(조양자)의 馬車夫. 마차를 잘 몰았다. 伯樂(백락, ?前 680－610년)의 原名은 孫陽, 春秋 中期 郜國(今 山東省 菏澤市 成武縣) 사람. 秦 穆公의 신뢰를 받아 '伯樂將軍' 이 되었고, 그 경험으로 《伯樂相馬經》을 저술했다고 한다. 唐朝 대문호 韓愈(한유)의 '世有伯樂, 然後有千里馬' 는 유능 인재를 발굴한 사람이 있어야 '懷才不遇' 하다는 典故가 되었다.

519 京房(前 77－37년, 字 君明)－前漢 學者, 音律에 밝았다. 漢 元帝 때 魏郡太守 역임. 《易》을 전공했고 災異에 밝아 京氏易學을 창도하였다. 경방의 스승 焦延壽(초연수)는 "我道을 배워 亡身랄 者는 아마 경방일 것이다."라고 말했다. 〈考功課吏法〉를 시행해야 한다고 주장했다. 당시 권신인 환관 石顯(석현)의 모함을 받아 元帝 때 옥사하였다.

그러나 臣은 이러한 고과 평가로는 揖讓(읍양)의 예의를 숭상하거나 훌륭한 덕치(濟濟之治)를 흥륭케 하기에는 많이 부족하다고 생각합니다. 각 州郡에서 士人을 고찰하려 한다면, 반드시 四科(德行, 政事, 言語, 文學)[520]에 의한 평가가 효과적이며, 그 四科의 실천을 보고 살핀 뒤에 천거하여 官府에서 불러 試用하며, 업무 수행과 함께 지방관으로서 백성을 직접 다스리게 한 뒤에 그 성적과 공과에 따라 군수를 보좌케 하거나 질록이나 작위를 올려주는 것이 고과의 가장 중요한 업무라고 생각합니다. 臣은 이러한 고과 평가에 우수한 관리의 치적을 널리 알리고 등용하며, 그 건의를 받아들여 州郡으로 하여금 채용하거나 법으로 규정하여 시행하며 상벌을 분명하게 시행해야 합니다. 公卿이나 조정의 大臣 또한 응당 그 직분이나 책무에 따라 고과를 평정해야 합니다.」

❙原文❙

「古之三公, 坐而論道, 內職大臣, 納言補闕, 無善不紀, 無過不擧. 且天下至大, 萬機至衆, 誠非一明所能遍照. 故君爲元首, 臣作股肱, 明其一體相須而成也. 是以古人稱廊廟之

520 孔子가 말했다. "나에게 배워 六藝에 능통한 제자가 77명이니, 모두가 특별한 능력을 가진 文士이다. 德行이 훌륭한 자는 顔淵(안연)과 閔子騫(민자건), 冉伯牛(염백우, 冉耕), 仲弓(중궁)이다. 政事에 유능한 자는 冉有(염유)와 季路(계로)이다. 言語(應對)를 잘하는 사람은 宰我(재아)와 子貢(자공)이다. 文學(文獻)에는 子游(자유)와 子夏(자하)가 뛰어났다." 《論語 先進》 德行, 顔淵, 閔子騫, 冉伯牛, 仲弓. 言語, 宰我, 子貢. 政事, 冉有, 季路. 文學, 子游, 子夏.

材, 非一木之支, 帝王之業, 非一士之略.

由是言之, 焉有大臣守職辨課可以致雍熙者哉! 且布衣之交, 猶有務信誓而蹈水火, 感知己而披肝膽, 徇聲名而立節義者. 況於束帶立朝, 致位卿相, 所務者非特匹夫之信, 所感者非徒知己之惠, 所徇者豈聲名而已乎!」

| 국역 |

「고대의 三公은 군왕을 모시고 정사를 의논했고, 內職의 大臣은 간언을 올리거나 군왕 언행의 보궐에 관한 일을 맡았고, 善이 없으면 기록하지 않았으며, 군왕의 과실에 대해서는 무엇이든지 지적하였습니다. 또 천하는 아주 크며, 군왕이 처리할 주요 대사도 너무 많아 한 부분에 관한 명철한 지혜로는 해결할 수도 없었습니다. 그래서 군왕은 元首이며, 신하는 팔다리가 되어 서로 제 역할을 다 해야만 한 몸이 될 수 있었습니다. 이 때문에 古人은 큰 묘당을 짓는 데는 한 그루 나무만이 아니며, 帝王의 치적은 一士의 지략으로 이루어지지 않았습니다.

다시 말하자면, 대신이 자기 직분을 다 했다 하여 어찌 천하의 태평성대를 이룰 수 있겠습니까! 그렇지만 평민 백성의 교류에도 한마디 약속이 있었다 하여 끓는 물이나 불속에 뛰어들고, 知己에 감복하여 肝膽(간담)을 다 내보이고 명성과 절의를 지키며 죽는 자도 있습니다. 그런데 하물며 관복을 입고 조정에 근무하여 卿이나 재상의 지위에 오른 자가 하는 일에 필부만한 신의도 없고, 知己의 은혜만한 감응도 없으며 자신의 목숨을 바치는 것이 어찌 명성뿐이겠습니까!」

| 原文 |

「諸蒙寵祿受重任者, 不徒欲擧明主於唐,虞之上而已, 身亦欲厠稷,契之列. 是以古人不患於念治之心不盡, 患於自任之意不足, 此誠人主使之然也. 唐,虞之君, 委任稷,契,夔,龍而責成功, 及其罪也, 殛鯀而放四凶.

今大臣親奉明詔, 給事目下, 其有夙夜在公, 恪勤特立. 當官不撓貴勢, 執平不阿所私, 危言危行以處朝廷者, 自明主所察也. 若尸祿以爲高, 拱默以爲智, 當官苟在於免負, 立朝不忘於容身, 絜行遜言以處朝廷者, 亦明主所察也.

誠使容身保位, 無放退之辜, 而盡節在公, 抱見疑之勢, 公義不脩而私議成俗, 雖仲尼爲謀, 猶不能盡一才, 又況於世俗之人乎! 今之學者, 師商,韓而上法術, 競以儒家爲迂闊, 不周世用, 此最風俗之流弊, 創業者之所致愼也.」

後考課竟不行.

| 국역 |

「君王의 총애와 신임을 받아 重任을 맡은 자는 明主를 堯나 舜 이상 좋은 치적을 올리도록 모실 뿐만 아니라, 자기 자신도 后稷(후직)과 契(설) 이상으로 직무에 헌신해야 합니다. 때문에 古人은 자신의

治國의 뜻이 완전히 실현되지 못할까를 걱정하지 않고, 자신의 임무를 다 수행하지 못할까를 걱정하다 하였으니, 이는 人主가 신하를 그렇게 만드는 것입니다. 堯나 舜 같은 主君도 后稷(후직)과 契(설), 夔(기)나 龍(용) 같은 신하에게 일을 맡기고 성취 여부를 확인하고 벌을 내렸으며, 鯀(곤)[521]을 죽이고 四凶(사흉)[522]을 방출하였습니다.

지금 大臣들은 직접 明詔를 받아 주군이 보는 곳에서 업무를 처리하며 밤낮으로 官府에서 성실하게 시중을 들고 있습니다. 관직에 있으면서 權貴의 힘에 굽히지 아니하고 공평하게, 또 私情에 치우치지 않으며, 당당한 언행으로 조정에서 처신하는 것을 현명한 주군도 직접 볼 수 있습니다. 만약 어떤 자가 하는 일 없이 녹봉만 받으면서 높은 자리에서 팔짱을 끼고 침묵으로 지혜로운 척하거나, 관직에서 면책만을 추구하고 조정에서 자신의 보신에만 급급하며, 점잖고 공손한 말로 조정에 붙어 있으려 한다면, 이 또한 明主는 살필 수 있을 것입니다.

정말로 保身과 保位에 급급하고, 방출될만한 위험한 일을 회피하며, 관직으로 자신의 지조나 지키려 하거나 의심을 받을만한 정황하에서 공명한 대의를 주장하지 않고 사적인 의견으로 시속이나 따르려 한다면, 그런 사람이 비록 공자와 같은 지모가 있더라도 자신의 재능을 발휘할 수 없을 것인데, 하물며 세속의 보통 사람이라면 무슨 일을 하겠습니까! 지금의 학자들은 모두 商鞅(상앙)이나 韓非

521 鯀(곤, 字 熙) – 黃帝의 후손, 顓頊(전욱)의 5世孫, 大禹의 父親, 崇伯(숭백)에 봉해졌으나 치수 사업의 실패로 처형되었다.

522 《尙書 虞書 舜典》에 의하면, 四凶(四罪)는 共工(공공), 歡兜(환두), 鯀(곤, 大禹 父親), 三苗(삼묘)를 지칭.

가 숭상한 法術만을 따르려 하며, 경쟁적으로 儒家는 迂闊(우활)하여 세상의 업무에 적합하지 않다고 비평하니, 이것이 바로 時俗의 가장 큰 병폐이며 큰일을 하는 사람이 신중히 살펴야 할 일입니다.」

그 뒤에 考課는 끝내 실행되지 않았다.

| 原文 |

樂安廉昭以才能拔擢, 頗好言事. 恕上疏極諫曰,

「伏見尙書郞廉昭奏左丞曹璠以罰當關不依詔, 坐判問. 又云'諸當坐者別奏.' 尙書令陳矯自奏不敢辭罰, 亦不敢以處重爲恭, 意至懇惻. 臣竊憫然爲朝廷惜之!

夫聖人不擇世而興, 不易民而治, 然而生必有賢智之佐者, 蓋進之以道, 率之以禮故也. 古之帝王之所以能輔世長民者, 莫不遠得百姓之歡心, 近盡群臣之智力. 誠使今朝任職之臣皆天下之選, 而不能盡其力, 不可謂能使人. 若非天下之選, 亦不可謂能官人. 陛下憂勞萬機, 或親燈火, 而庶事不康, 刑禁日弛, 豈非股肱不稱之明效歟?

原其所由, 非獨臣有不盡忠, 亦主有不能使. 百里奚愚於虞而智於秦, 豫讓苟容中行而著節智伯, 斯則古人之明驗矣. 今臣言一朝皆不忠, 是誣一朝也. 然其事類, 可推而得. 陛下感帑藏之不充實, 而軍事未息, 至乃斷四時之賦衣, 薄御府之私穀, 帥由聖意, 擧朝稱明, 與聞政事密勿大臣, 寧有懇懇憂此

者乎?」

| 국역 |

(青州) 樂安郡(낙안군) 사람인 廉昭(염소)는 재능이 뛰어나 발탁되었는데, 상소와 정사에 관한 의론을 좋아하였다. 杜恕(두서)는 極諫(극간)하는 상소를 올렸다.

「臣이 볼 때 左丞(좌승)인 曹璠(조번)이 詔命에 따르지 않은 죄를 범한 尙書郞 廉昭(염소)를 체포 심문해야 한다는 상소를 올렸다고 들었습니다. 또 '(조번의 죄에) 연좌된 자들을 별도로 상주하여 검거해야 한다.' 고 하였습니다. 그러나 尙書令인 陳矯(진교)는 (염소의) 상서를 처벌할 수 없으며, 중벌을 주장하는 상서가 (폐하를) 매우 공경하며 그 뜻이 아주 간절하다고 상서하였습니다. 臣은 홀로 슬퍼하며 조정을 위해 안타깝게 생각합니다!

聖人은 먼저 시대를 선택하여 흥기하지 않고 백성을 다 바꿔서 그 백성을 다스리는 것이 아니며, 성인이 출현하면 틀림없이 賢人이나 智者의 보좌를 받는데, 이는 성인이 도리에 맞게 현자를 등용하고 예우하기 때문입니다. 古代의 帝王이 세상을 바로 다스리고 백성을 잘 살게 하는 것은 모두 멀리는 백성의 환심을 얻고, 가까이로는 群臣의 智力를 다하게 만들기 때문입니다. 사실 지금 조정에서 정사를 담당하는 대신들은 모두 엄선된 사람들이지만, 그들 능력을 다 발휘하지 못하고 인재 등용도 잘 한다고 칭송할 수 없습니다. 만약 조정 대신들이 선발된 사람들이 아니라면 유능한 관리라고 말할 수도 없을 것입니다. 폐하께서는 萬機를 친람하시느라 마음을 쓰시고, 때로는 밤이 늦도록 고생하시는데도 여러 국정이 원만하지 못하고 형벌이 날로 解弛(해이)하니, 이는 신하의 능력이 폐하의 뜻을 잘 받들지 못하는 것이 아니겠습니까?

그 원인을 찾아본다면, 신하만이 불충하는 것이 아니라 주군도 신하를 잘 이끌지 못하기 때문입니다. 百里奚(백리해)[523]는 虞(우)나라에서는 어리석었지만 秦(진)에서는 지혜로웠고, 豫讓(예양)[524]은 中行氏(중행씨)에게 보통 사람이었지만 智伯(지백)에게는 지조를 바쳤으니, 바로 이런 예가 분명한 證驗(증험)입니다. 지금 臣은 一朝의 대신이 모두 不忠하다고 말한다면, 이는 조정을 모욕하는 말일 것입니다. 그러나 이런 사례를 쉽게 찾을 수 있습니다. 폐하께서는 지금 국고가 텅 비었는데도 정벌을 중지하지 않으시며, (폐하의) 四時의 옷을 지어 올리는 것을 중지하고 궁중의 식량을 절약하시는 모든 조치가 바로 臣民에 솔선하시는 誠意이며, 대신으로 하여금 정사에 근면 하라는 뜻이라서 조정에서는 폐하의 뜻을 칭송하지만,

---

523 百里奚(백리해) – 姜 姓, 百里氏, 名 奚(어찌 해). 百里子로도 호칭. 世人은 五羖大夫(오고대부)라 통칭. 春秋時代 虞國(우국, 今 山西省 소재) 大夫. 晉 獻公(헌공)이 借道하여 虢國(괵국)을 멸망시킨 뒤 虞國도 없애고 百里奚를 포로로 잡았다. 秦 穆公(목공)의 夫人이 出嫁하면서 秦으로 데리고 온 노비의 한 사람. 秦 穆公이 검은양 가죽 5장을 주고 市井에서 샀다 하여 五羖大夫(羖는 검은 암양 고)라 하였다. 秦 穆公을 도와 秦 발전의 토대를 마련했다.

524 豫讓(예양, ?–前 445년?) – 春秋時代 晉國 中軍將 智伯(지백)의 家臣, 저명한 刺客(자객). 예양은 본래 范氏(범씨)와 中行氏(중행씨)를 섬기면서 아무런 성취도 없었다. 나중에 智伯(지백)의 門下에 들어갔는데, 지백이 예양을 우대하였다. 지백이 趙襄子(조양자)를 토벌했지만 실패하고, 지백은 前 553년에 죽었다. 예양은 지백을 위해 복수하려고 온갖 고생을 다했지만 실패했고, 趙襄子에게 잡혔다. 조양자는 예양의 의기기에 감복하며 자기의 옷을 내주었다. 예양은 조양자의 옷을 칼로 찔러 복수 형식을 취하고 자결했다. 《史記 刺客列傳》에 입전.

폐하의 간절하신 뜻이 어찌 이리 초조하고 불안하겠습니까?」

| 原文 |

「騎都尉王才, 幸樂人孟思所爲不法, 振動京都, 而其罪狀發於小吏, 公卿大臣初無一言. 自陛下踐阼以來, 司隸校尉, 御史中丞寧有擧綱維以督奸宄, 使朝廷肅然者邪? 若陛下以爲今世無良才, 朝廷乏賢佐, 豈可追望稷,契之遐蹤, 坐待來世之俊乂乎! 今之所謂賢者, 盡有大官而享厚祿矣, 然而奉上之節未立, 向公之心不一者, 委任之責不專, 而俗多忌諱故也.

臣以爲忠臣不必親, 親臣不必忠. 何者? 以其居無嫌之地而事得自盡也. 今有疏者毁人不實其所毁, 而必曰私報所憎, 譽人不實其所譽, 而必曰私愛所親, 左右或因之以進憎愛之說. 非獨毁譽有之, 政事損益, 亦皆有嫌.

陛下當思所以闡廣朝臣之心, 篤厲有道之節, 使之自同古人, 望與竹帛耳. 反使如廉昭者擾亂其間, 臣懼大臣遂將容身保位, 坐觀得失, 爲來世戒也!」

| 국역 |

「騎都尉인 王才(왕재)와 총애를 받는 樂人 孟思(맹사)가 저지른 불법행위가 京都 낙양을 진동케 하였는데, 그 죄상은 小吏에 의해 밝혀졌지만, 公卿大臣은 처음부터 한마디 말도 없었습니다. 폐하의 즉위 이래로, 司隸校尉(사예교위)와 御史中丞(어사중승)[525]이 국가 기강을 확립하고 불법자를 감독하여 조정 관리를 숙연하게 한 적이 있었습니까? 만약 폐하께서 지금 세상에 良才가 없고, 조정에 賢佐(현좌)가 없다고 생각하신다면, 어찌 后稷(후직)과 契(설)이 보좌했던 먼 옛날의 자취를 추모하며, 후세의 英傑(영걸)한 인재 출현을 기대할 수 있겠습니까? 지금 소위 賢者는 모두 大官으로서 후한 녹봉을 받고 있지만 주군을 받드는 지조가 없고, 국가를 위하는 마음이 한결같지 않은 것은 관직 임용이 잘못되었거나 세상이 비난할 사람을 임용했기 때문입니다.

臣의 생각으로 忠臣은 주군과 꼭 친하지 않고, 주군이 친애하는 사람이 모두 충성을 다하지 않습니다. 왜 그렇겠습니까? 친근한 지위가 아니고 하는 일에 최선을 다하지 않아도 되기 때문입니다. 지금 疎遠(소원)한 관계인 신하가 업무에 불성실한 자를 비난한다면, 틀림없이 사적인 감정으로 헐뜯는다는 말을 듣게 되고, 폐하의 인정을 받는 자가 不實해도 칭송을 듣는 것은 사적인 친애 때문이니, 조정의 신하는 폐하의 그런 상황을 보아 헐뜯거나 칭송의 말을 올리게 됩니다. 아무 까닭 없이 칭송과 비방, 政事의 손익이 있는 것이 아니고 그럴만한 바탕이 있기 때문입니다.

525 漢에서는 어사대부를 司空으로 개칭하였는데, 관리의 불법 행위에 대한 감찰은 御史中丞(어사중승)이 담당하였다. 조조는 후한의 三公제도를 폐하고 승상이 되면서 어사대부를 임명했지만, 曹魏에서는 어사대부를 사공으로 환원하였다.

폐하께서는 응당 조정 신하를 헤아려서 신하가 正道의 지조를 실천토록 독려하고 옛 현인을 닮아가도록 이끄신다면 賢臣과 함께 역사에 남을 것입니다. 그 반대로 廉昭(염소)와 같은 자를 곁에 두신다면, 臣이 걱정하는 바는, 조정 대신들이 앞으로 容身과 保位에만 급급하며 앉아서 得失이나 따져볼 것이니, 이는 후세의 鑑戒(감계)가 될 것입니다.」

| 原文 |

「昔周公戒魯侯曰'無使大臣怨乎不以.' 不言賢愚, 明皆當世用也. 堯數舜之功, 稱去四凶, 不言大小, 有罪則去也. 今者朝臣不自以爲不能, 以陛下爲不任也. 不自以爲不智, 以陛下爲不問也.

陛下何不遵周公之所以用, 大舜之所以去? 使侍中,尙書坐則侍帷幄, 行則從華輦, 親對詔問, 所陳必達, 則群臣之行, 能否皆可得而知. 忠能者進, 闇劣者退, 誰敢依違而不自盡? 以陛下之聖明, 親與群臣論議政事, 使群臣人得自盡, 人自以爲親, 人思所以報, 賢愚能否, 在陛下之所用. 以此治事, 何事不辦? 以此建功, 何功不成?

每有軍事, 詔書常曰, '誰當憂此者邪? 吾當自憂耳.' 近詔又曰, '憂公忘私者必不然, 但先公後私卽自辦也.' 伏讀明詔, 乃知聖思究盡下情, 然亦怪陛下不治其本而憂其末也. 人之能否, 實有本性, 雖臣亦以爲朝臣不盡稱職也, 明主之用人也, 使能者不敢遺其力, 而不能者不得處非其任.

選擧非其人, 未必爲有罪也. 擧朝共容非其人, 乃爲怪耳. 陛下知其不盡力也, 而代之憂其職, 知其不能也, 而敎之治其事, 豈徒主勞而臣逸哉? 雖聖賢並世, 終不能以此爲治也.」

| 국역 |

「옛날 周公(旦)은 魯侯(伯禽, 周公의 長子)에게 '大臣에 일을 맡기지 않아 원망이 없게 하라.' 고 말했지만, 賢愚(현우)를 언급하지 않은 것은 그 시대에 모두 등용될 수 있었기 때문입니다. 堯가 舜의 공적을 하나하나 들어 칭송한 것은 四凶(사흉)을 제거하기 위한 것으로, 堯가 四凶 죄악의 대소를 말하지 않은 것은 죄가 있으면 응당 내보냈기 때문입니다. 요즈음 朝臣이 자신의 무능을 생각 않는 것은 폐하께서 일을 맡기지 않았기 때문이며, 대신이 無智를 모르는 것은 폐하께서 그들에게 묻지(問) 않기 때문입니다.

폐하께서는 어찌 周公의 책임 부여와 大舜의 무능력자 제거를 따르지 않으십니까? 侍中과 尙書가 궁중에서 시중들 때나 수레를 수행할 때 직접 보고 하문한다면, 그 응답을 직접 들을 수 있으며 群臣의 행위의 옳고 그름도 알 수 있습니다. 그리하여 충성을 다하는 능력자를 뽑아 쓰고 우매하고 무능한 자를 물리친다면, 누가 감히 폐하의 뜻을 따르지 않고, 또 최선을 다하지 않겠습니까? 폐하의 聖明으로 친히 群臣과 함께 정사를 논의하고 群臣이 각각 최선을 다한다면, 누구나 자신이 폐하와 가깝다 생각하며 모두가 폐하께 보은

하려 생각할 것이니, 賢人愚者나 능력 유무를 막론하고 폐하의 임용에 달렸습니다. 이렇게 정사를 처리하면 이루지 못할 일이 무엇이겠습니까? 이렇게 하여 功을 이루려 한다면 성공하지 못할 일이 어디 있겠습니까?

軍務가 있을 때마다 조서를 내려, 늘 '이 걱정을 함께 할 사람은 누구인가? 응당 짐이 감당하리라.' 고 말씀하셨습니다. 최근의 조서에서도 '나라를 걱정하고 개인을 잊는 자는 그러하지 아니하나, 단 先公後私하는 자라면 스스로 처리할 것이다.' 라고 하셨습니다. 臣은 조서를 읽을 때마다 폐하의 깊으신 思念이 下情을 다 알고 계시다 생각하였지만, 폐하께서 그 근본을 다스리지 않으시고 작은 일에 대한 염려를 괴이하게 생각하였습니다. 사람의 능력 유무는 사실상 본성이며, 臣이 비록 朝臣들이 제 직분을 다하지 못한다고 생각하지만, 明主의 用人 또한 能者는 그 능력을 다 발휘하지 못하게 하고 무능력자에게는 감당할 수 없는 일을 맡겼다고 생각합니다.

적임자를 등용하지 못한다면 틀림없이 허물을 짓게 됩니다. 조정에서 비 적임자를 포용한다면 그 또한 괴이한 일입니다. 폐하께서는 신하가 최선을 다하지 않는다는 것을 알면서 그 일을 걱정하시고, 일을 감당할 수 없다는 것을 알면서도 그 일을 다 하라고 가르치시니, 어찌 國君은 고생스럽고 신하는 편안하지 않겠습니까? 비록 성인과 현인이 같이 존재하더라도 끝내 나라를 잘 다스리지 못할 것입니다.」

| 原文 |

「陛下又患臺閣禁令之不密, 人事請屬之不絕, 聽伊尹作迎客出入之制, 選司徒更惡吏以守寺門. 威禁由之, 實未得爲禁之本也. 昔漢安帝時, 少府竇嘉辟廷尉郭躬無罪之兄子, 猶見擧奏, 章劾紛紛.

近司隸校尉孔羨辟大將軍狂悖之弟, 而有司嘿爾, 望風希指, 甚於受屬. 選擧不以實, 人事之大者也. 嘉有親戚之寵, 躬非社稷重臣, 猶尙如此, 以今況古, 陛下自不督必行之罰以絕阿黨之原耳. 伊尹之制, 與惡吏守門, 非治世之具也. 使臣之言少蒙察納, 何患於奸不削滅, 而養若昭等乎!」

| 국역 |

「폐하께서는, 또 臺閣(尙書臺)의 禁令이 周密하지 못하고 인사 청탁이 근절되지 않는 것을 걱정하시어 伊尹(이윤)[526]이 손님을 맞이하거나 출입에 관한 제도를 만들고, 司徒(사도)를 보내어 인상이 험악한 사람을 골라 궁문을 지키게 하셨습니다. 그리하여 그들에게 출입을 엄히 단속하게 했지만, 그것이 인사 청탁을 금지하는 근본 해결책은 아니었습니다. 後漢의 安帝 때(재위 서기 107－125년), 少府인 竇嘉(두가)가 廷尉인 郭躬(곽궁)의 죄도 없는 조카를 소환하며 다른 사람을 시켜 고발하자, 곽궁을 탄핵하는 상주가 분분하였

526 伊尹(이윤)은 실무를 담당하는 卿尹(경윤). 실무 담당 장관. 商의 賢相 伊尹(이윤)이 아님.

습니다.

근래에 司隸校尉인 孔羨(공선)이 大將軍(司馬懿)의 행실이 나쁜 동생을 관리로 초빙했는데도, 담당 관원은 침묵하며 權貴의 뜻에 영합하였으니, 이는 남의 청탁을 받은 것보다 더 심한 것입니다. 부실한 천거와 선발은 인사 문제의 핵심입니다. 竇嘉(두가)는 황제의 총애를 받는 외척이었고, 郭躬(곽궁)은 국가의 중신인데도 그러 했었으니, 지금 상황을 옛날에 비교한다면, 원인은 폐하께서 상벌을 엄히 시행하지 않고, 아부하는 붕당을 근절하려는 뜻에서 찾을 수 있습니다. 실무 장관에 대한 제재나 험악한 자가 궁문을 지키게 하는 것은 치세의 방법이 될 수 없습니다. 폐하께서 臣의 말을 통찰하여 채납하신다면, 奸黨이 소멸 않는다고 왜 걱정하시고, 廉昭(염소)와 같은 자가 어찌 조정에 남아 있겠습니까!」

| 原文 |

「夫糾擿奸宄, 忠事也, 然而世憎小人行之者, 以其不顧道理而苟求容進也. 若陛下不復考其終始, 必以違衆忤世爲奉公, 密行白人爲盡節, 焉有通人大才而更不能爲此邪? 誠顧道理而弗爲耳. 使天下皆背道而趨利, 則人主之所最病者, 陛下將何樂焉, 胡不絶其萌乎!

夫先意承旨以求容美, 率皆天下淺薄無行義者, 其意務在於適人主之心而已, 非欲治天下安百姓也. 陛下何不試變業而示之, 彼豈執其所守以違聖意哉? 夫人臣得人主之心, 安業也, 處尊顯之官, 榮事也. 食千鍾之祿, 厚實也. 人臣雖愚, 未有不樂此而喜干迕者也, 迫於道, 自强耳.

誠以爲陛下當憐而佑之, 少委任焉, 如何反錄昭等傾側之意, 而忽若人者乎? 今者外有伺隙之寇, 內有貧曠之民, 陛下當大計天下之損益, 政事之得失, 誠不可以怠也.」

| 국역 |

「간악한 자를 규탄하고 적발하는 것이 주군에 대한 충성이며, 세상 사람이 小人의 행태를 증오하는 것은 그들이 순리에 따르지 않고 자신의 출세만을 추구하기 때문입니다. 만약 폐하께서 그런 사례의 동기나 결과를 살피지 못하신다면, 백성의 일반적 염원을 저버리고 은밀히 충성을 다하려는 자들을 선발 임용하게 될 것이니, 학식이 넓고 깊은 걸출한 인재를 어찌 얻을 수 있으며, 어떻게 큰일을 시킬 수 있겠습니까? 실로 도리를 돌아보지 않을 수 없습니다. 천하 사람들이 모두 정도를 버리고 이득만을 좇아간다면, 그것은 人主에게도 가장 큰 痛恨(통한)이 될 것이니, 폐하께 무슨 쾌락이 있을 것이며, 어찌 그런 싹을 근절하지 않을 수 있겠습니까?

대체로 폐하의 뜻을 헤아려 영합하여 임용되고자 하는 자는, 대개 세상을 살면서 천박하고 대의의 실천을 모르는 자들이니 그런 자는 폐하의 뜻만 따르려 힘쓸 뿐, 천하를 잘 다스려 백성을 안정시키려는 뜻이 없습니다. 폐하께서는 뜻을 바꿔 그런 측근들에게 폐하의 진정을 알게 한다면, 그런 자들이 어찌 자기의 뜻을 고집하며 폐하의 뜻을 어길 수 있겠습니까? 대체로 신하가 주군의 인정을 받는다면 그것은 安業이며, 또 존귀한 자리에 오른다면 그것은 영광입니다. 그리고 많은 녹봉을 받는다면 후한 보상을 받는 것입니다. 人臣이 비록 우매하더라도 그런 영광을 즐기지 않거나 人君의 뜻에 어긋나려는 자가 없으며, 그것은 常道이며 自强의 길입니다.

臣의 생각에, 폐하께서 진정 바른 신하들을 아끼며 보호하실 것이라 생각하며, 그런 신하에게 임무를 맡긴다면 어찌 廉昭(염소)처럼 나쁜 뜻을 가진 자에게 동조하며, 폐하께서 아끼려는 정직한 사람을 소홀히 할 수 있겠습니까? 지금 밖에는 우리의 빈틈을 노리는 적이 있고, 안에는 궁핍으로 고통 받는 백성이 있사오니, 폐하께서는 천하 대계의 損益과 정사의 得失을 깊이 헤아리시어 결코 태만하실 수 없을 것입니다.」

| 原文 |

恕在朝八年, 其論議亢直, 皆此類也. 出爲弘農太守, 數歲轉趙相, 以疾去官. 起家爲河東太守, 歲餘, 遷淮北都督護軍, 復以疾去. 恕所在, 務存大體而已, 其樹惠愛, 益得百姓歡心, 不及於畿. 頃之, 拜御史中丞. 恕在朝廷, 以不得當世之和, 故屢在外任.

復出爲幽州刺史, 加建威將軍, 使持節, 護烏丸校尉. 時征北將軍程喜屯薊, 尙書袁侃等戒恕曰, "程申伯處先帝之世,傾田國讓於青州. 足下今俱杖節, 使共屯一城, 宜深有以待之." 而恕不以爲意.

至官未期, 有鮮卑大人兒, 不由關塞, 徑將數十騎詣州, 州斬所從來小子一人, 無表言上. 喜於是劾奏恕, 下廷尉, 當死. 以父畿勤事水死, 免爲庶人, 徙章武郡, 是歲嘉平元年. 恕倜儻任意, 而思不防患, 終致此敗.

| 국역 |

杜恕(두서)는 조정에 8년간 근무하였는데, 그의 강직한 의론은 대개 이런 상소와 같았다. 두서는 弘農太守가 되었다가 몇 년 만에 다시 趙國의 相으로 전출되었지만 질병으로 사직하였다. 집에 있다가 등용되어 河東太守가 되었는데, 다음 해에 淮北都督護軍이 되었으나 질병으로 사직하였다. 두서는 재임지에서 大綱(대강)을 처리하며 백성에 은덕을 베풀기에 힘썼지만 부친 杜畿(두기)에는 미치지 못했다. 두서는 얼마 뒤 御史中丞(어사중승)이 되었다. 두서는 조정에 근무하면서 조정 사람들과 잘 어울리지 못했기에 여러 번 지방관으로 나갔다.

두서는 다시 幽州(유주) 자사가 되었고, 加官으로 建威將軍이 되어 부절을 받아 護烏丸校尉가 되었다. 그때 征北將軍인 程喜(정희)는 薊縣(계현)[527]에 주둔하고 있었는데, 尙書인 袁侃(원간) 등이 두서

527 薊縣(계현)은 燕國의 치소 겸 幽州 자사부의 소재로, 今 北京市에 해당, 유주 자사부의 관할 지역은, 今 河北省 북부, 北京市 전부, 天津市와 遼寧省과 丹東市, 北朝鮮일부를 관할하였다.

에게 조심하라는 서신을 보내 말했다.

"程申伯(程喜)은 先帝 시대에 青州에서 田國讓(전국양)[528]을 배제했던 사람입니다. 귀하가 부절을 받아 같은 城에 근무하게 되었으니 각별히 유념하여 상대해야 합니다."

그러나 두서는 유념하지 않았다. 근무 말기에 鮮卑族(선비족) 大人(族長)의 아들 하나가 국경 관문을 거치지 않고 수십 기병을 거느리고 유주의 성에 들어왔고, 유주에서는 같이 들어온 다른 아들을 죽였는데, 이를 조정에 보고하지 않았다. 이에 정희는 두서를 탄핵해야 한다고 상주하였고, 두서는 廷尉에게 보내져 사형 판결을 받았다. 그러나 부친 杜畿(두기)가 재직 중 익사했다 하여 관직에서 파면되어 서인으로 章武郡[529]으로 이주하였는데, 이 해가 (曹芳의) 嘉平 元年(서기 249)이었다. 두서는 사람이 소탈하고 꾸밈이 없었지만 이런 환난을 예상하지 못해 결국 좌절을 겪었다.

| 原文 |

初, 恕從趙郡還, 陳留阮武亦從清河太守徵, 俱自薄廷尉. 謂恕曰, "相觀才性可以由公道而持之不厲, 器能可以處大官而求之不順, 才學可以述古今而志之不一, 此所謂有其才而

528 田豫(전예, 171－252년, 字 國讓) – 曹魏 북방을 주로 담당했던 장군. 《魏書》 26권, 〈滿田牽郭傳〉에 입전. 北省 북부, 北京市 전부, 天津市와 遼寧省과 丹東市, 北朝鮮 일부를 관할하였다.

529 章武郡 – 治所는 章武縣, 今 河北省 남동의 滄州市 관할 青縣. 章武, 文安, 東州, 東平 舒縣을 관장. 嘉平 연간(249－253)에 廢郡.

無其用. 今向閒暇, 可試潛思, 成一家言."

在章武, 遂著〈體論〉八節. 又著〈興性論〉一篇, 蓋興於爲己也. 四年, 卒於徙所.

甘露二年, 河東樂詳年九十餘, 上書訟畿之遺績, 朝廷感焉. 詔封恕子預爲豐樂亭侯, 邑百戶.

恕奏議論駮皆可觀, 掇其切世大事著於篇.

| 국역 |

그전에, 杜恕(두서)가 趙郡에서 돌아올 때, 陳留郡의 阮武(완무) 역시 淸河 太守로 조정에 불려 들어가 함께 정위에게 조사를 받았다. 이 때 완무가 두서에게 말했다.

"내가 볼 때 당신의 자질과 품성은 公道를 따르나 엄격하지 못하고, 器量은 大官의 임무를 넉넉히 수행할 수 있지만 순탄치 못하며, 才學은 가히 古今을 祖述(조술)할 수 있지만 지향의 專一하지 못하니, 이를 한마디로 재능은 있으나 쓸모가 없다고 할 수 있습니다. 지금 한가한 여유가 있으니 잘 생각하시어 一家의 학문을 이루기 바랍니다."

두서는 章武郡에 이주해 살면서 〈體論〉 8節을 저술했다. 또 〈興性論〉 1편을 저술하였는데, 대개 자신의 경험과 견해를 말했다. (曹芳의) 嘉平 4년(서기 252)에 장무군에서 죽었다.

(曹髦의) 甘露 2년(서기 257), 河東郡의 樂詳(악상, 字 文載)은 90여 세였는데, 上書하여 杜畿의 훌륭한 치적을 서술하자 조정에서는 이에 감동하였다. 그래서 杜恕(두서)의 아들 杜預(두예)[530]를 豐樂亭

侯(풍락정후)에 봉했는데, 식읍은 1백 호였다.

두서가 상주한 의론과 반박문은 모두 읽을 만하기에, 여기서는 그중 世間의 큰 일에 적합한 몇 편을 수록하였다.

❺ 鄭渾

| 原文 |

鄭渾字文公, 河南開封人也. 高祖父衆, 衆父興, 皆爲名儒. 渾兄泰, 與荀攸等謀誅董卓, 爲揚州刺史, 卒. 渾將泰小子袤避難淮南, 袁術賓禮甚厚. 渾知術必敗. 時華歆爲豫章太守, 素與泰善, 渾乃渡江投歆.

太祖聞其篤行, 召爲掾, 復遷下蔡長,邵陵令. 天下未定, 民皆剽輕, 不念產殖, 其生子無以相活, 率皆不擧. 渾所在奪其漁獵之具, 課使耕桑, 又兼開稻田, 重去子之法. 民初畏罪, 後稍豐給, 無不擧贍, 所育男女, 多以鄭爲字. 闢爲丞相掾屬,

530 杜預(두예, 222－285년, 字 元凱) － 京兆郡 杜陵縣(今 陝西省 西安市) 출신. 襄陽杜氏의 先祖. 司馬懿의 사위. 曹魏 말, 西晉 전기의 학자, 장군, 관료. 破竹之勢로 일거에 東吳를 멸망시켜 西晉의 통일을 완성했다. 두예는 평소에 말을 타지도 활을 쏜 적도 없었지만, 西晉의 征吳 大將 羊祜(양호)는 임종하며 晉 武帝 司馬炎에게 자신의 후임으로 杜預를 천거하였다. 두예는 그만큼 用兵之道를 깊이 알았고 智謀가 넓고도 깊었다는 뜻이다. 두예는 평소 학문을 좋아해 左丘明(좌구명)의 《春秋左傳》을 틈만 나면 읽었고, 행군 중에도 사람을 시켜 말 앞에서 《좌전》을 읽게 하였다. 이에 사람들은 두예를 '좌전에 푹 빠졌다' 는 뜻으로, '左傳癖(좌전벽)' 이라고 불렀다.

遷左馮翊.

| 국역 |

鄭渾(정혼)[531] 字는 文公으로, 河南郡 開封縣 사람이다. 高祖父인 鄭衆(정중, 字 子師)과 정중의 부친 鄭興(정흥)은 모두 名儒였다. 정혼의 형 鄭泰(정태)[532]는 荀攸(순유) 등과 함께 동탁을 주살하려 모의했고 揚州刺史 재직하다가 죽었다. 정혼은 兄 정태의 작은아들 鄭袤(정무)를 데리고 淮南(회남)으로 피난했는데 袁術(원술)은 정혼을 손님의 예로 후하게 대접하였다. 정혼은 원술이 必敗할 것을 알았다. 그때 華歆(화흠)은 豫章太守[533]였는데, 평소에 정태와 친하게 지냈기에 정혼은 곧 長江을 건너 (남쪽으로) 화흠을 찾아갔다.

조조는 정혼의 篤行(독행)을 소문으로 알고 정혼을 불러 掾吏(연리)로 삼았다가 뒤에 下蔡(하채)[534]의 縣長과 邵陵(소릉) 縣令에 임명했다. 그때 천하가 未定하여 백성은 모두 날뛰고 경박하며 농사에 마음 쓰지 않았고, 자식을 낳아도 키우려 하지 않았으며 버려진 아이도 거두지 않았다. 정혼은 임지에서 백성의 漁具나 수렵 도구를 빼앗고, 농사와 길쌈에 힘쓰게 하면서 벼농사를 위한 논을 개간하고 자식을 버리는 자를 무겁게 처벌하였다. 백성들은 처음에 두려워 복종했지만 뒤에 차츰 풍족해지자 자식을 버리지 않았고 기르는

531 鄭渾(정혼, 생졸년 미상, 字 文公) - 후한 名儒 鄭衆(정중)의 玄孫. 後漢末 曹魏에서 지방관 역임. 백성 생활 안정에 크게 기여.

532 鄭泰(정태, 150?-190년, 字 公業) - 《後漢書》 70권, 〈鄭孔荀列傳〉에 立傳.

533 揚州 관할 豫章郡 - 治所는 南昌縣, 今 江西省 북부 南昌市(江西省의 省都).

534 下蔡(하채)는, 今 安徽省 중북부 淮南市 관할 鳳臺縣.

자식에 鄭을 넣어 이름을 짓기도 했다. 정혼은 승상부 속관으로 입조했다가 左馮翊(좌풍익, 태수급)이 되었다.

▎原文▕

時梁興等略吏民五千餘家爲寇鈔, 諸縣不能御, 皆恐懼, 寄治郡下. 議者悉以爲當移就險, 渾曰, "興等破散, 竄在山阻. 雖有隨者, 率脅從耳. 今當廣開降路, 宣喩恩信. 而保險自守, 此示弱也."

乃聚斂吏民, 治城郭, 爲守御之備. 遂發民逐賊, 明賞罰, 與要誓, 其所得獲, 十以七賞. 百姓大悅, 皆願捕賊, 多得婦女, 財物. 賊之失妻子者, 皆還求降. 渾責其得他婦女, 然後還其妻子, 於是轉相寇盜, 黨與離散. 又遣吏民有恩信者, 分布山谷告喩, 出者相繼, 乃使諸縣長吏各還本治以安集之. 興等懼, 將餘衆聚鄜城.

太祖使夏侯淵就助郡擊之, 渾率吏民前登, 斬興及其支黨. 又賊靳富等, 脅將夏陽長,邵陵令並其吏民入磑山, 渾復討擊破富等, 獲二縣長吏, 將其所略還. 及趙青龍者, 殺左內史程休, 渾聞, 遣壯士就梟其首. 前後歸附四千餘家, 由是山賊皆平, 民安産業. 轉爲上黨太守.

| 국역 |

그때 梁興(양흥) 등이 관리와 백성 5천여 가구를 약탈하자, 여러 현에서는 막을 수가 없어 공포에 떨며 현의 치소를 郡으로 옮겨가기도 했다. 어떤 사람들은 현을 험한 요새지로 옮겨야 한다고 주장하자 정혼이 말했다.

"양흥 등은 이미 격파되어 산간에 숨었다. 비록 그를 따르는 자가 있어도 그것은 협박에 따라간 것이다. 지금 여러 방법으로 투항의 길을 열어놓고 은전과 신의를 베풀어야 한다. 그러니 우리가 험지로 가서 지킨다는 것은 우리 약점을 보여주는 것이다."

그리고는 관리와 백성을 모으고 성곽을 수리하며 방어준비를 하였다. 이어 백성을 동원하여 도적무리를 내쫓으며 상벌을 분명히 했고, 도적으로부터 뺏는 물자의 10분의 7을 상으로 지급하기로 약속했다. 백성들은 크게 좋아하면서 모두 도적을 잡으러 나섰으며 부녀자와 재물을 많이 노획하였다. 처자를 빼앗긴 도적들은 모두 돌아와 투항하였다. 정혼은 그 도적들이 탈취했던 부녀자들을 데려오게 한 뒤에 그 도적의 처자를 풀어주었는데, 도적들 자신이 도적질을 당하게 되자 그 무리는 저절로 흩어졌다. 또 관리나 백성 중에서 신임할 만한 자를 골라 산골짝에 들어가 회유하게 하자 산에서 나오는 자들이 줄을 이었으며 곧 여러 현의 현령과 관리 백성들을 본래 자기 현으로 돌아가 백성을 진정시키게 하였다. 이에 양흥 등은 두려워 떨며 남은 무리들을 데리고 鄜城(부성)이란 곳으로 모였다.

이에 조조는 夏侯淵(하후연)을 보내 郡을 도와 적의 무리를 격파케 하였는데, 정혼은 관리와 백성을 거느리고 먼저 입성하여 양흥과 그 잔당을 참수하였다. 또 다른 도적 무리 靳富(근부) 등은 夏陽縣의 縣長, 邵陵(수응)의 현령 등을 협박하여 거느리고 礍山(애산)으로 들어가자, 정혼은 다시 근부 등을 격파하고 두 현의 현령과 관리들을 구출하고 그들이 노획한 백성을 거느리고 돌아왔다. 또 趙青龍(조청룡)이란 자는 左內史 程休(정휴)를 살해하였는데, 정혼은 이를 알고 장사들을 보내 조청룡의 목을 잘라 梟首(효수)하였다. 이리하여 전후 약 4천여 민호가 귀부하였고, 산적들은 모두 평정되었으며 민생은 안정되었다. 정혼은 上黨太守[535]가 되었다.

| 原文 |

太祖征漢中, 以渾爲京兆尹. 渾以百姓新集, 爲制移居之法, 使兼複者與單輕者相伍, 溫信者與孤老爲比, 勤稼穡, 明禁令, 以發奸者. 由是民安於農, 而盜賊止息. 及大軍入漢中, 運轉軍糧爲最. 又遣民田漢中, 無逃亡者. 太祖益嘉之, 復入爲丞相掾.

文帝卽位, 爲侍御史, 加駙馬都尉, 遷陽平,沛郡二太守. 郡界下濕, 患水澇, 百姓飢乏. 渾於蕭,相二縣界, 興陂遏, 開稻田. 郡人皆以爲不便, 渾曰, "地勢洿下, 宜溉灌, 終有魚稻經久之利, 此豐民之本也."

遂躬率吏民, 興立功夫, 一冬間皆成. 比年大收, 頃畝歲增,

535 上黨郡 治所는 長子縣, 今 山西省 동남부 長治市 관할 長子縣.

租入倍常, 民賴其利, 刻石頌之, 號曰鄭陂. 轉爲山陽,魏郡太守, 其治放此. 又以郡下百姓, 苦乏材木, 乃課樹楡爲籬, 並益樹五果, 楡皆成藩, 五果豐實.

入魏郡界, 村落齊整如一, 民得財足用饒. 明帝聞之, 下詔稱述, 布告天下, 遷將作大匠. 渾淸素在公, 妻子不免於饑寒. 及卒, 以子崇爲郞中.

| 국역 |

曹操는 漢中郡을 정벌하면서, 鄭渾(정혼)을 京兆尹에 임명하였다. 정혼은 백성을 불러 모으면서 새로운 移居의 法을 만들었는데, 가족이 많은 집과 식구가 없는 집을 이웃으로 하고, 온량 성실한 자와 노인 가족을 이웃이 되게 하였으며, 농사를 적극 장려하고 금령을 밝혀 나쁜 자를 적발하였다. 이에 백성은 농사에 전념했고 도적이 없어졌다. 大軍이 漢中에 진군하자, 정혼은 군량 운반을 제일 잘했다. 또 백성을 漢中郡에 보내 농사를 짓게 하였는데 도망자가 없었다. 조조는 크게 칭찬하였고, 정혼은 입조하여 승상부 屬掾(속연)이 되었다.

文帝가 즉위하면서, 정혼은 侍御史가 되었다가 駙馬都尉를 제수받았고 陽平[536]과 沛郡의 태수가 되었다. 그 군 지역은 지대가 저습하여 수해가 많았고 백성은 굶주렸다. 정혼은 蕭縣과 相縣의 땅에

536 東郡에 陽平縣(양평현)이 있었는데, 넓어진 魏郡(위군)을 할양하여 東部都尉의 관할 지역을 나중에 陽平郡으로, 西部都尉 관할지역을 廣平郡(광평군)으로 개편하였다.

보(洑)를 막고 벼논을 개간하였다. 군민이 모두 불편하게 여기자 정혼이 말했다.

"지세가 낮은 지역은 관개에 유리하니, 養魚와 벼농사가 쉽고 나중에 오래도록 이로울 것이며 백성을 풍족하게 할 것이다."

그리고는 직접 백성과 함께 일을 하여 공사를 한 해 겨울에 완성하였다. 해마다 풍년이 들었고 경작지를 늘려 부세가 평년의 두 배를 거둘 수 있었으며, 백성 생활이 넉넉해지자 비석을 세워 칭송하며 '鄭陂(정피, 陂는 저수지 피)' 라고 하였다.

정혼은 山陽郡과 魏郡의 태수를 역임했는데, 그 치적은 대개 이와 같았다. 또 郡의 백성들이 재목이 없어 고생하자, 느릅나무(楡) 울타리를 만들게 하고 아울러 五果를 심어 과일도 넉넉하였다. 魏郡 지역에는 촌락이 잘 정비되었고 백성들의 살림이 넉넉하였다. 明帝가 이를 보고받고 조서를 지어 칭송하며 천하에 알렸다. 정혼은 조정의 將作大匠으로 승진하였다. 정혼은 공직자로 청렴 소박하였기에 그 처자는 굶주림과 추위로 고생하였다. 정혼이 죽자, 아들 鄭崇(정숭)은 郎中이 되었다.

❻ 倉慈

| 原文 |

倉慈字孝仁, 淮南人也. 始爲郡吏. 建安中, 太祖開募屯田於淮南, 以慈爲綏集都尉. 黃初末, 爲長安令, 淸約有方, 吏民畏而愛之.

太和中, 遷敦煌太守. 郡在西陲, 以喪亂隔絶, 曠無太守二十歲, 大姓雄張, 遂以爲俗. 前太守尹奉等, 循故而已, 無所匡革.

慈到, 抑挫權右, 撫恤貧羸, 甚得其理. 舊大族田地有餘, 而小民無立錐之土, 慈皆隨口割賦, 稍稍使畢其本直. 先是屬城獄訟衆猥, 縣不能決, 多集治下. 慈躬往省閱, 料簡輕重, 自非殊死, 但鞭杖遣之, 一歲決刑曾不滿十人.

又常日西域雜胡欲來貢獻, 而諸豪族多逆斷絶. 旣與貿遷, 欺詐侮易, 多不得分明. 胡常怨望, 慈皆勞之. 欲詣洛者, 爲封過所, 欲從郡還者, 官爲平取, 輒以府見物與共交市, 使吏民護送道路, 由是民夷翕然稱其德惠.

數年卒官, 吏民悲感如喪親戚, 圖畫其形, 思其遺像. 及西域諸胡聞慈死, 悉共會聚於戊己校尉及長吏治下發哀, 或有以刀畫面, 以明血誠, 又爲立祠, 遙共祠之.

| 국역 |

倉慈(창자)의 字는 孝仁(효인)으로, 淮南郡 사람이다. 처음에는 郡吏였다. 建安 연간에, 조조가 淮南郡에서 募屯官을 공개 모집했는데, 창자는 綏集都尉(수집도위)가 되었다. (文帝) 黃初 말에 창자는 長安令이 되었는데, 청렴 검약하고 치적이 좋아 관리나 백성이 두려워하면서도 경애하였다.

(明帝) 太和 연간에, 敦煌太守가 되었다. 돈황군은 서쪽 변방에 있어 병란을 겪으며 오랫동안 中原과 격리되어 20여 년이나 태수가 없었으며 大姓들의 세력이 강하여 마치 습속처럼 되었다. 전임 태수 尹奉(윤봉) 등은 관습대로 따를 뿐 바로잡거나 혁파하지 못했다.

창자는 부임하여 권세가를 꺾어 누르고 가난하며 약한 백성을 위무하면서 이치에 맞게 다스렸다. 옛 大族의 田地는 넘치게 많았지만, 가난한 백성은 송곳을 세울만한 땅도 없었는데, 창자는 가족 수에 따라 토지를 다시 분할해주고 나중에 차차 그 본전을 갚게 하였다. 이보다 앞서 돈황군 관내 縣의 소송 건수가 많았으나 현에서 판결하지 못하고 郡에 쌓여 있었다. 이에 창자는 직접 읽고 열람하며 경중을 가려 판결하였는데, 사형에 해당하는 중죄가 아니면 종아리나 매질을 한 다음에 석방하였는데, 이후 처형자 수는 1년이 10건이 되지 않았다.

또 과거에 西域(서역)[537] 일대에 혼거하는 여러 종족이 공물을 바치려면 돈황군 일대의 여러 호족이 이를 막았다. 또 무역을 할 때 속이거나 모욕하였으며 거래도 분명하지 않았다. 이에 胡人의 원망이 많았는데, 창자는 호인을 위로하며 왕래케 하였다. 그리고 그들 중

537 西域은 漢朝시대에 일반적으로 天山南麓의 玉門關과 陽關 서쪽의 여러 국가나 지역을 지칭하였다. 漢의 서역 경영은 張騫(장건), 常惠(상혜), 鄭吉, 陳湯(진탕) 등의 노력과 경영으로 흉노를 서역에서 축출했다. 漢은 서역의 성곽국가와 관계를 강화하며 흉노에 대항하는 체제를 구축했다. 이들 성곽국가 관리는 西域都護(서역도호)가 담당했다. 《漢書》 70권, 〈傅常鄭甘陳段傳〉 참고. 前漢의 西域都護府는 烏壘城(오루성, 今 新疆維吾爾自治區 중앙부의 巴音郭楞蒙古自治州 관할 庫爾勒市의 서쪽 輪臺)에 있었다. 後漢에서는 班超의 서역 경영 이후(서기 91년) 龜玆國 영내의 它乾城(今 新疆省 庫車 부근, 輪臺의 서쪽, 정확한 위치 미상)에 서역도호부를 두었다.

낙양에 가려는 자에게는 통행할 인증을 내주었으며, 郡에서 돌아가려는 자에게는 관에서 공평하게 그들 물건을 사주거나 보관 중인 물건과 같이 교역을 허락했으며, 관리를 시켜 그들을 호송케 하여 한인과 호인이 모두 그 은덕을 칭송하였다.

몇 년 뒤 관직을 가지고 죽었는데, 관리와 백성이 모두 친상을 당한 것처럼 슬퍼하였으며 장창의 초상화를 그려 추모하였다. 서역의 여러 호인들은 장창의 죽음에 戊己校尉(무기교위)[538]나 縣官의 치소에 모여 애도하였고, 어떤 자는 칼로 얼굴에 상처를 내며 피로 성의를 표했으며 사당을 세워 먼 곳에서도 제사를 지냈다.

| 原文 |

自太祖迄於咸熙, 魏郡太守陳國吳瓘,清河太守樂安任燠,京兆太守濟北顏斐,弘農太守太原令狐邵,濟南相魯國孔乂, 或哀矜折獄, 或推誠惠愛, 或治身淸白, 或擿奸發伏, 咸爲良二千石.

| 국역 |

曹操로부터 (曹奐의) 咸熙(함희) 연간(서기 264-265)[539]에 걸쳐,

538 西域都護의 속관으로, 屯田 담당 校尉인 戊己校尉(무기교위)를 두었다. 戊己(무기)는 十干의 중앙인데, 중앙은 土, 곧 황색이다. 황색은 漢을 상징하고 흉노(北)를 제압한다는 뜻으로 택한 이름이다.

539 曹操가 정식으로 魏王이 된 것은 서기 216년이었다. 漢의 선양과 文帝의 즉위(서기 220년)를 거쳐 曹魏의 마지막 황제 曹奐(시호가 없음), 마지막 연호

魏郡 태수인 陳國 사람 吳瓘(오관)과 淸河 태수인 樂安郡 출신의 任燠(임욱), 京兆 태수인 濟北郡 출신 顔斐(안비, 字 文林), 弘農 태수인 太原郡 출신 令狐邵(영호소, 令狐는 複姓. 字 孔叔), 濟南國 相인 魯國 출신 孔乂(공예, 字 元俊) 등은 백성을 불쌍히 여겨 석방하거나, 혹은 성의를 다하여 은혜와 자애를 베풀었으며, 혹은 수신에 힘써 청렴결백했고, 혹은 간악한 자를 다스려 굴복케 하였으니 모두 현량한 二千石(太守)이었다.

|原文|

評曰, 任峻始興義兵, 以歸太祖, 闢土殖穀, 倉庾盈溢, 庸績致矣. 蘇則威以平亂, 旣政事之良, 又矯矯剛直, 風烈足稱. 杜畿寬猛克濟, 惠以康民. 鄭渾,倉慈, 恤理有方. 抑皆魏代之名守乎! 恕屢陳時政, 經論治體, 蓋有可觀焉.

|국역|

陳壽의 評論 : 任峻(임준)은 맨 먼저 의병을 일으켜 조조에 귀부하였고, 황무지를 개간하고 농업을 장려하여 군량을 풍족케 하였으니 그 공적은 매우 컸다.

蘇則(소칙)은 위엄으로 여러 반란을 평정하며, 治民에서도 좋은 실적을 거두었고 훌륭하고 강직한 인품으로도 칭송을 받을 만했다.

……………

咸熙(함희) 연간(서기 264-265)이 총 50년이 曹魏의 존속 기간이다.

杜畿(두기)는 관용과 용기를 겸비하고 은혜를 베풀어 백성을 편안케 하였다. 鄭渾(정혼)과 倉慈(창자)도 백성을 불쌍히 여겨 합리적으로 다스렸으니, 이들 모두가 魏代의 훌륭한 태수였도다! 杜恕(두서)는 여러 번 時政을 상소하여 경륜과 체제 확립에 볼만한 업적을 남겼다.

17권 〈張樂于張徐傳〉(魏書 17)
(장,악,우,장,서전)

❶ 張遼

| 原文 |

張遼字文遠, 雁門馬邑人也. 本聶壹之後, 以避怨變姓. 少爲郡吏. 漢末, 并州刺史丁原以遼武力過人, 召爲從事, 使將兵詣京都. 何進遣詣河北募兵, 得千餘人. 還, 進敗, 以兵屬董卓. 卓敗, 以兵屬呂布, 遷騎都尉. 布爲李傕所敗, 從布東奔徐州, 領魯相, 時年二十八.

太祖破呂布於下邳, 遼將其衆降, 拜中郎將, 賜爵關內侯. 數有戰功, 遷裨將軍. 袁紹破, 別遣遼定魯國諸縣. 與夏侯淵圍昌豨於東海, 數月糧盡, 議引軍還, 遼謂淵曰, "數日已來,每行諸圍, 豨輒屬目視遼. 又其射矢更稀, 此必豨計猶豫, 故不力戰. 遼欲挑與語, 儻可誘也?”

乃使謂豨曰, “公有命, 使遼傳之.” 豨果下與遼語, 遼爲說 “太祖神武, 方以德懷四方, 先附者受大賞.” 豨乃許降. 遼遂單身上三公山, 入豨家, 拜妻子. 豨歡喜, 隨詣太祖. 太祖遣豨還, 責遼曰, “此非大將法也.” 遼謝曰, “以明公威信著於四海, 遼奉聖旨, 豨必不敢害故也.”

從討袁譚,袁尙於黎陽, 有功, 行中堅將軍. 從攻尙於鄴, 尙堅守不下. 太祖還許, 使遼與樂進拔陰安, 徙其民河南. 復從攻鄴, 鄴破, 遼別徇趙國,常山, 招降緣山諸賊及黑山孫輕等. 從攻袁譚, 譚破, 別將徇海濱, 破遼東賊柳毅等.

還鄴, 太祖自出迎遼, 引共載, 以遼爲蕩寇將軍. 復別擊荊州, 定江夏諸縣, 還屯臨潁, 封都亭侯. 從征袁尙於柳城, 卒與虜遇, 遼勸太祖戰, 氣甚奮, 太祖壯之, 自以所持麾授遼. 遂擊, 大破之, 斬單于蹋頓.

| 국역 |

張遼(장료)[540]의 字는 文遠(문원)으로, 雁門郡 馬邑縣[541] 사람이다.

540 張遼(장료, 170 전후 – 222년, 字 文遠) – 幷州 雁門郡 馬邑縣 사람. 前漢 聶壹(섭일)의 후손, 원수를 피해 改姓했다. 曹魏의 유명한 五子良將(張遼, 樂進, 于禁, 張郃, 徐晃)의 첫째. 丁原, 董卓, 呂布 등을 섬겼다(侍從多主). 조조가 여포를 下邳(하비)에서 격파하자, 장료는 그 군사와 함께 투항하여 中郞將이 되었고 關內侯의 작위를 받았다. 장료는 여러 번 戰功을 세워 裨將軍이 되었

본래 聶壹(섭일)의 후손인데, 원수를 피해 姓氏를 바꿨다. 젊어 郡吏가 되었다. 漢末에 幷州刺史인 丁原(정원)[542]은 장료의 武力이 남보다 뛰어나기에 장료를 불러 從事로 삼았고, 병력을 거느리고 京都로(洛陽) 갔다. 何進(하진)[543]은 장료를 보내 河北에서 모병하게 했는데, 장료는 1천여 명을 모았다. 장료가 돌아왔을 때 하진이 패망했기에, 장료는 모병한 군사를 거느리고 董卓(동탁)에게 소속되었다. 동탁이 패망하자, 장료의 군사는 呂布(여포)에 소속되었고, 장료는 騎都尉가 되었다. 여포가 (동탁의 부장이던) 李傕(이각)에게 패하자, 장료는 여포를 따라 동쪽 徐州로 도망쳤다가 임시 魯國의 相이 되었는데, 그때 장료는 28세였다.

조조가 여포를 下邳(하비)에서 격파하자, 장료는 그 군사와 함께

다. 조조는 袁紹를 격파한 뒤 별도로 장료를 보내 魯國의 여러 현을 평정케 하였다.《三國演義》25회에서는 조조가 下邳(하비) 城外 土山에서 關羽를 포위했을 때 장료를 보내 귀순의사를 타진하고 '張文遠約三事' 했다. 관우와 장료는 서로 협조했고, 결국 관우는 五關斬六將한 뒤에 순탄하게 유비에게 돌아간다. 장료는 袁氏 일족 정벌에 공을 세웠고, 서기 215년에 李典(이전), 樂進(악진)과 함께 적은 병력으로 合肥(합비)를 지키며 東吳 孫權의 대군을 무찔렀고 손권을 거의 생포할 뻔했다.(《三國演義》67회, 威震逍遙津). (《魏書》17권, 〈張樂于張徐傳〉에 立傳.)

541 幷州 雁門郡(안문군) 치소는 陰館縣, 今 山西省 중북부 忻州市(흔주시). 馬邑縣은, 今 山西省 북부, 黃河 우측 朔州市(삭주시) 朔城區.

542 丁原(정원, ?140－189년, 字 建陽) － 거칠지만 용기가 뛰어났고 騎射를 잘했다. 幷州刺史이었다가 何進(하진)의 천거로 執金吾(집금오)가 되었다. 정원이 여포의 義父라고 한 것은《삼국연의》의 허구이다. 執金吾(집금오)는 질록 中二千石. 집금오의 吾는 御(막을 어)의 뜻. 궁외 순찰과 어가 출궁 시에 淸道를 담당하며 황제의 의장대 역할을 담당했다.

543 何進(하진, ?－189) － 南陽 宛縣 출신. 본래 가축을 잡는 屠戶(도호) 출신, 이복 여동생이 입궁하여 靈帝의 황후가 되었다. 大將軍으로 錄尙書事 겸임. 환관 세력을 꺾겠다고 董卓(동탁)을 불러들인 장본인. 十常侍에게 피살.《後漢書》69권, 〈竇何列傳〉에 立傳.

투항하여 中郞將이 되었고 關內侯의 작위를 받았다. 장료는 여러 번 戰功을 세워 裨將軍이 되었다. 조조는 袁紹를 격파한 뒤 별도로 장료를 보내 魯國의 여러 현을 평정케 하였다.

장료는 夏侯淵(하후연)과 함께 昌豨(창희)[544]를 東海郡에서 포위했지만, 여러 달에 군량이 떨어지게 되자 군사를 거느리고 돌아가려는 의논을 하면서 장료가 하후연에게 말했다.

"요 며칠 동안, 포위망을 순시할 때마다 창희는 저에게 눈짓을 보냈습니다. 또 그들이 쏘는 화살도 점점 줄어들었는데, 이는 창희가 유예미결하기에 힘껏 싸우지 않는 것이니, 투항을 권유하면 어떻겠습니까?"

이에 사람을 보내 창희에게 말했다.

"曹公께서 할 말이 있어 장료를 보낼 것입니다."

그러자 창희는 城에서 나와 장료와 이야기를 나누게 되자, 장료가 설득하였다.

"曹公은 神武로, 지금 사방에 은덕을 베푸시니 먼저 귀부하면 큰 상을 받을 것입니다."

이에 창희는 투항을 승낙하였다. 장료는 마침내 단신으로 三公山(삼공산)에 들어가 창희의 집에 가서 그 처자를 만났다. 창희는 기뻐하며 장료를 따라 조조를 만났다. 조조는 창희를 (東海郡으로) 돌려보내고, "이는(單身으로 적의 본거지를 찾아간 일) 大將의 법도가 아니다."라고 장료를 질책하였다. 이에 장료가 사죄하며 말했다.

---

544 昌豨(창희, ?-206년, 本名 昌霸. 豨는 멧돼지 희)는 泰山 일대의 도적 무리, 한때 여포를 도왔고 나중에는 유비를 도왔지만 조조에게 격파되었다.

"明公의 威儀와 신의는 천하가 다 알며, 저는 명공의 뜻을 받들었기에 창희가 틀림없이 해치지 않을 것이라고 믿었기 때문입니다."

장료는 조조를 따라 袁譚(원담)과 袁尙(원상) 黎陽(여양)에서 원정하며 공을 세워 中堅將軍 대행이 되었다. 조조를 따라 원상을 鄴縣(업현)을 공격했으나 원상이 굳게 방어하여 함락시키지 못했다. 조조는 許都로 돌아와 장료와 樂進(악진)을 보내 (魏郡) 陰安邑(음안읍)을 차지하고 그 백성을 河南郡으로 이주시켰다. 다시 조조를 따라 업현을 공격하여 격파하였는데, 장료는 별도의 군사로 趙國과 常山郡을 경략하며, 산악 지대에 의거한 여러 산적 및 黑山賊의 잔당인 孫輕(손경) 등을 투항케 했다. 조조를 따라 원담을 공격했고, 원담을 격파한 뒤에 별도의 부대로 동해 해안을 순행하며 遼東의 도적 무리인 柳毅(유의) 등을 격파하였다.

장료가 업현으로 회군하자, 조조는 직접 장료를 출영하고 같은 수레를 타고 돌아와 장료를 蕩寇將軍(탕구장군)에 임명하였다. 장료는 다시 별도의 군사로 荊州를 공격하여 江夏郡의 여러 현을 평정하고 회군하여 (潁川郡) 臨潁縣(임영현)에 주둔하였는데 都亭侯가 되었다. 조조를 따라 원상을 (遼西郡의) 柳城(유성)에서 격파했는데, 갑자기 적과 조우하자 장료는 조조에게 출전을 주장하며 분기하자 조조가 그 용기를 크게 칭찬하면서 지휘권을 장료에게 넘겨주었다. 장료는 원상을 공격 대파하고 (원상을 돕던) 오환족의 선우 蹋頓(답돈)을 죽였다.

| 原文 |

時荊州未定, 復遣遼屯長社. 臨發, 軍中有謀反者, 夜驚亂起火, 一軍盡擾. 遼謂左右曰, "勿動. 是不一營盡反, 必有造變者, 欲以動亂人耳." 乃令軍中, 其不反者安坐. 遼將親兵數十人, 中陳而立. 有頃定, 卽得首謀者殺之.

陳蘭,梅成以氐六縣叛, 太祖遣于禁,臧霸等討成, 遼督張郃,牛蓋等討蘭. 成僞降禁, 禁還. 成遂將其衆就蘭, 轉入灊山. 灊中有天柱山, 高峻二十餘里, 道險狹, 步徑裁通, 蘭等壁其上.

遼欲進, 諸將曰, "兵少道險, 難用深入." 遼曰, "此所謂一與一, 勇者得前耳." 遂進到山下安營, 攻之, 斬蘭,成首, 盡虜其衆. 太祖論諸將功, 曰, "登天山, 履峻險, 以取蘭,成, 蕩寇功也."

增邑, 假節.

| 국역 |

그때 荊州(형주)가 평정되지 않았는데, 조조는 장료를 보내 (潁川郡) 長社縣(장사현)[545]에 주둔케 하였다. 대군이 출발하려는데 軍中에 모반자가 있어 소란을 피우며 밤에 불을 지르자 군영이 모두 동요하였다. 이에 장료는 측근에게 "움직이지 말라. 군영 전체가 반란

545 潁川郡 長社縣은, 今 河南省 許昌市 관할 長葛市.

을 일으키진 않았고, 반역을 꾀한 자가 소란을 피우려 할 것이다." 라고 말하면서 군중에 반역하지 않는 자는 앉아 안정케 하였다. 장료는 직접 군사 10여 명을 거느리고 군진 중앙에 서 있었다. 곧 진정되면서 모반을 선동한 자를 찾아내 죽여버렸다.

(원술의 옛 部將이었던) 陳蘭(진란)과 梅成(매성)이란 자가 (형주 지역의) 氐族(저족)의 주거지 6개 현에서 반란을 일으키자, 조조는 于禁(우금)과 臧霸(장패) 등을 보내 매성을 토벌케 하고, 장료는 張郃(장합)과 牛蓋(우개) 등을 데리고 진란을 토벌케 하였다.

매성은 거짓으로 우금에게 투항하자, 우금은 회군하였다. 나중에 매성은 그 무리를 거느리고 진란이 있는 곳에 가서 함께 (廬江郡) 灊山縣(첨산현)으로 이동했다. 첨산현에는 天柱山(천주산)이 있고 높고 험준하기가 20여 리나 되고, 험하고 좁은 샛길로 걸어야 겨우 왕래할 수 있었는데 진란 등은 그 절벽 위에 진을 치고 있었다.

장료가 진격하려 하자, 여러 장수들은 "적은 군사에 길이 험하여 깊이 진격할 수 없습니다."라고 말했다. 이에 장료는 "이를 두고 1대 1 대결이라 말하니 용감한 자만이 진격할 수 있다."고 말했다. 장료는 진격하여 산 아래에 영채를 세우고 적을 공격하여 진란과 매성을 죽이고 그 무리를 모두 포로로 잡았다. 조조가 여러 장수의 공적을 판정하며 말했다.

"장료는 천주산에 들어가 위험을 무릅쓰고 진란과 매성을 죽여 적도를 소탕한 공을 세웠도다."

조조는 장료의 식읍을 늘려주었고 부절을 내려 주었다.

| 原文 |

太祖既征孫權還, 使遼與樂進,李典等將七千餘人屯合肥. 太祖征張魯, 教與護軍薛悌, 署函邊曰 '賊至乃發.' 俄而權率十萬衆圍合肥, 乃共發教, 教曰, 「若孫權至者, 張,李將軍出戰, 樂將軍守護軍, 勿得與戰.」 諸將皆疑.

遼曰, "公遠征在外, 比救至, 彼破我必矣. 是以教指及其未合逆擊之, 折其盛勢, 以安衆心, 然後可守也. 成敗之機, 在此一戰, 諸君何疑?" 李典亦與遼同. 於是遼夜募敢從之士, 得八百人, 椎牛饗將士, 明日大戰. 平旦, 遼被甲持戟, 先登陷陳, 殺數十人, 斬二將, 大呼自名, 沖壘入, 至權麾下. 權大驚, 衆不知所爲, 走登高冢, 以長戟自守.

遼叱權下戰, 權不敢動, 望見遼所將衆少, 乃聚圍遼數重. 遼左右麾圍, 直前急擊, 圍開, 遼將麾下數十人得出, 餘衆號呼曰, "將軍棄我乎!" 遼復還突圍, 拔出餘衆. 權人馬皆披靡, 無敢當者. 自旦戰至日中, 吳人奪氣, 還修守備, 衆心乃安, 諸將咸服. 權守合肥十餘日, 城不可拔, 乃引退.

遼率諸軍追擊, 幾復獲權. 太祖大壯遼, 拜征東將軍. 建安二十一年, 太祖復征孫權, 到合肥, 循行遼戰處, 嘆息者良久. 乃增遼兵, 多留諸軍, 徙屯居巢.

| 국역 |

조조는 손권을 원정하고 돌아와 장료와 樂進(악진), 李典(이전) 등이 7천여 군사를 거느리고 合肥(합비)에 주둔케 하였다. 조조는 張魯(장로)를 원정하러 가면서 護軍인 薛悌(설제)를 시켜 겉면에 '賊이 침입하면 바로 열어보아라.' 라고 쓰인 상자(函)를 보냈다. 얼마 뒤에 손권이 10만 대군을 거느리고 합비를 포위하자, 여럿이 함께 상자를 열었는데 상자 안의 교서에는 「만약 손권이 침입할 경우, 장료와 이전 장군이 출전하고, 악진 장군은 護軍을 수비하되 적과 전투를 벌이지 말라.」고 하였다. 그러나 여러 장수가 그 뜻을 잘 파악하지 못해 의아했다. 이에 장료가 말했다.

"曹公께서 멀리 원정 중이기 때문에 구원군이 올 때쯤에는 적이 틀림없이 우리를 격파할 것이다. 때문에 이 교서에는 적군이 다 모이기 전에 적을 공격하여 적의 예봉을 꺾어 군사를 안심 시킨 뒤에 굳게 수비하라는 뜻이다. 成敗의 갈림이 첫 전투에 달렸거늘, 여러분은 무엇을 의심합니까?"

李典(이전) 역시 장료와 같은 뜻이었다. 이에 장료는 밤에 함께 돌격할 군사 8백 명을 모은 뒤, 소를 잡아 군사를 먹이고, 다음 날 크게 싸우기로 했다. 날이 밝자, 장료는 갑옷을 입고 창을 잡고 적진을 맨 앞에서 공격하여 함락시키며 수십 명을 죽였고 부장 2명을 죽였으며, 장료 자신의 이름을 외치면서 보루에 뛰어 들어 손권의 깃발에 이르렀다. 손권은 크게 놀랐고 그 군사는 어찌할 줄 몰라 허둥대며 높은 곳으로 달아나 긴 창으로 방어했다.

장료는 손권에게 내려와 싸우자고 소리를 지르자, 손권은 감히 움직이지 못하다가 장료의 군사가 적은 것을 보고 장료를 여러 겹으로 에워쌌다. 장료는 좌우를 돌아다니며 포위를 뚫고 곧장 앞으로 돌격하자, 포위가 뚫리면서 장료 주변의 수십 명이 탈출했는데 나머지 군사들이 "장군은 우릴 버릴 것입니까!"라고 소리치자, 장료는 다시 포위를 뚫고 들어가 나머지 군사를 모두 구출하였다. 손권의 군졸과 말이 모조리 쓰러지면서 감히 맞서는 자가 없었다. 날이 밝으며 시작한 싸움이 한낮이 되어 吳의 군사의 기세를 꺾은 다음에 돌아와 수비하자 모든 군사가 안심하였고 여러 장수는 모두 감복하였다. 손권은 합비성을 10여 일 포위했지만 성을 함락시킬 수 없자, 곧 퇴각하였다.

장료는 군사를 이끌고 추격하여 손권을 거의 성포할 뻔하였다. 조조는 장료를 크게 칭찬하였고 征東將軍을 제수하였다. 建安 21년(서기 216년), 조조는 다시 손권을 원정하면서 합비성에 이르러 장료가 싸운 곳을 둘러보며 한참을 감탄하였다. 그리고 장료의 군사를 많이 증강하여 居巢(거소)[546]로 옮겨 주둔케 하였다.

| 原文 |

關羽圍曹仁於樊, 會權稱藩, 召遼及諸軍悉還救仁. 遼未至, 徐晃已破關羽, 仁圍解. 遼與太祖會摩陂. 遼軍至, 太祖乘輦出勞之, 還屯陳郡.

546 廬江郡 居巢縣(거소현)은, 今 安徽省 중동부 巢湖市(소호시).

文帝卽王位, 轉前將軍. 分封兄汎及一子列侯. 孫權復叛, 遣遼還屯合肥, 進遼爵都鄕侯. 給遼母輿車, 及兵馬送遼家詣屯, 敕遼母至, 導從出迎. 所督諸軍將吏皆羅拜道側, 觀者榮之.

文帝踐阼, 封晉陽侯, 增邑千戶, 並前二千六百戶. 黃初二年, 遼朝洛陽宮, 文帝引遼會建始殿, 親問破吳意狀. 帝嘆息顧左右曰, "此亦古之召虎也." 爲起第舍, 又特爲遼母作殿, 以遼所從破吳軍應募步卒, 皆爲虎賁.

孫權復稱藩. 遼還屯雍丘, 得疾. 帝遣侍中劉曄將太醫視疾, 虎賁問消息, 道路相屬. 疾未瘳, 帝迎遼就行在所, 車駕親臨, 執其手, 賜以御衣, 太官日送御食. 疾小差, 還屯. 孫權復叛, 帝遣遼乘舟, 與曹休至海陵, 臨江. 權甚憚焉, 敕諸將, "張遼雖病, 不可當也, 愼之!"

是歲, 遼與諸將破權將呂範. 遼病篤, 遂薨於江都. 帝爲流涕, 謚曰剛侯. 子虎嗣.

六年, 帝追念遼,典在合肥之功, 詔曰,「合肥之役, 遼,典以步卒八百, 破賊十萬, 自古用兵, 未之有也. 使賊至今奪氣, 可謂國之爪牙矣. 其分遼,典邑各百戶, 賜一子爵關內侯.」

虎爲偏將軍, 薨. 子統嗣.

| 국역 |

關羽(관우)가 曹仁(조인)을 樊城(번성)에서 포위했을 때, 손권은 (魏의) 藩臣(번신)을 자칭했고, 조조는 장료 및 여러 장수에게 조인을 구원케 하였다. 장료가 도착하기 전에 徐晃(서황)이 관우를 격파하여 조인의 포위를 풀었다. 장료는 태조를 摩陂(마피)에서 만났다. 장료의 군사가 도착하자, 조조는 輦(연)을 타고 나가 장료를 위로하였고 돌아와 陳郡(진군)에 주둔케 하였다.

조비가 왕위에 오르자, 장료는 前將軍이 되었다. 장료의 식읍을 나눠 장료의 형 張汎(장범) 및 아들 한 명을 열후에 봉했다. 손권이 다시 반기를 들자, 장료를 보내 합비성에 주둔케 하였고, 장료의 작위를 都鄕侯로 올려주었다.

왕명으로 관료의 모친에게 수레를 하사하였고, 군사를 보내 장료의 가족을 장료의 주둔지까지 호송케 했으며, 장료의 모친이 도착했을 때, 안내자가 나가 맞이하게 하였다. 또 장료 예하 부대의 장교나 군리가 모두 길에 나와 줄지어 拜禮(배례)하게 하였는데, 참관하는 사람 모두가 장료 가문의 영광이라 생각했다.

文帝가 제위에 오르자, 장료를 晉陽侯에 봉했고 식읍 1천 호를 늘려 종전과 합하여 2,600호가 되었다. (文帝) 黃初 2년에, 장료는 낙양의 궁궐에 입조했는데, 문제는 장료를 建始殿에서 인견하며 친히 吳를 격파할 때의 전황을 물었다. 문제는 탄식하며 측근을 돌아보며 말했다. "張 장군은 고대 召虎(소호)[547]와 같은 勇將이로다."

547 召虎(소호)는 召穆公(소목공)으로, 姬姓, 召氏, 名은 虎, 시호가 穆(목)이라서 召穆公이라 호칭. 당시 周 厲王(여왕)의 폭정에 내란이 일어났는데 소목공은 태자를 자기 집에 숨겨두고 자신의 아들을 태자로 내보내 죽게 하였다. 厲王

그리고 장료를 위해 집을 지어 주었고 특별히 장료의 모친을 위한 전각을 지었으며, 장료와 함께 吳軍을 격파하는데 지원했던 보졸은 모두 虎賁郎(호분랑)이 되었다.

손권은 다시 藩臣(번신)을 칭했다. 장료는 雍丘(옹구)에 주둔하였는데 병에 걸렸다. 문제는 侍中 劉曄(유엽)을 시켜 太醫를 거느리고 가서 치료케 하였으며 소식을 묻고 전하는 虎賁郎이 길에 이어졌다. 병이 낫지 않자 문제는 장료를 行在所로 데려오게 했고, 황제가 친히 그 손을 잡고 御衣(어의)를 하사하였으며, (황제의 식사 담당) 太官은 날마다 御食을 보냈다. 병이 좀 낫자 장료는 군영으로 돌아갔다. 손권이 다시 배반하자, 문제는 장료를 배에 태워 曹休(조휴)와 함께 海陵(해릉)[548]에 가서 長江에 나아가게 하였다. 손권은 매우 두려워하며 여러 장수에게 주의를 주었다.

"장료가 病中이지만 이길 수 없으니 조심하라!"

그 해에 장료와 여러 장수는 손권의 부장 呂範(여범)을 격파하였다. 장료는 병이 위독했고, 결국 (廣陵郡) 江都縣(강도현)[549]에서 죽었다. 文帝는 눈물을 흘렸고, 시호는 剛侯(강후)였다. 아들 張虎(장호)가 작위를 계승했다.

(黃初) 6년(서기 225), 문제는 장료와 李典(이전)의 合肥의 戰功을 기려 조서를 내렸다.

(여왕)이 죽은 뒤 태자가 즉위하니, 이가 周 宣王이다. 召公과 周公이 함께 周 宣王을 보필하였는데, 이를 '共和'라 하였다. 그전에 소목공은 7천 군사를 거느리고 4만 명의 淮夷(회이)를 물리쳤다.《史記 周本紀》 참고.

548 廣陵郡 海陵縣(해릉현)은, 今 江蘇省 중부 泰州市 海陵區.

549 廣陵郡 江都縣(강도현)은, 今 江蘇省 서남부 揚州市 관할 江都市.

「合肥의 戰役(전역)에서 장료와 이전은 8백 步卒로 10만 적군을 격파하였으나 자고로 이런 用兵은 없었다. 그리하여 지금까지도 적은 기세가 꺾였으니 가히 나라의 勇將이라 할 수 있다. 장료와 이전의 식읍 각 1백 호를 나눠 각각 그 아들 1명에게 관내후의 작위를 하사한다.」

張虎(장호)는 偏將軍이 되었다가 죽었다 아들 張統(장통)이 계승했다.

❷ 樂進

| 原文 |

樂進字文謙, 陽平衛國人也. 容貌短小, 以膽烈從太祖, 爲帳下吏. 遣還本郡募兵, 得千餘人, 還爲軍假司馬,陷陳都尉.

從擊呂布於濮陽, 張超於雍丘, 橋甤於苦, 皆先登有功, 封廣昌亭侯. 從征張繡於安衆, 圍呂布於下邳, 破別將, 擊眭固於射犬, 攻劉備於沛, 皆破之, 拜討寇校尉. 渡河攻獲嘉, 還, 從擊袁紹於官渡, 力戰, 斬紹將淳于瓊. 從擊譚,尙於黎陽, 斬其大將嚴敬, 行游擊將軍. 別擊黃巾, 破之, 定樂安郡. 從圍鄴, 鄴定, 從擊袁譚於南皮, 先登, 入譚東門. 譚敗, 別攻雍奴, 破之.

建安十一年, 太祖表漢帝, 稱進及于禁,張遼曰,

「武力既弘, 計略周備, 質忠性一, 守執節義, 每臨戰攻, 常爲督率, 奮强突固, 無堅不陷, 自援枹鼓, 手不知倦. 又遣別征, 統御師旅, 撫衆則和, 奉令無犯, 當敵制決, 靡有遺失. 論功紀用, 宜各顯寵.」

於是禁爲虎威, 進, 折衝, 遼, 蕩寇將軍.

| 국역 |

樂進(악진)[550]의 字는 文謙(문겸)으로, 陽平郡 衛國(위국) 사람이다. 체구는 작았지만 담력이 있었고, 조조를 수행하면서 처음에는 문서를 다루는 下吏였다. 本郡(東郡)에 보내 군사를 모으게 하여 1천여 명을 모아 돌아왔는데, 軍의 임시 司馬가 되었다가 陷陳都尉(함진도위)가 되었다.

악진은 조조를 따라 (東郡의 治所인) 濮陽(복양)에서 呂布를 격파하였고, 張超(장초)를 (陳留郡) 雍丘(옹구)에서, 橋蕤(교유, 橋蕤)를 (陳國) 苦縣(고현)에서 공격할 때 맨 앞에서 공격하며 공을 세워 廣昌亭侯가 되었다. 조조를 따라 張繡(장수)를 安衆(안중)에서 공격하고, 呂布를 下邳(하비)에서 포위하였으며 別將을 격파하였고, 眭固(수고)를 (河內郡 野王縣) 射犬聚(사견취)[551]에서 공격하였고, 劉備를 沛縣(패

550 樂進(악진, ?-218년, 字 文謙) - 兗州 陽平郡 衛國縣 출신. 今 山東省 聊城市(요성시) 관할 莘縣(신현), 山東, 河北, 河南의 접경. 曹魏 五子良將 중 제일 먼저 曹操를 따라다녔다. 陽平郡은, 曹魏 黃初 2년(서기 221)에 魏郡을 분할한 군 이름. 治所는 館陶城. 今 山東省 서부 聊城市 관할 冠縣.

551 射犬(사견) -마을(취락) 이름. 河內郡 野王縣(今 河南省 북부 焦作市 관할 沁陽市) 射犬聚(사견취).

현)에서 공격, 모두 격파하여 討寇校尉(토구교위)가 되었다. 河水를 건너 獲嘉縣(획가현, 今 河南省 新鄕市의 縣)을 공격하고 돌아왔으며, 조조를 따라 袁紹를 官渡에서 공격할 때 力戰하여 원소의 부장 淳于瓊(순우경)을 죽였다. 조조를 따라 원담과 원상을 黎陽(여양)에서 공격하면서 그 大將인 嚴敬(엄경)을 죽여 游擊將軍 대행이 되었다. 또 별도로 황건적 잔당을 격파하여 樂安郡를 평정하였고 조조를 따라 鄴縣을 포위했으며, 업현이 평정되자 조조를 따라 袁譚(원담)을 (勃海郡) 南皮(남피)에서 공격할 때 맨 앞에서 공격하면서 東門으로 입성하였다. 원담이 패망할 때 별도로 (漁陽郡) 雍奴縣(옹노현)을 공격, 격파하였다.

建安 11년(서기 206), 조조는 헌제에게 악진과 于禁(우금), 張遼(장료)에 관하여 표문을 올려 말했다.

「무예가 출중하고 計略를 두루 갖추었으며, 바탕이 충성스럽고 한결 같으며, 의리를 지키고 전투와 공격에서 늘 솔선하며, 적진을 돌파하여 아무리 막강하더라도 모두 격파하고 직접 장졸을 격려하며 지칠줄 모릅니다. 또 별도의 군사로 원정할 경우 부대를 잘 통솔하고 군사를 화합케 하며, 명을 받으면 틀림없이 실천하여 누락이나 실수가 없습니다. 그 공적을 판정 기록하여 그들을 승진시켜 영광을 누리게 하겠습니다.」

이에 우금은 虎威將軍, 악진은 折衝將軍(절충장군), 장료는 蕩寇將軍(탕구장군)이 되었다.

| 原文 |

進別征高幹, 從北道入上黨, 回出其後. 幹等還守壺關, 連戰斬首. 幹堅守未下, 會太祖自征之, 乃拔. 太祖征管承, 軍淳于, 遣進與李典擊之. 承破走, 逃入海島, 海濱平, 荊州未服, 遣屯陽翟.

後從平荊州, 留屯襄陽, 擊關羽,蘇非等, 皆走之, 南郡諸郡山谷蠻夷詣進降. 又討劉備臨沮長杜普,旌陽長梁大, 皆大破之. 後從征孫權, 假進節. 太祖還, 留進與張遼,李典屯合肥, 增邑五百, 並前凡千二百戶.

以進數有功, 分五百戶, 封一子列侯, 進遷右將軍. 建安二十三年薨, 謚曰威侯. 子綝嗣. 綝果毅有父風, 官至揚州刺史. 諸葛誕反, 掩襲殺綝, 詔悼惜之, 追贈衛尉, 謚曰愍侯. 子肇嗣.

| 국역 |

樂進(악진)은 별도로 (袁紹의 생질인) 高幹(고간)을 정벌했고, 조조를 수행하여 北道로 上黨郡에 진격하였다가 고간의 후방을 공격하였다. 고간 등은 돌아가 壺關(호관)[552]을 굳게 지켰는데, (악진은) 전투를 계속하며 많은 적을 죽였다. 고간이 굳게 방어하여 함락하지 못하자, 조조가 직접 토벌에 나서 함락시켰다. (建安 11년, 서기

552 上黨郡 壺關縣, 今 山西省 동남 長治市 관할 壺關縣.

206).

조조는 도적 무리인 管承(관승)을 정벌하며 淳于縣(순우현)[553]에 주둔하였는데, 악진과 李典(이전)을 보내 관승을 공격케 하였다. 격파당한 관승이 섬으로 도주하자 해안지대는 평정되었지만, 荊州가 아직 평정되지 않았기에 조조는 악진을 보내 陽翟縣(양책현)[554]에 주둔케 하였다.

뒷날 조조를 수행하여 荊州를 평정하고 襄陽(양양)에 주둔하였으며 關羽(관우)와 蘇非(소비)[555] 등을 공격하여 패주케 하자, 南郡(남군) 및 여러 군 산악지대의 만이들은 악진에게 투항하였다. 악진은 또 劉備가 임명한 臨沮(임저) 縣長인 杜普(두보), 旌陽(정양) 현장인 梁大(양대) 등을 공격 격파하였다. 뒷날 조조는 孫權을 원정하면서 악진에게 부절을 수여했다. 조조가 귀환하면 악진과 장료, 이전 등을 합비에 주둔케 했으며, 악진의 식읍 5백 호를 늘려 주어 총 1,200호가 되었다.

악진은 여러 번 전공을 세웠는데, 식읍 5백 호를 나눠 아들 하나를 열후에 봉했으며 악진은 右將軍이 되었다. 建安 23년(서기 218)에 죽었는데, 시호는 威侯(위후)였다. 아들 樂綝(악침)이 계승했다.

악침은 과감하고 굳세어 부친의 풍모가 있었는데, 관직은 揚州刺史에 이르렀다. 諸葛誕(제갈탄)이 반역하며 악침을 기습하여 살해했

553 管承(관승)은 도적 무리의 두목 이름. (城陽郡) 淳于縣(순우현)은 山東省 중동부 濰坊市 관할 安丘市

554 豫州刺史部 潁川郡(영천군)의 治所인 陽翟縣(양책현). 今 河南省 중부 許昌市 관할의 禹州市. 영천군은 낙양과 연접하고 인구가 조밀한 큰 군이었다.

555 蘇非(소비)는 劉表의 宿將인 江夏太守 黃祖(황조, ?-208年)의 부장, 甘寧(감영)과 친했는데 감영이 손권에게 도주할 때 감영을 도와주었다.

는데(甘露 2년, 서기 257), 조서를 내려 애도했고 衛尉(위위)를 추증하였으며, 시호는 愍侯(민후)였다. 아들 樂肇(악조)가 계승했다.

❸ 于禁

| 原文 |

于禁字文則, 泰山鉅平人也. 黃巾起, 鮑信招合徒衆, 禁附從焉. 及太祖領兗州, 禁與其黨俱詣爲都伯, 屬將軍王朗. 朗異之, 薦禁才任大將軍.

太祖召見與語, 拜軍司馬, 使將兵詣徐州, 攻廣威, 拔之, 拜陷陳都尉. 從討呂布於濮陽, 別破布二營於城南, 又別將破高雅於須昌. 從攻壽張,定陶,離狐, 圍張超於雍丘, 皆拔之. 從征黃巾劉辟,黃邵等, 屯版梁, 邵等夜襲太祖營, 禁帥麾下擊破之, 斬辟,邵等, 盡降其衆. 遷平虜校尉. 從圍橋蕤於苦, 斬蕤等四將. 從至宛, 降張繡.

繡復叛, 太祖與戰不利, 軍敗, 還舞陰. 是時軍亂, 各間行求太祖, 禁獨勒所將數百人, 且戰且引, 雖有死傷不相離. 虜追稍緩, 禁徐整行隊, 鳴鼓而還. 未至太祖所, 道見十餘人被創裸走, 禁問其故, 曰, "爲青州兵所劫."

初, 黃巾降, 號青州兵, 太祖寬之, 故敢因緣爲略. 禁怒, 令其衆曰, "青州兵同屬曹公, 而還爲賊乎!" 乃討之, 數之以罪. 青州兵遽走詣太祖自訴. 禁既至, 先立營壘, 不時謁太祖. 或謂禁, "青州兵已訴君矣, 宜促詣公辨之." 禁曰, "今賊在後, 追至無時, 不先爲備, 何以待敵? 且公聰明, 譖訴何緣!" 徐鑿塹安營訖, 乃入謁, 具陳其狀.

太祖悅, 謂禁曰, "淯水之難, 吾其急也, 將軍在亂能整, 討暴堅壘, 有不可動之節, 雖古名將, 何以加之!"

於是錄禁前後功, 封益壽亭侯. 復從攻張繡於穰, 禽呂布於下邳, 別與史渙, 曹仁攻眭固於射犬, 破斬之.

| 국역 |

于禁(우금)[556]의 字는 文則(문칙)으로, 泰山郡 鉅平縣 사람이다. 黃巾賊이 봉기한 뒤에 鮑信(포신)[557]이 무리를 불러 모으자, 우금은 포신을 따랐다. 조조가 兗州(연주)를 손에 넣자, 우금은 그 무리를 데리고 조조를 찾아가서 都伯(도백)이 되었고, 장군 王朗(왕랑)[558]에게

556 于禁(우금, ?-221년, 字 文則) - 泰山 鉅平(今 山東省 중부 泰安市) 출신. 同郡의 臧霸(장패)와 오래 교우했다. 曹魏 五子良將 중 조조가 절대적으로 신임했다. 樊城(번성)의 싸움에서 關羽의 水攻에 투항하여 晩節을 지키지 못했으니 '英雄成敗皆偶然' 이라 아니할 수 없다. 우금의 乞降은 투항을 거부한 龐德(방덕)을 더욱 돋보이게 하여, 뒷날 귀국 후 曹조는 우금의 항복을 벽화로 그리게 했고, 이를 본 우금은 수치를 감당하지 못해 병사했다.

557 鮑信(포신)은 獻帝 즉위 후에 濟北國 相을 역임하였고, 동탁 토벌군에 참여했다.

558 王朗(왕랑)은 《魏書》 13권, 〈鍾繇華歆王朗傳〉에 立傳. 漢의 舊臣이었지만 華歆(화흠)과 함께 조조의 출세를 적극 도왔고 헌제에게 曹조에게 禪讓(선양)할

소속되었다. 왕랑은 우금을 大將軍의 재능이 있다고 특별하게 생각하여 조조에게 천거하였다.

조조는 우금을 불러 만나 이야기를 나눈 뒤에 우금에게 軍司馬를 제수하였고, 군사를 거느리고 徐州로 진격하게 하였는데, 우금은 廣威縣(광위현, 패현 동쪽 廣戚의 誤字)을 공격 점령하여 陷陳都尉(함진도위)가 되었다. 조조를 따라 濮陽(복양)에서 呂布를 공격하며, 별도로 서주 남쪽에서 2개의 여포 군영을 함락시켰으며, 또 여포의 別將인 高雅(고아)를 須昌(수창)에서 격파하였다. 우금은 壽張(수장), 定陶(정도), 離狐(이호)의 성을 공격하였고, 張超(장초)를 雍丘(옹구)에서 포위하여 모두 함락시켰다. 우금은 조조를 따라 黃巾의 잔당인 劉辟(유벽)과 黃邵(황소) 등을 정벌하며 版梁(판량)이란 곳에 주둔하였는데, 황소 등이 밤에 조조의 군영을 급습하자, 우금은 휘하 장졸을 거느리고 격파하면서 유벽과 황소 등을 죽였고 그 무리는 모두 투항하였다. 우금은 平虜校尉로 승진했다. 우금은 橋蕤(교유, 橋秖)를 (陳國) 苦縣(고현)에서 포위하여 교유 등 4명의 장수를 죽였다. 태조를 따라 (南陽郡) 宛縣(완현)에서 張繡(장수)[559]의 항복을 받았다.

것을 도왔다. 왕랑의 손녀가 司馬昭(사마소, 司馬懿의 아들)에게 출가하여 司馬炎(사마염)과 司馬攸(사마유) 형제를 낳으니, 왕랑은 곧 武帝 司馬炎(재위 265-290)의 외증조이다. 《三國演義》에서는 諸葛亮의 北伐 때, 王朗(왕랑)은 76세의 고령에도 불구하고 曹眞 등과 함께 祁山(기산)에서 제갈량과 맞서지만, 제갈량이 그의 불충을 꾸짖자 분통이 터져 말에서 떨어져 죽는다(武鄕侯罵死王朗).

559 張繡(장수, ?-207)는 武威郡(무위군) 사람으로, 驃騎將軍인 張濟(장제)의 族子이다. 張繡는 張濟(장제)를 수행하면서, 軍功으로 점차 승진하여 建忠將軍이 되었고, 장제가 전사하자(建安 2년, 서기 197), 그 무리를 거느리고 (南陽郡) 宛縣(완현)에 주둔하다가 劉表(유표)에 합세하였다. 조조가 남쪽을 원정할 때 장수는 무리를 거느리고 투항하였다. 그러나 조조가 張濟의 妻를 첩으로 거

장수가 다시 배반하자, 조조는 장수와 교전했으나 불리했고 패전한 뒤 조조는 군사를 이끌고 (南陽郡) 舞陰縣(무음현)에 머물렀다. 이때 군영이 혼란에 빠져 장수들은 각자 샛길로 조조를 찾아가 구원을 청했지만 우금만은 휘하 수백 명을 거느리고 싸우면서 퇴각했는데 그러면서도 사상자를 버리지 않았다. 장수의 추격이 느슨해지자, 우금은 부대를 정리하고 북을 치며 돌아왔다. 우금이 조조의 군영에 도착하기 전, 10여 명의 군사가 몸에 상처를 입은 채 옷도 없이 도주하는 것을 붙잡아 사연을 물어보니 "青州兵에게 겁탈 당했다."고 말했다.

그전에 황건적의 투항을 받아 青州兵이라 불렀는데, 조조가 그들을 관대하자 청주병은 이를 계기로 노략질을 하였다. 우금이 화를 내며 그의 부하들에게 말했다.

"青州兵은 우리와 함께 曹公 소속이면서 도적질을 하다니!"

그리고서 즉시 토벌한 뒤 그 죄를 하나씩 따졌다. 청주병들은 급히 조조 군영을 찾아가 호소하였다. 우금은 군영에 도착하여 먼저 보루를 만들면서 바로 조조를 알현하지 않았다. 어떤 사람이 우금에게 "청주병이 장군을 고소하였으니 빨리 조공을 찾아 변명하십시

……………

느리자, 장수는 이에 원한을 품고 조조를 엄습하였다. 조조는 패전했고 아들 曹昂(조앙)과 조카 曹安民(조안민)을 잃었으며, 호위대장은 典韋(전위)도 전사했다. 장수는 무리를 이끌고 돌아와 穰縣(양현)을 지켰다. 조조는 해마다 장수를 공격했지만 이기지 못했다. 조조가 원소와 官渡(관도)에서 싸울 때, 張繡는 賈詡(가후)의 계책에 따라 다시 무리를 거느리고 조조에 투항하였다. 장수가 투항하자, 조조는 장수의 손을 잡고 함께 잔치를 벌였고 아들 曹均(조균)을 장수의 딸과 결혼시켰고 장수에게 揚武將軍을 제수하였다. 官渡의 싸움에서 장수는 힘써 싸워 공을 세웠고 破羌將軍(파강장군)이 되었다. 《魏書》 8권, 〈二公孫陶四張傳〉에 입전.

오."

이에 우금이 말했다.

"지금 적이 우리 후방에서 언제든지 기습할 것인데, 미리 대비하지 않으면, 적을 어찌 상대하겠는가? 그리고 曹公께서는 총명하시니 그런 참소에 어찌 연연하시겠소?"

우금은 참호를 다 파고 군영을 안정시킨 뒤에 들어가 조조를 뵙고 상황을 설명하였다. 조조가 기뻐하며 말했다.

"淯水(육수)에서 장수에게 패전한 것은 내가 서둘렀기 때문이다. 장군은 혼란 속에서도 군영을 정돈하였고, 포악한 자를 토벌하려 보루를 만들며 지조를 지켜 흔들리지 않았으니 옛 명장인들 어찌 장군보다 더 낫겠는가!"

그리고서는 우금은 이전 공적을 상신하여 益壽亭侯에 봉하였다. 우금은 다시 張繡(장수)를 (南陽郡) 穰縣(양현)에서 공격했고 下邳(하비)에서 여포를 생포하였으며, 별도로 史渙(사환), 曹仁(조인)과 함께 眭固(수고)를 射犬聚(사견취)에서 공격하여 죽여버렸다.

‖原文‖

太祖初征袁紹, 紹兵盛, 禁願爲先登. 太祖壯之, 乃遣步卒二千人, 使禁將, 守延津以拒紹, 太祖引軍還官渡. 劉備以徐州叛, 太祖東征之. 紹攻禁, 禁堅守, 紹不能拔. 復與樂進等將步騎五千, 擊紹別營, 從延津西南緣河至汲,獲嘉二縣, 焚燒保聚三十餘屯, 斬首獲生各數千, 降紹將何茂,王摩等二十餘人.

太祖復使禁別將屯原武, 擊紹別營於杜氏津, 破之. 遷裨將軍, 後從還官渡. 太祖與紹連營, 起土山相對. 紹射營中, 士卒多死傷, 軍中懼. 禁督守土山, 力戰, 氣益奮. 紹破, 遷偏將軍. 冀州平. 昌豨復叛, 遣禁征之. 禁急進攻豨, 豨與禁有舊, 詣禁降. 諸將皆以爲豨已降, 當送詣太祖, 禁曰, "諸君不知公常令乎! 圍而後降者不赦. 夫奉法行令, 事上之節也. 豨雖舊友, 禁可失節乎!"

自臨與豨決, 隕涕而斬之. 是時太祖軍淳于, 聞而嘆曰, "豨降不詣吾而歸禁, 豈非命耶!" 益重禁.

東海平, 拜禁虎威將軍. 後與臧霸等攻梅成, 張遼,張郃等討陳蘭. 禁到, 成舉衆三千餘人降. 旣降復叛, 其衆奔蘭. 遼等與蘭相持, 軍食少, 禁運糧前後相屬, 遼遂斬蘭,成. 增邑二百戶, 並前千二百戶.

是時, 禁與張遼,樂進,張郃,徐晃俱爲名將, 太祖每征伐, 咸遞行爲軍鋒, 還爲後拒. 而禁持軍嚴整, 得賊財物, 無所私入, 由是賞賜特重. 然以法御下, 不甚得士衆心.

太祖常恨朱靈, 欲奪其營. 以禁有威重, 遣禁將數十騎, 齎令書, 徑詣靈營奪其軍, 靈及其部衆莫敢動, 乃以靈爲禁部下督, 衆皆震服, 其見憚如此. 遷左將軍, 假節鉞, 分邑五百戶, 封一子列侯.

| 국역 |

조조가 전에 원소를 원정할 때, 우금은 원소의 군사가 강하기에 자신이 먼저 공격하기를 원했다. 조조는 우금을 장하게 여기면서 2천 명의 보졸을 내주어 우금이 거느리고 延津(연진)을 지키며 원소를 방어토록 한 뒤에, 조조는 군사를 거느리고 (魏郡) 官渡縣(관도현)으로 돌아갔다. 劉備가 徐州에서 반기를 들자, 조조는 동쪽으로 유비를 원정하였다. 이때 원소가 우금을 공격하였지만, 우금이 굳게 지켜 함락시킬 수 없었다.

우금은 다시 樂進 등과 함께 5천 보병과 기병을 거느리고 원소의 별동부대를 공격했는데, 延津(연진) 서남에서 황하를 따라가면서 汲縣(급현)과 獲嘉縣(획가현)에서 원소가 설치한 30여 진지를 불태웠으며, 죽이거나 생포한 자가 각각 3천여 명이나 되었고 원소의 부장 何茂(하무)와 王摩(왕마) 등 20여 명의 투항을 받았다.

조조는 이어 우금에게 별도 부대를 거느리고 (河南尹) 原武縣(원무현)에 주둔케 하면서, 杜氏津(두씨진)에서 원소의 別營을 공격 격파케 하였다. 우금은 裨將軍으로 승진했고, 뒤에 조조를 따라 官渡로 돌아왔다. 조조와 원소는 군영을 곳곳에 세우며 土山을 쌓아 대치하였다. 원소 군영에서 활을 쏘아 많은 사졸이 죽거나 다치며 장졸이 두려워했다. 우금은 홀로 土山을 지키며 열심히 싸워 사기를 크게 진작시켰다. 원소를 격파한 뒤 우금은 偏將軍이 되었다. 冀州는, 곧 평정되었다.

昌豨(창희)[560]가 다시 배반하자, 우금이 출정하였다. 우금은 창희

560 昌豨(창희)는 太山(泰山) 일대의 도적 무리, 한때 여포에 소속되었다가 나중

를 맹공했는데, 창희와 우금은 그전부터 아는 사이였기에 창희는 우금을 찾아가 투항하였다. 여러 장수들은 창희가 투항하였으니, 응당 조조에게 보내야 한다고 말했지만, 우금이 말했다.

"여러분들은 曹公의 명령이 한결같다는 점을 모르고 있습니다! 포위한 다음에 투항하는 자는 사면 받지 못합니다. 법령 준수는 윗분을 섬기는 도리입니다. 창희가 비록 나의 옛 벗이지만, 우금은 원칙을 따르지 않을 수 없습니다."

우금은 창희와 결별한 뒤에 눈물을 흘리면서 창희를 죽였다. 이때 조조는 (城陽郡) 淳于縣(순우현)에 주둔하고 있었는데 보고를 받고 탄식하였다.

"창희가 나에게 오지 않고, 우금을 찾아갔으니 운명이 아니겠는가!"

그러면서 우금을 더욱 중히 여겼다. 東海郡이 평정된 뒤에 우금은 虎威將軍이 되었다. 뒷날 臧霸(장패)[561]가 (袁術의 옛 部將이었던) 梅成(매성)을 공격하였고, 장료와 張郃(장합) 등은 (원술의 옛 部將) 陳蘭(진란)을 공격하였다. 우금이 도착하자, 매성의 무리 3천여 명이 투항하였다. 그러나 그들이 투항 후 다시 배반하며 그 무리가 진란에게 도망가 합세하였다. 장료 등이 진란과 대치하면서 군량이 부족하자, 우금은 군량을 계속 공급했고, 장료는 마침내 진란과 매성을 죽였다. 우금은 식읍 2백 호를 더 받아 모두 1,200호가 되었다.

이때, 우금과 장료, 악진, 장합, 徐晃(서황) 등은 모두 명장이라서,

에는 유비를 도왔지만 조조에 의해 격파되었다.

561 臧霸(장패, 164－231년, 字 宣高) － 兗州 泰山郡 華縣 사람. 曹魏의 명장. 《魏書》 18권, 〈二李臧文呂許典二龐閻傳〉에 입전.

조조는 정벌 때마다 교대로 이들을 불러 선봉장으로 삼거나 남겨 후방을 지키게 하였다. 우금은 군을 늘 엄격하게 지휘하였고, 적의 재물을 노획하면 사적으로 소유하지 않았기에 부하들에게 특별히 후한 상을 내렸다. 그러나 법으로만 통솔하여 장졸의 민심을 얻지는 못했다.

조조는 늘 朱靈(주령)[562]을 미워하며 그 군영을 빼앗고자 했다. 조조는 우금의 권위를 이용하여 우금에게 기병 수십 명을 주어 명령서를 갖고 주령의 군영에 들어가 주령의 군 지휘권을 회수하게 했는데, 누구도 감히 움직이지 못했으며, 우금은 주령을 자신의 통제하에 두자 모두가 두려워 복속하였다. 우금은 左將軍으로 승진했고 부절을 받았는데, 자신의 식읍 5백 호를 나눠 아들 하나를 열후가 되게 했다.

| 原文 |

建安二十四年, 太祖在長安, 使曹仁討關羽於樊, 又遣禁助仁. 秋, 大霖雨, 漢水溢, 平地水數丈, 禁等七軍皆沒. 禁與諸將登高望水, 無所迴避. 羽乘大船就攻禁等, 禁遂降, 惟龐德

562 朱靈(주령, ?170-230년?, 字 文博) - 본래 원소 수하의 장수. 조조가 도겸을 공격할 때 주령은 조조에 귀부하였다. 建安 4년(서기 199)에, 조조는 朱靈을 유비와 함께 보내 원술을 막게 했는데 마침 원술이 죽자, 유비는 조조의 군대를 가지고 서주를 차지한 다음에 반기를 들었다. 그리고 주령을 조조에게 돌려보냈다. 조조는 이에 주령을 죽이려 했지만 주변의 권유로 죽이지는 않았다. 이후 주령은 여러 차례 전공을 세웠고 열후가 되었는데, 그 명성은 徐晃(서황) 등 보다 약간 아래였다. 《魏書》 17권, 〈徐晃傳〉 말미에 기록이 있다.

不屈節而死. 太祖聞之, 哀嘆者久之, 曰, "吾知禁三十年, 何意臨危處難, 反不如龐德邪!"

會孫權禽羽, 獲其衆, 禁復在吳. 文帝踐阼, 權稱藩, 遣禁還. 帝引見禁, 鬚髮皓白, 形容憔悴, 泣涕頓首. 帝慰諭以荀林父, 孟明視故事, 拜爲安遠將軍. 欲遣使吳, 先令北詣鄴謁高陵. 帝使豫於陵屋畫關羽戰克, 龐德憤怒, 禁降服之狀.

禁見, 慚恚發病薨. 子圭嗣封益壽亭侯. 謚禁曰厲侯.

| 국역 |

建安 24년(서기 219), 魏王 曹操는 長安에 머물면서 曹仁을 시켜 樊城(번성)에서 關羽를 정벌케 하면서, 우금을 보내 曹仁을 돕게 하였다. 가을에 큰 장마가 지면서 漢水(한수)가 범람하여 평지에도 물이 여러 길(丈)이나 되어 우금 등 七軍[563]은 모두 물에 잠겼다. 우금과 여러 장수들은 높은 언덕에 올라 강물을 바라볼 뿐 피할 곳이 없었다. 관우가 큰 배를 타고 우금을 공격하자, 우금은 결국 투항하였으나, 龐德(방덕)[564]만은 지조를 굽히지 않고 殉節(순절)하였다. 조조는 소식을 듣고 한참을 슬피 탄식하다가 말했다.

"내가 우금을 안 지 30년, 위난에 처해 龐德(방덕)만 못할 줄 어찌

---

563 7軍을 거느린 장수는 于禁(우금), 張遼(장료), 張郃(장합), 朱靈(주령), 李典(이전), 路招(노초), 馮楷(풍해) 등이었다.

564 龐德(방덕, ?-219년, 字 令明) – 원래 馬超의 부하였다가 215년에 張魯(장로)를 따라 조조에 귀부하였다. 樊城에서 우금이 관우에 굴복할 때 방덕은 지조를 지켜 殉節했다. 《魏書》 18권, 〈二李臧文呂許典二龐閻傳〉에 입전.

생각했겠나!"

그 무렵 손권이 관우를 생포하였고 그 군사를 포로로 잡자, 우금은 吳에 끌려갔다. 文帝가 제위에 오른 뒤 손권은 藩臣(번신)을 자처하면서 우금을 돌려보냈다.

문제가 우금을 인견할 때 우금은 수염과 머리가 백발이었으며, 초췌한 형용으로 눈물을 흘리며 머리를 숙였다. 문제는 荀林父(순림보)[565]와 孟明視(맹명시)[566]의 故事를 들어 위로하며 우금에게 安遠將軍을 제수하였다. 문제는 (우금을) 吳에 사신으로 보내려고 먼저 鄴縣의 高陵(조조의 능묘)에 참배케 하였다. 문제는 미리 고릉의 전각에 사람을 시켜 관우의 승전에 방덕은 분노하고, 우금은 투항하는 상황을 그려놓게 하였다.

우금은 그림을 보고 부끄러워 병이 나서 그대로 죽었다. 우금의 아들 于圭(우규)가 계승하여 益壽亭侯가 되었다. 우금의 시호는 厲侯(여후)[567]였다.

565 荀林父(순림보, ?-?) - 子姓에 荀氏, 名 林父. 春秋시대 晉國의 中軍將. 패전했지만 원직에 계속 근무했다.

566 孟明視(맹명시, 百里孟明視) - 春秋 시대 虞人. 秦國 名相 百里奚(백리해)의 子. 百里가 氏, 名은 視. 秦 穆公(목공)의 장군.

567 厲侯(여후) - 이는 시호 중 의미가 나쁜 下諡(하시)이다. 周 厲王(여왕)의 '厲'는 '暴慢無親'의 뜻으로, 下諡(하시)로 분류된다. 隋 煬帝(양제)의 煬, 晉 幽公의 幽(유), 漢 靈帝의 '靈'도 모두 나쁜 뜻의 시호이다. 반면 '文'은 '經緯天地'의 재능이 있다든지 '道德博厚', 또는 '勤學好問'의 品德을 의미하며, 시호의 '武'는 새로운 나라의 건국, 영역 확장 등 큰 업적을 수립했을 때의 시호로 上諡(상시)라 할 수 있다. 名望있는 學者나 士大夫의 死後에 친척이나 門生이 올리는 私諡(사시)가 있는데 陶淵明의 '靖節先生'이 이에 속한다.

❹ 張郃

| 原文 |

張郃字儁乂, 河間鄚人也. 漢末應募討黃巾, 爲軍司馬, 屬韓馥. 馥敗, 以兵歸袁紹. 紹以郃爲校尉, 使拒公孫瓚. 瓚破, 郃功多, 遷寧國中郎將.

太祖與袁紹相拒於官渡, 紹遣將淳于瓊等督運屯烏巢, 太祖自將急擊之. 郃說紹曰, "曹公兵精, 往必破瓊等, 瓊等破, 則將軍事去矣, 宜急引兵救之." 郭圖曰, "郃計非也. 不如攻其本營, 勢必還, 此爲不救而自解也." 郃曰, "曹公營固, 攻之必不拔, 若瓊等見禽, 吾屬盡爲虜矣."

紹但遣輕騎救瓊, 而以重兵攻太祖營, 不能下. 太祖果破瓊等, 紹軍潰. 圖慚, 又更譖郃曰, "郃快軍敗, 出言不遜." 郃懼, 乃歸太祖.

| 국역 |

張郃(장합)의 字는 儁乂(준예)[568]로, 河間郡 鄚縣(막현) 사람이다. 후한 말에 황건적 토벌군에 응모하여 軍司馬로 冀州牧인 韓馥(한복)

568 張郃(장합, ?−231年, 字 儁乂) − 郃은 고을 이름 합. 儁은 준걸 준. 乂는 벨 예, 어질 예. 冀州 河間國 鄚縣(막현, 今 河北省 중부, 滄州市 서북부의 任丘市) 사람. 曹魏 五子良將 중 유일한 望族 출신. 追封 시호는 壯侯(장후), 韓馥(한복) 袁紹를 섬기다가 曹操에 귀부. 제갈량의 북벌을 잘 막아냈지만 결국 蜀과 전투 중 木門道란 곳에서 戰死했다.

에게 소속되었다. 한복이 패망하자, 군사를 거느리고 원소에 귀부하였다. 원소는 장합을 校尉에 임명하여 公孫瓚을 막게 했다. 장합은 공손찬 격파에 공을 세워 寧國中郎將이 되었다.

조조와 원소가 官渡(관도)에서 대치할 때, 원소는 淳于瓊(순우경) 등을 보내 군량 운반을 감독하며 烏巢(오소)에 주둔케 했는데, 조조는 직접 오소를 공격하려고 했다. 장합이 원소에게 말했다.

"曹公은 병법에 정통하여 틀림없이 오소의 순우경을 공격할 것이고, 순우경이 격파되면 장군의 원정은 실패하게 되니 응당 긴급하게 구원병을 보내야 합니다."

그러자 郭圖(곽도)가 말했다. "장합의 계책은 틀렸습니다. 조조의 본영을 공격하면 조조는 틀림없이 회군할 것이니 구원병을 보내지 않고도 저절로 해결될 것입니다."

이에 장합이 말했다. "曹公의 본영은 견고하기에 공격해도 점령이 어려우며, 만약 순우경이 잡힌다면 우리 역시 포로가 될 것입니다."

원소는 경기병을 보내 순우경을 구원케 하면서, 중기병으로 조조의 본영을 공격케 했지만 함락시키지 못했다. 조조는 예상대로 순우경을 격파했고 원소의 군진은 붕괴되었다. 곽도는 부끄러웠지만 또 참소하였다.

"장합은 우리 군의 패망을 기뻐하며 그 언사도 불손합니다."

장합은 두려워서 조조에게 귀부하였다.

‖原文‖

太祖得郃甚喜, 謂曰, "昔子胥不早寤, 自使身危, 豈若微子去殷, 韓信歸漢邪?" 拜郃偏將軍, 封都亭侯. 授以衆, 從攻鄴, 拔之. 又從擊袁譚於渤海, 別將軍圍雍奴, 大破之. 從討柳城, 與張遼俱爲軍鋒, 以功遷平狄將軍. 別征東萊, 討管承, 又與張遼討陳蘭,梅成等, 破之. 從破馬超,韓遂於渭南. 圍安定, 降楊秋. 與夏侯淵討鄜賊梁興及武都氐. 又破馬超, 平宋建.

太祖征張魯, 先遣郃督諸軍討興和氐王竇茂. 太祖從散關入漢中, 又先遣郃督步卒五千於前通路. 至陽平, 魯降, 太祖還, 留郃與夏侯淵等守漢中, 拒劉備. 郃別督諸軍, 降巴東,巴西二郡, 徙其民於漢中. 進軍宕渠, 爲備將張飛所拒, 引還南鄭. 拜蕩寇將軍.

劉備屯陽平, 郃屯廣石. 備以精卒萬餘, 分爲十部, 夜急攻郃. 郃率親兵搏戰, 備不能克. 其後備於走馬谷燒都圍, 淵救火, 從他道與備相遇, 交戰, 短兵接刃. 淵遂沒, 郃還陽平. 當是時, 新失元帥, 恐爲備所乘, 三軍皆失色. 淵司馬郭淮乃令衆曰, "張將軍, 國家名將, 劉備所憚, 今日事急, 非張將軍不能安也."

遂推郃爲軍主. 郃出, 勒兵安陳, 諸將皆受郃節度, 衆心乃定. 太祖在長安, 遣使假郃節. 太祖遂自至漢中, 劉備保高山不敢戰. 太祖乃引出漢中諸軍, 郃還屯陳倉.

| 국역 |

조조는 장합이 귀부하자, 매우 기뻐하며 말했다.

"옛날에 伍子胥(오자서)는 일찍 반성하지 못했기에 자신을 위태롭게 했으며, 微子(미자)[569]는 왜 殷(은)을 떠났고, 韓信(한신)은 왜 漢에 귀부했겠는가?"

조조는 장합을 偏將軍에 임명했고 都亭侯에 봉했다. 장합은 군사를 거느리고 조조를 따라 鄴縣(업현)을 공격하여 점령했다. 또 조조를 따라 渤海郡(발해군)에서 원담을 공격했고, 별도의 부대를 거느리고 (漁陽郡) 雍奴縣(옹노현)을 공격하여 대파하였다. 조조를 수행하여 (遼西郡의) 柳城을 공격하며, 장료와 함께 軍의 선봉이 되었고 이런 공로로 平狄將軍으로 승진하였다. 장합은 별도의 부대를 거느리고 東萊郡(동래군)[570]에 진격하여 管承(관승)을 토벌하였고, 또 장료와 함께 (원술의 옛 部將인) 陳蘭(진란)과 梅成(매성) 등을 격파하였다. 조조를 수행하여 馬超(마초)와 韓遂(한수)를 渭水(위수) 남쪽에서 격파하였다. 또 安定郡 臨涇縣(임경현)을 포위하여 楊秋(양추)의 항복을 받았다. 또 夏侯淵(하후연)과 함께 鄜城(부성)의 반적 梁興(양홍)과 武都郡의 氐族(저족)을 격파하였다. 다시 마초를 격파하고 宋建(송건)을 평정하였다.

조조는 張魯(장로)를 원정하면서 먼저 장합을 보내 여러 군사를 지휘하여 興和(흥화)의 氐族(저족) 王竇茂(왕두무)를 토벌케 했다. 조

569 宋 微子(미자) – 子 姓, 名 啓(계), 微子, 微子啓(미자계)라 통칭. 商王(殷王) 帝乙의 長子, 紂王(주왕)의 庶兄, 春秋시대 宋國의 開國 始祖. 《論語》에서는 微子, 箕子(기자), 比干(비간)을 '殷의 三仁' 이라고 했다.

570 青州자사부 관할 東萊郡의 治所는 黃縣. 今 山東省 동부 烟臺市 관할 龍口市.

조는 散關(산관)[571]을 거쳐 漢中郡에 진격했는데 먼저 장합을 보내 步卒 5천여 명을 거느리고 도로를 확보하게 하였다. 조조가 陽平關(양평관)[572]에 왔을 때 장로는 투항하였고, 조조는 돌아오면서 장합과 하후연 등을 남겨 漢中을 지키면서 劉備를 막게 하였다. 장합은 여러 군사를 거느리고 巴東郡(파동군)과 巴西郡(파서군)의 투항을 받고 그 백성을 漢中郡으로 이주시켰다. 장합은 宕渠城(탕거성)을 공격했는데, 유비의 부장인 張飛(장비)에게 막혀 군사를 이끌고 (漢中郡의 治所인) 南鄭縣(남정현)[573]으로 돌아왔다. 장합은 蕩寇將軍(탕구장군)이 되었다.

劉備는 陽平關에, 장합은 廣石(광석)이란 곳에 주둔하고 대치했다. 유비는 정예군 1만여 명을 10부로 나눠 밤에 장합을 급격하게 공격하였다. 이에 장합도 군사를 직접 거느리고 육박전을 전개하자 유비는 당할 수가 없었다. 그런 뒤에 유비는 走馬谷(주마곡)에서 魏軍營을 포위하고 불사르자 夏侯淵이 진화하였는데, 또 다른 길에서 유비의 군사를 만나 단병접전으로 싸웠다. 하후연이 여기서 전사하자 장합은 양평으로 돌아왔다.

이 무렵 魏軍은 元帥(夏侯淵)를 잃은데다가, 유비가 승승장구하자 三軍은 모두 질려있었다. 하후연의 司馬인 郭淮(곽회)가 군사들에게 말했다.

"張郃 장군은 나라의 名將으로 유비도 두려워하고 있다. 오늘의

---

571 散關(산관)은 關中 땅 서쪽의 관문. 일명 大散關. 今 陝西 寶雞市 서남 17km, 大散嶺에 위치. 漢中郡으로 통하는 陳倉古道의 출발점.

572 陽平關(陽安關)은, 今 陝西省 漢中市 勉縣에 위치. 漢中盆地의 서북 門戶.

573 漢中郡 – 治所 南鄭縣. 今 陝西省 서남부 漢中市.

이런 위급 상황에서 張 장군이 아니라면 우리 군을 안정시킬 수 없다."

이에 모두가 장합을 새로운 軍主로 받들었다. 장합은 부대를 정비하고 진영을 안정시키자, 여러 부장들은 모두 장합의 지휘를 받았고 군사들의 불안한 마음도 진정되었다. 이때 조조는 長安에 있었는데 사자를 보내 장합에게 符節(부절)을 수여하였다. 조조가 漢中郡에 진군하자, 劉備는 高地에서 수비만 하면서 싸우려 하지 않았다. 조조는 모든 군사를 漢中郡에 불러 모았고 장합도 돌아와 (右扶風의) 陳倉縣(진창현)[574]에 주둔하였다.

| 原文 |

文帝卽王位, 以郃爲左將軍, 進爵都鄕侯. 及踐阼, 進封鄚侯. 詔郃與曹眞討安定盧水胡及東羌, 召郃與眞並朝許宮, 遣南與夏侯尙擊江陵. 郃別督諸軍渡江, 取洲上屯塢. 明帝卽位, 遣南屯荊州, 與司馬宣王擊孫權別將劉阿等, 追至祁口, 交戰, 破之.

諸葛亮出祁山. 加郃位特進, 遣督諸軍, 拒亮將馬謖於街亭. 謖依阻南山, 不下據城. 郃絶其汲道, 擊, 大破之. 南安,天水,安定郡反應亮, 郃皆破平之.

詔曰, 「賊亮以巴蜀之衆, 當虓虎之師. 將軍被堅執銳, 所向

574 陳倉(진창)은 右扶風의 縣名. 今 陝西省 서남부 寶鷄市 陳倉區. 渭水 북안.

克定, 朕甚嘉之. 益邑千戶, 並前四千三百戶.」

司馬宣王治水軍於荊州, 欲順沔入江伐吳, 詔郃督關中諸軍往受節度. 至荊州, 會冬水淺, 大船不得行, 乃還屯方城. 諸葛亮復出, 急攻陳倉, 帝驛馬召郃到京都. 帝自幸河南城, 置酒送郃, 遣南北軍士三萬及分遣武衛,虎賁使衛郃, 因問郃曰, "遲將軍到, 亮得無已得陳倉乎!" 郃知亮縣軍無穀, 不能久攻, 對曰, "比臣未到, 亮已走矣. 屈指計亮糧不至十日." 郃晨夜進至南鄭, 亮退. 詔郃還京都, 拜征西車騎將軍.

| 국역 |

曹丕가 魏王으로 즉위하자, 張郃(장합)을 左將軍에 임명했고 작위를 都鄉侯로 올려주었다. 帝位에 오른 뒤에 장합의 작위를 鄚侯(막후)로 올려주었다. 조서로 曹眞(조진)과 함께 安定郡 盧水의 胡人(匈奴族) 및 東羌族(동강족)을 토벌케 하였고, 장합과 조진을 불러 함께 許都의 궁궐에 입조케 하였으며, 夏侯尚(하후상)과 함께 남쪽으로 파견하여 江陵(강릉)을 공격하게 하였다. 장합은 별도의 군사를 거느리고 長江을 건너 강의 섬에 군영을 설치하였다. 明帝가 즉위하자 남쪽으로 가서 荊州에 주둔하였고, 사마의는 손권의 別將인 劉阿(유하) 등을 공격하며, 祁口(기구)란 곳까지 추격, 교전하여 격파하였다.

諸葛亮(제갈량)이 祁山(기산)[575]에 출정하였다(제갈량의 1차 북벌,

575 祁山(기산)은 諸葛亮의 북벌 중 '六出祁山' 한 곳. 今 甘肅省 남단 隴南市 관할 禮縣(예현). 祁連山(기련산)이 아님. 祁連山은 甘肅省과 青海省에 걸친 대산맥.

明帝 太和 2년, 서기 228). 장합의 官位를 特進으로 올려 모든 군사를 감독케 하며, 제갈량의 부장인 馬謖(마속)[576]을 街亭(가정)[577]에서 방어케 하였다. 마속은 南山에 의거하여 군영을 설치하고 방어하면서 산 아래에 축성하여 방어하지는 않았다. 이에 장합은 물을 얻을 수 있는 길을 차단하고 공격하여 적을 대파하였다. 南安, 天水, 安定郡 등 3개 군이 반기를 들고 제갈량에 호응했었는데 장합은 이들 지역도 모두 평정하였다. 이에 명제가 조서를 내렸다.

「賊臣 諸葛亮이 巴郡과 蜀郡의 군사로 우리의 용맹한 군사[578]에 맞대응하였다. 장합 장군은 갑옷에 병기를 들고 가는 곳마다 싸워 이겼으니, 朕(짐)은 이를 심히 기뻐하노라. 장합의 식읍 1천 호를 늘려 종전 합계 4천3백 호로 한다.」

사마의는 荊州에서 수군을 조련하여 沔水(면수)를 따라 長江으로 들어가 吳 정벌을 계획하자. 조서로 장합에게 關中의 모든 군사를 지휘케 하였다. 장합은 荊州에 이르렀으나 마침 겨울철이라 大船이 운행할 수 없어 곧 회군하여 方城(방성)이란 곳에 주둔하고 있었다.

제갈량이 다시 출전하여[579] 陳倉(진창)을 맹공 하였는데,[580] 明帝

576 馬謖(마속, 190 – 228년, 字 幼常) – 謖 일어날 속. 높이 빼어나다. 荊州 襄陽 宜城(今 湖北省 宜城). 蜀漢의 參軍, 侍中 馬良의 아우. '馬氏五常' 의 한 사람. 劉備가 臨終 전에 '聰明才氣하나 爲人이 言過其實하니 중임을 맡길 수 없다.' 고 하였다. 諸葛亮은 街亭 패전 후, 泣斬馬謖(읍참마속)하고 上表하여 失律로 敗喪其師라 하여 자신의 관등 三級을 강등하였다. 《蜀書》 9권, 〈董劉馬陳董呂傳〉 馬良傳에 附記.

577 今 甘肅省 동남 天水市 관할 秦安縣 隴城鎭에 해당.

578 虓虎之師 – 虓는 울부짖을 효.

579 《三國演義》의 '六出祁山' 이란 표현은 부정확한 표현이다. 諸葛亮의 군사는 전후 五次 북벌이 있었지만 祁山(기산)에 출병한 것은 1차(서기 228년 봄)과

는 驛馬(역마)로 장합을 낙양으로 불렀다. 명제는 친히 河南의 外城에 나아가 잔치를 벌려 장합을 전송하였는데, 장합에게 南北의 3만 군사를 지휘케 하고 武衛(무위)와 虎賁衛(호분위)의 군사를 파견하여 장합을 호위케 하면서 장합에게 물었다.

"장군이 도착하기 전에 제갈량이 진창을 차지하지 않겠는가!"

이에 장합은 제갈량의 군사가 깊이 진격했기에 군량이 없어 오래 공격할 수 없음을 알고 명제에게 대답하였다.

"臣이 임지에 도착하기 전에 제갈량은 도주할 것입니다. 손가락을 꼽아 보아도[581] 제갈량의 군량은 10일을 버티지 못할 것입니다."

장합은 밤낮으로 달려 (漢中郡) 南鄭縣에 도착했는데, 제갈량은 저절로 물러났다. 명제는 조서로 장합을 낙양으로 돌아오게 하여 장합에게 征西車騎將軍을 제수하였다.

| 原文 |

郃識變數, 善處營陳, 料戰勢地形, 無不如計, 自諸葛亮皆憚之. 郃雖武將而愛樂儒士, 嘗薦同鄕卑湛經明行修, 詔曰, 「昔祭遵爲將, 奏置五經大夫, 居軍中, 與諸生雅歌投壺. 今將軍外勒戎旅, 內存國朝. 朕嘉將軍之意, 今擢湛爲博士.」

諸葛亮復出祁山, 詔郃督諸將西至略陽, 亮還保祁山, 郃追

四次(서기 231년 봄)뿐이었다.

580 제갈량의 2차 북벌. 서기 228년 겨울. 陳倉之圍

581 成語 屈指可數(굴지가수) – 손가락을 꼽아 셀 수 있다. 얼마 안 되는 숫자.

至木門, 與亮軍交戰, 飛矢中郃右膝. 薨, 諡曰壯侯.

子雄嗣. 郃前後征伐有功, 明帝分郃戶, 封郃四子列侯. 賜小子爵關內侯.

| 국역 |

張郃(장합)은 用兵의 변화(變數)에 밝았고 군영을 잘 설치하였으며, 戰勢와 지형을 잘 파악하여 늘 뜻대로 작전을 전개하였기에 제갈량도 두려워하였다. 장합은 자신이 武將이었지만 儒士를 아껴주고 좋아하여, 일찍이 同鄕의 卑湛(비침)이 經學에 밝고 행실이 바르다고 천거하였다. 이에 조서를 내렸다.

「옛날에 (後漢의) 祭遵(제준)[582]은 장군이었지만 五經大夫의 설치를 건의하였고, 軍中에서 태학생들과 詩歌를 읊고 投壺(투호)를 즐겼다. 지금 장합 장군은 지방에서 군사를 지휘하면서도 내심으로 조정을 걱정하고 있다. 짐은 장군의 그런 뜻을 가상히 여겨 이번에 卑湛(비침)을 발탁하여 博士에 임명한다.」

諸葛亮이 다시 祁山(기산)에 출정하자, 조서를 내려 장합이 여러 장수를 감독케 하였는데, 장합은 서쪽으로 나아가 略陽(약양)[583]에 이르렀고, 제갈량은 기산을 점거하였다.[584] 장합이 제갈량의 군사를 추격하여[585] 木門(목문)[586]이란 곳에서 제갈량의 군사와 교전하였는

582 祭遵(제준, ?-서기 33년, 字 弟孫) - 潁川郡 潁陽人. 光武帝 개국공신인 雲臺 28將의 한 사람. 《後漢書》 20권, 〈銚期王霸祭遵列傳〉에 입전.

583 (漢中郡) 略陽縣(약양현) - 今 陝西省 서남부 漢中市 관할 略陽縣(약양현).

584 諸葛亮의 4차 북벌. 서기 231년.

585 제갈량의 군사가 퇴각하자 사마의는 장합에게 추격을 명했다. 장합은 성을

데, 飛矢(비시)가 장합의 오른쪽 무릎에 명중하였다. 장합이 죽은 뒤, 시호는 壯侯(장후)였다.

아들 張雄(장웅)이 작위를 계승했다. 장합은 전후로 많은 공을 세웠기에 장합의 식읍을 나눠 장합의 아들 4명을 列侯에 봉했다. 그리고 장합의 막내아들에게는 關內侯의 작위를 하사하였다.

❺ 徐晃

| 原文 |

徐晃字公明, 河東楊人也. 爲郡吏, 從車騎將軍楊奉討賊有功, 拜騎都尉. 李傕,郭汜之亂長安也, 晃說奉, 令與天子還洛陽, 奉從其計.

天子渡河至安邑, 封晃都亭侯. 及到洛陽, 韓暹,董承日爭鬪, 晃說奉令歸太祖, 奉欲從之, 後悔. 太祖討奉於梁, 晃遂歸太祖.

포위하더라도 퇴각할 길을 열어 주어야 하며, 도주하는 군사를 추격해서는 안 된다고 반대하였지만 사마의는 따르지 않았다. 할 수 없이 추격했는데, 촉군이 높은 곳에 매복하여 쇠뇌를 발사했고, 장합은 전사했다. 《三國演義》에는 제갈량이 큰 나무 껍질을 벗기고 거기에 '張郃死此樹下' 라고 써 놓았고, 장합이 그 나무 아래에서 횃불로 글을 읽자, 蜀軍이 쇠뇌를 쏘아 장합을 죽인 것으로 묘사했다.

586 木門道 – 今 甘肅省 남부 天水市 秦城區에 해당. 큰 두 개의 산 사이로 木門古道라는 협곡이 있다.

| 국역 |

徐晃(서황)[587]의 字는 公明(공명)으로, 河東郡 楊縣[588] 사람이다. 처음에 郡吏로 있다가 車騎將軍 楊奉(양봉)을 따라 반적 토벌에 공을 세워 騎都尉가 되었다. 李傕(이각)과 郭汜(곽사)가 長安에서 분란을 일으킬 때, 서황은 양봉에게 獻帝를 모시고 洛陽으로 돌아가야 한다고 건의했고, 양봉은 그 계책에 따랐다.

헌제가 황하를 건너 (河東郡) 安邑縣에 왔을 때 서황은 都亭侯가 되었다. 洛陽에 당도하여 韓暹(한섬)과 董承(동승) 등이 날마다 싸울 때, 서황은 양봉에게 조조에게 귀부할 것을 건의했는데, 양봉은 따르려다가 후회하고 따르지 않았다. 조조는 양봉을 梁國에서 격파했고 서황은 조조에 귀부했다.

| 原文 |

太祖授晃兵, 使擊卷, 原武賊, 破之, 拜裨將軍. 從征呂布, 別降布將趙庶,李鄒等. 與史渙斬眭固於河內. 從破劉備, 又從破顏良, 拔白馬, 進至延津, 破文醜, 拜偏將軍. 與曹洪擊㶏彊賊祝臂, 破之, 又與史渙擊袁紹運車於故市, 功最多, 封

587 徐晃(서황 ?-227년, 字 公明) - 三國 曹魏의 五子良將의 한 사람. 군기가 엄정하여 조조가 前漢 '周亞夫의 風貌'가 있다고 칭찬하였다. 227년에 전사했다. 《삼국연의》에서는 긴 자루의 큰 도끼를 휘두르는 장수로, 聲東擊西의 전술을 잘 썼으며 樊城(번성)의 포위를 풀었고 關羽를 패전으로 몰고 갔다.

588 河東郡 楊縣 - 今 山西省 남부 臨汾市 관할 洪洞縣.

都亭侯.

太祖既圍鄴, 破邯鄲, 易陽令韓範僞以城降而拒守, 太祖遣晃攻之. 晃至, 飛矢城中, 爲陳成敗. 範悔, 晃輒降之. 既而言於太祖曰, "二袁未破, 諸城未下者傾耳而聽, 今日滅易陽, 明日皆以死守, 恐河北無定時也. 願公降易陽以示諸城, 則莫不望風." 太祖善之. 別討毛城, 設伏兵掩擊, 破三屯. 從破袁譚於南皮, 討平原叛賊, 克之. 從征蹋頓, 拜橫野將軍. 從征荊州, 別屯樊, 討中廬,臨沮,宜城賊. 又與滿寵討關羽於漢津, 與曹仁擊周瑜於江陵.

十五年, 討太原反者, 圍大陵, 拔之, 斬賊帥商曜. 韓遂,馬超等反關右, 遣晃屯汾陰以撫河東, 賜牛酒, 令上先人墓. 太祖至潼關, 恐不得渡, 召問晃.

晃曰, "公盛兵於此, 而賊不復別守蒲阪, 知其無謀也. 今假臣精兵渡蒲坂津, 爲軍先置, 以截其裏, 賊可擒也."

太祖曰, "善." 使晃以步騎四千人渡津. 作塹柵未成, 賊梁興夜將步騎五千餘人攻晃, 晃擊走之, 太祖軍得渡. 遂破超等, 使晃與夏侯淵平隃麋,汧諸氐, 與太祖會安定.

太祖還鄴, 使晃與夏侯淵平鄜,夏陽餘賊, 斬梁興, 降三千餘戶. 從征張魯. 別遣晃討攻櫝,仇夷諸山氐, 皆降之. 遷平寇將軍. 解將軍張順圍. 擊賊陳福等三十餘屯, 皆破之.

| 국역 |

曹操는 徐晃에게 군사를 주어 (河南尹의) 卷縣(권현)과 原武縣(원무현)의 반적을 토벌케 하였고, 서황은 그들을 격파하여 裨將軍이 되었다. 조조를 수행하여 呂布를 원정하면서 별도로 여포의 부장인 趙庶(조서)와 李鄒(이추) 등을 공격하여 항복받았다. 史渙(사환)과 함께 河內郡에서 眭固(수고)를 죽였다. 유비 원정에 참여하였고, 또 조조를 수종하여 (원소의 부장) 顔良(안량)을 격파하고 (兗州 東郡의) 白馬縣(백마현)을 점거하였으며, 더 진격하여 延津(연진)에서 文醜(문추)를 격파하고 偏將軍이 되었다. 서황은 曹洪(조홍)과 함께 濦彊(은강)의 반적 祝臂(축비)를 공격하여 격파했으며, 또 史渙(사환)과 함께 원소의 군량 운반 수레를 故市(고시)란 곳에서 격파하는 큰 공을 세워 都亭侯가 되었다.

조조가 (원소의) 鄴縣을 포위하고 (趙國의) 邯鄲縣(한단현)을 격파하자, (趙國) 易陽縣(역양현) 현령인 韓範(한범)은 거짓으로 성을 들어 투항한 뒤 조조의 군사의 입성을 거부하며 지키자, 조조는 서황을 보내 공격케 하였다. 서황은 성에 도착하여 성공과 패망을 설명하는 글을 성 안으로 쏘아 보냈다. 한범은 후회하며, 곧 서황에게 투항하였다. 이에 서황이 조조에게 말했다.

"(원소의 아들) 원담과 원상을 아직 토벌하지 못한 상황에서 여러 현에서는 촉각을 곤두세우고 있는데, 오늘 易陽縣(역양현)을 박멸하면 내일 다른 성에서는 모두 성을 사수할 것이니 河北을 평정할 수가 없습니다. 공께서 역양현의 투항을 널리 알린다면 모두가 바람처럼 따라올 것입니다."

조조는 서황의 말을 받아들였다. 서황은 별도로 毛城(모성)을 토벌하면서 복병으로 급습하여 3개 군진을 격파하였다. 조조를 따라 袁譚을 (발해군) 南皮縣(남피현)에서 격파하였고, 平原郡의 반적을 토벌하였다. 조조를 따라 (烏桓族의 單于) 蹋頓(답돈)을 격파하고 橫野將軍이 되었다. 荊州(형주) 정벌에 수행하여 별도로 樊城(번성)에 주둔하며 中廬(중려), 臨沮(임저), 宜城(의성)의 반적을 토벌하였다. 또 滿寵(만총)[589]과 함께 漢津(한진)에서 關羽를 토벌하였으며, 曹仁과 함께 (東吳의) 周瑜(주유)를 江陵(강릉)에서 공격하였다.

(建安) 15년(서기 210), 서황은 太原郡의 반적을 大陵縣(대릉현)에서 포위 격파하며 우두머리 商曜(상요)를 죽였다. 韓遂(한수), 馬超(마초) 등이 함곡관 서쪽에서 반기를 들자, 조조는 서황을 보내 (河東郡) 汾陰縣(분음현)에 주둔케 하면서 河東郡 지역을 진무케 하였는데, 소고기와 술을 하사하여 서황의 조상 묘에 헌상케 하였다. 조조는 潼關(동관)[590]에 이르렀으나 (黃河를) 건널 수 없자, 서황에게 물었다. 이에 서황이 말했다.

"明公께서는 이곳에 크게 진을 치고 계시기에 賊은 별도의 부대를 보내 (河東郡) 蒲阪縣(포판현)을 방어하지 않으니 적이 무모하다는 것을 알 수 있습니다. 지금 저에게 정병을 주시면, 제가 蒲坂津(포판진)을 건너가 우선 군영을 설치한 뒤에 적의 안쪽을 가로지르면 적을 잡을 수 있습니다."

589 滿寵(만총, ?-242년, 字 伯寧) - 曹魏 武將, 신장 八尺. 청렴했던 장군. 《魏書》 26권, 〈滿田牽郭傳〉에 立傳.

590 潼關(동관)은, 今 陝西省 동남부 渭南市 관할 潼關縣 북쪽의 관문, 北東쪽으로 黃河에 연접. 후한 建安 원년(서기 196年)에 건립.

조조는 건의를 받아들여 서황에게 보병과 기병 4천을 주어 포판진을 건너가게 하였다. 서황이 참호와 방책을 다 완성하기도 전에 반적 梁興(양흥)이 밤에 보병과 기병 5천 명으로 서황을 공격했지만 서황이 이를 격퇴했고 조조의 본진은 황하를 건널 수 있었다. 마침내 마초 등을 격파한 뒤 서황과 夏侯淵(하후연)을 보내 隃麋(유미)와 汧水(견수) 일대의 여러 氐族(저족)을 평정하였고, 조조와 安定郡[591]에서 합세하였다.

조조는 鄴縣으로 돌아가면서 서황과 夏侯淵(하후연)을 남겨 (左馮翊) 鄜縣(부현)과 夏陽縣(하양현) 일대의 반적을 평정케 하였는데, 수괴 梁興(양흥)을 죽이자 3천여 호가 투항하였다. 서황은 張魯(장로) 원정에도 수행했다. 조조는 서황을 보내 별도로 櫝縣(독현), 仇夷(구이) 일대 산악지대의 저족을 토벌케 하자 모두 투항하였다. 서황은 平寇將軍(평구장군)으로 승진하였다. 서황은 포위된 장군 張順(장순)의 포위를 풀어 주었다. 반적 陳福(진복) 등을 평정하며 30여 군영을 모두 격파하였다.

| 原文 |

太祖還鄴, 留晃與夏侯淵拒劉備於陽平. 備遣陳式等十餘營絶馬鳴閣道, 晃別征破之, 賊自投山谷, 多死者. 太祖聞, 甚喜, 假晃節, 令曰, "此閣道, 漢中之險要咽喉也. 劉備欲斷

591 安定郡 治所는 臨涇縣, 今 甘肅省 동부 慶陽市 관할 鎭原縣.

絶外內, 以取漢中. 將軍一擧, 克奪賊計, 善之善者也."

太祖遂自至陽平, 引出漢中諸軍. 復遣晃助曹仁討關羽, 屯宛. 會漢水暴隘, 于禁等沒. 羽圍仁於樊, 又圍將軍呂常於襄陽. 晃所將多新卒, 以羽難與爭鋒, 遂前至陽陵陂屯. 太祖復還, 遣將軍徐商,呂建等詣晃, 令曰, "須兵馬集至, 乃俱前."

賊屯偃城. 晃到, 詭道作都塹, 示欲截其後, 賊燒屯走. 晃得偃城, 兩面連營, 稍前, 去賊圍三丈所. 未攻, 太祖前後遣殷署,朱蓋等凡十二營詣晃. 賊圍頭有屯, 又別屯四冢. 晃揚聲當攻圍頭屯, 而密攻四冢. 羽見四冢欲壞, 自將步騎五千出戰, 晃擊之, 退走, 遂追陷與俱入圍, 破之, 或自投沔水死.

太祖令曰, "賊圍塹鹿角十重, 將軍致戰全勝, 遂陷賊圍, 多斬首虜. 吾用兵三十餘年, 及所聞古之善用兵者, 未有長驅徑入敵圍者也. 且樊,襄陽之在圍, 過於莒,卽墨, 將軍之功, 逾孫武,穰苴."

晃振旅還摩陂, 太祖迎晃七里, 置酒大會. 太祖擧卮酒勸晃, 且勞之曰, "全樊,襄陽, 將軍之功也." 時諸軍皆集, 太祖案行諸營, 士卒咸離陳觀, 而晃軍營整齊, 將士駐陳不動. 太祖嘆曰, "徐將軍可謂有周亞夫之風矣."

| 국역 |

曹操는 鄴縣(업현)으로 돌아가면서, 서황과 하후연을 남겨 陽平

關[592]에서 유비를 방어하게 하였다. 유비는 陳式(진식) 등을 보내 10여 군데 주둔케 하면서 馬鳴閣道(마명각도)〔棧道(잔도)의 이름〕를 차단했는데 서황이 별도의 군사를 거느리고 이를 격파했고 적은 낭떠러지에서 많은 군사를 잃었다. 조조는 소식을 듣고 매우 기뻐하며 서황에게 부절을 하가하고 명령을 내렸다.

"그 閣道(棧道)는 漢中郡의 험지로 인후와 같다. 유비는 우리의 내외를 단절하여 漢中郡을 차지하려고 했다. 장군은 일거의 적의 방략을 깨트렸으니 정말 잘하고 잘한 일이다."

조조는 직접 陽平關까지 출정하여 漢中郡의 모든 군사를 모았다. 다시 서황을 보내 조인의 관우 토벌을 돕게 하여 서황은 (南陽郡) 宛縣(완현)에 주둔하였다. 그때 漢水가 크게 범람하였고 于禁(우금)의 군사는 크게 패망하였다. 관우는 조인을 번성에서 포위하였고, 또 장군 呂常(여상)[593]을 襄陽(양양)에서 포위하였다. 서황이 거느린 군졸은 신병이 많아 관우와 맞대결이 어려웠기에 서황은 전진하여 陽陵陂(양릉파)에 주둔하였다. 조조는 다시 돌아와 將軍 徐商(서상), 呂建(여건) 등을 서황에게 보내며 명령했다.

"우리의 병마가 다 모인 다음에 함께 전진토록 하라."

촉군은 偃城(언성)이란 곳에 주둔하고 있었는데 서황의 군사가 도착하자, 거짓으로 참호를 파서 서황의 뒤쪽을 절단하려는 척하다가 자신의 군영을 불사르고 도주하였다. 서황은 언성을 차지한 뒤에

592 당시 漢中郡 沔陽縣(면양현) 定軍山의 陽平關(양평관). 定軍山은 今 陝西省 남부 漢中市 서쪽 勉縣(면현). 夏侯淵은 定軍山에서 유비의 부장 黃忠(황충)에게 죽는다.

593 呂常 - 曹仁의 部將. 관우에게 패전했다.

양쪽 군영이 함께 전진하여 적을 멀리서 포위하였다. 아직 적을 공격하지 않고 있을 때 조조는 계속해서 殷署(은서), 朱蓋(주개) 등 모두 12개 군영의 군사를 서황에게 지원하였다. 圍頭(위두)란 곳에 주둔했고, 또 별도로 四冢(사총)이란 곳에 주둔하고 있었다. 서황은 곧 위두의 적군을 공격하듯 하면서 주력은 은밀히 사총의 군영을 공격하였다. 관우는 사총의 촉군이 궤멸될 위기에 처하자, 직접 5천 보병과 기병을 거느리고 출전하였는데 서황이 반격하자 패주하였는데 서황이 적진을 돌파하자 많은 수의 蜀軍이 沔水(면수)에 떨어져 죽었다. 이에 조조가 서황을 칭찬하였다.

"賊은 참호 주변에 10중의 방어 울타리(鹿角)를 쳤지만 장군은 전승을 거두면서 적의 포위를 돌파하며 적군 다수를 죽이거나 생포하였다. 나도 30여 년을 用兵하였고 용병에 능한 옛 장군을 많이 알고 있지만, 서황처럼 멀리 진격하며 적을 몰아 무찌른 경우가 없었다. 그리고 번성과 襄陽(양양)이 적에게 포위되었을 때의 형세는 莒(거)와 卽墨(즉묵)의 포위보다 더 위급했었으니, 서황의 공적은 孫武(손무, 孫子)나 司馬穰苴(사마양저)보다 더 뛰어났도다."

서황을 부대를 정비하여 摩陂(마피)로 개선하였는데, 조조는 서황을 7리나 마중 나와 크게 잔치를 벌였다. 조조가 술잔을 채워 서황에게 권하면서 위로하였다.

"번성과 양양성을 지킨 것은 장군의 공로이다."

그때 모든 부대의 장졸이 다 모이자, 조조는 각 군영을 순시하였고 사졸들은 조조를 에워싸고 구경하였는데, 서황의 군영은 깔끔하게 정돈이 되었고, 장졸은 진을 치고 대기하며 움직이지 않았다. 이에 조조가 탄식하며 말했다.

"徐將軍에게는 가히 周亞夫(주아부)[594]의 풍모가 있다."

| 原文 |

文帝卽王位, 以晃爲右將軍, 進封逯鄕侯. 及踐阼, 進封楊侯. 與夏侯尙討劉備於上庸, 破之. 以晃鎭陽平, 徙封陽平侯. 明帝卽位, 拒吳將諸葛瑾於襄陽. 增邑二百, 並前三千一百戶. 病篤, 遺令斂以時服.

性儉約畏愼, 將軍常遠斥候, 先爲不可勝, 然後戰, 追奔爭利, 士不暇食. 常嘆曰, "古人患不遭明君, 今幸遇之, 當以功自效, 何用私譽爲!"

594 周亞夫(주아부, ?-前 143) - 周勃(주발)의 아들. 文帝 後 6년(前에 158) 흉노가 대거 변경에 침입했다. 宗正인 劉禮(유례)를 장군으로 삼아 霸上(패상)에, 徐厲(서려) 장군은 棘門(극문)에 주둔케 하였으며, 河內守인 周亞夫를 장군으로 임명해서 細柳(세류)에 주둔케 하여 흉노에 대비했다. 文帝가 직접 군사를 위문하려고 패상과 극문의 군영에 도착해 곧장 달려 들어갔고, 장군은 말에서 내려 맞이하고 전송하였다. 細柳의 군영으로 갔는데, 細柳營에서는 군사와 관리들이 갑옷을 입었고 병기는 잘 정비되었고 활과 쇠뇌를 힘껏 당기고 있었다. 천자가 도착했어도 들어가질 못했다. 그래서 천자가 부절을 가진 사자를 "내가 군을 위문하고자 한다." 그러자 주아부는 군 영문을 열라고 전달했다. 영문의 장교가 車騎에게 요청했다. "장군의 명령으로 軍中에서는 말을 달릴 수 없습니다." 그래서 천자의 수레도 고삐를 잡고 천천히 들어갔다. 주아부는 황제에게 "갑옷을 입은 무사는 拜禮하지 않기에 軍禮로 뵙겠습니다." 천자는 감동하여 엄숙한 표정으로 수레의 式(식)을 잡아 예를 표했다. 군문을 나온 文帝가 말했다. "아! 이 사람이 진정한 장군이로다! 앞에 갔던 패상과 극문은 어린아이 장난과 같았다. 적이 주아부의 군영을 어찌 범할 수 있겠는가!" 《漢書》 40권, 〈張陳王周傳〉에 입전.

終不廣交援. 太和元年薨, 謚曰壯侯. 子蓋嗣. 蓋薨, 子霸嗣. 明帝分晃戶, 封晃子孫二人列侯.

| 국역 |

文帝(曹丕)가 왕위에 오른 뒤, 서황은 右將軍이 되었고 작위는 逯鄉侯(녹향후)로 올랐다. 문제가 제위에 오르자 楊侯(양후)가 되었다. 夏侯尙(하후상)과 함께 유비를 上庸縣(상용현)[595]에서 격파하였다. 서황은 陽平關에 주둔했고 陽平侯로 작위가 올랐다.

明帝가 즉위하자, 吳將 諸葛瑾(제갈근)의 침입을 襄陽(양양)에서 저지하였다. 식읍 2백 호를 더 받아 총 3,100호가 되었다. 서황은 병이 위독하자, 평상복으로 염을 하라고 유언하였다.

서황은 천성이 검소 절약하였고 언제나 조심하였으며, 장군일 때도 늘 척후병을 멀리 내보냈으며 자신이 이기지 않을 수 없다고 생각될 경우에만 전투를 시작하였으며, 유리한 상황이라면 사졸이 밥을 먹을 시간도 주지 않았다. 서황은 늘 탄식하며 말했다.

"古人은 명군을 못 만났다고 탄식했지만, 나는 다행히 명군을 만났으니, 응당 공을 세워 보답해야 하거늘 개인의 명예를 추구하여 무엇 하겠는가?"

서황은 끝내 남과 널리 교제하지 않았다. 明帝 太和 원년(서기 227)에 죽었는데, 시호는 壯侯(장후)였다. 아들 徐蓋(서개)가 작위를 계승했다. 서개가 죽자, 아들 徐霸(서패)가 계승했다. 明帝는 서황의

---

595 上庸縣(상용현)은 漢中郡의 현명. 今 湖北省 서북부 十堰市(십언시) 관할 竹山縣. 獻帝 建安 연간에, 漢中郡을 나눠 上庸郡을 설치하였다.

식읍을 나눠 서황의 아들과 손자 2인을 열후에 봉했다.

| 原文 |

初, 清河朱靈爲袁紹將. 太祖之徵陶謙, 紹使靈督三營助太祖, 戰有功. 紹所遣諸將各罷歸, 靈曰, "靈觀人多矣, 無若曹公者, 此乃眞明主也. 今已遇, 復何之?" 遂留不去. 所將士卒慕之, 皆隨靈留. 靈後遂爲好將, 名亞晃等, 至後將軍, 封高唐亭侯.

| 국역 |

그전에, 清河郡 사람 朱靈(주령)은 원소의 부장이었다. 조조가 陶謙(도겸)을 응징할 때, 원소는 주령에게 3개 부대를 감독하여 조조를 돕게 하였고, 주령은 전투에서 공을 세웠다. 원소가 파견했던 부장들이 본대로 복귀할 때 주령이 말했다.

"내가 많은 사람을 보았지만 曹公만한 사람이 없었으니, 이분은 정말 明主이다. 이제 명주를 만났거늘 어디를 가겠는가?"

그리고는 남아서 돌아가지 않았다. 주령이 거느렸던 사졸들도 주령을 흠모하여 같이 남았다. 주령은 뒷날 훌륭한 장수가 되었는데, 명성은 서황 다음이었다. 後將軍이 되었고 高唐亭侯에 봉해졌다.

| 原文 |

評曰, 太祖建茲武功, 而時之良將, 五子爲先. 于禁最號毅重, 然弗克其終. 張郃以巧變爲稱, 樂進以驍果顯名, 而鑒其行事, 未副所聞. 或註記有遺漏, 未如張遼,徐晃之備詳也.

| 국역 |

陳壽의 評論 : 曹操가 현혁한 武功을 세울 당시의 훌륭한 장수로는, 五子良將을 꼽아야 한다. 于禁(우금)이 가장 굳세고 위엄이 있었지만 그 끝이 좋지 못했다. 張郃(장합)은 다양한 전술로 명성이 높았고, 樂進(악진)은 과감한 용기로 이름을 날렸는데 그들 행적 기록은 명성에 부합하지 못했다. 혹 기록에 누락이 있겠지만 張遼(장료)와 徐晃(서황)의 戰功은 상세하다.

18권 〈二李臧文呂許典二龐閻傳〉(魏書 18)
(이이,장,문,여,허,전,이방,염전)

❶ 李典

| 原文 |

李典字曼成, 山陽鉅野人也. 典從父乾, 有雄氣, 合賓客數千家在乘氏. 初平中, 以衆隨太祖, 破黃巾於壽張, 又從擊袁術, 征徐州. 呂布之亂, 太祖遣乾還乘氏, 慰勞諸縣. 布別駕薛蘭,治中李封招乾, 欲俱叛, 乾不聽, 遂殺乾. 太祖使乾子整將乾兵, 與諸將擊蘭,封. 蘭,封破, 從平兗州諸縣有功, 稍遷青州刺史. 整卒, 典徙潁陰令, 爲中郎將, 將整軍, 遷離狐太守.

| 국역 |

李典(이전)[596]의 字는 曼成(만성)으로, 山陽郡 鉅野縣(거야현) 사람이다. 李典(이전)의 숙부인 李乾(이건)은 雄氣가 있고 빈객 수천 명을 거느리고 (濟陰郡) 乘氏縣(승씨현)[597]에 살았다. (獻帝) 初平 연간(서기 190－193년)에, 이건은 무리를 거느리고 조조를 따라 황건적 잔당을 (東平縣) 壽張縣(수장현)에서 격파하였고, 또 조조를 따라 원술을 격파했으며 徐州를 토벌하였다. 여포의 난에, 조조는 이건을 승씨현에 보내 여러 현을 돌며 위무하게 하였다. 여포의 別駕(별가)인 薛蘭(설란), 治中인 李封(이봉) 등이 이건을 초치하여 함께 반기를 들려고 했지만 이건이 따르지 않자, 이건을 죽여버렸다.

조조는 이건의 아들 李整(이정)이 이건의 군사를 거느리게 했고, 여러 장수와 함께 설란과 이봉을 공격했다. 설란과 이봉을 격파한 뒤, 이정은 조조를 수행하여 兗州(연주) 관내 여러 현을 평정하는데, 공을 세웠고 차츰 승진하여 青州刺史가 되었다. 이정이 죽자, 李典(이전)은 潁陰(영음) 縣令으로 옮겼다가 中郎將이 되어 이정의 군사를 거느렸고 離狐(이호) 太守[598]가 되었다.

596 李典(이전, 180－215년, 字 曼成) － 兗州 山陽郡 鉅野縣(今 山東省 서남부 菏澤市 관할의 巨野縣) 출신. 원래 山陽郡의 土豪,《左傳》등 群書 硏學. 儒將. 36세에 죽음. 文帝 曹丕 즉위 후 追謚는 愍侯(민후).

597 乘氏(승씨)는 濟陰郡의 현명. 今 山東省 서쪽 끝 荷澤市, 古稱 曹州.《水滸傳》의 무대인 梁山泊(양산박)이 있던 곳.

598 李典은 젊어 好學했고 兵事를 좋아하지 않았는데, 조조가 이전을 칭찬하며 治民 능력을 시험하고자 태수에 임명했다는 주석이 있다. 離狐(이호)는 본래 濟陰郡의 현명. 今 河南省 북동부 濮陽市(복양시)에 해당.

▎原文▎

時太祖與袁紹相拒官渡, 典率宗族及部曲輸穀帛供軍. 紹破, 以典爲裨將軍, 屯安民. 太祖擊譚,尚於黎陽, 使典與程昱等以船運軍糧. 會尚遣魏郡太守高蕃將兵屯河上, 絶水道, 太祖敕典,昱, "若船不得過, 下從陸道." 典與諸將議曰, "蕃軍少甲而恃水, 有懈怠之心, 擊之必克. 軍不內御, 苟利國家, 專之可也, 宜亟擊之."

昱亦以爲然. 遂北渡河, 攻蕃, 破之, 水道得通.

劉表使劉備北侵, 至葉, 太祖遣典從夏侯惇拒之. 備一旦燒屯去, 惇率諸軍追擊之, 典曰, "賊無故退, 疑必有伏. 南道狹窄, 草木深, 不可追也." 惇不聽, 與于禁追之, 典留守. 惇等果入賊伏里, 戰不利, 典往救, 備望見救至, 乃散退.

▎국역▎

그때 曹操와 袁紹는 官渡(관도)에서 대치하고 있었는데, 李典은 宗族 및 무리를 거느리고 군량과 비단 등을 운반 공급하였다. 원소가 격파되자, 이전은 裨將軍(비장군)이 되어 (동평국의) 安民城[599]에 주둔하였다. 조조는 원담과 원상을 黎陽(여양)에서 격파한 뒤, 이전과 程昱(정욱) 등을 시켜 선박으로 군량을 운반하게 하였다. 그 무렵

599 東平國(동평국) 安民(안민) 城. 兗州 관할 東平國의 治所는 無鹽縣, 今 山東省 泰安市 관할 東平縣. 安民은 城 이름. 정확한 위치 미상. 사전에는 上黨郡의 城으로 나오지만 安平國과는 거리가 너무 멀어 착오가 있을 것임.

원상이 파견한 魏郡太守인 高蕃(고번)은 군사를 거느리고 황하에 주둔하며 水運을 막고 있어, 조조는 이전과 정욱에게 "만약 선박이 통행할 수 없다면 육로로 운반하라." 고 지시하였다.

이에 이전이 여러 장수와 논의하였다.

"고번은 군사도 약하고 무기도 적으면서 강을 믿고 있지만 태만하니 우리가 공격한다면 이길 수 있다. 외지의 군사는 조정의 명령을 따르지 않을 수도 있고, 나라에 이롭다면 우리 뜻대로 할 수 있으니 빠른 공격이 유리할 것이다."

정욱도 같은 생각이었다. 그래서 바로 황하를 건너 북으로 고번을 공격하여 격파하여 물길을 개통하였다.

劉表가 유비를 보내 북침하여 (南陽郡) 葉縣(섭현)[600]에 이르자, 조조는 이전을 보내 夏侯惇(하후돈)과 함께 방어하게 하였다. 유비가 어느 날 영채를 불사르고 퇴각하자, 하후돈이 추격하려 하자 이전이 말했다.

"적군이 아무 까닭도 없이 후퇴하니 아마 매복이 있을 것입니다. 남쪽은 길도 좁고 초목이 무성하니 추격해서는 안 됩니다."

그러나 하후돈은 듣지 않고 于禁(우금)과 함께 추격했고, 이전은 본영을 지켰다. 하후돈이 결국 적의 매복에 걸려 위기에 처하자 이전이 구원하였는데, 유비는 구원병이 오는 것을 보고 물러났다.

600 南陽郡 葉縣(섭현)은 今 河南省 중부 平頂山市 葉縣(섭현).

| 原文 |

從圍鄴, 鄴定, 與樂進圍高幹於壺關, 擊管承於長廣, 皆破之. 遷捕虜將軍, 封都亭侯. 典宗族部曲三千餘家, 居乘氏, 自請願徙詣魏郡. 太祖笑曰, "卿欲慕耿純邪?" 典謝曰, "典駑怯功微, 而爵寵過厚, 誠宜擧宗陳力, 加以征伐未息, 宜實郊遂之內, 以制四方, 非慕純也."

遂徙部曲宗族萬三千餘口居鄴. 太祖嘉之, 遷破虜將軍. 與張遼, 樂進屯合肥, 孫權率衆圍之, 遼欲奉敎出戰. 進, 典, 遼皆素不睦, 遼恐其不從, 典慨然曰, "此國家大事, 顧君計何如耳, 吾可以私憾而忘公義乎!" 乃率衆與遼破走權. 增邑百戶, 並前三百戶.

典好學問, 貴儒雅, 不與諸將爭功. 敬賢士大夫, 恂恂若不及, 軍中稱其長者. 年三十六薨, 子禎嗣. 文帝踐阼, 追念合肥之功, 增禎邑百戶, 賜典一子爵關內侯, 邑百戶, 諡典曰愍侯.

| 국역 |

李典은 조조를 따라 鄴縣(업현)을 공격했고, 업현이 평정되자, 樂進(악진)가 함께 (원소의 생질) 高幹(고간)을 壺關(호관)[601]에서, (海賊인) 管承(관승)을 長廣縣(장광현)에서 공격하여 모두 격파하였다. 이전은 捕虜將軍(포로장군)으로 승진했고 都亭侯가 되었다.

601 壺關(호관)은 上黨郡 壺關縣, 今 山西省 동남 長治市 관할 壺關縣.

이전의 宗族과 부하(部曲) 3천여 호가 乘氏縣에 거주했는데, 이전은 魏郡으로 이주하겠다고 자청하였다. 이에 조조가 웃으며 물었다.

"卿은 (後漢) 耿純(경순)[602]을 흠모하는가?"

이에 이전이 말했다.

"제가 우둔하여 공적도 없으면서 과분한 작위를 받았기에 응당 가문을 들어 힘을 보태야 하며, 지금 정벌이 끝나지 않은 상황이니 도성 주변을 충실케 하여 사방을 제어하는데 도움이 되고자 할 뿐 경순을 흠모하는 것은 아닙니다."

이전은 부하와 종족 1만 3천여 명을 이주시켜 鄴縣에 거주케 하였다. 조조는 이를 칭송하였고, 이전은 破虜將軍(파로장군)이 되었다.

이전은 張遼(장료), 樂進(악진)과 함께 合肥(합비)에 주둔하고 있었는데, 손권의 군사가 포위하자 장료는 명을 받아 출전하려고 했다. 그런데 악진, 이전, 장료는 평소에 서로 사이가 안 좋았기에, 장료는 이전과 악진이 명을 따르지 않을까 걱정하자, 이전이 분연히 말했다.

"이는 국가의 대사이니 장군의 계획이 어떠하든, 내가 사적 감정으로 公義를 버릴 수 있겠습니까!"

그러면서 군사를 거느리고 장료와 함께 손권을 격파하여 달아나게 했다. 이전은 식읍 1백 호를 늘려 받아 총 3백 호가 되었다.

602 耿純(경순, ?-서기 37년, 字 伯山) - 鉅鹿郡 출신. 劉玄의 騎都尉였다가 서기 23년 劉秀(光武帝)가 거병하여 河北 邯鄲(한단)에 이르자, 耿純은 종족과 빈객 2천여 명을 거느리고 광무제에게 귀부하였다. 《후한서》 21권, 〈任李萬邳劉耿列傳〉에 입전.

이전은 평소에 학문을 좋아하고 유학을 숭상하였으며 다른 장수와 공을 다투지 않았다. 賢士를 공경하고, 공손하고 근신하며 예를 갖추었기에 軍中에서도 長者로 통했다. 36세에 죽었는데 아들 李禎(이정)이 계승했다.

文帝가 제위에 오른 뒤, 합비성에서 이전의 공적을 추념하여 이정의 식읍을 1백 호 늘려주었으며, 李典의 아들 한 명을 關內侯에 봉하고 식읍 1백 호를 하사했으며, 이전의 시호를 愍侯(민후)라 했다.

❷ 李通

| 原文 |

李通字文達, 江夏平春人也. 以俠聞於江,汝之間. 與其郡人陳恭共起兵於朗陵, 衆多歸之. 時有周直者, 衆二千餘家, 與恭,通外和內違. 通欲圖殺直而恭難之. 通知恭無斷, 乃獨定策, 與直克會, 酒酣殺直. 衆人大擾, 通率恭誅其黨帥, 盡並其營.

後恭妻弟陳郃, 殺恭而據其衆. 通攻破郃軍, 斬郃首以祭恭墓. 又生禽黃巾大帥吳霸而降其屬. 遭歲大飢, 通傾家振施, 與士分糟糠, 皆爭爲用, 由是盜賊不敢犯.

| 국역 |

李通(이통)[603]의 字는 文達(문달)이고, 江夏郡 平春縣 사람이다. 협객의 기질이 있어 長江과 (淮水의 지류인) 汝水(여수) 일대에 널리 알려졌다. 이통은 江夏郡 사람 陳恭(진공)과 함께 (汝南郡) 朗陵縣(낭릉현)에서 기병하였는데 많은 사람이 이통에 합세했다. 그 시기에 周直(주직)이란 사람은 무리 2천여 家戶를 거느리면서 진공, 이통과 겉으로는 어울렸지만 내심으로 틀어졌었다. 이통은 주직을 죽이려 했지만 진공은 난색을 표했다. 이통은 진공이 결단하지 못하는 것을 알고 혼자 결심하여 주직을 불러 만나 술에 취한 주직을 죽여버렸다. 주직의 무리들이 소요를 일으키자, 이통은 진공과 함께 주직 무리의 우두머리들을 죽이고 그 본거지를 차지하였다.

그 뒤에 진공의 처남인 陳郃(진합)이 진공을 죽이고 무리를 차지했다. 이에 이통은 진합의 군사를 격파하고 진합을 죽여 진공의 무덤에 제사를 지냈다. 이통은 또 황건 잔당의 우두머리인 吳霸(오패)의 무리를 흡수했다. 그 해에 큰 흉년이 들었는데, 이통은 집안의 재물을 다 기울여 구휼하면서 군사들과 같이 지게미〔糟糠(조강)〕를 먹으며 버티자, 많은 사람들이 모여들었고 이 때문에 도적들은 근접하지 못했다.

603 李通(이통, 168–209년, 字 文達) – 조조 휘하의 의리파 장군. 江夏郡 平春縣(今 河南省 남부 信陽市) 출신. 《魏書》 18권, 〈二李臧文呂許典二龐閻傳〉에 입전.

| 原文 |

建安初, 通擧衆詣太祖於許. 拜通振威中郞將, 屯汝南西界. 太祖討張繡, 劉表遣兵以助繡, 太祖軍不利. 通將兵夜詣太祖, 太祖得以復戰, 通爲先登, 大破繡軍. 拜裨將軍, 封建功侯.

分汝南二縣, 以通爲陽安都尉. 通妻伯父犯法, 朗陵長趙儼收治, 致之大辟. 是時殺生之柄, 決於牧守, 通妻子號泣以請其命. 通曰, "方與曹公戮力, 義不以私廢公." 嘉儼執憲不阿, 與爲親交.

太祖與袁紹相拒於官渡. 紹遣使拜通征南將軍, 劉表亦陰招之, 通皆拒焉. 通親戚部曲流涕曰, "今孤危獨守, 以失大援, 亡可立而待也, 不如亟從紹." 通按劍以叱之曰, "曹公明哲, 必定天下. 紹雖强盛, 而任使無方, 終爲之虜耳. 吾以死不貳."

卽斬紹使, 送印綬詣太祖. 又擊郡賊瞿恭,江宮,沈成等, 皆破殘其衆, 送其首. 遂定淮,汝之地. 改封都亭侯, 拜汝南太守. 時賊張赤等五千餘家聚桃山, 通攻破之.

劉備與周瑜圍曹仁於江陵, 別遣關羽絶北道. 通率衆擊之, 下馬拔鹿角入圍, 且戰且前, 以迎仁軍, 勇冠諸將. 通道得病薨, 時年四十二. 追增邑二百戶, 並前四百戶.

文帝踐阼, 諡曰剛侯. 詔曰, 「昔袁紹之難, 自許,蔡以南, 人懷異心. 通秉義不顧, 使攜貳率服, 朕甚嘉之. 不幸早薨, 子基雖已襲爵, 未足酬其庸勳. 基兄緒, 前屯樊城, 又有功. 世篤其勞, 其以基爲奉義中郎將, 緒平虜中郎將, 以寵異焉.」

| 국역 |

(獻帝) 建安 初에, 李通은 그 무리를 거느리고 許都로 조조에 귀부하였다. 이통은 振威中郎將(진위중랑장)이 되어 汝南郡 서쪽 지역에 주둔하였다. 조조가 張繡(장수)를 원정할 때, 劉表는 군사를 보내 장수를 도왔고, 조조의 군사는 불리했다. 이통은 군사를 거느리고 밤에 조조와 합세하자 조조는 다시 싸웠는데, 이통은 앞에서 공격하며 장수의 군사를 대파하였다. 이통은 裨將軍(비장군)이 되었고 建功侯에 봉해졌다.

조조는 汝南郡의 2현을 나눠 이통을 陽安都尉에 임명하였다. 이통의 처 伯父가 법을 어겨 朗陵(낭릉) 縣長인 趙儼(조엄)[604]이 잡아가두었고 사형 판결이 났다, 이때 살생의 권한은 州나 郡에 있었는데, 이통의 아내는 울면서 목숨을 살려달라고 애원했다. 이통은 "지금 나와 曹公은 애써 협력하지만 大義上 私情 때문에 公法을 버릴 수 없다." 라고 말했다. 이통은 조엄의 공평한 법 집행을 칭찬하며 조엄과 친교를 맺었다.

曹操는 원소와 官渡에서 대치하였다. 원소는 사람을 보내 이통에게 征南將軍을 제수했으며, 劉表도 은밀히 이통을 초치하였지만 이

604 趙儼(조엄) – 文士이지만 軍師로 활약이 뛰어났었다. 《魏書》 23권, 〈和常楊杜趙裴傳〉에 입전.

통은 모두 거절하였다. 이통의 친척이나 부하들이 눈물을 흘리면서 "지금 외롭게 홀로 버티며 큰 도움을 거절한다면, 곧 망할 수밖에 없습니다. 빨리 원소를 따라야 합니다."라고 말했다. 이에 이통은 칼을 잡고 꾸짖었다.

"曹公은 명철한 분이니 틀림없이 천하를 평정할 것이다. 원소가 비록 강성하다만 사람을 쓰는 방략이 없으니 결국 포로가 될 것이다. 나는 죽더라도 두 마음이 없다."

그리고 원소가 보낸 사자를 죽이고, 원소가 보낸 인수를 조조에게 바쳤다. 이통은 汝南郡의 도적 무리인 瞿恭(구공), 江宮(강궁), 沈成(심성) 등을 공격하여 격파하고 그 수급을 조조에게 보냈다. 이통은 淮南과 汝南郡 지역을 평정하였다. 이통은 都亭侯가 되었고 汝南太守를 제수 받았다. 그때 賊徒인 張赤(장적) 등 5천여 호가 桃山(도산)이란 곳에 웅거했는데, 이통은 그들을 격파하였다.

유비와 (東吳의) 周瑜(주유)가 曹仁을 江陵(강릉)에서 포위하고 별도로 關羽를 보내 북으로 통하는 도로를 막았다. 이통은 군사를 거느리고 관우를 공격하며 방책을 제거하면서 포위를 뚫고 싸우며 전진하여 조인의 군사와 합세하였는데, 이통은 여러 장수 중 가장 용감하였다. 그러나 이통은 병에 걸려죽으니, 나이는 42세였다. 식읍 2백 호를 추증 받아 총 4백 호가 되었다.

文帝가 제위에 올라 이통에게 剛侯(강후)라는 시호를 추증했다. 그리고 조서를 내렸다.

「옛날 袁紹의 難에 許都와 上蔡(상채) 남쪽의 백성들은 두 마음을 품었다. 그러나 이통은 대의를 견지하며 조금도 동요하지 않았으며, 두 마음을 가진 자들을 설득하고 복속케 하였으니, 짐은 그를 가

상히 생각하였다. 불행히 일찍 죽어 그 아들 李基(이기)가 작위를 이었지만 그 공적을 충분히 보상하지 못했다. 이기의 형 李緖(이서)도 예전에 樊城(번성)에 주둔하며 공을 세웠도다. 지금 그 공로가 뚜렷하니 이기를 奉義中郎將에, 이서를 平虜中郎將에 임명하고 특별히 우대토록 하라.」

❸ 臧霸

| 原文 |

臧霸字宣高, 泰山華人也. 父戒, 爲縣獄掾, 據法不聽太守欲所私殺. 太守大怒, 令收戒詣府, 時送者百餘人. 霸年十八, 將客數十人徑於費西山中要奪之, 送者莫敢動, 因與父俱亡命東海, 由是以勇壯聞. 黃巾起, 霸從陶謙擊破之, 拜騎都尉. 遂收兵於徐州, 與孫觀,吳敦,尹禮等並聚衆, 霸爲帥, 屯於開陽.

太祖之討呂布也, 霸等將兵助布. 旣禽布, 霸自匿. 太祖募索得霸, 見而悅之, 使霸招吳敦,尹禮,孫觀,觀兄康等, 皆詣太祖. 太祖以霸爲琅邪相, 敦利城,禮東莞,觀北海,康城陽太守, 割靑,徐二州, 委之於霸. 太祖之在兗州, 以徐翕,毛暉爲將. 兗州亂, 翕,暉皆叛. 後兗州定, 翕,暉亡命投霸. 太祖語劉備, 令語霸送二人首. 霸謂備曰, "霸所以能自立者, 以不爲此也.

霸受公生全之恩, 不敢違命. 然王霸之君可以義告, 願將軍爲之辭."

備以霸言白太祖, 太祖嘆息, 謂霸曰, "此古人之事而君能行之, 孤之願也."

乃皆以翕,暉爲郡守.

| 국역 |

臧霸(장패)[605]의 字는 宣高(선고)로, 泰山郡 華縣 사람이다. 부친 臧戒(장계)는 縣의 獄掾(옥연)이었는데, 태수가 사적인 감정으로 사람을 죽이려 하자, 법에 의거 따르지 않았다. 태수가 대노하면서 장계를 태수부로 잡아오게 하였는데, 장계를 호송하는 사람이 1백여 명이었다. 그때 장패는 나이 18세였는데, 빈객 수십 명과 함께 (泰山郡) 費縣(비현)의 西山에서 부친을 탈취하자 호송하는 사람 그 누구도 손을 쓰지 못했고, 장패는 부친과 함께 東海郡으로 망명하였는데, 이 때문에 장패는 용기와 담력으로 소문이 났었다.

황건적의 난이 일어나자, 장패는 陶謙(도겸)을 따라 황건적을 격파하여 기도위가 되었다. 장패는 徐州의 군사를 거느렸는데 孫觀(손관), 吳敦(오돈), 尹禮(윤례) 등이 함께 무리를 거느렸고, 장패는 지휘자로 (琅邪國 치소인) 開陽縣(개양현)[606]에 주둔하였다.

---

605 臧霸(장패, 164－231년, 字 宣高) － 兗州 泰山郡 華縣(今 山東省 남부 臨沂市 관할 費縣) 사람. '泰山寇' 의 우두머리. '奴寇(노구)' 로도 불렸다. 曹魏의 무장으로 원소와 손권 격파에 有功.

606 開陽縣(개양현) － 今 山東省 남부의 臨沂市(임기시).

조조가 呂布를 토벌하자, 장패는 여포를 도왔다. 여포가 잡혀 죽자 장패는 숨었다. 조조는 사람을 시켜 장패를 찾아내 만나보고 기뻐하면서 장패로 하여금 오돈, 윤례, 손관, 손관의 형인 孫康(손강) 등을 조조에게 데려오게 하였다. 조조는 장패를 琅邪國(낭야국)의 相으로, 오돈을 利城 태수, 윤례를 東莞(동완) 태수, 손관을 北海 태수, 손강을 城陽 太守로 임명했고, 靑州와 徐州의 일부를 나눠 장패에게 감독을 위임하였다.

조조는 兗州(연주)에 주둔하면서, 徐翕(서흡)과 毛暉(모휘)를 장수로 삼았다. 연주에서 반란이 일어나며 서흡과 모휘가 모두 반기를 들었다. 뒷날 연주가 평정되면서 서흡과 모휘는 망명하여 장패에게 귀부했다. 조조가 劉備를 시켜 장패에게 서흡과 모휘의 목을 잘라 보내라고 말했다. 그러자 장패가 유비에게 말했다.

"장패가 홀로 자립할 수 있었던 것은 이런 일을 하지 않았기 때문입니다. 나는 曹公이 나를 살려준 은덕을 입었기에 그 명을 어길 수는 없습니다. 그러나 王者나 霸者가 되려는 주군이라면 대의로 권고해야 하니, 유장군께서 나를 위해 말씀 좀 전해주십시오."

유비가 장패의 말을 조조에게 전하자 조조가 탄식하며 장패를 두고 말했다.

"이는 古人의 행적이나 이를 실천하니, 바로 내가 원하는 바이다."

그러면서 서흡과 모휘를 郡의 태수로 임명했다.

| 原文 |

時太祖方與袁紹相拒, 而霸數以精兵入青州, 故太祖得專事紹, 不以東方爲念. 太祖破袁譚於南皮, 霸等會賀. 霸因求遣子弟及諸將父兄家屬詣鄴, 太祖曰, "諸君忠孝, 豈復在是! 昔蕭何遣子弟入侍, 而高祖不拒, 耿純焚室輿櫬以從, 而光武不逆, 吾將何以易之哉!"

東州擾攘, 霸等執義征暴, 清定海岱, 功莫大焉, 皆封列侯. 霸爲都亭侯, 加威虜將軍. 又與于禁討昌豨, 與夏侯淵討黃巾餘賊徐和等, 有功, 遷徐州刺史. 沛國武周爲下邳令, 霸敬異周, 身詣令舍. 部從事總詷不法, 周得其罪, 便收考竟, 霸益以善周.

從討孫權, 先登, 再入巢湖, 攻居巢, 破之. 張遼之討陳蘭, 霸別遣至皖, 討吳將韓當, 使權不得救蘭. 當遣兵逆霸, 霸與戰於逢龍, 當復遣兵邀霸於夾石, 與戰破之, 還屯舒. 權遣數萬人乘船屯舒口, 分兵救蘭, 聞霸軍在舒, 遁還. 霸夜追之, 比明, 行百餘里, 邀賊前後擊之. 賊窘急, 不得上船, 赴水者甚衆. 由是賊不得救蘭, 遼遂破之.

霸從討孫權於濡須口, 與張遼爲前鋒, 行遇霖雨, 大軍先及, 水遂長, 賊船稍進, 將士皆不安. 遼欲去, 霸止之曰, "公明於利鈍, 寧肯捐吾等邪?" 明日果有令. 遼至, 以語太祖. 太祖善之, 拜揚威將軍, 假節. 後權乞降, 太祖還, 留霸與夏侯惇等屯居巢.

| 국역 |

그때 조조는 막 원소와 대치하고 있었는데, 장패는 여러 번 정병을 거느리고 靑州 일대를 공략했기에 조조는 전적으로 원소에게 전념하며 동방을 걱정하지 않았다. 조조가 원담을 (渤海郡) 南皮縣에서 격파하자, 장패 등이 모여 축하하였다. 장패는 그러면서 집안 자제와 여러 장졸의 부형이나 가속을 鄴縣(업현)으로 이주시키겠다고 말했는데, 이에 조조가 말했다.

"여러분의 忠孝가 이렇듯 돈독하다니! 옛날 (前漢의) 蕭何(소하)는 자제를 高祖에게 보내 입시케 하자 高祖가 거절하지 않았으며, (後漢의) 耿純(경순)은 고향 마을의 가옥을 불사르고 관을 가지고 수종하자 光武帝는 사양하지 않았는데, 내가 어찌 거부할 수 있겠는가!"

중원의 동방 여러 州에 소요가 많았지만 장패 등은 대의를 내세우며 포악한 자를 정벌하여 동해 바닷가와 泰山(岱山) 일대가 안정된 그 공적이 무엇보다도 컸기에 모두 列侯에 봉했다. 장패는 都亭侯에 威虜將軍(위로장군)이 되었다.

또 장패는 于禁(우금)과 함께 (泰山 일대의 도적 무리인) 昌豨(창희)를 토벌하였으며, 夏侯淵(하후연)과 함께 黃巾의 잔당인 徐和(서화) 등 토벌에 공을 세워 徐州刺史로 승진하였다. 沛國(패국) 사람 武周(무주)는 下邳(하비) 현령이었는데, 장패는 무주를 경외하여 직접 현령의 관사를 방문하였다. 서주 자사의 從事는 제멋대로 불법을 자행했었는데, 무주가 종사의 죄악을 밝혀내자 장패는 더욱 무주를 잘 대우하였다.

장패는 조조를 따라 손권을 원정하며 앞장서 공격하였고 두 번이나 巢湖(소호)[607]에 진출하여 東吳의 군사를 격파하였다. 張遼(장료)가 (원술의 옛 部將인) 陳蘭(진란)을 토벌할 때, 장패는 별도의 군사를 거느리고 廬江郡(여강군)의 皖縣(환현)에 진출하여, 東吳의 장수 韓當(한당)[608]을 공격하여, 손권이 진란을 구원할 수 없게 하였다. 한당이 군사를 보내자, 장패는 逢龍(봉룡)에서 싸웠고, 한당이 다시 夾石(협석)에서 싸우게 되자, 장패는 한당을 격파한 뒤에 회군하여 (廬江郡의 치소인) 舒縣(서현)[609]에 주둔하였다.

손권이 다시 수만 대군을 선박으로 파병하여 舒縣 입구에 주둔케 하고 군사를 나눠 진란을 구원케 하려 했으나 장패가 서현에 주둔한다는 사실을 알고 철수하였다. 장패는 밤에 손권의 군사를 밝을 무렵까지 1백여 리를 추격하여 적을 만나는 대로 격파하였다. 손권의 군사는 다급하여 배에 타지도 못하고 익사하는 자가 많았다. 이 때문에 東吳에서는 진란을 구원할 수 없었고, 장료는 진란을 격파하였다.

장패는 손권을 濡須口(유수구)[610]에서도 격파하면서 장료와 함께

---

607 巢湖(소호)는 安徽省 중부 合肥市 관내의 큰 호수. 淮水와 長江의 중간에 위치. 총 면적이 775km²에 동서 약 60km, 남북 12km 정도로 安徽省 최대의 호수이면서 중국 5대 淡水湖의 하나.

608 韓當(한당) – (吳書) 10권, 〈程黃韓蔣周陳董甘凌徐潘丁傳〉에 입전.

609 舒縣(서현)은, 今 安徽省 중서부 六安市 舒城縣.

610 濡須口(유수구)에, 今 安徽省 중부 巢湖市(소호시, 長江 북안). 曹魏와 손권의 싸움터, 213, 217, 222년에 대규모 결전이 있었다.

선봉에 섰으나 행군 중에 연일 큰 비를 만났고, 적의 대군이 먼저 도착하여 수위가 오르면서 동오의 군사가 큰 배로 전진해오자, 장졸이 모두 불안에 떨었다. 장료가 철수하려 하자, 장패는 장료를 제지하면서 말했다.

"曹公은 승패를 잘 알고 계실 터인데 우리들을 버려두시겠습니까?"

다음 날, 예상대로 철수 명령이 내려왔다. 장료가 조조에게 그간의 상황을 보고하였다. 조조는 장패를 칭송하면서 장패를 揚威將軍에 임명하고 부절을 내렸다. 뒷날 손권이 사람을 보내 투항하자, 조조는 회군하면서 장패와 하후돈 등을 남겨 (廬江郡) 居巢縣(거소현)[611]에 주둔케 하였다.

| 原文 |

文帝卽王位, 遷鎭東將軍, 進爵武安鄕侯, 都督靑州諸軍事. 及踐阼, 進封開陽侯, 徙封良成侯. 與曹休討吳賊, 破呂範於洞浦, 徵爲執金吾, 位特進. 每有軍事, 帝常咨訪焉.

明帝卽位, 增邑五百, 並前三千五百戶. 薨, 諡曰威侯. 子艾嗣. 艾官至靑州刺史,少府. 艾薨, 諡曰恭侯. 子權嗣. 霸前後有功, 封子三人列侯, 賜一人爵關內侯.

而孫觀亦至靑州刺史, 假節, 從太祖討孫權, 戰被創, 薨. 子

611 廬江郡 居巢縣(거소현) – 今 安徽省 중동부 巢湖市(소호시).

毓嗣, 亦至青州刺史.

| 국역 |

曹丕(조비)가 魏王이 되자, 臧霸(장패)는 鎭東將軍으로 승진하였고 작위가 올라 武安鄕侯가 되었으며, 靑州의 모든 軍事 업무를 감독하였다. 文帝가 제위에 오르자, 장패는 작위가 올라 開陽侯가 되었다가 良成侯로 옮겨 봉했다. 장패는 曹休(조휴)와 함께 東吳를 토벌하면서 呂範(여범)을 洞浦(동포)에서 격파하였으며, 조정에 불려 들어가 執金吾가 되었고 관위는 特進이었다. 군사에 관한 일이 있을 때마다 문제는 늘 장패에게 자문을 구했다.

明帝가 즉위한 뒤 장패의 식읍을 5백 호 늘려 총 3,500호가 되었다. 장패가 죽자, 시호는 威侯(위후)였다. 아들 臧艾(장애)가 작위를 이었다. 장애는 靑州刺史와 少府를 역임했다. 장애가 죽자, 시호는 恭侯(공후)였다. 아들 臧權(장권)이 계승했다. 장패는 그간 많은 공을 세웠기에 아들 3인이 열후가 되었고, 하나는 關內侯가 되었다.

그리고 孫觀(손관) 역시 靑州刺史가 되어 부절을 받았고, 조조를 수행하여 손권을 토벌하였으며 전투 중 부상을 당해 죽었다. 아들 孫毓(손육)이 계승했는데, 역시 靑州刺史가 되었다.

❹ 文聘

| 原文 |

文聘字仲業, 南陽宛人也, 爲劉表大將, 使御北方. 表死, 其子琮立. 太祖征荊州, 琮擧州降, 呼聘欲與俱, 聘曰, "聘不能全州, 當待罪而已."

太祖濟漢, 聘乃詣太祖, 太祖問曰, "來何遲邪?" 聘曰, "先日不能輔弼劉荊州以奉國家, 荊州雖沒, 常願據守漢川, 保全土境, 生不負於孤弱, 死無愧於地下, 而計不得已, 以至於此. 實懷悲慚, 無顏早見耳."

遂欷歔流涕. 太祖爲之愴然曰, "仲業, 卿眞忠臣也." 厚禮待之. 授聘兵, 使與曹純追討劉備於長阪. 太祖先定荊州, 江夏與吳接, 民心不安, 乃以聘爲江夏太守, 使典北兵, 委以邊事, 賜爵關內侯.

與樂進討關羽於尋口, 有功, 進封延壽亭侯, 加討逆將軍. 又攻羽輜重於漢津, 燒其船於荊城.

文帝踐阼, 進爵長安鄕侯, 假節. 與夏侯尙圍江陵, 使聘別屯沔口, 止石梵, 自當一隊, 御賊有功, 遷後將軍, 封新野侯. 孫權以五萬衆自圍聘於石陽, 甚急, 聘堅守不動, 權住二十餘日乃解去. 聘追擊破之. 增邑五百戶, 並前千九百戶.

| 국역 |

文聘(문빙)[612]의 字는 仲業(중업)으로 南陽郡 宛縣(완현) 사람인데, 劉表의 大將으로 북방을 방어하였다. 유표가 죽고, 아들 劉琮(유종)이 지위를 이었다. 조조가 형주를 원정하자, 유종은 형주를 들어 투항하며 문빙을 불러 함께 가자고 하였지만, 문빙이 말했다.

"문빙은 형주를 지키지 못하였으니 응당 죄를 받아야 합니다."

曹操가 漢水(한수)를 건너자, 문빙이 조조를 찾아왔고, 조조는 "왜 늦게 왔는가?" 물었다. 이에 문빙이 말했다.

"지난 날 형주목을 보필하며 나라를 보전하지 못했고, 형주를 제대로 지키지도 못했지만, 그래도 늘 漢水와 四川의 땅을 지키고 싶었으며, 살아서 어린 弱主(劉琮)를 등지지 않고 죽어 지하에서도 (劉表에) 부끄럽지 않을 것이나, 어찌할 방도가 없어 지금 찾아뵈었습니다. 사실 비통하고 참담한 마음에 일찍 뵐 면목이 없었습니다."

그리고서는 흐느끼며(欷歔, 歔欷, 허희) 눈물을 흘렸다. 조조도 문빙에 감동하여 처연하게 말했다.

"仲業(文聘)! 卿이 진정한 忠臣이요!"

그리고 예를 갖춰 대우하였다. 조조는 문빙에게 군사를 주어 曹純(조순)[613]과 함께 (荊州 當陽) 長阪坡(장판파)[614]에서 유비를 추격케

---

612 文聘(문빙, 생졸년 미상, 字 仲業) – 조조에게 귀부한 뒤에 강하태수를 역임했다.

613 曹純(170 – 210년, 字 子和) – 曹操 수하의 장군, 曹仁의 弟. 14세에 喪父하고 曹仁과 別居했는데, 재물 관리를 잘했고 爲人이 綱紀를 중히 여기고 理智를 잃지 않았으며 好學問학고 學士를 敬愛하여 명성이 높았다. 조조의 정예군인 '虎豹騎(호표기)' 를 지휘.

614 荊州 南郡 當陽縣의 長阪坡(장판파) – 當陽縣은, 今 湖北省 서부 宜昌市(의창시) 관할 當陽市. 장판파의 싸움은 赤壁大戰(서기 208년)의 전초전이라 할

하였다. 조조는 먼저 荊州를 평정한 뒤에, 江夏郡과 吳가 접경했고, 민심이 불안하자 문빙을 江夏太守에 임명하여 북방에서 데려온 군사를 지휘케 하고 국경관리를 맡겼으며, 문빙에게 관내후의 작위를 하사하였다.

문빙은 樂進(악진)과 함께 尋陽縣(심양현) 부근에서 關羽를 토벌하는데 공을 세워 작위가 올라 延壽亭侯(연수정후)가 되었으며 討逆將軍에 임명되었다. 또 漢津(한진)에서 관우의 군수물자를 소각했고 荊州 성외에서 관우의 戰船을 소각하였다.

曹丕가 제위에 오른 뒤, 작위가 올라 長安鄉侯가 되었고 부절을 받았다. 夏侯尙(하후상)과 함께 江陵을 포위했고, 문빙은 별도의 군사로 沔口(면구)란 곳에 주둔하였으며, 石梵(석범)에 주둔할 때는 별도의 부대를 지휘하여 적을 성공적으로 막아서 後將軍으로 승진하였으며 新野侯에 봉해졌다. 손권이 5만 군사를 거느리고 직접 石陽(석양)에서 문빙을 포위한 뒤 맹공하였지만, 문빙은 굳게 지키며 움직이지 않자, 손권은 20여일 만에 포위를 풀고 퇴각하였다. 이에 문빙은 손권을 추격 격파하였다. 식읍 5백 호를 늘려 받아 모두 1,900호가 되었다.

수 있다. 열세의 劉備軍은 一觸卽潰의 위기에 몰렸고 劉備는 백성을 버리고 도주하였으며, 張飛는 20여 기병을 거느리고 후미를 차단하였다. 장비의 大喝一聲에 曹操 군사가 놀랐고, 趙雲은 劉備의 甘夫人과 劉禪(유선)을 보호하고 도망하였으며 유비의 두 딸은 포로가 되었다. 유비는 江陵으로 도주 계획을 수정하여 관우의 수군과 함께 江夏郡으로 가서 劉表 長子 劉琦(유기)와 합세한다. 《三國演義》에서는 糜夫人(미부인)은 曹軍에게 포위되자, 投井 自盡하고 趙雲은 劉禪(유선)을 구출하다. 장판교에서 장비의 대갈일성에 曹軍이 놀라며 夏侯傑(하후걸)은 놀라 낙마하여 죽는다. 많은 사람들이 즐겨 이야기하는 한 대목이다.

| 原文 |

聘在江夏數十年, 有威恩, 名震敵國, 賊不敢侵. 分聘戶邑封聘子岱爲列侯, 又賜聘從子厚爵關內侯. 聘薨, 謚曰壯侯. 岱又先亡, 聘養子休嗣. 卒, 子武嗣.

嘉平中, 譙郡桓禺爲江夏太守, 淸儉有威惠, 名亞於聘.

| 국역 |

文聘(문빙)은 江夏太守로, 10여 년을 재직하며 위엄과 은혜를 베풀어 그 명성은 적국에도 알려져 적국이 감히 침입하지 못했다. 문빙의 식읍을 나눠, 아들 文岱(문대)를 열후에 봉했고, 또 문빙의 조카인 文厚(문후)는 關內侯가 되었다. 문빙이 죽자, 시호는 壯侯(장후)였다. 아들 문대가 먼저 죽었기에 문빙의 양자 文休(문휴)가 계승했다. 문휴가 죽자, 아들 文武(문무)가 작위를 계승했다.

(曹芳의) 嘉平(가평) 연간에(서기 249 - 254년), 譙郡(초군)의 桓禺(환우)는 江夏太守가 되었는데, 청렴 검소하고 위엄과 은덕을 베풀어 그 명성이 문빙에 버금갔다.

❺ 呂虔

| 原文 |

呂虔字子恪, 任城人也. 太祖在兗州, 聞虔有膽策, 以爲從事, 將家兵守湖陸. 襄賁校尉杜松部民炅母等作亂, 與昌豨通. 太祖以虔代松. 虔到, 招誘炅母渠率及同惡數十人, 賜酒食. 簡壯士伏其側, 虔察炅母等皆醉, 使伏兵盡格殺之. 撫其餘衆, 群賊乃平.

太祖以虔領泰山太守. 郡接山海, 世亂, 聞民人多藏竄. 袁紹所置中郎將郭祖,公孫犢等數十輩, 保山爲寇, 百姓苦之. 虔將家兵到郡, 開恩信, 祖等黨屬皆降服, 諸山中亡匿者盡出安土業. 簡其强者補戰士, 泰山由是遂有精兵, 冠名州郡.

濟南黃巾徐和等, 所在劫長吏, 攻城邑. 虔引兵與夏侯淵會擊之, 前後數十戰, 斬首獲生數千人. 太祖使督青州諸郡兵以討東萊群賊李條等, 有功. 太祖令曰,

"夫有其志, 必成其事, 蓋烈士之所徇也. 卿在郡以來, 禽姦討暴, 百姓獲安, 躬蹈矢石, 所征輒克. 昔寇恂立名於汝,潁, 耿弇建策於青,兗, 古今一也."

擧茂才, 加騎都尉, 典郡如故. 虔在泰山十數年, 甚有威惠. 文帝卽王位, 加裨將軍, 封益壽亭侯, 遷徐州刺史, 加威虜將軍. 請琅邪王祥爲別駕, 民事一以委之, 世多其能任賢. 討利城叛賊, 斬獲有功.

明帝卽位, 徙封萬年亭侯, 增邑二百, 並前六百戶. 虔薨, 子翻嗣. 翻薨, 子桂嗣.

| 국역 |

呂虔(여건)[615]의 字는 子恪(자각)으로, 任城國 사람이다. 조조가 兗州(연주)를 차지했을 때, 여건의 담략이 뛰어나다는 말을 듣고 從事로 삼았는데, 여건은 家兵을 거느리고 (山陽郡) 湖陸縣(호륙현)을 지켰다. 襄賁校尉인 杜松(두송)의 부하였던 炅母(경모) 등이 난을 일으켜 (泰山 일대의 도적) 昌豨(창희)와 내통하고 있었다. 조조는 여건을 두송의 후임으로 임명했다. 여건은 임지에 부임하여 炅母(경모) 등 우두머리와 패거리 수십 명을 유인하여 술과 음식을 대접했다. 그리고 장사를 골라 부근에 매복시켰는데, 여건은 경모 등이 모두 취하자 복병을 시켜 모두 때려죽이고 그 나머지를 위무하자 도적떼는 곧 평정되었다. 조조는 여건에게 泰山太守를 겸임케 하였다.

태산군은 산과 호수에 연접하여 세상이 혼란할 때면 많은 백성들이 숨거나 도망쳐 모여들었다. 원소가 임명한 中郎將 郭祖(곽조)와 公孫犢(공손독) 등 무리 수십 명은 산에 의지하여 도적질을 하여 백성들을 괴롭혔다.

여건은 家兵을 거느리고 태산군에 부임하여 은덕을 베풀고 신의를 지키자, 곽조와 그 무리들이 모두 투항하였고 여러 산중에 숨었던 자들도 모두 내려와 농사에 전념하였다. 여건 중 그중 건강한 자들을 골라 전사로 보충했는데, 이로써 태산군은 精兵을 보유하여 다른 주군보다 으뜸이었다.

濟南郡의 黃巾 잔당인 徐和(서화) 등은 소재지에서 관리를 겁박하

---

615 呂虔(여건, 생졸년 미상, 字 子恪) - 虔은 정성 건. 兗州 任城國人, 치소 任城縣은, 今 山東省 濟寧市 동남. 曹魏에서는 郡. 曹魏의 장군, 泰山太守로 유명.

거나 성읍을 공략하였다. 이에 여건은 군사를 통솔하여 夏侯淵과 합세하여 공격하면서 전후로 수십 차 싸워 수천 명을 참수하거나 생포하였다. 조조는 여건에게 青州 여러 군의 군사를 지휘하여 東萊郡의 도적 무리인 李條(이조) 등을 토벌케 했는데 성과가 좋았다. 이에 조조가 말했다.

"뜻을 세우면 틀림없이 그 일을 성취하니, 아마 烈士가 이러할 것이다. 卿이 태산군에 부임한 이래 간악하고 횡포한 자를 토벌하여 백성을 안정케 하면서 몸소 날아오는 화살과 돌을 무릅쓰고 정벌할 때 마다 이겼다. 옛날 (後漢의) 寇恂(구순)[616]은 汝南과 潁川郡(영천군)에서, 耿弇(경엄)[617]은 青州와 兗州(연주)에서 공을 세웠는데, 여건은 그들과 동일하도다."

여건은 茂才(무재)로 천거되어 騎都尉가 되었는데 태산군을 그대로 다스렸다. 여건이 태산군에 십여 년 재직 중에 위엄을 지키며 은덕을 널리 베풀었다. 조비가 魏王으로 즉위한 뒤에 여건은 裨將軍이 되었고 益壽亭侯(익수정후)에 봉해졌으며, 徐州刺史로 승진했고 威虜將軍이 되었다. 여건은 琅邪郡(낭야군) 사람 王祥(왕상)[618]을 別

616 寇恂(구순)은 光武帝의 공신. 寇 도둑 구. 성씨. 恂 정성 순. 漢 高祖는 蕭何(소하)에게 關中을 맡겨놓고 山東에 전념할 수 있어 끝내 大業을 이룬 것처럼, 광무제는 요지인 河內郡은 구순이 아니라면 가히 맡길만한 사람이 없다고 생각하여 구순을 河內太守에 제수하고 大將軍 업무를 대리케 하였다. 구순은 또 潁川郡과 汝南 태수로 선정을 폈다. 《後漢書》 16권, 〈鄧寇列傳〉에 입전,

617 耿弇(경엄, 서기 3 – 58년), 耿은 빛날 경, 弇은 덮을 엄. 光武帝의 功臣, 雲臺二十八將 중 4위. 光武帝가 기병한 이후 河北 지방 평정에 큰 공을 세웠다. 즉위 이후 경엄을 建威大將軍이 되어 후한 초 안정에 크게 기여하였다. 《後漢書》 19권, 〈耿弇列傳〉에 입전.

618 王祥(왕상, 字 休徵)은 효자였는데 계모가 학대했지만 안색을 바꾸지 않았다.

駕로 임명하여 民事는 모두 왕상에게 일임하였는데, 세상 사람들은 여건이 사람을 잘 쓸 줄 안다고 칭송하였다. 여건은 利城郡의 叛賊을 토벌하는데도 공을 세웠다. 明帝가 즉위한 뒤에 萬年亭侯에 옮겨 봉해졌고, 식읍 2백 호를 더 받아 총 6백 호가 되었다. 여건이 죽자, 아들 呂翻(여번)이 계승했다. 여번이 죽자, 아들 呂桂(여계)가 계승했다.

❻ 許褚

| 原文 |

許褚字仲康, 譙國譙人也. 長八尺餘, 腰大十圍, 容貌雄毅, 勇力絶人. 漢末, 聚少年及宗族數千家, 共堅壁以禦寇. 時汝南葛陂賊萬餘人攻褚壁, 褚衆少不敵, 力戰疲極. 兵矢盡, 乃令壁中男女, 聚治石如杆斗者置四隅. 褚飛石擲之, 所値皆摧碎. 賊不敢進. 糧乏, 僞與賊和, 以牛與賊易食, 賊來取牛, 牛輒奔還. 褚乃出陳前, 一手逆曳牛尾, 行百餘步. 賊衆驚, 遂不敢取牛而走. 由是淮,汝,陳,梁間, 聞皆畏憚之.

....

나중에 계모가 한겨울에 물고기를 먹고 싶어 하자, 왕상은 얼음을 깨고 옷을 벗고 물에 들어가자 잉어가 저절로 뛰어 올랐다고 한다. 왕상은 30여 년이나 계모를 모시다가 계모가 죽자, 50세가 넘어 처음 출사했다고 한다. 인덕을 베풀고 정의를 실천하며 志向이 高雅하여 나라의 三老가 되었다.

| 국역 |

許褚(허저)[619]의 字 仲康(중강)으로, 譙國 譙縣(초현) 사람이다. 8척이 넘는 신장(약 185cm)에 허리둘레가 열 집게뼘이나(200cm)[620] 되고 용모가 雄大하고 勇力이 絶倫(절윤)하였다. 漢 말기에, 젊은이와 일족 수천 가구를 모아 튼튼한 옹벽을 쌓고 외적을 막았다.

당시 汝南郡 葛陂(갈피)의 도적 1만여 명이 허저의 防壁(방벽)을 공격하였는데, 허저는 인원이 적어 상대가 안 되었지만 힘써 싸웠고 극도로 지쳤다. 거기에 화살도 떨어지자, 허저는 방벽 내 남녀에게 술 잔 크기의 돌을 모으게 하여 곳곳에 쌓아두게 하였다. 허저가 돌팔매를 날리자, 맞은 자는 모두 쓰러져 감히 공격하는 자가 없었다. 식량이 부족해지자, 허저는 거짓으로 적과 강화하면서 이쪽의 소와 적의 군량을 바꾸자고 하여 적이 와서 소를 끌고 가려 하자, 놀란 소들이 달려 되돌아왔다. 이에 허저가 앞에 나가 한 손으로 소의 꼬리를 잡아 1백여 보를 끌어다 주었다. 도적 무리가 놀라면서 소를 끌어가지 못하고 달아났다. 이후로 淮南과 汝南, 陳郡과 梁郡 일대의 모든 사람이 허저를 두려워 피했다.

619 許褚(허저, 161－230년, 字 仲康)－褚는 솜 옷 저. 譙國 譙縣(초현, 今 安徽省 서북단 亳州市) 사람. 조조와 同鄕. 典韋(전위)가 전사(서기 197년)한 이후 曹操의 경호실장. 力大하지만 寡言(과언)하여 '虎痴(호치)', 또는 '虎侯(호후)'로 통칭.

620 後漢代 도량형－10分이 1寸, 2.31cm. 10寸이 1尺, 23.1cm. 5寸을 1圍(위)라고 한다. 圍는 엄지와 집게손가락을 벌린 길이, 우리말로 집게 뼘. 성인의 경우 15～20cm 내외. 10圍는 150～200cm. 아마 7, 80인치?

| 原文 |

太祖徇淮,汝, 褚以衆歸太祖. 太祖見而壯之曰, "此吾樊噲也." 卽日拜都尉, 引入宿衛. 諸從褚俠客, 皆以爲虎士. 從征張繡, 先登, 斬首萬計, 遷校尉. 從討袁紹於官渡. 時常從士徐他等謀爲逆, 以褚常侍左右, 憚之不敢發. 伺褚休下日, 他等懷刀入. 褚至下舍心動, 卽還侍. 他等不知, 入帳見褚, 大驚愕. 他色變, 褚覺之, 卽擊殺他等. 太祖益親信之, 出入同行, 不離左右.

從圍鄴, 力戰有功, 賜爵關內侯. 從討韓遂,馬超於潼關. 太祖將北渡, 臨濟河, 先渡兵, 獨與褚及虎士百餘人留南岸斷後. 超將步騎萬餘人, 來奔太祖軍, 矢下如雨. 褚白太祖, 賊來多, 今兵渡已盡, 宜去, 乃扶太祖上船. 賊戰急, 軍爭濟, 船重欲沒. 褚斬攀船者, 左手擧馬鞍蔽太祖. 船工爲流矢所中死, 褚右手並泝船, 僅乃得渡. 是日, 微褚幾危.

其後太祖與遂,超等單馬會語, 左右皆不得從, 唯將褚. 超負其力, 陰欲前突太祖, 素聞褚勇, 疑從騎是褚. 乃問太祖曰, "公有虎侯者安在?" 太祖顧指褚, 褚瞋目盼之. 超不敢動, 乃各罷. 後數日會戰, 大破超等, 褚身斬首級, 遷武衛中郞將. 武衛之號, 自此始也. 軍中以褚力如虎而痴, 故號曰虎痴, 是以超問虎侯, 至今天下稱焉, 皆謂其姓名也.

| 국역 |

曹操가 淮水와 汝水 일대를 점거하자, 허저는 무리를 거느리고 조조에 귀부하였다. 조조가 허저를 만나보고 대단하다고 여기면서 말했다.

"이 사람은 나의 樊噲(번쾌)[621]로다."

그 당일 허저를 都尉에 임명했고, 허저는 군영 내외에서 숙위를 담당케 하였다. 허저를 따르던 협객은 모두 조조를 호위무사가 되었다.

허저는 조조를 수종하여 張繡(장수)를 토벌할 때 최선봉에서 공격했고 수만 명을 죽여 校尉로 승진하였다. 조조를 수행하여 관도에서 원소를 토벌하였다.

당시에 평소 수행하던 從士인 徐他(서타) 등이 반역을 모의했지만 늘 허저가 주변에 모시고 있어 무서워 도발하질 못했다. 그래서 허저가 쉬는 날에 서타 등은 칼을 품고 들어갔다. 허저는 집에 있으면서 심장이 떨려 즉시 조조 곁으로 돌아와 시위하였다. 서타 등은 이를 알지 못하고 장막 안에 들어왔다가 허저를 보고서는 크게 놀랐다. 서타의 안색이 변하자, 허저는 낌새를 알아채고 즉각 서타 등을 격살하였다. 조조는 허저를 더욱 믿었고, 허저는 출입할 때마다 동행하여 곁을 떠나지 않았다.

---

621 樊噲(번쾌, ?-前 189) - 漢 開國功臣, 封 武陽侯. 樊 울타리 번. 噲 목구멍 쾌. 漢 고조와 同鄕 沛縣 사람, 개 잡는 일을 하였다. 陳勝이 처음 기의했을 때, 蕭何와 曹參은 번쾌가 劉邦을 沛公으로 옹립하였다. 呂后의 여동생인 呂須(여수)를 아내로 삼았기에(同壻) 다른 장수들보다 가장 황제와 가까웠다. 《漢書》 41권, 〈樊酈滕灌傅靳周傳〉에 입전.

허저는 鄴縣을 포위 공격할 때, 힘껏 싸웠으며 공을 세워 관내후가 되었다. 潼關(동관)에서 韓遂(한수)와 馬超(마초)를 토벌하였다. 조조가 북으로 황하를 건너려고 먼저 군사를 건너보내고 오직 허저와 호위 무사 1백여 명이 남쪽 강가에서 후방 적을 차단하고 있었다.

그때 마초의 보병과 기병 1만여 명이 조조의 군사를 맹공하며 화살이 비 오듯 했다. 허저는 조조에게 적이 많고 군사는 이미 도강을 마쳤으니 빨리 피해야 한다면서 조조를 부축하여 배에 올라탔다. 적군이 심하게 공격하자, 군사들이 다투어 승선하자 무거워 배가 침몰할 것 같았다. 허저는 배에 오르는 자들을 죽여 가며 왼손으로 말안장을 들어 조조를 가렸다. 사공(船夫)이 화살에 맞아죽자, 허저는 오른손으로 노를 저어 겨우 건널 수 있었다. 이날 허저가 없었으면 매우 위험했었다.

그 뒤에 조조와 장수, 마초가 單馬로 이야기를 나누곤 했는데, 측근을 모두 물리치고 오직 허저만을 데리고 나갔다. 마초도 자신의 힘을 믿고 상황을 보아 조조에게 돌격하려 했는데, 평소에 허저의 용력을 들어서 알고 있어 호위 무사가 허저라고 짐작하였다. 이에 조조에게 물었다.

"公의 虎侯(호후)는 어디에 있습니까?"

조조가 돌아보며 눈짓을 하자, 허저가 나와 화난 얼굴로 마초를 바라보았다. 마초는 감히 손을 쓰지 못했고 각자 헤어졌다. 그 며칠 뒤에 양군이 맞싸워 마초를 대파하였는데, 허저도 직접 여러 명을 죽여 武衛中郎將으로 승진하였다. 軍職에 武衛(무위)의 號를 붙이기는 여기서 시작되었다.

軍中에서는 허저의 힘이 호랑이만큼 강하나 우둔해 보이기에 虎痴(호치)라고 불렀는데, 마초가 虎侯(호후)라고 부른 적이 있어 지금까지도 세상 사람들이 별칭으로 불러 본 이름처럼 되었다.

‖原文‖

褚性謹愼奉法, 質重少言. 曹仁自荊州來朝謁, 太祖未出, 入與褚相見於殿外. 仁呼褚入便坐語, 褚曰, "王將出." 便還入殿, 仁意恨之. 或以責褚曰, "征南宗室重臣, 降意呼君, 君何故辭?"

褚曰, "彼雖親重, 外藩也. 褚備內臣, 衆談足矣, 入室何私乎?"

太祖聞, 愈愛待之, 遷中堅將軍. 太祖崩, 褚號泣歐血. 文帝踐阼, 進封萬歲亭侯, 遷武衛將軍, 都督中軍宿衛禁兵, 甚親近焉.

初, 褚所將爲虎士者從征伐, 太祖以爲皆壯士也, 同日拜爲將, 其後以功爲將軍封侯者數十人, 都尉,校尉百餘人, 皆劍客也.

明帝卽位, 進牟鄕侯, 邑七百戶, 賜子爵一人關內侯. 褚薨, 謚曰壯侯. 子儀嗣. 褚兄定, 亦以軍功封爲振威將軍, 都督徼道虎賁. 太和中, 帝思褚忠孝, 下詔褒讚, 復賜褚子孫二人爵關內侯. 儀爲鍾會所殺. 泰始初, 子綜嗣.

| 국역 |

許褚(허저)는 천성적으로 근신하면서 법도를 따르며 질박중후하고 말수가 적었다. 曹仁(조인)이 荊州에서 입조하였는데, 魏王이 아직 나올 시간이 안 되었기에 허저를 불러 다른 방에서 이야기를 나누려 했다. 조인이 방에서 허저에게 들어와 앉아 이야기를 하자고 불렀지만, 허저는 "왕께서 곧 나오십니다."라며 大殿으로 들어가자, 조인은 무안하여 화가 났다. 이에 어떤 사람이 허저에게 "征南將軍(曹仁)은 宗室이며 重臣으로 일부러 당신을 불렀는데 왜 거절하였습니까?"라고 책망하였다. 이에 허저가 말했다.

"그분은 가까운 중신이지만 제후입니다. 나는 內臣이니 여러 사람 있는 데서 이야기하면 그만이지 입실하여 무슨 私談을 하겠습니까?"

위왕이 전해 듣고서는 더욱 친애하며 우대하였으며 中堅將軍으로 승진시켰다. 魏王(曹操)이 죽자, 허저는 통곡하며 피를 토했다.

文帝가 제위에 오르자, 허저는 萬歲亭侯가 되었고 武衛將軍으로 승진하여 中軍의 宿衛(숙위) 담당 禁兵을 지휘하였는데, 문제가 매우 친애하고 신임하였다.

그전에 허저를 따라와 侍衛(시위)하며 정벌에도 수행했던 虎士들을 조조는 모두 壯士라고 생각하며 같은 날에 장교에 임명하였는데, 그 뒤에 戰功에 따라 장군이 되거나 제후에 피봉된 자가 수십 명이었고, 都尉나 校尉는 1백여 명이나 되었으며 모두 일류 검객이었다.

明帝가 卽位하자, 허저는 牟鄕侯(모향후)가 되었고 식읍은 7백 호였는데, 아들 한 명에게는 관내후 작위를 하사하였다. 허저가 죽자, 시호는 壯侯였다. 아들 許儀(허의)가 계승했다. 허저의 형인 許定(허정)도 軍功으로 振威將軍이 되어 주요 도로를 지키는 虎賁 용사를 감독하였다.

(明帝) 太和 연간에, 명제는 허저의 忠孝를 생각하여 조서로 포상케 하였으며 다시 허저의 자손 2인에게 關內侯 작위를 하사하였다. 許儀는 뒷날 鍾會(종회)[622]에게 피살되었다. (西晉 武帝) 泰始(태시, 265년 12年 – 274년) 초년에 아들 許綜(허종)이 작위를 이어받았다.

❼ 典韋

| 原文 |

典韋, 陳留己吾人也. 形貌魁梧, 旅力過人, 有志節任俠. 襄邑劉氏與睢陽李永爲讎, 韋爲報之. 永故富春長, 備衛甚謹. 韋乘車載雞酒, 僞爲候者, 門開, 懷匕首入殺永, 並殺其妻, 徐出, 取車上刀戟, 步出. 永居近市, 一市盡駭. 追者數百, 莫敢近. 行四五里, 遇其伴, 轉戰得脫. 由是爲豪傑所識.

622 鍾會(종회, 225 – 264, 字 士季)는 魏 太傅 鍾繇(종요)의 아들, 제갈탄 반란 진압에 참여. 滅蜀漢戰에서 姜維(강유)와 교전. 入蜀 後에 등애를 제거한 뒤 모반을 꾀하다가 피살. 부친을 닮은 명필로 유명, 《易經》의 대가. 魏晉玄學의 한 사람. 《魏書》 28권, 〈王毌丘諸葛鄧鍾傳〉에 立傳.

初平中, 張邈擧義兵, 韋爲士, 屬司馬趙寵. 牙門旗長大, 人莫能勝, 韋一手建之, 寵異其才力. 後屬夏侯惇, 數斬首有功, 拜司馬. 太祖討呂布於濮陽. 布有別屯在濮陽西四五十里, 太祖夜襲, 比明破之. 未及還, 會布救兵至, 三面掉戰. 時布身自搏戰, 自旦至日昳數十合, 相持急. 太祖募陷陳, 韋先占, 將應募者數十人, 皆重衣兩鎧, 棄楯, 但持長矛撩戟.

時西面又急, 韋進當之, 賊弓弩亂髮, 矢至如雨, 韋不視, 謂等人曰, "虜來十步, 乃白之." 等人曰, "十步矣." 又曰, "五步乃白." 等人懼, 疾言 "虜至矣!"

韋手持十餘戟, 大呼起, 所抵無不應手倒者. 布衆退. 會日暮, 太祖乃得引去. 拜韋都尉, 引置左右, 將親兵數百人, 常繞大帳. 韋旣壯武, 其所將皆選卒, 每戰鬪, 常先登陷陳. 遷爲校尉.

性忠至謹重, 常晝立侍終日, 夜宿帳左右, 稀歸私寢. 好酒食, 飮啖兼人, 每賜食於前, 大飮長歠, 左右相屬, 數人益乃供, 太祖壯之. 韋好持大雙戟與長刀等, 軍中爲之語曰, '帳下壯士有典君, 提一雙戟八十斤.'

| 국역 |

典韋(전위)[623]는 陳留郡 己吾縣(기오현) 사람이다. 생김새가 魁梧

623 典韋(전위, ?-197년) - 陳留郡 己吾縣(기오현) 출신. 今 河南省 寧陵縣. 曹操

(괴오, 크고 건장함)하고 체력이 過人하였으며 지조를 지켜 협객의 기질이 있었다.

襄邑(양읍)의 劉氏란 사람은 睢陽(수양) 사람 李永(이영)과 원수졌었는데 전위는 유씨의 원수를 갚아주었다. 이영은 이전에 (吳郡) 富春縣 縣長을 지낸 사람으로, 경비가 삼엄하였다. 전위는 수레에 닭고기와 술을 싣고 문안하러 온 사람처럼 꾸미고서 비수를 품고, 대문으로 들어가 이영과 그 아내를 죽인 뒤, 천천히 나와 수레의 칼과 창을 쥐고 걸어 나왔다. 이영의 집이 저잣거리에 있었는데 시장 사람들이 모두 놀랐다. 전위를 추격하는 수백 명 그 누구도 가까이 오지 못했다. 4, 5리를 걸어오자, 같은 패거리를 만나 함께 싸우면서 탈출하였다 이 때문에 전위는 호걸 사이에 소문이 났다.

(獻帝) 初平 연간에(190 – 193년), (陳留太守) 張邈(장막)이 義兵을 일으키자, 전위는 군사가 되어 장막의 司馬인 趙寵(조총)에 소속되었다. 軍門의 깃발이 크고 길어 감당할 사람이 없었는데, 전위가 한 손으로 깃발을 세우자, 조총은 전위의 힘을 특별하게 여겼다. 뒷날 夏侯惇(하후돈) 휘하에서 여러 번 전공을 세워 司馬가 되었다.

조조는 濮陽(복양)에서 여포를 토벌했다. 여포는 복양현 서쪽 4,

을 지키다가 전사. 《三國演義》에서는 전위를 '옛날 惡來와 같은 사람' 이라고 했다. 힘이 센 惡來는 顓頊(전욱)의 후손으로, 殷朝 紂王(주왕)의 大臣, 폭군 紂王에게 충성을 다했는데 周 武王이 紂王을 정벌하며 惡來를 죽였다. 악래는 秦始皇의 35世 선조라는 기록도 있다. 서기 197년, 曹操가 荊州의 宛縣을 공격할 때 張繡(장수)가 投降하자, 조조는 기뻐했다. 그러나 10여 일 후 장수가 조조를 배반하고 공격하자, 조조는 위기에 봉착했는데 이때 조조를 지켜 전사한 사람이 典韋(전위)였다. 曹操는 舞陰(무음)으로 겨우 빠져나와 典韋의 전사 소식을 듣고 통곡했다. 조조는 전위의 무덤 근처를 지날 때마다 사람을 보내 전위를 제사했다. 《魏書》 18권, 〈二李臧文呂許典二龐閻傳〉에 立傳.

50리에 별도의 부대를 주둔시켰는데, 조조는 야간에 그 군영을 습격하여 날이 밝을 무렵에 격파하였다. 그런데 완전히 회군하기 전에 여포의 구원군이 도착하여 3면에서 공격해왔다. 그때 여포도 직접 육박전을 벌렸는데, 새벽부터 해가 기울 때까지 수십 합을 싸우며 매우 격렬하였다. 조조가 적진을 함락시킬 군사를 모으자 전위가 맨 먼저 나서면서 응모자 수십 명을 거느렸는데, 모두 중무장에 갑옷을 갖춰 입고서 방패를 버리고 긴 창을 잡고 싸웠다.

그러자 서쪽이 위급하자, 전위는 서쪽으로 가서 방어했는데, 적의 쇠뇌와 화살을 마구 쏘아 비처럼 쏟아졌지만 전위도 두려워하지 않고 척후병에게 "적이 10보 이내로 가까이 오면, 나에게 알려라." 하고 지시하였다. 척후병이 "10보입니다."라고 말하자, "5보 안에 들어오면 다시 말하라."라고 지시했다. 척후병이 겁을 먹고 "적이 닥쳤습니다."라고 소리 질렀다.

이에 전위는 10여 자루의 창을 쥐고 큰 소리를 지르며 공격하자, 쓰러지지 않는 자가 없었다. 여포의 군사는 퇴각했다. 마침 날이 저물자, 조조는 군사를 거두어 퇴각하였다.

조조는 전위를 기도위에 임명했고, 전위는 늘 좌우에서 친위병 수백 명을 지휘하여 큰 장막 주변을 에워싸고 지켰다. 전위는 직접 뛰어난 무예를 발휘하였고, 장졸을 선발하여 거느리고서 전투가 있을 때마다 늘 앞에서 선공하여 적진을 깨트렸다. 전위는 校尉가 되었다.

전위는 성격이 충성 근엄하며 신중하여 낮에도 종일 서서 侍衛(시위)하였고, 밤에 장막 주위에서 잠을 잤으며 집에서 자는 경우가 드물었다. 전위는 술을 좋아하였으며 다른 사람보다 몇 배를 더 먹고 마셨는데, 조조가 음식을 내려주면 그 앞에서 먹고 마시며 좌우 사람에게도 권했기에 많은 음식을 준비해야 했으며, 조조는 전위를 장하게 여겼다.

전위는 큰 쌍창과 긴 칼을 즐겨 잡았는데, 이 때문에 군중에서는 "장막을 지키는 壯士 전위는 80근 쌍창을 휘두른다."라고 말했다.

| 原文 |

太祖征荊州, 至宛, 張繡迎降. 太祖甚悅, 延繡及其將帥, 置酒高會. 太祖行酒, 韋持大斧立後, 刃徑尺, 太祖所至之前, 韋輒擧斧目之. 竟酒, 繡及其將帥莫敢仰視.

後十餘日, 繡反, 襲太祖營, 太祖出戰不利, 輕騎引去. 韋戰於門中, 賊不得入. 兵遂散從他門倂入. 時韋校尙有十餘人, 皆殊死戰, 無不一當十. 賊前後至稍多, 韋以長戟左右擊之, 一叉入, 輒十餘矛摧. 左右死傷者略盡. 韋被數十創, 短兵接戰, 賊前搏之. 韋雙挾兩賊擊殺之, 餘賊不敢前. 韋復前突賊, 殺數人, 創重發, 瞋目大罵而死. 賊乃敢前, 取其頭, 傳觀之, 覆軍就視其軀.

太祖退住舞陰, 聞韋死, 爲流涕, 募間取其喪, 親自臨哭之, 遣歸葬襄邑, 拜子滿爲郎中. 車駕每過, 常祠以中牢. 太祖思韋, 拜滿爲司馬, 引自近. 文帝卽王位, 以滿爲都尉, 賜爵關內侯.

| 국역 |

曹操가 荊州(형주)를 원정하면서 (南陽郡) 宛縣(완현)에 도착하자, 張繡(장수)는 조조를 찾아와 투항하였다. 조조는 크게 기뻐하며 장수와 부하 장교들을 맞아 큰 잔치를 벌였다. 조조가 자리를 돌며 술을 권하는 동안, 전위는 큰 도끼를 잡고 뒤에 서 있었는데, 도끼날이 한 자(尺)나 되었고, 조조가 다가가는 사람마다 전위가 도끼를 들고 응시하였다. 이에 술자리가 파할 때까지 張繡나 부장들 누구도 전위를 똑바로 바라보지 못했다.

그 십여 일 뒤에 張繡(장수)가 배반하며 조조의 영채를 습격하였고,[624] 조조는 이기지 못하고 경기병과 함께 탈출하였다. 전위가 營門 안에서 싸우자 적은 들어오질 못했다. 그러나 군사가 죽고 흩어지자 적이 한꺼번에 들이닥쳤다. 그때 전위가 거느린 교위가 10여 명이나 있어 모두 죽기로 싸우니 혼자 10명을 감당하지 못하는 사람이 없었다. 그러나 적은 점점 많아졌고, 전위는 긴 창으로 좌우를 마구 공격했는데, 창이 한 번씩 엇갈릴 때마다 창 10여 자루가 부러

---

624 張繡(장수, ?-207)는 武威郡(무위군) 사람으로, 驃騎將軍인 張濟(장제)의 族子이다. 張繡는 張濟(장제)를 수행하면서, 軍功으로 점차 승진하여 建忠將軍이 되었고, 장제가 전사하자(建安 2년, 서기 197) 무리를 거느리고 (南陽郡) 宛縣(완현)에 주둔하다가 劉表(유표)에 합세하였다. 조조가 남쪽을 원정할 때 장수는 무리를 거느리고 투항하였다. 그러나 조조가 張濟의 妻를 첩으로 거느리자, 장수는 원한을 품고 조조를 엄습하였다. 조조는 패전했고 아들 曹昂(조앙)과 조카 曹安民(조안민)을 잃었으며 호위대장인 典韋(전위)도 전사했다. 《魏書》 8권, 〈二公孫陶四張傳〉에 입전.

지곤 했다. 그러나 측근이 거의 다 죽고 다쳤다. 전위도 수십 군데 부상을 당했고, 短兵으로 접전하면서 적이 압박해 들어왔다. 전위가 양쪽 팔로 적을 졸라 죽이자 나머지 적이 감히 접근하지 못했다. 전위는 앞뒤로 움직이며 다시 여러 명을 죽였지만, 상처가 계속 터지면서 눈을 부릅뜨고 적을 호통 치며 죽었다.

적은 감히 다가오지 못하다가 전위의 머리를 잘라 돌려가며 확인했고 장수의 모든 군사가 전위의 시신을 구경했다.

조조는 (南陽郡) 舞陰縣(무음현)에 멈춰 전위의 전사 소식을 들었고 눈물을 흘리며 사람을 몰래 보내 전위의 시신을 훔쳐오게 하여 친히 그 앞에서 통곡하였고, (陳留郡) 襄邑(양읍)으로 보내 장례를 치르게 했으며, 전위의 아들 典滿(전만)을 郞中에 임명하였다.

조조는 양읍을 지날 때마다 늘 中牢(중뢰)로 전위의 묘에 제사를 올리게 했다. 조조는 전만을 司馬에 임명했고 가까이에 두었다. 曹조는 魏王으로 즉위한 뒤에, 전만을 도위에 임명했고 關內侯 작위를 하사하였다.

❽ 龐德

| 原文 |

龐德字令明, 南安狟道人也. 少爲郡吏州從事. 初平中, 從馬騰擊反羌叛氐. 數有功, 稍遷至校尉. 建安中, 太祖討袁譚, 尙於黎陽, 譚遣郭援,高幹等略取河東, 太祖使鍾繇率關中諸將討之.

德隨騰子超拒援,幹於平陽, 德爲軍鋒, 進攻援,幹, 大破之, 親斬援首. 拜中郎將, 封都亭侯. 後張白騎叛於弘農, 德復隨騰征之, 破白騎於兩殽間. 每戰, 常陷陳卻敵, 勇冠騰軍. 後騰徵爲衛尉, 德留屬超.

太祖破超於渭南, 德隨超亡入漢陽, 保冀城. 後復隨超奔漢中, 從張魯. 太祖定漢中, 德隨衆降. 太祖素聞其驍勇, 拜立義將軍, 封關門亭侯, 邑三百戶.

| 국역 |

龐德(방덕)[625]의 字는 令明(영명)이고, 南安郡 狟道(환도)[626] 사람이다. 젊어 郡吏와 자사부 從事를 지냈다. (獻帝) 初平 연간에, 馬騰(마등)[627]을 수행하여 반기를 든羌(강)과 氐族(저족)을 토벌하였다. 여러 번 전공을 세워 校尉가 되었다. (獻帝) 建安 연간에, 조조가 袁譚과 袁尙을 黎陽(여양)에서 격파할 때, 원담은 郭援(곽원, 鍾繇의 생질)과

625 龐德(방덕, ?-219年, 字 令明) - 龐은 클 방. 성씨. 후한 말 名將, 武藝 출중, 膽烈(담열) 過人했다. 원래 馬超 부자에 소속, 建安 20년(서기 215) 張魯(장로)를 따라 曹操에 귀부하였다. 于禁(우금)이 七軍을 잃고 關羽에게 투항할 때, 방덕만은 끝까지 굴복하지 않고 죽음을 당했다.

626 涼州 南安郡 狟道(환도, 개 다닐 환, 狟音 桓, 道는 縣級 행정단위). 今 甘肅省 남부 天水市 관할 武山縣.

627 馬騰(마등, ?-212년 字는 壽成) - 右扶風 茂陵縣人, (후한)의 명장 馬援(마원)의 후손. 八尺이 넘는 신장에 신체가 매우 장대하였고 천성이 현명, 온후하여 많은 사람의 존경을 받았다. 마등의 아들이 촉한의 馬超(마초, 176-222년 字 孟起)이다.

高幹(고간) 등을 보내 河東郡을 공략케 하였고, 曹操는 鍾繇(종요)를 보내 關中의 여러 장수를 거느리고 그들을 토벌케 하였다.

방덕은 마등의 아들 馬超(마초)를 따라 곽원과 고간을 平陽縣(평양현)[628]에서 토벌하였는데, 방덕은 軍의 선봉이 되어 곽원과 고간을 공격하여 대파하고 곽원의 수급을 잘랐다. 이에 방덕은 中郞將이 되었고 都亭侯에 봉해졌다. 뒷날 張白騎(장백기)가 弘農郡에서 반기를 들자[629] 방덕은 다시 마등을 수종하여 토벌에 나섰는데, 장백기를 東西의 殽山(효산) 중간에서 격파하였다. 방덕은 싸울 때마다 늘 적진을 함락시켜 물리쳤는데, 마등의 군사 중 용감하기로 으뜸이었다. 뒷날 마등이 조정에 들어가 衛尉(위위)가 되자, 방덕은 남아 마초에 소속되었다.

조조가 마초를 渭水(위수) 남쪽에서 격파하자, 방덕을 마초를 따라 漢陽郡 지역으로 들어가 冀城縣(기성현)을 지켰다. 뒷날 다시 마초를 따라 漢中郡으로 들어갔다가 張魯(장로)를 섬겼다. 조조가 漢中郡을 평정하자, 방덕은 휘하 군사를 거느리고 투항하였다.

조조도 평소에 방덕의 용기를 알고 있었기에 방덕에게 立義將軍을 제수하였고 關門亭侯에 봉했는데, 식읍은 3백 호였다.

| 原文 |

侯音,衛開等以宛叛, 德將所領與曹仁共攻拔宛, 斬音,開,

628 平陽縣은, 今 山西省 서남부 臨汾市(임분시).

629 《魏書》 16권, 〈任蘇杜鄭倉傳〉의 杜畿(두기)에 관한 기록 참고.

遂南屯樊, 討關羽. 樊下諸將以德兄在漢中, 頗疑之. 德常曰, "我受國恩, 義在效死. 我欲身自擊羽. 今年我不殺羽, 羽當殺我."

後親與羽交戰, 射羽中額. 時德常乘白馬, 羽軍謂之白馬將軍, 皆憚之. 仁使德屯樊北十里, 會天霖雨十餘日, 漢水暴溢, 樊下平地五六丈, 德與諸將避水上堤. 羽乘船攻之, 以大船四面射堤上. 德被甲持弓, 箭不虛發. 將軍董衡,部曲將董超等欲降, 德皆收斬之. 自平旦力戰至日過中, 羽攻益急, 矢盡, 短兵接戰.

德謂督將成何曰, "吾聞良將不怯死以苟免, 烈士不毁節以求生, 今日, 我死日也." 戰益怒, 氣愈壯, 而水浸盛, 吏士皆降.

德與麾下將一人, 五伯二人, 彎弓傅矢, 乘小船欲還仁營. 水盛船覆, 失弓矢, 獨抱船覆水中, 爲羽所得, 立而不跪. 羽謂曰, "卿兄在漢中, 我欲以卿爲將, 不早降何爲?"

德罵羽曰, "豎子, 何謂降也! 魏王帶甲百萬, 威振天下. 汝劉備庸才耳, 豈能敵邪! 我寧爲國家鬼, 不爲賊將也."

遂爲羽所殺. 太祖聞而悲之, 爲之流涕, 封其二子爲列侯. 文帝卽王位, 乃遣使就德墓賜諡, 策曰,「昔先軫喪元, 王蠋絶脰, 隕身徇節, 前代美之. 惟侯式昭果毅, 蹈難成名, 聲溢當時, 義高在昔, 寡人愍焉, 諡曰壯侯.」

又賜子會等四人爵關內侯, 邑各百戶. 會勇烈有父風, 官至中尉將軍, 封列侯.

| 국역 |

侯音(후음)과 衛開(위개) 등이 (南陽郡) 宛縣(완현)에서 반기를 들자, 龐德(방덕)은 소속 군사를 거느리고 曹仁(조인)과 함께 공격하여 완현을 점거하고 후음과 위개를 참수했으며, 계속해서 樊城(번성)에 주둔하며 關羽를 공격하였다. 번성의 여러 장수들은 방덕의 형[630]이 漢(蜀漢)에 있다면서 방덕을 상당히 의심하였다. 이에 방덕이 늘 말했다.

"나는 國恩을 입었으니, 목숨을 바친 보국만이 살아 大義이며, 죽어서라도 관우를 공격하겠다. 내가 올해 관우를 죽이지 못한다면, 관우가 나를 죽일 것이다."

그 뒤로도 방덕은 몸소 관우와 교전하였고, 화살로 관우의 이마를 맞추기도 했다. 그때 방덕은 늘 白馬를 타고 출전했기에 관우의 군사도 방덕을 白馬將軍이라 부르면서 모두가 두려워하였다.

曹仁은 방덕을 번성 북쪽 10리 되는 곳에 주둔케 하였는데, 마침 장마철이라서 漢水가 무섭게 범람하여, 번성의 평지에서도 물 깊이가 5, 6길이나 되어, 방덕은 여러 장수와 함께 제방에 올라 물을 피했다. 관우는 배를 타고 방덕을 공격하였는데 큰 배로 사방에서 제방 위로 활을 쏘았다. 방덕은 갑옷을 입고 활로 응사하였는데 헛쏘는 화살이 없었다. 將軍인 董衡(동형)과 部曲將인 董超(동초) 등이 투

630 방덕의 從兄 龐柔(방유)는 그때 蜀漢에 재직했다.

항하려 하자, 방덕은 모두 잡아 참수하였다.

전투는 이른 새벽부터 한낮이 지나도록 계속되었고 관우의 공격은 갈수록 격렬했는데, 방덕은 화살이 떨어지자 短兵으로 접전하였다. 방덕은 장수 成何(성하)를 독전하며 말했다.

"내가 알기로, 良將은 죽음을 겁내 구차히 살려 하지 않고, 열사는 지조를 굽혀 살려하지 않나니, 오늘이 아마 내가 죽는 날일 것이다."

그러면서 더욱 독려하면서 사기를 북돋았지만, 큰물이 닥치면서 장교나 병졸은 모두 항복하였다.

방덕과 휘하 장교 1명, 五伯(오백) 2명은 활을 당겨 겨눈 채 작은 배로 曹仁의 군영으로 돌아가려고 했다. 그러나 급한 물살에 배가 뒤집히며 활과 화살도 잃어버린 채 홀로 엎어진 배 아래서 관우에게 생포되었는데, 방덕은 서서 버티며 무릎을 꿇지 않았다. 이에 관우가 방덕에게 말했다.

"그대 형이 우리 漢에 있어, 그대를 장수로 등용하려는데 왜 일찍 투항하지 않는가?"

그러나 방덕을 관우에게 욕을 퍼부었다.

"못남 놈! 내가 왜 항복하랴! 魏王은 백만 대군을 거느려 천하를 호령하신다. 너는 유비의 못난 부하로 어찌 상대가 되겠나! 내가 죽어 차라리 나라의 귀신이 될지언정 적국의 장수가 되지 않겠다."

결국 관우에게 죽음을 당했다. 조조는 소식을 듣고 슬퍼하며 눈물을 흘렸고, 방덕의 두 아들을 제후에 봉했다. 曹조는 魏王으로 즉위한 뒤 사람을 방덕의 묘에 보내 시호를 하사하고 책서를 내렸다.

「옛날 先軫(선진)[631]은 참수되었고, 王蠋(왕촉)[632]은 목을 매 죽으면서도 지조를 지켰기에 옛사람의 칭송을 들었도다. 생각해보면, 굳은 지조와 과감하고 강렬한 지조로 난관을 당해 명성을 지켜 예부터 높은 명성 속에 의리를 지켰으니, 과인은 公의 죽음을 슬퍼하며 시호를 壯侯(장후)로 정하였도다.」

또 아들 龐會(방회) 등 4명에게 관내후의 작위를 내리고 식읍 각 1백 호를 하사하였다. 방회는 용감한 의기로 부친의 유풍을 지켰고, 中尉로 장군이 되었고 列侯에 봉해졌다.

❾ 龐淯

‖原文‖

龐淯字子異, 酒泉表氏人也. 初以涼州從事守破羌長, 會武威太守張猛反, 殺刺史邯鄲商, 猛令曰, "敢有臨商喪, 死不赦." 淯聞之, 棄官, 晝夜奔走, 號哭喪所訖, 詣猛門, 衷匕首, 欲因見以殺猛. 猛知其義士, 敕遣不殺, 由是以忠烈聞.

631 先軫(선진, ?-前 627년) - 采邑이 原이라서 原軫(원진)으로도 표기하는 춘추시대 晉國의 大夫. 驪姬之亂에 先軫은 重耳(뒷날 文公)과 함께 도주하여 19년간이나 국외를 떠돌았다. 중국 역사상 元帥(원수)의 칭호를 처음 받은 사람. 걸출한 무장이었지 정치인은 아니었다. 충성을 바쳐 순국했다.

632 王蠋(왕촉) - 전국시대 齊의 賢人, 燕이 齊를 격파하면서 장군 樂毅(악의)가 예를 갖춰 초빙하였지만 왕촉은 응하지 않았다. 燕의 군사가 협박하자, 왕촉은 굴하지 않고 자결하였다.

太守徐揖請爲主簿. 後郡人黃昂反, 圍城. 淯棄妻子, 夜踰城出圍, 告急於張掖,敦煌二郡. 初疑未肯發兵, 淯欲伏劍, 二郡感其義, 遂爲興兵. 軍未至而郡城邑已陷, 揖死. 淯乃收斂揖喪, 送還本郡, 行服三年乃還.

太祖聞之, 闢爲掾屬. 文帝踐阼, 拜駙馬都尉, 遷西海太守, 賜爵關內侯. 後徵拜中散大夫, 薨. 子曾嗣.

| 국역 |

龐淯(방육)[633]의 字는 子異(자이)로, 酒泉郡 表氏縣(표씨현) 사람이다. 처음에 涼州의 從事로 있다가 (金城郡의) 破羌(파강) 縣長 대리였는데, 그때 武威太守인 張猛(장맹)이 반기를 들고 涼州자사인 邯鄲商(한단상)을 죽인 다음에 "감히 한단상을 문상하는 자는 죽여 용서하지 않겠다."고 명령하였다.

방육은 이를 전해 듣고 관직을 버리고 주야로 武威郡으로 가서 빈소에서 號哭(호곡)한 뒤에 장맹을 찾아가 장맹을 죽이려 했다. 장맹은 방육이 義士라 생각하여 죽이지 않았는데, 이 때문에 방육은 忠烈로 이름이 알려졌다.

(酒泉郡) 太守인 徐揖(서읍)이 방육을 불러 主簿에 임명했다. 뒤에 郡人 黃昂(황앙)이 반기를 들고 성을 포위하였다. 방육은 처자를 버려두고 밤중에 성을 넘어 포위를 뚫고 나가 이웃 張掖(장액)과 敦

---

633 龐淯(방육, 생졸년 미상, 字 子異) – 酒泉郡(치소는 祿福縣, 今 甘肅省 서북부 酒泉市). 表氏(表是?)縣 사람. 후한 말 曹魏 官員. 忠烈로 이름이 알려졌다.

煌(돈황)의 2郡을 찾아갔다. 처음에 의심하며 군사를 내지 않자, 방육이 칼로 자결하려 하자 2郡에서 군사를 출동시켰다. 구원군이 도착하기 전에 酒泉郡이 함락되어 서읍은 전사하였다. 방육은 서읍의 시신을 수습하여 서읍의 본군으로 운구하고 3년 복상을 마친 다음에 돌아왔다.

조조가 소문을 듣고 방육을 불러 속관으로 임명했다. 文帝가 제위에 오른 뒤에 방육을 駙馬都尉에 임명했고, 방육은 나중에 西海太守[634]가 되었으며 관내후의 작위를 받았다. 뒷날 방육은 조정의 부름을 받아 中散大夫가 되었다가 죽었다. 아들 龐曾(방증)이 뒤를 이었다.

|原文|

初, 淯外祖父趙安爲同縣李壽所殺, 淯舅兄弟三人同時病死, 壽家喜. 淯母娥自傷父讎不報, 乃幃車袖劍, 白日刺壽於都亭前, 訖, 徐詣縣, 顏色不變, 曰, "父讎已報, 請受戮."

祿福長尹嘉解印綬縱娥, 娥不肯去, 遂强載還家. 會赦得免, 州郡嘆貴, 刊石表閭.

634 西海郡 치소는 居延縣, 今 內蒙古自治區 阿拉善盟 관할의 額濟納旗 東南에 해당. 후한의 張掖居延屬國임, 西平郡(郡治 西都縣, 今 青海省 동부 西寧市)과는 전혀 다른 郡이다.

| 국역 |

初, 龐淯(방육)의 외조부 趙安(조안)은 같은 현의 李壽(이수)란 사람에게 피살되었는데, 방육의 외삼촌 형제 3인이 同時에 病死하자, 이수의 집에서는 기뻐하였다. 그러나 방육의 모친 趙娥(조아)는 부친의 원수를 갚을 수 없어 슬퍼하다가 휘장을 친 수레를 준비한 뒤, 소매 속에 칼을 숨겨가지고 가서 대낮에 이수를 都亭 앞에서 찔러 죽이고서 천천히 縣廳에 나아가 안색도 변하지 않고 말했다.

"부친의 원수를 죽였으니, 저를 죽여주십시오."

(酒泉郡 治所인) 祿福縣의 縣長인 尹嘉(윤가)는 자신의 인수를 풀어 놓고(해임을 각오하고) 조아를 풀어주었으나, 조아는 나가려 하지 않아 억지로 수레에 태워 집에 돌려보냈다. 마침 사면령이 내려왔고 涼州와 酒泉郡 사람들은 모두 그녀의 義烈을 감탄하고 칭송하였으며 비석을 새겨 표창하였다.

⑩ 閻溫

| 原文 |

閻溫字伯儉, 天水西城人也. 以涼州別駕守上邽令. 馬超走奔上邽, 郡人任養等擧衆迎之. 溫止之, 不能禁, 乃馳還州. 超復圍州所治冀城甚急, 州乃遣溫密出, 告急於夏侯淵. 賊圍數重, 溫夜從水中潛出.

明日, 賊見其跡, 遣人追遮之, 於顯親界得溫, 執還詣超. 超解其縛, 謂曰, "今成敗可見, 足下爲孤城請救而執於人手, 義何所施? 若從吾言, 反謂城中, 東方無救, 此轉禍爲福之計也. 不然, 今爲戮矣."

溫僞許之, 超乃載溫詣城下. 溫向城大呼曰, "大軍不過三日至, 勉之!" 城中皆泣, 稱萬歲. 超怒數之曰, "足下不爲命計邪?" 溫不應. 時超攻城久不下, 故徐誘溫, 冀其改意. 復謂溫曰, "城中故人, 有欲與吾同者不?" 溫又不應. 遂切責之, 溫曰, "夫事君有死無貳, 而卿乃欲令長者出不義之言, 吾豈苟生者乎?" 超遂殺之.

| 국역 |

閻溫(염온)[635]의 字는 伯儉(백검)으로, 天水郡 西城縣[636] 사람이다. 염온은 涼州刺史의 別駕로 上邽(상규) 현령[637] 대행이었다. 馬超(마초)가 상규현으로 도주해 오자, 郡人 任養(임양) 등은 백성을 동원하여 환영하였다. 염온이 제지하려 했으나 제지할 수가 없어 염온은 양주로 돌아갔다.

635 閻溫(염온, ?-213年, 字 伯儉), 天水郡 西城縣 출신. 馬超에 굴복하지 않고 순국하였다.

636 天水郡은 후한의 漢陽郡인데 曹魏에서 天水郡으로 개칭했고, 郡治는 冀縣, 今 甘肅省 남부 天水市 관할 甘谷縣. 西城縣은 今 陝西省 남부 安康市로, 당시 魏興郡 관할이었고 천수군 관할이 아니었음. 기록자의 착오가 있는 것 같음. 閻溫의 생존 연대를 고려할 때 천수군이 아닌 한양군이 정확한 기록일 것임.

637 上邽(상규)는 漢陽郡의 縣名. 今 甘肅省 동남부 天水市.

마초가 涼州의 치소인 漢陽郡 冀縣(기현)의 성을 맹공하자, 涼州에서는 은밀히 염온을 出城케 하여 夏侯淵(하후연)에게 위급을 알리게 하였는데, 염온은 밤에 물속을 헤엄쳐 빠져 나왔다. 다음날 적도는 염온이 빠져나간 것을 알고 사람을 보내 추격하여 (漢陽郡) 顯親縣(현친현)에서 염온을 사로잡아 마초에게 데려갔다.

마초가 염온의 포박을 풀어주며 말했다.

"成敗는 벌써 판가름이 났고, 足下는 孤城에서 도움을 청하려다가 잡혀왔으니, 누구에게 의리를 지키겠는가? 만약 내 말을 따라 冀縣으로 돌아가 '동쪽에서 구원병이 오지 않을 것이라.' 고 말만 한다면 이는 전화위복이 될 것이요. 안 그러면 여기서 죽어야 할 것이요."

염온이 거짓으로 수락하자, 마초는 곧 염온을 수레에 태워 冀城으로 데려갔다. 염온은 이에 성을 향해 소리쳤다.

"대군이 3일만 있으면 도달할 것이니 힘써 막아 주시요!"

성 안에서는 눈물을 흘리며 만세를 불렀다. 마초는 화가 나서 염온을 힐책하며 말했다.

"足下는 목숨을 생각하지 않는가?"

그러나 염온은 대꾸하지 않았다. 그때 마초는 오랫동안 공격했지만 함락시킬 수가 없어 천천히 염온을 설득하여 염온의 마음을 돌리려 했다. 그러면서 염온에게 물었다.

"성중에 아는 사람으로 나와 뜻을 같이할 사람은 누구인가?"

염온은 그래도 불응했다. 마초가 염온을 심하게 책망하자, 염온이 말했다.

"事君하며 죽더라도 두 마음이 품을 수 없는데, 나처럼 나이 많은 사람이 의롭지 못한 말로 구차하게 살려고 하겠는가?"

마초는 결국 염온을 죽였다.

| 原文 |

先是, 河右擾亂, 隔絶不通, 敦煌太守馬艾卒官, 府又無丞. 功曹張恭素有學行, 郡人推行長史事, 恩信甚著, 乃遣子就東詣太祖, 請太守. 時酒泉黃華,張掖張進各據其郡, 欲與恭並勢. 就至酒泉, 爲華所拘執, 劫以白刃.

就終不回, 私與恭疏曰,「大人率厲敦煌, 忠義顯然, 豈以就在困危之中而替之哉? 昔樂羊食子, 李通覆家, 經國之臣, 寧懷妻孥邪? 今大軍垂至, 但當促兵以掎之耳, 願不以下流之愛, 使就有恨於黃壤也.」

恭卽遣從弟華攻酒泉沙頭,乾齊二縣. 恭又連兵尋繼華後, 以爲首尾之援. 別遣鐵騎二百, 迎吏官屬, 東緣酒泉北塞, 徑出張掖北河, 逢迎太守尹奉. 於是張進須黃華之助, 華欲救進, 西顧恭兵, 恐急擊其後, 遂詣金城太守蘇則降. 就竟平安. 奉得之官.

黃初二年, 下詔褒揚, 賜恭爵關內侯, 拜西域戊己校尉. 數歲徵還, 將授以侍臣之位, 而以子就代焉. 恭至敦煌, 固辭疾篤. 太和中卒, 贈執金吾. 就後爲金城太守, 父子著稱於西州.

| 국역 |

이보다 앞서 황하의 서쪽 지역에 분란이 일어나며 中原과 길이 막혔는데, 敦煌(돈황) 太守인 馬艾(마애)가 재직 중에 죽었고, 또 돈황태수의 副職인 丞(승)도 없었다. 이에 功曹인 張恭(장공)은 평소에 學行이 있어 군민들이 태수의 업무를 대행케 추대하였는데 은덕과 신의가 뚜렷했다. 장공은, 곧 아들 張就(장취)를 시켜 동쪽으로 조조를 찾아가 태수를 보내달라고 요청케 하였다.

그때 酒泉郡의 黃華(황화)와 張掖郡(장액군) 張進(장진)은 각각 자신의 군에 할거하며 장공과 연합하고자 하였다. 그러나 장취가 귀환하며 酒泉郡에 와서 황화에게 구금당했고 칼로 협박을 받았다. 장취는 돌아갈 수가 없자, 은밀히 부친에게 서신을 보내 말했다.

「아버님께서는 돈황군을 다스리시며 忠義를 현양하시니, 어찌 이런 위급한 상황에서 충의를 버리시려 하십니까? 옛날 (戰國 時 魏國의 大將인) 樂羊(악양)은 (적국에서) 아들을 죽여 끓인 국물을 보내주자 마신 뒤에 복수를 하였고, (後漢의) 李通(이통)[638]은 온 가문이 멸족 당했는데, 經國의 신하가 어찌 처자식을 돌보겠습니까? 지금 대군이 곧 도달할 것이오니, 응당 빨리 군사를 출동시켜 대군과 협조해야 하니, 자식의 목숨을 아끼지 않으신다면 죽어서라도 여한이 없을 것입니다.」

638 李通(이통, ?-42, 字 次元) - 南陽 宛縣(완현) 사람으로, 대대로 부호로 유명한 집안이었다. 後漢 개국 공신. 光武帝 劉秀의 여동생(劉伯姬)과 결혼했다. 이통이 광무제와 함께 거병한 사실이 알려지자, 王莽(왕망)은 이통의 부친은 물론 南陽郡에 사는 이통의 형제와 같은 문중 64명을 모두 죽여 宛縣의 거리에서 시신을 불태웠다.

이에 장공은 즉시 從弟인 張華(장화)를 보내 酒泉郡의 沙頭(사두)와 乾齊(건제)의 2개 현을 공격케 하였다. 장공은 또다시 거병하여 장화의 뒤를 이어 군사를 보내어 앞뒤에서 서로 구원케 하였다. 또 별도로 중무장한 2백 명의 鐵騎를 보내 관리를 영입케 하면서 동쪽으로 진격하여 酒泉郡의 북쪽 변방을 거쳐 지름길로 張掖郡의 북쪽 강에서 태수 尹奉(윤봉)을 맞이하였다. 이에 張進(장진)은 黃華(황화)의 도움을 기다렸고 황화는 장진을 구원하려 했지만 서쪽 장공의 군사가 걱정이 되어 급격히 그 후방을 공격하다가 결국 金城太守 蘇則(소칙)에게 투항하였다. 결국 장취는 무사했다. 尹奉도 돈황태수로 부임할 수 있었다.

(文帝) 黃初 2년(서기 221), 조서를 내려 그간의 공적을 표창하였는데 張恭(장공)에게는 關內侯 작위를 하사하였고, 西域의 (둔전 담당) 戊己校尉(무기교위)를 제수하였다. 몇 년 뒤에 장공을 소환하여 조정 侍臣의 직책을 맡겨하면서, 아들 張就(장취)에게 무기교위를 대신케 하였다. 장공은 敦煌郡(돈황군)에 돌아와서는 병이 위독하다며 군이 사양하였다.

(明帝) 太和 연간에 장공이 죽었는데, 執金吾(집금오)를 추증하였다. 장취는 뒷날 金城太守가 되었는데, 父子가 西州 일대에서 유명하였다.

| 原文 |

評曰, <u>李典</u>貴尙儒雅, 義忘私隙, 美矣. <u>李通</u>,<u>臧霸</u>,<u>文聘</u>,<u>呂</u>

虔鎭衛州郡, 並著威惠. 許褚,典韋折衝左右, 抑亦漢之樊噲也. 龐德授命叱敵, 有周苛之節. 龐淯不憚伏劍, 而誠感鄰國. 閻溫向城大呼, 解,齊路之烈焉.

| 국역 |

陳壽의 評論 : 李典(이전)은 유학을 尊崇(존숭)하고 대의를 견지하며 私怨(사원)을 버렸으니 칭찬할만하다. 李通(이통), 臧霸(장패), 文聘(문빙)과 呂虔(여건)은 각각 州郡을 잘 평정하였고 위엄과 은덕은 크게 베풀었다.

許褚(허저)와 典韋(전위)는 魏王을 호위하며 적을 물리쳤으니, 漢高祖의 樊噲(번쾌)와 같았다. 龐德(방덕)은 목숨을 바치며 적장을 질책하였으니 (前漢) 周苛(주가)[639]의 지조를 지켰다. 龐淯(방육)은 (馬超의) 칼에 굴복하지 않고 인근 州郡을 감동케 했다. 閻溫(염온)은 성을 향해 굴복하지 말라고 소리쳤으니 解楊(해양)과 齊 路中大夫(노중대부)[640]의 義烈을 지켰다.

---

639 周苛(주가, ?－前 203년) － 泗水郡 沛縣 사람. 漢王 劉邦의 御史大夫로 패전하였지만 項羽에 굴복하지 않자, 항우가 烹殺(팽살)하였다. 주가의 사촌동생 周昌(주창)이 주가의 후임으로 어사대부가 되었다. 《漢書》 42권, 〈張周趙任申屠傳〉 참고.

640 解楊(해양)은 춘추시대 晉의 大夫. 齊路(제로)는 齊의 路中大夫. －《위서》 4권, 〈三少帝紀〉 少帝 曹芳(조방)의 嘉平 6년 기록 참고. 옛날에 (晉의) 解楊(해양)이란 사람은 楚나라에 붙잡혔지만 목숨을 버리면서도 두 마음을 품지 않았으며, 齊國의 路中大夫(노중대부)는 죽음으로써 사명을 다하였다.

19권 〈任城陳蕭王傳(임성,진,소왕전)〉
— 魏書 19 —

❶ 任城王 曹彰

| 原文 |

任城威王彰, 字子文. 少善射御, 膂力過人, 手格猛獸, 不避險阻. 數從征伐, 志意慷慨. 太祖嘗抑之曰, "汝不念讀書慕聖道, 而好乘汗馬擊劍, 此一夫之用, 何足貴也!"

課彰讀《詩》,《書》, 彰謂左右曰, "丈夫一爲衛,霍, 將十萬騎馳沙漠, 驅戎狄, 立功建號耳, 何能作博士邪?"

太祖嘗問諸子所好, 使各言其志. 彰曰, "好爲將." 太祖曰, "爲將柰何?" 對曰, "被堅執銳, 臨難不顧, 爲士卒先, 賞必行, 罰必信."

太祖大笑. 建安二十一年, 封鄢陵侯.

| 국역 |

任城國 威王(위왕)인 曹彰(조창)[641]의 字는 子文이다. 젊어서도 활 쏘기와 말 타기에 능했고 힘이 남들보다 강했으며 손으로 맹수를 때려잡고 위험을 피하지 않았다. 여러 번 부친의 정벌을 수행했고 그 의지가 慷慨(강개)했다. 조조는 일찍부터 조창을 타일렀다.

"너는 독서하며 聖人의 道를 배우려 하지 않고 말 타기와 칼싸움만 좋아하니, 이는 一夫之用이라서 대단치 않다."

그러면서 조창에게 《詩》와 《尙書》를 공부하게 했지만 조창은 그 측근들에게 말했다.

"대장부라면 衛青(위청)[642]이나 霍去病(곽거병)[643]처럼 수십 만 기병을 거느리고 사막을 가로 질러 이민족과 싸워 공을 세워야지, 어찌 사나이가 모두 博士가 되어야 하겠나?"

조조가 일찍이 여러 아들에게 각자 자신의 뜻을 말해보라고 하였다. 그러자 조창은 "장군이 되고 싶습니다."라고 말했다. 조조가

---

641 任城國은 後漢에서는 東平國의 任城, 樊縣, 亢父 3현을 분할하여 任城國을 설치. 曹魏 任城國의 治所는 任城縣(今 山東省 濟寧市 동남). 나중에 郡. 曹彰(조창, 189 – 223년, 字 子文)은 曹操의 三子, 卞氏 소생의 2子, 魏 文帝 曹丕의 동생. 조조는 이들 조창을 黃鬚兒(황수아)라는 애칭으로 불렀다. 諡號 威王(위왕).

642 衛青(위청 ?–前 106) – 흉노 정벌의 명장. 武帝 建元 2년, 위청의 누나인 衛子夫가 입궁하여 武帝의 총애를 받았다. 《漢書》 55권, 〈衛青霍去病傳〉에 입전.

643 霍去病(곽거병, 前 140–117) – 匈奴 격파한 名將. 衛子夫와 衛青의 생질. 대장군 衛青의 누나인 衛少兒의 아들이다. 그 아버지 霍仲孺(곽중유)는 전에 衛少兒(위소아)와 사통하여 곽거병을 낳았다. 《漢書》 55권, 〈衛青霍去病傳〉에 입전.

"장군이 되면 뭐를 할 것이냐?" 라고 묻자, 조창이 말했다.

"갑옷에 병기를 들고 난관에 목숨을 돌보지 않으며, 사졸에 솔선하면서 상벌을 분명히 하겠습니다."

그러자 조조는 크게 웃었다. 建安 21년(서기 216)에, 조창은 鄢陵侯(언릉후)가 되었다.

| 原文 |

二十三年, 代郡烏丸反, 以彰爲北中郎將, 行驍騎將軍. 臨發, 太祖戒彰曰, "居家爲父子, 受事爲君臣, 動以王法從事, 爾其戒之!"

彰北征, 入涿郡界, 叛胡數千騎卒至. 時兵馬未集, 唯有步卒千人, 騎數百匹. 用田豫計, 固守要隙, 虜乃退散. 彰追之, 身自搏戰, 射胡騎, 應弦而倒者前後相屬. 戰過半日, 彰鎧中數箭, 意氣益厲, 乘勝逐北, 至於桑乾, 去代二百餘里.

長史諸將皆以爲新涉遠, 士馬疲頓, 又受節度, 不得過代, 不可深進, 違令輕敵. 彰曰, "率師而行, 唯利所在, 何節度乎? 胡走未遠, 追之必破. 從令縱敵, 非良將也."

遂上馬, 令軍中, "後出者斬." 一日一夜與虜相及, 擊, 大破之, 斬首獲生以千數. 彰乃倍常科大賜將士, 將士無不悅喜. 時鮮卑大人軻比能將數萬騎觀望彊弱, 見彰力戰, 所向皆破, 乃請服. 北方悉平. 時太祖在長安, 召彰詣行在所.

彰自代過鄴, 太子謂彰曰, "卿新有功, 今西見上, 宜勿自伐, 應對常若不足者."

彰到, 如太子言, 歸功諸將. 太祖喜, 持彰鬚曰, "黃鬚兒竟大奇也!"

| 국역 |

(建安) 23년(서기, 218), 代郡의 烏丸族이 반기를 들자, 曹彰(조창)을 北中郎將으로 삼아 驍騎將軍을 대행케 하였다. 출발할 때 魏王(曹操)이 조창을 훈계하였다.

"집에서는 父子이지만, 업무상으로는 君臣이며, 군사가 출동하면 王法으로 처리해야 하니, 이를 유념토록 하라!"

조창이 北征하며 涿郡(탁군) 영역에 들어갔을 때, 반기를 든 오환족의 수천 기병이 갑자기 들이닥쳤다. 그때 兵馬가 다 모이지 않아 보졸 1천여 명과 기병 수백 명뿐이었다. 조창은 田豫(전예)[644]의 방책에 따라 險要(험요)한 곳에서 굳게 지키자 적은 곧 흩어졌다.

이에 조창은 적을 추격하며 직접 격투하면서 오환의 기병을 쏘자, 시위소리에 맞춰 쓰러지는 자가 계속 이어졌다. 전투는 반나절이 넘도록 계속되었고 조창의 갑옷에도 많은 화살이 꽂혔지만, 조창의 의기는 더욱 강해지며 승세를 타고 북쪽으로 추격하여 (代郡의) 桑乾縣(상건현)에 이르렀는데, 代郡 치소에서 2백여 리나 떨어진 곳이었다.

644 田豫(전예, 171 – 252년, 字 國讓) – 幽州 漁陽郡 출신. 曹魏의 北疆大將. 《魏書》 26권, 〈滿田牽郭傳〉에 입전.

長史와 여러 장교들은 짧은 시간에 너무 깊이 진격했고 병사와 말이 크게 지쳤으며, 이전의 지침도 따라야 하기에 代郡을 지나 멀리 진격할 수 없고, 적을 경시하지 말라는 명령을 어긴 것이라 생각하였다. 이에 조창이 말했다.

"군사를 거느리고 출동하면 유리한 상황에 따라야 하지, 어찌 예전 명령을 따라야 하겠는가? 오환족이 멀리 도주하지 못했으니 추격하면 틀림없이 격파할 수 있다. 명령을 따른다고 적을 놓아준다면 良將이 아니니다."

그리고서는 上馬하며 군사에게 "뒤에 따라오지 못하는 자는 참수하겠다."고 명령했다. 조창은 하루 밤낮을 추격하여 적을 대파하면서 참수하거나 생포한 자가 수천 명이었다.

조창은 평상시보다 두 배 많이 장졸에게 시상하자 기뻐하지 않는 장졸이 없었다. 그때 鮮卑族의 大人인 軻比能(가비능)은 수만 기병을 거느리고 전투의 강약을 관망했는데, 조창이 싸우며 가는 곳마다 적을 격파하는 것을 보고서는 바로 항복하였다. 북방은 곧 평정되었다. 그때 魏王은 長安에 주둔하고 있었는데, 조창을 行在所로 불렀다.

조창이 代郡에서 鄴縣(업현)에 도착하자, 太子(曹丕)가 조창에게 말했다.

"卿은 이제 공을 세워 서쪽으로 가 父王을 만나면서, 절대로 공을 자랑하지 말고 늘 부족한 사람처럼 응대하도록 하라."

조창은 魏王 앞에 나가 태자의 말대로 공적을 여러 부장들에게 돌렸다. 魏王은 기뻐하며 조창의 수염을 만져보며 말했다.

"黃鬚兒(황수아)가 정말 기특하구나!"

| 原文 |

太祖東還, 以彰行越騎將軍, 留長安. 太祖至洛陽, 得疾, 驛召彰, 未至, 太祖崩. 文帝卽王位, 彰與諸侯就國.

詔曰, 「先王之道, 庸勳親親, 並建母弟, 開國承家, 故能藩屛大宗, 禦侮厭難. 彰前受命北伐, 淸定朔土, 厥功茂焉. 增邑五千, 並前萬戶.」

黃初二年, 進爵爲公. 三年, 立爲任城王. 四年, 朝京都, 疾薨於邸, 謚曰威. 至葬, 賜鑾輅,龍旂, 虎賁百人, 如漢東平王故事. 子楷嗣, 徙封中牟. 五年, 改封任城縣. 太和六年, 復改封任城國, 食五縣二千五百戶.

靑龍三年, 楷坐私遣官屬詣中尙方作禁物, 削縣二千戶. 正始七年, 徙封濟南, 三千戶. 正元,景元初, 連增邑, 凡四千四百戶.

| 국역 |

魏王(曹操)이 동쪽으로 돌아왔고, 조창은 越騎將軍 대행으로 長安에 주둔하였다. 조조는 洛陽에 돌아와 병이 나서 驛馬로 조창을 불렀지만 조창이 도착하기 전에 죽었다. 조비가 魏王으로 王位에 오르자, 조창은 다른 제후와 함께 封國에 부임하였다.

조서를 내렸다.

「先王 治國之道는 공신을 시상하고 친족을 가까이 하는 것이니, 同母의 아우를 봉건하여 개국하고 가문을 계승케 하여 大宗의 울타리로 삼아 외적을 막고 위난을 극복케 하였다. 彰(창)은 앞서 명을 받아 북벌하여 북쪽의 강역을 안정시켰으니 공적이 매우 많았다. 식읍 5천 호를 보태어 총 1만 호로 정한다.」

(文帝) 黃初 2년(서기 221), 公으로 작위가 올랐다. 3년, 任城王에 책봉되었다. 4년, 낙양에 입조하였는데, 관저에서 병으로 죽었고 시호는 威王이었다. 장례에 鑾輅(난로, 천자의 수레)와 龍旂(용기), 虎賁 衛士 1백 명을 보내주어 (後漢) 東平王[645]의 전례와 같게 하였다.

아들 曹楷(조해)가 계승하였는데, 中牟縣(중모현)으로 옮겨 봉했다. 5년, 任城縣에 옮겨 봉했다. (明帝) 太和 6년(서기 232), 다시 任城國에 옮겨 봉했고, 식읍은 5縣 2,500호였다.

(明帝) 靑龍 3년(서기 235), 조해가 사적으로 관리를 보내 尙方에서 금지된 물건을 제조케 하여 縣의 식읍 2,500호를 삭감하였다.

(齊王 曹芳) 正始 7년(서기 246), 濟南으로 옮겨 봉했고 식읍은 3천 호였다. (高貴鄕公, 曹髦) 正元 초(서기 254)와 (曹奐) 景元 초(서기 260)에, 연속 식읍을 늘려 받아 총 4,400호가 되었다.

❷ 陳思王 曹植

| 原文 |

陳思王植字子建. 年十歲餘, 誦讀《詩》,《論》及辭賦數十萬

645 東平國은 兗州刺史部 관할. 治所는 無鹽縣, 今 山東省 泰安市 관할 東平縣. 동평왕 劉蒼(유창, ?-83)은 광무제의 아들. 建武 17년에 王에 봉해졌다. 明帝 즉위 후 驃騎將軍이 되었다. 三公보다 상위직. 章帝 建初 8년(서기 83년)에 정월에 죽었다. 3월 東平 憲王의 장례에, 鑾輅(난로)와 龍旂(용기) 등을 하사하였다. 시호는 憲王. 《後漢書》 42권, 〈光武十王列傳〉에 立傳.

言, 善屬文. 太祖嘗視其文, 謂植曰, "汝倩人邪?" 植跪曰, "言出爲論, 下筆成章, 顧當面試, 柰何倩人?"

時鄴銅爵臺新成, 太祖悉將諸子登臺, 使各爲賦. 植援筆立成, 可觀, 太祖甚異之. 性簡易, 不治威儀. 輿馬服飾, 不尙華麗. 每進見難問, 應聲而對, 特見寵愛.

建安十六年, 封平原侯. 十九年, 徙封臨菑侯. 太祖征孫權, 使植留守鄴, 戒之曰, "吾昔爲頓邱令, 年二十三. 思此時所行, 無悔於今. 今汝年亦二十三矣, 可不勉與!"

植旣以才見異, 而丁儀, 丁廙, 楊脩等爲之羽翼. 太祖狐疑, 幾爲太子者數矣. 而植任性而行, 不自彫勵, 飮酒不節. 文帝御之以術, 矯情自飾, 宮人左右, 幷爲之說, 故遂定爲嗣. 二十二年, 增置邑五千, 並前萬戶. 植嘗乘車行馳道中, 開司馬門出. 太祖大怒, 公車令坐死. 由是重諸侯科禁, 而植寵日衰.

太祖旣慮終始之變, 以楊脩頗有才策, 而又袁氏之甥也, 於是以罪誅脩. 植益內不自安. 二十四年, 曹仁爲關羽所圍. 太祖以植爲南中郎將, 行征虜將軍, 欲遣救仁, 呼有所勅戒. 植醉不能受命, 於是悔而罷之.

| 국역 |

陳 思王 曹植(조식)[646]의 字는 子建(자건)이다. 10세 남짓에 《詩經》

646 曹植(조식, 192－232년, 字 子建) － 曹操 第 4子, 卞氏嫡出의 第 3子, 曹丕－曹彰－曹植 順. 曹魏의 저명한 詩人. '才高八斗(八斗之才)', '七步成詩' 의 주인

과 《論語》 및 문장 수십만 자를 외우고 읽었으며, 글을 잘 지었다. 한 번은 조조가 조식이 지은 글을 보고 "너는 남의 글을 베꼈는가?[647]라고 물었다. 이에 조식이 무릎을 꿇고 말했다.

"제가 입을 열면 바른 말을 하고, 붓을 잡으면 문장을 짓지만, 눈앞에서 지어보라고 하실 수도 있는데, 남의 글을 어찌 베끼겠습니까?"

그때 鄴縣에 銅爵臺(동작대)[648]를 신축했는데, 조조는 여러 아들을 동작대로 불러 각자 글을(賦) 짓게 하였다. 조식은 붓을 잡자 바로 〈銅爵臺賦〉를 지었는데, 文采(문채)가 훌륭하여 조조가 그 뛰어난 才華를 매우 기특하게 여겼다.

조식은 천성이 간결 용이하고 위엄이나 형식을 따지지 않았다. 수레나 말, 복장이나 차림새에 멋을 내지도 않았다. 들어가 뵐 때마다 어려운 문제에 금방 대답을 잘하여 특별한 총애를 받았다.

(獻帝) 建安 16년(서기 211), 平原侯에 봉해졌다. 19년, 臨菑侯(임치후)로 옮겨 봉해졌다. 조조가 손권을 원정하며 조식을 남겨 鄴縣

공. 조식의 才華는 후세 시인의 推崇을 받았다. 曹操, 曹丕와 함께 시단의 '三曹'로 불림. 부친이나 형과는 달리 政務에는 전혀 손을 대지 않았다. 陳思王은 죽은 다음의 시호이다. 曹植 작품은 1백여 편이 전하나 대부분 五言詩이고 후세에 《陳思王集》이 편찬되었다. 조식의 詩作은 '骨氣奇高' 하다는 평을 듣는데, 建安文學의 成就와 特色을 잘 나타내고 있다. 보통 알려진 〈七步詩〉는 《三國演義》 第 79回, 〈兄逼弟曹植賦詩〉에 수록되었다.

647 원문 汝倩人邪? - 倩人(청인)은 남을 시켜 글을 짓게 하다. 빌리다. 倩은 빌릴 청, 사위 청. 예쁠 천.

648 後漢 建安 15년(서기 210), 鄴縣(今 河北省 邯鄲市 臨漳縣 三臺村)에 건립한 누각. 曹操가 袁紹를 격파한 뒤에 건립한 일종의 기념물이었다. 이어 나중에 金虎臺와 冰井臺(빙정대)를 지어 三臺라 통칭하였다. 이는 建安 17년(212년)의 일로 알려졌다. 당시 曹丕는 〈登臺賦〉를 지었다.

을 지키게 하면서 주의를 주었다.

"나는 옛날 23세에 頓邱(돈구) 현령이 되었다. 그때 한 일을 생각해보면 지금도 후회할 일이 없다. 이제 너도 23세이니, 애써 잘하도록 하라!"

조식이 재능으로 조조의 총애를 받으면서 丁儀(정의), 丁廙(정이), 楊脩(양수) 등을 羽翼(우익)으로 삼았다. 조조는 (태자 책정을) 狐疑(호의)하면서도, 여러 번 조식을 태자로 정하려 했었다. 그렇지만 조식은 제멋대로 행동하면서 행실을 꾸미거나 억지로 하지 않았으며, 음주를 절제하지도 않았다. (親兄) 曹丕(조비)는 여러 계산을 바탕으로 감정이나 행실을 꾸몄고, 궁인과 조조의 측근 모두가 조비를 위해 좋은 말을 하였기에 결국 후사가 되었다.

(建安) 22년(서기 217), 식읍 5천 호를 늘려 받아 모두 1만 호가 되었다. 조식은 일찍이 수레를 타고 (황제만이 통행하는) 馳道(치도)를 달려 司馬門을 열고 나간 일이 있었다. 이에 조조가 대노하며 公車司馬令을 처형하였다. 이 때문에 여러 제후들에 대한 법금을 엄격히 시행하면서 조식에 대한 총애도 날로 식었다.

太祖는 결국 뒷날에 어떤 일이 있을까를 생각해야만 했고, 또 楊脩(양수)[649]가 재주와 책략이 뛰어나지만 袁氏(袁紹)의 생질이기에

649 楊脩(양수, 字 德祖, 太尉 楊彪의 아들)는 建安 연간에 효렴으로 천거되어 郎中이 되었다가 계속되는 전투에 군수 창고를 관리하는 主簿가 되었다. 양수는 두뇌가 우수하여 조조의 아들 曹丕(조비) 형제와 두루 친했다. 脩는 포 수. 육포. 닦을 수(治也), 익힐 수(習也)로 修와 같은 뜻으로 쓰일 때도 있지만 같은 字는 아님. 양수가 軍號 '雞肋(계륵)'의 뜻을 알았는데, 조조는 자신의 뜻을 간파한 양수가 미웠고, 또 거기에 양수가 袁術(원술)의 생질이기에 후환을 염려하여 구실을 찾아 죽여버렸다. 《後漢書》 54권, 〈楊震列傳〉에 立傳.

(후환을 미리 제거한다는 뜻으로) 양수를 주살하였다. 이 때문에 조식은 내심으로 더욱 불안하였다.

建安 24년(서기 219), 曹仁이 關羽에게 포위되었다. 魏王은 조식을 南中郎將으로 삼아 征虜將軍을 대행토록 하여 조인을 구원하려고 불러 주의를 주려 했는데, 조식이 술에 대취하여 책명을 받을 수가 없자, 조조는 후회하며 취소하였다.

| 原文 |

文帝卽王位, 誅丁儀,丁廙並其男口. 植與諸侯並就國. 黃初二年, 監國謁者灌均希指, 奏"植醉酒悖慢, 劫脅使者." 有司請治罪, 帝以太后故, 貶爵安鄕侯. 其年改封鄄城侯. 三年, 立爲鄄城王, 邑二千五百戶.

| 국역 |

曹丕는 魏王으로 즉위하고서, 丁儀(정의), 丁廙(정이) 형제[650]와 그 집안의 남자를 죽여버렸다. 조식과 여러 제후는 각 봉국에 부임하였다. 黃初 2년(서기 221), 監國謁者인 灌均(관균)은 황제의 뜻을 받아 "조식이 술에 취해 행패를 부렸고 使者를 협박했다."고 상주하였다. 담당자가 治罪해야 한다고 주청했지만, 文帝는 母后(卞太后)를 생각하여 작위를 安鄕侯로 폄하하였다. 그 해에 다시 鄄城侯(견

650 丁儀(정의)의 字 正禮로, 沛郡(패군) 사람이다. 정의의 부친 丁沖(정충)은 조조와 오래전부터 가까웠다.

성후)로 바뀌 봉했다. 3년, 鄄城王(견성왕)으로 책립하였는데, 식읍은 2,500호였다.

| 原文 |

四年, 徙封雍丘王. 其年朝京都. 上疏曰,

「臣自抱釁歸藩, 刻肌刻骨, 追思罪戾, 晝分而食, 夜分而寢. 誠以天罔不可重離, 聖恩難可再恃. 竊感〈相鼠〉之篇, 無禮遄死之義, 形影相弔, 五情愧赧. 以罪棄生, 則違古賢'夕改'之勸, 忍活苟全, 則犯詩人'胡顏'之譏. 伏惟陛下德象天地, 恩隆父母, 施暢春風, 澤如時雨. 是以不別荊棘者, 慶雲之惠也, 七子均養者, 鳲鳩之仁也. 舍罪責功者, 明君之擧也, 矜愚愛能者, 慈父之恩也. 是以愚臣徘徊於恩澤而不能自棄者也.」

| 국역 |

(文帝 黃初) 4년(서기 223), 雍丘王(옹구왕)[651]으로 옮겼다. 그해 낙양에 입조했다. 조식이 상소하였다.

「臣이 죄를 짓고 藩國(번국)에 부임한 이후 뼈저리게 후회하고 지은 죄를 반성하며 한낮에야 밥을 먹고 밤이 깊어서야 잠잘 수 있었습니다. 국가의 법도를 두세 번이나 위반할 수 없는 것이니, 臣은 聖恩을 또 다시 기대할 수 없습니다. 제가 《詩經 鄘風(용풍) 相鼠(상

651 陳留郡의 雍丘縣(옹구현), 今 河南省 중부 開封市 관할 杞縣(기현).

서)》편과 같이 無禮하다면[652] 빨리 죽는 것이 도리라는 그 뜻을 생각할 때, 제 몸이 가련하고 內心(五情)으로 부끄러울 뿐입니다. 만약 죄를 지어 목숨을 잃어야 한다면 古賢이 말한 '아침에 죄를 지었다면 저녁에 회개해야 한다(夕改).'는 교훈을 버린 것이며, 치욕을 참으며 구차히 살아야 한다면 詩人이 말한 '무슨 면목으로 살아가나?(胡顔)' 하는 비난을 받아야 할 것입니다. 엎드려 생각할 때, 폐하의 덕행은 天地와 같고 크신 은택은 부모와 같사오니, 春風처럼 두루 널리 때맞춰 오는 비처럼 고루 베풀어 주셨습니다. 폐하의 은덕은(春風과 時雨) 가시나무를(惡人) 차별하지 않았고, 오색구름과 같았으며, 일곱 마리 새끼를 고루 다 품어주는 비둘기[653]의 仁愛와 같았습니다. 죄를 문책하지 않고 더 잘하고 격려하시니, 이는 明君의 덕행이고, 어리석은 자를 불쌍히 여기고 유능한 자를 아껴주시니, 이는 慈父의 恩德입니다. 그래서 우매한 臣은 은택을 받고 살아가며 저 스스로를 버릴 수 없었습니다.」

| 原文 |

「前奉詔書, 臣等絶朝, 心離志絶, 自分黃耈無復執珪之望. 不圖聖詔猥垂齒召, 至止之日, 馳心輦轂. 僻處西館, 未奉闕廷, 踊躍之懷, 瞻望反仄. 謹拜表獻詩二篇, 其辭曰,

652 《毛詩》序에 〈相鼠〉는 사람의 無禮를 풍자한 詩라고 했다. 사람이 무례하다면 바로 죽어 마땅하다고 읊었다.

653 원문 '七子均養者, 鳲鳩之仁也' -《詩 曹風 尸鳩(시구)》-「尸鳩在桑, 其子七兮. 淑人君子, 其儀一兮. 其儀一兮, 心如結兮.」

‘於穆顯考, 時惟武皇, 受命於天, 寧濟四方.

朱旗所拂, 九土披攘, 玄化滂流, 荒服來王.

超商越周, 與唐比蹤.

篤生我皇, 奕世載聰, 武則肅烈, 文則時雍, 受禪炎漢, 臨君萬邦.

萬邦既化, 率由舊則, 廣命懿親, 以藩王國.

帝曰爾侯, 君茲青土, 奄有海濱, 方周於魯,

車服有輝, 旗章有敘, 濟濟雋乂, 我弼我輔.

伊予小子, 恃寵驕盈, 擧掛時網, 動亂國經.

作藩作屛, 先軌是墮, 傲我皇使, 犯我朝儀.

國有典刑, 我削我絀, 將寘於理, 元兇是率.

明明天子, 時篤同類, 不忍我刑, 暴之朝肆, 違彼執憲, 哀予小子.

改封兗邑, 於河之濱, 股肱弗置, 有君無臣, 荒淫之闕, 誰弼予身?

煢煢僕夫, 於彼冀方, 嗟予小子, 乃罹斯殃.

赫赫天子, 恩不遺物, 冠我玄冕, 要我朱紱.

朱紱光大, 使我榮華, 剖符授玉, 王爵是加.

仰齒金璽, 俯執聖策, 皇恩過隆, 祗承怵惕.

咨我小子, 頑凶是嬰, 逝慚陵墓, 存愧闕廷.

匪敢傲德, 實恩是恃, 威靈改加, 足以沒齒.

昊天罔極, 性命不圖, 常懼顚沛, 抱罪黃壚.
願蒙矢石, 建旗東嶽, 庶立豪氂, 微功自贖.
危軀授命, 知足免戾, 甘赴江,湘, 奮戈吳,越.
天啓其衷, 得會京畿, 遲奉聖顏, 如渴如飢.
心之云慕, 愴矣其悲, 天高聽卑, 皇肯照微!」

| 국역 |

「이전의 조서를 받아 臣 등의 入朝가 금지되자 마음으로 슬퍼하며, 다시는 늙어 죽을 때까지 笏(홀)을 잡고 알현할 기회가 없을 것이라 절망했습니다. 그러나 뜻밖에도 다시 조서를 내리시어 入京하라 부르셨는데, 조서가 도착하는 날에 제 마음은 수레에 달려 폐하 뵙기를 갈망하였습니다. 臣은 지금 조용한 西館에 머물며 아직 입궐하지 못했지만, 뵙고자 조급한 마음은 폐하를 우러러 뵙기가 불안하기만합니다. 삼가 拜禮하오며, 詩 2편을 헌상하옵니다. 詩는 아래와 같습니다.

홀륭하신 先考, 武皇께서, 천명을 받으사 사방을 안정시켰도다.
펄럭이는 朱旗에 九州가 귀부하고, 교화를 펴 변방도 귀순했다.
(先帝께서는) 商과 周를 넘어 唐(堯)과 같은 명성이셨다.
하늘이 父皇을 내시니, 세상 누구보다 총명하셨고,
무예로 위엄을 문필로 천하태평을 이루시어
漢室의 선양을 받으시어 만방 주군이 되셨도다.
萬邦을 교화하고 법도를 따라 친족을 널리 봉해 왕국을 세우셨다.

先帝 말씀에, 너는 동방 海濱 제후이니 周가 봉한 魯와 같도다.
빛나는 車服에 줄지은 깃발, 훌륭한 인재들이 나를 보필하도다.
小子는 총애에 교만했으며 법을 어겨 나라 경륜을 어지럽혔다.
제후 본분 준수에 태만했고 皇使에 오만하며 朝儀를 범했도다.
나라 법대로 削地하고 黜斥(출척)하니 옥에 갇힌 죄수와도 같았다.
聖明 천자는 형제 생각에 차마 棄市(기시)할 刑을 아니 내리시고
나라 법을 바꿔가며 나를 불쌍히 여기셨도다.
兗州 甄城(견성)에 改封하니, 바닷가에 屬官도 없어 有君에 無臣이고,
황량한 궁궐에 나아가 나를 보필하랴?
외롭고 외로운 사내는 저 冀州에, 아 불쌍하게 이런 재앙을 겪도다.
혁혁한 천자께서 은혜 고루 베푸시어 의관과 인수를 내리셨도다.
크고 빛나는 인수는 내게 영화를, 玉 부절로 왕의 작위를 내리셨도다.
우러러 국새를, 엎드려 聖策을 받으니, 황은이 융성하여 두려울 뿐이다.

아! 어린아이 고집의 小子여, 죽어 先帝에, 살아 폐하께 부끄럽도다.
폐하의 은덕에 오만하지 않았고 사실 의지했었으며,
폐하께서는 제가 죽어도 잊지 못할 은덕을 주셨습니다.
끝없는 넓은 하늘에, 어찌 알 수 없는 이 목숨은,
잘못될까 또 죄 짓고 죽을까 늘 두려웠습니다.
矢石을 무릅쓰고서라도 東嶽에 큰 깃발을 세우고
아주 보잘 것 없는 공이라도 세워 죗값을 갚고자 합니다.
위기에 목숨을 바쳐 죄를 용서받으면 지족을 알고 힘써
長江이나 湘水에 가서 吳越(東吳)과 힘껏 싸우겠습니다.

폐하께서 마음을 열으시고 京都에 입조케 하시니
聖顔을 받들어 모실 생각은 갈증과 굶주림과 같습니다.
사모하는 마음은 처량하고 슬프나니
하늘 같은 폐하께서 저의 마음을 헤아리고 보살펴 주십시오!」

‖原文‖

「又曰,
'肅承明詔, 應會皇都, 星陳夙駕, 秣馬脂車.
命彼掌徒, 肅我征旅, 朝發鸞臺, 夕宿蘭渚.
芒芒原隰, 祁祁士女, 經彼公田, 樂我稷黍.
爰有樛木, 重陰匪息, 雖有餱糧, 飢不遑食.
望城不過, 面邑匪游, 僕夫警策, 平路是由.
玄駟藹藹, 揚鑣漂沫, 流風翼衡, 輕雲承蓋.
涉澗之濱, 緣山之隈, 遵彼河滸, 黃阪是階.
西濟關谷, 或降或升, 騑驂倦路, 再寢再興.
將朝聖皇, 匪敢晏寧, 弭節長騖, 指日遄徵.
前驅舉燧, 後乘抗旌, 輪不輟運, 鸞無廢聲.
爰曁帝室, 稅此西墉, 嘉詔未賜, 朝覲莫從.
仰瞻城閾, 俯惟闕廷, 長懷永慕, 憂心如酲.'」
帝嘉其辭義, 優詔答,勉之.

| 국역 |

또 다른 詩,

「삼가 조서를 받자옵고 皇都에 응소하려고,

밤에 준비 새벽 출발에, 말을 먹이고 수레도 닦았습니다.

관원에 먼 여정을 조심토록 명하고

아침에 鸞臺(난대)를 나와서, 저녁에 蘭渚(난저)에서 쉬었습니다.

끝없는 벌판 곳곳에 남녀가 일하고

公田을 갈아 즐거이 농사를 짓습니다.

구부러진 나무 그늘에서 쉬면서도

배고파도 마른 양식을 먹을 경황이 없었습니다.

성읍을 보고도 아니 들어가고 촌락 구경도 못하고

마부는 서둘러 급히 재촉하고 평지 먼 길을 달렸습니다.

건장한 검은 말 네 마리 고개 들며 거품을 뿜고

빠른 바람에 흔들리고, 덮개는 구름처럼 휘날렸습니다.

시내를 건너 모래톱, 푸른 산모퉁이를 돌아

江湖의 가를 따라왔고 계단 같은 비탈도 올랐습니다.

서쪽 관문과 골짜기 오르고 내리며

말과 수레도 먼 길에 지쳐 쉬었다 다시 일어났습니다.

聖皇에 입조하려면 몸이 편안해야 하지만

서둘러 힘써 먼 길 달려 날을 세며 달려왔습니다.

횃불이 앞서 달리고 펄럭이는 깃발을 따라

쉬지 않고 내달리니 방울도 소리를 멈췄습니다.

도성에 들어와 말을 벗기고 西閣에 머무나

폐하의 조서가 없어 入朝를 못하고 있습니다.
머리 들어 궁궐을 바라보고 고개 숙여 궁정을 생각하며
오래토록 그리는 마음 품고 걱정으로 밤을 지새웁니다.」

文帝는 曹植의 문사와 반성의 뜻을 가상히 여기며, 조서를 내려 조식을 격려했다.[654]

| 原文 |

六年, 帝東征, 還過雍丘, 幸植宮, 增戶五百.

太和元年, 徙封浚儀. 二年, 復還雍丘. 植常自憤怨, 抱利器而無所施, 上疏求自試曰,

「臣聞士之生世, 入則事父, 出則事君, 事父尙於榮親, 事君貴於興國. 故慈父不能愛無益之子, 仁君不能畜無用之臣. 夫論德而授官者, 成功之君也, 量能而受爵者, 畢命之臣也. 故君無虛授, 臣無虛受, 虛授謂之謬擧, 虛受謂之尸祿,《詩》之'素餐' 所由作也.

昔二虢不辭兩國之任, 其德厚也, 旦,奭不讓燕,魯之封, 其功大也. 今臣蒙國重恩, 三世於今矣. 正値陛下昇平之際, 沐

654 이 시에는 曹植의 두려움과 文帝의 노여움을 풀려고 애쓰는 마음이 나타나 있다. 전임 왕의 식읍에 다시 봉해졌다 궁궐이라도 있겠지만 雍丘縣에 王으로 내려가서는 여러 가지 불편이 많았을 것이다. 또 제후 왕에 대한 法禁을 강화할 때였으니 사죄의 뜻을 표현하지 않을 수 없었다.

浴聖澤, 潛潤德教, 可謂厚幸矣. 而竊位東藩, 爵在上列, 身被輕暖, 口厭百味, 目極華靡, 耳倦絲竹者, 爵重祿厚之所致也. 退念古之授爵祿者, 有異於此, 皆以功勤濟國, 輔主惠民. 今臣無德可述, 無功可紀, 若此終年無益國朝, 將掛風人'彼其'之譏. 是以上慚玄冕, 俯愧朱紱.」

| 국역 |

(黃初) 6년(서기 225), 文帝는 東吳 원정에서 돌아오는 길에 雍丘縣 曹植의 왕궁에 행차하여 식읍 5백 호를 늘려주었다.

(明帝) 太和 원년(서기 227), 조식을 옮겨 浚儀王(준의왕)[655]에 봉했다. 2년에, 다시 雍丘王으로 환원했다. 조식은 늘 강개하며 원망을 품었으며, 좋은 재능(利器)을 갖고서는 활용할 곳이 없다며 자신을 試用해주기를 원하는 상소를 올렸다.

「臣이 알기로, 士人이 태어나 집에서는 事父하고 나가서는 事君하는데, 事父는 부친에게 영광을 드리는 것이고, 事君에서는 興國을 귀하게 생각합니다. 그렇기에 慈父라도 無益한 아들을 편애할 수 없고, 仁君일지라도 無用之臣을 등용하지 않는 것입니다. 그 사람의 才德을 따져 관직을 수여한다면 성공하는 군주이고, 功能을 심사하여 작위를 받았다면 身命을 바쳐야 할 신하입니다. 그래서 주군에게는 헛된 수여가 없고, 臣은 헛되이 관직을 받지 않으니, 헛된 수여는 잘못된 천거(謬擧)이고, 空으로 받은 관직은 屍祿(시록)이라 하기에, 《詩經》에는 '素餐(소찬)' 이란 풍자가 있습니다.

655 陳留郡 浚儀縣은, 今 河南省 동부 開封市.

옛날에, 周 文王의 동생인 虢仲(괵중)과 虢叔(괵숙)은 兩國의 직임을 사양하지 않은 것은 그 덕이 뛰어났기 때문이며, 周公 旦(단)과 召公 奭(석)이 燕(연)과 魯(노)의 封爵을 겸양하지 않은 것은 그 공적이 컸기 때문입니다. 지금 나라의 重恩을 입어 지금까지 3세입니다. 바로 폐하의 昇平한 시기를 만나 聖澤을 크게 입었고, 德教를 충분히 받고 있으니 정말 두터운 행운입니다. 삼가 동쪽의 藩臣(번신)으로 작위는 上列에 올랐고, 몸에는 가볍고 따뜻한 옷을 입고 좋은 음식을 질리도록 먹으며, 화려한 눈요기에 좋은 雅樂을 귀에 못이 박히도록 들으니, 이 모두가 높은 작위와 후한 봉록의 덕분입니다. 그러나 고대 작위와 봉록을 받은 자를 생각해 보면 이와 다르니 모두 공을 세워 나라를 위해 헌신했고 주군을 보필했거나 백성에게 혜택을 베풀었습니다. 지금 臣은 칭술할만한 덕을 베풀지도 못했고, 기록할 만한 공적도 없어 죽을 때까지 나라에 아무런 도움을 주지 못하여, '높은 자리에 올랐지만 관복에 어울리지도 못하는 사람(彼其)' 이라는 비판을 들을 것이니, 이는 머리에 쓴 왕관과 몸에 지닌 인수가 부끄러울 것입니다.」

| 原文 |

「方今天下一統, 九州晏如, 而顧西有違命之蜀, 東有不臣之吳, 使邊境未得脫甲, 謀士未得高枕者, 誠欲混同宇內以致太和也. 故啓滅有扈而夏功昭, 成克商,奄而周德著.

今陛下以聖明統世, 將欲卒文,武之功, 繼成,康之隆, 簡賢授能, 以方叔,召虎之臣鎭御四境, 爲國爪牙者, 可謂當矣. 然而高鳥未掛於輕繳, 淵魚未縣於鉤餌者, 恐釣射之術或未盡也. 昔耿弇不俟光武, 亟擊張步, 言不以賊遺於君父. 故車右伏劍於鳴轂, 雍門刎首於齊境, 若此二士, 豈惡生而尙死哉? 誠忿其慢主而陵君也.

夫君之寵臣, 欲以除患興利, 臣之事君, 必以殺身靖亂, 以功報主也. 昔賈誼弱冠, 求試屬國, 請係單于之頸而制其命, 終軍以妙年使越, 欲得長纓纓其王, 羈致北闕. 此二臣, 豈好爲誇主而耀世哉? 志或鬱結, 欲逞其才力, 輸能於明君也.

昔漢武爲霍去病治第, 辭曰, '匈奴未滅, 臣無以家爲!' 夫憂國忘家, 捐軀濟難, 忠臣之志也. 今臣居外, 非不厚也, 而寢不安席, 食不遑味者, 伏以二方未克爲念.」

| 국역 |

「방금 천하는 하나로 통일되어 九州가 평안하지만, 서쪽을 돌아보면 천명을 어기는 蜀이 있고, 동쪽에는 臣服을 거부하는 吳가 있어 변방에서는 갑옷을 벗을 수 없고, 謀士들은 편히 잠들 수가 없으니, 정말로 천하가 한마음이 되어 태평을 이룩해야 할 때입니다. 그런고로, 옛날 夏禹의 아들 啓(계)가 有扈氏(유호씨)를 멸망시킨 다음에야 夏 王朝의 치적이 빛났고, (周) 成王이 商(상)과 奄國(엄국)[656]을

656 奄國(엄국) – 殷代 제후국의 하나. 都城인 奄(엄)은, 今 山東 濟寧市 관할 曲阜市 일대 뒷날 魯의 영역과 相近했다. 周公의 東征 뒤에 아들 伯禽(백금)의 옛

멸망시킨 다음에야 周朝의 공덕이 뚜렷해졌습니다.

지금 폐하께서는 英明하게 통치하시어 장차 (周) 文王과 武王과 같은 공덕을 이룩하시고, 이어 (周) 成王과 康王의 융성을 본받아 賢能한 인재를 발탁하여 임용하시며, 方叔(방숙)과 召虎(소호)같은 신하에게 사방을 鎭守케 하시니, 나라의 무신들은 그런 소임을 다할 것입니다. 그렇지만 높이 나는 새는 낮고 짧은 주살에 걸리지 않고, 深淵의 大魚는 낚시 먹이에 걸리지 않는 것처럼, 혹시나 보통 낚시나 주살로는 잡지 못할 수도 있습니다. 옛날 (후한의) 耿弇(경엄)[657]은 光武帝의 명을 기다리지 않고 재빨리 張步(장보)를 격파하여 적을 주군이나 부친에게 남겨주지 않았습니다. 옛날 車右의 시종이 좌측 바퀴에 소리가 난다고 자결했고, 齊(제)의 雍門狄(옹문적)이란 사람은 越의 군사가 쳐들어오자 책임을 느껴 자살하였는데, 이 두 사람이 살면서 죽음을 어찌 좋아했겠습니까? 진정으로 나태한 군주를 깨우치려 했던 것입니다.

君主가 총애하는 신하라면 국정의 해악을 제거하고 國利를 증진시켜야 하고, 신하로서 주군을 섬기려면 필히 殺身해서라도 動亂을 평정시키는 공을 세워 주군에게 보답해야 합니다. 옛날 (漢 文帝 재위 중) 賈誼(가의)[658]는 弱冠(약관)에 屬國(諸侯國)의 관직을 원했고

땅에 봉하여 魯를 건국했다. 奄人은 남쪽으로 옮겨가 계속 周에 반기를 들었고 남쪽으로 옮겨가며 저항하다가 春秋시대 중기에 吳國에게 멸망했다.

657 耿弇(경엄, 서기 3-58년) - 耿은 빛날 경, 弇은 덮을 엄. 光武帝의 功臣, 雲臺二十八將 중 4위. 경엄은 자신이 北으로 가서 上谷郡의 남은 군사를 동원하여 漁陽郡의 彭寵(팽총)을 토벌하고, 涿郡(탁군)의 張豐(장풍)을 잡으면서 富平과 獲索(획색) 무리, 그리고 동쪽의 張步(장보) 등을 공격하여 齊 지역을 평정하겠다고 주청하였다. 광무제는 그 뜻을 장하다 생각하며 바로 허락하였다.

658 賈誼(가의, 前 200-168) - 長沙王 太傅, 政論으로는 〈過秦論〉, 〈論積貯疏〉,

(匈奴) 單于(선우)의 목을 밧줄로 묶어오겠다고 했으며, 終軍(종군)[659]은 한창 나이에 越(월)에 사신으로 가서 월왕을 긴 밧줄로 묶어다가 북궐에 끌고 오겠다고 하였습니다. 賈誼와 終軍 두 사람이 어찌 주군 앞에 큰 소리를 치고 세상 사람들 앞에 뽐내려고 그러했겠습니까? 그 뜻이 답답할 정도로 꽉 막혔기에 자신의 능력을 발휘하여 明君에게 보이려 했던 것입니다.

옛날 漢 武帝 때 霍去病(곽거병)에게 대 저택을 하사하자, 곽거병은 사양하며 말했습니다. '흉노를 없애지도 못했는데, 臣은 내 집을 가질 수 없습니다!' 이처럼 나라를 걱정하고 가정사를 생각하지 않으며, 육신을 버려서라도 국난을 극복하는 것이 충신의 의지입니다. 지금 臣은 外蕃(외번)으로 작록이 결코 적지 않지만 누워도 편히 잠들지 못하고, 먹어도 맛을 모르는 것은 蜀과 吳를 없애지 못했기 때문입니다.」

| 原文 |

「伏見先<u>武皇帝</u>武臣宿將, 年耆卽世者有聞矣. 雖賢不乏

〈論治安策〉이 유명하다. 辭賦로는 〈弔屈原賦〉, 〈鵩鳥賦〉, 〈惜誓〉 등이 잘 알려졌다. 가의는 제후 세력의 삭감을 강력히 주장했으나 文帝는 가의의 건의를 채용하지 않았으며, 가의를 長沙王의 太傅로 임명하였다. 《漢書》 48권, 〈賈誼傳〉에 입전.

659 終軍(종군, 前 133－112) － 人名. 前漢 武帝에게 '긴 밧줄을 갖고 가서 南越王을 묶어다 바치겠다(請纓報國).' 면서 자청하여 남월에 사신으로 갔다가 그곳 승상 呂嘉(여가)에게 피살되었다. 21살의 아까운 나이였기에 사람들이 '終童' 이라고 불렀다. 《漢書》 64권 〈嚴朱吾丘主父徐嚴終王賈傳(下)〉에 입전.

世, 宿將舊卒, 猶習戰陳, 竊不自量, 志在效命, 庶立毛髮之功, 以報所受之恩. 若使陛下出不世之詔, 效臣錐刀之用, 使得西屬大將軍, 當一校之隊, 若東屬大司馬, 統偏舟之任, 必乘危蹈險, 騁舟奮驪, 突刃觸鋒, 爲士卒先.

雖未能禽權馘亮, 庶將虜其雄率, 殲其醜類, 必效須臾之捷, 以滅終身之愧, 使名掛史筆, 事列朝策. 雖身分蜀境, 首縣吳闕, 猶生之年也. 如微才弗試, 沒世無聞, 徒榮其軀而豐其體, 生無益於事, 死無損於數.

虛荷上位而忝重祿, 禽息鳥視, 終於白首, 此徒圈牢之養物, 非臣之所志也. 流聞東軍失備, 師徒小衄, 輟食棄餐, 奮袂攘衽, 撫劍東顧, 而心已馳於吳會矣.」

| 국역 |

「臣이 볼 때, 작고하신 武皇帝(무황제)의 武臣과 老將들은 나이가 많기에 죽었다는 소식을 듣게 됩니다. 비록 세간에 賢臣이 부족하지는 않다고 하지만 宿將과 舊卒이 작전에 익숙한 것처럼, 아직은 자신의 능력을 헤아리지 못하나 그 뜻만은 목숨을 바쳐서라도 작은 공이라도 세워 폐하로부터 받은 은택에 보답하려고 합니다. 지금 만약 폐하께서 평상시와 다른 조서를 내리시어, 臣으로 하여금 부족한 능력이나 발휘하게 하여, 臣에게 서쪽을 담당할 대장군으로 임용한다면 작은 부대라도 직접 지휘할 것이며, 아니면 동쪽을 정벌할 大司馬의 직분을 내려 수군을 지휘할 기회를 주신다면, 위난과 위험을 무릅쓰고 수군이나 병졸을 이끌고 칼과 창을 잡아 사졸에 솔선할 것입니다.

臣이 비록 손권을 생포한다든지 제갈량을 죽이지는 못할지라도, 적의 군사를 포로로 잡거나 적도를 섬멸하여 제 평생의 부끄러움을 씻고 역사에 기록되며, 조정 방책의 본보기가 될 만한 승리를 빠른 시간 내에 거둘 것입니다. 비록 몸은 蜀의 땅에, 머리는 吳 궁궐에 매달릴지라도 그렇게 죽는다면 그것이 곧 臣이 사는 것입니다. 만약 臣의 미약한 능력을 試用하지 않아 죽어도 명성을 남기지 못하면 아무 쓸모도 없는 육신의 풍요만을 누릴 뿐, 살아서 무익하고 죽어도 나라에 아무 손실도 없을 것입니다. 헛되이 높은 자리에 앉아 많은 녹봉만 받으면서 짐승처럼 살다가 늙은이로 죽는다면, 이는 우리 안에 기르는 짐승과 같을 것이니, 이는 臣이 원하는 바가 아닙니다.

들은 바에 의하면, 吳를 정벌하러 간 군사가 방비를 잘못하여 장졸이 작은 실패를 겪었다 하니, 臣은 끼니를 잊은 채 옷깃을 떨치고 일어나 칼을 뽑아들고 동쪽을 바라보며 마음만은 吳郡 會稽縣(회계현)으로 달려가고 있습니다.」

|原文|

「臣昔從先武皇帝南極赤岸, 東臨滄海, 西望玉門, 北出玄塞, 伏見所以行軍用兵之勢, 可謂神妙矣. 故兵者不可豫言, 臨難而制變者也. 志欲自效於明時, 立功於聖世. 每覽史籍, 觀古忠臣義士, 出一朝之命, 以徇國家之難, 身雖屠裂, 而功銘著於鼎鍾, 名稱垂於竹帛, 未嘗不拊心而嘆息也.

臣聞明主使臣, 不廢有罪. 故奔北敗軍之將用, 秦,魯以成其功, 絶纓盜馬之臣赦, 楚,趙以濟其難. 臣竊感先帝早崩, 威王棄世, 臣獨何人, 以堪長久! 常恐先朝露, 塡溝壑, 墳土未乾, 而身名並滅.

臣聞騏驥長鳴, 則伯樂照其能, 盧狗悲號, 則韓國知其才. 是以效之齊,楚之路, 以逞千里之任, 試之狡兔之捷, 以驗搏噬之用. 今臣志狗馬之微功, 竊自惟度, 終無伯樂,韓國之擧, 是以於邑而竊自痛者也.」

| 국역 |

「臣은 그전에 先武皇帝(曹操)를 수행하여 남쪽으로는 赤岸(적안)까지, 東쪽으로는 滄海(창해)에, 서쪽으로는 (酒泉郡) 玉門縣, 그리고 북쪽으로는 북쪽 끝 변경까지 다녀보면서 선친의 행군과 용병의 형세를 보았는데, 가히 神妙(신묘)한 경지였습니다. 그렇지만 用兵의 결과를 예언할 수 없으며 위난에 처해 알맞게 변화해야만 합니다. 臣의 뜻은 폐하의 聖明한 통치 시기에 국가에 이바지할 수 있는 공적을 세우는 것입니다. 臣이 史籍(사적)을 읽고 옛 충신과 義士의 행적을 볼 때, 짧은 생명을 위기의 순간에 殉國(순국)하여 육신은 비록 찢겨 없어지더라도, 공적은 鼎鐘(정종)에 새겨지고 명성이 竹帛(죽백)에 기록되는 것을 보고 가슴을 쓸며 탄식하지 않은 적이 없었습니다.

臣이 알기로, 明主는 조신을 임용함에 죄를 지었다고 버리지 않았습니다. 그래서 패전하고 군사를 잃은 장군을 다시 등용했기에 秦(진)과 魯(노)는 성공할 수 있었으며, (楚 莊王은) 갓끈을 자르게〔絶纓(절영)〕 했고 (秦 穆公은) 말을 훔친 신하를 용서하였기에 楚(초) 秦(진, 國姓은 趙)은 국난을 이겨내었습니다. 臣은 先帝(文帝)가 너무 일찍 붕어하셨고, (任城國) 威王(위왕, 趙彰, 曹植의 同腹 兄)도 세상을 뜨신 것을 보고 臣은 홀로 어떠하기에 오래 살아 있는가를 생각하였습니다. 늘 두려운 것은 갑자기 아침이슬처럼 사라져 구덩이에 던져져 무덤의 흙이 채 마르기도 전에 육신과 명성이 함께 없어지는 것입니다.

臣이 알기로, 천리마(騏驥)가 길게 울기에 伯樂(백락)이 그 능력을 알 수 있었고, 盧狗(노구)[660]가 슬피 짖었기에 (齊人) 韓國(한국)이 그 재능을 알았습니다. 이 때문에 齊와 楚의 長路에 천리마는 그 소임을 다했고, 날쌘 토끼 잡는 것을 시험하여 사냥 능력을 파악하였습니다. 지금 臣의 뜻은 사냥개나 말과 같은 미력이나마 제가 헤아려 볼 때, 伯樂과 韓國의 능력에는 못 미치더라도 心中에 막힌 것을 펼 수가 없어 마음이 아플 뿐입니다.」

| 原文 |

「夫臨搏而企竦, 聞樂而竊抃者, 或有賞音而識道也. 昔毛遂, 趙之陪隸, 猶假錐囊之喩, 以寤主立功, 何況巍巍大魏多

660 盧狗(노구)는 名犬의 이름, 盧는 검다는 뜻. 韓國은 齊人, 개의 상을 잘 보았다고 한다.

士之朝, 而無慷慨死難之臣乎! 夫自衒自媒者, 士女之醜行也. 干時求進者, 道家之明忌也. 而臣敢陳聞於陛下者, 誠與國分形同氣, 憂患共之者也. 冀以塵霧之微補益山海, 熒燭末光增輝日月, 是以敢冒其醜而獻其忠.」

| 국역 |

「바둑을 까치발로 서서 구경하거나 풍악을 들으며 자신도 모르게 박자를 맞춘다면 음악을 알거나 棋道를 알기 때문입니다. 옛날 毛遂(모수)[661]는 趙 平原君의 식객이었지만 주머니 속의 송곳으로 비유하여 평원군의 인정을 받아 공을 세웠는데, 하물며 위대한 大魏(대위)의 인재가 많은 조정에서 강개한 지조로 난관 극복을 위해 죽을 신하가 어찌 없겠습니까! 대체로 자기 자신을 내세우거나 자신이 중매를 선다면 士女의 醜行(추행)입니다. 시세에 편승하여 관직을 얻는 것을 道家에서도 분명히 기피하고 있습니다.

臣이 감히 폐하에게 제 뜻을 진술한 것은, 臣과 조정이 형상은 다르지만 호흡이 상통하기 때문이며 우환을 함께 하려는 뜻입니다.

661 毛遂(모수) – 趙 孝成王 때(前 257년), 秦國이 趙의 國都 邯鄲(한단)을 포위했다. 平原君 趙勝(조승)은 문무를 겸비한 20명의 수행원을 데리고 楚에 구원을 요청할 예정이었다. 수행원 1인이 모자라자 식객 毛遂(모수)가 자신을 데려가 달라고 자천하였다(毛遂自薦). 평원군은 '주머니 속의 송곳은 그 끝이 밖으로 보인다.' 면서 모수의 무능력을 비유했다. 이에 모수는 "나를 주머니 속에 넣어준다면 끝이 아니라 자루까지 튀어나올 것입니다."라고 대답했다. 여기서 '脫穎而出(탈영이출)' 이라는 成語가 나왔다. 平原君과 楚王의 담판은 모수의 활약으로 매듭을 지었고, 楚는 趙를 구원하였다. 《史記》 76卷, 〈平原君虞卿列傳〉 참고.

작은 안개나 티끌도 산과 바다에 도움이 될 수 있고 반딧불이 일월 만큼 밝지 않지만, 그래도 부끄러움을 무릅쓰고 저의 충심을 봉헌할 뿐입니다.」

| 原文 |

三年, 徙封東阿. 五年, 復上疏求存問親戚, 因致其意曰,

「臣聞天稱其高者, 以無不覆, 地稱其廣者, 以無不載. 日月稱其明者, 以無不照, 江海稱其大者, 以無不容. 故孔子曰, '大哉, 堯之爲君! 惟天爲大, 惟堯則之.' 夫天德之於萬物, 可謂弘廣矣. 蓋堯之爲教, 先親後疏, 自近及遠. 其《傳》曰, '克明峻德, 以親九族, 九族旣睦, 平章百姓.'

及周之文王亦崇厥化, 其《詩》曰, '刑於寡妻, 至于兄弟, 以御于家邦.' 是以雍雍穆穆, 風人詠之. 昔周公弔管,蔡之不咸, 廣封懿親以藩屛王室, 《傳》曰, '周之宗盟, 異姓爲後.' 誠骨肉之恩爽而不離, 親親之義實在敦固, 未有義而後其君, 仁而遺其親者也.」

| 국역 |

(太和) 3년(서기 229), 조식을 옮겨 東阿王[662]에 봉했다. 5년, 다시 친척의 안부를 물어야 한다는 상소를 올려 자신의 심경을 말했다.

662 東阿는 東郡의 현명. 今 山東省 서부 聊城市 관할 東阿縣.

「臣이 알기로, 하늘이 높은 것은 하늘을 덮을 것이 없기 때문이며, 땅이 넓은 것은 거기에 싣지 못한 것이 없기 때문입니다. 日月을 밝다고 칭송하는 것은 비추지 않는 곳이 없기 때문이고, 江海가 크다는 것은 포용하지 않는 것이 없기 때문입니다. 그래서 공자가 말했습니다. '위대하도다, 堯의 다스림이여! 오직 하늘만이 위대하기에 하늘을 본받았다.'[663]라고 하였습니다. 하늘은 만물을 이롭게 하니, 가히 크고 넓다고 말할 수 있습니다. 堯의 가르침은 친족을 우선한 다음 소원한 사람이었고, 가까운 곳에서 먼 곳으로 확대하였습니다. 그래서 《尙書》에서도 '大德을 發揚(발양)하여 九族을 가깝게 하고 다음으로 백성의 사정을 헤아린다.'[664]고 하였습니다.

周의 文王 역시 그러한 교화를 널리 실천하였는데, 《詩》에서는 '아내를 예법으로 대하고 다음에 형제를, 그리고서 나라를 다스린다.'[665]고 하였습니다. 이 때문에 천하가 화목하고 기뻐하여 詩人은 이를 노래하였습니다. 옛날에 周公이 管叔(관숙), 蔡叔(채숙)과의 불화를 걱정하여 친족을 널리 分封하여 周室의 울타리로 삼았습니다. 그래서 《左傳》에서도 '周가 會盟할 때 異姓 諸侯는 뒷줄에 선다.' 고 하였습니다. 이는 진정 골육 간의 情誼(정의)는 소원하다 하여 분리될 수 없기 때문이며, 親親의 대의는 돈후하고 견고하기 때문이며, 대의를 따르면서 주군을 무시하는 자가 없고 인덕을 갖추고 친

663 "大哉 堯之爲君! 惟天爲大, 惟堯則之." -《論語 泰伯》子曰, "大哉堯之爲君也! 巍巍乎! 唯天爲大, 唯堯則之. 蕩蕩乎, 民無能名焉. 巍巍乎! 其有成功也, 煥乎其有文章!"

664 《尙書 虞書 堯典》~. 克明峻德, 以親九族, 九族旣睦, 平章百姓, 百姓昭明, 協和萬邦, ~

665 《詩經 大雅 思齊》~, 神罔時恫, 刑於寡妻, 至于兄弟, 以御于家邦.

척을 멀리하는 자가 없기 때문입니다.」

▌原文▐

「伏惟陛下資帝唐欽明之德, 體文王翼翼之仁, 惠洽椒房, 恩昭九族, 群后百寮, 番休遞上, 執政不廢於公朝, 下情得展於私室, 親理之路通, 慶弔之情展, 誠可謂恕己治人, 推惠施恩者矣. 至於臣者, 人道絶緖, 禁錮明時, 臣竊自傷也. 不敢過望交氣類, 脩人事, 敍人倫. 近且婚媾不通, 兄弟乖絶, 吉凶之問塞, 慶弔之禮廢, 恩紀之違, 甚於路人, 隔閡之異, 殊於胡越.

今臣以一切之制, 永無朝覲之望, 至於注心皇極, 結情紫闥, 神明知之矣. 然天實爲之, 謂之何哉! 退唯諸王常有戚戚具爾之心, 願陛下沛然垂詔, 使諸國慶問, 四節得展, 以敍骨肉之歡恩, 全怡怡之篤義. 妃妾之家, 膏沐之遺, 歲得再通, 齊義於貴宗, 等惠於百司, 如此, 則古人之所嘆, 風雅之所詠, 復存於聖世矣.」

▌국역▐

「臣이 생각하건대, 폐하께서는 堯의 莊重하고 明達한 품덕을 이어받으시고, (周) 文王의 공경 근신하는 仁愛를 실천하시어 은혜를

後宮에도 골고루 내리시고, 恩情을 九族에 널리 베푸시며, 列侯와 百官에게도 윤번으로 휴식케 하고 차례로 입조케 하시니, 조정에서 처리하는 정사에 잘못이 없었고, 私室에게도 정회를 서술케 하시며, 친히 자치하는 통로를 열어주시고, 경조사에 인정을 베푸시며, 진실로 자신을 용서하는 마음으로 백성을 다스리시고 은혜를 널리 베풀고 계십니다. 臣者인 저에 대해서는 친족에 화친하는 왕래를 단절하고 성명한 시대에 禁錮(금고)에 처하니, 臣은 자신도 모르게 슬플 뿐입니다. 의기가 서로 통하는 붕우와 같은 왕래를 감히 바랄 수야 없지만 인사를 닦고 인륜을 지켜야 할 것입니다. 근자에 혼인을 하더라도 서로 왕래가 없고 형제간에도 소식이 끊겼고, 길흉사에 대한 안부조차 막혔으며 慶弔事(경조사)의 예법도 폐하니, 모든 정의가 소원하여 길 가는 사람보다도 더 먼 것 같고, 친족 간 단절이 북쪽 胡人과 남쪽 越人보다도 더 심합니다.

지금 臣은 임시적 제한에 의거 입조할 희망조차 없고 臣에 대한 폐하의 관심이 황궁 안에만 있는 것은 천지신명도 알 것 같습니다. 그렇지만 하늘이 그러한 것을 어찌하겠습니까! 반대로 여러 제후 왕들이 언제나 서로 생각하는 마음이 있다면, 폐하께서 조서를 내리시어 각 封國 간에 서로 안부를 묻고, 축하하고, 사계절에 따라 안부를 전하며, 골육 간에 같이 즐기고 은애를 베푼다면 모든 형제간의 정의는 더욱 돈독할 것입니다. 妃妾(비첩)의 家人들에게 皇恩의 하사가 있고 매년 두 번씩 서로 상견할 수 있게 하여 종실과 같은 대우를 해주고 백관들에게도 동등한 혜택을 하사하신다면 본조의 聖明한 시대를 古人과 같이 칭송하고 古雅하게 吟詠(음영)할 것입니다.」

| 原文 |

「臣伏自惟省, 無錐刀之用. 及觀陛下之所拔授, 若以臣爲異姓, 竊自料度, 不後於朝士矣. 若得辭遠游, 戴武弁, 解朱組, 佩靑紱, 駙馬,奉車, 趣得一號, 安宅京室, 執鞭珥筆, 出從華蓋, 入侍輦轂, 承答聖問, 拾遺左右, 乃臣丹誠之至願, 不離於夢想者也.

遠慕〈鹿鳴〉君臣之宴, 中詠〈常棣〉匪他之誡, 下思〈伐木〉友生之義, 終懷〈蓼莪〉罔極之哀. 每四節之會, 塊然獨處, 左右惟僕隸, 所對惟妻子, 高談無所與陳, 發義無所與展, 未嘗不聞樂而拊心, 臨觴而嘆息也.

臣伏以爲犬馬之誠不能動人, 譬人之誠不能動天. 崩城,隕霜, 臣初信之, 以臣心況, 徒虛語耳. 若葵藿之傾葉, 太陽雖不爲之回光, 然向之者誠也. 竊自比於葵藿, 若降天地之施, 垂三光之明者, 實在陛下.」

| 국역 |

「臣이 삼가 반성하더라도 송곳이나 칼처럼 작은 쓸모도 없는 사람입니다. 폐하께서 선발하여 임용한 인재를 볼 때, 만약 臣을 異姓으로 보셨다면, 臣이 생각할 때, 지금 조정의 대신보다 뒤지지 않을 것입니다. 만약 遠游冠(원유관)을 벗어버리고 武官의 관모를 썼다면 王侯의 붉은 인수를 풀어버리고, 朝臣의 청색 인수를 찼더라면 駙馬都尉나 奉車都尉 쯤은 되어서, 京都에 좋은 집을 짓고, 채찍을 들고 귀에 붓을 꽂고, 어가를 수행하거나 車駕를 入侍하면서, 폐하의 물음에 대답하거나 좌우에서 보필할 수 있을 것이니, 이것이야말로 臣의 진정한 소원이며 마음속에서 떠나지 않는 夢想(몽상)입니다.

멀리로는 〈鹿鳴(녹명)〉에 나오는 君臣의 宴會(연회)를 그려보고, 이어서 〈常棣(상체)〉에 형제가 외인의 훈계를 거부하는 시를 읽으며, 또 〈伐木(벌목)〉에서 우정의 도리를 아쉬워하고, 끝으로 〈蓼莪(요아)〉의 詩[666]에서는 부모를 모시지 못하는 罔極(망극)의 슬픔을 가슴으로 생각합니다. 사계절에 친족이 모일 수 있는 때가 되면 臣은 혼자 외로이, 좌우에 시중드는 하인뿐이고, 처자만 마주보고 있으니, 高談을 나눌 사람도, 대의를 논할 사람도 없어, 좋은 음악에도 가슴에 치거나 술잔을 마주하여 탄식할 뿐입니다.

臣이 생각할 때 犬馬와 같은 복종이 감동을 주지 못하는 것은, 사람이 하늘을 감동시키지 못하는 것과 같을 것입니다. 성벽이 붕괴되고, 서리가 내린다는 이야기[667]를 처음에는 믿었습니다만, 지금 臣의 마음으로는 모두 헛말이라고 생각합니다. 해바라기는 아침에 태양을 향하는데, 태양이 만약 햇살을 비춰주지 않더라도, 해바라기가 태양을 향하는 것은 眞誠입니다. 臣을 해바라기라고 스스로 비유하지만, 하늘이나 땅만큼은 은혜를 하사하시거나 三光(日, 月, 星)의 光輝(광휘)를 베풀어주시는 것은 모두 폐하의 뜻에 달렸습니다.」

666 4편이 모두 《詩經 小雅》의 편명. 〈鹿鳴(녹명)〉은 여러 신하와 훌륭한 손님을 모시고 잔치하는 모습을, 〈常棣(상체)〉는 형제들이 잔치하며 부른 노래, 〈伐木(벌목)〉은 친구와 知人을 불러 같이 즐기는 노래이며, 〈蓼莪(요아)〉는 백성이 노고하면서도 부모를 끝까지 봉양하지 못하는 안타까움을 노래했다.

667 杞人 梁氏의 妻는 전사한 남편의 시신조차 찾지 못하여, 몇 날 밤낮을 슬프게 통곡하자 성벽이 무너지면서 묻혀있던 시신이 나왔다고 한다. 여인이 한을 품으면 오뉴월에도 서리가 내린다고 했다.

| 原文 |

「臣聞《文子》曰, '不爲福始, 不爲禍先.' 今之否隔, 友于同憂, 而臣獨倡言者, 竊不願於聖世使有不蒙施之物. 有不蒙施之物, 必有慘毒之懷, 故〈柏舟〉有 '天只' 之怨, 〈谷風〉有 '棄予' 之嘆.

故伊尹恥其君不爲堯舜, 孟子曰, '不以舜之所以事堯事其君者, 不敬其君者也.' 臣之愚蔽, 固非虞,伊, 至於欲使陛下崇光被時雍之美, 宣緝熙章明之德者, 是臣慺慺之誠, 竊所獨守, 實懷鶴立企佇之心. 敢復陳聞者, 冀陛下儻發天聰而垂神聽也.」

| 국역 |

「臣이 읽은 《文子》[668]에서는 '복을 맨 먼저 받지도, 禍를 맨 먼저 받지도 말라.' 고 하였는데, 그때는 먼 옛날로 여러 사람이 같은 걱정을 했겠지만, 지금 臣이 홀로 이 말을 언급하는 이유는 아마 聖世에 은혜를 입지 못하는 사람이 되기를 원치 않기 때문입니다. 은혜를 입지 못했다면 틀림없이 참담한 회포를 품게 되어 〈柏舟〉[669]의

668 文子(문자)는 老子의 弟子로 孔子보다 어렸고, 子夏와 墨子에게도 배웠다고 하였다. 《漢書 藝文志》에는 道家類의 저서로 《文子》가 있고, 班固는 그 설명에서 '文子는 老子弟子로 孔子와 同時' 하고 하였다. 《文子》는 《淮南子》를 모방한 前漢 後期의 作品으로 추정.

669 《詩經 鄘風 柏舟》의 詩. 鄘風(용풍) 〈柏舟(백주, 잣나무 배)〉의 시는 '母也天只 不諒人只(어머님은 하늘 같으신 분, 저를 몰라 주시나요.' 하는 구절이 있다. 只는 조사. 뜻이 없음. 邶風(패풍)의 〈柏舟〉는 소박맞은 여인이 자신을 정처없이 떠가는 잣나무 배에 비유한 詩.

詩처럼 '어머님은 하늘과 같으신 분인데, 왜 나를 몰라주시나요.' 라는 원한이 있고, 〈谷風〉[670]에는 '棄予如遺 나를 버리듯 잊어버렸다.' 는 탄식이 있습니다.

그래서 伊尹(이윤)은 主君이 堯舜 같은 聖君이 못됨을 부끄럽게 여겼고, 孟子(맹자)는 '舜(순)이 堯(요)를 섬기듯 자기 主君을 섬기지 못하는 자는 그 주군을 공경하지 않는 자' [671]라고 하였습니다. 臣이 우둔하여 虞(舜)나 伊尹(이윤)만 못하지만, 폐하로 하여금 은혜를 널리 베풀고, 천하백성으로 하여금 친선하고 화목할 수 있도록 아름다운 정치를 권유하여 聖明한 덕을 널리 빛내고 펼 수 있도록 돕고자 하는 마음은 臣의 공경과 근심의 誠心이면서, 신이 혼자라도 굳게 지키고자 하는, 또 마치 학이 한 발로 서 있는 것이 간절히 기원하는 마음입니다. 감히 저의 이런 마음의 진술은 폐하께서 天聽(천총)을 발휘하시어 저의 말을 들어주시기를 간절히 기원하는 마음입니다.」

| 原文 |

詔報曰,「蓋教化所由, 各有隆弊, 非皆善始而惡終也, 事使之然. 故夫忠厚仁極草木, 則〈行葦〉之詩作, 恩澤衰薄, 不親九族, 則〈角弓〉之章刺. 今令諸國兄弟, 情理簡怠, 妃妾之家, 膏沐疏略, 朕縱不能敦而睦之, 王援古喻義備悉矣, 何言精誠

670 《詩經 小雅 谷風》은 邶風(패풍)의 〈谷風〉처럼 버림받은 여인의 슬픔을 노래하였다.

671 《孟子 離婁章句 上》~不以舜之所以事堯事君, 不敬其君者也. 不以堯之所以治民治民, 賊其民者也.

不足以感通哉?

夫明貴賤, 崇親親, 禮賢良, 順少長, 國之綱紀, 本無禁固諸國通問之詔也, 矯枉過正, 下吏懼譴, 以至於此耳. 已敕有司, 如王所訴.」

| 국역 |

明帝는 조서를 내려 보냈다.

「대체로 敎化를 펴더라도 흥륭과 폐단이 있지만 그렇다 하여 모든 교화정책이 좋게 시작하여 나쁘게 끝나는 것이 아니며 만사가 그러한 것입니다. 그래서 忠厚와 仁德이 초목에 미치면 〈大雅 行葦〉[672]의 詩作과 같고, 恩澤은 쇠퇴하고 九族이 不親하면 〈小雅 角弓〉[673]과 같은 비판이 일어납니다. 지금 제후국의 형제의 情誼가 화목하지 못하고 妃妾의 本家에 내리는 물건이나 대우가 소홀하다지만, 朕(짐)이 그들을 돈독 화목하게 할 수는 없는 일이며, 또 王이 옛일을 근거로 상세히 설명하면서, 왜 정성이 부족하여 감응하거나 相通하지 못한다고 하십니까?

귀천을 분명히 하고 가까운 친족을 친애하고 현량한 인재를 예우하고 장유의 질서를 확립하는 것은 나라의 기강이며, 본래 각 제후국의 왕래를 금지한다는 조서도 없었으니 잘못된 것이라면 바로잡아야 하나, 하급 관원들이 문책을 두려워 단속하다 보니 이런 상황

672 〈大雅 行葦〉의 詩는 제사를 끝난 뒤, 부형과 耆老(기로)를 모시고 즐겁게 잔치하는 詩이다.

673 〈小雅 角弓〉의 詩는 王이 간신의 참언을 믿어 종족이 서로 원망하는 상황을 풍자하였다.

이 되었을 것입니다. 이미 담당 관원에게는 王이 말한 바를 지시했습니다.」

| 原文 |

植覆上疏陳審擧之義, 曰,

「臣聞天地協氣而萬物生, 君臣合德而庶政. 五帝之世非皆智, 三季之末非皆愚, 用與不用, 知與不知也. 旣時有擧賢之名, 而無得賢之實, 必各援其類而進矣. 諺曰, '相門有相, 將門有將.' 夫相者, 文德昭者也, 將者, 武功烈者也. 文德昭, 則可以匡國朝, 致雍熙, 稷,契,夔,龍是也. 武功烈, 則所以征不庭, 威四夷, 南仲,方叔是矣.

昔伊尹之爲媵臣, 至賤也, 呂尙之處屠釣, 至陋也, 及其見擧於湯武,周文, 誠道合志同, 玄謨神通, 豈復假近習之薦, 因左右之介哉.《書》曰, '有不世之君, 必能用不世之臣, 用不世之臣, 必能立不世之功.' 殷周二王是矣.

若夫齷齪近步, 遵常守故, 安足爲陛下言哉? 故陰陽不和, 三光不暢, 官曠無人, 庶政不整者, 三司之責也. 疆埸騷動, 方隅內侵, 沒軍喪衆, 干戈不息者, 邊將之憂也. 豈可虛荷國寵而不稱其任哉? 故任益隆者負益重, 位益高者責益深,《書》稱 '無曠庶官',《詩》有 '職思其憂', 此其義也.」

| 국역 |

조식은 인재를 잘 심의하여 등용해야 한다는 상소를 올렸다.

「臣이 알기로, 天地가 協氣하여 萬物을 생육하고, 君臣이 合德하여 庶政(서정)을 이끌어간다고 하였습니다. 五帝가 재위하던 시대에 모두가 지혜롭지 않았으며, 三代(三季, 夏, 殷, 周) 말에 모두가 어리석지 않았고, 이는 다만 인재의 등용과 不用, 知와 不知의 차이였습니다. 어느 시대이건 현인을 천거하라는 명분을 내세웠지만, 실제로 현인을 등용하지 못했던 것은 모두가 자신과 비슷한 부류를 천거했기 때문입니다. 속언에도 '相의 가문에 재상의 인재가 있고, 將門에 將軍이 있다.' 고 하였습니다. 재상은 文德이 빛나는 자이고, 장군은 武功이 훌륭한 사람입니다. 문덕이 빛나면 나라 조정을 바로 세워 빛나게 하니, 后稷(후직), 契(설), 夔(기), 龍(용)과 같은 사람입니다. 무공이 뛰어난 사람이란 王政을 거부하는 자를 정벌하여 四夷를 위협하니 南仲(남중)과 方叔(방숙) 같은 사람입니다.

옛날 伊尹(이윤)이 奴僕(노복, 料理師)이었을 때 아주 미천했었고, 呂尙(여상)이 낚시질을 할 때 지극히 비루했지만, 成湯(성탕)과 周 文王에 등용되자, 治道와 의지가 같고 심모원려와 마음이 상통하였으니, 제왕과 가까운 사람의 천거나 측근의 소개가 무슨 필요가 있었겠습니까? 그래서 《左傳》에서는 '불세출의 주군이 있어야 불세출의 인재가 등용되고, 그래야만 틀림없이 불세출의 공적을 이룬다.' 고 하였습니다. 바로 殷의 湯王과 周의 문왕, 무왕이 그러했습니다.

가장 가깝고 미천하며 늘 옛 그대로 따라하는 사람이라면, 그런 자가 폐하께 무슨 말을 하겠습니까? 그렇게 되면 陰陽이 不和하고

三光도 빛을 내지 못하며, 관직에는 적임자가 없고 庶政이 정비되지 못하게 되니, 이는 三司의 책임입니다. 변경이 소란하고 이웃 나라의 침략을 받아 패전하고 군사를 잃게 되며 전쟁이 그치지 않는다면, 이는 변방을 수비할 장수의 책임입니다. 어찌 국정을 책임져야 할 사람이 본분을 다하지 않을 수 있겠습니까? 그래서 높은 자리에 오른 자는 그 책무가 더욱 무거우며 지위가 오를수록 책임은 더욱 깊어집니다. 그래서 《尚書》에서는 '백관의 자리를 비워두지 말라.'[674] 고 하였으며, 《詩經》에서는 '책임을 맡아 책무를 걱정한다.' 고 하였습니다.」

| 原文 |

「陛下體天眞之淑聖, 登神機以繼統, 冀聞〈康哉〉之歌, 偃武行文之美. 而數年以來, 水旱不時, 民困衣食, 師徒之發, 歲歲增調, 加東有覆敗之軍, 西有殪沒之將, 至使蚌蛤浮翔於淮,泗, 鼲鼬讙嘩於林木. 臣每念之, 未嘗不輟食而揮餐, 臨觴而搤腕矣.

昔漢文發代, 疑朝有變, 宋昌曰, "內有朱虛,東牟之親, 外有齊,楚,淮南,琅邪, 此則磐石之宗, 願王勿疑." 臣伏惟陛下遠覽姬文二虢之援, 中慮周成召,畢之輔, 下存宋昌磐石之固. 昔騏驥之於吳阪, 可謂困矣, 及其伯樂相之, 孫郵御之,

674 《書經 虞書 皐陶謨》에 나온다.

形體不勞而坐取千里.

蓋伯樂善御馬, 明君善御臣, 伯樂馳千里, 明君致太平, 誠任賢使能之明效也. 若朝司惟良, 萬機內理, 武將行師, 方難克弭. 陛下可得雍容都城, 何事勞動鑾駕, 暴露於邊境哉?」

| 국역 |

「폐하께서는 천성이 聖明顯達하시고 皇位에 오르시어 帝業을 계승하셨으니, 〈康哉(강재)〉[675]의 歌詠(가영)을 들으시고, 武治를 끝내어 문치를 확립하셨다는 칭송을 받으시기를 바랍니다. 그러나 수년 동안 수해와 가뭄이 수시로 닥쳐와서 백성들은 의식이 부족하며 군사와 물자의 징발은 해마다 증가하는데, 거기다가 동쪽에서는 전투에 패한 군사가 있고, 서쪽에서는 軍營을 함락당한 장군이 있어, 동쪽 淮水(회수)와 泗水(사수)에는 조개들이 떠다니고, 서쪽 숲에서는 다람쥐나 족제비들이 시끄럽습니다. 臣은 이를 생각할 때마다 식욕을 잃어 밥상을 뿌리치고 술잔을 앞에 두고 팔을 저으며 탄식하지 않을 때가 없습니다.

옛날 漢 文帝가 代國의 왕으로 제위에 오르기 전, 조정에서 사자

675 〈康哉〉의 康은 平安의 뜻. 哉는 어조사. 《尙書 虞書 益稷》에 나온다. 舜이 皐陶(고요)에게 여러 가지 지침을 다 설명한 뒤에 "하늘의 명을 받들어 언제나 힘써 일하고, 무슨 일이든 그 시초를 잘 살펴야 한다."고 말한 뒤 노래를 지어 불렀다. 「신하가 즐거우면(股肱喜哉) 임금은 흥성하고(元首起哉), 모든 관리도 화락하리라(百工熙哉).」이에 고요가 화답하여 노래를 불렀다. 「임금이 밝으시니(元首明哉) 신하들도 훌륭하니(股肱良哉), 모든 일이 평안할지어라(庶事康哉).」 이 노래는 현전하는 중국의 歌辭 중 가장 오랜 것이라는 《書經》의 주석이 있다.

가 도착하여, 혹시 조정에 변괴가 있을까 염려할 때 宋昌(송창)이 말했습니다.[676] '안으로는 朱虛侯(劉章)와 東牟侯(동모후, 劉興居) 같은 친족이 있고, 밖으로는 齊, 楚, 淮南, 琅邪(낭야)의 제후국이 있으니, 이는 반석같이 튼튼하고 안전한 종실이니 왕께서는 의심하지 마십시오.'

臣이 생각할 때 폐하께서는 멀리 周 文王 시절의 虢仲(괵중)과 虢叔(괵숙)의 원조와, 그 다음으로 周 成王의 召公(소공)과 畢公(필공)의 보필을, 그리고 (漢 文帝 때) 宋昌(송창)이 말한 磐石(반석) 같은 종실의 견고함을 늘 염두에 두셔야 합니다.

옛날 駿馬(騏驥)가 吳의 산비탈에 있을 때는 정말 곤궁했었습니다만, 伯樂(백락)이 한 번 본 뒤에 孫郵(손우)가 말을 몰자, 준마는 육신의 고생도 없이 단숨에 千里를 달렸습니다. 그러니 伯樂이 말을 잘 다룬 것처럼, 明君은 신하를 잘 거느려야 하고, 伯樂이 천리를 간 것처럼 명군이 태평성대를 이룩하시려면 정말로 현재를 발탁하고 임용해야 할 것입니다. 만약 朝臣들이 모두 우량하면 萬機를(國事) 잘 처리할 수 있고, 武將이 군사를 잘 운용하면 변방의 어려움을 잘 해결할 수 있을 것입니다. 폐하께서는 都城에 평안히 재위하시면

676 孝文皇帝 – 漢 高祖 4子. 母 薄姬(박희) – 名 恒(항)을 피휘할 때는 常. 재위前 180–157년. 呂后가 죽고, 여씨 일족을 제거한 다음에 大王을 황제로 영입하였다. 조정의 변괴 여부를 논의 할 때 中尉인 宋昌이 나서며 강력하게 말했다. "~. 지금 안으로는 朱虛侯(劉章)와 東牟侯(동모후, 劉興居) 같은 친족이 있고, 밖으로는 강대한 吳(王 劉濞), 楚(王 劉交), 淮南(王 劉長), 琅邪(王 劉澤), 齊(王 劉襄), 代(王 劉恒)가 있습니다. 지금 高帝의 親子로는 淮南王과 大王뿐인데, 大王께서 나이도 많고 현명하시며, 인자하시고 효행으로 천하에 알려졌기에 대신들이 천하 민심에 따라 大王을 영입하려는 것이니 大王께서는 의심하지 마십시오."

될 뿐, 무슨 난제가 있어 어가를 힘들게 하고 변방에서 이슬을 맞으시겠습니까?」

| 原文 |

「臣聞羊質虎皮, 見草則悅, 見豺則戰, 忘其皮之虎也. 今置將不良, 有似於此. 故語曰, '患爲之者不知, 知之者不得爲也.' 昔樂毅奔趙, 心不忘燕, 廉頗在楚, 思爲趙將.

臣生乎亂, 長乎軍, 又數承敎於武皇帝, 伏見行師用兵之要, 不必取孫,吳而闇與之合. 竊揆之於心, 常願得一奉朝覲, 排金門, 蹈玉陛, 列有職之臣, 賜須臾之問, 使臣得一散所懷, 攄舒蘊積, 死不恨矣. 被鴻臚所下發士息書, 期會甚急.

又聞豹尾已建, 戎軒鶩駕, 陛下將復勞玉躬, 擾掛神思. 臣誠竦息, 不遑寧處. 願得策馬執鞭, 首當塵露, 撮風后之奇, 接孫,吳之要, 追慕卜商起予左右, 效命先驅, 畢命輪轂, 雖無大益, 冀有小補. 然天高聽遠, 情不上通, 徒獨望青雲而拊心, 仰高天而嘆息耳.

屈平曰, '國有驥而不知乘, 焉皇皇而更索!' 昔管,蔡放誅, 周,召作弼, 叔魚陷刑, 叔向匡國. 三監之釁, 臣自當之, 二南之輔, 求必不遠. 華宗貴族, 藩王之中, 必有應斯擧者. 故《傳》曰, '無周公之親, 不得行周公之事.' 唯陛下少留意焉.」

▌국역▐

「臣이 알기로, 羊의 바탕에 걸만 虎皮(호피)라면, 풀을 보면 기뻐하지만 승냥이(豺)를 만나면 싸워야 하는데, 가죽만 호랑이라는 사실을 잊어버리게 됩니다. 지금의 무능한 장수들이 이와 비슷할 것입니다. 그래서 '일을 겁내는 자는 일을 할 줄 모르고, 일을 아는 자는 (등용되지 않아) 일을 할 수가 없다.' 고 하였습니다. 옛날 樂毅(악의)[677]는 趙(조)로 돌아갔지만 마음으로는 燕(연)을 잊지 못했으며, 廉頗(염파)[678]는 楚에 있으면서도 趙將이 되고 싶었습니다.

臣은 亂世에 태어났고 軍中에서 성장하였고, 또 武皇帝로부터 자주 가르침을 받았습니다. 臣이 武皇帝께서 군사를 동원하고 用兵하는 요체를 볼 때 꼭 孫武(손무)나 吳起(오기)의 兵法書를 채택한 것은 아니었지만 은연 중에 합치하였습니다.

臣이 마음에 늘 생각하는 것은, 한 번 입조하여 폐하를 알현하여 金門으로 들어가 옥계를 밟고 올라 직분을 가진 신하의 반열에 서서 잠깐이라도 기회가 있다면, 臣의 소회를 말씀드려 마음속에 쌓인 우려를 풀어볼 수 있다면 죽어도 여한이 없을 것입니다. 大鴻臚(대홍려)[679]

677 樂毅(악의, 생졸년 미상) – 燕國의 著名한 장군, 樂毅는 본국 趙를 떠나 燕에 망명하여, 亞卿에 임명되어 燕 昭王을 보좌했고, 齊國과 싸워 그간에 빼앗겼던 70여 城을 수복하여 昌國君에 봉해졌다. 齊에서는 燕에 反間計(반간계)를 폈고, 결국 악의는 다시 趙로 돌아갔고 趙에서 죽었다.

678 廉頗(염파, 前 327 – 243년) – 戰國 末期 趙國의 良將, 齊國, 魏國, 燕國과 싸워 격파했다. 《千字文》에서도 白起와 王翦(왕전), 廉頗(염파)와 李牧(이목)을 戰國의 四名將으로 꼽았다.(起翦頗牧, 用軍最精.) 廉頗와 藺相如(인상여)의 '負荊請罪(부형청죄)' 와 '刎頸之交(문경지교)' 는 美談으로 전해진다. 《史記 廉頗藺相如列傳》 참고.

679 大鴻臚(대홍려)는 漢 9卿의 하나. 九卿은 太常, 光祿勳, 衛尉, 太僕, 廷尉, 大

에서 하달하는 군사 동원 문서를 보면 대개 기일이 촉박합니다.

또 듣기로는, 황제의 출정 준비는 완료되었고, 폐하의 戰車를 급하게 몰아 전장에 나아가 폐하께서 친히 고생하시며 걱정을 많이 하신다고 들었습니다. 臣은 참으로 죄송하여 몸을 어디 두어야 할지 모르겠습니다. 바라옵건대, 臣도 채찍을 들고 말을 몰아 戰陣의 먼지를 덮어쓰고, 風后(풍후)[680]의 奇智(기지)를 본받고, 孫武나 吳起의 요체를 따르며, 卜商(子夏)[681]처럼 좌우에서 폐하의 뜻을 받들고, 죽어야 할 경우에 먼저 생명을 바칠 수 있다면 큰일을 성취하지는 못하더라도 조그만 도움이 되기를 바랄 뿐입니다. 그렇지만 하늘이 너무 높아 멀리까지 들리지 않아 臣의 뜻이 위로 통하지 못하기에, 다만 혼자 青雲을 바라보며 가슴만 어루만지고 하늘을 우러러 탄식할 뿐입니다.

屈平(屈原)[682]은 '나라에 준마가 있어도 탈 줄을 모르면서 어찌

鴻臚, 宗正, 大司農, 少府를 지칭한다. 질록 中二千石. 大鴻臚(대홍려)는 諸王의 入朝 시 접대와 諸侯의 封爵에 대한 업무, 歸義하는 蠻夷(만이, 소수민족)와 관련한 업무도 담당했다.

680 風后(풍후)는 중국의 전설 시대, 곧 黃帝 시대의 宰相, 黃帝의 신하이면서 스승. 天文曆法과 兵法에 정통하였으며, 指南車(羅針盤)의 發明者. 八陣圖를 완성했다는 전설적 인물.

681 卜商(복상, 字는 子夏)은 공자보다 44세 어렸다. 子貢(자공)이 공자에게 물었다. "顓孫師(전손사, 子張)와 卜商(복상, 子夏) 중 누가 더 현명합니까?" 이에 공자는 "자장은 넘치고, 자하는 미치지 못한다."라고 말했다. "그러면 자장이 더 나은 것입니까?" 이에 공자는 "지나친 것이나 부족한 것은 모두 마찬가지이다(過猶不及)."라고 말했다. 공자는 자하에게 "너는 君子와 같은 유생이 되어야지 小人儒가 되지 마라." 공자가 죽은 뒤에 子夏는 西河(서하)에 머물면서 제자를 가르쳤고, 魏 文侯의 사부가 되었다. 자하는 아들이 죽자, 심하게 통곡했고, 그래서 失明했다.

682 屈平(屈原, 굴원, 前 340 – 278) – 屈氏, 名은 平, 字는 原. 楚國人. 굴원은 방축

서두르며 어디에서 구하려 하는가!' 라고 말했습니다. 옛날에 管叔(관숙)과 蔡叔(채숙)은 방축되고 처형되었으며, 周公과 召公은 나라를 보필하는 大臣이었으며, 叔魚(숙어)는 형벌을 받았고 叔向(숙향)[683]은 나라를 잘 보필하였습니다. (周) 三監(管叔, 蔡叔, 霍叔의 변란)과 같은 죄도 신하가 저지를 것이고, 二南(周公과 召公)의 보필도 신하의 몫이니, 구하려 한다면 멀지 않은 곳에 있을 것입니다. 皇族의 귀족이나 각 제후 왕 중에서 적합한 인물을 발탁 등용해야 합니다. 그래서 《左傳》에서도 '周公과 같은 至親이 없는 것이 아니고, 周公과 같은 일을 하질 않는다.' 고 하였습니다. 폐하께서 유념하시길 바랍니다.」

| 原文 |

「近者漢氏廣建藩王, 豐則連城數十, 約則饗食祖祭而已, 未若姬周之樹國, 五等之品制之. 若扶蘇之諫始皇, 淳于越之難周靑臣, 可謂知時變矣. 夫能使天下傾耳註目者, 當權者是矣, 故謀能移主, 威能懾下. 豪右執政, 不在親戚, 權之所在,

되어 洞庭湖를 지나 湘水를 건너 長沙 부근의 汨羅江(멱라강)에서 절망 속에 前 278년(當時 62歲 정도)에 투신하여 죽었다. 屈原은 〈漁父〉를 지어 자신의 심경을 잘 표현하였다. 굴원의 대표작《離騷(이소)》의 離는 당하다. 騷는 근심, 걱정의 뜻.《離騷》의 제일 마지막은 '亂曰, 已矣哉, 國無人莫我知兮, 又何懷乎故都? 旣莫足與爲美政兮, 吾將從彭咸之所居.' 로 끝난다.

683 叔向(숙향, ?-約 前 528년 전후) - 姬姓, 羊舌氏, 名 肹(힐), 字 叔向. 춘추시대 晉의 公族, 晉 悼公(도공), 平公, 昭公을 섬긴 정치가, 외교가. 숙향과 晏嬰(안영, 晏子), 鄭 子產(자산)은 모두 동시대 인물.

雖疏必重, 勢之所去, 雖親必輕, 蓋取齊者田族, 非呂宗也. 分晉者趙,魏, 非姬姓也. 唯陛下察之.

苟吉專其位, 凶離其患者, 異姓之臣也. 欲國之安, 祈家之貴, 存共其榮, 沒同其禍者, 公族之臣也. 今反公族疏而異姓親, 臣竊惑焉.

臣聞孟子曰, '君子窮則獨善其身, 達則兼善天下.' 今臣與陛下踐冰履炭, 登山浮澗, 寒溫燥濕, 高下共之, 豈得離陛下哉? 不勝憤懣, 拜表陳情. 若有不合, 乞且藏之書府, 不便滅棄, 臣死之後, 事或可思. 若有豪釐少掛聖意者, 乞出之朝堂, 使夫博古之士, 糾臣表之不合義者. 如是, 則臣願足矣.」

帝輒優文答報.

| 국역 |

「가깝게는 漢朝에서도 藩王(번왕)을 널리 배치하였으니, 큰 제후국은 수십 개의 城을 보유했고, 작은 나라는 겨우 조상의 제사를 지낼 수 있을 정도였지만, 그렇다고 姬周[684]의 5등 爵位制의 제후 책봉과는 다른 爵位制를 시행하였습니다.

만약 (秦의 태자)의 扶蘇(부소)[685]가 秦始皇에게 諫言을 올렸다면,

684 姬周(희주) – 姬는 周의 國姓.

685 扶蘇(부소, 前 241 – 210년) – 姓 嬴(영), 秦始皇의 長子, 趙高와 李斯(이사)가 진시황의 죽음을 비밀에 부치고 矯詔(교조)를 내리자 자살했다. 평소에 현명하다는 명성이 있었지만, 여러 상황에 대한 분석이나 파악도 없이 조서에 쓰여 진대로 자살했다면 그도 현명이라 할 수 있겠는가?

淳于越(순우월)[686]이 周青臣(주청신)을 적극 배척했다면, 그것은 상황에 따른 변화를 안 것입니다. 천하 사람의 이목을 집중시킬 수 있는 사람은 권력을 장악한 자이고, 그런 사람들은 책략에 의하여 군주의 뜻을 바꾸게 하고, 천하를 공포에 떨게 할 수 있습니다. 豪門大族이 조정 권력을 장악하면, 정권은 종실에서 떠나며 황제와는 소원하게 되고, 세력을 잃게 되면 친족이라도 경시 당하게 되어 있으니, 옛날 齊의 권력을 장악한 田氏 일족은 본래 呂氏(姜姓) 종실이 아니었습니다.[687] 또 晉을 분할한 趙와 魏도 姬姓(周의 國姓)이 아니었습니다. 폐하께서는 꼭 유념하셔야 합니다.

만약 순리에 의거 지위에 오르더라도 국난을 당하면 異姓의 신하가 화를 당해야 합니다. 나라를 안전케 하고 황족이 顯貴(현귀)하여야 하며, 득세하여 일시 영화를 누리다가도 失勢하면 함께 환난을 당하는 것은 황족의 신하입니다. 지금 반대로 황족은 소원해지고 異姓이 황제와 친밀한 것을 臣은 정말 이해할 수가 없습니다.[688]

686 淳于越(순우월) – 淳于는 복성. 秦始皇 34년(前 213), 咸陽의 궁권에서 연회가 열렸다. 博士 72인이 진시황에게 헌수할 때 周青臣은 진시황의 군현제를 크게 찬양하자 진시황은 기분이 매우 좋았다. 그러나 博士 淳于越은 周青臣은 황제에게 아부한다면서 군현제를 폐하고 分封해야 한다고 주청하였다. 순우월의 건의는 李斯에게 반박당했고, 결과적으로 焚書事件을 유발했다.

687 田齊는 周의 제후국. 齊는 본래 呂尙을 봉한 나라였다. 呂尙(?–前 1015년)은 姜姓, 呂氏, 名 尙. 姜尙, 姜牙, 姜子牙, 太公望, 呂望, 齊太公, 太公, 尙父, 등으로 다양하게 표기. 周 文王과 武王의 軍師. 齊國에 봉해져서 姜齊의 始祖이고 그 후손이 齊를 다스렸다. 前 386년 齊 太公(田和)부터 齊王 田建(재위 前 264 – 221년 멸망)은 田氏로 이전의 국성 姜의 姜齊와 구분한다.

688 明帝는 司馬懿(사마의)를 매우 신임하였다. 曹植은 이를 알고 있었다. 조식의 우려에도 불구하고 明帝 재위 중 실력을 키운 司馬懿는 뒷날 高平陵之變(서기 249년)을 주도하여 조씨의 세력을 꺾어 허수아비로 만들었으니, 齊王 曹

臣이 알기로, 孟子는 '君子가 등용되지 않으며 홀로 자신의 인격을 수양하고, 영달하면 천하와 함께 선정을 실현한다.' 고 말했습니다.[689] 지금 臣과 폐하는 얇은 얼음을 딛거나, 숯불을 밟고 있으며, 산에 오르고 긴 골짜기를 지나가며, 아니면 추위와 무더위, 건조와 습기, 오르거나 내려가기를 같이해야 할 운명이니 어찌 폐하를 떠날 수 있겠습니까?

저의 울분을 이겨낼 수가 없어 재배하며 속마음을 말씀드립니다. 만약 폐하의 뜻과 맞지 않는다면 서고에 보관하되 폐기하지 않기를 바라며, 臣이 죽은 뒤에라도 다시 한 번 생각해 주십시오. 만약 조금이라도 폐하의 뜻과 맞는 부분이 있다면, 조정의 공식 자리에 나아가 고금에 박통한 士人과 함께 臣의 상서에 옳지 않은 부분을 토론하고 싶습니다. 그렇게만 할 수 있다면 臣은 만족할 것입니다.」

명제는 바로 좋은 말로 답신을 보냈다.

|原文|

其年冬, 詔諸王朝六年正月.

其二月, 以陳四縣封植爲陳王, 邑三千五百戶. 植每欲求別

芳(조방) 재위 중에 曹魏의 실권은 완전 司馬氏에게 넘어갔고 결국 司馬炎에게 선양한다(서기 265년).

689 《孟子 盡心章句 上》「古之人, 得志澤加於民, 不得志, 修身見於世, 窮則獨善其身, 達則兼善天下.」

見獨談, 論及時政, 幸冀試用, 終不能得. 旣還, 悵然絶望. 時法制, 待藩國旣自峻迫, 寮屬皆賈豎下才, 兵人給其殘老, 大數不過二百人. 又植以前過, 事事復減半, 十一年中而三徙都, 常汲汲無歡, 遂發疾薨, 時年四十一. 遺令薄葬.

以小子志, 保家之主也, 欲立之. 初, 植登魚山, 臨東阿, 喟然有終焉之心, 遂營爲墓. 子志嗣, 徙封濟北王. 景初中詔曰, 「陳思王昔雖有過失, 旣克己愼行, 以補前闕, 且自少至終, 篇籍不離於手, 誠難能也. 其收黃初中諸奏植罪狀, 公卿已下議尙書,秘書,中書三府,大鴻臚者皆削除之. 撰錄植前後所著賦頌詩銘雜論凡百餘篇, 副藏內外.」

志累增邑, 並前九百九十戶.

| 국역 |

그 해(太和 5년, 서기 231) 겨울, 조서로 모든 제후왕이 (太和) 6년 정월에 입조토록 명했다.

그 2월, 陳郡 4縣으로 조식을 陳王에 봉했고, 식읍은 3,500호였다. 조식은 매번 별도로 황제와 獨談을 하면서 時政을 논하거나 관직 등용을 원했지만 끝내 뜻을 이룰 수 없었다. 봉지로 돌아온 조식은 슬프고 절망하였다. 그때 법제로는 제후 藩國을 심하게 압박하였으며 관료도 거의 卑俗한 下才였고, 군사도 쇠약한 노병이었으며 많아야 2백 명을 넘지 않았다. 그리고 조식은 전과가 있다 하여 건수가 있을 때마다 반감하였으니, 왕으로 재위 11년 중에 3개 군을 옮겨 다녔으며 늘 울울불락하였기에 결국 병에 걸려 죽으니 41세였다. 薄葬(박장)하라고 유언하였다.

막내아들 曹志(조지)는 가업을 이으려 생각했었다. 그전에 조식은 魚山(어산)에 올라 東阿縣(동아현)을 내려다보고, 탄식하며 죽을 것 같다는 생각이 들어 묘를 만들게 하였다. 아들 曹志가 계승했는데 濟北王으로 옮겨 봉했다. (明帝) 景初 연간에, 조서를 내렸다.

「陳 思王(曹植)은 옛날 비록 과실이 있었지만, 克己(극기)하고 愼行(신행)하여 이전의 잘못을 고쳤으며, 어려서부터 죽을 때까지 典籍이 손에서 떠나질 않았으니, 이는 참으로 어려운 일이었다. (文帝) 黃初 연간에, 조식의 죄상을 주청했거나, 公卿 이하 尙書, 秘書, 中書 三府나 大鴻臚 등에서 논의한 자료를 모두 모아 전부 삭제토록 하라. 그리고 조식이 그동안 지은 賦나 頌, 詩, 銘, 雜論 등 1백여 편을 모아 간행하여 내외에 보관토록 하라」

조지는 여러 번 식읍을 늘려 받아 총 990호가 되었다.

❸ 蕭懷王 曹熊

| 原文 |

蕭懷王熊, 早薨. 黃初二年追封謚蕭懷公. 太和三年, 又追封爵爲王. 靑龍二年, 子哀王炳嗣, 食邑二千五百戶. 六年薨, 無子, 國除.

| 국역 |

蕭懷王(소회왕) 曹熊(조웅)[690]은 일찍 죽었다. (文帝) 黃初 2년(서기 221) 追封하여 시호를 蕭懷公이라 하였다. (明帝) 太和 3년(서기 229), 또 追封하여 작위를 王으로 올렸다. (明帝) 靑龍 2年(서기 234), 아들 哀王 曹炳(조병)이 계승하였는데 식읍은 2,500호였다. 재위 6년에 죽었는데, 아들이 없어 나라를 없앴다.

| 原文 |

評曰, 任城武藝壯猛, 有將領之氣. 陳思文才富艶, 足以自通後葉, 然不能克讓遠防, 終致攜隙. 《傳》曰 '楚則失之矣. 而齊亦未爲得也.' 其此之謂歟!

| 국역 |

陳壽의 評論 : 任城王 曹彰(조창)은 무예가 뛰어났고 용감하여 장군의 기질이 있었다. 陳 思王 曹植의 文才는 넘치고도 뛰어났기에 후세에도 널리 알려졌지만 근신과 겸양을 몰라 결국 밀리고 혐오를 자초하였다. 〈左傳〉에 '楚에 과실이 있지만, 그렇다고 齊 또한 옳은 것은 아니다.' 라는 말은 아마 이런 경우일 것이다!

690 曹熊(조웅, 생졸년 미상) – 曹操와 正室 卞夫人의 第 四子, 曹丕 – 曹彰 – 曹植 – 曹熊

原文譯註

正史 三國志(二) [魏書 2]
정사 삼국지

초판 인쇄 2019년 8월 13일
초판 발행 2019년 8월 23일

역 주 | 진기환
발행자 | 김동구
디자인 | 이명숙 · 양철민
발행처 | 명문당(1923. 10. 1 창립)
주 소 | 서울시 종로구 윤보선길 61(안국동)
우체국 010579-01-000682
전 화 | 02)733-3039, 734-4798(영), 733-4748(편)
팩 스 | 02)734-9209
Homepage | www.myungmundang.net
E-mail | mmdbook1@hanmail.net
등 록 | 1977. 11. 19. 제1~148호

ISBN 979-11-90155-11-3 (04900)
ISBN 979-11-90155-09-0 (세트)
30,000원

* 낙장 및 파본은 교환해 드립니다.